HELDER SATIN
ANDRÉ FIORAVANTI

Manual COMPLETO de INFORMÁTICA PARA CONCURSOS

EDITORA FOCO

HELDER SATIN
ANDRÉ FIORAVANTI

Manual COMPLETO de INFORMÁTICA PARA CONCURSOS

COMPLETO PORQUE TEM:

1 TEORIA ALTAMENTE SISTEMATIZADA

2 QUESTÕES COMENTADAS + de 950

3 COMENTÁRIOS AO FINAL DE CADA QUESTÃO, FACILITANDO O MANUSEIO DO LIVRO

WANDER GARCIA
coordenador da coleção

EDITORA FOCO

2014 © Wander Garcia

Coordenador da Coleção: Wander Garcia
Autores: Helder Satin e André Fioravanti
Editor: Márcio Dompieri
Gerente Editorial: Paula Tseng
Equipe Editora Foco: Erica Coutinho, Georgia Dias e Ivo Shigueru Tomita
Capa Criação: Linotec
Capa Adaptação: R2 Editorial
Projeto Gráfico: Linotec
Diagramação: R2 Editorial

Dados Internacionais de Catalogação na Publicação (CIP)
(Câmara Brasileira do Livro, SP, Brasil)

Manual completo de informática / Helder Satin e André Fioravanti -- 1. ed. -- Indaiatuba, SP : Editora Foco Jurídico, 2014. -- (Coleção manual completo de / coordenação Wander Garcia)

1. Informática - Concursos públicos I. Satin, Helder. II. Fioravanti, André. III. Garcia, Wander. IV. Série.

ISBN: 978-85-8242-081-2

14-03031 CDD-004.076

Índices para Catálogo Sistemático:

1. Informática para concursos públicos : Questões comentadas 004.076

Atualizações e erratas: a presente obra é vendida como está, sem garantia de atualização futura. Porém, atualizações voluntárias e erratas são disponibilizadas no *site* www.editorafoco.com.br, na seção *Atualizações*. Esforçamo-nos ao máximo para entregar ao leitor uma obra com a melhor qualidade possível e sem erros técnicos ou de conteúdo. No entanto, nem sempre isso ocorre, seja por motivo de alteração de software, interpretação ou falhas de diagramação e revisão. Sendo assim, disponibilizamos em nosso *site* a seção mencionada (*Atualizações*), na qual relataremos, com a devida correção, os erros encontrados na obra. Solicitamos, outrossim, que o leitor faça a gentileza de colaborar com a perfeição da obra, comunicando eventual erro encontrado por meio de mensagem para contato@editorafoco.com.br.

Impresso no Brasil (07.2014)
Data de Fechamento (06.2014)

FSC www.fsc.org MISTO Papel produzido a partir de fontes responsáveis FSC® C116137

2014

Al. Júpiter 578 - Galpão 01 – American Park Distrito Industrial
CEP 13347-653 – Indaiatuba – SP
E-mail: contato@editorafoco.com.br
www.editorafoco.com.br

Dedicatória

Aos meus pais que me incentivaram ao estudo,
À minha esposa pelo apoio constante
À minha futura filha Stella, por puro amor

Helder Satin

Apresentação

Por que você está diante de um **MANUAL COMPLETO DE INFORMÁTICA** para Concursos?

Porque este **MANUAL** não se limita a trazer a **TEORIA** acerca do que é cobrado nos concursos públicos. Ele vai além e traz, também, número expressivo de **QUESTÕES COMENTADAS**, assuntos atuais e escrita de fácil entendimento.

Quanto aos **TEMAS ABORDADOS**, foram selecionados aqueles de maior relevância e incidência em provas de concurso de todo o país, visando uma preparação mais objetiva do concursando.

Quanto às **QUESTÕES COMENTADAS**, essenciais ao desenvolvimento do raciocínio e à fixação da matéria, a obra contém mais de 950 questões, sendo que todas elas são devidamente comentadas, item por item quando necessário, e foram escolhidas dentre os principais concursos públicos do País.

A obra também é escrita numa **LINGUAGEM DIRETA** e **CLARA**, sem exageros linguísticos e com foco constante na melhor e mais atualizada informação, de modo que se tem um texto que, de um lado, vai direto ao ponto e, de outro, traz o maior número possível de informações úteis para o leitor.

No decorrer do texto há também destaque de itens e imagens dos programas mencionados nos editais, proporcionando ao leitor verificação fácil do início de cada ponto, e das palavras, expressões e informações-chave, facilitando ao máximo a leitura, a compreensão e a fixação das matérias.

Tudo isso sem contar que a obra foi escrita por dois autores com vasto conhecimento em informática para concursos e exames públicos e que têm, também, larga experiência em cursos preparatórios para concursos públicos, presenciais e a distância.

Em resumo, os estudantes e examinandos de concursos públicos e demais interessados têm em mãos um verdadeiro **MANUAL COMPLETO DE INFORMÁTICA**, que certamente será decisivo nas pesquisas e estudos com vista à efetiva aprovação no concurso dos sonhos.

Boa leitura e sucesso!

SUMÁRIO

PARTE I

Hardware

Os assuntos e conceitos que serão abordados neste material serão focados em questões pertinentes às provas de concurso com base em diversas provas já realizadas. É importante salientar que nem todo tema será abordado de forma profunda, uma vez que frequentemente é requisitado um conhecimento geral sobre a Informática.

Para podermos compreender melhor o mundo digital é necessário primeiro saber seus conceitos mais básicos, por este motivo vamos iniciar analisando os componentes de um computador, que podem ser divididos em dois grupos principais: *Hardware* e *Software*.

O grupo do *Software* é composto por todos os programas que são executados em um computador e toda a parte lógica deste, é ele quem gerencia as ações executadas dentro do computador.

Já o grupo do *Hardware* compreende toda a parte física de um computador, suas peças e periféricos, dando base para que os *Software*s possam ser executados. Por este motivo vamos analisar primeiro este grupo.

1. *HARDWARE*

Um computador em geral, é composto pelos seguintes componentes de *hardware*:

- ✔ Placa-mãe;
- ✔ Processador;
- ✔ Memórias Principais;
- ✔ Memórias Secundárias;
- ✔ Placas e Periféricos de Entrada e Saída.

1.1. Placa-mãe

A placa-mãe faz com que todos os outros componentes possam se comunicar. É nela que cada um deles se conecta através de diferentes tipos de barramentos (meios de comunicação) e conectores.

1.2. Processador

O processador, também chamado de CPU (*Central Processing Unit*) ou UCP (Unidade Central de Processamento) é o cérebro do computador, é ele quem realiza todos os cálculos necessários para o funcionamento da máquina. Cada cálculo é representado por um ciclo, portanto sua velocidade é dada em ciclos por segundo, ou hertz, logo quanto mais hertz ele possui mais rápido será. Um exemplo de velocidade de um processador teria a representação 2.2Ghz (Giga-hertz), ou seja 2.2 bilhões de ciclos por segundo, uma vez que a unidade Giga representa 10^9. A notação do Sistema Internacional é utilizada nestas definições.

Cada processador é composto por uma Unidade Lógica Aritmética (ULA), responsável pelos cálculos, registradores que armazenam os dados e unidades de controle.

Os maiores fabricantes deste componente são as empresas Intel com os processadores do tipo Pentium, Core e família I (I3, I5 e I7) e AMD com os processadores do tipo Athlon, Phenom e Sempron.

1.3. Memórias principais

As memórias principais possuem como características principais a alta velocidade de acesso, sendo três os tipos principais: RAM, ROM e *cache*.

A memória ROM (*Read Only Memory*) é uma memória não volátil (seu conteúdo não é perdido caso o computador seja desligado) e que não pode ser gravada mais de uma vez. Em geral é utilizada para armazenar informações básicas e necessárias para o funcionamento do computador. Sua capacidade em geral é pequena.

A memória *cache* é do tipo volátil (seu conteúdo se perde quando o computador é desligado), formada por transistors (pequenos componentes eletrônicos) e embutida junto ao CPU, por este motivo possui a maior velocidade de acesso e é utilizada para armazenar informações temporárias. São classificadas em níveis como L1, L2 e L3.

Por fim temos a memória RAM (*Random Access Memory*) é uma memória de acesso aleatório, do tipo volátil e utilizada pelo processador para armazenar informações que serão utilizadas posteriormente, sendo muito requisitadas por programas durante suas execuções. Quanto maior a memória, maior o número de programas que podem ser executados simultaneamente.

1.4. Memórias Secundárias

As memórias secundárias são do tipo não volátil, não perdem seu conteúdo quando desenergizadas, possuem uma menor velocidade de acesso e são utilizadas para armazenamento das informações do usuário. Estas são dividas em três outros grupos: Memórias magnéticas (Disquetes, Fitas DAT e Discos Rígidos, também chamados de HDs), ópticas (CDs, DVDs, *Blu-Rays*) e eletrônicas (Discos Rígidos SSD, cartões de memória e *Pendrives*). Veja o quadro abaixo que representa a capacidade de armazenamento destes tipos de memória.

Tipo	**Tamanho**
Disquete	1.44 MB
CD	700 MB
DVD	4.7 GB
Blu-ray	25 GB
Disco rígido	A partir de 20 GB
Pendrive / Cartão de memória	De 1 GB à 64 GB
Fitas DAT	De 1 GB à 80 GB

Note que a unidade utilizada para armazenamento são os *Bytes*, representados pelo B, cada *Byte* é composto por 8 bits (a menor unidade de armazenamento), representado pelo b, e cada bit pode assumir dois valores possíveis: 0 e 1. As notações do Sistema Internacional também se aplicam aqui.

Ainda com relação às memórias secundárias é importante salientar que CDs e DVDs podem ser do tipo R (recordable), quando podem ser gravados apenas uma vez, e do tipo RW (rewriteable), quando podem ser gravados múltiplas vezes.

1.5. Placas e Periféricos de Entrada e Saída

Existem placas que podem ser instaladas em um computador para extender suas funcionalidades, como por exemplo:

- ✔ Placa de vídeo: responsável por toda a geração de imagens e processamento gráfico de um computador;
- ✔ Placa de som: responsável pela geração e processamento de sons do computador;
- ✔ Placa de rede: permite a conexão com redes de computadores;
- ✔ *Modem*: permite a conexão com redes do tipo discada (*dial-up*).
- ✔ Outra possibilidade para adicionar mais usos a um computador são os periféricos, que podem ser de entrada e/ou saída.

Os dispositivos de entrada levam informações do mundo real para o virtual, como por exemplo: *scanners*, teclados, *mouses* e microfones. Os dispositivos de saída fazem o caminho inverso, levando a informação para o usuário, como por exemplo: impressoras, monitores, caixas de som. Há ainda dispositivos que realizam ambas as tarefas, como por exemplo: monitores touch screen, placas de rede e *modems*.

Para que cada um destes dispositivos ou placas possa ser utilizado corretamente pelo computador é necessário um conjunto de instruções específicas, estes são chamados de *drivers* e permitem a correta utilização do equipamento.

A conexão dos periféricos é feita por diferentes tipos de conectores, sendo alguns específicos e outros genéricos:

- ✔ Serial: conectores antigos substituídos pelo USB que podiam ser usados por teclados e *mouses*;
- ✔ VGA, DVI e HDMI: conectores utilizados por monitores e placas de vídeo;
- ✔ USB: conector genérico que pode ser usado diversos tipos de periféricos;
- ✔ *Ethernet*: usado para conexões de rede;
- ✔ Paralela: conexão antiga, substituída pela USB, era utilizada por *scanners*, câmeras e impressoras;
- ✔ SCSI: conectores antigos usados para discos rígidos e *drives* de CD.

Atualmente os periféricos são equipados com uma tecnologia chamada *Plug-and-Play*, que permite ao computador detectar o novo dispositivo sem que seja necessário reiniciar o sistema operacional.

Para as placas são utilizados slots de expansão, que compreendem:

- ✔ PCI: barramento genérico utilizado por diversos tipos de placas;
- ✔ AGP: usado para placas de vídeo;
- ✔ PCI-Express: barramento projetado para substituir os tipos AGP e PCI.

QUESTÕES COMENTADAS DE *HARDWARE*

(Técnico – TRE/CE – 2012 – FCC) Adquirir um disco magnético (HD) externo de 1 TB (*terabyte*) significa dizer que a capacidade nominal de armazenamento aumentará em

(A) 10003 *bytes* ou 109 *bytes*.
(B) 10004 *bytes* ou 1012 *bytes*.
(C) 10243 *bytes* ou 230 *bytes*.
(D) 10244 *bytes* ou 240 *bytes*.
(E) 10243 *bytes* ou 168 *bytes*.

A, B, C, D e E: Um tera*byte* representa 240 *bytes* ou 10244, portanto apenas a alternativa D está correta.

Gabarito "D"

(Técnico – TRE/SP – 2012 – FCC) Durante a operação de um computador, caso ocorra interrupção do fornecimento de energia elétrica e o computador seja desligado, os dados em utilização que serão perdidos estão armazenados

(A) no disco rígido e na memória RAM.
(B) em dispositivos removidos com segurança.
(C) no disco rígido.
(D) na memória RAM.
(E) no disco rígido decorrentes de atividades dos programas que estavam em execução.

A: Errada, os dados armazenados no disco rígido não são apagados caso o computador desligue. **B:** Errada, dispositivos deste tipo não perdem seu conteúdo caso não estejam energizados. **C:** Errada, o disco rígido não perde seu conteúdo caso fique sem energia. **D:** Correta, a memória RAM é de armazenamento volátil e perde seu conteúdo caso o computador seja desligado. E: Errada, o disco rígido não perde seu conteúdo caso fique sem energia.

Gabarito "D"

(Técnico – TRE/SP – 2012 – FCC) O sistema operacional de um computador consiste em um

(A) conjunto de procedimentos programados, armazenados na CMOS, que é ativado tão logo o computador seja ligado.
(B) conjunto de procedimentos programados, armazenados na BIOS, que é ativado tão logo o computador seja ligado.
(C) conjunto de dispositivos de *hardware* para prover gerenciamento e controle de uso dos componentes de *hardware*, *software* e *firmware*.
(D) *hardware* de gerenciamento que serve de interface entre os recursos disponíveis para uso do computador e o usuário, sem que este tenha que se preocupar com aspectos técnicos do *software*.
(E) *software* de gerenciamento, que serve de interface entre os recursos disponíveis para uso do computador e o usuário, sem que este tenha que se preocupar com aspectos técnicos do *hardware*.

A: Errada, CMOS é uma tecnologia usada na fabricação de circuitos. **B:** Errada, a BIOS armazena apenas as instruções de inicialização do computador. **C:** Errada, o sistema operacional é um item de *software*, e não de *hardware*. **D:** Errada, o sistema operacional é um item de *software*, e não de *hardware*. **E:** Correta, o sistema operacional é o *software* que funciona como interface entre o usuário e o computador.

Gabarito "E"

(Delegado/PA – 2012 – MSCONCURSOS) Analise as seguintes afirmações com relação a alocação de arquivos e assinale a alternativa correta:

I. Na alocação contígua, é necessário desfragmentação periódica.
II. Na alocação encadeada, o tamanho dos arquivos pode ser alterado facilmente.
III. Na alocação indexada, não há fragmentação externa.
IV. Na alocação encadeada e indexada, todo o disco pode ser utilizado.

(A) Apenas as afirmativas I, II e IV são verdadeiras.
(B) Todas as afirmativas são verdadeiras.
(C) Apenas a afirmativa II é falsa.
(D) Apenas as afirmativas I e III são verdadeiras.
(E) Apenas as afirmativas II e III são falsas.

A, B, C, D e E: Todas as afirmativas estão corretas, portanto apenas a alternativa B está correta.

Gabarito "B"

(Analista – TRE/SP – 2012 – FCC) Em relação a *hardware* e *software*, é correto afirmar:

(A) Para que um *software* aplicativo esteja pronto para execução no computador, ele deve estar carregado na memória *flash*.
(B) O fator determinante de diferenciação entre um processador sem memória *cache* e outro com esse recurso reside na velocidade de acesso à memória RAM.
(C) Processar e controlar as instruções executadas no computador é tarefa típica da unidade de aritmética e lógica.
(D) O *pendrive* é um dispositivo de armazenamento removível, dotado de memória *flash* e conector USB, que pode ser conectado em vários equipamentos eletrônicos.
(E) Dispositivos de alta velocidade, tais como discos rígidos e placas de vídeo, conectam-se diretamente ao processador.

A: Errada, memória *Flash* é um tipo de memória de armazenamento, o aplicativo pode estar no disco rígido ou em alguma outra mídia. **B:** Errada, a memória *cache* já é uma memória de armazenamento auxiliar de acesso muito rápido, ela não afeta a velocidade de acesso à memória RAM. **C:** Errada, a unidade lógica e aritmética realiza operações lógicas e aritméticas dentro da CPU. **D:** Correta, a afirmativa descreve corretamente o funcionamento de um *pendrive*. **E:** Errada, todos os dispositivos do computador são conectados à placa-mãe, e não ao processador.

Gabarito "D"

(Analista – TRE/SP – 2012 – FCC) João possui uma pasta em seu computador com um conjunto de arquivos que totalizam 4GB. A mídia de *backup* adequada, dentre outras, para receber uma cópia da pasta é

(A) DVD-RW.
(B) CD-R.
(C) Disquete de 3 e 1/2 polegadas de alta densidade.
(D) Memória *CACHE*.
(E) Memória RAM.

A: Correta, os DVD-RWs possuem em geral 4.7GB de espaço para armazenamento. **B:** Errada, os CD-Rs possuem apenas 0,7GB de espaço de armazenamento. **C:** Errada, os disquetes possuem espaço extremamente menor que 4 *Gigabytes*. **D:** Errada, a memória *cache* é usada pelo processador durante a realização de suas tarefas. **E:** Errada, a memória RAM é usada apenas durante o uso do computador, ela guarda informações voláteis.

Gabarito "A"

(Auditor Fiscal – São Paulo/SP – FCC – 2012) Dispositivos de entrada e saída possibilitam introduzir dados externos ao computador para processamento e apresentar dados processados pelo computador. Alguns dispositivos efetuam ambos papéis, servindo de dispositivo de entrada e saída. Um exemplo destes dispositivos é

(A) a webcam.
(B) a tela sensível ao toque.
(C) o leitor de código de barras.
(D) o *mouse* ótico.
(E) o *scanner*.

A: Errada, webcam são dispositivos de entrada (imagem) apenas. **B:** Correta, as telas sensíveis ao toque exibem as informações ao usuário e permitem que ele interaja com o conteúdo apresentado. **C:** Errada, o leitor de código de barras é um dispositivo de texto de entrada apenas. **D:** Errada, o *mouse* ótico é um dispositivo de entrada apenas. **E:** Errada, o *scanner* é um dispositivo de entrada apenas.

Gabarito "B"

(Auditor Fiscal – São Paulo/SP – FCC – 2012) Os dispositivos ou mídias de armazenamento são capazes de armazenar informações para posterior uso e processamento eletrônico. Dentre as mídias, dispositivos e tecnologias utilizadas para o armazenamento de informações NÃO se inclui o

(A) código QR.
(B) *pendrive*.
(C) código de barras.
(D) barramento de memória.
(E) RFID.

A: Errada, o código QR (QRCode) permite o armazenamento de informações de texto. **B:** Errada, os *pendrives* são mídias de armazenamento *Flash* do tipo. **C:** Errada, os códigos de barra permitem o armazenamento de texto. **D:** Correta, o barramento de memória tem por função permitir o tráfego de informações, não armazenando nada durante o processo. **E:** Errada, a tecnologia RFID permite o armazenamento de informações em etiquetas RFID.

Gabarito "D"

(Auditor Fiscal – São Paulo/SP – FCC – 2012) Sobre placas de redes (dispositivos de entrada e saída de computadores), considere:

I. Dois tipos de placas são as de padrão *Token Ring e Ethernet*. Cada placa de rede possui um endereço físico único para seu endereçamento chamado de *MAC Address*.
II. As placas de rede possuem conectores BNC para a utilização com cabos coaxiais e/ou conectores RJ45 que possibilitam a utilização de cabos de par trançado.
III. Devido às altas taxas de transferência e ao baixo custo, as placas de padrão *Token Ring* e *Wi-fi* estão cada vez mais dominando o mercado e deixando de lado o padrão *Ethernet*.

Está correto o que se afirma em

(A) I e II, apenas.
(B) III, apenas.
(C) II e III, apenas.
(D) I e III, apenas.
(E) I, II e III.

A, B, C, D e **E:** A afirmativa III está incorreta, o padrão *Token Ring* não está dominando o mercado atual, mas sim os padrões *Ethernet* e *Wi-fi*, portanto apenas a alternativa A está correta.

Gabarito "A"

(Policial Rodoviário Federal – 2009 – FUNRIO) O *hardware* de um computador é composto por processador, memória e unidades de entrada e/ou saída denominados dispositivos periféricos. Qual alternativa lista três dispositivos que são periféricos de entrada e saída?

(A) Teclado, microfone e *mouse*.
(B) *Modem*, alto falante e impressora.
(C) Disco magnético, *mouse* e alto falante.
(D) Disco magnético, *modem* e tela de toque.
(E) Tela de toque, teclado e impressora.

A: Errada, todos os três periféricos mencionados são dispositivos de entrada de dados apenas. **B:** Errada, o alto falante e a impressora são periféricos de saída de dados. **C:** Errada, o *mouse* é um dispositivo de entrada e o alto falante de saída. **D:** Correta, Discos magnéticos (HDs) o *modem* e as tecla de toque são ambos dispositivos de entrada e saída de dados. **E:** Errada, o teclado é um dispositivo de entrada de dados e a impressora é um dispositivo de saída.

Gabarito "D"

(Enfermeiro – ESTÂNCIA/SE – 2011 – EXATUS) A figura abaixo ilustra um *Mouse* de computador. Através dele é possível interagir com interfaces de *softwares*. Este periférico pode ser classificado como:

(A) Dispositivo de Entrada.
(B) Dispositivo de Saída.

(C) Dispositivo de Armazenamento.
(D) Dispositivo de Locomoção.

A: Correta, o *mouse* é um Dispositivo de Entrada pois permite que o usuário interaja com o sistema operacional enviando comandos para este. **B:** Errada, um dispositivo de saída envia informações do computador para o usuário, o que não ocorre pelo *mouse*. **C:** Errada, um *mouse* não armazena informações. **D:** Errada, não existe a classificação de dispositivo de locomoção.

Gabarito "A"

(Enfermeiro – ESTÂNCIA/SE – 2011 – EXATUS) Um computador é composto por componentes que podem ser divididos em *HARDWARE* ou *SOFTWARE*, estes trabalham juntos para o funcionamento da máquina. No caso do SISTEMA OPERACIONAL e da PLACA MÃE, podem ser classificados respectivamente como:

(A) *HARDWARE* e *SOFTWARE*.
(B) *SOFTWARE* e *HARDWARE*.
(C) *SOFTWARE* e *SOFTWARE*.
(D) *HARDWARE* e *HARDWARE*.

A, B, C e D: Um sistema operacional é um item de *Software* e uma placa-mãe é um item de *Hardware*, portanto apenas a alternativa B está correta.

Gabarito "B"

(Enfermeiro – POLÍCIA CIVIL/MG – 2013 – ACADEPOL) Todas as afirmativas sobre os componentes fundamentais de um computador estão corretas, EXCETO:

(A) Memória Principal é o componente interno à UCP, responsável pelo armazenamento de dados.
(B) Barramento é o caminho físico pelo qual os dados são transferidos entre os componentes do sistema de computação.
(C) Unidade Central de Processamento (UCP) é o componente responsável pela manipulação direta ou indireta dos dados.
(D) Unidade Lógica e Aritmética (ULA) é o componente da UCP responsável por realizar as operações aritméticas ou lógicas.

A: Correta, a afirmativa está incorreta e deve ser marcada, a memória principal é um componente externo à UCP e é utilizado para armazenamento temporário. **B:** Errada, a afirmativa está correta. **C:** Errada, a afirmativa está correta. **D:** Errada, a afirmativa está correta.

Gabarito "A"

(Analista – TRT/2ª – 2008 – FCC) Começa a executar a partir da ROM quando o *hardware* é ligado. Exerce a função de identificar o dispositivo do sistema a ser inicializado para, em última instância, executar o carregador de *boot*. Este enunciado define

(A) o kernel.
(B) o BIOS.
(C) o drive.
(D) a RAM.
(E) o sistema operacional.

A: errada, o kernel é o núcleo do sistema operacional e só é acionado após todo o processo de *boot*. **B:** correta, a BIOS é executada a partir da memória ROM e inicializa todos os processos para que o *boot* possa ser executado. **C:** errada, *Drive* representa geralmente alguma unidade de leitura ou armazenamento. **D:** errada, a memória RAM é uma memória de acesso aleatório, utilizada como auxiliar para armazenar informações durante o processamento do CPU. **E:** errada, o sistema operacional habilita o usuário a utilizar as funcionalidades do computador agindo como uma interface entre o usuário e a máquina; só é carregado após o *boot*.

Gabarito "B"

(Analista – TRT/4ª – 2006 – FCC) Basicamente, as funções de cálculo/controle, armazenamento temporário de dados e leitura/gravação de dados são realizadas em um microcomputador, respectivamente, nos dispositivos:

(A) Periféricos, EPROM e ROM.
(B) CPU, barramento e ROM.
(C) CPU, RAM e periféricos.
(D) ROM, CPU e *SLOT*.
(E) *SLOT*, EPROM e periféricos.

A: errada, os periféricos não possuem capacidade de cálculo/controle, mas sim para leitura/gravação de dados. **B:** errada, a CPU possui funções de cálculo/controle, porém o barramento não tem função de armazenamento temporário, e sim de permitir a comunicação entre dispositivos. **C:** correta, a CPU tem como função realizar cálculos e funções de controle; a RAM é uma memória de armazenamento temporário e os periféricos servem para leitura/gravação de dados. **D:** errada, a ROM não possui função de cálculo/controle, ela é uma memória de leitura apenas. **E:** errada, o SLOT não possui função de cálculo, ele é na verdade o local em que se pode instalar um periférico.

Gabarito "C"

(Analista – TRT/14ª – 2011 – FCC) O elemento que ajuda a minimizar a diferença de desempenho entre o processador e demais componentes dos computadores atuais é

(A) o disco rígido.
(B) o barramento PCI.
(C) o barramento USB.
(D) a memória *cache*.
(E) a memória principal.

A: Errada, o disco rígido é um tipo de memória de armazenamento com alto tempo de acesso. **B:** Errada, o barramento PCI permite a conexão de outros dispositivos como placas de som, de captura ou modens. **C:** Errada, o barramento USB permite a conexão de diversos tipos de periféricos, como *mouse*, teclado, impressora, leitores, etc. **D:** Correta, a memória *cache* é uma memória de acesso rápido utilizada pelo processador para aumentar o desempenho do processamento. **E:** Errada, a memória principal é uma memória volátil que armazena informações utilizadas durante o processamento.

Gabarito "D"

(Analista – TRT/20ª – 2011 – FCC) Sobre *hardware* e *software*, analise:

I. ROM são memórias de baixa velocidade localizadas em um processador que armazena dados de aplicações do usuário para uso imediato do processador.

II. O tempo de execução do computador é medido em ciclos; cada ciclo representa uma oscilação completa de um sinal elétrico fornecido pelo gerador de relógio do sistema. A velocidade do computador geralmente é dada em GHz.

III. O processador é um componente de *hardware* que executa um fluxo de instruções em linguagem de máquina.

IV. Um aplicativo é primariamente um gerenciador de recursos do computador, seu projeto está intimamente ligado aos recursos de *software* e *hardware* que devem gerenciar.

Está correto o que se afirma APENAS em

(A) I e II.
(B) I e IV.
(C) II e III.
(D) II, III e IV.
(E) III e IV.

A: Errada, a alternativa I está incorreta, a memória ROM é uma memória apenas de leitura utilizada durante a inicialização do computador. **B:** Errada, as alternativas I e IV estão incorretas, a memória ROM é uma memória apenas de leitura utilizada durante a inicialização do computador e aplicativos são *softwares* que tem por objetivo ajudar o usuário a desempenhar uma tarefa específica. **C:** Correta, apenas as alternativas II e III estão corretas. **D:** Errada, a afirmativa IV está incorreta, aplicativos são *softwares* que tem por objetivo ajudar o usuário a desempenhar uma tarefa específica. **E:** Errada, a afirmativa IV está incorreta, aplicativos são *softwares* que tem por objetivo ajudar o usuário a desempenhar uma tarefa específica.

Gabarito "C"

(Analista – TRT/20ª – 2011 – FCC) No *Windows XP*, para formatar um disco é necessário selecionar um sistema de arquivos. O sistema de arquivos nativo do *Windows XP*, adequado inclusive para unidades de disco grandes e que permite compressão e criptografia de arquivo é conhecido como

(A) FAT16.
(B) FAT32.
(C) FAT64.
(D) NTFS.
(E) MFT.

A: Errada, o FAT16 tem um limite de 2GB devido a limitação do número de *clusters* que suporta. **B:** Errada, o Windows não consegue formatar unidades em FAT32 maiores que 32GB por uma limitação do *software*, além disso, o FAT32 não suporta arquivos maiores que 4GB. **C:** Errada, o FAT64 não é o sistema nativo do Windows XP. **D:** Correta, o sistema de arquivos NTFS é o padrão adotado em toda a linha do Windows NT, que se inicia no Windows XP. **E:** Errada, MFT não é um sistema de arquivos.

Gabarito "D"

(Analista – TRT/21ª – 2010 – CESPE) Julgue os itens a seguir, relativos a conceitos e modos de utilização da Internet e de intranets, assim como a conceitos básicos de tecnologia e segurança da informação.

(1) Um *hub* é um equipamento que permite a integração de uma ou mais máquinas em uma rede de computadores, além de integrar redes entre si, com a característica principal de escolher qual é a principal rota que um pacote de dados deve percorrer para chegar ao destinatário da rede.

1: Errada, o *hub* não realiza a escolha de rotas, ele apenas retransmite os pacotes recebidos para todos os segmentos da rede nele conectados.

Gabarito 1E

(Analista – TRE/AL – 2010 – FCC) Ao compartilhar pastas e impressoras entre computadores, evitando que pessoas não autorizadas possam acessar os arquivos pela Internet, pode-se montar a rede usando um *firewall*, baseado em *hardware*, por meio do dispositivo denominado

(A) *hub*.
(B) *switch*.
(C) roteador.
(D) repetidor.
(E) *cross-over*.

A: Errada, o *hub* é apenas um repetidor, não possuindo funções de controle. **B:** Errada, o *switch* não possui função de *firewall* baseado em *hardware*. **C:** Correta, o roteador é o equipamento designado para realizar controle em redes. **D:** Errada, o repetidor não possui função de controle, apenas retransmite os pacotes para toda a rede. **E:** Errada, cross-over é um tipo de cabo de rede que conecta um computador direto a outro.

Gabarito "C"

(Analista – TRE/AL – 2010 – FCC) NÃO se trata de um dispositivo reconhecido pelo sistema operacional para compartilhar uma pasta contendo arquivos que possam ser acessados a partir de outros computadores:

(A) Memória RAM.
(B) Memória *flash* USB.
(C) Disco rígido.
(D) DVD-ROM.
(E) Disquete.

A: Correta, a Memória RAM é uma memórial volátil auxiliar que armazena informações necessárias para a execução de outros programas; **B:** Errada, a Memória *flash* USB é uma memória de armazenamento; **C:** Errada, o Disco Rígido é um tipo de memória de armazenamento; **D:** Errada, o DVD-ROM é um tipo de memória de armazenamento; **E:** Errada, o Disquete é um tipo de memória de armazenamento.

Gabarito "A"

(Analista – TRE/AM – 2010 – FCC) Os *notebooks* PC quando se apresentam sob a marca Intel Centrino significa que estes computadores são caracterizados por

(A) uma plataforma particular que combina um processador, um *chipset* e uma interface de rede sem fio.

(B) um processador da família Centrino, apenas.
(C) um processador da família Pentium M, apenas.
(D) uma plataforma que combina um processador e um *chipset* específicos, apenas.
(E) uma plataforma particular que combina um processador e uma interface de rede sem fio, apenas.

A: Correta, Centrino designa uma plataforma de alto desempenho que possui uma combinação particular de CPU, *chipset* e uma interface de rede sem fio. **B:** Errada, os processadores utilizados na plataforma Centrino são do tipo Pentium M. **C:** Errada, além da CPU a plataforma consiste também de um *chipset*, geralmente do tipo Intel 855 series, e uma interface de rede sem fio. **D:** Errada, além do CPU e do *chipset* faz parte também uma interface de rede sem fio. **E:** Errada, além do CPU e da interface de rede também faz parte um *chipset*, em geral do tipo Intel 855 series.

Gabarito "A"

(Analista – TRE/AP – 2011 – FCC) Em termos de componentes básicos do computador, é um elemento que, no final das contas, funciona como uma mesa de trabalho que a todo o momento tem seu conteúdo alterado e, até mesmo, descartado quando ela não está energizada:
(A) Placa-mãe.
(B) Processador.
(C) HD.
(D) Placa de vídeo.
(E) Memória RAM.

A: Errada, a placa-mãe não armazena nenhum tipo de conteúdo. **B:** Errada, o processador não armazena conteúdo, apenas processa as informações. **C:** Errada, o HD mantém os dados escritos mesmo quando não está energizado. **D:** Errada, a placa de vídeo não armazena conteúdo, apenas processa as imagens que serão exibidas. **E:** Correta, a memória RAM armazena temporariamente as informações que são utilizadas pelo processador, sendo elas descartadas quando o computador é desligado.

Gabarito "E"

(Analista – TRE/MS – 2007 – FCC) Os dispositivos de armazenamento considerados não voláteis são apenas
(A) RAM e ROM.
(B) RAM e *Cache*.
(C) RAM e HD.
(D) ROM e HD.
(E) ROM e *Cache*.

A: errada, a memória RAM é um tipo de memória volátil. **B:** errada, a memória RAM é um tipo de memória volátil. **C:** errada, a memória RAM é um tipo de memória volátil. **D:** Correta, a memória do tipo ROM e o HD mantém seu conteúdo mesmo quando não estão energizadas. **E:** Errada, a memória *cache* perde seu conteúdo quando sem energia, portanto é do tipo volátil.

Gabarito "D"

(Analista – TRE/PB – 2007 – FCC) As tecnologias denominadas Matriz passiva e Matriz ativa são utilizadas em monitores de vídeo de
(A) CRT monocromático.
(B) LCD monocromático.
(C) CRT colorido.
(D) LCD colorido.
(E) CRT colorido ou monocromático.

A: errada, as matrizes ativas e passivas são exclusivas de monitores LCD. **B:** errada, monitores LCD monocromáticos não utilizam matrizes passivas ou ativas. **C:** errada, as matrizes ativas e passivas são exclusivas de monitores LCD. **D:** correta, os monitores LCD coloridos utilizam matriz passiva (os modelos mais antigos) ou matriz ativa (os modelos mais novos). **E:** errada, as matrizes ativas e passivas são exclusivas de monitores LCD.

Gabarito "D"

I. Disponibilizar na Intranet um glossário de termos para uso geral com a definição, dentre outras, dos componentes do processador (ou Unidade Central de Processamento) de um computador.

(Analista – TRE/PI – 2009 – FCC) Dentre os componentes mencionados em (I), incluem-se a
(A) Unidade Lógica e Aritmética e a Unidade de Controle.
(B) Placa-mãe e a Unidade de *Hard disk*.
(C) Unidade de Controle e a Unidade de *Hard disk*.
(D) Unidade Lógica e Aritmética, os *slots* de memória RAM e a Placa-mãe.
(E) Placa-mãe e a Placa de controle de vídeo.

A: correta, a CPU é composta pela Unidade Lógica e Aritmética e a Unidade de Controle. **B:** errada, a placa-mãe e o HD não fazem parte da CPU. **C:** errada, o HD não faz parte da CPU. **D:** errada, os slots de memória RAM e a Placa-mãe não fazem parte da CPU. **E:** errada, a placa-mãe e a placa controladora de vídeo não fazem parte da CPU.

Gabarito "A"

(Analista – TRE/SE – 2007 – FCC) Um programa ou *software* aplicativo no momento de sua execução em um microcomputador normalmente tem que estar carregado
(A) na memória RAM.
(B) na memória *Flash*.
(C) na memória ROM.
(D) no processador.
(E) no disco rígido.

A: correta, informações referentes a programas ou *softwares* ficam armazenadas na memória RAM enquanto são executados. **B:** errada, a memória *Flash* não tem capacidade de armazenar informações temporárias referentes à execução de programas. **C:** errada, a memória ROM é do tipo apenas leitura, não podendo ser sobrescrita. **D:** errada, o processador apenas realiza os cálculos necessários para a execução de um programa; ele não armazena informações referentes a este. **E:** errada, o disco rígido não tem capacidade de armazenar informações temporárias referentes à execução de programas.

Gabarito "A"

(Analista – TRE/SE – 2007 – FCC) A unidade de medida 1 mega*byte* representa uma capacidade nominal de armazenar
(A) 2^{1000} caracteres.
(B) 2^{100} caracteres.
(C) 2^{10} caracteres.
(D) 2^{200} caracteres.
(E) 2^{20} caracteres.

A: errada, pois cada caractere representa 1 *byte*, logo 1 mega*byte* representa 1 048 576 caracteres. **B:** errada, pois cada caractere representa 1 *byte*, logo 1 mega*byte* representa 1 048 576 caracteres. **C:** errada, pois cada caractere representa 1 *byte*, logo 1 mega*byte* representa 1 048 576 caracteres. **D:** errada, pois cada caractere representa 1 *byte*, logo 1 mega*byte* representa 1 048 576 caracteres. **E:** correta, pois cada caractere representa 1 *byte*, logo 1 mega*byte* representa 1 048 576 caracteres ou 220.

Gabarito "E"

(Analista – TRE/SP – 2006 – FCC) O número decimal 13 convertido ao sistema básico binário será igual a

(A) 1101.
(B) 0101.
(C) 1011.
(D) 1010.
(E) 1001.

A: correta, 1101 representa o decimal 13. **B:** errada, 0101 representa o decimal 5. **C:** errada, 1011 representa o decimal 11. **D:** errada, 1010 representa o decimal 10. **E:** errada, 1001 representa o decimal 9.

Gabarito "A"

(Analista – TRE/SP – 2006 – FCC) Na linguagem da informática, um soquete de conexão para um periférico na placa-mãe de um computador é genericamente conhecido por

(A) SDRAM.
(B) SLOT.
(C) EPROM.
(D) STICK.
(E) BIOS.

A: errada, SDRAM é um tipo de memória volátil. **B:** correta, o nome que se refere ao soquete de conexão de um periférico na placa-mãe é SLOT. **C:** errada, EPROM é um tipo de memória não volátil. **D:** errada, STICK não descreve nenhum componente de um computador. **E:** errada, a BIOS é responsável pelo suporte básico de acesso ao *hardware*.

Gabarito "B"

(Analista – TRE/TO – 2011 – FCC) Processador, memória RAM e bateria são alguns dos principais componentes

(A) da placa-mãe.
(B) do conector serial.
(C) da saída paralela.
(D) da porta USB.
(E) do disco rígido.

A: Correta, o processado, a memória RAM e a bateria são itens interligados pela placa-mãe e necessários para o funcionamento de um computador. **B:** Errada, a porta serial é apenas uma parte de conexão de periféricos. **C:** Errada, a saída paralela é apenas uma porta de conexão de periféricos. **D:** Errada, a porta USB é apenas uma porta de conexão de periféricos. **E:** Errada, o disco rígido é apenas uma unidade de armazenamento de dados.

Gabarito "A"

Texto para as três questões a seguir

Considere a configuração de um microcomputador do tipo *notebook* apresentada a seguir.

Intel Core Duo – 1,6 GHz e 533 MHz FSB;
2 MB L2 *cache*;
15,4 WXGA LCD;
120 GB HDD;
DVD-RW *double layer*;
1 GB DDR2, 802.11 a/b/g *wireless* LAN.

(Analista – TRE/GO – 2008 – CESPE) Com base na configuração apresentada, assinale a opção correta.

(A) 1,6 GHz indica que o processador possui capacidade de armazenamento de dados de 1.600 MB.
(B) Intel Core Duo indica a existência de memória dupla, o que amplia a velocidade de processamento das informações.
(C) 533 MHz FSB indica a capacidade da memória RAM.
(D) Intel Core Duo indica que há dois processadores no mesmo *chip* de silício.

A: errada, 1.6GHz indica a quantidade de oscilações por clock. **B:** errada, Intel Core Duo se refere a uma tecnologia desenvolvida pela empresa Intel de processadores de núcleo duplo. **C:** errada, FSB é um barramento de transporte de dados. **D:** correta, a tecnologia Intel Core Duo se refere a processadores de núcleo duplo em um mesmo chip.

Gabarito "D"

(Analista – TRE/GO – 2008 – CESPE) Com referência ao microcomputador apresentado, assinale a opção correta.

(A) 2 MB L2 *cache* indica a capacidade da memória *cache*, uma memória estática que tem por finalidade aumentar o desempenho do processador ao realizar busca antecipada na memória RAM.
(B) A opção L2 significa que é possível instalar dois sistemas operacionais, como o Linux e o Windows XP.
(C) A utilização de dispositivos do tipo *pen drive* permite ampliar, ainda que temporariamente, a capacidade da memória ROM do computador.
(D) A capacidade do disco rígido, na referida configuração, é de 1 GB.

A: correta, a memória L2 *cache* é uma memória estática que auxilia no desempenho do processador. **B:** errada, a memória L2 é uma memória *cache* de auxílio ao processador. **C:** errada, os *pen drives* aumentam a capacidade de armazenamento de arquivos; a memória ROM é uma memória do tipo não volátil. **D:** errada, a capacidade de disco rígido é de 120GB.

Gabarito "A"

(Analista – TRE/GO – 2008 – CESPE) Ainda com base na configuração apresentada, assinale a opção correta.

(A) DVD-RW double layer indica que o *notebook* possui leitora de DVD dupla face, mas não permite gravação.

(B) Com a configuração de *hardware* apresentada, não seria possível a instalação do *software* Linux. Para essa instalação, seria necessário ampliar a capacidade de memória.
(C) O *notebook* com a configuração apresentada permite acesso a redes sem fio das tecnologias 802.11 a/b/g *wireless* LAN.
(D) 15,4 WXGA LCD indica o modelo e o tamanho da placa-mãe da configuração apresentada.

A: errada, a sigla RW indica que o drive de DVD também possui função de gravação. **B:** errada, a configuração apresentada é suficiente para a instalação de um sistema operacional Linux.**C:** correta, as tecnologias 802.11 a/b/g se referem às frequências utilizadas em conexões *wireless*. **D:** errada, 15,4 WXGA LCD indicam as configurações do monitor do *notebook*.

Gabarito "C"

(Analista – TJ/PE – 2007 – FCC) Alternativamente, o salvamento do arquivo pelo editor de textos poderá

(A) ser feito na RAM.
(B) ser realizado na EPROM.
(C) ocorrer tanto no disco rígido quanto em uma mídia removível.
(D) ser realizado diretamente em um *slot* da placa-mãe.
(E) ser realizado na ROM.

A: errada, a memória RAM não armazena arquivos, e sim informações sobre *softwares* em execução. **B:** errada, a EPROM é um tipo de memória não volátil, portanto não pode armazenar arquivos. **C:** correta, arquivos e dados podem ser armazenados tanto em um disco rígido quanto em uma mídia removível. **D:** errada, slots da placa-mãe servem de conexão com periféricos, portanto não armazenam arquivos e dados. **E:** errada, a memória ROM é um tipo de memória não volátil, portanto não pode armazenar arquivos.

Gabarito "C"

(Analista – TJ/PI – 2009 – FCC)

I. Proceder, diariamente, à cópia de segurança dos dados em fitas digitais regraváveis (algumas comportam até 72 Gb de capacidade) em mídias alternadas para manter a segurança e economizar material.

No item I é recomendado o uso de mídias conhecidas por

(A) FAT32.
(B) FAT.
(C) NTSF.
(D) DAT.
(E) DVD+RW.

A: errada, FAT32 se refere a um sistema de armazenamento de arquivos. **B:** errada, FAT se refere a um sistema de armazenamento de arquivos. **C:** errada, NTSF se refere a um sistema de armazenamento de arquivos. **D:** correta, DAT descreve um tipo de fita magnética para armazenamento de arquivos e dados. **E:** errada, os DVDs do tipo DVD+RW não possuem uma capacidade de armazenamento de até 72Gb.

Gabarito "D"

(Analista – TJ/MT – 2008 – VUNESP) Assinale a alternativa que preenche, correta e respectivamente, as lacunas da afirmação sobre gerenciamento de memória no Windows Vista.
A memória ____ combina a RAM do computador com espaço temporário no disco rígido. Quando a RAM fica insuficiente, a memória virtual move os dados da RAM para um espaço chamado arquivo de ____. Isso libera a RAM para concluir seu trabalho.

(A) ROM ... documentos
(B) secundária ... memória
(C) virtual ... paginação
(D) cache ... armazenamento
(E) kernel ... gerenciamento

A: errada, a memória ROM é uma memória não volátil, portanto não armazena informações temporárias. **B:** errada, memórias secundárias são memórias que não podem ser acessadas diretamente como HD e CDs. **C:** correta, a memória virtual é uma combinação da memória RAM com espaço temporário no disco; quando a RAM se torna insuficiente, ela move os dados da RAM para arquivos de paginação. **D:** errada, a memória *cache* não combina a memória RAM com espaço temporário, ela serve para auxiliar o processador. **E:** errada, o kernel é o núcleo de um sistema operacional e não combina memória RAM com espaço temporário no disco rígido.

Gabarito "C"

(Analista – TJ/PB – 2008 – COMPROV) Analise as seguintes afirmações sobre Frequência de operação ou *clock* e marque as corretas.

I. Unidade básica da frequência é o Hertz.
II. Determina a velocidade da transferência de dados entre os componentes de *hardware*.
III. 1 MHz equivale a cem ciclos por segundo.
IV. Quanto maior a frequência maior o desempenho.

Escolha a alternativa correta.

(A) I e III.
(B) II e IV.
(C) II, III e IV.
(D) I, II e IV.
(E) I, II, III e IV.

A: errada, a afirmativa III está incorreta, pois 1MHz equivale a um milhão de ciclos por segundo. **B:** errada, as afirmativas II e IV não são as únicas corretas. **C:** errada, a afirmativa III está incorreta, pois 1MHz equivale a um milhão de ciclos por segundo. **D:** correta, as afirmativas I, II e IV estão corretas. **E:** errada, a afirmativa III está incorreta, pois 1MHz equivale a um milhão de ciclos por segundo.

Gabarito "D"

(Analista – TJ/PB – 2008 – COMPROV) Analise as seguintes afirmações sobre *chipset* e assinale as corretas:

I. Contém todo o *software* básico para inicializar a placa-mãe.
II. É um dos principais componentes lógicos de uma placa-mãe.

III. Divide-se entre "ponte norte" e "ponte sul".
IV. O *chipset* é quem define, entre outras coisas, a quantidade máxima de memória RAM que uma placa-mãe pode ter.

Escolha a alternativa correta.

(A) I e III.
(B) II e IV.
(C) II, III e IV.
(D) I, II e IV.
(E) I, II, III e IV.

A: errada, o *chipset* não contém todo o *software* básico para inicialização da placa-mãe. **B:** errada, as afirmativas II e IV não são as únicas corretas. **C:** correta, o *chipset* é um dos principais componentes lógicos de uma placa-mãe; divide-se entre "ponte norte" e "ponte sul" e define, entre outras coisas, a quantidade máxima de memória RAM que uma placa-mãe pode ter. **D:** errada, o *chipset* não contém todo o *software* básico para inicialização da placa-mãe. **E:** errada, o *chipset* não contém todo o *software* básico para inicialização da placa-mãe.

Gabarito "C"

(Analista – TJ/PB – 2008 – COMPROV) Qual das afirmações sobre USB está ERRADA?

(A) Possui o recurso de Hot Swap, permitindo conectar e desconectar dispositivos com o computador ligado.
(B) Permite conectar dispositivos como teclado, *mouse* e HD externo.
(C) É um padrão de barramento paralelo para conectar dispositivos a um computador.
(D) Permite conectar uma webcam.
(E) A versão 2.0 possui uma taxa de transferência de dados maior do que a versão 1.1.

A: errada, USB possui o recurso *Hot Swap* sendo possível ligá-lo e desligá-lo sem que o computador seja desligado. **B:** errada, dispositivos como teclado, *mouse* e HD externo podem possuir conexão via USB. **C:** correta, USB é um tipo de conexão do tipo *Plug and Play*, e não um barramento paralelo. **D:** errada, webcams realmente podem ser conectadas via USB. **E:** errada, a versão 2.0 realmente possui uma taxa de transferência maior que a da versão 1.1

Gabarito "C"

(Analista – TJ/PB – 2008 – COMPROV) O termo que representa o programa que fica armazenado em uma memória ROM, localizado na placa-mãe é:

(A) CMOS.
(B) Overclock.
(C) Sistema operacional.
(D) BIOS.
(E) Chipset.

A: errada, o CMOS é uma área da memória em que ficam guardadas informações sobre periféricos, configurações iniciais, relógio e calendário. **B:** errada, *overclock* é uma técnica utilizada para aumentar a frequência de um processador. **C:** errada, o sistema operacional é armazenado no disco rígido. **D:** correta, a BIOS é responsável pelo suporte básico de acesso ao *hardware* e se encontra na memória ROM. **E:** errada, o *chipset* é um grupo de circuitos integrados.

Gabarito "D"

(Analista – TJ/MA – 2009 – IESES) São tecnologias de imagem que permitem à construção de monitores finos e leves todas as seguintes, EXCETO:

(A) CRT
(B) PLASMA
(C) OLED
(D) LCD

A: correta, CRT se refere a monitores com tecnologia de tubo, sendo portanto maiores que os monitores de outros tipos. **B:** errada, PLASMA é uma tecnologia que propicia monitores mais finos através de gás ionizado. **C:** errada, OLED é uma tecnologia que propicia monitores mais finos a partir de diodos orgânicos. **D:** errada, LCD é uma tecnologia que propicia monitores mais finos através da polarização da luz.

Gabarito "A"

(Analista – TJ/PR – 2009) Um sistema digital é capaz de armazenar facilmente uma grande quantidade de informação por períodos de tempo curtos ou longos. Um tipo de memória de acesso rápido que armazena temporariamente as informações de trabalho é denominado(a):

(A) Memória RAM.
(B) Memória USB.
(C) Memória ROM.
(D) Disco Rígido.
(E) CD ROM.

A: correta, a memória RAM é uma memória temporária de acesso rápido. **B:** errada, a memória USB é uma memória de armazenamento. **C:** errada, a memória ROM é uma memória não volátil do tipo somente leitura. **D:** errada, o disco rígido, além de não ser de rápido acesso, é uma memória de armazenamento. **E:** errado, o CD ROM, além de não ser de rápido acesso, é uma memória de armazenamento.

Gabarito "A"

I. Ao instalar quaisquer dispositivos que necessitem de comunicação entre o sistema operacional e o *hardware* (espécie de tradutor/intérprete), providenciar as ações necessárias.

(Analista – TJ/PI – 2009 – FCC) A ação mencionada em I refere-se à instalação conjunta de programas que acompanham os *dispositivos* conhecidos por

(A) *drives*.
(B) *firewalls*.
(C) *drivers*.
(D) *adwares*.
(E) *speakers*.

A: errada, o nome correto do dispositivo é "*drivers*" e não "*drives*". **B:** errada, *firewall* são sistemas de proteção de redes. **C:** correta, os *drivers* são programas que possibilitam o sistema operacional a utilizar os dispositivos de *hardware*. **D:** errada, *adwares* são *malwares* que exibem propagandas indesejadas ao usuário. **E:** errada, *speakers* são dispositivos de emissão de som.

Gabarito "C"

(Técnico Judiciário – TRT/4ª – 2011 – FCC) Barramento é um conjunto de linhas de comunicação que permitem a interligação entre os componentes do computador. O barramento USB (*Universal Serial Bus*) é classificado como um barramento de

(A) *cache*.
(B) memória.
(C) entrada e saída.
(D) dados.
(E) endereço.

A: Errada, barramento de *cache* é o barramento dedicado para acesso à memória *cache* do computador, memória estática de alto desempenho localizada próximo ao processador. **B:** Errada, barramento de memória é o barramento responsável pela conexão da memória principal ao processador. **C:** Correta, o USB é considerado um barramento de entrada e saída, permitindo a ligação de diversos periféricos. **D:** Errada, o barramento de dados é responsável por transportar informação da instrução, variável do processamento ou informação de um periférico de E/S. **E:** Errada, o barramento de endereço é usado para informar os endereços físicos/locações de memória de um computador.

Gabarito "C"

(Técnico Judiciário – TRT/4ª – 2011 – FCC) Numa rede LAN (*Local Area Network*), o recurso de *hardware* mínimo que deverá estar instalado no computador para permitir a comunicação com os demais elementos da rede é

(A) o *switch*.
(B) a placa de rede.
(C) o teclado.
(D) o *hub*.
(E) o cartão de memória.

A: Errada, o *switch* é um elemento de rede que permite o encaminhamento de pacotes na rede e realiza a segmentação de redes. **B:** Correta, a placa de rede é o periférico que permite ao computador se conectar a uma rede. **C:** Errada, o teclado é um dispositivo de entrada do computador. **D:** Errada, o *HUB* é um concentrador de redes, permitindo a ligação entre diferentes redes. **E:** Errada, o cartão de memória tem como única função armazenamento de dados.

Gabarito "B"

(Técnico Judiciário – TRT/4ª – 2006 – FCC) Para duas unidades C e D de discos rígidos (HD), instaladas num mesmo computador,

(A) não são designados diretórios-raiz
(B) é designado um único diretório-raiz C
(C) é designado um único diretório-raiz A
(D) são designados, respectivamente, dois diretórios-raiz C e D
(E) são designados, respectivamente, dois diretórios-raiz A e B

A: errada, em toda unidade de disco rígido há um diretório-raiz. **B:** errada, cada unidade de disco rígido possui um diretório-raiz e não apenas uma delas. **C:** errada, cada unidade de disco rígido possui um diretório-raiz homônimo. **D:** correta, cada unidade de disco rígido possui um diretório-raiz homônimo. **E:** errada, cada unidade de disco rígido possui um diretório-raiz homônimo.

Gabarito "D"

(Técnico Judiciário – TRT/1ª – 2008 – CESPE) Com relação a conceitos de computação e de informática, assinale a opção correta.

(A) Diversos modelos do dispositivo denominado *pen drive* têm capacidade de armazenamento de dados superior a 1 milhão de *bytes*.
(B) Nos modelos antigos de impressoras do tipo jato de tinta, a conexão entre a impressora e o computador era feita por meio de interface USB. Hoje, as impressoras modernas possibilitam que a comunicação seja realizada apenas por meio da porta serial, com o uso da interface RS-232.
(C) São funções do dispositivo denominado *modem*, também chamado de *no-break*: estabilizar a tensão proveniente da rede elétrica que energiza o computador, proteger o computador de sobrecargas de tensão que possam ocorrer na rede elétrica e manter o suprimento de energia por um tempo limitado, quando faltar energia.
(D) Em uma intranet que utilize o padrão *Ethernet* para a conexão de computadores, um arquivo do Word armazenado em um computador não pode ser aberto por um usuário que esteja trabalhando em um outro computador da rede.
(E) Os computadores digitais utilizam, para armazenar e processar dados, o sistema ternário, que é um sistema de numeração diferente do decimal. Nesse sistema ternário, apenas os dígitos 0, 1 e 2 são utilizados para a representação de qualquer número.

A: correta, existem vários modelos de *pendrive* com capacidade de armazenamento superior a 1 milhão de *bytes*. **B:** errada, os modelos atuais são os que utilizam a interface USB. **C:** errada, a função do *modem* é prover conexão com a internet e não estabilizar a tensão proveniente da rede elétrica. **D:** errada, em uma rede intranet que utiliza o padrão *Ethernet*, arquivos podem ser acessados de outros computadores. **E:** errada, os computadores digitais utilizam o sistema binário, composto dos dígitos 0 e 1.

Gabarito "A"

(Técnico Judiciário – TRE/AP – 2011 – FCC) Considere o componente que tem duas unidades idênticas conectadas à placa-mãe, permitindo, dessa forma, duplicar a velocidade de comunicação para atender com maior rapidez o fornecimento de dados requeridos pelo processador. Trata-se do componente

(A) disco rígido.
(B) *pen drive*.
(C) *drive* de CD/DVD.
(D) memória RAM.
(E) monitor de LCD.

A: Errada, o disco rígido não fornece dados ao processador. **B:** Errada, o *pen drive* é apenas uma unidade de armazenamento de dados. **C:** Errada, o drive de CD/DVD é apenas uma unidade de leitura de dados. **D:** Correta, a memória RAM é o local onde o processador armazena informações durante o processamento, unidades idênticas podem utilizar a tecnologia Dual Channel e aumentar a velocidade de acesso aos dados. **E:** Errada, um monitor é apenas uma unidade de saída de dados.

Gabarito "D"

(Técnico Judiciário – TRE/AP – 2006 – FCC) A quantidade de CD-RW de 650 MB que pode ser gravada em um DVD-RW de 4,7 GB corresponde, em valor arredondado, a

(A) 723.
(B) 138.
(C) 72.
(D) 14.
(E) 7.

A: errada, a quantidade é de aproximadamente 7 vezes. **B:** errada, a quantidade é de aproximadamente 7 vezes. **C:** errada, a quantidade é de aproximadamente 7 vezes. **D:** errada, a quantidade é de aproximadamente 7 vezes. **E:** correta, a quantidade é de aproximadamente 7 vezes, visto que em um DVD cabem 4700 MB.

Gabarito "E"

(Técnico Judiciário – TRE/MS – 2007 – FCC) Considerando o conceito de *hardware*, é correto o que se afirma em:

(A) Atualmente os dois tipos de discos rígidos existentes no mercado são o IDE/ATA e o *Fibre Channel*.
(B) Fitas magnéticas e memória ROM são exemplos de memórias terciárias.
(C) Os barramentos entre os componentes constituem somente conexões ponto a ponto; eles conectam componentes utilizando conjunto de fios diferentes.
(D) *Modem e drive* de disquete são considerados dispositivos de entrada e saída (E/S).
(E) Ao contrário do barramento PCI, o AGP reconhece o recurso *Plug and Play* (PnP).

A: errada, também existem discos rígidos do tipo SATA. **B:** errada, a memória ROM é do tipo principal e não terciária. **C:** errada, os barramentos nem sempre são constituídos de fios. **D:** correta, *modem* e *drive* de disquete são dispositivos de entrada e saída. **E:** errada, o barramento PCI reconhece o recurso *Plug and Play*.

Gabarito "D"

I. O computador tem espaço disponível para inserção de novas placas de memória. É urgente que uma expansão seja feita a fim de melhorar o desempenho e a capacidade de armazenamento temporário de dados.

(Técnico Judiciário – TRE/PI – 2009 – FCC) O item (I) refere-se a um conceito geral e a um elemento envolvido diretamente na inserção das placas que são, respectivamente,

(A) *software* e placa-mãe.
(B) *software* e porta serial.
(C) *hardware* e porta serial.
(D) *hardware* e *slot*.
(E) *hardware* e porta paralela.

A: errada, o conceito geral se refere a um item de *hardware*. **B:** errada, o conceito geral se refere a um item de *hardware*. **C:** errada, o elemento envolvido na inserção de placas são os slots. **D:** correta, o conceito geral se refere a um item de *hardware* e o elemento envolvido na inserção das placas é o slot. **E:** errada, o elemento envolvido na inserção de placas são os slots.

Gabarito "D"

(Técnico Judiciário – TRE/GO – 2008 – CESPE) Com relação a conceitos de informática, assinale a opção correta.

(A) A memória ROM permite leitura e escrita de informações.
(B) As impressoras jato de tinta são classificadas como unidade de entrada.
(C) O *pendrive* é um tipo de memória de massa que permite que os dados sejam lidos, gravados e regravados.
(D) A memória RAM permite apenas leitura das informações.

A: errada, a memória ROM não permite escrita. **B:** errada, as impressoras são unidades de saída. **C:** correta, o *pendrive* é um tipo de memória de massa que permite leitura, gravação e regravação. **D:** errada, a memória RAM também permite a escrita de informações.

Gabarito "C"

(Técnico Judiciário – TRE/RS – 2008 – CONSULPLAN) São periféricos de saída e entrada (Misto) de um computador:

(A) Teclado, impressora, modens e placas de rede.
(B) DVDs, *modens*, monitor e caixa de som.
(C) Monitor *touchscreen*, cds, DVDs, modens e placas de rede.
(D) Caixa de som, monitor, teclado e placa de rede.
(E) Placa de captura TV, caixa de som, impressora e *modem*.

A: errada, o teclado é um periférico de entrada apenas. **B:** Errada, o monitor e a caixa de som são periféricos de saída apenas. **C:** correta, o Monitor *Touchscreen* pode ser usado para entrada e saída, assim como CDs e DVDs podem ser usados para leitura e gravação, e modens e placas de rede para entrada e saída de informações pela rede. **D:** errada, Caixas de som e monitores são periféricos de saída apenas e o teclado de entrada. **E:** errada, a caixa de som e a impressora são periféricos de saída apenas.

Gabarito "C"

(Técnico Judiciário – TRE/RS – 2008 – CONSULPLAN) São componentes básicos de um computador:

(A) *Hub*, estabilizador, monitor, impressora, leitor óptico e *mouse*.
(B) DVDs, leitor óptico, *scanner*, unidade de disco flexível, *mouse*, monitor e impressora.
(C) Impressora, *hub*, *scanner*, monitor, teclado, *mouse* e CPU.
(D) Gabinete, teclado, impressora, unidade de disco flexível, monitor, *mouse* e impressora.
(E) CPU, disquete, leitor óptico, monitor, estabilizador, DVDs, teclados, *mouse* e unidade de disco flexível.

A: errada, *Hubs* são itens relacionados a redes de computadores e não é um componente básico de um computador. **B:** errada, um *scanner* não é um componente básico de um computador, mas sim um componente adicional. **C:** errada, *Hubs* são itens relacionados a redes de computadores e não é um componente básico de um computador. **D:** correta, os itens mencionados fazem parte da composição básica de um computador. **E:** errada, o estabilizador não é um componente básico de um computador, sendo um componente adicional.

Gabarito "D"

(Técnico Judiciário – TRE/RS – 2008 – CONSULPLAN) Assinale o significado correto da sigla CPU:

(A) Central de Processamento de Dados.
(B) Unidade Central de Processamento.
(C) Unidade de Processamento Central.
(D) Centro de Desenvolvimento de Dados.
(E) Unidade de Informação Tecnológica.

A: errada, o correto seria Unidade Central de Processamento. **B:** correta, CPU significa Unidade Central de Processamento (do inglês, Central Processing Unit) **C:** errada, o correto seria Unidade Central de Processamento. **D:** errada, o correto seria Unidade Central de Processamento. **E:** errada, o correto seria Unidade Central de Processamento.

Gabarito "B"

(Técnico Judiciário – TRE/RS – 2008 – CONSULPLAN) A parte de sistemas e programas de um microcomputador é denominada:

(A) *Firmware*.
(B) *Hardware*.
(C) *Software*.
(D) *Selfware*.
(E) *Netware*.

A: errada, o *firmware* é um conjunto de instruções operacionais programadas diretamente no *hardware* do equipamento. **B:** errada, *hardware* designa as partes palpáveis de um computador, as quais pode-se tocar e ver. **C:** correta, a parte de sistemas e programas de um microcomputador é denominada *Software*. **D:** errada, o termo selfware não existe. **E:** errada, netware é um sistema operacional para servidores de arquivos.

Gabarito "C"

(Técnico Judiciário – TRE/RS – 2008 – CONSULPLAN) A parte palpável, a qual pode-se tocar e ver, o equipamento propriamente dito incluindo os periféricos de entrada e saída de um computador, é também conhecida como:

(A) *Firmware*.
(B) *Software*.
(C) Selfware.
(D) *Hardware*.
(E) Netware.

A: errada, o *firmware* é um conjunto de instruções operacionais programadas diretamente no *hardware* do equipamento. **B:** errada, *software* é um programa de computador. **C:** errada, o termo selfware não existe. **D:** correta, o termo *hardware* designa as partes palpáveis de um computador, as quais pode-se tocar e ver. **E:** errada, netware é um sistema operacional para servidores de arquivos.

Gabarito "D"

(Técnico Judiciário – TJ/GO – 2010 – UFG) Memória RAM refere-se à

(A) memória principal, que faz a inicialização (*boot*) da máquina.
(B) memória principal, que é volátil.
(C) memória auxiliar, que precisa de energia elétrica para funcionar.
(D) memória somente de leitura, que é volátil.

A: Errada, a memória que faz a parte do processo de inicialização é a ROM. **B:** Correta, a memória RAM é uma memória que não mantém os dados escritos quando o computador é reiniciado. **C:** Errada, as memórias auxiliares mantem os dados gravados mesmo com o computador desligado, o que não é o caso da memória RAM. **D:** Errada, a memoria RAM permite escrita de dados.

Gabarito "B"

(Técnico Judiciário – TJ/PR – 2009) A tecnologia *Bluetooth* consiste na comunicação entre diversos tipos de dispositivos digitais tais como PCs, Celulares, Pdas, etc. Qual meio utilizado por esta conexão?

(A) cabo.
(B) infravermelho.
(C) frequência de rádio.
(D) placa de rede.

A: errada, a tecnologia Bluetooth não necessita de cabos. **B:** errada, a conexão via infravermelho é uma tecnologia diferente da tecnologia Bluetooth. **C:** correta, a tecnologia Bluetooth utiliza frequência de rádio para comunicação entre dispositivos. **D:** errada, não é utilizada placa de rede uma vez que não se utilizam cabos.

Gabarito "C"

(Técnico Judiciário – TJ/PR – 2009) Em reação aos conceitos básicos referentes ao computador, assinale a alternativa correta:

(A) O processador de um computador é o elemento responsável por executar as instruções dos programas que se encontram em execução nesta máquina.
(B) Os dados armazenados na memória RAM do computador permanecem armazenados nesta desde que o computador seja desligado ou reiniciado corretamente
(C) Os dados armazenados no disco rígido do computador são protegidos contra o acesso de vírus e de outros programas maliciosos.
(D) Os dispositivos de entrada e saída do computador, como o disco rígido e a memória RAM, fazem parte da Unidade Central de Processamento (CPU).

A: correta, o processador é o elemento responsável por executar as instruções dos programas em execução. **B:** errada, a memória RAM é do tipo volátil, portanto perde os dados nela armazenados quando desligada. **C:** errada, os dados armazenados no disco rígido não estão automaticamente protegidos contra vírus. **D:** errada, fazem parte da CPU apenas a Unidade Lógica e Aritmética e os registrados.

Gabarito "A"

(Delegado/MA – 2006 – FCC) Quanto à evolução tecnológica dos microcomputadores, é correto afirmar que

(A) o pente de memória DDR-DIMM, embora sendo sucessorda memória SDR-DIMM, não mantém nenhuma compatibilidade relacionada ao *slot* de conexão à placa-mãe.

(B) os teclados atuais são conectados ao computador através de conectores do tipo DIN, com maior quantidade de pinos, o que permite a adição de mais funçõesa esse dispositivo. Uma destas funções é a tecla [POWER] que, associada à fonte de alimentação de energia AT, provoca o desligamento do computador,sem a necessidade de acionamento do botão *power on/off* do computador.

(C) face ao seu baixo custo e maior velocidade, os *hard-disks* (*winchester*) com tecnologia SCSI têm sido largamente utilizados nos computadores pessoais(PC), em detrimento aos *hard-disks* com tecnologia IDE.

(D) em função das memórias RAM terem alcançado capacidades que podem ser medidas em *gigabytes*,o uso de memórias auxiliares do tipo cache, vem sofrendo descontinuidade.

(E) os pentes de memórias tipo EDO podem atingir velocidades superiores a 333 MHz e são compatíveis com as memórias DDR-DIMM.

A: Correta, embora sucessora do padrão SDR-DIMM, não há compatibilidade com os *slots* entre os padrões, sendo necessária em muitos casos a troca da placa-mãe para que um *upgrade* seja feito. **B:** Errada, a nova geração de teclados possui interface de conexão USB. **C:** Errada, os HDs com tecnologia SCSI tem maior velocidade, porém a preço muito alto comparado com os HDs IDE. **D:** Errada, as memórias RAM não substituem o uso de memória cache, que ainda que seja menor, possui uma velocidade de acesso extremamente maior. **E:** Errada, as memórias EDO possuem velocidades de 66 MHz e não são mais utilizadas.

Gabarito "A"

(Delegado/PB – 2009 – CESPE) Acerca dos conceitos de *hardware* e *software*, assinale a opção correta.

(A) Para se fazer cópia de segurança, procedimento fundamental para proteger os dados contra infecção devírus, são necessários *hardware* e *software* específicos para *backup*.

(B) A expansão da memória ROM, que armazena os programas em execução temporariamente, permite aumentar a velocidade de processamento.

(C) USB (universal serial bus) é um tipo de barramento usado para conectar facilmente ao computador várias categorias de dispositivos, como teclados, *mouses*, monitores,escâneres, câmeras e outros.

(D) Multimídia é um *software* que executa músicas compactadas com qualidade.

(E) A informação Intel core duo indica que o computador possui dupla memória RAM, o que acelera o processamento dos dados.

A: Errada, não é necessário um *software* ou *hardware* específico para a realização de *backups*, basta que possua uma mídia confiável (CD, DVD, HD externo, etc.). **B:** Errada, a memória que armazena os programas em execução é a memória RAM, a memória ROM não permite leitura e é apenas auxiliar na inicialização do computador. **C:** Correta, o barramento USB é o mais utilizado atualmente para conexão de diversos tipos de periféricos. **D:** Errada, multimídia é a combinação, controlada por computador, de pelo menos um tipo de média estática (texto, fotografia, gráfico), com pelo menos um tipo de média dinâmica (vídeo, áudio, animação). **E:** Errada, Intel Core Duo especifica um tipo de processador e não de memória.

Gabarito "C"

(Delegado/PR – 2007) As memórias de um computador são responsáveis pelo armazenamento de dados e instruções em forma de sinais digitais. Sobre o assunto, considere as afirmativas abaixo:

1. EPROM é um tipo de memória ROM geralmente usado para armazenar a BIOS do computador.
2. EAROM é um tipo de memória cujo conteúdo pode ser apagado aplicando-se uma voltagem específica aos pinos de programação.
3. SIMM são memórias do tipo estático e costumam ser usadas em *chips* de *cache*.
4. Os pentes de memória DIMM empregam um recurso chamado ECC (*Error Checkingand Correction* – detecção e correção de erros) e têm capacidade mais alta que o padrão anterior: de 16 a 512 MB.
5. As memórias do tipo SDRAM utilizam o encapsulamento SIMM.

Assinale a alternativa correta.

(A) Somente as afirmativas 1, 2 e 3 são verdadeiras.

(B) Somente as afirmativas 2 e 3 são verdadeiras.

(C) Somente as afirmativas 1, 2 e 4 são verdadeiras.

(D) Somente as afirmativas 1, 4 e 5 são verdadeiras.

(E) Somente as afirmativas 3, 4 e 5 são verdadeiras.

A: Errada, a afirmativa 3 está incorreta, a memória SIMM é dinâmica e não estática. **B:** Errada, a afirmativa 3 está incorreta, a memória SIMM é dinâmica e não estática. **C:** Correta, apenas as afirmativas 1, 2 e 4 estão corretas. **D:** Errada, a afirmativa 5 está incorreta, as memórias SDRAM costumam utilizar encapsulamento DIMM e sim um tipo de memória RAM utilizada nos anos 80. **E:** Errada, as afirmativas 3 e 5 estão incorretas, a memória SIMM é dinâmica e não estática e as memórias SDRAM costumam utilizar encapsulamento DIMM.

Gabarito "C"

(Delegado/PR – 2007) Sobre os tipos de *hardware* de memória responsáveis pelo armazenamento de dados e instruções em forma de sinais digitais em computadores, assinale a alternativa INCORRETA.

(A) A memória do tipo DDR (Double Data Rate) atinge taxas de transferência de dados de duas vezes o ciclo de clock, podendo chegar a 2,4 GB por segundo na transmissão de dados.

(B) Os dados gravados na memória PROM podem ser apagados ou alterados.

(C) DRAM (Dynamic Random Access Memory) são as memórias do tipo dinâmico e geralmente são armazenadas em cápsulas CMOS (Complementary Metal Oxide Semiconductor).

(D) Atualmente, usa-se um tipo diferente de memória ROM, a *Flash*ROM, que é um tipo de *chip* de memória para BIOS de computador que permite que esta seja atualizada através de *softwares* apropriados. Essa atualização pode ser feita por disquete ou até mesmo pelo sistema operacional.

(E) O encapsulamento SIMM (*Single In Line Memory Module*), uma evolução do padrão SIPP, foi o primeiro tipo a usar um slot para sua conexão à placa-mãe, havendo pentes no padrão SIMM com capacidade de armazenamento de 1 MB a 16 MB.

A: Errada, a afirmativa está correta. **B:** Correta, a afirmativa está incorreta, a memória PROM é uma memória de leitura não sendo possível alterar ou remover seu conteúdo. **C:** Errada, a afirmativa está correta. **D:** Errada, a afirmativa está correta. **E:** Errada, a afirmativa está correta.

Gabarito "B"

(Delegado/PR – 2007) Sobre os componentes de um computador, considere as afirmativas abaixo:

1. O processador (ou CPU) é a parte principal do *hardware* do computador e é responsável pelos cálculos, execução de tarefas e processamento de dados. A velocidade com que o computador executa as tarefas ou processa dados está diretamente ligada à velocidade do processador.
2. A unidade lógica e aritmética (ULA) é a unidade central do processador, que realmente executa as operações aritméticas e lógicas entre dois números. Seus parâmetros incluem, além dos números operandos, um resultado, um comando da unidade de controle e o estado do comando após a operação.
3. A CPU contém um conjunto restrito de células de memória chamados registradores, que podem ser lidos e escritos muito mais rapidamente que em outros dispositivos de memória.
4. A memória secundária ou memória de massa é usada para gravar grande quantidade de dados, que não são perdidos com o desligamento do computador, por um período longo de tempo. Exemplos de memória de massa incluem o disco rígido e mídias removíveis, como CD-ROM, DVD, disquete e *pen-drive*.
5. Os dispositivos de entrada e saída (E/S) são periféricos usados para a interação homem–máquina.

Assinale a alternativa correta.

(A) As afirmativas 1, 2, 3, 4 e 5 são verdadeiras.
(B) Somente as afirmativas 2 e 5 são verdadeiras.
(C) Somente as afirmativas 1 e 5 são verdadeiras.
(D) Somente as afirmativas 1, 3 e 4 são verdadeiras.
(E) Somente as afirmativas 2, 3 e 4 são verdadeiras.

A: Correta, todas as afirmativas estão corretas. **B:** Errada, as afirmativas 1, 3 e 4 também estão corretas. **C:** Errada, as afirmativas 2, 3 e 4 também estão corretas. **D:** Errada, as afirmativas 2 e 5 também estão corretas. **E:** Errada, as afirmativas 1 e 5 também estão corretas.

Gabarito "A"

(Delegado/RN – 2009 – CESPE) Entre os dispositivos de entrada de dados em informática,incluem-se

(A) o teclado e o *mouse*.
(B) o *mouse* e a memória ROM.
(C) o teclado e a impressora.
(D) o monitor e a impressora.
(E) a impressora e o *mouse*.

A: Correta, teclado e *mouse* são dispositivos de entrada de informações para o computador. **B:** Errada, a memória ROM é um dispositivo de armazenamento. **C:** Errada, a impressora é um dispositivo de saída. **D:** Errada, monitor e impressora são dispositivos de saída (a menos que o monitor seja do tipo Touchscreen). **E:** Errada, impressora é um dispositivo de saída.

Gabarito "A"

(Agente de Polícia Federal – 2009 – CESPE) Julgue os itens a seguir, acerca de *hardware* e de *software* usados em computadores pessoais.

(1) ROM é um tipo de memória não volátil, tal que os dados nela armazenados não são apagados quando há falha de energia ou quando a energia do computador é desligada.

(2) Existem dispositivos do tipo *pendrive* que possuem capacidade de armazenamento de dados superior a 1 bilhão de *bytes*. Esses dispositivos podem comunicar-se com o computador por meio de porta USB.

1: Correta, a memória ROM é uma memória que não permite escrita e que mantém seu conteúdo mesmo quando o computador está desligado. **2:** Correta, 1 bilhão de *bytes* equivale a menos de 1 Giga*byte*, os *pendrives* atuais possuem capacidade em geral superior a este valor e possuem como interface de comunicação uma entrada USB.

Gabarito 1C, 2C

(Agente de Polícia/AP – 2006 – UNIFAP) O local que não pode armazenar dados e programas de forma definitiva ou servir de cópia de segurança (*backup*) é:

(A) Disquete
(B) Memória RAM
(C) DVD
(D) CD-ROM
(E) Fita DAT

A: Errada, o disquete é uma possível forma de *backup*, ainda que com pouca capacidade de armazenamento; **B:** Correta, a memória RAM armazena informações apenas durante o funcionamento do computador, uma vez desligado seu conteúdo é apagado; **C:** Errada, o DVD pode ser utilizado para realização de *backups*, é recomendado devido ao seu alto espaço disponível; **D:** Errada, o CD-ROM também pode ser utilizado para a realização de *backups*; **E:** Errada, as Fitas DAT possuem grande quantidade de espaço e frequentemente são utilizadas para a realização de *backups*.

Gabarito "B"

(Agente de Polícia/GO – 2008 – UEG) Conhecimentos de tecnologia e fundamentos de segurança da informação são essenciais para um agente de polícia no exercício de sua profissão. Por vezes, no processo investigativo, torna-se necessário apreender equipamentos eletrônicos que servirão como provas contra criminosos. Nesse contexto, é CORRETO afirmar:

(A) mesmo depois de apagados os dados de um disco rígido, *pendrive* ou *chip* de memória de uma máquina digital, é possível recuperá-los sob certas condições.

(B) as placas de redes de um computador são relevantes como prova, uma vez que nelas ficam armazenados os últimos endereços da Internet e *e-mails* utilizados pelo usuário.

(C) os monitores de cristal líquido têm capacidade de armazenamento de dados, em sua placa controladora, que ultrapassam 1 GB de informações e que podem ser fundamentais como prova.

(D) as memórias denominadas RAM ou memória principal de um computador podem se tornar fonte de informações, dada sua capacidade de armazenamento e retenção de conteúdo mesmo depois de retiradas do computador.

A: Correta, arquivos que são apagados de um computador não são imediatamente apagados do disco rígido, sendo, portanto possível a recuperação com a utilização de técnicas apropriadas; **B:** Errada, as placas de redes têm como única função gerenciar o envio de pacotes na rede, não armazenando nenhuma informação relevante; **C:** Errada, monitores são dispositivos de saída (e entrada quando do tipo touchscreen), portanto não armazenam nenhum tipo de informação; **D:** Errada, as memórias RAM tem seu conteúdo apagado assim que o computador é desligado portanto não podem ser fontes de informações.

Gabarito "A"

(Agente de Polícia/MA – 2006 – FCC) Os computadores pessoais (PC) atuais utilizam uma interface para conectar os mais variados tipos de dispositivos, tais como, impressoras, *drivers* de disquete, câmeras fotográficas, aparelhos celulares, etc. Esse dispositivo é conhecido como porta:

(A) IDE
(B) SERIAL
(C) PARALELA
(D) USB
(E) PS/2

A: Errada, interfaces IDE servem apenas para conexão de discos rígidos ou unidades de leitura de discos; **B:** Errada, a interface serial é utilizada apenas por certos tipos de periféricos antigos; **C:** Errada, a interface paralela era antigamente usada por impressoras; **D:** Correta, a interface USB permite a conexão de uma vasta gama de periféricos e unidades de armazenamento externas; **E:** Errada, a interface PS/2 é utilizada por *mouses* e teclados.

Gabarito "D"

(Agente de Polícia/MA – 2006 – FCC) Depois de instalado, o sistema operacional Windows armazena seus arquivos/programas

(A) na memória RAM.
(B) no *Winchester* (HD).
(C) na memória *cache*.
(D) no *drive* de CD-ROM.
(E) na memória ROM.

A: Errada, a memória RAM é uma memória auxiliar que tem seu conteúdo apagado quando o computador é desligado. **B:** Correta, os arquivos do sistema operacional ficam armazenados no disco rígido do computador, também chamado de *Winchester*. **C:** Errada, a memória *cache* é uma memória primária utilizada pelo processador. **D:** Errada, o drive de CD-ROM é uma unidade de entrada e saída, não armazenando arquivos. **E:** Errada, a memória ROM não permite escrita e é usada pela BIOS.

Gabarito "B"

(Inspetor de Polícia/MT – 2010 – UNEMAT) Um sistema operacional é um programa que faz a ligação entre o *hardware* e os *softwares* inseridos no computador.

Assinale a alternativa correta a respeito de periféricos que fazem parte do *hardware* presente no computador.

(A) Processador, *Mouse* e *Scanner*.
(B) Light Pen, antivírus e Impressora.
(C) Memória RAM, Windows XP e teclado.
(D) Leds, *bytes* e *mouse* óptico.
(E) Analisadores léxicos, webcam e gabinete.

A: Correta, todos os itens apresentados são peças de *hardware* que compõem um computador; **B:** Errada, antivírus é um *software* e não uma peça de *hardware*; **C:** Errada, o Windows XP é um sistema operacional e não uma peça de *hardware*; **D:** Errada, *bytes* são unidades de tamanho e não peças de *hardware*; **E:** Errada, analisadores léxicos são *softwares* e não peças de *hardware*.

Gabarito "A"

(Agente e Escrivão de Polícia/PB – 2008 – CESPE) Acerca dos conceitos de *hardware* e *software*, assinale a opção correta.

(A) Para se fazer cópia de segurança, procedimento fundamental para proteger os dados contra infecção de vírus, são necessários *hardware* e *software* específicos para *backup*.

(B) A expansão da memória ROM, que armazena os programas em execução temporariamente, permite aumentar a velocidade de processamento.

(C) USB (universal serial bus) é um tipo de barramento usado para conectar facilmente ao computador várias categorias de dispositivos, como teclados, *mouses*, monitores, escâneres, câmeras e outros.

(D) Multimídia é um *software* que executa músicas compactadas com qualidade.

(E) A informação Intel core duo indica que o computador possui dupla memória RAM, o que acelera o processamento dos dados.

A: Errada, não é necessário um conjunto de *software* e *hardware*, existem soluções de cada tipo que podem realizar as tarefas de *backup*; **B:** Errada, a memória descrita é a RAM e não a ROM, a memória ROM não permite escrita; **C:** Correta, o padrão USB é hoje utilizado nos mais diversos tipos de periféricos e unidades de armazenamento; **D:** Errada, multimídia é a combinação de mais de um tipo de mídia estática, como texto, imagem, som; **E:** Errada, Intel Core Duo descreve um tipo de microprocessador e não de memória RAM.

Gabarito "C"

(Escrivão de Polícia/PE – 2007 – IPAD) Entre as partes mais importantes de um sistema computacional estão os dispositivos que permitem ao usuário salvar os seus trabalhos. Dispositivos desse tipo são chamados de meios de armazenamento. Considerando os meios de armazenamento existentes, analise as seguintes afirmações:

(1) Podemos descrever o disco rígido como uma câmara selada contendo uma pilha de pratos de metal que gira sobre um eixo.
(2) Os discos rígidos e o CD-ROM são dispositivos ópticos que possuem capacidades de armazenamento superiores aos disquetes.
(3) Podemos comparar a capacidade de armazenamento de dois dispositivos diferentes através de suas dimensões físicas. O dispositivo que tiver a maior dimensão física possuirá a maior capacidade de armazenamento.
(4) De forma similar ao disco fonográfico, existe no disco óptico uma trilha contínua onde os dados são armazenados. Essa trilha é muito longa e na forma de espiral, ocupando desde as proximidades do centro do disco até a sua margem.

Assinale a alternativa *correta*:

(A) Apenas as afirmações 1 e 2 estão corretas.
(B) Apenas as afirmações 2 e 3 estão corretas.
(C) Apenas as afirmações 2 e 4 estão corretas.
(D) Apenas as afirmações 1 e 4 estão corretas.
(E) Apenas as afirmações 3 e 4 estão corretas.

A: Errada, a afirmativa 2 está incorreta, o disco rígido é um dispositivo magnético e não óptico; **B:** Errada, as afirmativas 2 e 3 estão incorretas, o disco rígido é um dispositivo magnético e não óptico e a dimensão física não pode ser usada como comparação do espaço pois a tendência da tecnologia é que dispositivos menores tenham maior capacidade de armazenamento; **C:** Errada, a afirmativa 2 está incorreta, o disco rígido é um dispositivo magnético e não óptico; **D:** Correta, apenas as afirmativas 1 e 4 estão corretas; **E:** Errada, a dimensão física não pode ser usada como comparação do espaço pois a tendência da tecnologia é que dispositivos menores tenham maior capacidade de armazenamento.

Gabarito "D"

(Escrivão de Polícia/SP – 2010) Memória interposta entre RAM e microprocessador, ou já incorporada aos microprocessadores, destinada a aumentar a taxa de transferência entre RAM e o processador. Esta descrição define qual memória?

(A) ROM.
(B) Virtual .
(C) *Cache*.
(D) Principal.
(E) Secundária.

A: Errada, a memória ROM é uma memória de leitura usada na inicialização do computador; **B:** Errada, a memória Virtual é mais lenta que a memória RAM; **C:** Correta, a memória *cache* é uma memória auxiliar de acesso muito rápido usado pela CPU durante o processamento; **D:** Errada, a memória principal é um grupo de memórias que podem ser endereçadas diretamente pela CPU, do qual fazem parte as memórias RAM, ROM, os registradores e a memória cache; **E:** Errada, a memória secundária, ou de armazenamento, não é usada pela CPU para melhorar taxas de transferência.

Gabarito "C"

(Escrivão de Polícia/PR – 2010) Considere as afirmativas a seguir, com relação à arquitetura e à organização de computadores:

I. O USB é um barramento serial para comunicação do computador com dispositivos de baixa velocidade, como teclados, *mouses*, câmeras digitais, entre outros.
II. O disco rígido é uma memória volátil, ou seja, perde suas informações na ausência de energia elétrica.
III. A *cache* é uma memória pequena e de alta velocidade utilizada para melhorar o desempenho do computador.
IV. Processadores dual core possuem dois núcleos completos de execução em um único processador físico.

Assinale a alternativa correta.

(A) Somente as afirmativas I e II são corretas.
(B) Somente as afirmativas II e IV são corretas.
(C) Somente as afirmativas III e IV são corretas.
(D) Somente as afirmativas I, II e III são corretas.
(E) Somente as afirmativas I, III e IV são corretas.

A: Errada, a afirmativa II está incorreta, o disco rígido mantém seu conteúdo mesmo com o computador desligado, portanto não é uma memória volátil; **B:** Errada, a afirmativa II está incorreta, o disco rígido mantém seu conteúdo mesmo com o computador desligado, portanto não é uma memória volátil; **C:** Errada, a afirmativa I também está correta; **D:** Errada, a afirmativa II está incorreta, o disco rígido mantém seu conteúdo mesmo com o computador desligado, portanto não é uma memória volátil; **E:** Correta, apenas as afirmativas I, III e IV estão corretas.

Gabarito "E"

(Escrivão de Polícia/PR – 2007 – UFPR) As memórias de um computador são responsáveis pelo armazenamento de dados e instruções em forma de sinais digitais. Sobre o assunto, considere as afirmativas abaixo:

(1) EPROM é um tipo de memória ROM geralmente usado para armazenar a BIOS do computador.
(2) EAROM é um tipo de memória cujo conteúdo pode ser apagado aplicando-se uma voltagem específica aos pinos de programação.
(3) SIMM são memórias do tipo estático e costumam ser usadas em chips de *cache*.

(4) Os pentes de memória DIMM empregam um recurso chamado ECC (Error Checking and Correction – detecção e correção de erros) e têm capacidade mais alta que o padrão anterior: de 16 a 512 MB.

(5) As memórias do tipo SDRAM utilizam o encapsulamento SIMM.

Assinale a alternativa correta.

(A) Somente as afirmativas 1, 2 e 3 são verdadeiras.
(B) Somente as afirmativas 2 e 3 são verdadeiras.
(C) Somente as afirmativas 1, 2 e 4 são verdadeiras.
(D) Somente as afirmativas 1, 4 e 5 são verdadeiras.
(E) Somente as afirmativas 3, 4 e 5 são verdadeiras.

A: Errada, a afirmativa 3 está incorreta, a memória SIMM é um tipo de memória contendo RAM usada na década de 80; **B:** Errada, a afirmativa 3 está incorreta, a memória SIMM é um tipo de memória contendo RAM usada na década de 80; **C:** Correta, as afirmativas 1, 2 e 4 estão corretas; **D:** Errada, a afirmativa 5 está incorreta, SIMM não é um encapsulamento mas sim um tipo de módulo de memória; **E:** Errada, as afirmativas 3 e 5 estão incorretas, a memória SIMM é um tipo de memória contendo RAM usada na década de 80 e não é um encapsulamento mas sim um tipo de módulo de memória.

Gabarito "C"

(Escrivão de Polícia/PR – 2007 – UFPR) Sobre os tipos de *hardware* de memória responsáveis pelo armazenamento de dados e instruções em forma de sinais digitais em computadores, assinale a alternativa INCORRETA.

(A) A memória do tipo DDR (Double Data Rate) atinge taxas de transferência de dados de duas vezes o ciclo de clock, podendo chegar a 2,4 GB por segundo na transmissão de dados.

(B) Os dados gravados na memória PROM podem ser apagados ou alterados.

(C) DRAM (Dynamic Random Access Memory) são as memórias do tipo dinâmico e geralmente são armazenadas em cápsulas CMOS (Complementary Metal Oxide Semiconductor).

(D) Atualmente, usa-se um tipo diferente de memória ROM, a *Flash*ROM, que é um tipo de *chip* de memória para BIOS de computador que permite que esta seja atualizada através de *softwares* apropriados. Essa atualização pode ser feita por disquete ou até mesmo pelo sistema operacional.

(E) O encapsulamento SIMM (Single In Line Memory Module), uma evolução do padrão SIPP, foi o primeiro tipo a usar um slot para sua conexão à placa-mãe, havendo pentes no padrão SIMM com capacidade de armazenamento de 1 MB a 16 MB.

A: Errada, a afirmativa está correta; **B:** Correta, a afirmativa está incorreta, a memória PROM é uma memória somente de escrita e não podem ser apagados; **C:** Errada, a afirmativa está correta; **D:** Errada, a afirmativa está correta; **E:** Errada, a afirmativa está correta.

Gabarito "B"

(Escrivão de Polícia/PR – 2007 – UFPR) Sobre os componentes de um computador, considere as afirmativas abaixo:

(1) O processador (ou CPU) é a parte principal do *hardware* do computador e é responsável pelos cálculos, execução de tarefas e processamento de dados. A velocidade com que o computador executa as tarefas ou processa dados está diretamente ligada à velocidade do processador.

(2) A unidade lógica e aritmética (ULA) é a unidade central do processador, que realmente executa as operações aritméticas e lógicas entre dois números. Seus parâmetros incluem, além dos números operandos, um resultado, um comando da unidade de controle e o estado do comando após a operação.

(3) A CPU contém um conjunto restrito de células de memória chamados registradores, que podem ser lidos e escritos muito mais rapidamente que em outros dispositivos de memória.

(4) A memória secundária ou memória de massa é usada para gravar grande quantidade de dados, que não são perdidos com o desligamento do computador, por um período longo de tempo. Exemplos de memória de massa incluem o disco rígido e mídias removíveis, como CD-ROM, DVD, disquete e *pen-drive*.

(5) Os dispositivos de entrada e saída (E/S) são periféricos usados para a interação homem-máquina.

Assinale a alternativa correta.

(A) As afirmativas 1, 2, 3, 4 e 5 são verdadeiras.
(B) Somente as afirmativas 2 e 5 são verdadeiras.
(C) Somente as afirmativas 1 e 5 são verdadeiras.
(D) Somente as afirmativas 1, 3 e 4 são verdadeiras.
(E) Somente as afirmativas 2, 3 e 4 são verdadeiras.

A: Correta, todas as afirmativas estão corretas; **B:** Errada, todas as afirmativas estão corretas; **C:** Errada, todas as afirmativas estão corretas; **D:** Errada, todas as afirmativas estão corretas; **E:** Errada, todas as afirmativas estão corretas.

Gabarito "A"

(Investigador de Polícia/RJ – 2006 – CESGRANRIO) Em relação aos periféricos que podem ser instalados em microcomputadores, assinale a afirmativa INCORRETA.

(A) Se dois ou mais periféricos estiverem utilizando o mesmo IRQ, poderá haver uma situação de conflito de interrupções.

(B) As informações de ECC armazenadas em um disquete são utilizadas para detectar erros de leitura.

(C) As portas paralelas dos microcomputadores podem permitir a instalação de unidades de CD-ROM externa.

(D) O *spooler* é uma memória interna da impressora utilizada para armazenar temporariamente os dados enviados do microcomputador.

(E) Os cartuchos de alguns modelos de impressoras de jato de tinta podem ter a cabeça de impressão acoplada ao cartucho.

A: Errada, a afirmativa está correta; **B:** Errada, a afirmativa está correta; **C:** Errada, a afirmativa está correta; **D:** Correta, a afirmativa está incorreta, o spooler é um programa que controla a fila de impressão; **E:** Errada, a afirmativa está correta.

Gabarito "D"

(Investigador de Polícia/RJ – 2006 – CESGRANRIO) Em um disco rígido, a divisão da superfície da mídia magnética em trilhas e setores constitui a formatação:

(A) de particionamento.
(B) de modularização.
(C) de alto nível.
(D) de baixo nível.
(E) lógica.

A: Errada, o particionamento é uma divisão lógica do disco; **B:** Errada, não existe formatação de modularização; **C:** Errada, as formatações de alto nível não alteram a estrutura física do disco; **D:** Correta, a formatação de baixo nível altera a superfície física do disco; **E:** Errada, as formatações que alteram a estrutura física do disco são formatações físicas e não lógicas.

Gabarito "D"

(Investigador de Polícia/RJ – 2006 – CESGRANRIO) A respeito da arquitetura dos microcomputadores padrão PC, são feitas as afirmativas abaixo.

I. O barramento local liga o processador à memória RAM, enquanto que os barramentos de I/O, como o ISA, permitem a ligação de dispositivos periféricos ao microcomputador.
II. A memória *cache* de um processador permite que ele simule a memória RAM em um arquivo do disco rígido.
III. O canal IDE permite que dispositivos acessem diretamente a memória RAM e a memória ROM do microcomputador, sem a necessidade de usar o processador para esta tarefa.

Está(ão) correta(s) a(s) afirmativa(s):

(A) I, II e III.
(B) I e II, apenas.
(C) III, apenas.
(D) II, apenas.
(E) I, apenas.

A: Errada, as afirmativas II e III estão incorretas, a memória *cache* é uma memória auxiliar que em alguns casos fica junto ao processador, não utilizando o disco rígido e o canal IDE serve para ligar o disco rígido à placa-mãe; **B:** Errada, a afirmativa II está incorreta, a memória *cache* é uma memória auxiliar que em alguns casos fica junto ao processador, não utilizando o disco rígido; **C:** Errada, a afirmativa III está incorreta, o canal IDE serve para ligar o disco rígido à placa-mãe; **D:** Errada, a afirmativa II está incorreta, a memória *cache* é uma memória auxiliar que em alguns casos fica junto ao processador, não utilizando o disco rígido; **E:** Correta, apenas a afirmativa I está correta.

Gabarito "E"

(Investigador de Polícia/RJ – 2006 – CESGRANRIO) Assinale a opção que apresenta um arranjo de vários discos rígidos, formado para aumentar a taxa de transferência e a confiabilidade dos dados armazenados nos discos rígidos.

(A) AGP
(B) CISC
(C) RAID
(D) SMART
(E) UART

A: Errada, AGP é uma interface de conexão para placas de vídeo; **B:** Errada, CISC é uma arquitetura para processadores; **C:** Correta, RAID é uma tecnologia para a criação de arranjos de discos rígidos; **D:** Errada, SMART é um sistema de monitoramento de discos rígidos; **E:** Errada, UART é um dispositivo usado para comunicação a grandes distâncias.

Gabarito "C"

(Escrivão de Polícia/RN – 2008 – CESPE) Entre os dispositivos de entrada de dados em informática, incluem-se

(A) o teclado e o *mouse*.
(B) o *mouse* e a memória ROM.
(C) o teclado e a impressora.
(D) o monitor e a impressora.
(E) a impressora e o *mouse*.

A: Correta, o teclado e o *mouse* são dispositivos de entrada de dado para o computador; **B:** Errada, a memória ROM é um dispositivo de armazenamento e não de entrada ou saída; **C:** Errada, a impressora é um dispositivo de saída, onde são impressos documentos; **D:** Errada, o monitor (a menos que seja touchscreen) é um dispositivo de saída, exibindo dados na tela para o usuário; **E:** Errada, a impressora é um dispositivo de saída, onde são impressos documentos.

Gabarito "A"

(Escrivão de Polícia/SC – 2008 – ACAFE) *Universal Serial Bus* (USB) é um tipo de conexão *Plug and Play* que permite a conexão de periféricos ao computador sem que o mesmo tenha que ser reinicializado. Através de uma porta USB é possível conectar, utilizando-se *hubs* especialmente concebidos, até 127 dispositivos. Relacionadas às funcionalidades da porta USB é correto afirmar, exceto:

(A) A transferência de músicas do computador para os MP3 Players mais comuns do mercado é feita por meio da porta USB.
(B) A utilização de *Pendrives* para transporte de arquivos tornou-se popular devido à facilidade de conexão destes dispositivos nas portas USBs dos computadores.
(C) Atualmente existem modelos de *mouse* e teclado que podem ser conectados ao computador por portas USB, enquanto durante anos o padrão principal eram as portas PS2.
(D) Os monitores de LCD estão ganhando mercado por não exigir do computador uma placa de vídeo, pois são conectados através da porta USB.

A: Errada, a afirmação está correta; **B:** Errada, a afirmação está correta; **C:** Errada, a afirmação está correta; **D:** Correta, a afirmação está incorreta, monitores são conectados por portas especificamente desenhadas para eles, como VGA, DVI ou HDMI.

Gabarito "D"

(Escrivão de Polícia/SC – 2008 – ACAFE) A estabilidade da rede elétrica é muito importante para manutenção do *hardware* do computador. Desde pequenas variações de voltagem até mesmo interrupções abruptas de energia podem causar danos permanentes às placas e periféricos do computador. Existem diferentes equipamentos no mercado que ajudam a minimizar este risco.

Relacionadas aos equipamentos citados acima, todas as alternativas estão corretas, exceto a:

(A) Os Estabilizadores regulam a tensão elétrica evitando que a sobretensão e a subtensão cheguem ao computador.

(B) Os Filtros de Linha removem ruídos e picos de tensão da rede elétrica e expandem o número de tomadas para conexão de outros equipamentos.

(C) Os *Nobreaks* asseguram o fornecimento de energia ao computador, sem limite de tempo, até que a alimentação da rede elétrica seja restabelecida.

(D) A soma das potências dos equipamentos ligados a um Estabilizador não pode ser maior do que sua potência nominal.

A: Errada, os estabilizadores ajudam e muito na prevenção de subtensões e sobretensões; **B:** Errada, os filtros de linha também auxiliam na prevenção, evitando que picos de tensão afetem os equipamentos; **C:** Correta, os *Nobreaks* possuem um limite de carga e por isso suportam apenas um breve período; **D:** Errada, caso a soma das potências dos equipamentos ligados no Estabilizador for maior que sua potência nominal ele não suportará a carga e não irá funcionar como devido.

Gabarito "C"

(Escrevente Policial/SC – 2008 – ACAFE) Em relação ao *Hardware* do computador, marque V ou F, conforme as afirmações a seguir sejam verdadeiras ou falsas.

( ) O processador é a placa principal do computador onde são conectadas a memória, o disco rígido e as placas de vídeo, de som e de rede.

( ) A memória RAM, que é instalada no computador por meio de pentes de memória, tem as informações apagadas se o computador for desligado.

( ) No disco rígido são armazenados os arquivos do sistema operacional e os documentos do usuário.

( ) As interfaces paralela e USB do computador podem ser utilizadas para conexões de impressoras e outros periféricos.

A sequência correta, de cima para baixo, é:

(A) V - F - V - F

(B) V - F - F - V

(C) F - V - F - F

(D) F - V - V - V

A: Errada, a primeira afirmativa está incorreta, o item descrito é a placa-mãe e não o processador; **B:** Errada, a primeira afirmativa está incorreta, o item descrito é a placa-mãe e não o processador; **C:** Errada, a terceira afirmativa está correta, os arquivos do sistema e do usuário são armazenados no disco rígido; **D:** Correta, apenas a primeira afirmativa está incorreta, o item descrito é a placa-mãe e não o processador.

Gabarito "D"

(Escrevente Policial/SC – 2008 – ACAFE) O *mouse* é um periférico de entrada de dados que auxilia o usuário na utilização do computador junto com o teclado. Com ele pode-se movimentar um cursor na tela do computador e realizar ações como clique, duplo clique, arrastar e soltar. O *mouse* é conectado ao computador através de portas.

Relacionadas às portas do computador que podem ser utilizadas para a conexão do *mouse*, todas as alternativas estão corretas, exceto a:

(A) PS2

(B) IDE

(C) USB

(D) Serial

A: Errada, o PS2 é uma das entradas utilizadas pelo *mouse* para se conectar ao computador; **B:** Correta, a interface IDE é utilizada por discos rígidos e não por *mouses*; **C:** Errada, a interface USB é uma das mais utilizadas hoje em dia para conectar *mouses* a computadores; **D:** Errada, a porta serial, ainda que antiga, pode ser utilizada para conectar *mouses* a computadores.

Gabarito "B"

(Investigador de Polícia/SP – 2009) O que é *Firmware*?

(A) A condição que aparece, quando o resultado de uma operação aritmética excede a capacidade de armazenamento do espaço determinado, para receber este resultado em um computador.

(B) Interface básica do sistema operacional do Macintosh, que permite ao usuário examinar o conteúdo de diretórios.

(C) Uma ou mais lâminas inflexíveis revestidas com um material que permite a gravação magnética de dados digitais.

(D) Conjunto de instruções essenciais para o funcionamento de um dispositivo, geralmente armazenado em um *chip* de memória ROM ou memória *Flash*.

(E) *Byte* existente no início de um trilha de disco e que tem por função indicar se esta trilha está correta ou defeituosa.

A: Errada, a condição mencionada é denominada *Fixed Overflow;* **B:** Errada, o *firmware* é um elemento presente em componentes não necessariamente ligados ao Macintosh e não é um gerenciador de arquivos; **C:** Errada, o *firmware* é um elemento de *software* e não de *hardware*; **D:** Correta, o *firmware* é um conjunto de instruções usados para definir o funcionamento de dispositivos de *hardware* como tocadores de mp3, celulares e outros dispositivos; **E:** Errada, o *firmware* é um *software* e não apenas um *byte*.

Gabarito "D"

(Agente de Polícia/TO – 2008 – CESPE) Julgue os itens seguintes, relacionados á tecnologia de informática.

(1) A interface UDP é uma tecnologia implantada na placa-mãe que permite a conexão de diversos tipos de periféricos de forma rápida e segura.

(2) O sistema operacional é um conjunto de programas que fazem a interface entre o usuário e o *hardware*, fazendo o gerenciamento dos periféricos.

(3) A velocidade dos microprocessadores atuais é normalmente medida em *gigabytes*.

(4) Criptografia é a técnica de converter uma mensagem ou mesmo um arquivo utilizando um código secreto. Com o propósito de segurança, as informações submetidas a essa técnica não podem ser utilizadas ou lidas até serem decodificadas.

(5) Para se fazer o *backup* de um arquivo de dados com 500 Mb é suficiente utilizar um CD comercial padrão.

(6) O recurso de *Plug and Play* permite a realização de *backup* automático dos arquivos armazenados no computador.

1: Errada, UDP designa um tipo de pacote que pode ser enviado em uma rede e não uma interface física. **2:** Correta, um sistema operacional pode ser definido como um conjunto de programas que facilitam a interface entre o usuário e o *hardware* do computador, gerenciando este itens e seus periféricos. **3:** Errada, a velocidade de microprocessadores é medida em gigahertz. **4:** Correta, a Criptografia tem como objetivo ocultar um arquivo ou parte dele garantindo segurança para que este possa ser transmitido sem que possa ser interceptado e seu conteúdo comprometido. **5:** Correta, a capacidade de armazenamento de CD comercial padrão é de 700Mb, podendo facilmente armazenar 500Mb. **5:** Errada, o recurso *Plug and Play* permite conectar um periférico ao computador sem que este tenha que ser reiniciado para que possa detectar o novo periférico.

Gabarito 1E, 2C, 3E, 4C, 5C, 6E

(CEF – Técnico Bancário/Nacional – 2008 – CESGRANRIO) Um *driver* de dispositivo apresenta um(a)

(A) ponto de acesso único entre o processador de um computador e o processador de um sistema operacional.

(B) ponto de acesso único entre o processador de um computador e o modo usuário do seu sistema operacional.

(C) ponto de acesso de serviço às camadas superiores do processador oferecido à memória RAM do computador.

(D) interface uniforme de acesso ao dispositivo para o subsistema de Entrada e Saída de um computador.

(E) interface específica entre as ferramentas de sistema do Windows XP, que usam o dispositivo, e o sistema operacional de um computador.

Drivers de dispositivos são programas que fazem a comunicação em alto-nível entre programas de computador e o *Hardware*.

Gabarito "D"

(CEF – Técnico Bancário – 2008 – CESGRANRIO) *Mainframe* é um tipo de computador de

(A) pequeno porte, ideal para uso doméstico, assim como os PC.

(B) pequeno porte, utilizado na computação móvel.

(C) grande porte, com clientes avançados, utilizado na gerência de banco de dados.

(D) grande porte, com terminais utilizados para processar o quadro principal de uma rede intranet.

(E) grande porte, capaz de oferecer serviços de processamento a múltiplos usuários.

Um *mainframe* é um computador de grande porte, normalmente usado por corporações em atividades críticas, grandes processamento de dados disponíveis a vários usuários.

Gabarito "E"

(BB – Escriturário – 2011 – FCC) Na placa-mãe alguns componentes já vêm instalados e outros serão conectados na sua placa de circuito. Um exemplo típico de componente que já vem, nativamente, instalado na placa-mãe é:

(A) processador.

(B) memória RAM.

(C) disco rígido.

(D) gravador de DVD.

(E) *chipset*.

O *chipset* é um componente lógico da placa-mãe, dividido entre ponte norte e ponte sul, que controla a memória e periféricos.

Gabarito "E"

(BB – Escriturário – 2007 – CESPE) Com relação a itens de *hardware* de computadores pessoais e a periféricos desse tipo de computador, julgue os itens que se seguem.

(1) Caso um usuário deseje salvar um arquivo que, depois de passar por compressão no programa WinZip, tenha o tamanho de 28 MB, ele poderá fazê-lo em um disquete de 3½" do tipo mais comumente usado em computadores pessoais.

(2) Diversos discos rígidos atuais têm a capacidade de armazenamento de dados superior a 40 milhões de *bytes*.

(3) Atualmente, a capacidade máxima de memória RAM desses computadores é igual a 32 MB.

1: errado. Um disquete de 3½ possui capacidade de 1.44Mb; **2:** certo. 40 milhões de *bytes* é equivalente a 40Mb. Os discos rígidos de hoje apresentam tamanhos mesmo 30000 vezes maiores que tal quantidade; **3:** errado. Atualmente, a capacidade máxima de memória RAM para computadores pessoais é de 8 a 16 Gb.

Gabarito 1E, 2C, 3E

(Fiscal de Rendas/RJ – 2010 – FGV) Dos sistemas de armazenamento e as tecnologias empregadas nos discos rígidos, SATA é o que oferece melhor desempenho, quando comparado com IDE e SCSI.

Enquanto o padrão SATA-I possibilita taxas de 150 MB/s, o SATA-II permite 300 MB/s.

O padrão SATA suporta dois recursos: o primeiro, que possibilita ligar ou desligar um dispositivo com a máquina ligada, e o segundo, que possibilita a um disco atender a mais de um pedido de leitura/escrita e ter diversos comandos pendentes a serem executados em uma ordem internamente determinada pelo dispositivo, aumentando levemente a performance.

Esses recursos são conhecidos, respectivamente, por:

(A) HOT-READ/WRITE e OVERLAY.
(B) HOT-READ/WRITE e NCQ.
(C) HOT-SWAP e OVERLAY.
(D) HOT-ON/OFF e NCQ.
(E) HOT-SWAP e NCQ.

A: Errada, o recurso que possibilita ligar ou desligar o dispositivo mesmo com a máquina ligada se chama HOT-SWAP. **B:** Errada, o recurso que possibilita ligar ou desligar o dispositivo mesmo com a máquina ligada se chama HOT-SWAP. **C:** Errada, o recurso que possibilita a um disco atender vários pedidos de leitura/escrita e ter vários comandos pendentes a serem executados se chama NCQ. **D:** Errada, o recurso que possibilita ligar ou desligar o dispositivo mesmo com a máquina ligada se chama HOT-SWAP. **E:** Correta, o recurso que possibilita ligar ou desligar o dispositivo mesmo com a máquina ligada se chama HOT-SWAP, e o recurso que possibilita a um disco atender vários pedidos de leitura/escrita e ter vários comandos pendentes a serem executados se chama NCQ.

Gabarito "E"

(Auditor Fiscal/SC – 2010 – FEPESE) Assinale a alternativa correta a respeito dos diferentes tipos de memória utilizados em computadores.

(A) Memórias RAM são memórias de acesso aleatório, nas quais o tempo de acesso aos dados pode variar de forma significativa, dependendo da localização física do dado no módulo de memória.
(B) A memória *cache* L2 é uma evolução da memória L1, que possui o diferencial de transferir o dobro de bits a cada ciclo de relógio.
(C) A memória *cache* L1 trabalha na mesma velocidade do processador, enquanto a memória *cache* L2 trabalha na frequência de operação da placa-mãe do computador.
(D) Memórias *Flash* são memórias de alta velocidade utilizadas pelo processador para armazenar dados utilizados com frequência, com o intuito de agilizar o processamento.
(E) Tipicamente, as memórias ROM são utilizadas em PCs para armazenar o programa BIOS (Basic Input/Output System) do computador, que fornece um suporte básico de acesso ao *hardware* e inicia a carga do sistema operacional.

A: Errada, pois em uma Memória RAM qualquer posição pode ser acessada a qualquer hora, portanto a localização física do dado não influencia na velocidade de leitura. **B:** Errada, o diferencial entre as memórias do tipo L1 e L2 é o tamanho, sendo a L2 muito maior que a L1. **C:** Errada, a frequência da memória do tipo L2 não está atrelada à frequência de operação da placa-mãe, ela é definida na fabricação do processador. Apenas modelos muito antigos ainda são atrelados à placa-mãe. **D:** Errada, memórias *Flash* são memórias de armazenamento de dados, porém não de dados utilizados com frequência com o intuito de agilizar o processamento, são exemplos comuns de memória *Flash* os *pen drives*. **E:** Correta, a memória ROM é uma memória não volátil utilizada para armazenar a BIOS e dar suporte à inicialização do sistema.

Gabarito "E"

(Auditor Fiscal/SC – 2010 – FEPESE) Associe os dispositivos de armazenamento de dados com a respectiva tecnologia de armazenamento utilizada.

Tecnologia de armazenamento

1. Magnética
2. Eletrônica
3. Ótica

Dispositivo de armazenamento

( ) DVD-R e Disco *Blu-Ray*.
( ) Cartões de memória SD, xD e *Memory Stick*.
( ) Disco rígido (HD).
( ) CD-RW e DVD-RW.
( ) *Pen drive*.

Assinale a alternativa que indica a sequência **correta,** de cima para baixo.

(A) 1 – 2 – 2 – 1 – 3
(B) 1 – 3 – 2 – 1 – 3
(C) 2 – 1 – 3 – 3 – 2
(D) 3 – 1 – 1 – 1 – 2
(E) 3 – 2 – 1 – 3 – 2

A: Errada, DVD-R e Disco *Blu-Ray* utilizam leitores ópticos, portanto são dispositivos de armazenamento ótico. **B:** Errada, Cartões de memória SD, xD e *Memory Stick* utilizam gravação eletrônica, portanto são dispositivos de armazenamento eletrônico. **C:** DVD-R e Disco *Blu-Ray* utilizam leitores ópticos, portanto são dispositivos de armazenamento ótico. **D:** Errada, Cartões de memória SD. xD e *Memory Stick* são dispositivos de armazenamento eletrônico. **E:** Correta, todas as associações estão corretas.

Gabarito "E"

(Auditor Fiscal/SC – 2010 – FEPESE) Assinale a alternativa correta a respeito de sistemas operacionais de 32 bits e de 64 bits.

(A) Sistemas operacionais de 32 bits podem ser instalados somente em PCs cujos processadores possuem arquitetura de 32 bits.
(B) A velocidade de qualquer aplicação executada em um PC com sistema operacional de 64 bits é superior àquela obtida executando a mesma aplicação no mesmo *hardware*, mas com sistema operacional de 32 bits.

(C) Computadores com sistema operacional de 64 bits são capazes de utilizar mais memória RAM do que aqueles com sistema operacional de 32 bits.

(D) Sistemas operacionais de 64 bits podem ser instalados tanto em PCs com processadores de 32 bits quanto em PCs com processadores de 64 bits.

(E) Computadores com sistema operacional de 64 bits transferem dados pela rede com o dobro da velocidade de transmissão daqueles com sistemas operacionais de 32 bits.

A: Errada, Sistemas Operacionais de 32 bits podem ser instalados em computadores de 64 bits, porém não irão se beneficiar de sua arquitetura. **B:** Errada, nem toda aplicação é desenhada para tirar proveito de sistemas e processadores de 64 bits. **C:** Correta, sistemas operacionais de 64 bits podem endereçar uma quantidade maior de memória (chegado na casa dos Tera*bytes*) que os sistemas feitos na arquitetura de 32 bits (até 4Gb). **D:** Errada, Sistemas Operacionais de 64 bits só podem ser instalados em computadores com um processador de 64 bits. **E:** Errada, a transmissão de dados em rede não tem sua velocidade ditada pelo processador, e sim pela placa de rede e os meios de comunicação entre os dois pontos de rede.

Gabarito "C"

(Auditor Fiscal/SC – 2010 – FEPESE) Assinale a alternativa correta a respeito dos componentes utilizados em uma rede local (LAN).

(A) A interface de rede pode consistir em uma placa de expansão conectada à placa-mãe, ou pode vir integrada à placa-mãe do computador.

(B) Um *modem* é um componente indispensável para efetuar a conexão à rede local, pois permite a conexão física do computador a um ponto de rede.

(C) O *driver* de rede é utilizado para converter os dados em formato digital, armazenados no computador, no formato analógico, que é utilizado na transmissão pela rede.

(D) Os cabos utilizados em redes locais possuem, por padrão, a cor azul.

(E) O *firewall* da rede impede que os computadores da rede local por ele protegida sejam infectados por *softwares* maliciosos.

A: Correta, uma interface de rede pode estar integrada à placa-mãe (placas onboard) ou conectada a uma porta de expansão (placas offboard). **B:** Errada, o *modem* é utilizado apenas em conexões do tipo *dial-up* e não em conexões de rede. **C:** Errada, o *driver* de rede é um conjunto de instruções que fazem com que o sistema operacional possa trabalhar com a interface de rede. **D:** Errada, os cabos de rede locais podem possuir outras cores além do azul, como preto, cinza, amarelo, não existe uma cor-padrão. **E:** Errada, o *firewall* da rede apenas garante que a política de acesso e segurança seja respeitada, impedindo que certos tipos de acesso à rede sejam realizados.

Gabarito "A"

(Técnico da Receita Federal – 2006 – ESAF) Analise as seguintes afirmações relacionadas aos conceitos básicos de informática: *Hardware* e *Software*.

I. Frequência de atualização de um monitor é a frequência com que a tela de vídeo é redesenhada para evitar que a imagem fique pi*scan*do. A área da imagem inteira da maioria dos monitores é atualizada aproximadamente 1.024 vezes por segundo.

II. Nas versões mais novas do Windows, para se utilizar o recurso de suporte a vários monitores, precisa-se, para cada monitor, de um adaptador de vídeo PCI, AGP, onboard ou outro tipo compatível com a placa-mãe.

III. O USB (Universal Serial Bus - barramento serial universal) é um barramento externo que dá suporte à instalação *Plug and Play*, permitindo a conexão e desconexão de dispositivos sem desligar ou reiniciar o computador.

IV. A resolução de tela é a configuração que determina a quantidade de informações apresentadas na tela do monitor, medida em polegadas quadradas. Uma resolução baixa, como 640 x 480, faz com que os itens na tela apareçam menores e a área da tela torna-se pequena. Uma resolução alta, como 1.024 x 768, apresenta uma área de exibição maior e os itens individuais tornam-se grandes.

Indique a opção que contenha todas as afirmações verdadeiras.

(A) I e II.
(B) II e III.
(C) III e IV.
(D) I e III.
(E) II e IV.

A: Errada, a afirmativa I está incorreta, a taxa de atualização da maioria dos monitores é de 60 vezes por segundo ou 60Hz. **B:** Correta, apenas as afirmativas II e III estão corretas. **C:** Errada, a afirmativa IV está incorreta, a área da tela é medida em pixels e uma resolução baixa faz com que os itens apareçam maiores e uma resolução maior faz com que itens apareçam menores devido à quantidade de pixels disponível para representar cada item. **D:** Errada, a afirmativa I está incorreta, a taxa de atualização da maioria dos monitores é de 60 vezes por segundo ou 60Hz. **E:** Errada, a afirmativa IV está incorreta, a área da tela é medida em pixels e uma resolução baixa faz com que os itens apareçam maiores e uma resolução maior faz com que itens apareçam menores devido à quantidade de pixels disponível para representar cada item.

Gabarito "B"

(Técnico da Receita Federal – 2006 – ESAF) Nos dispositivos de armazenamento de dados, quando se utiliza espelhamento visando a um sistema tolerante a falhas, é correto afirmar que

(A) ao apagar um arquivo em um disco com sistema de espelhamento, o arquivo equivalente no disco espelhado só será apagado após a execução de uma ação específica de limpeza que deve ser executada periodicamente pelo usuário.

(B) ao ocorrer uma falha física em um dos discos, os dados nos dois discos tornam-se indisponíveis. Os dados só serão mantidos em um dos discos quando se tratar de uma falha de gravação de dados.
(C) o sistema fornece redundância de dados usando uma cópia do volume para duplicar as informações nele contidas.
(D) o disco principal e o seu espelho devem estar sempre em partições diferentes, porém no mesmo disco físico.
(E) o disco a ser utilizado como espelho deve ter sempre o dobro do tamanho do disco principal a ser espelhado.

A: Errada, quando um arquivo é apagado em um sistema com espelhamento, ele é excluído automaticamente no disco espelhado. **B:** Errada, o espelhamento existe justamente para evitar este tipo de problema, uma falha física de um dos discos não afeta o arquivo no outro disco. **C:** Correta, o espelhamento cria uma cópia redundante dos arquivos duplicando-o em outra unidade. **D:** Errada, para que o espelhamento seja feito de forma eficaz deve-se utilizar duas unidades físicas de disco diferentes. **E:** Errada, ambos os discos devem ser exatamente iguais em tamanho para que o espelhamento possa ser feito.

Gabarito "C"

(Auditor Fiscal/CE – 2006 – ESAF) Analise as seguintes afirmações relacionadas a conceitos básicos de Informática.

I. O *Chipset* é o principal componente de uma placa-mãe, no qual é possível encontrar os controladores de acesso à memória, controladores do barramento IDE, AGP e ISA.
II. O *Driver* é um conjunto de rotinas que permite ao sistema operacional acessar o periférico, funcionando como uma espécie de tradutor entre o dispositivo.
III. Um HD SCSI, ao ser conectado à saída IDE UDMA/66 de uma placa-mãe, tem sua velocidade de acesso multiplicada por 66, chegando a uma taxa de transferência da ordem de 150 Giga *Bytes*/segundo.
IV. Um processador, para ler dados de uma memória RAM, deve indicar o endereço desejado na memória, usando, para isto, o barramento de dados, recebendo os dados desejados via memória *cache*.

Indique a opção que contenha todas as afirmações verdadeiras.

(A) I e II.
(B) II e III.
(C) III e IV.
(D) I e III.
(E) II e IV.

A: Correta, apenas as afirmativas I e II estão corretas. **B:** Errada, a afirmativa III está incorreta, um HD SCSI não pode ser ligado a uma interface IDE. **C:** Errada, as alternativas III e IV estão incorretas, um HD SCSI não pode ser ligado a uma interface IDE e na leitura da memória o processador recebe os dados via registradores. **D:** Errada, a afirmativa III está incorreta, um HD SCSI não pode ser ligado a uma interface IDE. **E:** Errada, a afirmativa IV está incorreta, na leitura da memória o processador recebe os dados via registradores.

Gabarito "A"

(Auditor Fiscal/São Paulo-SP – 2007 – FCC)

§1º – É fundamental que todos os documentos impressos contenham o timbre municipal, ou seja, cada documento produzido, inclusive usando editores eletrônicos de textos modernos e atuais, deve ser impresso com o timbre.

Observe que "É fundamental que todos os documentos impressos contenham o timbre municipal". O processo de digitalização do timbre proveniente de meio externo, em papel, pode ser feito por meio de

(A) *scam*.
(B) acelerador de vídeo.
(C) *pen drive*.
(D) fax *modem*.
(E) impressora multifuncional.

A: Errada, o scam é um tipo de ameaça de segurança. **B:** Errada, a placa aceleradora de vídeo tem como função melhorar o processamento de imagens do computador, tornando-o mais rápido neste quesito. **C:** Errada, o *pen drive* é um dispositivo de armazenamento de dados. **D:** Errada, o fax *modem* tem como função permitir a conexão com a Internet por linha telefônica. **E:** Correta, uma impressora multifuncional tem a capacidade de digitalizar documentos.

Gabarito "E"

(Agente Fiscal de Rendas/SP – 2006 – FCC) Durante um levantamento de informações contábeis em um estabelecimento comercial, um agente necessita gravar um CD de forma emergencial. Sabendo que esse agente possui uma unidade gravadora de CD externa, e que deseja conectar esse dispositivo em um microcomputador que possui um barramento do tipo universal, ele deverá

(A) utilizar a porta serial RS-232.
(B) utilizar a porta USB.
(C) conectar o dispositivo a uma porta BBS.
(D) instalar a unidade em um slot de memória disponível.
(E) conectar a unidade na BIOS.

A: Errada, a porta serial RS-232 está se tornando obsoleta e é pouco usual. **B:** Correta, a porta USB é o novo padrão de conexão universal. **C:** Errada, BBS não é um padrão de porta universal atual. **D:** Errada, barramentos de memória não são do tipo universal, eles são específicos para memória. **E:** Errada, a BIOS é um programa de computador pré-gravado em memória permanente executado por um computador quando ligado.

Gabarito "B"

(Agente Fiscal de Rendas/SP – 2006 – FCC) É um sistema que, em um microcomputador, executa as funções necessárias para a inicialização do *hardware* do sistema quando o equipamento é ligado, controla rotinas de entrada e saída e permite ao usuário a modificação de detalhes da configuração do *hardware*.

(A) *EPROM*.
(B) *DRAM*.
(C) *SLOT*.
(D) *BIOS*.
(E) *BACKBONE*.

A: Errada, EPROM é um tipo de memória de leitura. **B:** Errada, a DRAM é um tipo de memória de acesso randômico utilizada pelo sistema durante seu funcionamento. **C:** Errada, um SLOT é um barramento em que se pode instalar um periférico. **D:** Correta, a BIOS é um programa de computador pré-gravado em memória permanente executado por um computador quando ligado. **E:** Errada, um Backbone designa o esquema de ligações de rede centrais de um sistema mais amplo, tipicamente de elevado desempenho.

Gabarito "D"

(Técnico – ANP – 2008 – CESGRANRIO) Suponha que um usuário conectou um *mouse* com tecnologia *plug and play* em um computador com sistema operacional Windows XP e com *hardware* que suporta essa tecnologia.

Que procedimento deve ser seguido para utilizar o dispositivo em questão?

(A) Reiniciar o computador.
(B) Reiniciar o computador e configurar a BIOS.
(C) Realizar *logoff* e, depois, *login*.
(D) Não realizar nenhum procedimento, pois o dispositivo será automaticamente reconhecido
(E) Configurar a BIOS para que o dispositivo utilize os recursos corretos, sem conflitos.

A: Errada, os dispositivos do tipo *plug and play* não necessitam que o computador seja reiniciado para que sejam reconhecidos. **B:** Errada, os dispositivos do tipo *plug and play* não necessitam que o computador seja reiniciado para que sejam reconhecidos. **C:** Errada, as ações de *logoff* e *login* não possuem qualquer efeito no reconhecimento de dispositivos instalados no computador. **D:** Correta, dispositivos do tipo *plug and play* são reconhecidos automaticamente e instalados pelo próprio sistema, não sendo necessária nenhuma ação para isso. **E:** Errada, nos dispositivos *plug and play* esta ação é feita automaticamente pelo sistema.

Gabarito "D"

(Técnico – ANP – 2008 – CESGRANRIO) SIMM e DIMM são tipos de módulos de

(A) *cache*.
(B) BIOS.
(C) *software*.
(D) memória ROM.
(E) memória RAM.

A: Errada, a memória *cache* é uma memória auxiliar, são exemplos de memória *cache* os tipos L1, L2 e L3. **B:** Errada, BIOS é um componente único não possuindo tipos de módulos. **C:** Errada, SIMM e DIMM são itens de *hardware* e não de *software*. **D:** Errada, a memória ROM é um tipo de memória de leitura apenas e não possui tipos de módulos. **E:** Correta, SIMM (*single in-line memory module*) e DIMM (*dual in-line memory module*) são módulos de memória de acesso aleatório, também conhecidas como memórias RAM.

Gabarito "E"

(Agente Administrativo – FUNASA – 2009 – CESGRANRIO) Qual dos *hardwares* abaixo permite conectar um microcomputador à Internet através da linha telefônica?

(A) CPU
(B) DVD
(C) *Modem*
(D) RAM
(E) *Winchester*

A: Errada, o CPU é a unidade central do computador que realiza os cálculos necessários para seu funcionamento. **B:** Errada, o DVD é uma unidade de leitura de dados a partir de um disco de DVD. **C:** Correta, o *Modem* permite que o computador se conecte à Internet através da rede de telefonia. **D:** Errada, a memória RAM é uma memória auxiliar utilizada durante a execução de programas. **E:** Errada, o *Winchester* é a unidade principal de armazenamento de dados do computador.

Gabarito "C"

(Agente Administrativo – FUNASA – 2009 – CESGRANRIO) Qual dos equipamentos abaixo pode ser utilizado para concentrar a ligação entre diversos microcomputadores para formar uma rede local?

(A) Filtro de linha
(B) *Hub*
(C) Joystick
(D) *No-break*
(E) *Pen-drive*

A: Errada, o filtro de linha é utilizado para ligar equipamento a rede elétrica. **B:** Correta, o *Hub* permite a ligação de vários equipamento em rede através de portas *Ethernet*. **C:** Errada, o *Joystick* é um periférico utilizado em jogos de computador. **D:** Errada, o *No-break* é um equipamento utilizado para prevenir quedas de tensão e de energia, mantendo o computador ligado através de uma bateria para que este possa ser desligado corretamente. **E:** Errada, o *Pen-drive* é apenas uma unidade de armazenamento externa e removível.

Gabarito "B"

(Técnico – IBGE – 2006 – CESGRANRIO) Em um disquete de 1,44 MB, é possível armazenar :

(A) 1 arquivo de 0,5 GB
(B) 6 arquivos de 300 KB
(C) 10 arquivos de 2 MB
(D) 30 arquivos de 15 KB
(E) 40 arquivos de 1 MB

A: Errada, 0,5GB representam 500MB, logo não é maior que a capacidade do disquete. **B:** Errada, 6 arquivos de 300KB totalizam 1.8MB, que é maior que a capacidade do disquete. **C:** Errada, um único arquivo de 2MB já é maior que a capacidade do disquete. **D:** Correta, 30 arquivos de 15KB totalizam 450KB ou 0.4MB, o que está dentro da capacidade do disquete. **E:** Errada, 40 arquivos de 1 MB totalizam 40MB, que é maior que a capacidade do disquete.

Gabarito "D"

(Técnico – IBGE – 2006 – CESGRANRIO) SATA, IDE e SCSI são tecnologias relacionadas a:

(A) Processadores.
(B) Placas de Rede.
(C) Placas de Vídeo.
(D) Memórias RAM.
(E) Discos rígidos.

A: Errada, processadores não possuem relação com tipos de conexão de disco rígido. **B:** Errada, as conexões usadas por placas de rede são do tipo PCI. **C:** Errada, as conexões usadas por placa de vídeo são do tipo AGP, PCI ou PCI-e. **D:** Errada, as memórias RAM não estão relacionadas as tecnologias de conexão de disco rígido. **E:** Correta, SATA, IDE e SCSI são tecnologias de conexão de discos rígidos, usados para liga-los ao resto do computador.

Gabarito "E"

(Técnico – IBGE – 2006 – CESGRANRIO) Em relação à memória *cache* em processadores, assinale a afirmativa correta.

(A) É não volátil, permitindo a persistência de dados.
(B) Permite criar arquivos ocultos no sistema operacional.
(C) Tem como objetivo aumentar o desempenho do computador.
(D) Por ser somente de leitura (ROM), seu custo é baixo.
(E) Tornou possível a compatibilidade entre diferentes sistemas operacionais.

A: Errada, a memória *cache* é volátil, seu conteúdo é limpo quando ela não é energizada. **B:** Errada, a memória *cache* não tem qualquer relação com a criação de arquivos. **C:** Correta, a memória *cache* auxilia o processador durante os cálculos, quanto maior for melhor o desempenho do processador. **D:** Errada, a memória *cache* permite escrita. **E:** Errada, a memória *cache* não possui qualquer impacto no tipo do sistema operacional.

Gabarito "C"

(Técnico – IBGE – 2006 – CESGRANRIO) Uma impressora compatível com o padrão 802.11g:

(A) possui uma placa de rede de 11 Gbps.
(B) imprime 11 páginas por segundo.
(C) pode fazer parte de uma rede sem fio.
(D) é própria para gráficos vetoriais.
(E) tem resolução mínima de 9000 DPI.

A: Errada, placas de rede possuem capacidade variando entre 10, 100 e 1000MB. **B:** Errada, o padrão 802.11g diz respeito a redes de computador e não capacidades de impressão, que são dadas em ppm (páginas por minuto). **C:** Correta, 802.11g é um padrão de rede *wireless* de banda G. **D:** Errada, 801.22g especifica um padrão de rede *wireless* e não o tipo de impressão que o equipamento possui. **E:** Errada, resoluções são dadas em DPI, não havendo qualquer relação com padrões de rede.

Gabarito "C"

(Técnico – IBGE – 2006 – CESGRANRIO) Que periférico converte documentos de papel em imagens digitais?

(A) *Modem*
(B) Gravador de CD
(C) Monitor
(D) *Mouse*
(E) *Scanner*

A: Errada, o *modem* é utilizado para transmissão de dados. **B:** Errada, o gravador de CD é usado para a gravação de mídias do tipo CD. **C:** Errada, o monitor é um periférico de saída que exibe o que está sendo feito no computador. **D:** Errada, o *mouse* é um dispositivo de interação humana com o computador. **E:** Correta, o *Scanner* é o item de *hardware* responsável pela digitalização de documentos impressos.

Gabarito "E"

(Técnico – INSS – 2012 – CESPE) Pedro trabalha em uma pequena imobiliária cujo escritório possui cinco computadores ligados em uma rede com topologia estrela. Os computadores nessa rede são ligados por cabos de par trançado a um *switch* (concentrador) que filtra e encaminha pacotes entre os computadores da rede, como mostra a figura abaixo.

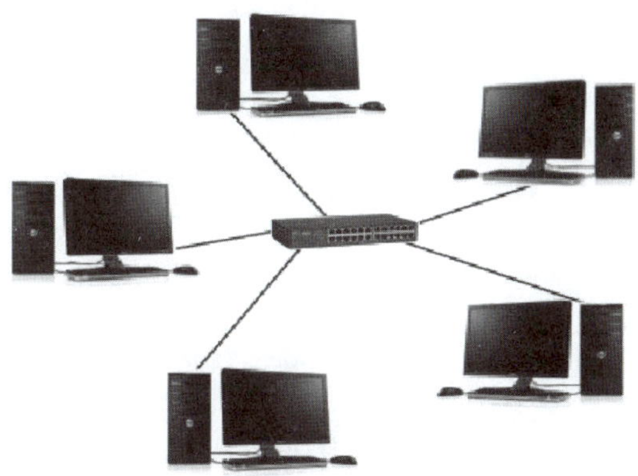

Certo dia, Pedro percebeu que não conseguia mais se comunicar com nenhum outro computador da rede. Vários são os motivos que podem ter causado esse problema, EXCETO:

(A) O cabo de rede de um dos demais computadores da rede pode ter se rompido.
(B) A placa de rede do computador de Pedro pode estar danificada.
(C) A porta do *switch* onde o cabo de rede do computador de Pedro está conectado pode estar danificada.
(D) O cabo de rede que liga o computador de Pedro ao *switch* pode ter se rompido.
(E) Modificações nas configurações do computador de Pedro podem ter tornado as configurações de rede incorretas.

A: Correta, apenas se o cabo de rede de seu próprio computador fosse rompido ele perderia comunicação com o restante da rede. **B:** Errada, danos à placa de rede do computador podem sim impedir que este acesse o restante da rede. **C:** Errada, a porta a qual está conectado o computador no *switch* pode impedir o acesso à rede. **D:** Errada, este é um dos motivos pelo qual um computador pode perder acesso à rede. **E:** Errada, as configurações de rede do computador podem impedir o acesso normal caso sejam alteradas para um padrão diferente do usado no restante da rede.

Gabarito "A"

(Técnico – INSS – 2012 – CESPE) O gráfico a seguir foi extraído da pesquisa TIC empresas 2009 (Pesquisa Sobre uso das Tecnologias da Informação e da Comunicação no Brasil), realizado pelo CETIC (Centro de Estudos Sobre as Tecnologias da Informação e da Comunicação).

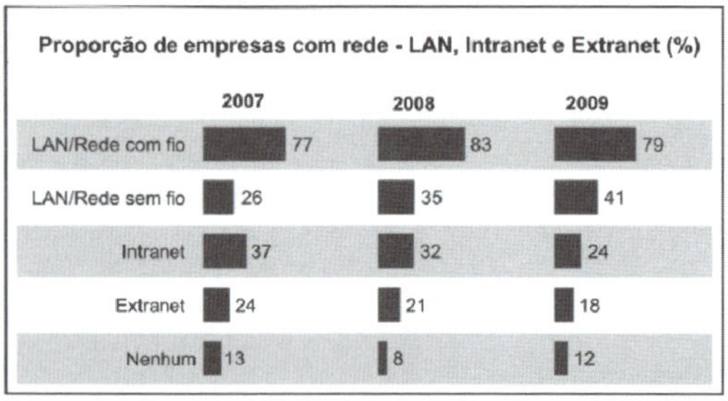

(Fonte: http://www.cetic.br/empresas/2009/tic-empresas-2009.pdf)

Considerando redes de computadores e com base no gráfico, analise:

I. O acesso sem fio à Internet e Intranets está crescendo à medida que surgem mais instrumentos de informação capazes de operar em rede. Telefones inteligentes, *pagers,* PDAs e outros dispositivos portáteis de comunicação tornam-se clientes nas redes sem fios.

II. O uso de redes sem fio tem crescido rapidamente à medida que novas tecnologias de alta velocidade são implementadas, como a *Wi-Fi,* que pode ser mais barata que o padrão *Ethernet* e diversas outras tecnologias LAN com fios.

III. Com as Intranets, a comunicação interna nas empresas ganha mais agilidade, dinamismo, integra e aproxima seus colaboradores, independente da localização de cada um. Agiliza a disseminação de informações, visando à integração inter e intradepartamental.

IV. A tendência é que cada vez mais as redes sem fio sejam substituídas pelas redes com fio, pois as tecnologias sem fio estão sujeitas a inúmeros tipos de interferência e interceptação que comprometem seu desempenho e segurança.

Está correto o que se afirma em:

(A) I, II, III e IV.
(B) I e III, apenas.
(C) I e II, apenas.
(D) I, II e III, apenas.
(E) III e IV, apenas.

A: Errada, a afirmativa IV está incorreta, a tendência atual é inversa, a substituição de redes cabeadas por redes sem fio, sendo que ambas podem sofrer diversos tipos de interferência. **B:** Errada, a afirmativa II também está correta. **C:** Errada, a afirmativa III também está correta. **D:** Correta, apenas as afirmativas I, II e III estão corretas. **E:** Errada, a afirmativa IV está incorreta, a tendência atual é inversa, a substituição de redes cabeadas por redes sem fio, sendo que ambas podem sofrer diversos tipos de interferência.

Gabarito "D"

(Agente Administrativo – Ministério do Des. Agrário – 2009 – COSEAC) Em relação aos discos rígidos, o setor que contém a tabela de partição do disco, responsável pelo *boot* (ou inicialização), é conhecida como:

(A) *Cluster;*
(B) MBR;
(C) SCSI;
(D) FAT;
(E) NTFS.

A: Errada, *Cluster* é a definição de um conjunto e não um setor do disco. **B:** Correta, a MBR (master *boot* record) é o setor responsável por armazenar as informações de *boot* no disco rígido. **C:** Errada, SCSI é um tipo de conexão para discos rígidos. **D:** Errada, FAT é um sistema de armazenamento de arquivos. **E:** Errada, NTFS é um sistema de armazenamento de arquivos.

Gabarito "B"

(Agente Administrativo – Ministério do Des. Agrário – 2009 – COSEAC) Em relação às redes de computadores, aquela que NÃO é uma vantagem da arquitetura *peer-to-peer* (ponto a ponto):

(A) não há necessidade de um administrador da rede;
(B) a rede é de instalação e manutenção fácil e rápida;
(C) cada computador pode fazer cópias de segurança em outro computador;
(D) é a rede mais fácil de construir;
(E) a informação é armazenada num servidor de arquivos centralizado e disponibilizada para os clientes.

A: Errada, esta é uma das vantagens de redes *peer-to-peer* (P2P). **B:** Errada, as redes P2P são de fácil administração, manutenção e instalação. **C:** Errada, esta é uma das vantagens das redes ponta a ponto. **D:** Errada, a afirmativa está correta. **E:** Correta, em redes P2P cada computador armazena uma parte da informação, funcionando como cliente e servidor, não havendo esta centralização.

Gabarito "E"

(Agente Administrativo – Ministério da Justiça – 2009 – FUNRIO) O equipamento de redes responsável por interligar duas ou mais redes diferentes é

(A) a Ponte ou *Bridge*.
(B) o Repetidor.
(C) o Roteador.
(D) o *HUB*.
(E) o Servidor.

A: Errada, *Bridge* é um tipo de configuração de rede e não um equipamento físico. **B:** Errada, o repetidor (ou *HUB*) não faz a comutação de pacotes entre redes diferentes. **C:** Correta, o Roteador é responsável pela interligação de redes distintas, fazendo a transmissão dos dados com base nos cabeçalhos dos pacotes enviados pela rede. **D:** Errada, o *HUB* funciona apenas como um repetidor, não fazendo a comutação de pacotes entre redes distintas. **E:** Errada, o Servidor é apenas um cliente de rede.

Gabarito "C"

(Agente Administrativo – MPOG – 2009 – FUNRIO) Se você está digitando um texto no computador e a energia elétrica acaba você perde tudo que digitou. Isso seria evitado se o seu computador estivesse ligado a um

(A) Filtro de linha.
(B) Estabilizador.

(C) *Switch*.
(D) *Access Point*.
(E) *Nobreak*.

A: Errada, o Filtro de linha apenas ajuda a proteger contra quedas de tensão, não tenso capacidade de armazenar energia para manter o computador ligado. **B:** Errada, o estabilizador não armazena energia para manter o computador ligado. **C:** Errada, o *Switch* é apenas um item de redes de computador. **D:** Errada, *Access Point* define um ponto de acesso para redes *Wireless*. **E:** Correta, o *Nobreak* é um equipamento que armazena energia e pode manter o computador ligado por um período de tempo caso haja queda de energia.

Gabarito "E"

(Agente Administrativo – Ministério da Saúde – 2008 – CESPE) Com relação aos conceitos de *hardware*, *software* e ferramentas básicas, julgue os itens a seguir.

(1) Suponha que João seja funcionário do MS e deva especificar o tipo de computador a ser utilizado na edição de textos e planilhas. Nessa situação, João deve optar por um equipamento do tipo *desktop*, que apresenta recursos e capacidade de processamento muito maiores que os apresentados pelo equipamento do tipo *notebook*.
(2) *Software* básicos são *software* gratuitos ou livres que desempenham funções básicas como edição de textos e de planilhas eletrônicas.
(3) A opção Pesquisar do Windows XP permite executar buscas de arquivos ou pastas, informações e pessoas na Internet.
(4) Para se visualizar o arquivo de uma foto digital, é necessário utilizar o *software* USB.

1: Errada, atualmente o nível de processamento de ambos os tipos de computador está muito próximo, sendo que em muitos casos o *notebook* pode superar um *desktop*; **2:** Errada, os *Softwares* básicos tem por função possibilitar a operação e uso do computador; **3:** Correta, por meio de opção Pesquisar é possível localizar arquivos ou pastas tanto no computador quanto na Internet; **4:** Errada, USB é um tipo de porta de conexão e não um *software*.

Gabarito 1E, 2E, 3C, 4E

(Analista – ANATEL – 2006 – CESPE) Com relação à especificação do computador PC apresentada abaixo, julgue os seguintes itens.

- processador Intel® Pentium® extreme edition, com tecnologia *hyper-threading* 955 (L2 de 2X2 MB, 3,4 GHz, 1.066 MHz);
- memória: 1 GB de memória, 533 MHz;
- disco rígido de *boot*: disco rígido de 500 GB (7.200 rpm) SATA 3.0 Gbps;
- formatação do sistema de arquivos: NTFS file system;
- placa de vídeo: 512 MB, com capacidade de utilizar dois monitores DVI ou dois monitores VGA ou DVI + VGA;
- placa de rede: 10/100/1.000 gigabit *ethernet* PCI express;
- teclado com leitora de *smart card*, USB.

(1) O referido computador é capaz de realizar simultaneamente até 3,4 bilhões de processos e acessar a memória RAM com velocidade superior a 1 Gbps.
(2) A tecnologia associada a *smart card* mencionada acima permite que se realize o logon no referido computador utilizando-se um cartão de identificação, em uma espécie de procedimento de autenticação.

1: Errada, 3,4GHz significa que o processador é capaz de realizar 3,4 bilhões de oscilações por segundo, ou 3,4 bilhões de cálculos por segundo; **2:** Correta, os *smart cards* permitem a identificação do usuário e podem ser usados para o logon.

Gabarito 1E, 2C

(Analista Legislativo – Câmara dos Deputados – 2007 – FCC) A tecnologia de núcleo duplo é aplicada na

(A) fabricação de um processador com dois núcleos de processamento e o respectivo *chipset*.
(B) fabricação de uma placa-mãe com um processador e dois *chipsets*.
(C) fabricação de uma placa-mãe com um *chipset* e dois processadores.
(D) emulação de dois processadores por meio de um *chipset*.
(E) emulação de dois processadores por meio do sistema operacional.

A: Correta, a tecnologia de núcleo duplo está associada a processadores de dois núcleos. **B:** Errada, este tipo de processador há apenas um *chipset*. **C:** Errada, neste tipo de processador há apenas um *chipset* e um processador. **D:** Errada, não há emulação, mas sim dois núcleos físicos. **E:** Errada, não há emulação, mas sim dois núcleos físicos.

Gabarito "A"

(Administrador – FUNASA – 2009 – CESGRANRIO) Para que possam funcionar, os microcomputadores devem estar dotados de recursos de *hardware* e de *software*. A esse respeito, é correto afirmar que a(o)

(A) memória RAM é o *software* no qual o *hardware* de sistema operacional é processado.
(B) unidade de DVD é um *software* que serve para gravar os arquivos usados pelo microcomputador.
(C) Firefox é um conjunto de componentes eletrônicos, circuitos integrados e placas, que se comunicam através de barramentos.
(D) Mapa de Caracteres do Windows XP é um *hardware* utilizado para gerenciar discos rígidos do microcomputador.
(E) *modem* é um *hardware* que pode ser utilizado para fazer a comunicação entre o microcomputador e a Internet.

A: Errada, memória RAM é um item de *hardware* e não de *software*. **B:** Errada, unidade de DVD é um item de *hardware* e não de *software*. **C:** Errada, Firefox é um navegador web, portanto é um *software* e não um *hardware*. **D:** Errada, o Mapa de Caracteres é um *software* do Windows e não um item de *hardware*. **E:** Correta, o *modem* é um item de *hardware* usado para comunicação em rede por meio de linha telefônica.

Gabarito "E"

(Analista – Ministério da Int. Nacional – 2012 – ESAF) A memória *cache*

(A) é usada para maximizar a disparidade existente entre a velocidade do processador e a velocidade de leitura e gravação de dados.
(B) é uma memória volátil de alta velocidade, porém com pequena capacidade de armazenamento.
(C) armazena a maioria do conteúdo da memória principal.
(D) é uma memória volátil de baixa velocidade, porém com grande capacidade de armazenamento.
(E) é usada para eliminar a disparidade existente entre a quantidade de dados armazenados na memória principal e na memória secundária.

A: Errada, a memória *cache* é um tipo de memória auxiliar e alta velocidade. **B:** Correta, a memória *cache* é uma memória auxiliar de alta velocidade e baixa capacidade de armazenamento. **C:** Errada, a memória *cache* não tem capacidade para armazenar grandes volumes de dados. **D:** Errada, a memória *cache* é uma memória de alta velocidade. **E:** Errada, a memória *cache* possui tamanho muito pequeno para armazenar dados.

Gabarito "B"

(Administrador – Ministério da Justiça – 2009 – FUNRIO) O *hardware* de um computador é composto de processador, memória e dispositivos periféricos de entrada e de saída. Dentre os dispositivos periféricos, alguns são de entrada, outros são de saída, e existem também os que são de entrada e saída, isto é, que funcionam tanto como dispositivos de entrada quanto de saída. Quais dispositivos abaixo são de entrada e saída?

(A) teclado e *scanner*.
(B) disco e *modem*.
(C) impressora e alto falante.
(D) microfone e web cam.
(E) *mouse* e leitora ótica.

A: Errada, o teclado é um dispositivo de entrada apenas. **B:** Correta, tanto o disco quanto um *modem* podem receber e enviar dados, portanto são dispositivos de entrada e saída. **C:** Errada, alto falante é um dispositivo de saída apenas. **D:** Errada, o microfone é um dispositivo de entrada apenas. **E:** Errada, o *mouse* é um dispositivo de entrada apenas.

Gabarito "B"

PARTE II

Office

1. OFFICE

Os programas que pertencem aos pacotes Office auxiliam em atividades diárias em um escritório, como a edição de textos, criação de planilhas dinâmicas, apresentações de *slides* e manipulação de bancos de dados.

Existem dois principais pacotes atualmente que englobam todas essas funções: o Microsoft Office e o OpenOffice, também chamado de LibreOffice (sua versão em português é denominada BrOffice). Enquanto o primeiro é um *software* proprietário, o segundo é um projeto Open Source, ou seja, pode ser alterado e distribuído livremente.

Ambos possuem programas que atendem as necessidades mencionadas, sendo que os programas do pacote Open Office suportam os formatos do MS Office, permitindo inclusive salvar os documentos nos formatos dele, enquanto o MS Office suporta apenas os seus formatos.

Vejamos quais são os programas correlatos nestes pacotes:

	Microsoft Office	OpenOffice
Editor de Texto	Word	Writer
Editor de Planilhas	Excel	Calc
Editor de Apresentações	PowerPoint	Impress
Gerenciador de Bancos de Dados	Access	Base

1.1. Editores de texto

Estes programas permitem a edição de textos fornecendo diversas funções de formatação de texto, inserção de imagens, *links*, tabelas e outros elementos.

O MS Word salva seus documentos no formato doc (até a versão 2003) e nos formato docx (a partir da versão 2007). Já o Writer permite salvar os documentos nos formatos odt (seu formato padrão), html e xml além de doc, docx e PDF.

Nestes programas também existem diversos atalhos que auxiliam o usuário na criação de documentos, vejamos quais são os principais e suas funções:

- ✔ Ctrl + Page Up: move o cursor de texto para o início da página anterior;
- ✔ Ctrl + Page Down: move o cursor de texto para o início da próxima página;
- ✔ Ctrl + Home: move o cursor de texto para o início do documento;
- ✔ Ctrl + End: move o cursor de texto para o final do documento;
- ✔ Ctrl + Enter: move o cursor para o início da próxima página fazendo uma quebra de página manual;
- ✔ Ctrl + *Backspace*: apaga a palavra imediatamente a esquerda do cursor de texto;
- ✔ Ctrl + Setas direcionais: movem o cursor de texto para o começo da palavra à direita ou esquerda (direita e esquerda) ou para o começo da linha abaixo ou à cima (cima e baixo);
- ✔ Ctrl + Alf + F: ativa a inserção de notas de rodapé;
- ✔ Ctrl + *Shift* + C: ativa a função Pincel;
- ✔ Ctrl + N: efeito negrito;
- ✔ Ctrl + I: efeito itálico;
- ✔ Ctrl + S: efeito sublinhado;

- ✔ Ctrl + Q: alinha à esquerda;
- ✔ Ctrl + E: alinhamento centralizado;
- ✔ Ctrl + G: alinhamento à direita;
- ✔ Ctrl + J: alinhamento justificado;
- ✔ Ctrl + D: abre a janela de opções de formatação de fonte;
- ✔ Ctrl + K: inseri um *hyperlink* no texto;
- ✔ Ctrl + C: copia o trecho de texto selecionado;
- ✔ Ctrl + V: cola o trecho de texto no local onde se encontra o cursor de texto;
- ✔ Ctrl + X: recorta um trecho de texto;
- ✔ Ctrl + Z: desfaz a última ação feita;
- ✔ Ctrl + Y: refaz a última ação desfeita;
- ✔ Ctrl + T: seleciona todo o texto;
- ✔ Ctrl + L: localiza um trecho de texto no documento;
- ✔ Ctrl + F: localiza e substitui um trecho de texto no documento;
- ✔ Ctrl + B: salva o documento atual;
- ✔ Ctrl + W: fecha o documento sendo editado;
- ✔ Ctrl + A: abre um documento existente;
- ✔ Ctrl + O: cria um documento em branco;
- ✔ Ctrl + P: impressão do documento atual;
- ✔ F1: abre a ajuda do Word;
- ✔ F2: move texto ou elementos gráficos;
- ✔ F4: repete a última ação feita;
- ✔ F5: abre a janela "Localizar e Substituir";
- ✔ F12: abre a caixa "Salvar como...".

Outro ponto essencial é a análise da interface, identificando os principais botões e suas funções. Vejamos um exemplo da interface do Word 97, 2003 e 2007, respectivamente e do Writer:

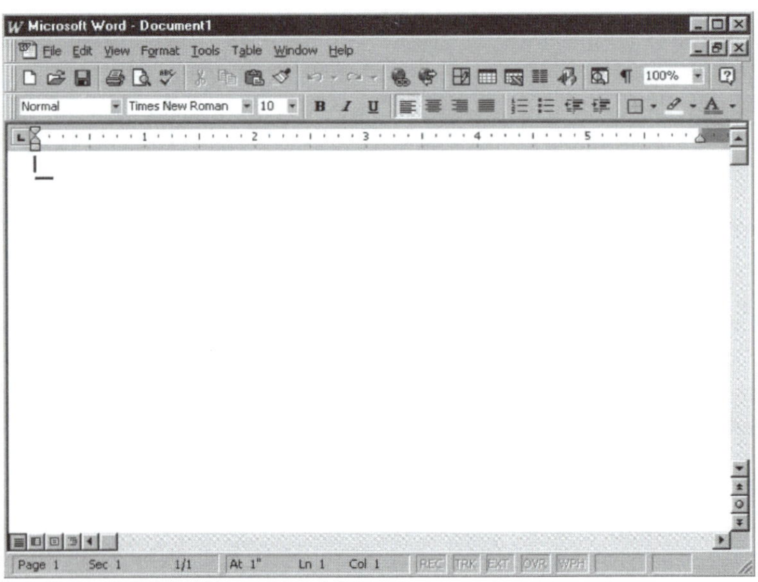

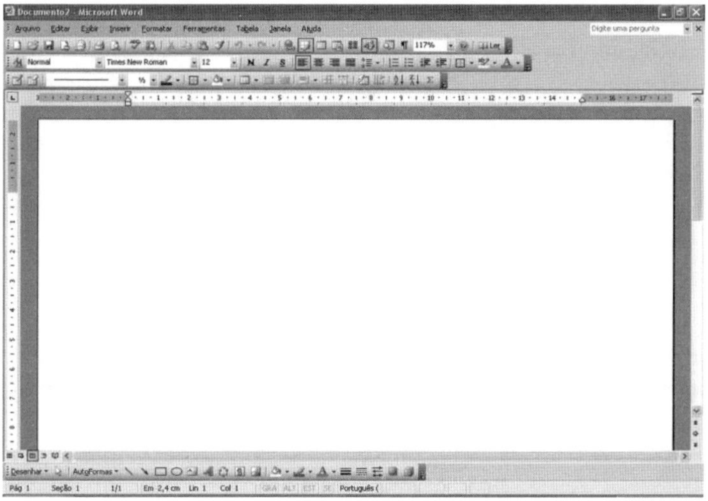
Documento2 - Microsoft Word
Arquivo Editar Exibir Inserir Formatar Ferramentas Tabela Janela Ajuda
Normal
Times New Roman
12
Desenhar
AutoFormas
Pág 1 Seção 1 1/1 Em 2,4 cm Lin 1 Col 1
Português (

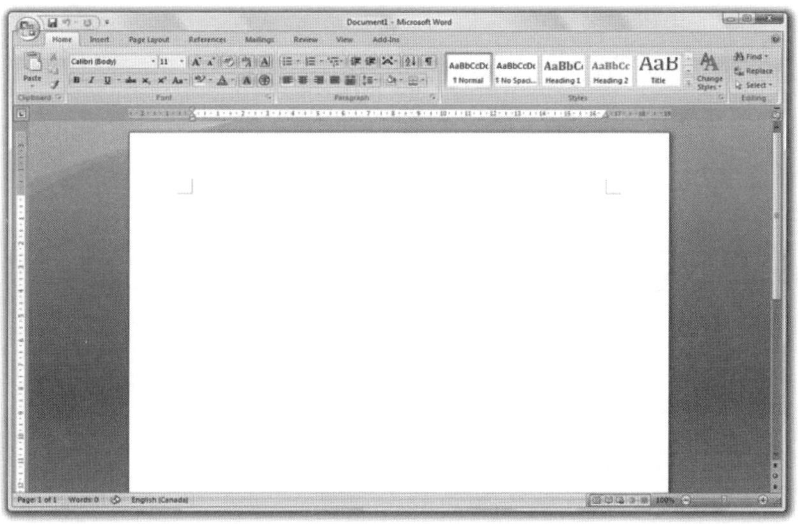
Document1 - Microsoft Word
Home Insert Page Layout References Mailings Review View Add-Ins
Paste
Calibri (Body)
11
Clipboard
Font
Paragraph
Styles
Editing
¶ Normal
¶ No Spaci...
Heading 1
Heading 2
Title
Change Styles
Find
Replace
Select
Page: 1 of 1 Words: 0 English (Canada)

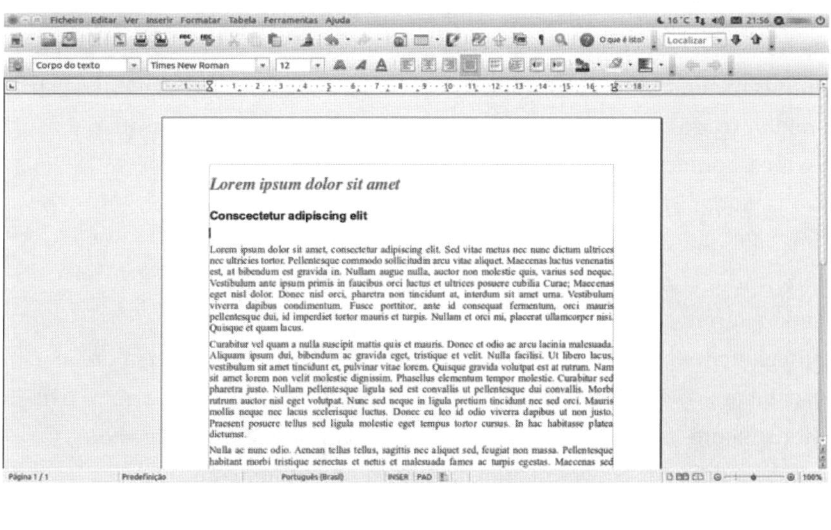
Ficheiro Editar Ver Inserir Formatar Tabela Ferramentas Ajuda
Corpo do texto
Times New Roman
12
Localizar
Lorem ipsum dolor sit amet
Consectetur adipiscing elit
Página 1 / 1
Predefinição
Português (Brasil)
INSER
PAD
100%

Note que mesmo com alterações de *layout* os ícones que representam as principais funções se mantêm os mesmos, sendo eles:

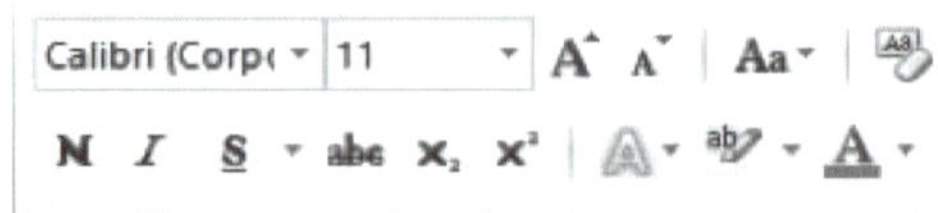

Da esquerda para a direita, de cima para baixo:

- ✔ Fonte: permite alterar a fonte sendo utilizada pelo texto;
- ✔ Tamanho da fonte: permite alterar o tamanho da fonte utilizada pelo texto;
- ✔ Aumentar e diminuir tamanho da fonte: aumenta ou diminui o tamanho da fonte;
- ✔ Maiúscula e Minúscula: altera o texto selecionado para maiúscula, minúscula ou outros usos destas;
- ✔ Limpar Formatação: remove toda a formatação do texto selecionado;
- ✔ Negrito: efeito negrito no texto;
- ✔ Itálico: efeito itálico no texto;
- ✔ Sublinhado: efeito sublinhado no texto;
- ✔ Tachado: o texto é escrito com uma linha no meio;
- ✔ Subscrito: o texto é escrito com letras pequenas abaixo da linha de base do texto;
- ✔ Sobrescrito: o texto é escrito com letras pequenas acima da linha de base do texto;
- ✔ Efeitos de texto: permite adicionar diversos efeitos de texto;
- ✔ Cor de realce do texto: define a cor usada no realce do texto;
- ✔ Cor da fonte: permite alterar a cor da fonte.

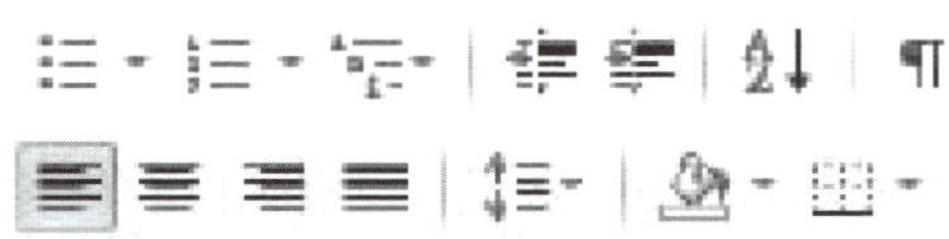

Da esquerda para a direita, de cima para baixo:

- ✔ Marcadores: inicia uma lista com marcadores;
- ✔ Numeração: inicia uma lista numerada;
- ✔ Lista de vários níveis: inicia uma lista com diversos níveis de agrupamento;
- ✔ Diminuir recuo: diminui a distância entre o texto e a margem esquerda da página;
- ✔ Aumentar recuo: aumenta a distância entre o texto e a margem esquerda da página;
- ✔ Classificar: ordena o texto selecionado em ordem alfabética;
- ✔ Mostrar tudo: mostra marcas de parágrafo e outras formatações;
- ✔ Alinhar à esquerda: alinha o documento à esquerda da página;
- ✔ Centralizado: alinha o texto de forma centralizada na página;
- ✔ Alinhar à direita: alinha o texto à direita da página;
- ✔ Justificado: alinha o texto de forma a ocupar todo o espaço de cada linha;
- ✔ Espaçamento de Linha e Parágrafo: altera o espaço entre linhas e entre parágrafos;
- ✔ Sombreamento: adiciona cor à parte de trás de um texto ou parágrafo;
- ✔ Bordas: modifica as bordas de uma tabela ou outro elemento.

- ✔ Colar (em destaque): cola o texto localizado na Área de Transferência;
- ✔ Recortar (em cima): remove o texto para a Área de transferência;
- ✔ Copiar: copia o texto selecionado para a Área de Transferência;
- ✔ Pincel: copia a formatação do texto selecionado.

- ✔ *Layout* de Impressão: modo padrão usado pelo editor;
- ✔ Leitura em Tela Inteira: máxima o espaço disponível para exibição do texto utilizando toda a tela;
- ✔ *Layout* da Web: mostra o documento como ele seria exibido por uma página da web;
- ✔ Estrutura de Tópicos: exibe o documento como se fosse uma estrutura em tópicos;
- ✔ Rascunho: exibe o documento como um rascunho para edição rápida, não exibe elementos como cabeçalho e rodapé.

Com relação ao Writer a maioria dos ícones são muito parecidos, os seguintes merecem ser destacados:

 Ativa ou desativa a função de auto correção.

Inicia o corretor ortográfico.

Exporta o arquivo em edição para o formato PDF.

Alguns outros conceitos importantes referentes à formatação de texto incluem:

- ✔ Quebra de Página: indica o final de uma página, forçando o próximo conteúdo a se deslocar para uma nova página;
- ✔ Quebra de Seção: permite que o programa trate partes diferentes de um mesmo documento como documentos distintos, permitindo a utilização de numerações de página independentes e diversas outras formatações dentro de um só documento.

A maior parte das questões relacionadas a este tema pedirá que uma imagem seja analisada. Preste sempre muita atenção na imagem, verifique sempre estes itens:

- ✔ Há algum trecho de texto selecionado?
- ✔ Qual a posição do cursor de texto?
- ✔ Se forem usados atalhos, em que ordem foram usados?
- ✔ Funções semelhantes são agrupadas sempre nos mesmos menus ou abas, fique atento quanto à sua localização!

1.2. Editores de planilhas

Estes programas permitem a criação de planilhas que podem realizar diversos cálculos, criar gráficos dinâmicos e filtrar dados.

O editor do pacote MS Office se chama Excel e utiliza o formato xls (até a versão 2003) e xlsx (versões 2007 e posteriores). Já no OpenOffice utilizamos o *software* Calc, que além de suporte completo para as extensões do Excel permite usar as extensões ods (seu formato padrão) e salvar diretamente como pdf.

Cada documento pode ser dividido em diversas planilhas, que podem ser acessadas no canto inferior esquerdo da janela, sendo possível dar uma nome diferente para cada planilha.

Eles armazenam as informações na forma de tabelas onde as linhas são representadas por números e as colunas por letras. Cada bloco é chamado de célula e pode armazenar diversos tipos de dados.

Podemos identifica qualquer célula a partir de sua linha e coluna, esta referência recebe o nome de referência relativa pois se caso o conteúdo de uma célula que contenha uma referência relativa for copiado para outra célula, a referência irá se ajustar para se manter proporcional. Por exemplo, ao digitar como valor da célula A2 a fórmula =A1+10 e copiar a fórmula para a célula B2, o valor em B2 seria =B1+10.

É possível fixar a referência de linha, coluna ou ambos através do símbolo $, neste caso chamamos de referência absoluta. Utilizando o mesmo exemplo anterior, a fórmula =$A$1+10 ao ser copiada para outra célula se manteria idêntica.

Podemos ainda fazer referências a células em outras planilhas do mesmo documento, para isso devemos utilizar a seguinte notação: Planilha!célula. Ex.: Plan1!B4 ou Plan1!B$4.

Para realizar referências a células em outro arquivo, basta adicionar o nome do arquivo desejado entre colchetes. Ex.: [relatório.xlsx]Plan1!A10

Uma funcionalidade muito interessante destes editores é a Alça de Preenchimento. Ela permite preencher automaticamente outras células de forma inteligente utilizando uma ou mais células selecionadas. Esta função identifica um padrão entre os valores selecionados (sequencias numéricas ou alfabéticas, progressões numéricas, sequencias de datas, dias da semana, meses do ano) e utiliza a mesma lógica para preencher as outras células selecionadas.

Para a realização de cálculos ou a utilização de funções como valores para células é necessário iniciar seu valor com o símbolo de igualdade (=). Os símbolos matemáticas se mantêm os mesmos: mais (+), menos (-), vezes (*), dividido (/) e potência (^). O uso de parênteses e a ordem dos cálculos seguem o padrão matemático.

Lembre-se que é proibido fazer referência de uma célula dentro dela mesma, seja em uma função ou calculo matemático. A esta situação chamamos de referência circular.

Diversas funções também permitem a especificação de intervalos, neste caso é utilizado dois pontos (:) para indicar uma intervalo. Ex.: de A1 até A4 (A1:A4)

Algumas das principais funções são:

- ✔ =SE(condição;valor_se_verdadeiro;valor_se_falso): faz uma verificação de uma condição e retorna valores diferentes para verdadeiro e falso;

- =SOMA(intervalo): permite somar os valores de um intervalo, contiguo ou não;
- =PRI.MAIÚSCULA(texto): faz com que a primeira letra de cada palavra se torna maiúscula;
- =MÉDIA(intervalo): calcula o valor da média de um intervalo contíguo ou não;
- =EXATO(texto1;texto2): compara se dois textos são idênticos;
- =MÁXIMO(intervalo): retorna o valor máximo existente em um intervalo;
- =MÍNIMO(intervalo): retorna o valor mínimo existente em um intervalo;
- =CONT.NÚM(intervalo): conta o número de células em um intervalo que contém números;
- =CONT.SE(intervalo;critérios): conta o número de células que respeitam um certo critério.

Vejamos agora como é a interface do Excel nas versões 97, 2003 e 2007 e do Calc, respectivamente:

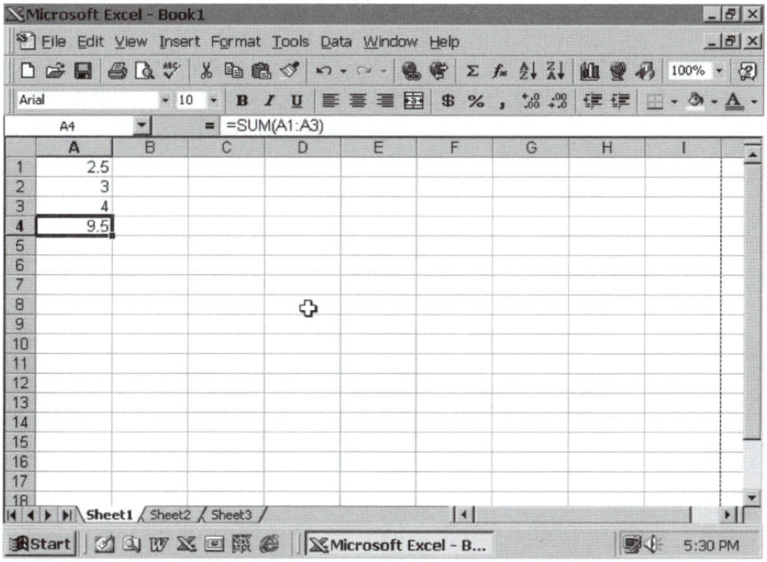

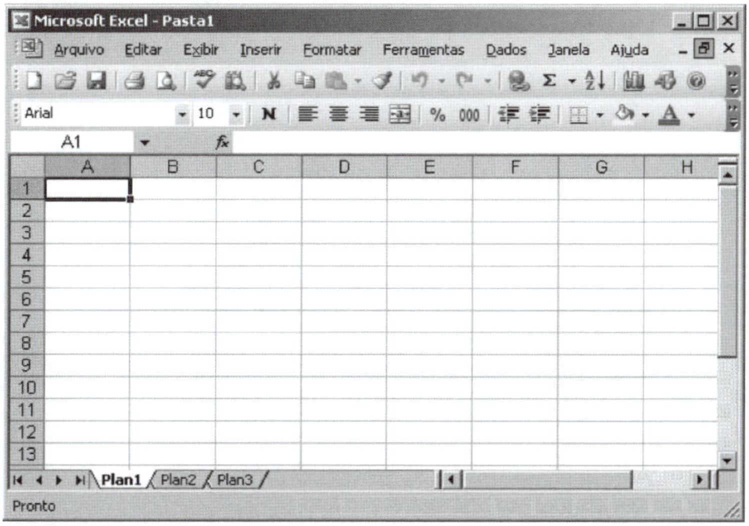

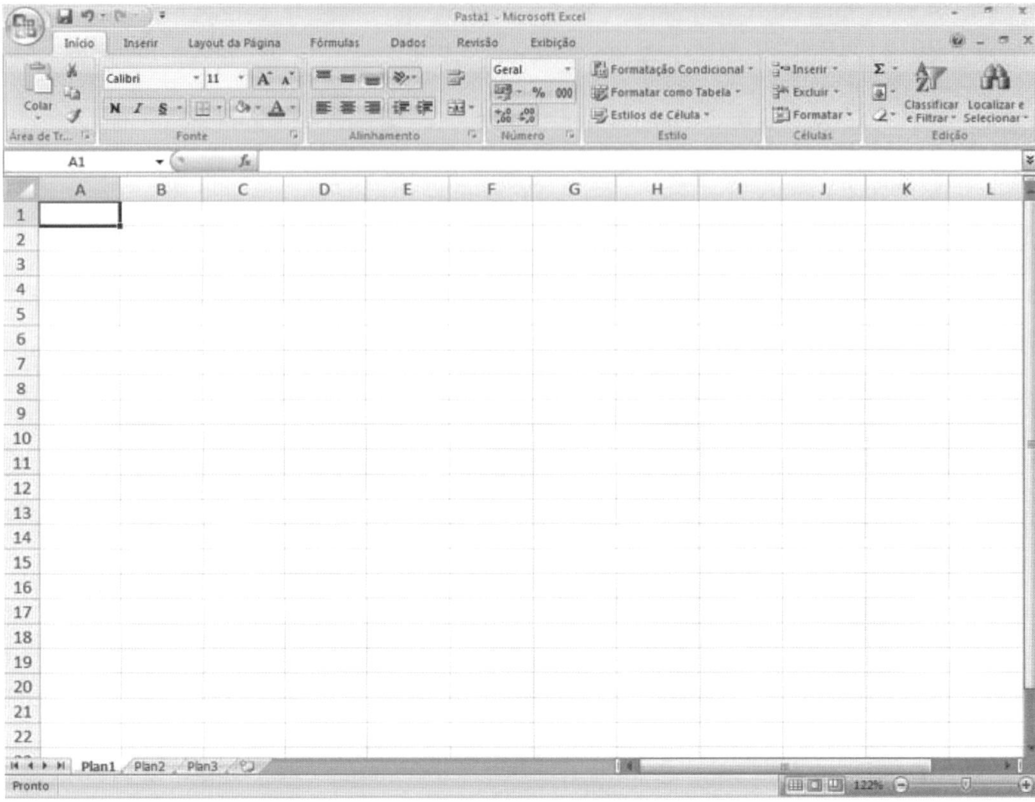

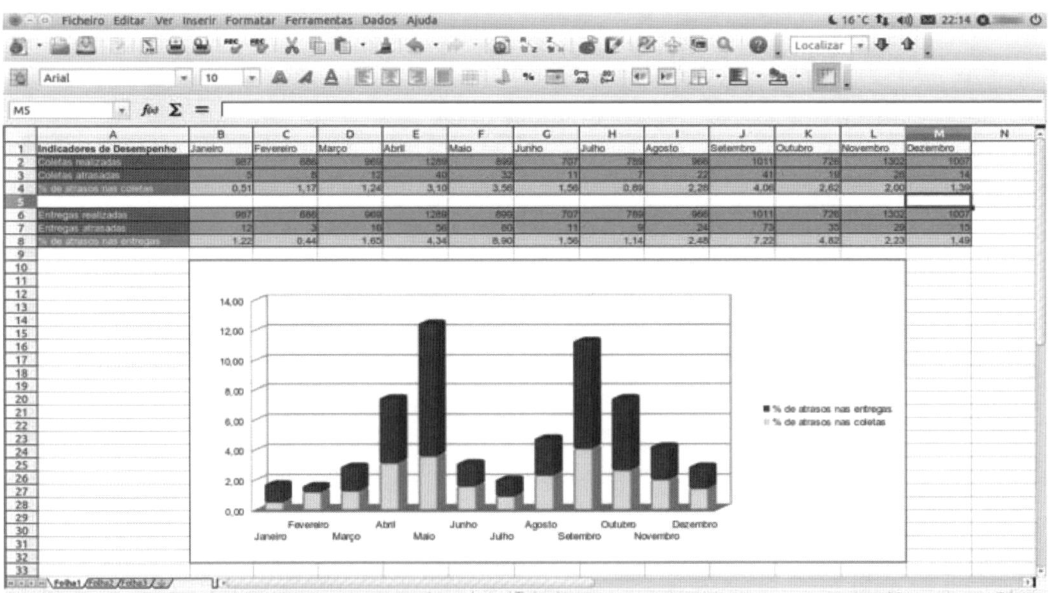

As principais funções e atalhos são praticamente as mesmas do Word, sendo importante destacar as seguintes:

	Mesclar e Centralizar	Mescla diversas células em uma só centralizando o conteúdo
	AutoSoma	Exibe a soma das células diretamente após a célula atual
	Classificar e Filtrar	Permite criar filtros ou classificar o conteúdo das células selecionadas
	Aumentar casas decimais	Aumenta o número de casas decimais de uma célula
	Diminuir casas decimais	Diminui o número de casas decimais de uma célula
	Inserir Função	Abre o assistente de criação de fórmulas

Assim como as questões sobre editores de texto, será comum analisar uma figura, portanto as mesmas dicas continuam valendo, preste também atenção em:

- ✔ Cuidado com as referências circulares!
- ✔ Cuidado com fórmulas grandes! Analise-as sempre com calma e cuidado!
- ✔ Cuidado também com questões que envolvem a Alça de Preenchimento!
- ✔ Questões podem pedir o resultado de alguma fórmula, cuidado com a matemática!

1.3. Editores de apresentações

Estes programas permitem criar apresentações de *slides* com diversos conteúdos como imagens, sons, vídeos e animações. No pacote MS Office temos o PowerPoint, que utiliza os formatos ppt (versões até 2003) e pptx (versões 2007 e posteriores). No pacote OpenOffice temos o Impress, que da suporte aos formatos do concorrente e também permite exportar arquivos como pdf e Flash.

No PowerPoint é possível ainda gravar a apresentação diretamente em CD para exibição na maioria dos computadores através do modo Pacote para CD. Outra possibilidade é a de transmitir a apresentação para visualizadores remotos para que sejam vistos por meio de um navegador Web através da opção Transmitir Apresentação de Slides.

Para facilitar a criação destas apresentações o usuário pode criar os chamados Slides Mestres. Estes são *slides* que armazenam todas as informações sobre o tema e os *layouts* de *slides*, assim caso algum elemento necessite ser alterado será possível fazê-lo apenas no Slide Mestre, que replicará a alteração para os outros *slides*. Esta funcionalidade pode ser aplicada em *slides*, folhetos e anotações.

Os folhetos são na verdade um formato de impressão que permite colocar um, dois, três, quatro, seis ou nove *slides* em cada página. Lembre-se que no caso de utilizar três por página será reservado um espaço em linhas para a realização de anotações na folha.

Vejamos como são as interfaces do PowerPoint nas versões 2003 e 2007 e do Impress, respectivamente:

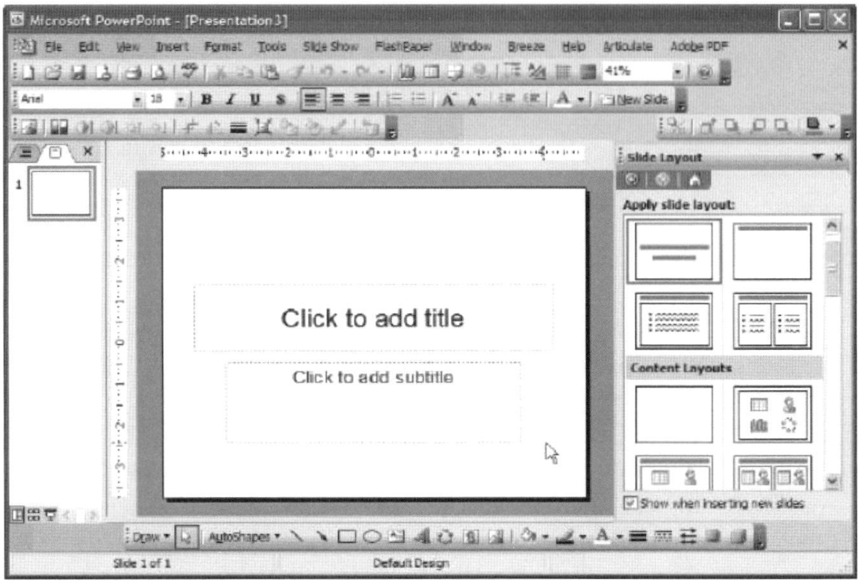

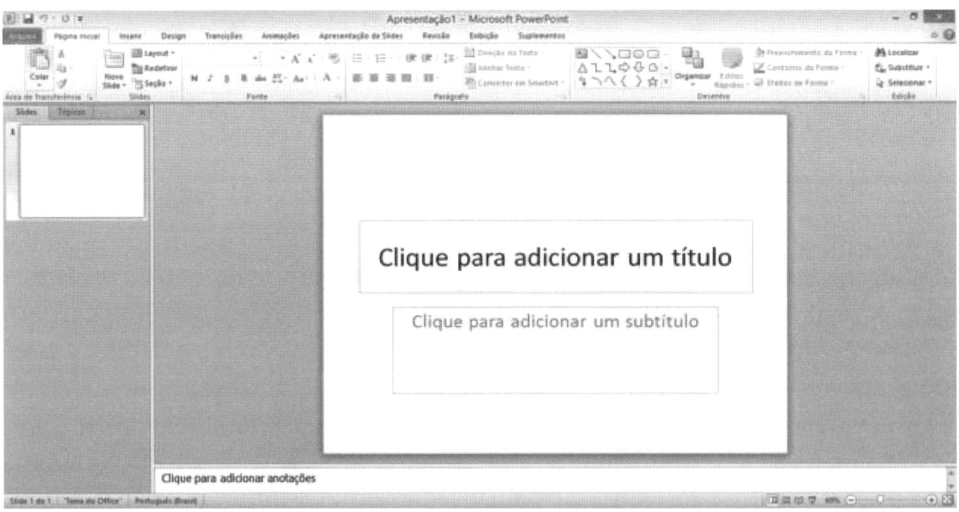

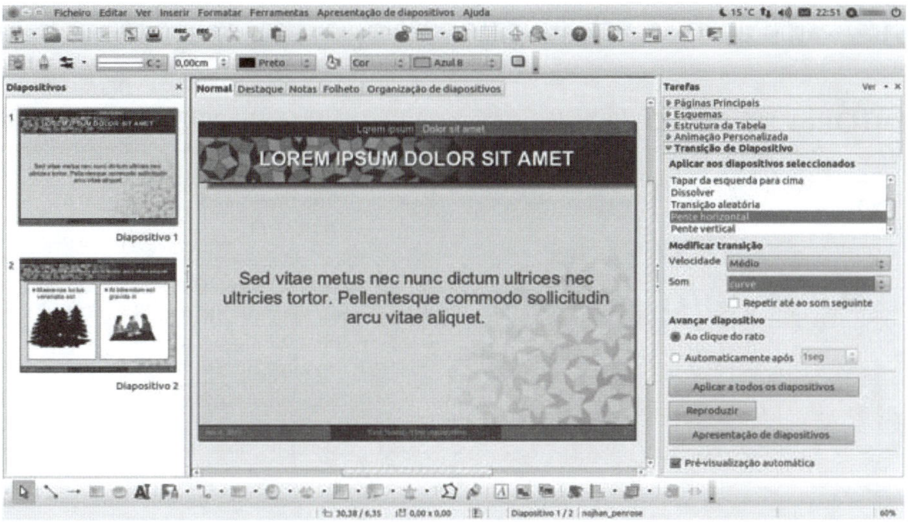

Mais uma vez podemos notar que a maioria dos ícones referentes as funções de formatação são praticamente os mesmo do Word e Excel, porém devemos destacar os seguintes:

- ✔ Modo de Exibição Normal: modo padrão do PowerPoint, exibe a barra lateral com as miniaturas dos *slides* e uma área para edição à direita;
- ✔ Modo Classificação de Slides: facilita a organização dos *slides* exibindo as miniaturas lado a lado;
- ✔ Modo de Anotações: permite adicionar anotações pessoais do orador em todos os *slides* que serão exibidos na impressão;
- ✔ Modo de Exibição de Leitura: maximiza a área de leitura utilizando toda a janela.

Uma alteração que é importante ressaltar se refere à função de Design. Até a versão 2003 ela era um botão na barra de ícones, já nas versões 2007 e posteriores se tornou uma aba exclusiva. Ela permite alterar opções de cor, efeitos, fontes e estilos da apresentação, possuindo diversos *layouts* pré-configurados que podem ser escolhidos pelo usuário.

QUESTÕES COMENTADAS DE *OFFICE*

1. EDITORES DE TEXTO

1.1. *Office*

(Técnico – TRT/11ª – 2012 – FCC) À esquerda do Controle de *Zoom*, localizado no lado direito do rodapé da tela de um documento *Word 2010*, encontram-se cinco botões em miniatura cujas funções podem também ser acessadas em botões na guia

(A) Início.
(B) Inserir.
(C) Exibição.
(D) Revisão.
(E) *Layout* da Página.

A, B, C, D e **E:** No MS Word 2010, as opções de alteração do modo de visualização podem ser acessadas ao lado do ícone do *zoom* no canto inferior direito ou pela guia Exibição, portanto apenas a alternativa C está correta.

Gabarito "C"

(Técnico – TRE/SP – 2012 – FCC) João está concluindo um curso de pós-graduação e resolveu iniciar sua monografia utilizando o *Microsoft Word 2010*. Ao criar um novo documento, adicionou cinco páginas vazias (por meio de ações de quebra de página) para criar posteriormente a capa, sumário e outras partes iniciais. Na sexta página, iniciará a introdução do trabalho. De acordo com as recomendações da Universidade, João deverá iniciar a numeração das páginas a partir da Introdução, ou seja, da sexta página do documento. Para isso, João deve

(A) Adicionar uma quebra de seção imediatamente antes da página em que começará a numeração.
(B) Concluir que a única maneira de realizar a tarefa será criar dois documentos, um para as cinco primeiras páginas e outro para o restante da monografia.
(C) Clicar na guia Inserir, na opção Número da Página e na opção Numeração Personalizada.
(D) Clicar na guia Inserir, na opção Quebras e na opção Quebra de Página com Numeração.
(E) Inserir o rodapé com o cursor posicionado na sexta página e adicionar uma numeração de página personalizada por meio do menu *Design*.

A, B, C, D e **E:** Ao criar uma quebra de seção no documento é possível criar cabeçalhos distintos para cada seção, e a numeração após a quebra será iniciada normalmente sem que seja afetada pelas páginas da seção anterior, é como se existissem dois documentos diferentes no mesmo arquivo, portanto apenas a alternativa A está correta.

Gabarito "A"

(Analista – TRT/11ª – 2012 – FCC) Ao dar um duplo clique no botão esquerdo do *mouse*, quando o cursor do *mouse* estiver apontando para a direita e posicionado na margem esquerda do texto de um documento no *Word 2010*, será

(A) Posicionado o cursor de texto no início da linha.
(B) Selecionado todo o texto do documento.
(C) Selecionada a primeira palavra da linha.
(D) Selecionado todo o parágrafo.
(E) Selecionada toda a linha.

A, B, C, D e **E:** Quando o ponteiro do *mouse* está apontando para a direita (posição inversa da normal) e posicionado antes do parágrafo, um clique duplo irá selecionar todo o parágrafo, portanto apenas a letra D está correta.

Gabarito "D"

(Analista – TRE/PR – 2012 – FCC) Com a utilização do editor *Microsoft Word* é possível proteger arquivos com senhas, definindo a permissão de acesso ao arquivo, para modificação ou somente leitura. Para proteger um arquivo no *Word*, em sua versão 2010, é possível entrar no menu

(A) Editar, clicar em Segurança e em seguida Proteger Arquivo.
(B) Editar, clicar em Exportar e selecionar a caixa de checagem de Exportar com Senha.
(C) Arquivo, clicar em Informações e em seguida Proteger Documento e definir o modo de proteção do arquivo.
(D) Formatar, clicar em Propriedades e em seguida escolher Proteção.
(E) Inserir, e clicar em Senha de Proteção.

A, B, C, D e **E:** No MS Word 2010 as opções de proteção podem ser acessadas através do menu Arquivo, opção Informações e então escolher Proteger Documento, são então apresentadas várias opções de proteção, entre elas esta adição de uma senha para o arquivo, portanto apenas a alternativa C está correta.

Gabarito "C"

(Analista – TRE/SP – 2012 – FCC) Muitas vezes o alinhamento justificado de parágrafos no *Microsoft Word* deixa grandes espaços entre as palavras, numa mesma linha ou em várias linhas do texto, que podem, além de comprometer a estética do texto, dificultar a leitura. Uma solução para esse problema, no *Microsoft Word 2010*, é habilitar a hifenização automática do texto. Isso pode ser feito por meio da opção Hifenização da guia

(A) *Layout* da Página.
(B) Inserir.
(C) Página Inicial.
(D) Exibição.
(E) Parágrafo.

A, B, C, D e E: As opções referentes à hifenização, no MS Word 2010, encontram-se na aba *Layout* de Página, portanto apenas a alternativa A está correta.

Gabarito "A"

(Auditor Fiscal – São Paulo/SP – FCC – 2012) O MS Word

(A) permite formatação condicional do documento, atribuindo-se fontes e cores de acordo com o seu conteúdo.
(B) é apenas um editor de textos, não permitindo a edição de figuras e tabelas.
(C) não permite a construção automática de uma tabela de conteúdo para um documento.
(D) possui recursos de correção ortográfica e correção gramatical.
(E) permite a construção de *slides* com transições sofisticadas.

A: Errada, esta é uma função do MS Excel. **B:** Errada, o MS Word possui algumas ferramentas para edição de tabelas e figuras. **C:** Errada, o MS Word permite a criação de uma tabela de conteúdo por meio das opções de referência. **D:** Correta, o MS Word possui função de correção ortográfica e gramatical. **E:** Errada, esta é uma função do MS PowerPoint.

Gabarito "D"

(Enfermeiro – ESTÂNCIA/SE – 2011 – EXATUS) Os *softwares*: Microsoft Word, Microsoft Excel e Microsoft Powerpoint, fazem parte do pacote:

(A) Microsoft Windows 7.
(B) Microsoft Windows XP.
(C) Microsoft Office.
(D) BrOffice (OpenOffice).

A: Errada, Microsoft Windows 7 é um sistema operacional e não um pacote de programas. **B:** Errada, Microsoft Windows XP é um sistema operacional e não um pacote de programas. **C:** Correta, o Microsoft Office é um pacote de programas para escritório que contém os programas mencionados. **D:** Errada, os programas contidos no pacote BrOffice (OpenOffice) são: Calc, Writer, Impress, Draw, Base e Math.

Gabarito "C"

(Enfermeiro Fiscal de Saúde – PREFEITO SENADOR CANEDO/GO – 2011 – UFG) Documentos produzidos no Microsoft© Office Word 2007 podem ter as características de autenticidade, integridade e não repúdio verificadas para garantir que não tenham sido alteradas indevidamente. Para permitir essa funcionalidade, o usuário deve utilizar o recurso de

(A) 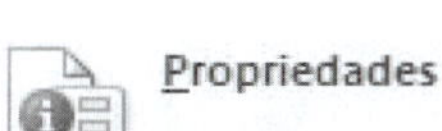

(B) 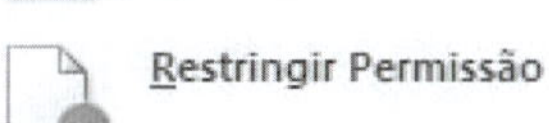

(C) 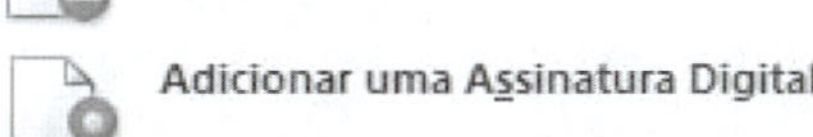

(D) 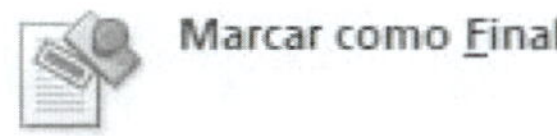

A: Errada, a visualização das opções não garante nenhuma das características informadas. **B:** Errada, esta opção restringe o acesso a pessoas e as impede de editar, copiar ou imprimir o documento. **C:** Correta, esta opção garante a integridade do documento adicionando uma assinatura digital invisível a ele. **D:** Errada, esta opção apenas informa aos leitores que o documento é final e o torna apenas leitura.

Gabarito "C"

(Enfermeiro – MP/RO – 2012 – FUNCAB) No Microsoft Office Word 2003, o ícone A· permite:

(A) alterar a cor da borda da célula.
(B) alterar a cor da fonte.
(C) alterar a cor de fundo.
(D) aumentar o tamanho da fonte.
(E) aplicar a cor de realce no texto.

A: Errada, o ícone que permite alterar a cor da borda da célula é . **B:** Correta, o ícone apresentado permite alterar a cor da fonte de escrita. **C:** Errada, o ícone que permite alterar a cor de fundo do texto é o . **D:** Errada, o ícone que permite aumentar o tamanho da fonte é o A^. **E:** Errada, o ícone que aplica a cor de realce no texto é o ab.

Gabarito "B"

(Enfermeiro – POLÍCIA CIVIL/MG – 2013 – ACADEPOL) A janela " Marcadores e numeração" do Microsoft Word, versão português do Office 2003, é acionada a partir do menu:

(A) Exibir.
(B) Inserir.
(C) Formatar.
(D) Ferramentas.

A, B, C e D: A janela "Marcadores e numeração", no MS Word 2003, se encontra no menu Formatar. Portanto apenas a alternativa C está correta.

Gabarito "C"

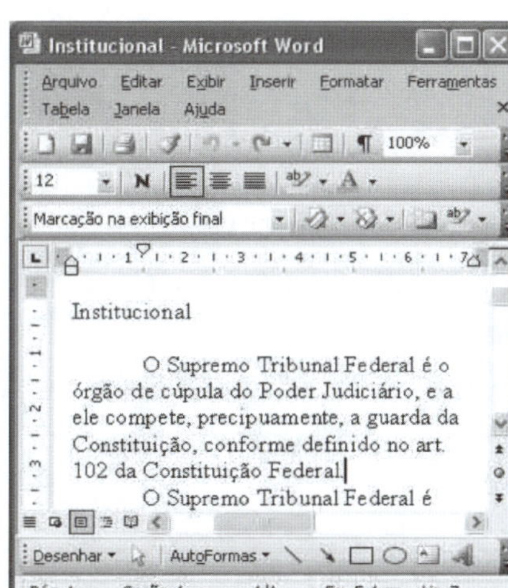

(Analista – STF – 2008 – CESPE) A figura anterior ilustra uma janela do Word 2003, com um documento em processo de edição. Com relação a essa figura e ao Word 2003, julgue os itens seguintes.

(1) No *menu* Editar, encontram-se recursos que permitem recortar ou copiar uma seleção do documento em edição. Esse menu também disponibiliza o recurso denominado Selecionar tudo.

(2) Para se sublinhar a palavra "precipuamente", é suficiente aplicar um clique duplo nessa palavra e, em seguida, clicar o botão A. Ao se clicar novamente esse botão, o sublinhado será desfeito.

(3) Ao se clicar o botão ¶, será aberta a janela denominada Parágrafo, que permite, entre outras ações, selecionar e imprimir um parágrafo ou um conjunto de parágrafos do documento em edição.

(4) Para se substituir, no texto apresentado, o termo "Constituição Federal" pela sigla CF, é suficiente realizar a seguinte sequência de ações: selecionar o referido termo; digitar a sigla CF.

1: correta, as opções de "Recortar", "Copiar" e "Selecionar Tudo" podem ser encontradas no menu Editar na versão 2003 do Microsoft Word. **2:** errada, o botão A não torna sublinhada uma palavra selecionada no editor, mas sim altera sua cor de escrita. **3:** errada, o botão ¶ é nomeado "Mostrar tudo" e sua função é mostrar marcas de parágrafo e outros símbolos de formatação ocultos. **4:** correta, selecionando-se um termo qualquer e digitando-se outra palavra, o texto selecionado é sobrescrito pelo texto digitado.

Gabarito 1C, 2E, 3E, 4C

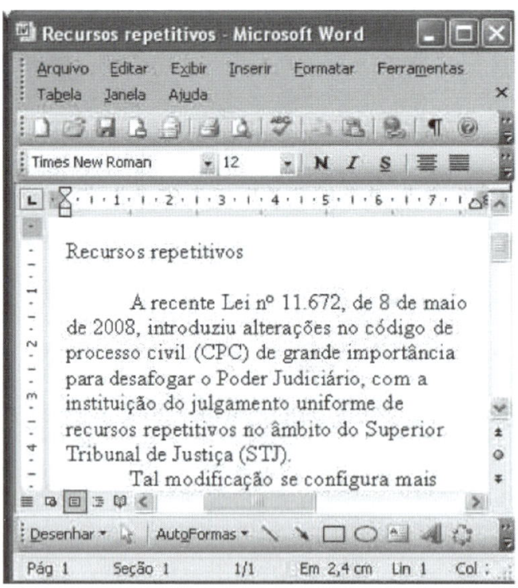

(Analista – STJ – 2008 – CESPE) Considerando a figura anterior, que mostra uma janela do Word 2003, com um documento em processo de edição, julgue os itens a seguir.

(1) Considere a realização das seguintes ações: aplicar um clique duplo sobre a palavra "Judiciário"; pressionar e manter pressionada a tecla Ctrl; teclar C; liberar a tecla Ctrl. Após essas ações, a referida palavra será copiada para a área de transferência e poderá ser colada em outro local do documento, aplicando-se um clique nesse local e, em seguida, pressionando-se e mantendo-se pressionada a tecla Ctrl, teclando-se V e liberando-se a tecla Ctrl.

(2) Para se centralizar o título do documento — "Recursos repetitivos" —, é suficiente aplicar um clique simples em algum lugar desse título e, em seguida, clicar .

(3) O *menu* Ferramentas possibilita o acesso a ferramentas que permitem, entre outras ações, determinar o número de palavras contidas em trecho do texto selecionado.

(4) Ao se clicar o botão , será aberta uma janela denominada Idioma, que permite definir o idioma que o verificador ortográfico utilizará em texto selecionado.

(5) Na situação apresentada na janela, o botão pode ser usado para salvar o documento em edição, mantendo-se o nome, o local e o formato do arquivo atualmente aberto.

(6) Ao se clicar o botão ¶, será aberta a janela denominada Tradução, na qual o usuário poderá escolher uma língua para a qual um trecho selecionado deve ser traduzido.

(7) No *menu* Arquivo, encontra-se opção que permite enviar o documento em edição como anexo em uma mensagem de correio eletrônico.

1: correta, as teclas de atalho Ctrl + C ativam a função "copiar", fazendo com que a palavra fique na área de transferência, já as teclas Ctrl + V ativam a função"colar" fazendo com que a palavra seja colada no texto. **2:** errada, o botão correto para centralizar o texto é. **3:** correta, umas das funções do menu Ferramentas permite a contagem de palavras do texto selecionado. **4:** errada, o botão tem como função inserir um *hyperlink* no texto. **5:** correta, o botão tem como função salvar o texto atual com seu nome e local atuais. **6:** errada, o botão ¶ tem como função mostrar ou ocultar as marcas de formatação utilizada na página atual **7:** correta, dentro do menu Arquivo existe uma opção por meio da qual o usuário pode enviar o documento de texto como anexo via correio eletrônico.

Gabarito 1C, 2E, 3C, 4E, 5C, 6E, 7C

A figura abaixo mostra uma janela do Word 2002, executado em um computador que usa o Windows XP como sistema operacional.

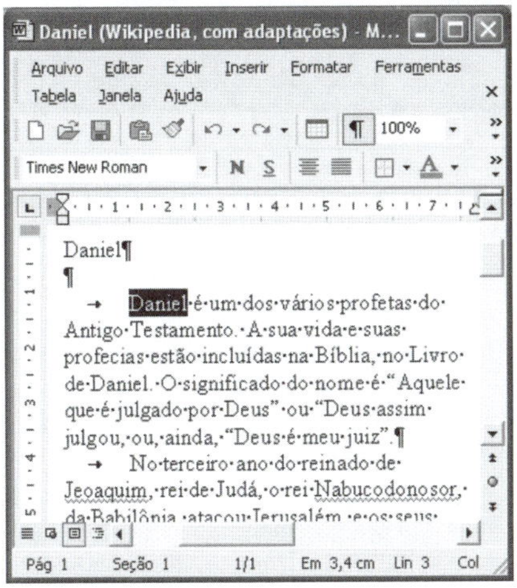

(Analista – TSE – 2006 – CESPE) Com relação à figura e ao Word 2002, assinale a opção correta.

(A) Ao se aplicar um duplo clique em qualquer local do texto, o Assistente do Office é acionado automaticamente, o que permite a busca de respostas sobre dúvidas a respeito de funcionalidades do Word 2002.

(B) Para se abrir uma janela do PowerPoint, é suficiente clicar o botão .

(C) Considerando que a palavra "Daniel", no título, esteja selecionada, ao se clicar o *menu* Editar e, depois, a opção Copiar, essa palavra será copiada para a área de transferência.

(D) Ao se clicar o ícone , no canto superior esquerdo da janela, a janela será minimizada.

A: errado, o duplo clique não aciona de forma automática o Assistente do Office. **B:** errada, o botão tem como função inserir uma tabela no texto, e não acionar o PowerPoint. **C:** correta, dentro do menu Editar existe a opção de Copiar, que copia a palavra atualmente selecionada para a área de transferência. **D:** errada, ao se clicar o ícone serão exibidas opções de ação da janela como Fechar e Maximizar.

Gabarito "C"

(Analista – TSE – 2006 – CESPE) Ainda com relação à figura e ao Word 2002, assinale a opção correta.

(A) Considerando que a palavra "Daniel" esteja selecionada, caso se clique o botão , todo o parágrafo iniciado em "Daniel é um dos" será circundado com uma borda retangular.

(B) É correto concluir, pela análise da figura mostrada, que a palavra "Nabucodonosor" foi sublinhada pelo usuário por meio do botão S .

(C) A ferramenta A permite definir a cor da fonte usada em um texto selecionado.

(D) Como o botão está exibido, no canto superior direito da janela, é correto afirmar que ela está maximizada.

A: errada, ao se clicar em apenas a linha atual será circundada por uma borda retangular. **B:** errada, a linha em zigue-zague que aparece sob a palavra Nabucodonosor indica que ela pode estar escrita de forma incorreta. **C:** correta, a ferramenta A permite alterar a cor da fonte usada no texto selecionado. **D:** errada, o botão indica que a janela pode ser maximizada, portanto ela não está atualmente maximizada.

Gabarito "C"

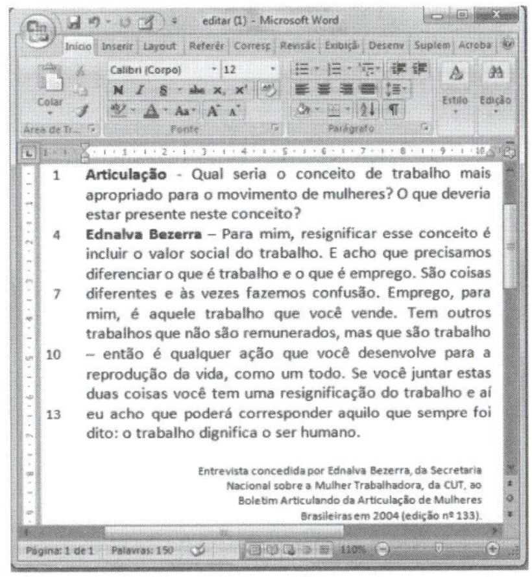

(Analista – TST – 2008 – CESPE) A figura acima mostra uma janela do Word 2007, com um documento em processo de edição. Com relação a essa janela, ao Word 2007 e ao texto que está sendo editado, julgue os itens a seguir.

(1) No documento Word apresentado, sabendo-se que a palavra "Articulação" está formatada em negrito, para que essa formatação seja desfeita, é suficiente: selecionar essa palavra, pressionar e manter pressionada a tecla SHIFT; teclar B; liberar a tecla SHIFT.

(2) É possível alterar o tamanho da fonte de uma palavra selecionada no documento Word mostrado por meio do uso dos botões A A.

(3) Operando-se apenas com o botão esquerdo do *mouse* e utilizando-se de recursos disponibilizados na janela do Word mostrada, é possível alterar para maiúscula, simultaneamente, apenas a primeira letra de todas as palavras do seguinte trecho do documento: "trabalhos que não são remunerados, mas que são trabalho" (l.9).

(4) Ao se pressionar simultaneamente as teclas Ctrl e S, todo o texto no documento em edição será selecionado. Se, em seguida, for clicado o botão , todo o texto será marcado com uma cor previamente definida, criando-se um efeito semelhante ao de um marca-texto.

1: errada, o atalho para a utilização do negrito no Word 2007 é Ctrl e a letra "N" do teclado. **2:** correta, os botões A A têm como função aumentar e diminuir, respectivamente, o tamanho da fonte do texto selecionado. **3:** correta, selecionando-se o treco mencionado e utilizando-se da função "Maiúsculas e Minúsculas" no menu Formatar é possível tornar maiúscula a primeira letra de cada palavra do trecho. **4:** errada, no Word 2007 as teclas Ctrl e S tornam um trecho selecionado em sublinhado e não seleciona todo o texto.

Gabarito 1E, 2C, 3C, 4E

(Analista – TRT/4ª – 2006 – FCC) Entre as opções do controle de alterações constante das ferramentas originais e padrão do MS-Word 2000, é possível

(A) habilitar funções de autocorreção.
(B) comparar documentos.
(C) habilitar a hifenização automática de documentos.
(D) proteger documentos.
(E) gravar uma macro.

A: errada, o controle de alterações não possui função de autocorreção. **B:** correta, a principal função das opções de controle de alteração é a comparação de documentos. **C:** errada, o controle de alterações não possui funções de hifenização automática. **D:** errada, o controle de alterações não possui função de proteger documentos. **E:** errada, o controle de alterações não possui função de gravação de macros.

Gabarito "B"

(Analista – TRT/14ª – 2011 – FCC) No *Microsoft Word* 2003 a utilização dos assistentes é configurada a partir do menu Ajuda e, em casos específicos um assistente pode ser encontrado em outro menu da barra de menus. No *BrOffice.org* 3.1 *Writer*, os assistentes estão disponíveis no item Assistentes do menu

(A) Formatar.
(B) Ferramentas.
(C) Arquivo.
(D) Editar.
(E) Exibir.

A: Errada, no menu Formatar estão itens de auxilio na formatação do texto. **B:** Errada, no menu Ferramentas estão os itens utilizados para auxiliar a construção do texto, como corretor ortográfico, notas de rodapé e macros. **C:** Correta, no menu Arquivo se encontra o item Assistentes que auxilia na montagem de um documento pré-formatado. **D:** Errada, o menu Editar encontram-se itens referentes a edição do texto, como recortar, copiar e colar. **E:** Errada, no menu Exibir se encontram itens referentes a exibição do documento em edição.

Gabarito "C"

(Analista – TRT/20ª – 2011 – FCC) No Word 2010, é possível localizar-se rapidamente em documentos longos, reorganizar com facilidade os documentos arrastando e soltando seções em vez de copiar e colar, além de localizar conteúdo usando a pesquisa incremental. Para isso é necessário

(A) clicar na opção Localizar da guia Exibição.
(B) habilitar o Painel de Navegação clicando na guia Exibição e marcando a opção Painel de Navegação.
(C) clicar na opção Pesquisa Incremental da guia Pesquisa.
(D) exibir o Painel de Navegação clicando na guia Inserir pesquisa.
(E) habilitar o Painel de Localização clicando na guia Inserir e marcando a opção Painel de Localização.

A: Errada, a opção Localizar não se encontra na guia Exibição, mas sim na guia inicial. **B:** Correta, por meio do painel de navegação é possível localizar trechos de texto. **C:** Errada, não há uma guia chamada Pesquisa. **D:** Errada, a guia correta é a guia Exibição e não Inserir. **E:** Errada, o painel correto é o Painel de Navegação.

Gabarito "B"

(Analista – TRT/21ª – 2010 – CESPE) Acerca dos sistemas operacionais, dos aplicativos de edição de textos, das planilhas e apresentações nos ambientes Windows e Linux, julgue o item abaixo.

(1) Um arquivo cujo nome tem a extensão DOCX contém um documento criado no Microsoft Word e pode ser aberto normalmente por qualquer versão desse aplicativo. Esse tipo de arquivo possui também a versatilidade de permitir a sua abertura em ambiente Linux, utilizando-se a ferramenta BrOffice.

1: Errada, os arquivos DOCX só podem ser abertos utilizando-se as versões posteriores a 2007 do Microsoft Word.

Gabarito 1E

(Analista – TRE/AC – 2010 – FCC) Estando o cursor posicionado no primeiro parágrafo da primeira célula da primeira linha de uma tabela, dentro de um documento *MS Word 2003*, ao pressionar a tecla ENTER o

(A) cursor será posicionado no segundo parágrafo da primeira célula da primeira linha da tabela.
(B) cursor será posicionado no primeiro parágrafo da segunda célula da primeira linha da tabela.
(C) cursor será posicionado no primeiro parágrafo da primeira célula da segunda linha da tabela.
(D) conteúdo da segunda célula da primeira linha da tabela será selecionado.
(E) conteúdo da primeira célula da segunda linha da tabela será selecionado.

A: Correta, a tecla Enter tem como função alterar o parágrafo a partir do ponto em que está o cursor. **B:** Errada, quando em uma tabela, a tecla Enter não alterna de célula, apenas de parágrafo. **C:** Errada, quando em uma tabela, a tecla Enter não alterna de linha, apenas de parágrafo. **D:** Errada, a tecla Enter não possui função de seleção no MS Word. **E:** Errada, a tecla Enter não possui função de seleção no MS Word.

Gabarito "A"

(Analista – TRE/AM – 2010 – FCC) Para inserir um cabeçalho em um documento inteiro do Word a partir da segunda página, pode-se

I. definir a página 1 como Seção 1, sem cabeçalho, e as demais páginas como Seção 2, com cabeçalho.

II. selecionar "Diferente na primeira página" em "Cabeçalhos e rodapés" na guia *Layout* de Configurar Página e deixar a página 1 sem cabeçalho e as demais páginas com cabeçalho.

III. posicionar o cursor na página 2 e inserir o cabeçalho na página 2, que o Word expandirá automaticamente somente para as demais páginas seguintes da seção.

Está correto o que se afirma em

(A) I, II e III.
(B) I, apenas.
(C) II, apenas.
(D) III, apenas.
(E) I e II, apenas.

A: Errada, a afirmativa III está incorreta, o Word não irá expandir automaticamente o cabeçalho para as outras páginas. **B:** Errada, a afirmativa II também está correta. **C:** Errada, a afirmativa I também está correta. **D:** Errada, a afirmativa III está incorreta, o Word não irá expandir automaticamente o cabeçalho para as outras páginas. **E:** Correta, apenas as afirmativas I e II estão corretas.

Gabarito "E"

(Analista – TRE/MS – 2007 – FCC) Cabeçalho e rodapé, que aparecem respectivamente na parte superior e inferior de cada página de um documento Word, podem ser adicionados selecionando-se a opção correspondente no menu

(A) Formatar.
(B) Inserir.
(C) Exibir.
(D) Arquivo.
(E) Editar.

A: errada, no menu Formatar não há opções de adição de cabeçalho e rodapé. **B:** errada, no menu Inserir não há opções de adição de cabeçalho e rodapé. **C:** correta, as opções de cabeçalho e rodapé se encontram no menu Exibir. **D:** errada, no menu Arquivo não há opções de adição de cabeçalho e rodapé. **E:** errada, no menu Editar não há opções de adição de cabeçalho e rodapé.

Gabarito "C"

(Analista – TRE/PB – 2007 – FCC) Ao digitar um texto em um documento Word, teclando-se simultaneamente *Ctrl* + *Backspace* se excluirá(ão)

(A) todas as palavras até o final do parágrafo.
(B) uma palavra à direita.
(C) um caractere à esquerda.
(D) um caractere à direita.
(E) uma palavra à esquerda.

A: errada, as teclas Ctrl + *Backspace* apagam uma palavra à esquerda e não todas as palavras até o fim do parágrafo. **B:** errada, as teclas Ctrl + *Backspace* apagam uma palavra à esquerda e não à direita. **C:** errada, para apagar um caractere à esquerda utiliza-se apenas a tecla *Backspace*. **D:** errada, para apagar um caractere à direita utiliza-se a tecla Delete. **E:** correta, as teclas Ctrl + *Backspace*, quando pressionadas simultaneamente, apagam uma palavra à esquerda do cursor de texto.

Gabarito "E"

(Analista – TRE/SE – 2007 – FCC) Para continuar a digitação de um documento Word no início da página seguinte, pode-se inserir uma quebra de página manual por meio das teclas de atalho

(A) *Shift* + Home
(B) *Shift* + Enter
(C) Ctrl + Home
(D) Ctrl + Enter
(E) Ctrl + Page Down

A: errada, as teclas *Shift* + *Home* selecionam toda a linha do ponto onde está o cursor de texto até o início da linha. **B:** errada, as teclas *Shift* + Enter não possuem nenhuma função especial. **C:** errada, as teclas Ctrl + *Home* levam o usuário ao início da primeira página do texto. **D:** correta, as teclas Ctrl + Enter levam o usuário ao início da próxima página fazendo uma quebra de página manual. **E:** errada, as teclas Ctrl + Page Down levam o usuário ao início da página imediatamente abaixo da atual; não havendo nenhuma abaixo da atual, leva ao topo desta.

Gabarito "D"

(Analista – TRE/SP – 2006 – FCC) A inversão de letras maiúsculas e minúsculas em um texto selecionado pode ser acionada automaticamente no Word, na sua configuração original e padrão, por intermédio do acesso, em primeira instância, ao menu

(A) Configurar página.
(B) Editar.
(C) Ferramentas.
(D) Exibir.
(E) Formatar.

A: errada, a opção de Configurar página define apenas as configurações de *layout*, de papel e de margens do documento. **B:** errada, a opção que faz essa função localiza-se no menu Formatar. **C:** errada, a opção que faz essa função localiza-se no menu Formatar. **D:** errada, a opção que faz essa função localiza-se no menu Formatar. **E:** correta, por meio da opção "Maiúsculas e minúsculas" é possível inverter as letras maiúsculas e minúsculas.

Gabarito "E"

(Analista – TRE/TO – 2011 – FCC) No *Word*, "Numerada", "Vários níveis" e "Estilos de Lista" são abas que, no menu Formatar, são pertinentes à opção

(A) Plano de fundo.
(B) Fonte.
(C) Estilos e marcação.
(D) Parágrafo.
(E) Marcadores e numeração.

A: Errada, o item Plano de Fundo agrupa as funções de marca d'agua, cor da página e bordas. **B:** Errada, o item Fonte possui apenas ações referentes a formatação da fonte do texto. **C:** Errada, não há opção Estilos e marcação no Word, o correto é Estilos e formatação. **D:** Errada, o item Parágrafo agrupa as funções de espaçamento, recuo e quebra de linha. **E:** Correta, no item Marcadores e numeração é possível escolher entre as abas Numeradas, Vários níveis e Estilos de Lista que definem os modos de marcadores e numerações do Word.

Gabarito "E"

(Analista – TRE/TO – 2011 – FCC) Observe a figura abaixo.

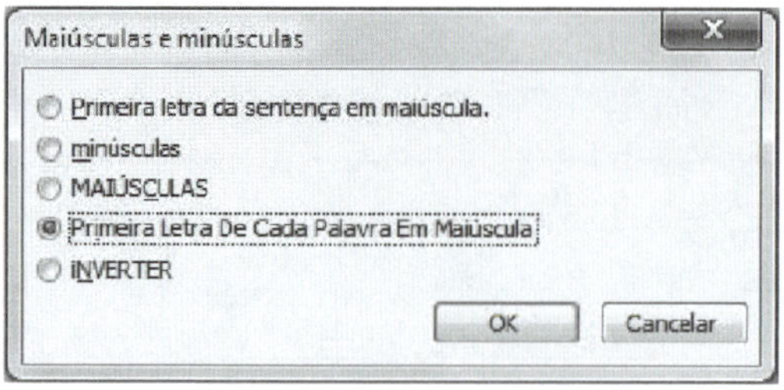

A figura é uma caixa de diálogo típica

(A) tanto do Microsoft Word quanto do *BrOffice*.org Writer.
(B) do menu Ferramentas no *BrOffice*.org Writer.
(C) do menu Ferramentas no Microsoft Word.
(D) do menu Formatar no *BrOffice*.org Writer.
(E) do menu Formatar no Microsoft Word.

A: Errada, a caixa de diálogo corresponde apenas ao Word. **B:** Errada, a caixa de diálogo corresponde ao Word. **C:** Errada, a caixa de diálogo corresponde a uma opção do item Formatar e não de Ferramentas. **D:** Errada, a caixa de diálogo corresponde ao Word. **E:** Correta, a caixa de diálogo em questão corresponde a opção Maiúsculas e Minúsculas do menu Formatar do Word.

Gabarito "E".

(Analista – TRE/MT – 2010 – CESPE) Considerando os aplicativos do Microsoft Office, assinale a opção correta.

(A) A desvantagem de se utilizar o MS Word para a edição de tabelas é a impossibilidade de criar fórmulas para totalizar valores.
(B) Ao se criar uma apresentação no MS Power Point, é possível inserir textos do MS Word ou da Internet e ainda inserir planilha do MS Excel bem como imagens e vídeos de diversos tipos.
(C) No MS Excel 2007, a criação de macros é possível com a instalação do *plugin macroware*.
(D) Ao se copiar um resultado de uma fórmula criada no MS Excel e colá-lo em um relatório criado no MS Word, quando alterados os dados no MS Excel, o valor apresentado no MS Word será alterado automaticamente.
(E) Para se criar um organograma no MS Word, é necessário instalar o Microsoft Organise.

A: Errada, o MS Word permite a utilização de fórmulas em suas tabelas. **B:** Correta, o MS Power Point permite a inserção de dados vindos do MS Word, MS Excel ou diretamente da internet, sejam eles textos, vídeos, imagens ou vídeos. **C:** Errada, não é necessária a instalação de *plugins* para a criação de macros no MS Excel. **D:** Errada, os valores não serão automaticamente alterados entre programas. **E:** Errada, não é necessária a utilização de nenhum *software* adicional para a criação de organogramas no MS Word.

Gabarito "B".

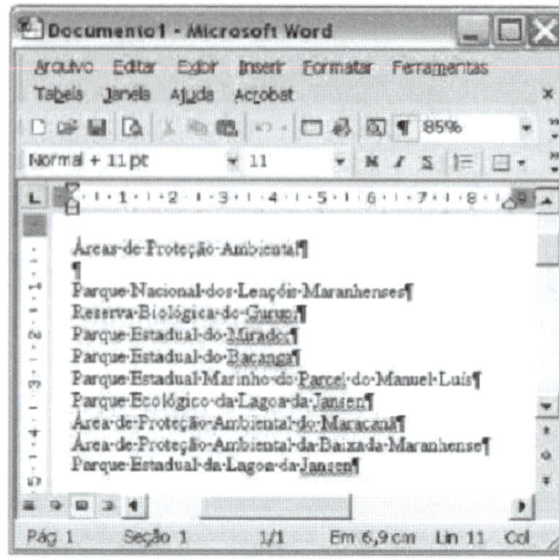

A figura acima ilustra uma janela do Word 2002, que está sendo usado por um usuário para a elaboração de um documento.

(Analista – TRE/MA – 2006 – CESPE) Considerando as informações do texto, assinale a opção **incorreta** acerca das funcionalidades do Word 2002.

(A) No *menu* Arquivo, encontra-se opção que permite salvar o documento em edição no formato HTML, que é um formato utilizado em páginas *web*.
(B) Opção disponibilizada no *menu* Editar permite incorporar o conteúdo da área de transferência no documento em edição em formato especificado pelo usuário.
(C) Por meio de opção existente no *menu* Exibir, é possível adicionar texto na forma de cabeçalho na parte superior de todas as páginas do documento em edição.
(D) No *menu* Formatar, encontram-se opções que permitem alterar o formato da fonte em uso bem como o espaçamento entre linhas do documento em edição.
(E) Caso deseje criar um desenho contendo formas simples, como retas, retângulos e círculos, e inseri-lo no documento em edição, o usuário poderá fazê-lo por meio de opção existente no *menu* Ferramentas.

A: errada, a informação está correta; no menu Arquivo é possível encontrar a opção que permite salvar o documento em formato HTML. **B:** errada, a informação está correta, por meio do menu Editar o usuário pode incorporar o conteúdo da área de transferência no documento. **C:** errada, a informação está correta, as opções de manipulação de cabeçalho se encontram no menu Exibir. **D:** errada, a informação está correta, as opções de alteração do espaçamento e formato da fonte podem ser acessados por meio do menu Formatar. **E:** correta, a informação está errada, para criar um desenho contendo formas simples o usuário deve utilizar uma opção existente no menu Inserir e não no menu Ferramentas.

Gabarito "E".

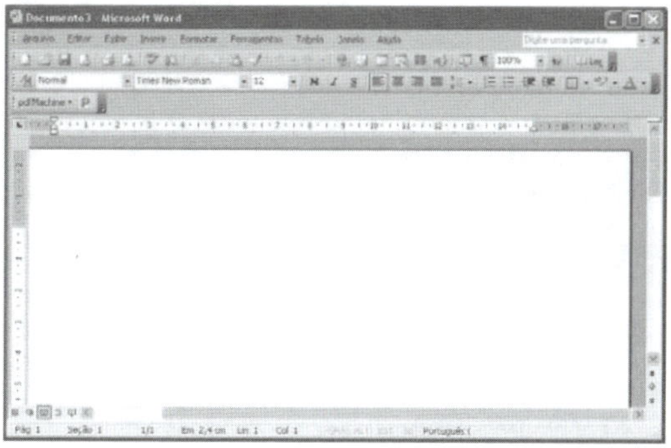

(Analista – TRE/MA – 2009 – CESPE) Considerando a figura acima, que ilustra uma janela do Microsoft Office Word 2003, assinale a opção correta.

(A) O botão , que permite inserir tabela no documento, executa o programa Microsoft Office Excel para edição avançada de opções de tabela.

(B) Para se inserir *hiperlinks* em um documento Word 2003 associados a arquivos na Web, pode-se usar o botão , o qual serve também para incluir *hiperlink* para arquivos armazenados no disco rígido do computador em uso.

(C) Os botões , na parte inferior esquerda da janela, podem ser usados, respectivamente, para criar novo documento em branco, salvar o documento em edição como página da Web, salvar o documento atual como outro documento, salvar o documento sem imagem e imprimir o documento em duas páginas por folha.

(D) O Word permite comparar duas versões de documentos que estejam abertos, por meio de opção acionada pelo botão .

(E) Para se abrir um documento associado a um arquivo em formato que não seja .doc, convertendo-o em documento do Word 2003, deve-se clicar o botão .

A: errada, o botão apenas insere uma tabela simples no documento e não faz uso do Microsoft Office Excel. **B:** correta, o botão é usado para a criação de *hyperlinks* que podem inclusive levar a arquivos no disco rígido do computador. **C:** errada, os botões alteram o modo como a página em edição é exibido para o usuário, alterando seu *layout*. **D:** errada, o botão copia o formato de um objeto ou texto selecionado e o aplica ao objeto ou texto clicado. **E:** errada, o botão apenas abre um documento suportado pelo Word, ele não tem função de conversão de formatos.

Gabarito "B"

(Oficial de Justiça – TJ/SC – 2010) Por padrão, um documento do Word 2007 é salvo com a extensão:

(A) doc
(B) odt
(C) doc07
(D) docx
(E) txt

A: Errada, a extensão doc é utilizada por versões anteriores ao Word 2007. **B:** Errada, a extensão .odt é utilizada pelo OpenOffice Writer. **C:** Errada, esta extensão não é utilizada por nenhuma versão do MS Word. **D:** Correta, o MS Word 2007 e posterior utilizam a extensão .docx para seus arquivos salvos. **E:** Errada, arquivos .txt são o padrão de editores de texto simples como o Bloco de Notas.

Gabarito "D"

(Oficial de Justiça – TJ/SC – 2010) Com relação aos recursos de recortar, copiar e colar do Word 2007, assinale a alternativa correta:

(A) Um texto que foi copiado (através da opção "copiar") pode ser inserido ("colado") em outra parte do documento apenas uma vez. Para realizar uma nova inserção do mesmo texto é necessário aplicar a função "copiar" novamente, tantas vezes quantas sejam as "colagens" que se deseja fazer.

(B) Ao selecionar um texto de um documento e aplicar a opção "recortar", o texto é eliminado do seu local de origem e pode ser inserido em outra parte do documento através da opção "colar".

(C) Ao selecionar um texto de um documento e aplicar a opção "copiar", esse texto é automaticamente inserido no final do mesmo documento.

(D) O Word limita o número de operações de "copiarcolar" em oito para cada documento. Para realizar mais do que esse número, é necessário fechar o documento e abri-lo novamente.

(E) Um texto que foi recortado (através da opção "recortar") não pode ser inserido em outro documento que não seja aquele de onde foi retirado.

A: Errada, uma vez copiado o trecho de texto pode ser colado quantas vezes quanto forem necessárias. **B:** Correta, a função recortar retira o texto e o coloca na área de transferência para que possa ser colado em outro local. **C:** Errada, a função copiar apenas copia o trecho de texto selecionado para a área de transferência para que possa ser colado onde desejado. **D:** Errada, não há limite para o uso das funções copiar e colar. **E:** Errada, um texto recortado pode ser inserido em qualquer outro texto, mesmo que seja em outro editor de texto.

Gabarito "B"

(Analista – TRF/1º – 2006 – FCC) Na formatação de um parágrafo em um documento *Word*, para que

I. todas as linhas avancem dentro das margens esquerda e direita, deve-se inserir um valor negativo, respectivamente, nos recuos esquerdo e direito.

II. somente a primeira linha avance dentro da margem esquerda, deve-se inserir um valor negativo em recuo especial: primeira linha.

III. todas as linhas, exceto a primeira, avancem dentro da margem direita, deve-se inserir um valor negativo em recuo especial: deslocamento.

Nas declarações acima está INCORRETO o que se afirma em

(A) I, somente.
(B) II, somente.
(C) I e III, somente.
(D) II e III, somente.
(E) I, II e III.

A: errada, a afirmativa está correta, para que todas as linhas avancem dentro das margens de ambos os lados é necessário inserir um valor negativo nos recuos da direita e da esquerda. **B:** errada, a alternativa III também está incorreta, pois não é possível usar um recuo negativo no recuo especial: primeira linha. **C:** errada, a alternativa I está correta. **D:** correta, ambas as alternativas II e III estão incorretas, pois não é possível utilizar recuo especial com valores negativos. **E:** errada, a alternativa I está correta.

Gabarito "D"

Um funcionário de um órgão judiciário é incumbido pelo supervisor de redigir um texto que contenha aproximadamente 2 000 palavras, não podendo conter erros de sintaxe ou ortográficos. O texto, composto de letras e números, deve receber cálculos feitos em determinadas células de uma planilha eletrônica, cujos resultados deverão ser preservados na planilha, devendo ser salvo para posterior recuperação. O supervisor solicita, ainda, que todo o cuidado seja tomado no caso de perda do original e também quanto ao acesso ao texto por pessoas não autorizadas. Após a conclusão, o texto deve ser encaminhado via correio eletrônico sem identificação dos destinatários. O texto também deve ser publicado em uma página Web interna da organização, mas que seja somente acessado por pessoas autorizadas. Uma parte do texto solicitado deve ser obtido na Web mediante pesquisa de determinadas palavras-chave fornecidas pela chefia. Após a conclusão deverão ser tiradas vinte cópias do texto em papel timbrado do órgão que serão entregues pessoalmente pelo supervisor aos destinatários.

O ambiente operacional de computação disponível para realizar estas operações envolve o uso do MS-Windows, do MS-Office, das ferramentas Internet Explorer e de correio eletrônico, em português e em suas versões padrões mais utilizadas atualmente.

Observação: Entenda-se por mídia removível disquetes, CDs e DVDs graváveis, *Pen Drive*s (mídia removível acoplada em portas do tipo USB) e outras funcionalmente semelhantes.

(Analista – TJ/PE – 2007 – FCC) A determinação "não podendo conter erros de sintaxe ou ortográficos" quer dizer ao funcionário que, para auxiliá-lo nessa tarefa, ele deve

(A) usar a Configuração automática do MS-Office contida no menu Configurar.
(B) acionar uma função específica do MS-Word.
(C) usar a Correção ortográfica do MS-Word acionada a partir do menu Formatar.
(D) acionar a Configuração automática do MS-Word dentro do Windows Explorer.
(E) acionar a Ortografia e gramática do MS-Office dentro do Windows Explorer.

A: errada, não existe menu Configurar no MS-Office. **B:** correta, o funcionário deverá usar a função de Correção ortográfica do MS-Word para que não existam erros no texto. **C:** errada, a função de Correção ortográfica se encontra no menu Ferramentas e não no menu Formatar. **D:** errada, não se alteram configurações do MS-Word via Windows Explorer. **E:** errada, não se alteram configurações do MS-Word via Windows Explorer.

Gabarito "B"

I. Alterar a pasta onde o editor de textos MS-Word grava seus modelos (extensões **.**DOT), sendo que a partir dessa alteração os modelos serão gravados nessa e obtidos dessa nova pasta.

(Analista – TJ/PI – 2009 – FCC) A alteração solicitada em I é feita

(A) na guia Arquivos, após acessar o item Opções do menu Ferramentas.
(B) no menu Arquivo, opções Configurar página.
(C) na guia Arquivos, acessando o item Formatar do menu Editar.
(D) no menu Formatar, após acessar a guia Arquivos.
(E) no menu Inserir, após acessar a guia Arquivo, na opção Configurar.

A: correta, na guia Arquivos do item Opções do menu Ferramentas, o usuário pode alterar o local onde os arquivos de modelo podem ser alterados. **B:** errada, o menu correto a ser utilizado é menu Ferramentas. **C:** errada, a guia Arquivos correta deve ser acessada a partir do item Opções do menu Ferramentas. **D:** errada, o menu correto a ser utilizado é menu Ferramentas. **E:** errada, o menu correto a ser utilizado é o menu Ferramentas.

Gabarito "A"

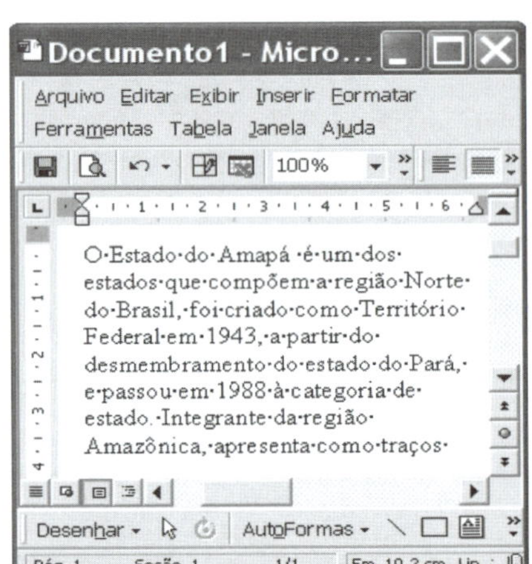

(Analista – TJ/AP – 2008 – CESPE) A figura anterior mostra uma janela do Word 2000, com parte de um texto extraído do sítio http://www.tjap.gov.br. Considerando essa figura, julgue os itens a seguir, relativos ao Word 2000.

(1) Caso se deseje obter recursos para visualizar a aparência do documento em edição quando impresso, é suficiente clicar o botão .

(2) Para se alterar os formatos de espaçamentos de caracteres e fonte do texto mostrado do documento, é suficiente selecionar esse texto e, a seguir, usar as funcionalidades da opção Fonte, encontrada no menu Formatar.

(3) No menu Arquivo, encontra-se uma opção que permite configurar a instalação do Word 2000 para funcionar como um dicionário de sinônimos.

1: correta, o botão disponibiliza a visualização da página quando impressa. **2:** correta, as opções de alteração da fonte e do espaçamento de caracteres podem ser alteradas a partir da opção Fonte, encontrada no menu Formatar. **3:** errada, as opções de configuração do dicionário de sinônimos se encontram no menu Ferramentas.

Gabarito 1C, 2C, 3E

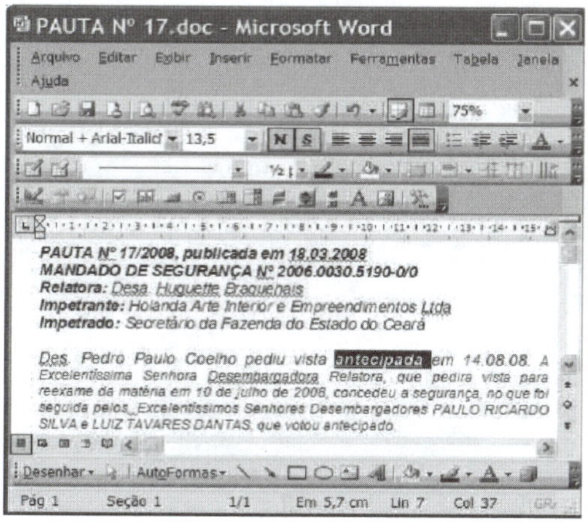

(Analista – TJ/CE – 2008 – CESPE) Considerando a figura acima, que mostra uma janela do MS Word com um documento em processo de edição em um microcomputador com o sistema operacional Windows XP, julgue os itens de 1 a 5, acerca do Word 2003.

(1) A palavra antecipada está formatada com negrito, sublinhado e tamanho 13,5, e o parágrafo no qual ela se encontra está justificado.

(2) Ao se pressionar o botão , abre-se uma janela na qual é possível definir a medida das margens da página.

(3) Ao se salvar o documento na pasta Meus documentos, o sistema operacional Windows XP cria um *backup* que, automaticamente, protege as informações do ataque de vírus.

(4) Ao se clicar o botão uma planilha do Excel será inserida ao final do texto.

(5) Caso o computador tenha recursos para isso, o arquivo pode ser salvo em pendrive, que, normalmente, possui capacidade de armazenamento maior que a do disquete de 3½".

1: correta, a formatação pode ser confirmada, pois os botões N, S e estão pressionados, indicando que o texto está em negrito, sublinhado e justificado e o tamanho da fonte está indicado por 13,5. **2:** errada, o botão tem como função alterar a estrutura de formulários. **3:** errada, o Windows XP não cria um *backup* de segurança dos arquivos salvos em Meus Documentos. **4:** errada, o botão tem como função exibir a barra de ferramentas de tabelas e bordas. **5:** correta, caso o computador possua portas USB, o arquivo pode ser salvo em um pendrive que possui uma capacidade de armazenamento muito maior que a do disquete de 3½".

Gabarito 1C, 2E, 3E, 4E, 5C

(Analista – TJ/MT – 2008 – VUNESP) No Word XP, em sua configuração original, a opção para alterar a orientação (retrato ou paisagem) no documento que está sendo editado, encontra-se na guia

(A) Formato, da opção Visualizar impressão do menu Arquivo.

(B) Orientação, da opção Imprimir do menu Arquivo.

(C) Papel, da opção Imprimir do menu Arquivo.

(D) Margens, da opção Configurar página do menu Arquivo.

(E) *Layout*, da opção Configurar página do menu Arquivo.

A: errada, a opção Visualizar impressão apenas exibe como a página ficará depois de impressa. **B:** errada, não há a opção Orientação na opção Imprimir do menu Arquivo. **C:** errada, não há o item Papel na opção Imprimir do menu Arquivo. **D:** correta, no item Margens, da opção Configurar página do menu Arquivo, pode-se alterar a orientação da página para Retrato ou Paisagem. **E:** errada, a opção *Layout* não possibilita a alteração da orientação da página.

Gabarito "D"

(Analista – TJ/PB – 2008 – COMPROV) Para fechar um documento editado no Microsoft Word, versão língua portuguesa, é suficiente para o usuário digitar a tecla de atalho:

(A) *SHIFT* + W.

(B) *SHIFT* + S.

(C) CTRL + W.

(D) CTRL + S.

(E) ALT + Z.

A: errada, as teclas *SHIFT* + W apenas escrevem a letra 'w' maiúscula. **B:** errada, as teclas *SHIFT* + S apenas escrevem a letra 's' maiúscula. **C:** correta, as teclas Ctrl + W fecham a janela atual do Microsoft Word. **D:** errada, as teclas Ctrl + S ativam/desativam o efeito sublinhado. **E:** errada, as teclas Alt + Z não possuem nenhuma função no Microsoft Word.

Gabarito "C"

(Analista – TJ/PB – 2008 – COMPROV) O botões e do *Microsoft* Word permitem, respectivamente:

(A) Salvar e fechar o documento.

(B) Verificar e corrigir ortografia.

(C) Contar palavras e fechar documento.
(D) Salvar documento e contar palavras.
(E) Nenhuma das alternativas.

A: errada, a função salvar é feita pelo botão . **B:** errada, a função de verificação e correção da ortografia é feita pelo botão . **C:** errada, a função de fechar documento é feita pelo botão . **D:** errada, a função salvar é feita pelo botão . **E:** correta, as funções dos botões e são de aceitar e rejeitar, respectivamente, alterações controladas no documento.

Gabarito "E"

(Analista – TJ/PB – 2008 – COMPROV) O botão "Justificar" é útil na formatação do alinhamento de um parágrafo escrito no *Microsoft Word*. Este botão permite que o conteúdo do parágrafo seja alinhado:

(A) À esquerda da margem.
(B) À direita da margem.
(C) No centro em relação às margens.
(D) Tanto à direita como à esquerda.
(E) De acordo com a formatação definida no pincel.

A: errada, o alinhamento à esquerda é feito pela função de formatação Alinha Texto à Esquerda. **B:** errada, o alinhamento à direita é feito pela função de formatação Alinha Texto à Direita. **C:** errada, o alinhamento no centro é feito pela função de formatação Centralizar. **D:** correta, o alinhamento Justificado alinha o texto tanto à direita como à esquerda. **E:** errada, o pincel não afeta o alinhamento do texto.

Gabarito "D"

(Analista – TJ/PB – 2008 – COMPROV) No *Microsoft Word*, a tecla de atalho CTRL + PAGE DOWN permite:

(A) Ir para o início da página seguinte.
(B) Ir para a primeira página do documento.
(C) Ir para a última página do documento.
(D) Ir para o início da linha atual.
(E) Ir para o final da linha atual.

A: correta, o atalho CTRL + PAGE DOWN leva o cursor de texto para o início da página seguinte. **B:** errada, esta função é feita pelas teclas CTRL + HOME. **C:** errada, esta função é feita pela tecla CTRL + *END* **D:** errada, esta função é feita pela tecla HOME. **E:** errada, esta função é feita pela tecla END.

Gabarito "A"

(Analista – TJ/MA – 2009 – IESES) São opções encontradas na caixa de formatação de parágrafo do Microsoft Word 2007 em português todas as seguintes, **EXCETO**:

(A) Manter linhas juntas.
(B) *Kerning* para fontes.
(C) Espaçamento entre linhas.
(D) Recuo à direita.

A: errada, a opção Manter linhas juntas está presente na caixa de formatação de parágrafo do MS Word 2007. **B:** correta, a opção de *Kerning* para fontes não está presente na caixa de formatação de parágrafo do MS Word 2007. **C:** errada, a opção Espaçamento entre linhas está presente na caixa de formatação de parágrafo do MS Word 2007. **D:** errada, a opção Recuo à direita está presente na caixa de formatação de parágrafo do MS Word 2007.

Gabarito "B"

OBJETIVO:

O Ministério Público do Governo Federal de um país deseja modernizar seu ambiente tecnológico de informática. Para tanto, adquirirá equipamentos de computação eletrônica avançados e redefinirá seus sistemas de computação a fim de agilizar seus processos internos e também melhorar seu relacionamento com a sociedade.

REQUISITOS PARA ATENDER AO OBJETIVO:

[...]

§ 6° - Os textos elaborados em editores eletrônicos deverão estar corretos tanto sintática quanto ortograficamente e os parágrafos deverão estar devidamente justificados, com exceção dos títulos, que deverão ser centralizados.

(Técnico – MPU –2007 – FCC) Considerando o ambiente Microsoft, as operações usadas para atender respectivamente aos requisitos de correção e justificação especificados no **§ 6º** são feitas em Ortografia e gramática do menu

(A) Ferramentas e Configurar página do menu Arquivo.
(B) Editar e Parágrafo do menu Formatar.
(C) Ferramentas e Parágrafo do menu Formatar.
(D) Editar e Parágrafo do menu Arquivo.
(E) Exibir e Configurar página do menu Formatar.

A: Errada, as definições de parágrafos são feitas no menu Formatar na função Parágrafo. **B:** Errada, opções de Ortografia e gramática se encontram no menu Ferramentas e não no menu Editar. **C:** Correta, as opções se encontram nos menus Ferramentas e Formatar nas respectivas funções. **D:** Errada, opções de Ortografia e gramática se encontram no menu Ferramentas e não no menu Editar. **E:** Errada, opções de Ortografia e gramática se encontram no menu Ferramentas e não no menu Exibir.

Gabarito "C"

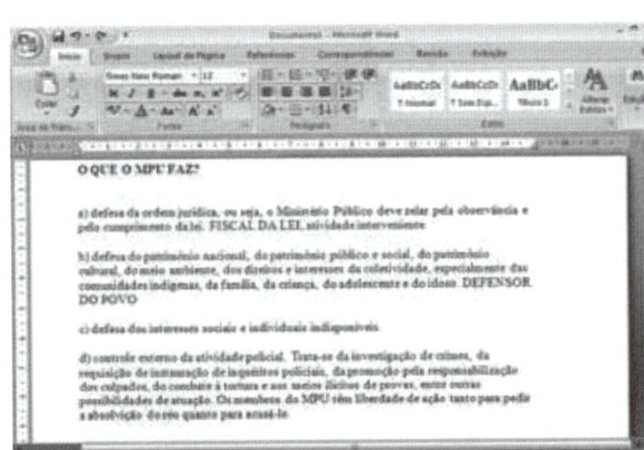

(Analista – MPU – 2010 – CESPE) Com base na figura acima, que apresenta um texto em edição no Microsoft Word 2007 (MSWord 2007), julgue os próximos itens, relativos à edição de textos e planilhas.

(1) Considere que o último parágrafo do texto mostrado na figura seja copiado do MSWord 2007 para uma célula de uma planilha do Microsoft Excel 2007. Nesse caso, é possível tornar todo o conteúdo visível nessa célula, com exibição em várias linhas, formatando-a com a opção Quebrar Texto Automaticamente.

1: Correta, a função Quebrar Texto Automaticamente faz com que o texto seja quebrado em linhas para que ele caiba em sua célula de forma que todo o seu conteúdo seja visível.

Gabarito 1C

(Técnico Judiciário – STF – 2008 – CESPE) A figura a seguir mostra uma janela do Word 2003, com parte de um documento em processo de edição. Nesse documento, a palavra "brasileira" está selecionada.

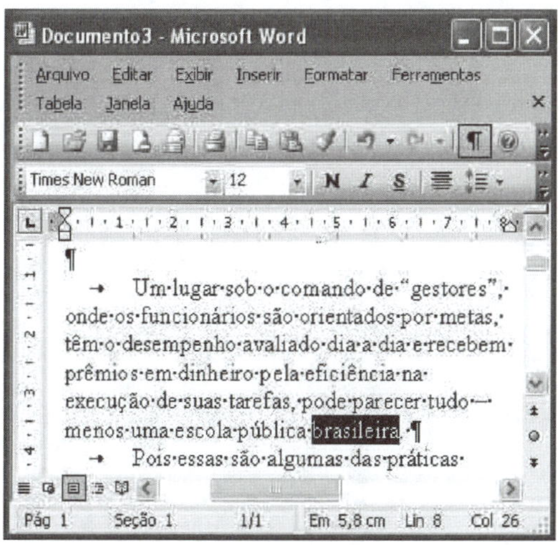

Com relação a essa janela do Word, ao referido documento e ao Word 2003, julgue os itens que se seguem.

(1) Para copiar a palavra "brasileira" para a área de transferência, é suficiente pressionar e manter pressionada a tecla [Ctrl]; acionar a tecla [C]; em seguida, liberar a tecla [Ctrl].

(2) A ferramenta [Espaçamento entre linhas] permite alterar o espaçamento entre linhas utilizado em determinado parágrafo selecionado.

(3) A fonte usada na palavra "brasileira" é a Courier.

(4) O *menu* [Inserir] permite o acesso a funcionalidade usada para a inserção de quebra de página no documento.

(5) Ao se pressionar a tecla [Enter], a palavra "brasileira" será excluída do documento em edição. Essa mesma ação, de se excluir uma palavra sem que as demais palavras do texto sejam afetadas, ocorrerá ao se clicar o botão [Novo].

(6) Ao se aplicar um clique triplo entre as letras "u" e "g" da palavra "lugar", todo o parágrafo iniciado em "Um lugar sob o comando" será selecionado.

1: correta, as teclas de atalho [Ctrl] + [C] ativam a função de Copiar, copiando a palavra ou frase selecionada para a área de transferência. **2:** correta, a ferramenta [Espaçamento entre linhas] exibe as opções de alteração do espaçamento entre linhas. **3:** errada, a fonte utilizada na palavra "brasileira" é a Times New Roman, indicada na figura por [Times New Roman]. **4:** correta, as opções de inserção de quebra de linha estão localizadas no *menu* [Inserir]. **5:** errada, o botão [Novo] cria uma novo documento do Word 2003. **6:** correta, um clique triplo seleciona todo o parágrafo que contém à palavra clicada.

Gabarito 1C, 2C, 3E, 4C, 5E, 6C

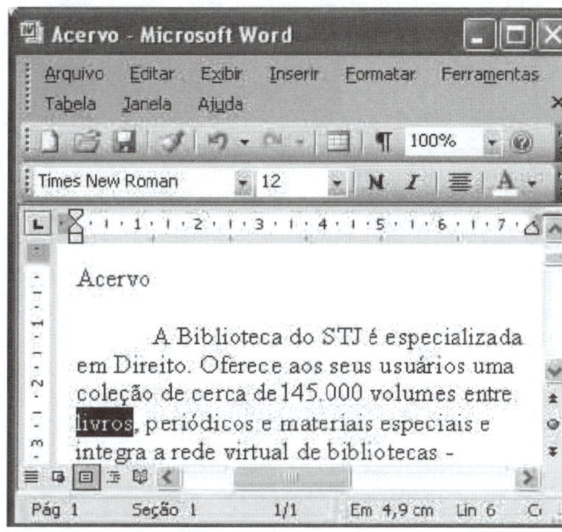

(Técnico Judiciário – STJ – 2008 – CESPE) Considerando a figura acima, que ilustra uma janela do Word 2003, com um documento em processo de edição em que a palavra "livros" está selecionada, julgue os três itens seguintes.

(1) Na situação da janela mostrada, caso os botões [N] e [I] sejam clicados, a palavra "livros", que está selecionada, ficará com a fonte no estilo negrito e itálico. Se, a seguir, o botão [N] for novamente clicado, a formatação em negrito da referida palavra será desfeita.

(2) As informações apresentadas na janela do Word são suficientes para se concluir corretamente que o documento em edição está sendo exibido no Modo de exibição de *layout* de impressão. Caso se deseje alterar o modo de exibição do documento, é possível fazê-lo por meio dos botões próximos ao canto inferior esquerdo da janela ilustrada. Esse procedimento também pode ser realizado por meio de opções encontradas no *menu* [Exibir].

(3) Ao se clicar o botão [Desenho], será aberta uma caixa de diálogo denominada Desenho, que permite a criação de desenhos coloridos complexos, formados a partir de combinações de figuras geométricas elementares.

1: correta, clicando-se os botões N e I serão aplicados os efeitos de negrito e itálico, respectivamente, e se caso o botão N for novamente pressionado, o efeito negrito será removido. **2:** correta, os botões indicam o modo de exibição atual e também podem ser usados para alterar o modo de exibição, assim como por meio de opções localizadas no *menu* Exibir. **3:** errada, o botão ativa a função "Pincel" que é utilizada para reaproveitar a formatação de um texto em outro trecho do texto.

Gabarito 1C; 2C; 3E

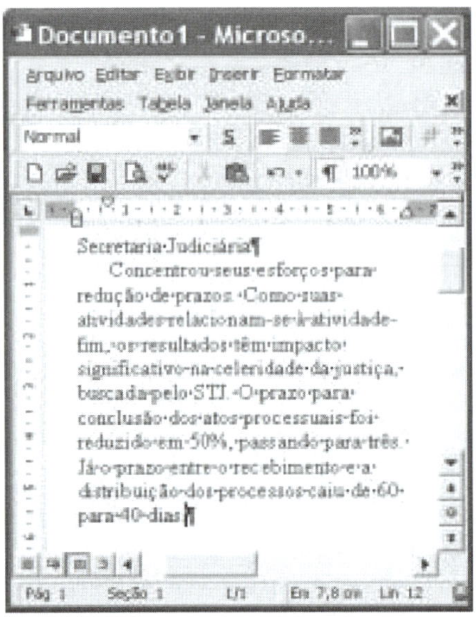

(Técnico Judiciário – STJ – 2004 – CESPE) Considerando a figura acima, que contém parte de um texto extraído e adaptado do sítio http://www.stj.gov.br, julgue os itens subsequentes, acerca do Word 2000 e do Excel 2000.

(1) É correto afirmar que a parte do documento mostrada contém dois parágrafos, ambos alinhados à esquerda. Para justificar o alinhamento somente das três últimas linhas mostradas do documento, é suficiente selecionar o trecho "Já o prazo (...) 40 dias." e, a seguir, clicar .

(2) Por meio da opção AutoConfiguração, encontrada no *menu* Arquivo, é possível configurar o Word 2000 de modo compartilhado com diferentes computadores interligados em rede. Dessa forma, o arquivo associado ao documento em edição pode ser acessado por usuários autorizados.

(3) Ao se clicar o botão , será acessada uma janela que permite inserir no documento em edição, na posição em que se encontra o ponto de inserção, uma figura armazenada em arquivo.

(4) Sabendo que a figura a seguir ilustra parte de uma planilha Excel que contém informações referentes às datas de recebimento e distribuição de processos no STJ, caso se adote o prazo informado no último período do texto contido na janela do Word 2000, a informação mostrada na célula C3 dessa planilha pode ser corretamente obtida, realizando-se o seguinte procedimento: clicar a célula C3, digitar =(B3+40) e teclar Enter.

	A	B	C
1		processo	
2	número	recebido em	distribuído em
3	543	9/3/04	18/4/04
4			
5			

1: errada, não há informações que indiquem que as três ultimas linhas do texto estão com a formatação justificada. **2:** errada, não há opção de Autoconfiguração no *menu* Arquivo. **3:** correta, o botão permite que uma imagem seja inserida no documento atual na posição do cursor de texto. **4:** correta, como o prazo é de 40 dias, utilizando-se a função =(B3 + 40) serão adicionados 40 dias à data contida na célula B3 e o resultado será exibido na célula C3.

Gabarito 1E, 2E, 3C, 4C

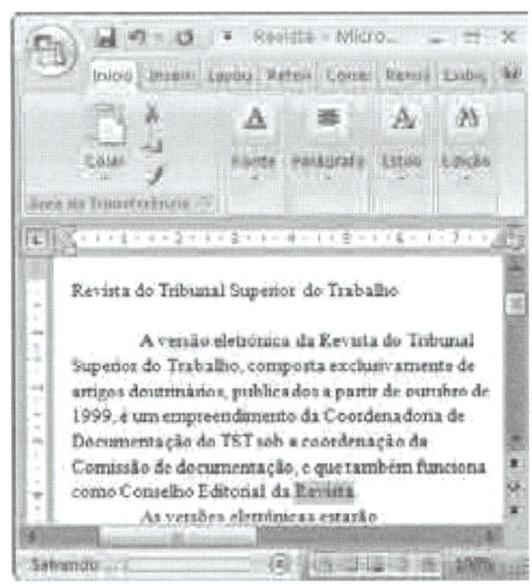

(Técnico Judiciário – TST – 2008 – CESPE) A figura acima mostra uma janela do Word 2007 com um documento em processo de edição, no qual a palavra "Revista" está selecionada. Com relação a essa figura e ao Word 2007, julgue os itens subsequentes.

(1) O ato de clicar possibilita que seja aberta uma lista de opções, entre as quais a opção Novo, que permite a criação de um novo documento em branco.

(2) Ao se clicar o campo correspondente ao conjunto de botões denominado Fonte, é disponibilizado um conjunto de ferramentas, entre as quais se encontra uma que permite aplicar itálico à palavra que está selecionada.

(3) Para iniciar a ferramenta que tem por função a realização de correção ortográfica automática do texto, é suficiente clicar .

(4) Ao se aplicar um clique duplo entre dois caracteres do número "1999", no trecho de texto mostrado na figura, esse número será selecionado, e a seleção anterior, da palavra "Revista", será desfeita.

1: correta, o botão exibe uma lista onde há a opção "Novo", que permite a criação de um novo documento em branco. **2:** correta, clicando-se no campo correspondente ao conjunto de botões denominado Fonte o usuário tem acesso a ferramentas de formatação de fonte entre elas a opção do efeito itálico. **3:** errada, o ícone acessa a função Localizar, para encontrar uma palavra ou trecho no texto. **4:** correta, um duplo clique sobre uma palavra faz com que a mesma seja selecionada, cancelando qualquer seleção anterior.

Gabarito 1C, 2C, 3E, 4C

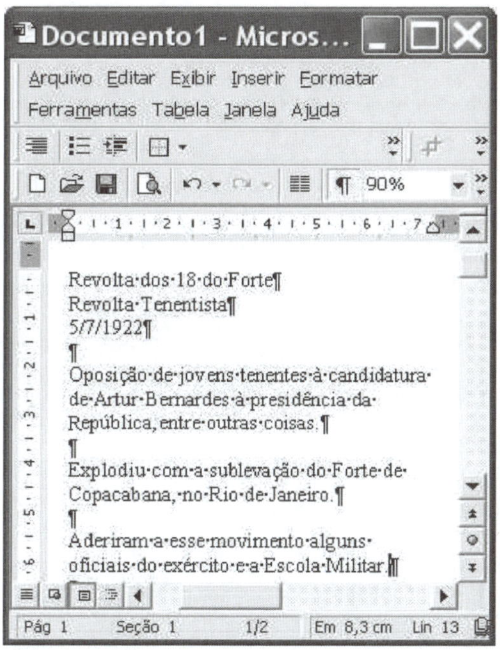

(Técnico Judiciário – STM – 2004 – CESPE) Considerando a figura acima, que ilustra uma janela do Word 2000 contendo um documento em processo de edição, julgue os itens a seguir.

(1) Considere a realização do seguinte procedimento: selecionar as três primeiras linhas mostradas do documento; pressionar e manter pressionada a tecla Ctrl; teclar N; teclar I; liberar a tecla Ctrl. Após essas ações, o trecho "Revolta (...) 5/7/1922" ficará selecionado e com o estilo de fonte alterado para negrito e itálico.

(2) Por meio de opção encontrada no *menu* Arquivo, é possível enviar, como anexo de uma mensagem de *e-mail*, todo o documento em edição para um destinatário de correio eletrônico.

(3) Considere a realização do seguinte procedimento: clicar sobre "Oposição"; pressionar e manter pressionada a tecla Shift; clicar sobre "Militar"; liberar a tecla Shift; clicar o botão . Após esse procedimento, os três parágrafos do documento iniciados com "Oposição", "Explodiu" e "Aderiram" serão transferidos, respectivamente, para as três linhas iniciais de uma tabela contendo apenas uma coluna.

(4) Para inserir uma marca de tabulação na primeira linha do parágrafo iniciado por "Oposição", é suficiente clicar sobre qualquer palavra do referido parágrafo e, a seguir, clicar o botão .

1: correta, as teclas de atalho Ctrl + N e Ctrl + I ativam as funções de efeito negrito e itálico, respectivamente. **2:** correta, no *menu* Arquivo existe uma opção que permite ao usuário enviar o texto em edição como anexo de um *e-mail* para um correio eletrônico. **3:** errada, o botão adiciona uma borda externa no trecho selecionado e não o transfere para uma tabela. **4:** errada, o botão tem como função aumentar o recuo de linha.

Gabarito 1C, 2C, 3E, 4E

(Técnico Judiciário – TRT/4ª – 2006 – FCC) Num documento Word, estando o cursor posicionado na célula de uma tabela e clicando-se com o *mouse* em Inserir Tabela, será

(A) dividida a célula em que estiver o cursor, na quantidade de linhas e colunas especificadas.
(B) dividida a tabela existente na posição imediatamente acima da célula em que estiver o cursor.
(C) criada uma nova tabela, na quantidade de linhas e colunas especificadas, dentro da célula em que estiver o cursor.
(D) criada uma nova tabela, na quantidade de linhas e colunas especificadas, abaixo da tabela existente.
(E) emitida uma mensagem de operação inválida.

A: errada, a tabela não será divida, mas sim será criada uma nova tabela. **B:** errada, a tabela não será divida, mas sim será criada uma nova tabela. **C:** correta, será criada uma nova tabela, com o número de linhas e colunas especificadas, dentro da célula onde está o cursor. **D:** errada, a nova tabela será criada dentro da célula onde está o cursor. **E:** errada, a operação é valida, será criada uma nova tabela dentro da tabela onde está o cursor.

Gabarito "C"

(Técnico Judiciário – TRT/4ª – 2006 – FCC) As opções de alinhamento de texto num documento Word comuns tanto para alinhamento horizontal quanto para alinhamento vertical são

(A) esquerdos e direitos.
(B) centralizados e justificados.
(C) superiores e inferiores.
(D) centralizados, apenas.
(E) justificados, apenas.

A: errada, o alinhamento esquerdo e direito não estão presentes em ambos os alinhamentos verticais e horizontais. **B:** correta, os alinhamentos centralizados e justificados são comuns tanto para o alinhamento horizontal quanto para o vertical. **C:** errada, o alinhamento superior e inferior não estão presentes em ambos os alinhamentos verticais e horizontais. **D:** errada, o alinhamento centralizado não é o único comum. **E:** errada, o alinhamento justificado não é o único comum.

Gabarito "B"

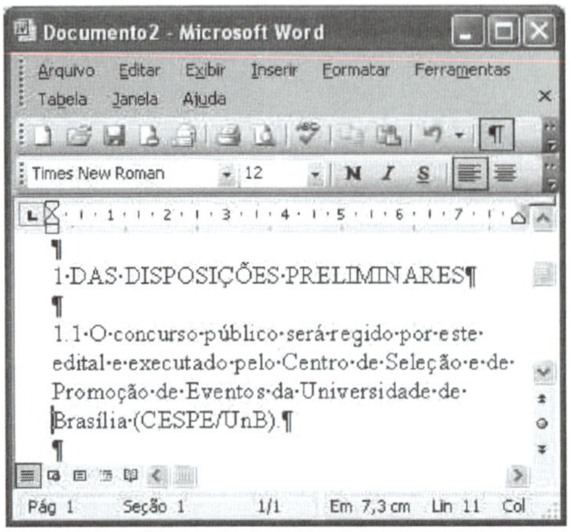

(Técnico Judiciário – TRT/1ª – 2008 – CESPE) Considerando a figura acima, que ilustra uma janela do Word 2003 com um documento em processo de edição, assinale a opção correta.

(A) Ao se aplicar um clique sobre a palavra "Seleção", apenas essa palavra será selecionada.

(B) Para se excluir do documento a palavra "este", é suficiente clicar imediatamente à direita dessa palavra e clicar 4 vezes o botão .

(C) Ao se clicar o botão ¶, caracteres não imprimíveis que estão sendo exibidos na janela mostrada, entre eles, o caracter · e ¶, deixarão de ser exibidos.

(D) Na situação da janela mostrada, ao se clicar , todos os parágrafos contidos no documento em edição serão centralizados.

(E) Ao se selecionar a palavra "Universidade" e, a seguir, se clicar o botão S, essa palavra será sublinhada. Caso, em seguida, o botão S seja novamente clicado, a referida palavra será sublinhada com uma linha mais grossa que a linha anterior.

A: errada, para que uma palavra inteira seja selecionada é necessário realizar um duplo clique sobre ela. **B:** errada, o botão desfaz a ultima alteração feita. **C:** correta, o botão ¶ ativa ou desativa a exibição dos símbolos de formatação, neste caso os símbolos · e ¶. **D:** errada, para que todos os parágrafos fossem centralizados seria necessário que eles estivessem selecionados antes de se clicar . **E:** errada, ao se clicar pela segunda vez o botão S, o efeito de sublinhado será retirado da palavra "Universidade".

Gabarito "C"

(Técnico Judiciário – TRE/AP – 2006 – FCC) O tipo, o tamanho, o estilo e os efeitos aplicáveis nas fontes dos caracteres utilizados nos documentos *Word* podem ser modificados por meio do menu

(A) Editar.

(B) Configurar.

(C) Modificar.

(D) Formatar.

(E) Ferramentas.

A: errada, não há opções de efeito aplicáveis às fontes no menu Editar. **B:** errada, não há no Word o menu Configurar. **C:** errada, não há no Word o menu Modificar. **D:** correta, as opções de efeito aplicáveis às fontes estão no menu Formatar. **E:** errada, não há opções de efeito aplicáveis às fontes no menu Ferramentas.

Gabarito "D"

(Técnico Judiciário – TRE/MS – 2007 – FCC) São funções dos menus Inserir e Formatar no Microsoft Word, respectivamente:

(A) Inserir tabela / Manipular blocos de texto.

(B) Inserir marcadores / Alterar elementos de texto.

(C) Inserir marcadores / Manipular blocos de texto.

(D) Inserir tabela / Alterar elementos de texto.

(E) Inserir símbolos especiais / Alterar elementos de texto.

A: errada, Inserir tabela não é uma função do menu Inserir. **B:** errada, Inserir marcadores não é uma função do menu Inserir. **C:** errada, Inserir marcadores não é uma função do menu Inserir. **D:** errada, Inserir tabela não é uma função do menu Inserir. **E:** correta, Inserir símbolos especiais e Alterar elementos de texto são funções dos menus Inserir e Formatar, respectivamente.

Gabarito "E"

(Técnico Judiciário – TRE/SE – 2007 – FCC) Quanto ao *Microsoft Word*, considere os itens abaixo.

I. A barra de Menu *Inserir* permite inserir símbolos especiais.

II. O *Word* oferece dois níveis de proteção: somente leitura e protegido por senha.

III. Para inserir uma caixa de texto, é preciso seguir o caminho *Formatar>Inserir caixa de texto*.

É correto o que se afirma em:

(A) I, apenas.

(B) I e II, apenas.

(C) I, II e III.

(D) II e III, apenas.

(E) III, apenas.

A: errada, a alternativa II também está correta. **B:** correta, as alternativas I e II estão corretas. **C:** errada, a alternativa III está incorreta, a opção de inserção de caixa de texto está no menu Inserir. **D:** errada, a alternativa III está incorreta, a opção de inserção de caixa de texto está no menu Inserir. **E:** errada, a alternativa III está incorreta, a opção de inserção de caixa de texto está no menu Inserir.

Gabarito "B"

(Técnico Judiciário – TRE/MA – 2009 – CESPE) A respeito de aplicativos do ambiente Microsoft Office, assinale a opção correta.

(A) As barras de ferramentas de formatação dos aplicativos do Microsoft Office podem ser personalizadas livremente pelo usuário, conforme a necessidade de disposição e de acesso a recursos mais utilizados.

(B) No Microsoft Word, para se criar uma nova coluna em uma tabela existente em um documento em edição, deve-se selecionar a linha ao lado da qual ela será posicionada na nova tabela e clicar a opção **Inserir coluna**.

(C) O *menu* Arquivo do Word 2003 contém as opções de exibição do documento em leiautes diversos, como o normal, da Web e de impressão.

(D) A formatação de margens de páginas, tabelas e textos só pode ser feita diretamente a partir da régua horizontal presente no topo da janela do Word, abaixo do *menu* de opções.

(E) O recurso **Desfazer ações** é utilizado para se desfazer uma digitação ou edição do documento e, uma vez que ele seja ativado, não é possível retornar à opção anterior.

A: correta, as barras de ferramentas de formatação dos aplicativos do Microsoft Office podem ser personalizadas. **B:** errada, deve-se selecionar a coluna ao lado da qual será posicionada e então clicar a opção Inserir coluna. **C:** errada, as opções de exibição do documento estão no *menu* Exibir. **D:** errada, as margens também podem ser alteradas a partir do item Margens, na opção Configurar Página do *menu* Arquivo. **E:** errada, o recurso Desfazer ações desfaz a ultima alteração feita no texto e é possível retornar à opção anterior.

Gabarito "A"

(Delegado/AP – 2006 – UFAP) Com relação ao editor de textos Microsoft Word2000 em português, analise as afirmações abaixo:

I. O alinhamento dos parágrafos pode ser feito à esquerda, centralizado, à direita e justificado.

II. Marcadores e numeração de parágrafos são recursos que ainda não foram incluídos no programa.

III. A seção que se repete em todas as páginas na parte superior do documento é denominada cabeçalho.

IV. Considerando-se as configurações originais, a tecla de atalho CTRL + P salva o arquivo no disco rígido.

Indique a alternativa correta:

(A) Todas as afirmações estão incorretas.

(B) Todas as afirmações estão corretas.

(C) Apenas as afirmações I e III estão corretas.

(D) Apenas as afirmações II e IV estão corretas.

(E) Apenas a afirmação I está correta.

A: Errada, as afirmativas I e III estão corretas. **B:** Errada, as afirmativas II e IV estão incorretas, a Microsoft Word 2000 possui os recursos de marcadores e numeração de parágrafos. **C:** Correta, apenas as afirmativas I e III estão corretas. **D:** Errada, as afirmativas II e IV estão incorretas, o Microsoft Word 2000 possui os recursos de marcadores e numeração de parágrafos, **E:** Errada, a afirmativa III também está correta.

Gabarito "C"

(Delegado/MA – 2006 – FCC) Analise as afirmações abaixo, acerca do Word.

I. Para sublinhar uma palavra posiciona-se o cursor no início da mesma e pressiona-se, simultaneamente, as teclas [Crtl] + [S].

II. Os cabeçalhos e rodapés já existentes no documento podem ser modificados clicando-se diretamente sobre eles, desde que o documento se encontre o modo de exibição *Layout de impressão.*

III. O menu Tabela, contém, entre outros, os itens Desenhar tabela, Converter e Mesclar células.

IV. As réguas de orientação podem ser exibidas ou ocultadas através do menu Inserir opção Régua.

É correto o que se afirma em

(A) I, II, III e IV.

(B) I, II e IV, apenas.

(C) II e III, apenas.

(D) II e IV, apenas.

(E) III e IV, apenas.

A: Errada, as afirmativas I e IV estão incorretas para se sublinhar uma palavra a mesma deve estar selecionada e não basta que o cursor esteja no início dela. As opções de exibição da régua estão no menu *Exibir* e não Inserir. **B:** Errada, as afirmativas I e IV estão incorretas, e para se sublinhar uma palavra a mesma deve estar selecionada, não basta que o cursor esteja no início dela e as opções de exibição da régua estão no menu *Exibir* e não *Inserir*. **C:** Correta, somente as afirmativas II e III estão corretas. **D:** Errada, a afirmativa IV está incorreta, pois as opções de exibição da régua estão no menu *Exibir* e não *Inserir*. **E:** Errada, a afirmativa IV está incorreta, porque as opções de exibição da régua estão no menu *Exibir* e não *Inserir*.

Gabarito "C"

(Delegado/MA – 2006 – FCC) Em relação às tabelas no Word é correto afirmar que é possível

(A) inserir somente colunas à direita, em uma tabela já existente.

(B) a conversão de um texto em tabela, mas não de uma tabela em texto.

(C) inserir apenas células individuais em uma tabela já existente.

(D) inserir apenas colunas à esquerda, em uma tabela já existente.

(E) a conversão de um texto em tabela e de uma tabela em texto.

A: Errada, pois, podem-se incluir colunas à direita e à esquerda de uma tabela já existente. **B:** Errada, é possível a conversão de texto em tabelas e de tabelas em texto. **C:** Errada, não é possível inserir uma célula individual em uma tabela, apenas linhas ou colunas. **D:** Errada, pode-se incluir colunas à direita e à esquerda de uma tabela já existente. **E:** Correta, ,pois, é possível fazer a conversão de textos em tabela e, da mesma forma, de tabelas para textos.

Gabarito "E"

(Delegado/MG – 2007) A sequência de comandos da barra de menus utilizada para adicionar cabeçalho e rodapé a um texto é:

(A) Inserir - Cabeçalho e Rodapé

(B) Formatar - Cabeçalho e Rodapé

(C) Editar - Cabeçalho e Rodapé

(D) Exibir - Cabeçalho e Rodapé

A: Errada, pois a opção *Cabeçalho e Rodapé* está no menu *Exibir* e não no menu *Inserir*. **B:** Errada, porque a opção *Cabeçalho* e *Rodapé* está no menu *Exibir* e não no menu Inserir. **C:** Errada, a opção *Cabeçalho e Rodapé* está no menu *Exibir* e não no menu *Inserir*. **D:** Correta, para adicionar cabeçalho e rodapé é necessário usar a função *Cabeçalho e Rodapé* presente no menu *Exibir*.

Gabarito "D"

(Delegado/MG – 2007) O formato ou extensão padrão dos arquivos gerados pelo Word é:

(A) Txt
(B) Doc
(C) Xls
(D) Html

A: Errada, arquivos txt são arquivos de texto normais feitos em geral com *o Bloco de Notas*. **B:** Correta, pois os arquivos .doc. são arquivos de texto gerados pelo Word. **C:** Errada, arquivos.xls são arquivos de planilhas eletrônicas criadas pelo Excel. **D:** Errada, arquivos html são arquivos de páginas web.

Gabarito "B"

(Delegado/MG – 2007) No Word, o campo onde aparece o nome do documento no qual você esta trabalhando denomina-se:

(A) Barra de menus
(B) Barra de ferramenta
(C) Barra de titulo
(D) Barra de *status*

A: Errada, pois a barra de menus é a barra que contém os menus do programa onde se pode acessar as principais funções. **B:** Errada, porque a barra de ferramentas permite o rápido acesso à funções do programa. **C:** Correta, a barra de título exibe o nome do programa em execução e o nome do arquivo em edição. **D:** Errada, a barra de *status* exibe informações como número da página atual e do número de páginas, entre outras.

Gabarito "C"

(Delegado/MG – 2006) No Microsoft Word 97, as teclas de atalho utilizadas para copiar a formatação de palavras de um texto selecionado ou um parágrafo selecionado são:

(A) Ctrl + Alt + C
(B) Ctrl + *Shift* + C
(C) Ctrl + C
(D) *Shift* + Alt + C
(E) *Shift* + C

A: Errada, as teclas *Ctrl + Alt + C* são atalho para o símbolo ©. **B:** Correta, as teclas *Ctrl + Shift + C* copiam a formatação de palavras de um texto ou parágrafo selecionado. **C:** Errada, o atalho *Ctrl + C* apenas copia o texto selecionado e não a formatação do mesmo. **D:** Errada, as teclas *Shift + Alt + C* não possuem função de cópia no Word. **E:** Errada, as teclas *Shift + C* apenas retornam a letra 'c' maiúscula.

Gabarito "B"

(Delegado/MG – 2006) No Microsoft Word 97, as teclas de atalho utilizadas para apresentar a caixa de dialogo "salvar como" em um arquivo ainda não salvo, são:

(A) Ctrl + B
(B) Ctrl + C
(C) Ctrl + G
(D) Ctrl + S
(E) Ctrl + A

A: Correta, ou seja, as teclas *Ctrl + B* ativam a função *Salvar Como*. **B:** Errada, porque as teclas *Ctrl + C* ativam a função *Copiar*. **C:** Errada, as teclas *Ctrl + G* ativam a função *Alinhar à direita*. **D:** Errada, pois, as teclas *Ctrl + S* ativam o efeito sublinhado. **E:** Errada, porque as teclas *Ctrl + A* ativam a função *Abrir*.

Gabarito "A"

(Delegado/MG – 2006) A senha impede o acesso de usuários não autorizados ao item ou documento protegido. Uma senha no Microsoft Word 97 pode ter até:

(A) 08 caracteres
(B) 18 caracteres
(C) 07 caracteres
(D) 06 caracteres
(E) 15 caracteres

A: Errada, pois o limite de caracteres é de 15 e não 8. **B:** Errada, porque o limite de caracteres é de 15 e não 18. **C:** Errada, já que o limite de caracteres é de 15 e não 7. **D:** Errada, pois o limite de caracteres é de 15 e não 6. **E:** Correta, porque as senhas de proteção aceitam um máximo de 15 caracteres.

Gabarito "E"

(Delegado/MG – 2006) No Microsoft Word 97, os comandos para alterar apenas a pasta de trabalho padrão do Word são:

(A) Menu exibir, opções, guia arquivos, lista tipos de arquivo: "Documentos", modificar.
(B) Menu inserir, opções, guia editar, lista tipos de arquivo: " Documentos", modificar.
(C) Menu editar, opções, guia geral, lista tipos de arquivo: " Documentos", modificar
(D) Menu ferramentas, opções, guia arquivos, lista tipos de arquivo: "Documentos", modificar
(E) Menu formatar, opções, guia alterações, lista tipo de arquivo: "Documentos", modificar

A: Errada, pois não existe a opção *Opções* no menu *Exibir*. **B:** Errada, porque não existe a opção *Opções* no menu *Inserir*. **C:** Errada, pois não há opção *Opções* no menu *Editar*. **D:** Correta, porque dentro do menu *Ferramentas* na opção *Opções*, encontra-se a aba *Arquivos* onde é possível alterar a pasta de trabalho padrão do Word, por meio da edição do campo *Documentos*. **E:** Errada, pois não há opção *Opções* no menu *Formatar*.

Gabarito "D"

(Delegado/PI – 2009 – UESPI) Considere as afirmações abaixo sobre o aplicativo Microsoft Word 2000:

(1) Página e Coluna são opções disponíveis no item "Quebra..." do menu Inserir. Quebra automática de texto na linha atual também pode ser configurada a partir deste item.

(2) É possível evitar a quebra de páginas entre as linhas de um parágrafo a partir da aba "Quebras de linha e de página", do item "Parágrafo...", do menu Formatar.

(3) De modo a evitar que o Word classifique incorretamente algumas palavras na sua verificação, pode-se ativar a opção 'Ignorar palavras com números' na aba 'Ortografia e gramática', do item "Opções...", do menu Ferramentas.

Está(ão) correta(s):

(A) 1 e 2 apenas
(B) 2 apenas
(C) 2 e 3 apenas
(D) 3 apenas
(E) 1, 2 e 3

A: Errada, pois a afirmativa 3 também está correta. **B:** Errada, as afirmativas 1 e 3 também estão corretas. **C:** Errada, porque a afirmativa 1 também está correta. **D:** Errada, as afirmativas 1 e 2 também estão corretas. **E:** Correta, todas as três alternativas estão corretas.

Gabarito "E"

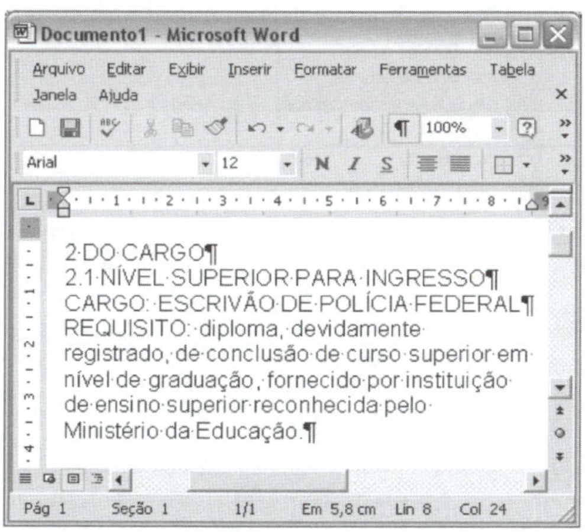

(Agente de Polícia Federal – 2009 – CESPE) Considerando a figura acima, que mostra uma janela do Word 2002, com um texto em edição, em que nenhuma parte está formatada como negrito, julgue os próximos itens.

(1) Ao se clicar à direita da palavra "devidamente" e, em seguida, clicar o botão [¶], o símbolo ¶ será exibido à direita da referida palavra.

(2) Ao se aplicar um clique duplo em um local da barra de título que não contenha botão ou ícone, a janela mostrada será maximizada.

(3) O conteúdo da primeira linha do texto mostrado será centralizado, após a realização da seguinte sequência de ações: selecionar a referida linha; pressionar e manter pressionada a tecla [Ctrl]; acionar a tecla [C], pressionando-a e liberando-a; liberar a tecla [Ctrl].

1: Errada, o botão mencionado ativa a função de exibição dos símbolos de marcação de parágrafo e outras formatações ocultas. **2:** Correta, o duplo clique na barra de título de uma janela faz com que esta seja maximizada caso não esteja ou é restaurada ao tamanho anterior caso esteja maximizada. **3:** Errada, as teclas mencionadas apenas copiam o texto selecionado para a área de transferência, não alterado sua formatação.

Gabarito 1E, 2C, 3E

(Agente de Polícia/AP – 2006 – UNIFAP) No editor de texto Microsoft Word 2000 em português, em que opção da barra de menu é possível acessar a caixa de diálogo "Configurar página", apresentada abaixo?

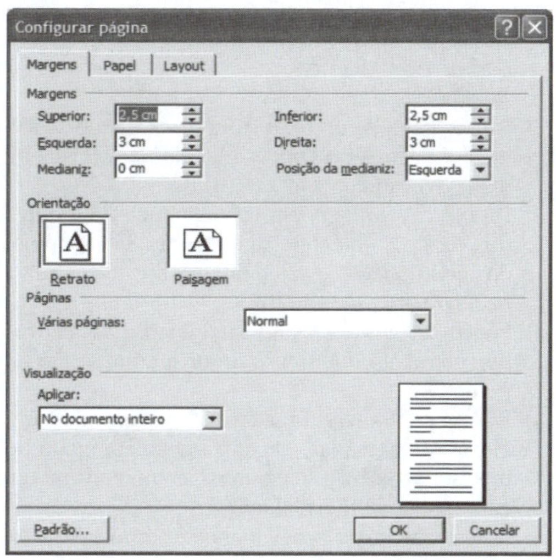

(A) Arquivo.
(B) Editar.
(C) Exibir.
(D) Inserir.
(E) Formatar.

A: Correta, as opções de impressão se encontram no menu Arquivo; **B:** Errada, o menu Editar possui ferramentas referentes a edição como Copiar e Colar; **C:** Errada, o menu Exibir possui ferramentas que podem alterar o modo de exibição do documento; **D:** Errada, o menu Inserir permite, entre outras coisas, adicionar imagens e outros conteúdos ao texto; **E:** Errada, o menu Formatar possui ferramentas que permitem alterar a formatação do texto.

Gabarito "A"

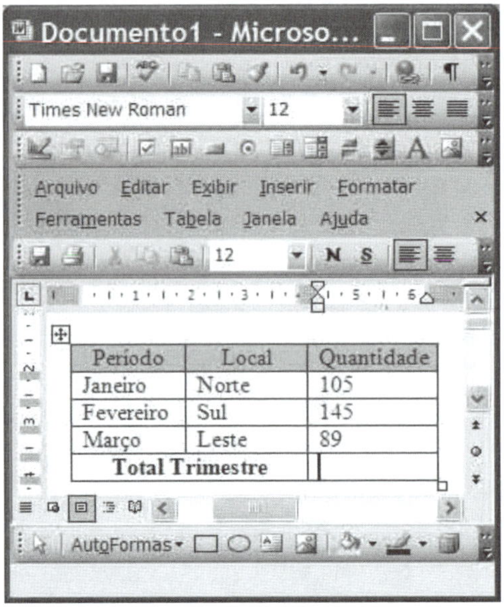

(Agente de Polícia/ES – 2009 – CESPE) Considerando a figura acima, que apresenta uma tabela em edição do Word, julgue os itens que se seguem.

(1) O Word possui recurso que permite criar um gráfico de barras com os valores apresentados na tabela.

(2) Para se calcular o "Total Trimestre" usando-se fórmula é necessário copiar a tabela para o Excel e digitar a fórmula =soma (C1:C3).

(3) Para se criar uma cópia de segurança do arquivo do Word é suficiente clicar a opção Salvar como, do menu Arquivo e selecionar o tipo de arquivo *backup* com extensão .BCK.

(4) Podem ser instalados no computador aplicativos que permitem imprimir o arquivo em questão no modo PDF.

(5) Para se centralizar o conteúdo das células é suficiente selecioná-las, clicar a opção Parágrafo do menu Formatar, selecionar Centralizada na opção Alinhamento e clicar OK.

(6) Sistema de arquivo é a maneira como o sistema operacional organiza e administra os dados em disco.

1: Correta, é possível criar gráficos a partir de dados tabelados diretamente pelo Word por meio de função acessível pelo menu Inserir. **2:** Errada, o Word também permite a inserção de fórmulas como a de somatória sem a necessidade de uso de Excel. **3:** Errada, não existe tal extensão no Word, basta salvar o arquivo em outro local como uma unidade removível, mídia ou disquete. **4:** Correta, por meio de *software* específico é possível imprimir o arquivo como PDF. **5:** Correta, a opção de Alinhamento no item Parágrafo do menu Formatar permite alterar a forma com que as células alinham seu conteúdo. **6:** Correta, o sistema de arquivo define não só os parâmetros com que os arquivos serão salvos mas também a capacidade máxima do disco e velocidade de gravação.

Gabarito 1C, 2E, 3E, 4C, 5C, 6C

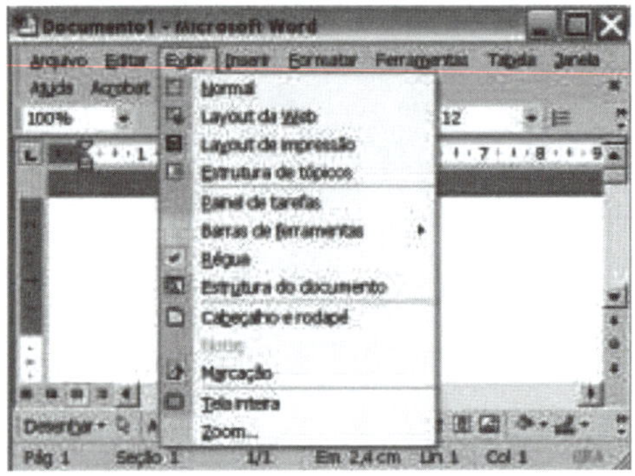

(Escrivão de Polícia/ES – 2006 – CESPE) A figura acima ilustra parte de uma janela do Word 2002, que está sendo usada para a elaboração de um documento.

Considerando essa figura, julgue os itens a seguir.

(1) Ao se clicar a opção Layout da Web, o documento será transferido para o navegador de Web padrão instalado no computador, onde poderá ser editado no formato html.

(2) Na situação da janela mostrada na figura acima, é correto afirmar que o documento não possui notas de rodapé. Caso se deseje incluir esse tipo de informação, é possível fazê-lo por meio de opção encontrada no menu Inserir.

(3) A lista de opções mostrada a seguir é encontrada no submenu Barras de ferramentas. Nessa lista, como a opção AutoTexto não está marcada, é correto concluir que a ferramenta de verificação automática de ortografia não está ativada.

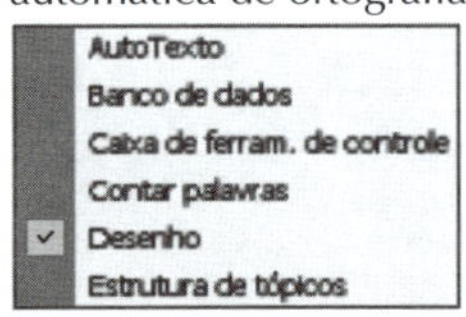

(4) A opção Zoom... tem a mesma funcionalidade da ferramenta 12, pois ambas permitem alterar o tamanho da fonte de texto selecionado.

(5) Caso se deseje formatar o número de página a ser mostrado no documento em edição, é possível fazê-lo por meio de funcionalidades encontradas na opção Cabeçalho e rodapé.

1: Errada, a opção mencionada apenas altera o modo de exibição para o modo *Layout* da Web, onde o documento se apresenta como se fosse visualizado em um navegador web. **2:** Correta, as notas de rodapé podem ser inseridas no documento em edição por meio de opção localizada no menu Inserir. **3:** Errada, a função Autotexto corrige erros comuns como parágrafos que não começam com letras maiúsculas e não tratam de correção ortográfica. **4:** Errada, a opção Zoom... altera o *zoom* dado sobre a página fazendo que com o conteúdo parece estar menor ou maior enquanto a ferramenta 12 altera a fonte de texto utilizada na escrita. **5:** Correta, as opções de numeração de páginas se encontram na opção Cabeçalho e rodapé acessível pelo menu Exibir.

Gabarito 1E, 2C, 3E, 4E, 5C

(Escrivão de Polícia/GO – 2008 – UEG) O processo de edição de textos digitais por vezes exige que o usuário complemente-o com informações obtidas da Internet. Ao copiar o conteúdo de uma página web, a partir do navegador Firefox 3.0, para inseri-lo em um arquivo do Microsoft Word 2003, o documento gerado pode conter formatação que dificulte o processo de edição. Para evitar esse problema o usuário tem como alternativa viável:

(A) escolher, no editor de textos, a opção Colar Especial, optando por um texto sem formatação, por exemplo.
(B) escolher, no navegador, a opção Copiar Especial, indicando o editor de textos onde pretende inserir.
(C) no editor de textos, escolher a opção formatar especial, após selecionar o texto colado.
(D) no navegador, salvar o arquivo em formato html para então escolher a opção Inserir Documento no editor de textos.

A: Correta, a opção Colar Especial permite remover a formatação original do texto, anulando assim o problema gerado; **B:** Errada, a opção Colar Especial deve ser utilizada no editor de textos e não no navegador web; **C:** Errada, o editor de textos a opção a ser utilizada é a Colar Especial e não formatar especial; **D:** Errada, não é necessário salvar o arquivo, basta que seja utilizada a opção Colar Especial no editor de textos depois de copiar o trecho selecionado no navegador.

Gabarito "A"

(Escrivão de Polícia/GO – 2008 – UEG) As teclas de atalho favorecem significativamente o aumento de produtividade de sistemas computacionais como editores de textos, planilhas eletrônicas, entre outros. O Microsoft Word 2003, em sua configuração padrão, possibilita ao usuário criar suas próprias teclas de atalhos, além das previamente definidas. Isso pode ser feito a partir do Menu:

(A) Exibir, submenu Painel de Tarefas e botão Teclado.
(B) Formatar, submenu Configurações Regionais e de Idioma.
(C) Janela, submenu Opções, guia Barra de Ferramentas e botão Teclado e Idiomas.
(D) Ferramentas, submenu Personalizar, guia Barra de Ferramentas e botão Teclado.

A: Errada, o botão teclado está na guia Barra de Ferramentas acessível por opção do menu Ferramentas; **B:** Errada, o menu correto é o Ferramentas, submenu Personalizar; **C:** Errada, o menu Janela apenas trata da exibição das janelas de documento abertos; **D:** Correta, por meio do menu Ferramentas, submenu Personalizar e guia Barra de Ferramentas se encontra o botão Teclado onde o usuário pode configurar suas próprias teclas de atalho.

Gabarito "D"

(Agente de Polícia/MA – 2006 – FCC) No Word – versão em português –, uma das alternativas para se alterar a fonte e suas características é o menu

(A) Formatar e sua opção Fonte...
(B) Ferramentas e sua opção Fonte...
(C) Ferramentas e sua opção Formatar Fonte...
(D) Inserir e sua opção Fonte...
(E) Editar e sua opção Fonte...

A: Correta, a opção Fonte acessível pelo menu Formatar permite alterar a fonte e estilo da escrita; **B:** Errada, a opção Fonte se encontra no menu Formatar e não no menu Ferramentas; **C:** Errada, a opção correta é denominada Fonte e se encontra no menu Formatar; **D:** Errada, a opção Fonte se encontra no menu Formatar e não no menu Inserir; **E:** Errada, a opção Fonte se encontra no menu Formatar e não no menu Editar.

Gabarito "A"

(Agente de Polícia/MA – 2006 – FCC) Contém somente opções do menu Inserir do Word – versão em português:

(A) Data e hora..., Símbolo... e Macro
(B) Diagrama..., Miniaturas e AutoAjuste
(C) AutoTexto, Objeto e Macro
(D) Quebra..., Idioma e Miniaturas
(E) Quebra..., AutoTexto e Comentário

A: Errada, a opção Macro se encontra no menu Ferramentas; **B:** Errada, a opção Miniaturas se encontra no menu Exibir; **C:** Errada, a opção Macro se encontra no menu Ferramentas; **D:** Errada, a opção Idioma se encontra no menu Ferramentas; **E:** Correta, as opções Quebra..., AutoTexto e Comentário se encontram no menu Inserir.

Gabarito "E"

(Agente de Polícia/MG – 2008) No *Microsoft Word XP*, versão português, as tarefas realizadas por cada tecla de atalho abaixo estão corretas, EXCETO

(A) Alt + L para abrir a janela para localização de texto.
(B) Alt + M + F para verificar ortografia e gramática.
(C) Ctrl + L para abrir a janela para localização de texto.
(D) Alt + A + S para salvar um documento.

A: Errada, o atalho que abre a janela de localização de texto é Ctrl + L; **B:** Errada, o atalho informado está correto; **C:** Errada, o atalho informado está correto; **D:** Errada, o atalho informado está correto.

Gabarito "A"

(Inspetor de Polícia/MT – 2010 – UNEMAT) O MS-Word é um editor de textos pertencente ao pacote Microsoft Office, que traz diversos outros componentes a ele associados. Com seu uso, é possível editar textos, salvá-los e imprimi-los.

Sobre o enunciado, analise as afirmativas.

I. Através do MS-Word, é possível incluir figuras e criar animações dinâmicas.
II. No MS-Word é possível gerar tabelas e vincular as mesmas a aplicativos como o MS-Excel.
III. Com o MS-Word, é possível gerar fórmulas matemáticas e obter soluções numéricas exatas.

Com base nessas afirmativas, assinale a alternativa correta.

(A) Apenas I e II estão corretas.
(B) Apenas I e III estão corretas.

(C) Apenas II e III estão corretas.
(D) Apenas III está correta.
(E) Todas estão corretas.

A: Errada, a afirmativa II está incorreta, é possível gerar tabelas no MS-Word porém elas não são vinculadas ao MS-Excel; **B:** Correta, apenas as afirmativas I e III estão corretas; **C:** Errada, a afirmativa II está incorreta, é possível gerar tabelas no MS-Word porém elas não são vinculadas ao MS-Excel; **D:** Errada, a afirmativa I também está correta; **E:** Errada, a afirmativa II está incorreta, é possível gerar tabelas no MS-Word porém elas não são vinculadas ao MS-Excel.

Gabarito "B"

(Escrivão de Polícia/PA – 2009 – MOVENS) Antônio precisa compartilhar um relatório criado no Microsoft Word 2003 com outras pessoas que utilizam versões diferentes desse aplicativo, especificamente as versões Microsoft Word XP, Microsoft Word 2000 e Microsoft Word 97.

A respeito da compatibilidade das versões citadas do Microsoft Word, assinale a opção correta.

(A) É preciso salvar o documento no formato "Versões anteriores do Word".
(B) Não há necessidade de conversões, pois os arquivos do Microsoft Word 2003 podem ser abertos pelas versões XP, 2000 e 97 sem necessidade de conversão.
(C) Não existe formato compatível entre as versões. A solução é salvar o documento como PDF e distribuir.
(D) O usuário da versão antiga do Word deve utilizar um conversor de formatos, fornecido gratuitamente pela Microsoft.

A: Errada, essa opção só está presente a partir da versão 2007 do Microsoft Word; **B:** Correta, as versões 2003, XP, 2000 e 97 são compatíveis entre si; **C:** Errada, apenas as versões 2007 e 2010 do Microsoft Word não salvam seus documentos em formato compatível com as versões anteriores de forma padrão; **D:** Errada, não há necessidades de conversão, pois os programas mencionados são compatíveis entre si.

Gabarito "B"

(Escrivão de Polícia/PA – 2006 – CESPE) Os botões , , ,  e , encontrados na janela do Word 2002, são utilizados, respectivamente, para

(A) abrir novo documento em branco; localizar documento em uma pasta específica; salvar o documento em elaboração; pesquisar uma palavra no documento em edição; inserir o conteúdo da área de transferência na posição do ponto de inserção.
(B) pesquisar uma palavra no documento em edição; salvar documento em elaboração; carregar documento armazenado em disquete; abrir novo documento em branco; transferir texto selecionado para a área de transferência.
(C) abrir novo documento em branco; salvar documento em elaboração; carregar documento armazenado em disquete; visualizar impressão; transferir texto selecionado para a área de transferência.
(D) abrir novo documento em branco; abrir ou localizar arquivo; salvar o documento em elaboração; visualizar impressão; inserir o conteúdo da área de transferência na posição do ponto de inserção.

A: Errada, o segundo botão tem como função abrir um documento já existente; **B:** Errada, o primeiro botão tem como função abrir um novo documento em branco; **C:** Errada, o botão que permite salvar documentos em elaboração é o terceiro e não o segundo; **D:** Correta, o primeiro botão tem como função abrir um novo documento, o segundo abrir um documento existente, o terceiro salvar o documento em edição, o quarto visualizar para impressão e colar o conteúdo da área de transferência no local do ponto de inserção.

Gabarito "D"

(Escrivão de Polícia/PE – 2007 – IPAD) No editor de texto **Microsoft Word**, diversas opções de barras de ferramentas podem ser exibidas ao usuário através do menu **Exibir / Barra de ferramentas**. Acerca das barras de ferramentas do Word 2003, considere as seguintes afirmações:

(1) A barra de ferramentas **Tabelas** e **bordas** disponibiliza comandos para configurar, por exemplo, o alinhamento de células de uma tabela, a classificação crescente ou decrescente de dados da tabela e o espaçamento entre as linhas contidas em cada célula da tabela.
(2) A barra de ferramentas **AutoTexto** fornece acesso às entradas de **AutoTexto**. Essas entradas são divididas em categorias como, por exemplo, Assunto, Encerramento e Saudação.
(3) Usuários do **Word** podem criar barras de ferramentas personalizadas adicionando-se os comandos que forem de interesse.
(4) A barra de ferramentas **Contar palavras** disponibiliza o comando **Recontar** que apresenta diversas informações, entre elas, o número de caracteres, palavras e frases digitadas pelo usuário.

Assinale a alternativa *correta*:

(A) Apenas as afirmações 1 e 2 estão corretas.
(B) Apenas as afirmações 2 e 3 estão corretas.
(C) Apenas as afirmações 2 e 4 estão corretas.
(D) Apenas as afirmações 1 e 4 estão corretas.
(E) Apenas as afirmações 3 e 4 estão corretas.

A: Errada, a afirmativa 1 está incorreta, a barra de ferramentas Tabelas e Bordas não permite alterar o espaçamento das linhas contidas em cada célula; **B:** Correta, apenas as afirmativas 2 e 3 estão corretas; **C:** Errada, a função Recontar não conta o número de frases digitadas; **D:** Errada, as afirmativas 1 e 4 estão incorretas, a barra de ferramentas Tabelas e Bordas não permite alterar o espaçamento das linhas contidas em cada célula e a função Recontar não conta o número de frases digitadas; **E:** Errada, a função Recontar não conta o número de frases digitadas.

Gabarito "B"

(Escrivão de Polícia/PE – 2007 – IPAD) Acerca das funcionalidades providas pelo editor de texto **Microsoft Word 2003**, analise as seguintes afirmações:

(1) A opção de menu Arquivo / Versões permite ao usuário abrir uma versão anterior do documento.

(2) Através do menu Inserir / Comentário, o usuário é capaz de inserir anotações que podem ser usadas, por exemplo, para destacar pontos do conteúdo do documento que precisam ser revistos.

(3) A página de um documento do Word pode ser formatada para possuir mais de 5 colunas de texto, mas somente se a página estiver configurada na orientação paisagem.

(4) A opção de menu Exibir | Miniaturas faz com que todos os documentos abertos possam ser visualizados ao mesmo tempo, um ao lado do outro, na forma de miniaturas.

Assinale a alternativa *correta*.

(A) Apenas as afirmações 1 e 2 estão corretas.
(B) Apenas as afirmações 2 e 3 estão corretas.
(C) Apenas as afirmações 2 e 4 estão corretas.
(D) Apenas as afirmações 1 e 4 estão corretas.
(E) Apenas as afirmações 3 e 4 estão corretas.

A: Correta, apenas as afirmativas 1 e 2 estão corretas; **B:** Errada, a afirmativa 3 está incorreta, não é necessário que a página esteja no modo paisagem para que possua mais de 5 colunas de texto; **C:** Errada, a afirmativa 4 está incorreta, a opção Miniaturas faz com que as páginas do documento atual sejam exibidas na forma de miniaturas; **D:** Errada, a afirmativa 4 está incorreta, a opção Miniaturas faz com que as páginas do documento atual sejam exibidas na forma de miniaturas; **E:** Errada, as afirmativas 3 e 4 estão incorretas, não é necessário que a página esteja no modo paisagem para que possua mais de 5 colunas de texto e a opção Miniaturas faz com que as páginas do documento atual sejam exibidas na forma de miniaturas.

Gabarito "A"

(Agente de Polícia/PE – 2006 – IPAD) Acerca do Microsoft Word 2003, considere os ícones de atalho:

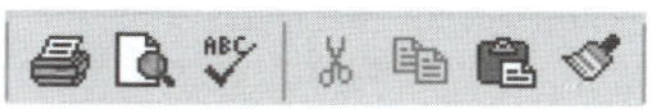

1 2 3 4 5 6 7

Analise as afirmativas a seguir:

(1) O ícone número 2 é a opção rápida de visualizar impressão.

(2) O ícone número 3 habilita o tradutor de idiomas do Word.

(3) O ícone número 4 é desabilitado por padrão. Trata-se do ícone de copiar um texto selecionado para a área de transferência do Windows. O ícone número 4 é habilitado no ato da seleção de um texto.

(4) O ícone número 7 é o pincel. É a opção rápida de realçar textos ou partes de textos com cores.

Estão corretas:

(A) 1 e 2, apenas.
(B) 1, 3 e 4, apenas.
(C) 1 e 3, apenas.
(D) 1, 2 e 3, apenas.
(E) 1, 2, 3 e 4.

A: Errada, a afirmativa 2 está incorreta, o ícone 3 ativa o Corretor ortográfico; **B:** Errada, a afirmativa 4 está incorreta, o pincel tem como função a formatação de lugar para outro no documento; **C:** Correta, apenas as afirmativas 1 e 3 estão corretas; **D:** Errada, a afirmativa 2 está incorreta, o ícone 3 ativa o Corretor ortográfico; **E:** Errada, as afirmativas 2 e 3 estão incorretas, o ícone 3 ativa o Corretor ortográfico e o pincel tem como função a formatação de lugar para outro no documento.

Gabarito "C"

(Agente de Polícia/PI – 2008 – UESPI) Avalie os itens abaixo, com relação às fontes utilizadas no MS-Word para o Windows:

I. Fontes True Type permitem maiores opções de tamanhos personalizados que as fontes bitmap.

II. As fontes são arquivos que possuem a descrição de como desenhar cada símbolo. Portanto, os recursos itálico, negrito (bold) e cor das letras, ficam restritos aos formatos pré-definidos nesses arquivos.

III. Normalmente, as fontes instaladas no sistema operacional MS Windows XP são localizadas na pasta Fonts, que é uma pasta encontrada na pasta C:\WINDOWS (na instalação padrão da Microsoft).

IV. As fontes do MS Windows possuem arquivos distintos para cada uso, um arquivo para a apresentação no vídeo e outro para as impressoras.

V. Em escalas maiores que 24, as fontes bitmap apresentam menor serrilhamento que as fontes OpenType.

São verdadeiras as afirmativas:

(A) I, II e III
(B) I, II e IV
(C) II, III e IV
(D) IV e V
(E) I, III e V

A: Errada, a afirmativa II está incorreta, os arquivos de fonte especificam como a mesma deve ser criada pelo computador, independente dos efeitos aplicados sobre ela; **B:** Errada, a afirmativa II está incorreta, os arquivos de fonte especificam como a mesma deve ser criada pelo computador, independente dos efeitos aplicados sobre ela; **C:** Errada, a afirmativa II está incorreta, os arquivos de fonte especificam como a mesma deve ser criada pelo computador, independente dos efeitos aplicados sobre ela; **D:** Errada, a afirmativa IV está incorreta, os arquivos de fonte possuem instruções para todos os tipos de exibição; **E:** Correta, apenas as afirmativas I, III e IV estão corretas.

Gabarito "E"

(Agente de Polícia/PI – 2008 – UESPI) Com relação à formatação de texto no Microsoft Word 2000, é correto afirmar:

(A) A opção colunas, do menu formatar, permite definir textos com uma, duas ou três colunas. Pode-se, na mesma janela, configurar a largura e distância entre as colunas.
(B) Na opção objetos, do menu formatar, é possível inserir figuras e configurá-las para serem *links* de páginas web.
(C) Na opção "Bordas e sombreamento", é possível definir a numeração de linhas, recurso muito utilizado na elaboração de atas.
(D) Ao formatar um parágrafo, é possível definir formatação do espaçamento "entre linhas" diferenciada para a primeira linha.
(E) Na opção "Tabulação..." é possível definir marcas ou "paradas de tabulação" com alinhamento esquerdo, centralizado, direito ou justificado.

A: Correta, no Microsoft Word 2000 pode-se utilizar até 3 colunas, sendo sua altura e largura configurável; **B:** Errada, para inserir figuras deve-se utilizar opção localizada no menu Inserir; **C:** Errada, na opção Bordas e sombreamento é possível definir as bordas da página ou de um trecho, mas não adicionar numeração nas linhas; **D:** Errada, a formatação do espaçamento entre linhas é válida para todo o parágrafo; **E:** Errada, não há a opção justificada para a parada de tabulação.

Gabarito "A"

(Agente de Polícia/PI – 2008 – UESPI) Com relação ao uso das teclas de atalho do Microsoft Word 2000, é correto afirmar:

(A) Ao selecionar um texto e fazer uso das teclas de atalho CTRL+C, o texto selecionado é copiado para a área de transferência, na sequência, ao pressionar as teclas de atalho CTRL+Z, a cópia é desfeita e, portanto, o texto é removido da área de transferência.
(B) Ao pressionar as teclas de atalho CTRL+V é acionada a ação "colar especial", que permite "colar" um texto em formato de imagem.
(C) Ao pressionar as teclas de atalho CTRL+P é acionada a ação "salvar" do menu arquivo.
(D) As teclas de atalho CTRL+L e CTRL+U permitem, respectivamente, localizar um texto e desfazer a última alteração.
(E) Ao selecionar um texto e fazer uso das teclas de atalho CTRL+X, o texto selecionado é recortado e movido para a área de transferência.

A: Errada, o Ctrl + Z não tem efeito sobre o conteúdo da área de transferência; **B:** Errada, as teclas Ctrl + V ativam a função colar e não a colar especial; **C:** Errada, as teclas Ctrl + P ativam a impressão do documento; **D:** Errada, as teclas de atalho para desfazer a última alteração são Ctrl + Z e não Ctrl + U; **E:** Correta, o atalho Ctrl + X recorta o conteúdo para a área de transferência.

Gabarito "E"

(Escrivão de Polícia/SP – 2010) As teclas de atalho padronizadas no Word – Microsoft, utilizadas para criar novo documento, desfazer a operação e abrir documento, respectivamente, são:

(A) Ctrl+ N, Ctrl+P , Ctrl+B
(B) Ctrl+C, Ctrl+Z, Ctrl+S
(C) Ctrl+O, Ctrl+Z, Ctrl+A
(D) Ctrl+N, Ctrl+D, Ctrl+A
(E) Ctrl+O, Ctrl+Z, Ctrl+P

A: Errada, as teclas Ctrl + N ativam o efeito negrito e não a opção de novo documento; **B:** Errada, as teclas Ctrl + S ativam o efeito sublinhado e não a opção de abrir documento; **C:** Correta, as teclas Ctrl + O criam um documento em branco, Ctrl + Z desfaz a última alteração feita e Ctrl + A abrem um documento já existente; **D:** Errada, as teclas Ctrl + N ativam o efeito negrito e não a opção de novo documento; **E:** Errada, as teclas Ctrl + P ativam a função de impressão e não a de abrir documento.

Gabarito "C"

(Escrivão de Polícia/PR – 2010) Considere as afirmativas a seguir, com relação ao aplicativo Writer do BrOffice 3.1:

I. A combinação de teclas de atalho CTRL+B salva o documento aberto.
II. Um arquivo de texto do Writer possui extensão padrão .odt.
III. O ícone tem a função de sublinhar o texto selecionado.
IV. O ícone serve para justificar o alinhamento do parágrafo.

Assinale a alternativa correta.

(A) Somente as afirmativas I e II são corretas.
(B) Somente as afirmativas II e IV são corretas.
(C) Somente as afirmativas III e IV são corretas.
(D) Somente as afirmativas I, II e III são corretas.
(E) Somente as afirmativas I, III e IV são corretas.

A: Errada, a afirmativa I está incorreta, as teclas Ctrl + B ativam o efeito Negrito; **B:** Correta, apenas as afirmativas II e IV estão corretas; **C:** Errada, a afirmativa III está incorreta, o ícone ativa a autocorreção ortográfica; **D:** Errada, as afirmativas I e III estão incorretas, as teclas Ctrl + B ativam o efeito Negrito e o ícone ativa a autocorreção ortográfica; **E:** Errada, as afirmativas I e III estão incorretas, as teclas Ctrl + B ativam o efeito Negrito e o ícone ativa a autocorreção ortográfica.

Gabarito "B"

(Inspetor de Polícia/RJ – 2008 – FGV) Um usuário está com um arquivo aberto no Word 2003 BR. A execução dos atalhos de teclado *<Ctrl> + P e F8* têm, respectivamente, os seguintes significados:

(A) configurar idioma / estender seleção.
(B) configurar idioma / aplicar negrito.
(C) imprimir arquivo / configurar idioma.
(D) imprimir arquivo / estender seleção.
(E) imprimir arquivo / aplicar negrito.

A: Errada, as teclas Ctrl + P ativam a impressão e não configurações de idioma; **B:** Errada, a tecla F8 estende a seleção, as que aplicam o efeito negrito são Ctrl + N; **C:** Errada, a tecla F8 tem como função estender a seleção; **D:** Correta, as teclas Ctrl + P imprimem um arquivo e a tecla F8 estende a seleção; **E:** Errada, as teclas que aplicam o efeito negrito são Ctrl + N.

Gabarito "D".

(Inspetor de Polícia/RJ – 2008 – FGV) No Word 2003 BR, um inspetor da Polícia Civil executou as seguintes tarefas:

I. abriu um arquivo previamente gravado no disco rígido;
II. realizou algumas alterações no texto;
III. gravou no HD o arquivo digitado.

Na execução das tarefas (I) e (III), ele empregou, respectivamente, os atalhos de teclado:

(A) <Ctrl> + A / <Ctrl> + B.
(B) <Ctrl> + N / <Ctrl> + B.
(C) <Ctrl> + G / <Ctrl> + S.
(D) <Ctrl> + N / <Ctrl> + S.
(E) <Ctrl> + A / <Ctrl> + S.

A: Correta, o atalho Ctrl + A abre um documento já salvo e o atalho Ctrl + B salva o documento em edição; **B:** Errada, o atalho Ctrl + N apenas ativa o efeito Negrito; **C:** Errada, o atalho Ctrl + G apenas alinha o texto à direita.; **D:** Errada, o atalho Ctrl + N apenas ativa o efeito Negrito; **E:** Errada, o atalho Ctrl + S apenas ativa o efeito sublinhado.

Gabarito "A".

(Inspetor de Polícia/RJ – 2008 – FGV) Observe a figura.

Ela representa uma referência existente no Word 2003 BR, conhecida como Barra de:

(A) títulos.
(B) menus.
(C) *status*.
(D) opções.
(E) objetos.

A: Errada, a barra de título é aquela que fica mais superior na tela, indicando o nome do programa aberto e contendo as opções de manipulação da janela; **B:** Correta, a barra de menus possui os menus que permitem acessar as funções do programa; **C:** Errada, a barra de *status* está localizada na parte inferior da janela e exibe informações de *status*; **D:** Errada, a barra de opções não está presente no Word 2003; **E:** Errada, a barra de objetos possui apenas atalhos e não menus.

Gabarito "B".

(Inspetor de Polícia/RJ – 2008 – FGV) No Word 2003 BR, estando na segunda linha do terceiro parágrafo de um texto, pressionar as teclas *HOME* e *END* irá gerar, respectivamente, o posicionamento do cursor do *mouse* no seguinte ponto:

(A) início do texto / final do texto.
(B) início do terceiro parágrafo / final do terceiro parágrafo.
(C) início da segunda linha do terceiro parágrafo / final do terceiro parágrafo.
(D) início do terceiro parágrafo / final da segunda linha do terceiro parágrafo.
(E) início da segunda linha do terceiro parágrafo / final da segunda linha do terceiro parágrafo.

A: Errada, para ir ao início ou final do texto com as teclas *HOME* e *END* a tecla Ctrl também deve ser pressionada; **B:** Errada, as teclas *HOME* e *END* andam pela linha e não pelo parágrafo; **C:** Errada, a tecla *END* fará o cursor se mover para o final da mesma linha e não do parágrafo; **D:** Errada, a tecla *HOME* fará o cursor se mover para o início da mesma linha e não do parágrafo; **E:** Correta, as teclas *HOME* e *END* movimentam o cursor apenas na linha em que ele se encontra.

Gabarito "E".

(Inspetor de Polícia/RJ – 2008 – FGV) Observe o texto a seguir, digitado e fomatado com o texto **Verdana**, negrito e itálico, no Word 2003 BR.

> **Como evitar fraudes em compras on-line?**
>
> *(1) Manter um antivírus sempre atualizado.*
>
> *(2) Usar um firewall e um anti-spam.*
>
> *(3) Recebeu mensagem pedindo recadastramento de conta em banco ou cartão de credito, nunca digite sua senha. Ela e pessoal e intransferível.*
>
> *(4) Não abra e-mails de remetentes desconhecidos.*
>
> *(5) Efetue o pagamento de produtos na internet somente se tiver plena confiança no site no qual está comprando.*
>
> *(6) Não distribua seu número de identidade ou CPF. Dados pessoais só devem ser fornecidos para sites de absoluta confiança.*
>
> *(7) Todo sorteio deve estar devidamente regularizado pela Caixa Econômica Federal, SEAE ou SUSEP.*
>
> *(8) Não abra anexos com arquivos executáveis ou imagens de origem desconhecida. Podem conter vírus ou trojan.*

Ao editar a citação "Caixa Econômica Federal", para aplicar o fonte **Tahoma** diferente do texto e estilos negrito, itálico e sublinhado, deve-se selecionar a citação e:

(A) clicar na caixa Tahoma ▾ e nos ícones N, I e A.
(B) clicar na caixa Verdana ▾ e nos ícones N, I e A.
(C) clicar na seta da caixa Verdana ▾ para escolher fonte e nos ícones N, I e S.
(D) clicar na caixa Tahoma ▾ e nos ícones N, I e S.
(E) clicar na seta da caixa Tahoma ▾ para escolher fonte e nos ícones N, I e A.

A: Errada, o ícone A é usado para alterar a cor do texto; **B:** Errada, a caixa Verdana ▾ aplica a fonte Verdana e não a Tahoma; **C:** Errada, a caixa Verdana ▾ aplica a fonte Verdana e não a Tahoma; **D:** Correta, a caixa Tahoma ▾ aplica a fonte Tahoma e os ícones N, I e S aplicas os efeitos negrito, itálico e sublinhado, respectivamente; **E:** Errada, o ícone A é usado para alterar a cor do texto.

Gabarito "D".

(Inspetor de Polícia/RJ – 2008 – FGV) No Word 2003 BR, para utilizar o recurso de mala direta é necessária uma referência de um campo de arquivo de dados em um documento principal. Para fazer referência a um campo *identificação_policial*, o campo de arquivo de dado deve empregar delimitadores.

Nesse caso, a sintaxe a ser empregada é:

(A) /* identificação_policial */
(B) << identificação_policial >>
(C) && identificação_policial &&
(D) %% identificação_policial %%
(E) $$ identificação_policial $$

A: Errada, a sintaxe correta utiliza os delimitadores << e >>; **B:** Correta, a sintaxe usada no Word 2003 utiliza os delimitadores << e >>; **C:** Errada, a sintaxe correta utiliza os delimitadores << e >>; **D:** Errada, a sintaxe correta utiliza os delimitadores << e >>; **E:** Errada, a sintaxe correta utiliza os delimitadores << e >>.

Gabarito "B"

(Inspetor de Polícia/RJ – 2008 – FGV) Um usuário está digitando um texto no Word 2003 BR. Para inserir uma tabela com 5 linhas e 7 colunas, ele deve atuar no menu *Tabela*, acionando o seguinte ícone:

(A) 

(B) 

(C) 

(D) 

(E) 

A: Errada, o ícone  ativa a função Pesquisar Arquivo; **B:** Errada, o ícone  ativa a função Estrutura do Documento; **C:** Errada, o ícone  ativa a função Mais controles; **D:** Correta, o ícone  permite a inserção de tabelas com o número de linhas e colunas definidas pelo usuário; **E:** Errada, o ícone  ativa a função Bordas e Tabelas.

Gabarito "D"

(Inspetor de Polícia/RJ – 2008 – FGV) Considere o *Word 2003 BR* e que um usuário precise gerar uma etiqueta. Para isso utilizará o recurso Envelopes e etiquetas... , indicado na janela abaixo.

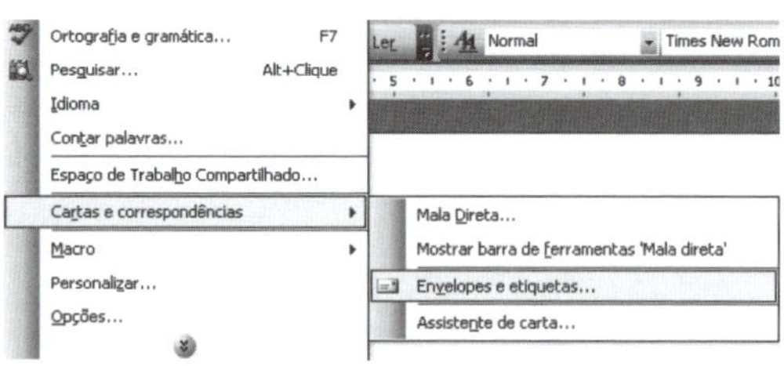

A janela é aberta ao ser pressionada a seguinte opção do menu:

(A) Ferramentas.
(B) Formatar.
(C) Inserir.
(D) Exibir.
(E) Editar.

A: Correta, a opção Envelopes e etiquetas está presente no menu Ferramentas; **B:** Errada, a opção Envelopes e etiquetas está presente no menu Ferramentas; **C:** Errada, a opção Envelopes e etiquetas está presente no menu Ferramentas; **D:** Errada, a opção Envelopes e etiquetas está presente no menu Ferramentas; **E:** Errada, a opção Envelopes e etiquetas está presente no menu Ferramentas.

Gabarito "A"

(Inspetor de Polícia/RJ – 2008 – FGV) O texto abaixo, referente à Secretaria de Estado de Polícia Civil, foi digitado no *Word 2003 BR*.

A Lei n. 689, de 29 de novembro de 1983, criou a ***Secretaria de Estado da Polícia Civil***, conferindo autonomia administrativa e financeira à instituição policial. Seu primeiro Secretário foi o Delegado de Polícia Arnaldo de Poli Campana. A Secretaria de Estado da Polícia Civil, após doze anos de existência, deu lugar à Secretaria de Estado de Segurança Pública, em decorrência da introdução de uma nova estrutura administrativa no Estado, em 1995.

POLÍCIA CIVIL
DO ESTADO DO RIO DE JANEIRO

Foi o seu último Secretário o Delegado Mario Covas, disciplinado e disciplinador, deixou uma marca de austeridade na sua passagem pela SEPC. Durante a sua gestão, a ***Academia Estadual de Polícia Sílvio Terra*** inaugurou, em 1994, o ***<u>1º Curso Superior de Polícia – CSP</u>***, de caráter estratégico, destinado às autoridades policiais.

Analisando-se a formatação do texto acima, é correto afirmar que foram utilizados os seguintes recursos:

(A) itálico / sombra / alinhamento centralizado / capitular
(B) gótico / negrito / alinhamento justificado / mesclar
(C) itálico / negrito / alinhamento centralizado / capitular
(D) gótico / sombra / alinhamento justificado / mesclar
(E) itálico / negrito / alinhamento justificado / capitular

A: Errada, não há utilização de sombreamento no texto; **B:** Errada, não há efeito gótico no Word; **C:** Correta, os recursos itálico e negrito podem ser vistos claramente no trecho "1 Curso Superior de Polícia – CSP", não ocupada toda a linha mas sem a parte central dela portanto está alinhado de forma centralizada e a primeira letra da primeira palavra do primeiro parágrafo está destacada em capitular; **D:** Errada, não há efeito gótico no Word; **E:** Errada, o texto não ocupa toda a linha portanto não pode estar justificado.

Gabarito "C"

(Inspetor de Polícia/RJ – 2008 – FGV) Um inspetor está digitando um texto no Word 2003 BR em um documento com muitas páginas e incluiu o logotipo da Polícia Civil do Estado do Rio de Janeiro, em cores, no cabeçalho de cada página. Ele observou que esse fato resultou em aumento significativo no tamanho do documento. Para o problema da replicação do logotipo em cada página do documento, o inspetor deverá proceder do seguinte modo:

(A) gerar o arquivo DOC em formato compactado JPG.
(B) criar um vínculo no Word para o arquivo do logotipo.

(C) converter o arquivo do logotipo para o formato WMF.
(D) redimensionar a imagem para a resolução de 800 x 600 pixels.
(E) salvar a imagem colorida para um arquivo BMP em tons de cinza.

A: Errada, a extensão JPG é para imagens, não pode ser usada para armazenar textos do Word; **B:** Correta, criando um vínculo para o arquivo do logo a imagem ocupará menos espaço em disco; **C:** Errada, o formato wmf não é usado para imagens; **D:** Errada, arquivos com resolução de 800x600 são grandes e ocupam maior espaço; **E:** Errada, arquivos BMP são muito maiores que os formatos JPG ou PNG.

Gabarito "B"

(Inspetor de Polícia/RJ – 2008 – FGV) Um policial civil está registrando uma ocorrência e, para isso, utiliza o Word 2003 BR.

Nessa atividade, ele executou os seguintes procedimentos:

I. abriu um modelo já criado anteriormente;
II. num determinado ponto do texto, criou uma tabela, aplicou alguns recursos de estilo e inseriu a logomarca da instituição;
III. ao final do trabalho, teclou F7 para executar o recurso de verificação de ortografia e gramática;
IV. selecionou a tabela para pequenos ajustes e pressionou uma tecla indevidamente, o que provocou a deleção da tabela.

Para desfazer o erro e restaurar a tabela na posição anteriormente ocupada no texto, ele deve executar o seguinte atalho de teclado:

(A) <Crl> + K.
(B) <Crl> + Y.
(C) <Crl> + R.
(D) <Crl> + W.
(E) <Crl> + Z.

A: Errada, o atalho Ctrl + K apenas insere um *hyperlink*; **B:** Errada, o atalho Ctrl + Y não tem função especial no Word; **C:** Errada, o atalho Ctrl + R refaz a última ação feita; **D:** Errada, o atalho Ctrl + W fecha a tela atual.; **E:** Correta, o atalho Ctrl + Z desfaz a última ação feita.

Gabarito "E"

(Inspetor de Polícia/RJ – 2008 – FGV) Quando se utilizam os recursos oferecidos pelo *Word 2003 BR*, é possível e conveniente, a partir da opção *Ferramentas* existente na barra de menu, definir um nível de segurança para macros, embora isso já seja feito por *default*, no momento em que o *software* é instalado. Nesse contexto, analise os níveis caracterizados a seguir:

I. O usuário pode escolher se irá ou não executar macros que podem não ser seguras.
II. Somente macros de fontes seguras serão executadas; macros não assinadas serão desativadas automaticamente.

Os níveis de segurança I e II são denominados, respectivamente:

(A) Médio e Alto.
(B) Baixo e Médio.
(C) Alto e Muito Alto.
(D) Baixo e Muito Alto.
(E) Médio e Muito Alto.

A: Correta, no nível médio o usuário é perguntado se deseja ou não executar os macros e no nível alto macros assinados são executados e os não assinados são desativados; **B:** Errada, no nível de segurança baixo todos os macros são executados; **C:** Errada, no nível alto os macros não assinados são desativados sem que o usuário seja perguntado sobre isso; **D:** Errada, no nível de segurança baixo todos os macros são executados; **E:** Errada, não há nível muito alto.

Gabarito "A"

(Inspetor de Polícia/RJ – 2008 – FGV) No contexto dos processadores de texto existentes no mercado, existe uma extensão no nome de arquivo como alternativa ao formato *.doc,* para utilização em casos da necessidade de se transferirem documentos de texto formatados entre aplicativos, mesmo que sejam executados em plataformas diferentes.

Tanto o *Word 2003 BR* do *MSOffice* como o *Writer* do pacote *BrOffice.org 2.3* permitem o emprego dessa outra extensão, indicada como um formato de arquivo que vários processadores de texto entendem, sendo utilizado com frequência quando o documento é criado em um processador de texto mas editado em outro.

Essa extensão é conhecida por:

(A) FLA.
(B) PDF.
(C) RTF.
(D) STD.
(E) TXT.

A: Errada, arquivos de extensão FLA pertencem ao programa de animações Flash; **B:** Errada, o formato PDF pertence ao programa Adobe Acrobat; **C:** Correta, o formato RTF (Rich Text Format) é um formato que pode ser usado por vários editores de texto com compatibilidade garantida; **D:** Errada, o formato STD é usado pelo OpenOffice para arquivos de apresentação; **E:** Errada, o formato txt é um formato simples usado por editores de texto e sem suporte a algumas formatações.

Gabarito "C"

(Inspetor de Polícia/RJ – 2008 – FGV) Um usuário do processador de textos *BROffice.org 2.3.1 Writer* digitou um trabalho no *software* e ao final realizou os ajustes de rotina. Ao final salvou-o na pasta *Meus Documentos*, existente no disco rígido *C:* do microcomputador. Para isso, ele dispõe de duas alternativas, *Salvar* e *Salvar Como...,* atividades executadas por meio do uso de dois atalhos de teclado.

Esse atalhos são, respectivamente:

(A) Ctrl + B e Ctrl + *Shift* + B.
(B) Ctrl + S e Ctrl + Alt + S.

(C) Ctrl + S e Ctrl + *Shift* + B.
(D) Ctrl + B e Ctrl + Alt + B.
(E) Ctrl + S e Ctrl + *Shift* + S.

A: Errada, o atalho Ctrl + B ative a função negrito; **B:** Errada, o atalho correto para a função Salvar Como... é Ctrl + *Shift* + S; **C:** Errada, o atalho correto para a função Salvar Como... é Ctrl + *Shift* + S; **D:** Errada, o atalho Ctrl + B ativa a função negrito; **E:** Correta, o atalho Ctrl + S ativa a função Salvar e Ctrl + *Shift* + S a função Salvar Como...

Gabarito "E"

(Inspetor de Polícia/RJ – 2008 – FGV) Um inspetor da Polícia Civil do Estado do Rio de Janeiro está digitando um texto no *BROffice.org 2.3 Writer* e, na sequência dessa atividade, executou dois atalhos de teclado: o primeiro, pressionando simultaneamente as teclas <*Ctrl*> e *A*, para alterar o estilo da letra utilizada; o segundo, pressionando simultaneamente as teclas <*Ctrl*> e *F*, para uso de um outro recurso.

Esses atalhos de teclado, possuem, respectivamente, os seguintes significados:

(A) selecionar tudo / formatar páginas.
(B) selecionar tudo / localizar e substituir.
(C) selecionar tudo / aplicar formatação padrão.
(D) abrir arquivo existente / localizar e substituir.
(E) abrir arquivo existente / aplicar formatação padrão.

A: Errada, o atalho Ctrl +F tem como função localizar e substituir e não formatar páginas; **B:** Correta, o atalho Ctrl + A seleciona todo o texto e Ctrl + F a ativa a função localizar e substituir; **C:** Errada, o atalho Ctrl +F tem como função localizar e substituir e não aplicar formatação padrão; **D:** Errada, o atalho Ctrl + A seleciona todo o texto e não abre arquivo existente; **E:** Errada, para abrir um arquivo existente o atalho correto seria Ctrl + O.

Gabarito "B"

(Inspetor de Polícia/RJ – 2008 – FGV) A figura ilustra o emprego de um recurso em um texto, existente no *software* BROffice.org 2.3 Writer.

O ícone utilizado no *software* para esse recurso e a denominação pela qual é conhecido são:

(A) e FontWork.
(B) e FontWork.
(C) e FontArt.
(D) e WordArt.
(E) e WordArt.

A: Correta, o recurso utilizado é o FontWork reconhecido pelo ícone ; **B:** Errada, o ícone que representa o Fontwork é o ; **C:** Errada, o nome correto da função é FontWork; **D:** Errada, o WordArt é um recurso do Microsoft Office e não do BrOffice Writer; **E:** Errada, o WordArt é um recurso do Microsoft Office e não do BrOffice Writer.

Gabarito "A"

(Inspetor de Polícia/RJ – 2008 – FGV) O *BROffice.org 2.3 Writer* como processador de textos disponibiliza uma variedade de recursos que o torna bastante flexível e operacional. Um importante recurso disponível nesse *software* é:

(A) gerar planilhas e salvá-las em formato .XLS.
(B) criar logomarcas e salvá-las em formato .CDR.
(C) publicar imagens para a Web em formato .SWF.
(D) exportar arquivos diretamente em formato .PDF.
(E) salvar arquivos de texto em seu formato padrão WRI.

A: Errada, o formato XLS é um formato usado para planilhas pelo Microsoft Excel; **B:** Errada, o formato CDR é utilizado para imagens pelo *software* CorelDraw; **C:** Errada, o formato SWF é utilizado para animações do *software* Flash; **D:** Correta, o Writer permite salvar documentos com o formato PDF para exibição; **E:** Errada, o padrão WRI é usado por ferramentas de edição da Microsoft.

Gabarito "D"

(Inspetor de Polícia/RJ – 2008 – FGV) Ao utilizar o *BROffice.org 2.3 Writer* como processador de textos, o usuário dispõe de diversos recursos, como ícones existentes no *software*, para uso no caso da necessidade de visualizar página como também para realizar verificação ortográfica.

Esses ícones são, respectivamente:

(A)  e .

(B)  e .

(C)  e .

(D)  e .

(E)  e .

A: Errada, o ícone ativa a função *zoom*; **B:** Errada, o ícone ativa a função *zoom*; **C:** Errada, o ícone ativa a função localizar; **D:** Correta, o ícone ativa a função de visualizar página e o a correção ortográfica; **E:** Errada, o ícone que ativa a verificação ortográfica é o .

Gabarito "D"

(Inspetor de Polícia/RJ – 2008 – FGV) Um usuário do BROffice.org 2.3 Writer digitou um trabalho e, durante as atividades desenvolvidas, selecionou um trecho do texto e pressionou simultaneamente as teclas <Ctrl> e X. A execução desse atalho de teclado corresponde a:

(A) aplicar ao texto o fonte *default* Times New Roman.
(B) apagar definitivamente o texto selecionado.
(C) copiar o texto para a área de *buffer*.
(D) transferir texto para a Lixeira.
(E) mover o texto para a área de transferência.

A: Errada, o atalho Ctrl + X ativa a função recortar que não aplica nenhum estilo de formatação ao texto; B: Errada, o texto é excluído porém permanece na área de transferência; C: Errada, o texto é recortado para a área de transferência; D: Errada, trechos de texto não podem ser enviados a Lixeira, apenas arquivos são movidos para lá; E: Correta, o texto é movido para a área de transferência pela função Recortar.

Gabarito "E"

(Investigador de Polícia/RJ – 2006 – CESGRANRIO) A respeito da formatação de cabeçalhos e rodapés de um documento no Microsoft Word 2000 (considerando instalação padrão e versão em português), são feitas as afirmativas abaixo.

I. É possível inserir no cabeçalho do documento, através do botão inserir autotexto da barra de ferramentas Cabeçalho e Rodapé, informações como a data da última impressão do documento, o nome do arquivo e o seu caminho.

II. Em um documento com múltiplas seções é possível definir que a numeração de páginas da seção corrente deve ser iniciada a partir de um valor definido pelo usuário sem respeitar a numeração de páginas da seção anterior.

III. Podem ser criados cabeçalhos e rodapés diferentes em páginas ímpares e pares bem como um cabeçalho e rodapé diferente para a primeira página de um documento.

Está(ão) correta(s) a(s) afirmativa(s):

(A) I, II e III.
(B) I e II, apenas.
(C) III, apenas.
(D) II, apenas.
(E) I, apenas.

A: Correta, todas as afirmativas estão corretas; B: Errada, a afirmativa III também está correta; C: Errada, as afirmativas I e II também estão corretas; D: Errada, as afirmativas I e III também estão corretas; E: Errada, as afirmativas II e III também estão corretas.

Gabarito "A"

(Investigador de Polícia/RJ – 2006 – CESGRANRIO) Indique a opção que apresenta um botão da barra de ferramentas Desenho do Microsoft Word 2000 que permite inserir um Word-Art no documento que está sendo editado.

(A) 

(B) 

(C) 

(D) 

(E) 

A: Errada, o ícone  ativa a função Cortar para imagens; B: Errada, o ícone 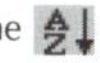 permite a ordenação do conteúdo de tabelas; C: Errada, o ícone  ativa a função Caixa de Texto; D: Errada, o ícone  permite alterar o posicionamento da imagem com relação ao texto ao seu redor; E: Correta, o botão  está presenta na barra de ferramentas de Desenho no Word 2000 e permite adicionar um item do Word-Art no documento atual.

Gabarito "E"

(Investigador de Polícia/RJ – 2006 – CESGRANRIO) O botão "Disposição do texto" da barra de ferramentas Figura do Microsoft Word 2000 permite definir a disposição do texto em um objeto. A disposição do texto afeta a forma como o objeto é posicionado na página e a sua relação com o texto no corpo de um documento. Uma disposição que NÃO pode ser definida através deste botão é:

(A) através.
(B) atrás do texto.
(C) ao redor.
(D) quadrado.
(E) superior e inferior.

A: Errada, através é uma das formas disponíveis; B: Errada, atrás do texto é uma das formas disponíveis; C: Correta, não há a opção ao redor como um dos modos de disposição do texto; D: Errada, quadrado é uma das formas disponíveis; E: Errada, superior e inferior é uma das formas disponíveis.

Gabarito "C"

(Agente de Polícia/RO – 2009 – FUNCAB) No Microsoft Office Word, é possível especificar as configurações de quebra de linha e página. Sobre esse recurso, qual a opção de configuração na tela de formatação de parágrafos que evita que a última linha do parágrafo do documento seja impressa sozinha no início de uma página ou que a primeira linha do parágrafo seja impressa sozinha no final de uma página?

(A) Quebrar página antes.
(B) Suprimir números de linha.
(C) Manter com o próximo.
(D) Manter linhas juntas.
(E) Controle de linhas órfãs/viúvas.

A: Errada, esta opção força o Word a fazer uma quebra de página antes de um parágrafo; B: Errada, esta opção permite pular números de linha em parágrafos específicos; C: Errada, esta opção mantém os parágrafos juntos em uma página ou coluna; D: Errada, esta opção mantém as linhas de um parágrafo juntas em uma página ou em uma coluna; E: Correta, o Controle de linhas órfãs/viúvas impede que a última linha fique sozinha no início de uma página ou que a primeira linha seja impressa sozinha no final de uma página.

Gabarito "E"

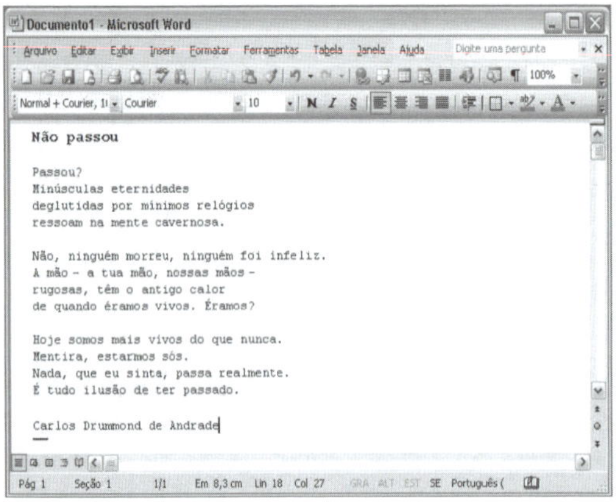

(Escrivão de Polícia/SC – 2008 – ACAFE) Considerando o Microsoft Word e a figura 01 é correto afirmar, exceto:

(A) A exibição do texto está configurado como Modo Normal e *zoom* 100%.
(B) O documento possui uma página e o cursor está posicionado na décima oitava linha.
(C) Configuração da última linha: alinhamento à esquerda, fonte Courier, tamanho 10.
(D) Se o usuário clicar no ícone [ícone] o documento será alinhado de forma centralizada.

A: Errada, item 100% no campo superior direito confirma que o *zoom* da página é de 100%; **B:** Errada, na barra de *status*, Pág 1 Seção 1 1/1 confirma que há apenas uma página no documento e Em 8,3 cm Lin 18 confirma que o cursor está na linha 18; **C:** Errada, como o cursor está posicionado na última linha, os itens Courier 10 N I S permitem dizer que a formatação é fonte Courier de tamanho 10 com alinhamento à esquerda; **D:** Correta, ao clicar o ícone [ícone] apenas o parágrafo onde o cursor se encontra terá alinhamento centralizado.

Gabarito "D"

(Escrivão de Polícia/SC – 2008 – ACAFE) Considerando o Microsoft Word e a figura 01, analise as afirmações a seguir.

I. *O ícone [ícone] tem como função tornar visível a Barra de Ferramentas Desenho.*

II. *Considerando que o texto foi digitado em um novo documento ainda não salvo, quando o usuário clicar no ícone [ícone], o nome sugerido pelo Word será "Não passou.doc".*

III. *O documento poderá ser impresso utilizando-se o ícone [ícone] somente depois que ele for salvo no disco rígido do computador.*

IV. *No menu Inserir está disponível a opção "Números de Páginas", que configura a exibição do número das páginas do documento no Cabeçalho ou no Rodapé.*

Assinale a alternativa correta.

(A) Apenas III e IV estão corretas.
(B) Apenas II está correta.
(C) As afirmações I, II e IV estão corretas.
(D) Todas as afirmações estão corretas.

A: Errada, a afirmativa III está incorreta, não é necessário que o documento seja salvo para que seja impresso; **B:** Errada, as afirmativas I e IV também estão corretas; **C:** Correta, apenas as afirmativas I, II e IV estão corretas; **D:** Errada, a afirmativa III está incorreta, não é necessário que o documento seja salvo para que seja impresso.

Gabarito "C"

Figura 01

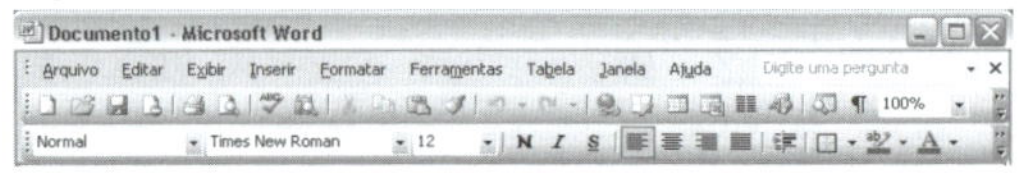

(Escrevente Policial/SC – 2008 – ACAFE) Sobre a figura 01, referente ao Microsoft Word, é correto afirmar, exceto:

(A) Os ícones N I S significam respectivamente Negrito, Itálico e Sublinhado.
(B) O ícone [ícone] é utilizado para verificação de ortografia e gramática.
(C) O ícone [ícone] possui a função de Visualização de Impressão.
(D) O ícone [ícone] pode ser utilizado para inserção de uma tabela no documento.

A: Errada, a afirmativa está correta; **B:** Errada, a afirmativa está correta; **C:** Correta, a afirmativa está incorreta, o ícone [ícone] é usado para imprimir o documento em edição; **D:** Errada, a afirmativa está correta.

Gabarito "C"

(Escrevente Policial/SC – 2008 – ACAFE) Considerando a figura 01, correlacione as colunas a seguir.

(1) 	( ) *Cor da Fonte*
(2) 	( ) *Colunas*
(3) 	( ) *Realce*
(4) 	( ) *Colar*
(5) 	( ) *Aumentar Recuo*

A sequência correta, de cima para baixo, é:

(A) 5 - 2 - 4 - 3 - 1
(B) 3 - 5 - 2 - 1 - 4
(C) 1 - 4 - 5 - 2 - 3
(D) 4 - 1 - 3 - 5 - 2

A: Errada, primeiro ícone ativa a função Colar; **B:** Correta, o terceiro ícone ativa a função Cor da Fonte, o quinto ícone ativa a função Colunas, o segundo a função Realce, o primeiro a função Colar e o quarto a função Aumentar Recuo; **C:** Errada, o primeiro ícone ativa a função Colar e não a função cor da fonte; **D:** Errada, o quarto ícone ativa a função Aumentar Recuo e não a função Colar.

Gabarito "B"

(Agente de Polícia/TO – 2008 – CESPE) Considerando a figura acima, que mostra uma janela do aplicativo Word 2003 com um documento em edição, julgue os seguintes itens.

(1) A ferramenta permite aumentar o recuo do texto.

1: Correta, a ferramenta (que possui uma seta azul apontando para a direita) permite aumentar o recuo do texto com relação à margem.

Gabarito 1C

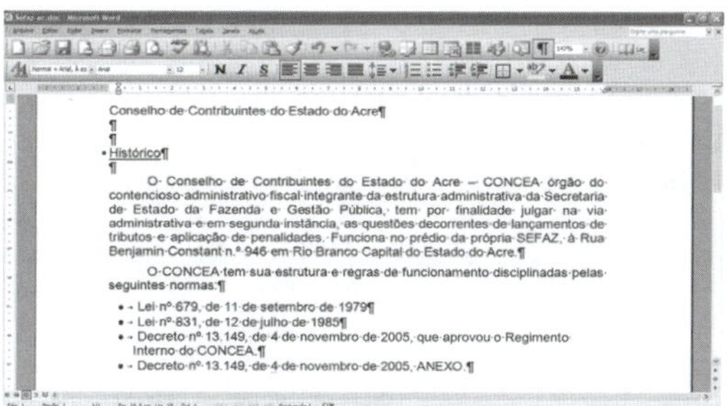

(Fiscal da Receita/CE – 2010) Considerando a figura acima, que ilustra uma janela do Microsoft Word 2003 com um texto em edição, assinale a opção correta.

(A) Para se centralizar e aplicar negrito ao trecho "Conselho de Contribuintes do Estado do Acre", na primeira linha do documento, é suficiente realizar o seguinte procedimento: selecionar o trecho mencionado; clicar o botão **N** e, em seguida, o botão .

(B) Para se sublinhar a palavra "Contribuintes", na primeira linha do documento, é suficiente realizar o seguinte procedimento: posicionar o cursor sobre a referida palavra e, a seguir, clicar o botão **S**.

(C) Por meio da opção Configurar página, acessada a partir do menu Formatar, é possível definir a orientação da página do documento como retrato ou paisagem.

(D) Na situação da figura, é correto afirmar que os quatro últimos parágrafos mostrados do documento foram formatados utilizando-se a opção Marcadores e numeração, do menu Formatar, ou clicando-se o botão .

A: Errada, o botão aplica o alinhamento Justificado, o botão correto seria o botão . **B:** Correta, não basta apenas posicionar o cursor, deve-se fazer um duplo clique sobre a palavra para que ela seja selecionada e então clicar o botão **S**. **C:** Errada, a opção Configurar página se encontra no menu Arquivo. **D:** Errada, o botão aplica Marcadores numéricos, o botão correto seria .

Gabarito "B"

(Fiscal de Rendas/RJ – 2010 – FGV) Um fiscal de rendas está digitando um texto no Word 2007 BR. Durante esse trabalho, ele executou três procedimentos com utilização de atalhos de teclado.

I. Para converter a expressão literal, previamente selecionada, "secretaria de estado de fazenda do estado do rio de janeiro – sefaz", para "SECRETARIA DE ESTADO DE FAZENDA DO ESTADO DO RIO DE JANEIRO – SEFAZ", pressionou duas vezes, simultaneamente, as teclas *Shift* e F3.

II. Pressionou simultaneamente as teclas Alt e E, para centralizar um string de caracteres que se encontrava alinhado pela margem esquerda, em um determinado parágrafo.

III. Pressionou simultaneamente as teclas Ctrl e P, para abrir uma janela que permite a impressão do documento aberto no Word.

Assinale:

(A) se somente a afirmativa I estiver correta.

(B) se somente as afirmativas I e II estiverem corretas.

(C) se somente as afirmativas I e III estiverem corretas.

(D) se somente as afirmativas II e III estiverem corretas.

(E) se todas as afirmativas estiverem corretas.

A: Errada, a afirmativa III também está correta. **B:** Errada, a afirmativa II está incorreta, o atalho para centralizar o texto é Ctrl + E e não Alt + E. **C:** Correta, somente as afirmativas I e III estão corretas. **D:** Errada, a afirmativa II está incorreta, o atalho para centralizar o texto é Ctrl + E e não Alt + E. **E:** Errada, a afirmativa II está incorreta, o atalho para centralizar o texto é Ctrl + E e não Alt + E.

Gabarito "C"

(Técnico da Receita Federal – 2006 – ESAF) Uma tabela é composta por linhas e colunas de células que podem ser preenchidas com textos e elementos gráficos. Considere uma tabela no Word com N linhas e M colunas, onde N e M são maiores que 2, e analise as seguintes afirmações relacionadas à navegação nesta tabela.

I. Ao se teclar <Enter> com o cursor posicionado no início da primeira célula de uma tabela, o Word irá permitir a inserção de um texto antes da tabela, caso esta esteja no início do documento.

II. Ao se teclar <Tab> com o cursor posicionado no fim da última linha de uma tabela, o Word irá adicionar uma nova linha na parte inferior da tabela.

III. Ao se teclar <Alt> + <End> em uma tabela, o Word irá mover o cursor para a última célula da coluna em que se encontra o cursor.

IV. Ao se teclar <*Shift*> + <Tab> em uma tabela, o Word irá mover o cursor para a última célula na tabela.

Indique a opção que contenha todas as afirmações verdadeiras.

(A) I e II.
(B) II e III.
(C) III e IV.
(D) I e III.
(E) II e IV.

A: Correta, apenas as afirmativas I e II estão corretas. **B:** Errada, a afirmativa III está incorreta, as teclas <Alt> + <End> movem o cursor para a última célula da linha e não da coluna. **C:** Errada, a afirmativa IV está incorreta, as teclas <*Shift*> + <Tab> movem o cursor uma célula para a esquerda, caso haja uma. **D:** Errada, a afirmativa III está incorreta, as teclas <Alt> + <End> movem o cursor para a última célula da linha e não da coluna. **E:** Errada, a afirmativa IV está incorreta, as teclas <*Shift*> + <Tab> movem o cursor uma célula para a esquerda, caso haja uma.

Gabarito "A"

(Técnico – ANP – 2008 – CESGRANRIO) Um usuário que não possui privilégios de administrador deseja visualizar o texto de um documento Microsoft Word 2003 escrito utilizando as cores de fonte verde, azul, amarela e preta. O documento não possui tabelas, figuras, nem quaisquer outros recursos de edição disponíveis no Microsoft Word. Entretanto, o computador que o usuário está utilizando, com sistema operacional Windows XP e acesso à Internet, não possui nenhuma versão do Microsoft Word instalada. Qual ação gera a melhor visualização do documento?

(A) Instalar o Word Imager e abrir o arquivo utilizando esse *software*.
(B) Fazer upload do arquivo e exibi-lo utilizando o Google Docs (disponível em *http://docs.google.com*).
(C) Modificar a extensão do arquivo de *doc* para *txt* e, depois, abri-lo utilizando o *software* Bloco de Notas do Windows XP.
(D) Gerar um documento PDF através do comando *doctopdf* no prompt do MS-DOS e visualizar esse arquivo utilizando o Acrobat Reader.
(E) Gerar uma imagem do documento utilizando o Microsoft Paint e, depois, abrir a imagem utilizando o mesmo *software*.

A: Errada, Windows Imager não é um *software* existente. **B:** Correta, a ferramenta online Google Docs permite a visualização de arquivos de texto, planilhas eletrônicas e outros tipos de arquivo. **C:** Errada, a simples modificação da extensão não garante a conversão do mesmo e assim sua correta visualização. **D:** Errada, não existe o comado doctopdf no prompt do MS-DOS. **E:** Errada, o Microsoft Paint não possui qualquer função de conversão de texto em imagem.

Gabarito "B"

(Técnico – ANVISA – 2007 – CESPE) Acerca do Word 2002, julgue os itens que se seguem.

(1) Considere que um funcionário da ANVISA abra um arquivo de nome memorando.doc por engano e, após iniciar a edição, identifique que não era o arquivo desejado. Nesse caso, para desfazer tudo ou parte do que foi editado, é correto o uso da ferramenta , que tem como função reverter o último comando ou excluir a última entrada digitada.
(2) O Word 2002 possui o recurso Estilo, que é um conjunto de características de formatação que podem ser aplicadas ao texto do documento para alterar a sua aparência.

1: Correta, a ferramenta desfaz a última alteração feita pelo usuários; **2:** Correta, o recurso Estilo aplica uma formatação previamente definida a um texto, indo desde fonte até tamanho e cor.

Gabarito 1C, 2C

(Agente Administrativo – FUNASA – 2009 – CESGRANRIO) Para alterar o espaçamento entre linhas de um texto selecionado em uma página específica, um usuário do Microsoft Word 2003 deve formatar

(A) fonte.
(B) parágrafo.
(C) *background*.
(D) configuração de página.
(E) marcadores e numeração.

A: Errada, as configurações de fonte permitem alterar fonte, tamanho, cor e outras características referentes as fontes apenas. **B:** Correta, a formatação de parágrafos permite alterar os espaçamentos entre linhas. **C:** Errada, formatação de *background* diz respeito ao plano de fundo da folha. **D:** Errada, as configurações de página definem margem e outros aspectos da folha como um todo. **E:** Errada, a configuração de marcadores e numeração não afeta o espaçamento entre as linhas de um parágrafo.

Gabarito "B"

(CODIFICADOR – IBGE – 2011 – CONSULPLAN) No Microsoft Word (versão 2003 – configuração padrão) há um comando em que após salvar um documento, pode-se salvá-lo novamente com outro nome no mesmo local ou em local diferente. Trata-se do comando:

(A) Localizar e substituir.
(B) Exportar.
(C) Salvar como.
(D) Salvar.
(E) Personalizar.

A: Errada, a opção Localizar e substituir é utilizada para encontrar um trecho de texto no documento e alterá-lo por outro. **B:** Errada, a função mencionada não está presente no Word. **C:** Correta, a opção Salvar como permite que um documento que já esteja salvo seja salvo novamente em outro local e até com outro nome. **D:** Errada, a opção Salvar apenas salvas as alterações feitas no documento atual. **E:** Errada, as opções de personalização dizem respeito à barra de menus.

Gabarito "C"

(CODIFICADOR – IBGE – 2011 – CONSULPLAN) No Microsoft Word (versão 2003 – configuração padrão), a ferramenta "Localizar..." pode ser localizada no menu:

(A) Ferramentas.
(B) Inserir.
(C) Exibir.
(D) Arquivo.
(E) Editar.

A: Errada, o menu que contém opções relacionadas a manipulação de texto é o menu Editar. **B:** Errada, o menu Inserir possui opções relacionadas a inserção de imagens, tabelas, gráficos, etc. **C:** Errada, o menu Exibir contém apenas opções relacionadas aos diferentes modos de exibição do Word. **D:** Errada, o menu Arquivo possui apenas opções relacionadas aos arquivos, como salvar, abrir um arquivo existente ou um novo arquivo. **E:** Correta, o menu Editar possui opções relacionadas a edição do arquivo, como copiar, colar e também Localizar.

Gabarito "E"

(Técnico – INSS – 2008 – CESPE) Com relação ao Word 2003 e a outros aplicativos utilizados em computadores pessoais, julgue os itens a seguir.

(1) Diversos programas de computador disponibilizam o *menu* denominado Ajuda, por meio do qual um usuário pode ter acesso a recursos que lhe permitem obter esclarecimentos sobre comandos e funcionalidades dos programas. Atualmente, há programas em que é necessário que o computador esteja conectado à Internet para que funcionalidades do *menu* Ajuda possam ser usadas de forma efetiva.

(2) No Word 2003, ao se clicar o *menu* Editar, é exibida uma lista de comandos, entre os quais se inclui o comando Dicionário de Sinônimos, que possui funcionalidades que permitem ao usuário procurar por palavras sinônimas a uma palavra selecionada. O uso desse comando contribui, em muitos casos, para a melhoria da qualidade de um texto editado.

1: Correta, o menu Ajuda está presente em quase todos os programas atualmente, ele possui informações relacionadas ao uso do programa e suas funcionalidades e atualmente um boa parte destes menus acessa conteúdo online, o que permite um grau muito maior de atualização das informações; **2:** Errada, o menu Editar possui opções relacionadas a edição do texto, como Copiar, Colar, Recortar, Localizar, entre outros. A opção do Dicionário de Sinônimos se encontra no menu Ferramentas.

Gabarito 1C, 2E

(Agente Administrativo – Ministério do Des. Agrário – 2009 – COSEAC) No Word 2000, no tocante à formatação, a fonte que se aplica aos novos documentos baseados no modelo ativo, isto é, qualquer novo documento que for aberto utilizará as definições de fontes que você selecionou, é conhecida como fonte:

(A) Times New Roman;
(B) Normal;
(C) Negrito;
(D) Padrão;
(E) Sobrescrito.

A: Errada, Times New Roman é um dos tipos de fonte que se pode aplicar à um texto e não um esquema de formatação de texto. **B:** Errada, a nomenclatura correta do esquema de fonte é Padrão. **C:** Errada, Negrito é um dos efeitos que se pode aplicar ao texto. **D:** Correta, o um conjunto de formatações de texto Padrão é o aplicado a todos os novos documentos do Word. **E:** Errada, Sobrescrito é na verdade um dos efeitos que se pode aplicar ao texto.

Gabarito "D"

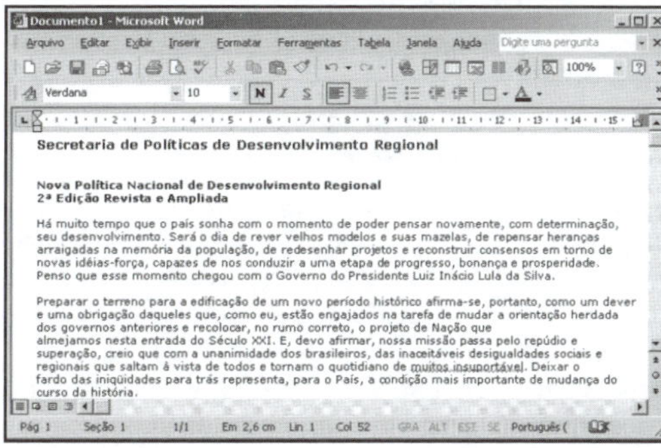

(Agente Administrativo – Ministério da Int. Nacional – 2006 – CESPE) A figura acima mostra uma janela do aplicativo Word 2002, com informações de um departamento de comunicação social em processo de elaboração. Com relação à janela apresentada e ao Word 2002, julgue os itens a seguir.

(1) Para centralizar o título — Secretaria (...) Regional —, é suficiente selecioná-lo e clicar o botão .

(2) Para justificar os dois últimos parágrafos mostrados na figura — "Há muito tempo (...) curso da história —, é suficiente realizar a seguinte sequência de ações: selecionar os referidos parágrafos; clicar o *menu* Formatar; clicar a opção Parágrafo; na guia Recuos e espaçamento, selecionar a opção Justificada para o alinhamento; clicar OK.

(3) Para imprimir somente a página mostrada na figura, é suficiente realizar os seguintes procedimentos: no *menu* Arquivo, clicar a opção Imprimir; na caixa de diálogo resultante dessa ação, selecionar a opção Página atual; clicar OK.

1: Errada, o botão que faz a centralização do texto é o , o botão mencionado tem por função aumentar o recuo do texto; **2:** Correta, após selecionar o parágrafo desejado a opção Parágrafo do menu Formatar permite altera o alinhamento do texto selecionado, sendo Justificado uma das alternativas possíveis; **3:** Correta, na opção Imprimir presente no meu Arquivo é possível definir quais páginas serão impressas, uma das opções inclui impressão apenas da Página Atual.

Gabarito 1E, 2C, 3C

(Agente Administrativo – Ministério da Int. Nacional – 2006 – CESPE) Considerando a figura abaixo, que mostra uma janela do *software* Word 2003 que contém um documento em processo de edição, julgue os próximos itens.

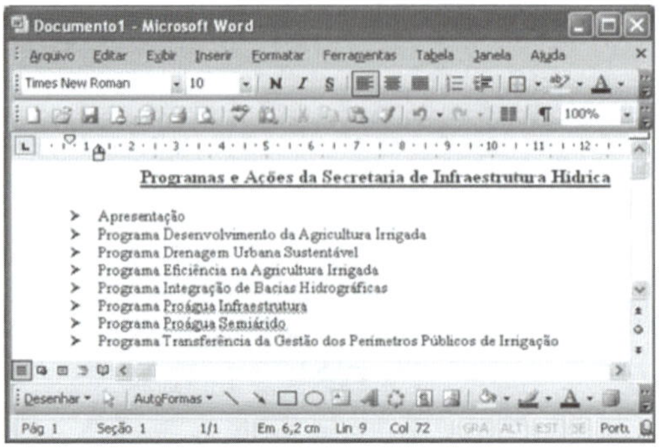

(1) A primeira linha do documento, que está com sublinhado simples, será exibida com sublinhado duplo, caso seja executado o seguinte procedimento: selecionar a referida linha e, a seguir, clicar S.

(2) Considerando que os itens da lista mostrada no documento tenham sido formatados com marcadores, essa formatação poderá ser alterada para numeração por meio do seguinte procedimento: selecionar essa lista e, a seguir, clicar o botão.

(3) Para se colocar em ordem alfabética a lista mostrada no documento, é suficiente selecioná-la e clicar a opção Ordem no *menu* Formatar.

1: Errada, como a linha já está com o efeito sublinhado, clicar no botão S irá apenas remover o efeito; **2:** Correta, é possível alterar o tipo de uma lista selecionando-a e clicar no tipo de lista desejado, neste caso a listagem de marcadores seria substituída por uma listagem numérica; **3:** Errada, a função correta seria a função Classificar, que pode ser acessada pelo botão.

Gabarito 1E, 2C, 3E

(Agente Administrativo – Ministério da Justiça – 2009 – FUNRIO) Para movimentar o cursor de forma mais ágil podemos usar algumas teclas de atalho. A combinação de teclas, no Microsoft Word, que move o cursor para o início do documento é CTRL +

(A) Page Up
(B) Seta para cima
(C) Page Down
(D) Home
(E) F5

A: Errada, o atalho Ctrl + Page Up leva o cursor até o início da página anterior. **B:** Errada, o atalho Ctrl + Seta para cima leva o cursor até o início da linha anterior. **C:** Errada, o atalho Ctrl +Page Down leva o cursor até o início da próxima página. **D:** Correta, o atalho Ctrl + *Home* leva o cursor até o início do documento atual. **E:** Errada, o atalho Ctrl + F5 não tem função específica.

Gabarito "D"

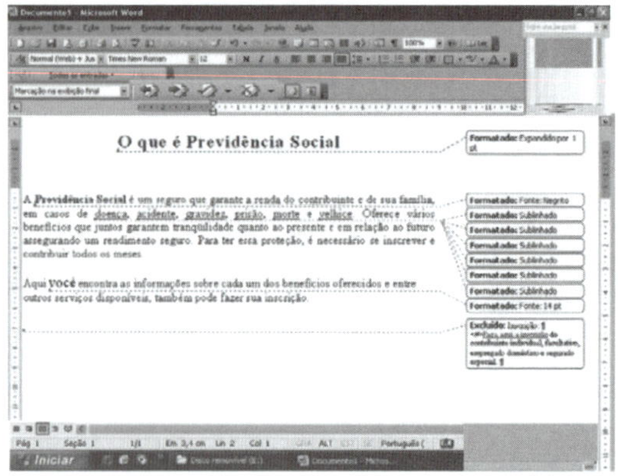

(Agente Administrativo – Ministério da Previdência – 2010 – CESPE) A partir da figura acima, que mostra uma janela do Microsoft Word 2003 sendo usada para a edição de documento que contém correções em sua formatação, julgue o item seguinte.

(1) Para se aceitar todas as correções de uma só vez, é suficiente clicar o botão e selecionar, em seguida, a opção Aceitar todas as alterações no documento.

1: Correta, os passos descritos fazem com que todas as correções sugeridas sejam aceitas e aplicadas no documento atual.

Gabarito 1C

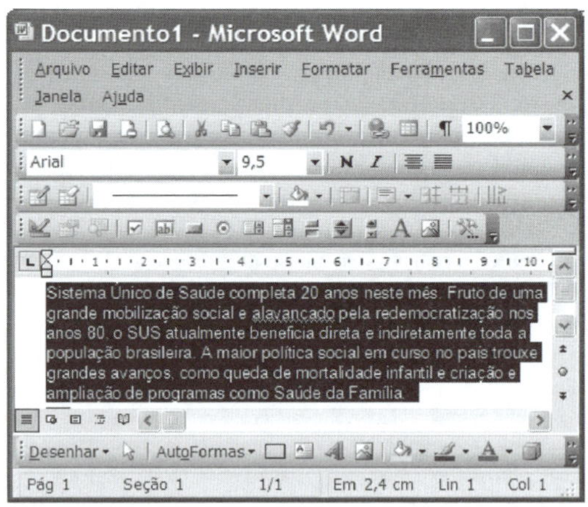

(Agente Administrativo – Ministério da Saúde – 2008 – CESPE) Com base na figura acima, que mostra uma janela do Word 2003 com um texto selecionado, julgue os itens subsequentes, acerca desse aplicativo.

(1) Para se alinhar o texto à direita e à esquerda, é suficiente clicar o botão.

(2) Ao se clicar a ferramenta A, é possível alterar o tamanho da fonte do texto selecionado.

(3) A barra de ferramenta ilustrada abaixo permite inserir no texto uma tabela e formatá-la.

(4) Ao se clicar a opção Recortar, do menu Editar, o texto selecionado será excluído da página em edição.

1: Correta, o botão alinha o texto tanto à direita quanto a esquerda, também é chamado de Justificado; **2:** Errada, a ferramenta que altera o tamanho da fonte do texto selecionado é a 9,5; **3:** Correta, a barra exibida permite a manipulação da tabelas dentro do Word; **4:** Correta, no menu Editar há a opção Recortar que remove um trecho de texto selecionado e coloca-o na área de transferência.

Gabarito 1C, 2E, 3C, 4C

(Agente Administrativo – Ministério do Trabalho – 2008 – CESPE) Considerando a figura abaixo, que apresenta uma janela do Word 2003 com um documento em edição, julgue os itens a seguir.

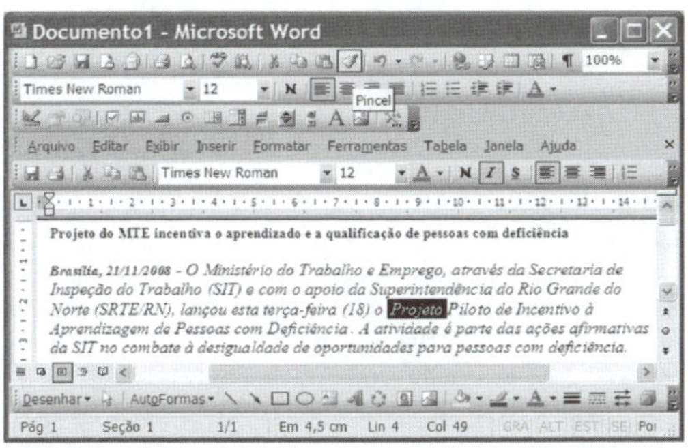

(1) A fim de se converter em tabela o texto mostrado do documento em edição, é suficiente selecionar esse texto, clicar a opção Converter no menu Tabela, selecionar a opção Texto em tabela, selecionar o número de colunas desejado e clicar OK.

(2) Na situação da figura mostrada, por meio da ferramenta , é possível associar a palavra Projeto a um endereço da Internet, criando-se um *link*.

(3) Na situação da figura mostrada, ao se clicar a ferramenta , a palavra Projeto será excluída do documento em edição.

1: Correta, a opção Converter do menu Tabela permite transformar um texto em uma tabela com X colunas, onde X é um valor informado pelo usuário; **2:** Correta, a ferramenta permite inserir *hyperlinks* no texto que apontam para sites na internet; **3:** Errada, a ferramenta , chamada de Pincel, apenas copia a formatação de um texto selecionado.

Gabarito 1C, 2C, 3E

(Técnico Legislativo – Senado – 2008 – FGV) Um técnico de apoio administrativo digitou um texto no Word 2000/XP e verificou que a citação "senado federal" aparecia em caixa-baixa, quando deveria ser mostrada em caixa-alta, como "SENADO FEDERAL". Para isso, ele deve selecionar a citação e executar:

(A) por duas vezes seguidas, o atalho de teclado <*SHIFT*> + F3.
(B) por uma só vez, o atalho de teclado <*SHIFT*> + F3.
(C) por duas vezes seguidas, o atalho de teclado <CTRL> + F3.
(D) por uma só vez, o atalho de teclado <CTRL> + F3.
(E) por duas vezes seguidas, o atalho de teclado <ALT> + F3.

A: Correta, usando o atalho duas vezes o texto selecionado será transformado em caixa alta. **B:** Errada, usando o atalho uma vez apenas a primeira letra do texto será colocada em caixa alta. **C:** Errada, o atalho Ctrl + F3 irá remover o trecho selecionado do texto. **D:** Errada, o atalho Ctrl + F3 irá remover o trecho selecionado do texto. **E:** Errada, o atalho Alt + F3 ativa a função Criar Novo Bloco de Construção.

Gabarito "A"

(Técnico Legislativo – Senado – 2008 – FGV) As figuras I, II e III a seguir mostram a barra de menus e as janelas de diálogo referentes ao recurso Microsoft Equation 3.0, utilizado quando se deseja inserir equações e fórmulas em um texto no Word 2000/XP.

Figura I

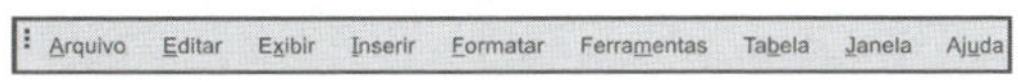

Figura II

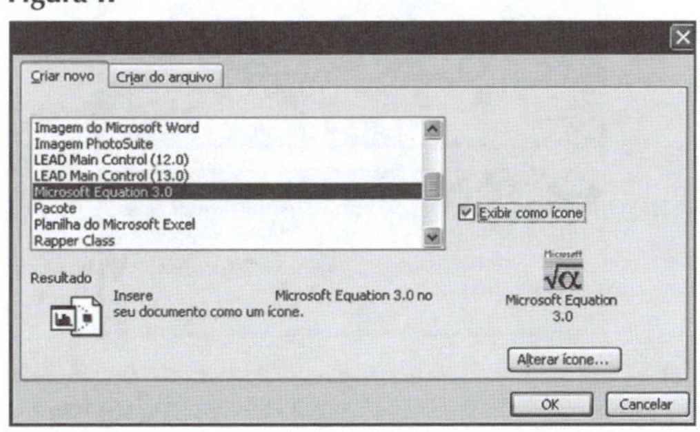

Figura III

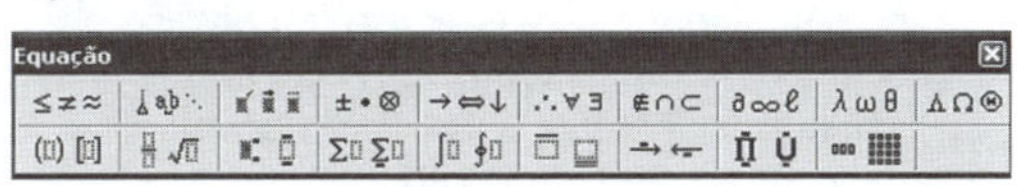

A figura III é mostrada na tela quando se aciona a opção Microsoft Equation 3.0, na janela de diálogo da figura II. A figura II é mostrada na tela quando se aciona, a partir de uma das opções de menu, o seguinte caminho:

(A) Formatar – Equação.
(B) Formatar – Objeto.
(C) Exibir – Objeto.
(D) Inserir – Objeto.
(E) Inserir – Equação.

A, B, C, D e **E:** A figura II é acessível a partir da opção Objeto que se encontra no menu Inserir, portanto apenas a afirmativa D está correta.

Gabarito "D"

(Técnico Legislativo – Senado – 2008 – FGV) Um funcionário do Senado Federal está digitando um texto no Word 2000/XP. Para incluir uma nota de rodapé em uma página, ele deve posicionar o cursor do *mouse* no ponto do texto onde deseja inserir a referência e acionar o atalho de teclado:

(A) <Alt> + <Ctrl> + C.
(B) <Alt> + <Ctrl> + F.
(C) <Alt> + <Ctrl> + R.
(D) <Alt> + <Ctrl> + T.
(E) <Alt> + <Ctrl> + S.

A: Errada, o atalho informado corresponde ao caractere ©. **B:** Correta, o atalho Alt + Ctrl + F ativa a inserção de notas de rodapé. **C:** Errada, o atalho mencionado corresponde ao caractere ®. **D:** Errada, o atalho mencionado corresponde ao caractere ™. **E:** Errada, o atalho mencionado apenas divide a exibição da tela em duas.

Gabarito "B"

(Analista – ANATEL – 2006 – CESPE) As figuras abaixo ilustram parte das janelas dos aplicativos Word 2003 e OpenOffice.org Write, que estão sendo executadas em um computador cujo sistema operacional é o Windows XP. Considerando essas figuras e que esses aplicativos estejam em uso para a elaboração de um documento, julgue os itens subsequentes.

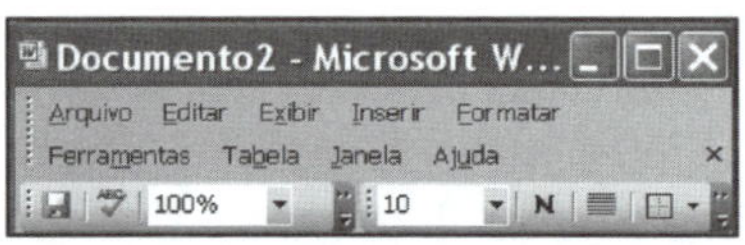

(1) A figura a seguir ilustra parte da lista de opções do *menu* Inserir do Word 2003. Nessa lista, existe recurso que permite abrir um arquivo PDF (*portable document format*) armazenado no disco rígido do computador e converter esse arquivo para um documento do tipo Word. O Write não tem esse recurso, mas permite salvar um documento que esteja em edição no formato PDF.

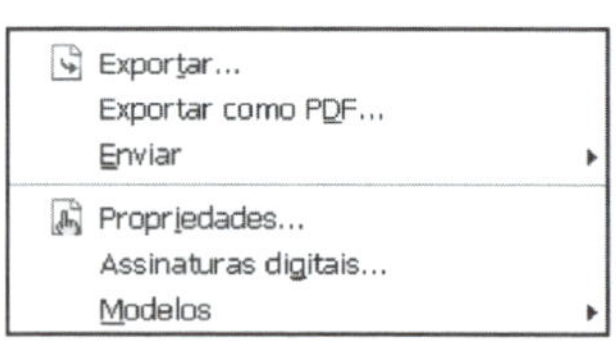

(2) Ambos os aplicativos permitem salvar o documento em elaboração em diferentes tipos de formatos, por meio de recursos encontrados na janela Salvar como. Alguns tipos de formatos disponíveis no Write são ilustrados na figura a seguir, que mostra parte da referida janela Salvar como, acessada no *menu* Arquivo desse aplicativo.

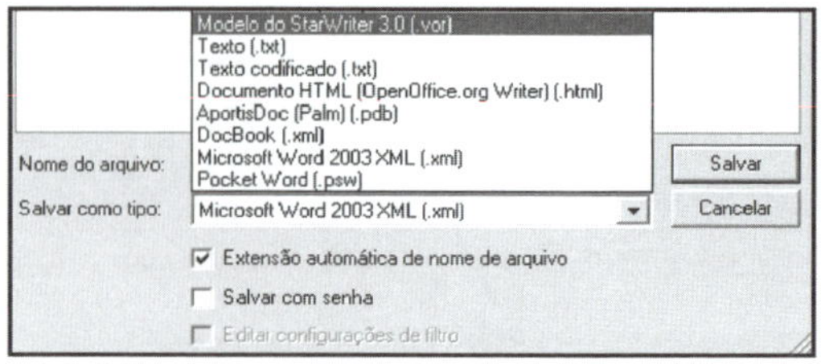

1: Errada, o Word não possui nenhum opção que permita converter um arquivo PDF em um arquivo DOC; **2:** Correta, tanto Word quanto Writer permitem salvar o documento em edição em vários formatos diferentes, ente eles XML, TXT, HTML, além de seus formatos padrão.

Gabarito 1E, 2C

(Analista Legislativo – Câmara dos Deputados – 2007 – FCC) Os modelos de documentos utilizados no editor de texto MS Word normalmente utilizam formato de arquivo

(A) .wri
(B) .mod
(C) .rtf
(D) .dot
(E) .doc

A: Errada, arquivos .wri são documentos de texto e não modelos de documento. **B:** Errada, a extensão .mod não está associada com documento de texto ou modelos do Office. **C:** Errada, a extensão .rtf é usada por documentos de texto do Wordpad. **D:** Correta, os arquivos de modelo do Word utilizam a extensão .dot. **E:** Errada, arquivos .doc são usados para documento do word e não para modelos.

Gabarito "D"

(Analista – DNPM – 2006 – CESGRANRIO) Para formatar um determinado texto com negrito e alinhamento à direita, no editor de textos Microsoft Word, pode-se utilizar a barra de ferramentas Formatação, mais especificamente os botões:

(A)  e 
(B)  e 
(C)  e 
(D)  e 
(E)  e 

A: Errada, o botão  ativa ou desativa a exibição de marcações de parágrafo e outras formatações. **B:** Errada, o botão  ativa o alinhamento à esquerda. **C:** Errada, o botão  ativa ou desativa a exibição de marcações de parágrafo e outras formatações. **D:** Correta, o botão  ativa o efeito Negrito e o botão  o alinhamento à direita. **E:** Errada, o botão  ativa o efeito Itálico.

Gabarito "D"

(Analista – IBGE – 2008 – CONSULPLAN) No MS Word, para se inserir uma Tabela através do Menu, é necessário ir ao:

(A) Menu Inserir – opção Tabela.
(B) Menu Tabela – opção Inserir Tabela.

(C) Menu Editar – opção Criar Tabela.
(D) Menu Tabela – opção Inserir depois Tabela.
(E) Menu Arquivo – opção Inserir Tabela.

A, B, C, D e **E:** As opções de inserção de tabelas no MS Word estão localizadas no menu Tabela, a inserção é feita por meio do item Tabela acessível pela opção Inserir, portanto a única alternativa correta é a D.

Gabarito "D"

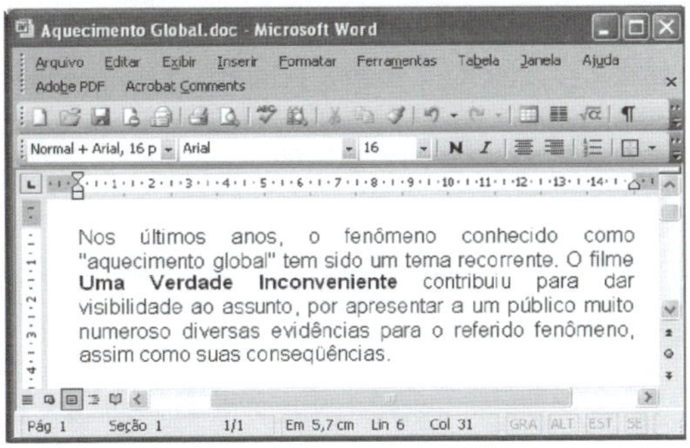

(Analista – INSS – 2008 – CESPE) Considerando a figura acima, que ilustra uma janela do Word 2003, com um documento em processo de edição, julgue os itens abaixo.

(1) O ato de aplicar um clique simples entre a letra "s" da palavra "anos" e a vírgula à direita dessa palavra e, a seguir, acionar a tecla *Backspace* inserirá erro de concordância no texto mostrado.

(2) Para se iniciar automaticamente o Internet Explorer e procurar, na Internet, informações sobre o filme Uma Verdade Inconveniente, referido acima, é suficiente selecionar esse título no texto e, a seguir, clicar [ícone].

1: Correta, com isso o Word detecta que a não conterá concordância numérica e informa o usuário; **2:** Errada, o botão [ícone] apenas exibe o texto na visualização de impressão.

Gabarito 1C, 2E

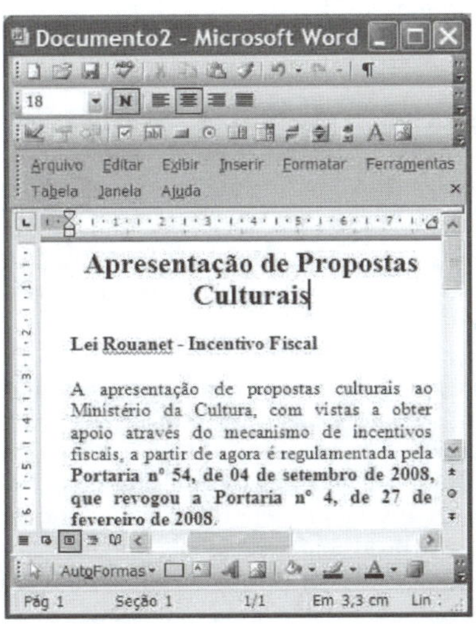

(Analista – Ministério das Comunicações – 2008 – CESPE) Com referência ao Word 2003, e à figura anterior, que mostra uma janela desse *software* contendo um texto em edição, julgue os seguintes itens.

(1) De acordo com a situação mostrada na figura, o título está centralizado e o parágrafo iniciado em "Apresentação" está justificado.

(2) Para se criar espaçamento entre as linhas do texto, é suficiente clicar a opção Espaçamento parágrafo do menu Formatar, digitar o valor desejado e clicar OK.

(3) No trecho "Portaria nº", o caractere suspenso pode ser criado por meio do seguinte procedimento: digitar a letra O, selecionar essa letra e clicar a ferramenta ¶.

1: Correta, o título apresenta a formatação centralizada pois há o mesmo espaço entre as margens e no primeiro parágrafo como não há espaços nas margens a formatação é a justificada; **2:** Errada, as opções de Espaçamento entre linhas está localizada no menu Formatar na opção Parágrafo; **3:** Errada, a ferramenta ¶ apenas exibe as marcações de formatação.

Gabarito 1C, 2E, 3E

(Analista – Ministério da Int. Nacional – 2012 – ESAF) No Microsoft Word,

(A) pode-se copiar um texto através do recurso **arrastar e soltar**, mantendo-se a tecla **Ctrl** pressionada.
(B) são efeitos de fonte: Tachado misto, Sobrescrito, Contorno, Relevância, Versalete.
(C) pode-se copiar um texto através do recurso **arrastar e soltar**, mantendo-se a tecla **Alt** pressionada.
(D) são efeitos de fonte: Tachado, Sobreposto, Compactado, Relevo, Versalete.
(E) são efeitos de fonte: Tachado duplo, Inter-escrito, Contorno, Relevo, Versão.

A: Correta, caso o trecho esteja selecionado, ao ser arrastado e soltado em outra área enquanto a tecla Ctrl estiver pressionada ele será copiado e não movido. **B:** Errada, Relevância e Contorno não são efeitos de fonte. **C:** Errada, a tecla sendo pressionada deve ser a Ctrl e não a Alt. **D:** Errada, Campactado e Relevo não são efeitos de fonte. **E:** Errada, Contorno, Relevo, Versão e Inter-escrito não são efeitos de fonte.

Gabarito "A"

(Administrador – Ministério da Justiça – 2009 – FUNRIO) No Microsoft Word podemos selecionar textos usando o *mouse* ou o teclado. Para selecionarmos o parágrafo abaixo do cursor, considerando este se encontra no início, devemos combinar as teclas CTRL +

(A) *SHIFT* + Seta para baixo
(B) Seta para baixo
(C) *SHIFT* + Seta para direita
(D) ALT + INS
(E) End

A: Correta, a tecla Ctrl + Seta para baixo faz o cursor ir até o início do próximo parágrafo, com a tecla *Shift* sendo também pressionada todo o parágrafo será selecionado. **B:** Errada, a tecla Ctrl + Seta para baixo faz o cursor ir até o início do próximo parágrafo. **C:** Errada, esta combinação seleciona todas as letras até o final da palavra onde o cursor está posicionado. **D:** Errada, a combinação não produz nenhum efeito de seleção. **E:** Errada, a tecla *End* leva o cursor para o final da linha atual.

Gabarito "A"

(Administrador – Ministério da Justiça – 2009 – FUNRIO) Nos programas de edição de texto, como Microsoft Word e BROffice Writer, há diversos atalhos através de combinações de teclas, na configuração padrão, para executar tarefas comuns rapidamente. A tarefa executada pela combinação das teclas Ctrl+End é a de mover o cursor da posição atual para o fim

(A) do documento.
(B) do parágrafo.
(C) da página.
(D) da linha.
(E) da janela.

A: Correta, a combinação Ctrl + *End* leva o cursor até o final do documento atual. **B:** Errada, não há atalho para este fim no Word. **C:** Errada, não há atalho para este fim no Word. **D:** Errada, para ir até o final da linha basta a tecla End. **E:** Errada, para isso é usado o atalho Alt + Ctrl + Page Down.

Gabarito "A"

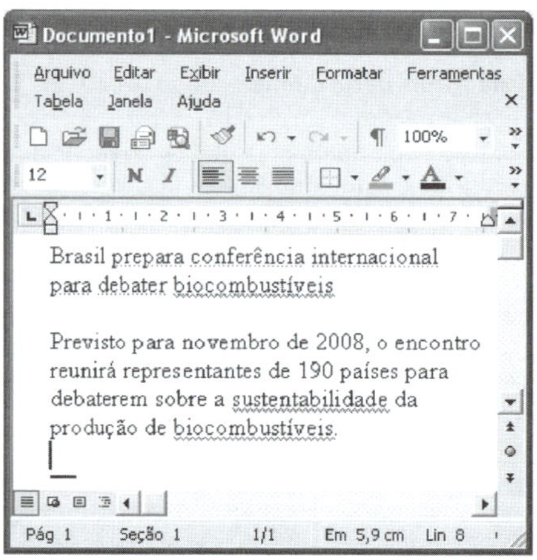

(Analista – Ministério do Meio Ambiente – 2008 – CESPE) A figura acima mostra uma janela do Word 2002, em execução em um computador cujo sistema operacional é o Windows XP, contendo um documento em processo de edição. Com relação a essa janela e ao Word 2002, julgue os próximos itens.

(1) Uma forma correta para se selecionar a palavra é biocombustíveis aplicar um clique duplo entre duas letras quaisquer dessa palavra.
(2) O parágrafo iniciado em Previsto para novembro está formatado com alinhamento denominado justificado.
(3) A formatação em negrito será aplicada ao primeiro parágrafo mostrado, se a seguinte sequência de ações for realizada: clicar imediatamente antes do início do primeiro parágrafo; pressionar e manter pressionada a tecla Shift; clicar imediatamente após o final do parágrafo; liberar a tecla Shift; pressionar e manter pressionada a tecla Ctrl; teclar N, liberar a tecla Ctrl.
(4) Ao se clicar , a janela do Word 2002 será minimizada.

1: Correta, o clique duplo em qualquer palavra faz com que esta seja selecionada; **2:** Errada, no alinhamento justificado não há distância entre as margens, o que não é este caso; **3:** Correta, a tecla *Shift* é usada para estender a seleção de um trecho de texto e o atalho Ctrl + N ativa a função negrito; **4:** Correta, o botão minimiza a janela atual.

Gabarito 1C, 2E, 3C, 4C

(Analista – MPOG – 2009 – FUNRIO) A opção que apresenta as teclas de atalho para "desfazer" algum erro cometido respectivamente no Word for Windows e BrOffice Write é:

(A) "Ctrl + Z" e "Ctrl + U"
(B) "Ctrl + U" e "Ctrl + D"
(C) "Ctrl + D" e "Ctrl + D"
(D) "Ctrl + Z" e "Ctrl + Z"
(E) "Ctrl + C" e "Ctrl + V"

A: Errada, no Writer o atalho Ctrl + U ativa o efeito sublinhado. **B:** Errada, no Word o atalho Ctrl + U ativa a função Localizar e Substituir. **C:** Errada, no Word o atalho Ctrl + D abre a janela de opções de Fonte. **D:** Correta, em ambos o atalho Ctrl + Z desfaz a ultima alteração feita. **E:** Errada, em ambos os *softwares* o atalho Ctrl + C ativa a função copiar e o Ctrl + V a função colar.

Gabarito "D"

(Analista – MPOG – 2009 – FUNRIO) No Word for Windows clicando em "Arquivo", "Salvar como..." podemos salvar em diversos Tipos de arquivos diferentes. Marque a única opção que NÃO apresenta um formato válido:

(A) DOC.
(B) TXT.
(C) HTML.
(D) DOT.
(E) PDF.

A, B, C, D e **E:** Das alternativas apresentadas a única que não está disponível para uso no Word é o formato PDF, portanto a alternativa E está correta.

Gabarito "E"

(Administrador – SUFRAMA – 2008 – FUNRIO) Numa tabela do Microsoft Word, com o cursor posicionado em uma única célula selecionada, o efeito da operação "Inserir tabela" é

(A) inserir uma tabela dentro da célula selecionada, permitindo definir o número de colunas e linhas da nova tabela.
(B) inserir uma tabela dentro da célula selecionada, com o mesmo número de colunas e linhas da tabela original.
(C) inserir uma tabela com o mesmo número de colunas e linhas, à direita da tabela original.
(D) inserir uma tabela com o mesmo número de colunas e linhas, abaixo da tabela original.
(E) nulo, pois essa operação é inibida pelo programa quando uma célula está selecionada.

A, B, C, D e E: Quando o cursor se encontra dentro da célula de uma tabela e uma outra tabela é inserida, esta será feita dentro da célula onde o cursor se encontra e seu número de linhas e colunas pode ser definido normalmente pelo usuário, portanto apenas a alternativa A está correta.

Gabarito "A"

1.2. BrOffice

(Técnico – TRE/CE – 2012 – FCC) No *BrOffice.org Writer*, versão 3.2, o botão que mostra ou oculta os caracteres não imprimíveis no texto é exibido normalmente na barra de ferramentas

(A) padrão.
(B) de formatação.
(C) de objeto de texto.
(D) de controles de formulários.
(E) de marcadores e numeração.

A, B, C, D e E: No Writer o botão que exibe ou oculta caracteres não imprimíveis se encontra na barra de ferramentas padrão, portanto apenas a alternativa A está correta.

Gabarito "A"

(Técnico – TRE/PR – 2012 – FCC) Sobre o utilitário *Writer* do pacote BR *Office*, considere:

I. É possível definir o idioma para a verificação ortográfica individualmente do texto selecionado, do parágrafo ou de todo o texto.
II. Uma das opções do menu Ferramentas permite ao usuário exibir rapidamente o número de palavras e caracteres presentes no texto, tanto do texto selecionado para o parágrafo ou de todo o texto.
III. Uma opção do menu Tabela permite que o texto selecionado seja convertido em tabelas, utilizando tabulações como possíveis separadores entre as colunas.

Está correto o que se afirma em

(A) I e II, apenas.
(B) I, II e III.
(C) II e III, apenas.
(D) I e III, apenas.
(E) III, apenas.

A, B, C, D e E: Todas as afirmativas estão corretas, portanto apenas a alternativa B está correta.

Gabarito "B"

(Delegado/SP – 2011) Assinale a alternativa incorreta.

(A) O Calc possibilita a edição de fórmulas.
(B) arquivos de extensão .odt são conversíveis para .xls.
(C) O Base viabiliza a edição de banco de dados.
(D) arquivos de texto de extensão odt editado pelo Broffice ou Open Office não abrem no Windows pois foram elaborados em Linux.
(E) O write, da suíte Libreoffice ou Broffice, possui botão nativo na barra de tarefas que permite a conversão de texto era PDF.

A, B, C, D e E: Todas as afirmativas estão corretas menos a afirmativa D, devendo ser assinalada, o sistema operacional não influencia na execução do programa desde que haja uma versão do *software* para este sistema e neste caso o BrOffice é um *software* multiplataforma.

Gabarito "D"

(Analista – TRE/CE – 2012 – FCC) No *BrOffice Writer*, para apagar de uma só vez a palavra à esquerda do cursor utiliza-se

(A) <*Shift*> + <Seta para esquerda>.
(B) <*BackSpace*>.
(C) <Del>.
(D) <*Ctrl*> + <Del>.
(E) <*Ctrl*> + <*BackSpace*>.

A: Errada, este atalho apenas seleciona o primeiro caractere, símbolo ou espaço que está à esquerda do cursor. **B:** Errada, a tecla *Backspace* apaga o último caractere digitado. **C:** Errada, a tecla Del apaga o primeiro caractere à direita do cursor. **D:** Errada, este atalho apaga a primeira palavra à direita do cursor. **E:** Correta, o atalho Ctrl + *Backspace* apaga a primeira palavra à esquerda do cursor.

Gabarito "E"

A figura a seguir ilustra uma janela do aplicativo BrOffice.org Writer 2.4, que está sendo usado para a elaboração de um documento.

(Policial Rodoviário Federal – 2008 – CESPE) Com relação à janela do BrOffice.org Writer 2.4 mostrada no texto, assinale a opção correta.

(A) A função de distribuição automática de texto está ativada, fazendo que a figura inserida no documento fique posicionada no início da página.

(B) Ao se clicar sucessivamente a palavra "sabiazeiro" e o botão , será mostrada uma lista de opções, tal como a ilustrada abaixo.

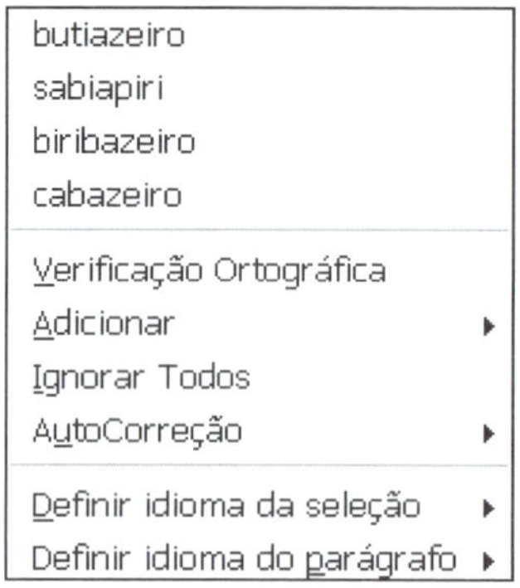

(C) Há informações suficientes na janela mostrada para se concluir corretamente que a página na qual o documento está sendo editado está configurada para largura de aproximadamente 8 cm.

(D) No *menu* Formatar, encontra-se opção que permite configurar a página para duas colunas, e essa opção pode ter sido usada no documento em edição.

(E) Por meio do conjunto de botões , é possível alterar o espacamento entre as linhas de um parágrafo do documento em edição que estiverem selecionadas.

A: Errada, não há uma função chamada distribuição automática de texto que afete o posicionamento de imagens no texto. **B:** Errada, a janela mencionada será exibida ao realizar um clique com o botão direito do *mouse* na dita palavra. **C:** Errada, como existe uma barra de rolagem horizontal é possível que a página se estenda para a direita, portanto não é possível determinar a largura para a qual a página está configurada. **D:** Correta, a opção Colunas do menu Formatar permite criar colunas no texto e esta opção pode ter sido utilizada visto a formatação atual da página. **E:** Errada, os botões mencionados têm por função Alinha em cima e Alinhar no meio, respectivamente.

Gabarito "D"

(Policial Rodoviário Federal – 2008 – CESPE) Ainda com relação à janela do BrOffice Writer 2.4 mostrada no texto, assinale a opção correta.

(A) Caso, ao se passar o cursor do *mouse* sobre o botão , seja visualizada a mensagem Imprimir arquivo diretamente (CutePDF Writer), é correto afirmar que existe uma impressora, definida com o nome CutePDF, conectada ao computador em uso.

(B) Caso, ao se passar o cursor do *mouse* sobre determinado botão da janela, seja visualizada a mensagem Exportar Diretamente como PDF é correto inferir que o cursor do *mouse* foi, nesse caso, passado sobre o botão .

(C) As opções apresentadas abaixo são encontradas no *menu* Inserir.

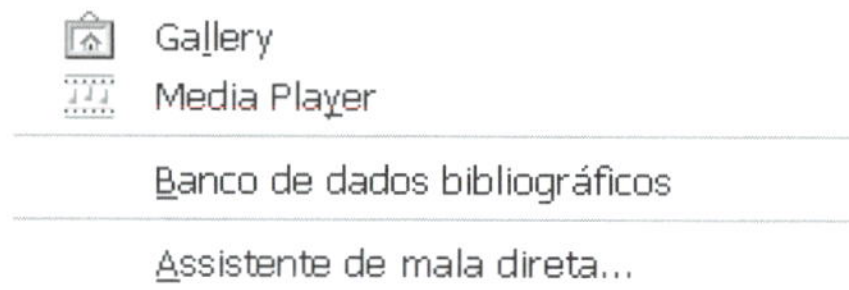

(D) Na situação da janela mostrada, caso se aplique um clique duplo no botão , será disponibilizada ferramenta que permite salvar apenas a figura contida no documento em edição, em um arquivo do tipo bmp.

(E) Na situação da janela mostrada, a figura e o texto contidos no documento em edição serão selecionados e, em seguida, excluídos desse documento, após a realização da seguinte seqüência de procedimentos: pressionar e manter pressionada a tecla Ctrl; clicar imediatamente após "estado.", no final do texto mostrado; liberar a tecla Ctrl; clicar .

A: Errada, CutePDF Writer é um programa que simula uma impressora e cria uma versão PDF de um documento. **B:** Correta, o botão mencionado gera um arquivo PDF com o conteúdo do arquivo atual. **C:** Errada, a imagem mostra uma parte das opções do menu Ferramentas. **D:** Errada, o botão mencionado permitirá salvar todo o documento em edição. **E:** Errada, a sequencia correta envolveria a tecla *Shift* e não a tecla Ctrl.

Gabarito "B"

(Enfermeiro Fiscal de Saúde – PREFEITO SENADOR CANEDO/GO – 2011 – UFG) Considere parte da janela do editor de fórmulas do BrOffice Write 3.3.1 apresentada na figura a seguir.

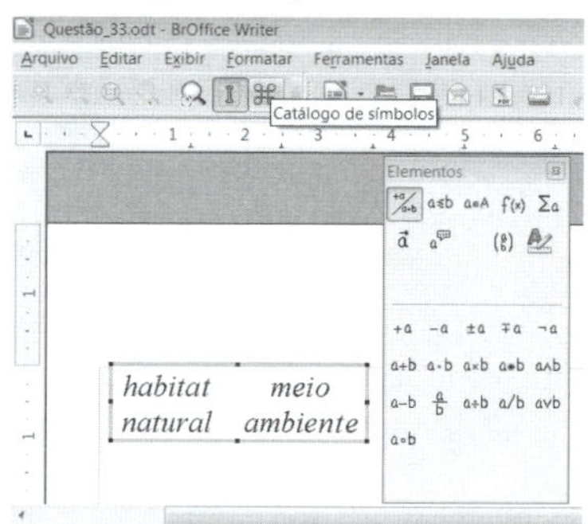

O elemento apresentado ("empilhamento matricial") é gerado pelo seguinte código:

(A) matrix{<habitat?> @ <meio?> @@ <natural?> @ <ambiente?>}

(B) matrix{habitat @ meio @@ natural @ ambiente}

(C) matrix{<habitat?> # <meio?> ## <natural?> # <ambiente?>}

(D) matrix{habitat # meio ## natural # ambiente}

A, B, C e D: Na fórmula do empilhamento matricial no BrOffice, as colunas são separadas por # e as linhas por ##, portanto a fórmula correta é matrix{habitat # meio ## natural # ambiente} e por isso apenas a afirmativa D está correta.

Gabarito "D"

(Analista – TRE/AC – 2010 – FCC) Para alternar entre o modo de inserção e o modo de sobrescrever textos em um documento no *BrOffice.org Writer*

(A) pressione a tecla *Insert* ou a tecla *Scroll*.
(B) pressione a tecla *Insert*, apenas.
(C) pressione a tecla *Scroll*, apenas.
(D) pressione a tecla *Insert* ou clique na área INSER/SOBRE da barra de *Status*.
(E) clique na área INSER/SOBRE da barra de *Status*.

A: Errada, a tecla Scroll não altera o modo de inserção em nenhum programa de edição de texto. **B:** Errada, além da tecla *Insert* pode-se utilizar a opção INSERIR/SOBRE da barra de *Status*. **C:** Errada, a tecla Scroll não altera o modo de inserção em *nenhum* programa de edição de texto. **D:** Correta, ambas as teclas *Insert* e a opção INSERIR/SOBRE da barra de *Status* permitem a alteração do modo de inserção de texto. **E:** Errada, pode-se também utilizar a tecla *Insert*.

Gabarito "D"

(Analista – TRE/BA – 2010 – CESPE) Com relação aos conceitos e aplicativos dos ambientes Microsoft Office e BROffice, julgue o item que se segue.

(1) No BROffice Writer, a partir do menu Exibir, é possível inserir, no documento em edição, um objeto do tipo gráfico, fórmula, som ou vídeo.

1: Errada, estas opções estão disponíveis a partir do menu Inserir.

Gabarito 1E

(Oficial de Justiça – TJ/SC – 2010) Considere um documento aberto no BrOffice.org. Assinale a alternativa que representa o que acontece quando o usuário pressiona a tecla CRTL e, mantendo-a pressionada, clica na tecla P (Ctrl+P):

(A) O documento é apagado.
(B) É exibida a janela "Imprimir".
(C) É criado um novo documento em branco.
(D) É criada uma página em branco no mesmo documento.
(E) O BrOffice.org é encerrado.

A: Errada, o atalho Ctrl+P, assim como em muitos outros aplicativos, ativa a função de impressão e não apaga o texto. **B:** Correta, o atalho ativa a função de impressão do editor de textos. **C:** Errada, o atalho para criar um novo documento no BrOffice.org é Ctrl+N. **D:** Errada, o atalho Ctrl+P, assim como em muitos outros aplicativos, ativa a função de impressão e não abre um novo documento. **E:** Errada, para encerrar o aplicativo deve-se utilizar o atalho Alt+F4.

Gabarito "B"

(Oficial de Justiça – TJ/SC – 2010) Com relação aos recursos do BrOffice.org, analise as afirmativas a seguir e assinale a alternativa correta:

I. É possível salvar um documento do tipo Microsoft Word 97/2000/XP (.doc).
II. É possível inserir um arquivo de imagem com a extensão .JPG em um documento de texto.
III. É possível contar a quantidade de palavras de um documento.

(A) Somente as proposições I e II estão corretas.
(B) Somente as proposições II e III estão corretas.
(C) Somente as proposições I e III estão corretas.
(D) Todas as proposições estão incorretas.
(E) Todas as proposições estão corretas.

A: Errada, a afirmativa III também está correta. **B:** Errada, a afirmativa I também está correta. **C:** Errada, a afirmativa II também está correta. **D:** Errada, todas as afirmativas estão corretas. **E:** Correta, todas as afirmativas estão corretas.

Gabarito "E"

(Analista – TRT/2ª – 2008 – FCC) Quando o modo de substituição do editor BrOffice.org Writer estiver ativado, o cursor de texto terá o formato de

(A) uma linha vertical intermitente.
(B) uma linha horizontal intermitente.
(C) um bloco intermitente.
(D) um bloco fixo.
(E) uma linha horizontal fixa.

A: errada, uma linha vertical intermitente indica o modo de escrita. **B:** errada, o cursor de texto não possui o formato de linha horizontal. **C:** correta, o cursor de texto terá a forma de um bloco intermitente. **D:** errada, o cursor terá um formato de bloco, porém será intermitente. **E:** errada, o cursor não possui formato de linha horizontal fixa.

Gabarito "C"

I. A pasta padrão onde os modelos de documentos de texto (BrOffice.org 3.1) são guardados precisa ser modificada. O caminho que aponta para ela necessita agora apontar para outra.

(Analista – TRE/PI – 2009 – FCC) A modificação do caminho para atender ao solicitado em (I) deve obedecer ao seguinte procedimento: acessar Ferramentas (menu) e escolher, na sequência, Opções (opção), BrOffice.org

(A) Writer e Geral.
(B) Writer e Configurações.
(C) e Carregar/Salvar.
(D) e Dados do usuário.
(E) e Caminhos.

A: errada, esta opção define configurações de unidade de medida, parada de tabulação e atualização de vínculos. **B:** errada, não há a opção Writer e Configurações no BrOffice.org 3.1. **C:** errada, esta opção define as configurações gerais para abrir e salvar documentos de formatos externos. **D:** errada, está opção contém apenas informações pessoais do usuário. **E:** correta, a opção de Caminhos define o caminho-padrão da pasta em que os modelos são armazenados.

Gabarito "E"

Figura para as quatro questões seguintes

A figura a seguir mostra uma janela do *software* Writer, com um documento em processo de edição.

(Analista – TRE/GO – 2008 – CESPE) Com base na figura apresentada, assinale a opção correta.

(A) O símbolo , no canto esquerdo do documento em edição, indica que a imagem mostrada no documento é um *hiperlink*.

(B) Para mover a imagem mostrada no documento, é suficiente clicá-la no centro e arrastá-la para a posição desejada.

(C) Para alterar as cores da imagem mostrada no documento, é suficiente clicar a ferramenta e, na janela disponibilizada, escolher as cores.

(D) Para alterar a posição da imagem no documento, é suficiente apontar o cursor para a borda da imagem até que ele se transforme em uma seta de dupla ponta e arrastar a imagem para a posição desejada.

A: errada, o símbolo indica que uma figura está utilizando o recurso "âncora". **B:** correta, clicando-se no centro da imagem ela pode ser arrastada. **C:** errada, a ferramenta adiciona uma imagem originada de um arquivo. **D:** errada, os passos descritos alteram o tamanho da imagem e não sua posição.

Gabarito "B"

(Analista – TRE/GO – 2008 – CESPE) Com referência à figura apresentada, assinale a opção correta.

(A) O estilo do texto no documento em edição é padrão.

(B) O texto está formatado com fonte Arial e está centralizado.

(C) A autoverificação ortográfica está ativada.

(D) O documento em edição possui duas páginas.

A: errada, a opção "Padrão" se refere às propriedades da figura selecionada. **B:** errada, não há informações suficientes para confirmar a afirmação. **C:** correta, o botãoindica que a verificação ortográfica está ativada. **D:** errada, a imagemindica que o documento possui apenas 1 página.

Gabarito "C"

(Analista – TRE/GO – 2008 – CESPE) Considerando que o Microsoft Outlook seja o cliente de *e-mail* padrão, assinale a opção correspondente à sequência correta de procedimentos para o envio do documento em edição como anexo de um *e-mail*.

(A) clicar a opção Envelope do *menu* Inserir, digitar o endereço eletrônico do destinatário no campo Para, clicar Enviar

(B) clicar a ferramenta , digitar o endereço eletrônico do destinatário no campo Para, clicar Enviar

(C) clicar a opção Exportar do *menu* Arquivo, digitar o endereço eletrônico do destinatário no campo Para, clicar Enviar

(D) clicar a ferramenta , abrir o Microsoft Outlook, digitar o endereço eletrônico do destinatário no campo Para, clicar Enviar

A: errada, a opção "Envelope" do menu Inserir insere o cabeçalho-padrão de um envelope. **B:** correta, a ferramenta possibilita o envio do documento como um anexo de um *e-mail*. **C:** errada, a opção "Exportar" do menu Arquivo permite exportar o documento como um arquivo HTML, PDF ou TXT. **D:** errada, a ferramenta tem a função de copiar o texto ou imagem selecionados.

Gabarito "B"

(Analista – TJ/PR – 2009) O BRoffice consiste em uma suíte de aplicativos para escritório. Esta é uma opção para quem precisa de programas para escritório com recursos avançados, mas não tem disponibilidade de verbas e não aceita pirataria. Com relação aos Aplicativos do Broffice é correto afirmar:

(A) Os aplicativos funcionam somente para ambiente Linux.

(B) Não possui *software* de apresentação.

(C) No Base é possível criar e modificar tabelas, formulários, consultas e relatórios.

(D) Só é gratuito para empresas públicas.

(E) O Calc é uma calculadora simples semelhante à Calculadora do Windows.

A: errada, o BRoffice também funciona em outros sistemas operacionais como o Microsoft Windows por exemplo. **B:** errada, o BRoffice possui um *software* de apresentação de *slides* chamado Impress. **C:** correta, no Base é possível criar e modificar tabelas, formulários, consultas e relatórios. **D:** errada. O BRoffice é gratuito para qualquer tipo de usuário. **E:** errada, o Calc é a ferramenta de planilha eletrônica do BRoffice.

Gabarito "C"

(Técnico Judiciário – TRT/2ª – 2008 – FCC) Uma seleção múltipla de textos é o resultado que pode ser obtido quando o modo de seleção do editor BrOffice.org Writer estiver ativado no modo

(A) de extensão.

(B) de inserção.

(C) de seleção em bloco.

(D) padrão de seleção.

(E) de seleção adicional.

A: errada, o modo de extensão não realiza seleções múltiplas. **B:** errada, o modo de inserção não realiza seleções múltiplas. **C:** errada, o modo de seleção em bloco não realiza seleções múltiplas. **D:** errada, o modo padrão de seleção não realiza seleções múltiplas. **E:** correta, o modo de seleção adicional realiza seleções múltiplas.

Gabarito "E"

(Técnico Judiciário – TRT/1ª – 2008 – CESPE) A figura abaixo ilustra uma janela do BrOffice.org Writer que contém um documento em processo de edição. Nesse documento, a palavra "edital" está selecionada.

Com relação a essa situação e ao BrOffice.org Writer, assinale a opção correta.

(A) É correto concluir que, na situação da janela mostrada, a Times New Roman é a fonte usada em todos os caracteres contidos no documento em edição.
(B) Ao se clicar o botão [ícone], é aberta a janela Salvar como, que permite salvar uma cópia do documento em edição com outro nome, em uma pasta diferente da atual.
(C) Ao se clicar o botão ABC, a palavra selecionada será sublinhada por uma linha ondulada.
(D) Para se copiar a palavra selecionada para a área de transferência, é suficiente pressionar e manter pressionada a tecla Ctrl, pressionar e liberar, rapidamente, a tecla C, liberando, em seguida, a tecla Ctrl.
(E) Ao se clicar o botão [ícone], será inserida uma moldura retangular em volta da palavra selecionada.

A: errada, não há informações necessárias para afirmar qual a fonte utilizada no resto do texto pois apenas está sendo exibida a fonte utilizada na palavra "edital". **B:** errada, o botão [ícone] ativa a função "Copiar", copiando a palavra selecionada para a área de transferência. **C:** errada, o botão ABC ativa ou desativa a função de auto correção do Writer. **D:** correta, as teclas Ctrl + C ativam a função "Copiar", copiando a palavra selecionada para a área de transferência. **E:** errada, o botão [ícone] maximiza a janela do Writer.

Gabarito "D"

I. Conhecer a quantidade de caracteres digitados em um documento de texto (BrOffice.org 3.1) a fim de determinar a produtividade de digitação.

(Técnico Judiciário – TRE/PI – 2009 – FCC) A necessidade exposta no item (I) indica que devem ser acionadas as seguintes operações:

(A) Arquivo; Contar palavras.
(B) Ferramentas; Contagem de palavras.
(C) Ferramentas; Contar caracteres.
(D) Ferramentas; Numeração de linhas.
(E) Exibir; Caracteres não imprimíveis.

A: errada, não há a opção Contar palavras no menu Arquivo. **B:** correta, a opção Contagem de palavras conta a quantidade de caracteres digitados em um documento e está localizada no menu Ferramentas. **C:** errada, não há a opção Contar caracteres no menu Ferramentas. **D:** errada, a opção Numeração de linhas não conta a quantidade de caracteres em um documento de texto. **E:** errada, a opção Caracteres não imprimíveis do menu Exibir não conta a quantidade de caracteres em um documento de texto mas sim oferece a ação de exibir ou ocultar itens como tabulações, marcas de espaço, etc.

Gabarito "B"

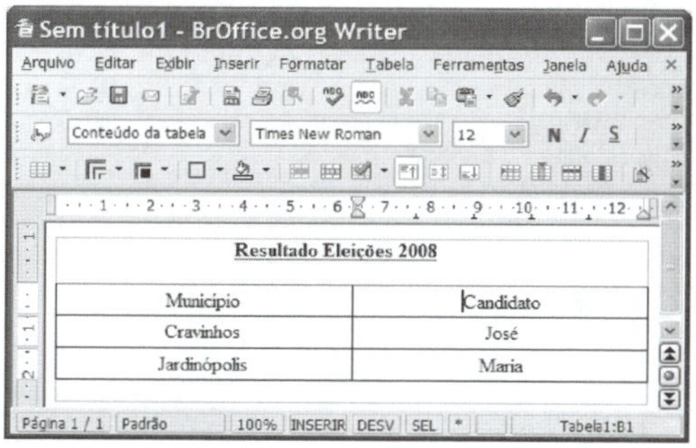

(Técnico Judiciário – TRE/GO – 2008 – CESPE) A partir da figura acima, que ilustra uma janela do editor Writer, com um documento em processo de edição, assinale a opção correta.

(A) Para inserir uma linha na tabela mostrada no documento em edição, é suficiente clicar o botão [ícone].
(B) Ao se clicar o botão [ícone], o corretor ortográfico do Writer será iniciado.
(C) Para definir sombreamento da primeira linha da tabela mostrada, é suficiente selecioná-la e clicar o botão [ícone].
(D) Após selecionar a segunda coluna da tabela mostrada e clicar o botão [ícone], os nomes dos candidatos, nessa tabela, ficarão permutados.

A: correta, o botão [ícone] insere uma linha na tabela. **B:** errada, o corretor ortográfico é iniciado pelo botão [ícone]. **C:** errada, o botão [ícone] é utilizado para se aplicar a mesma formatação de um trecho em outro trecho de texto selecionado. **D:** errada, o botão [ícone] alinha o conteúdo da célula borda de baixo.

Gabarito "A"

(Técnico Judiciário – TRE/MA – 2009 – CESPE) Quanto ao ambiente BR Office, assinale a opção correta.

(A) O BR Office pode ser utilizado para se criar e salvar documentos em diversos formatos e tem como vantagem o fato de um arquivo salvo no formato padrão BR Office poder ser aberto em qualquer aplicativo de outros fornecedores comerciais.
(B) A barra de ferramentas do Writer possui as mesmas opções da barra do Microsoft Office e os ícones utilizados para representar as respectivas opções são idênticos em ambos aplicativos.

(C) Nos aplicativos do BR Office, a opção **Caracteres não imprimíveis** oferece a ação de exibir ou ocultar itens como tabulações, marcas de espaço, parágrafos e demais itens de edição que não aparecem na versão impressa.

(D) Documentos que estejam correntemente abertos em um editor do BR Office apenas devem ser acessados pelo *menu* **Janela**, na opção **Lista de documentos**.

(E) O Impress é uma alternativa para a criação e edição de planilhas eletrônicas, com opções de formatação visual, regras de cálculo e fórmulas.

A: errada, os formatos utilizados pelo BR Office não podem ser lidos por arquivos de certos fornecedores comerciais. **B:** errada, há algumas diferenças nos ícones e nos conteúdos das barras de ferramentas dos dois *softwares*. **C:** correta, a opção Caracteres não imprimíveis oferece a ação de exibir ou ocultar itens como tabulações, marcas de espaço, etc. **D:** errada, eles também podem ser acessados pela barra de tarefas do sistema operacional. **E:** errada, o Impress é uma alternativa para a criação de apresentação de *slides*.

Gabarito "C"

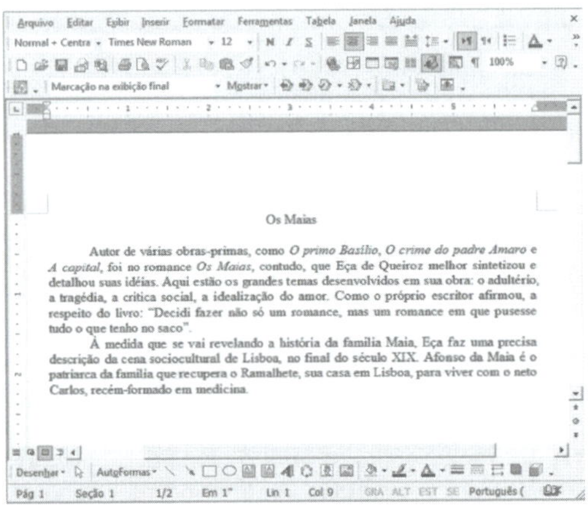

(Técnico – ANATEL – 2009 – CESPE) Com referência à janela do aplicativo Word 2003, do ambiente Microsoft Office, ilustrada acima, em que um documento encontra-se em processo de edição, e considerando a possibilidade de edição de textos no aplicativo Writer, do ambiente BROffice, julgue os itens subsequentes.

(1) No caso de erro gramatical ou de grafia no documento em edição, o Word 2003, assim como o Writer, disponibiliza recurso que permite identificar e corrigir a palavra ou trecho incorreto. No Word 2003, para se iniciar processo que permita a correção de grafia de determinada palavra, é correto que o usuário clique com o botão direito do *mouse* sobre a palavra errada identificada, o que permite abrir uma janela que propõe possíveis correções para a palavra errada. Na janela do Word 2003, a ferramenta permite, igualmente, que se inicie procedimento que permite a correção de erros gramaticais e de grafia.

(2) Na janela do Word 2003, caso, após formatar os trechos *"O primo Basílio"*, *"O crime do padre Amaro"* e *"A capital"* para o itálico, o usuário desejasse voltar à formatação sem itálico, seria suficiente clicar a ferramenta . O Writer possui ferramenta específica e distinta da do Word que permite realizar tal procedimento.

1: Correta, ambos os editores mencionados possuem funções de correção ortográfica. Ambos os procedimentos informados estão corretos, no primeiro é possível escolher uma correção para a palavra selecionada e no segundo todo o texto é analisado em busca de erros; **2:** Errada, a ferramenta mencionada copia a formatação de um local para que seja aplicado em outro, tendo o Writer uma função idêntica.

Gabarito 1C, 2E

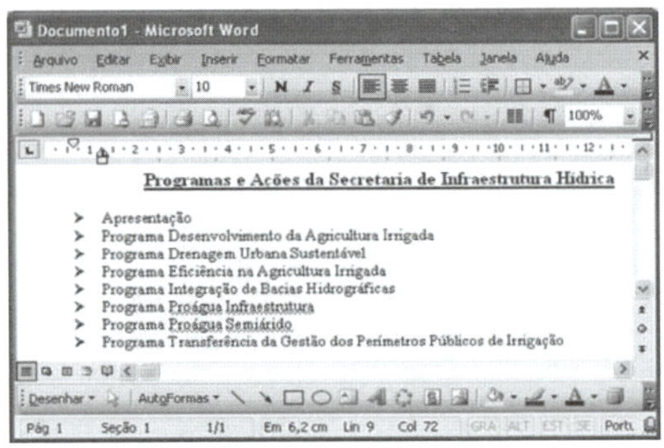

(Agente Administrativo – Ministério da Int. Nacional – 2006 – CESPE) Considerando a figura acima, que mostra uma janela do *software* Word 2003 que contém um documento em processo de edição, julgue o próximo item.

(1) Ao se salvar o documento, será criado um arquivo com extensão .doc, que poderá, posteriormente, ser aberto com a utilização do BrOffice Writer 3.0.

1: Correta, o Word 2003 salva seus documentos com a extensão .doc que é também reconhecida pelo BrOffice Writer.

Gabarito 1C

(Agente Administrativo – MPOG – 2009 – FUNRIO) Considere as afirmativas quanto à compatibilidade dos arquivos entre o BrOffice Writer e o Microsoft Word:

I. No BrOffice Writer é possível ler e alterar os arquivos gravados no formato padrão do Microsoft Word (DOC).

II. No Microsoft Word é possível ler os arquivos gravados no formato padrão do BrOffice Writer (ODT), mas não é possível alterálo.

III. Tanto no BrOffice Writer quanto no Microsoft Word é possível salvar um arquivo no formato html.

Está(ão) correta(s) a(s) afirmativa(s):

(A) I e II, apenas.
(B) II e III, apenas.
(C) I e III, apenas.
(D) I, apenas.
(E) I, II e III.

A: Errada, a afirmativa II está incorreta, o Word não consegue abrir arquivos com extensão ODT. **B:** Errada, a afirmativa II está incorreta, o Word não consegue abrir arquivos com extensão ODT. **C:** Correta, apenas as afirmativas I e III estão corretas. **D:** Errada, a afirmativa III também está correta. **E:** Errada, a afirmativa II está incorreta, o Word não consegue abrir arquivos com extensão ODT.

Gabarito 1C

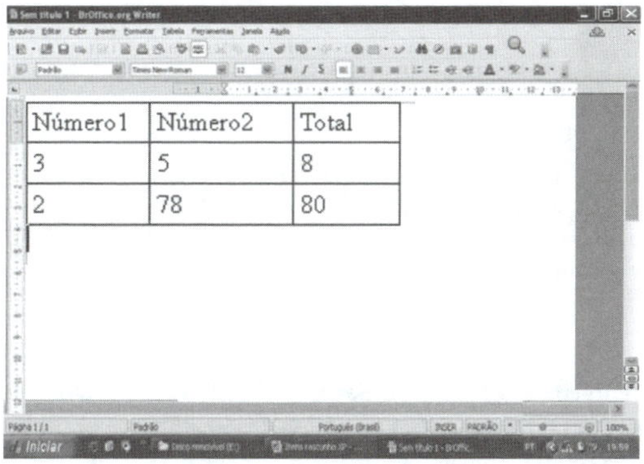

(Agente Administrativo – Ministério da Previdência – 2010 – CESPE) Considerando a figura acima, que apresenta uma janela do BrOffice.org Writer 3.1.1 com um documento em elaboração, julgue os itens que se seguem.

(1) No documento em questão, foi inserida uma tabela com três colunas. Nesse caso, é correto inferir que os valores contidos na coluna Total podem ter sido obtidos pela inserção de fórmula que some automaticamente os valores da coluna Número1 aos da coluna Número2.

(2) Por meio de funcionalidades disponibilizadas ao se clicar o botão 🔍 é possível realizar a pesquisa de palavras contidas no documento em edição.

1: Correta, é possível adicionar fórmulas em uma tabela de forma que um campo seja calculado em função de outros. **2:** Errada, o botão em questão é usado para alterar o nível de *zoom* do documento.

Gabarito 1C, 2E

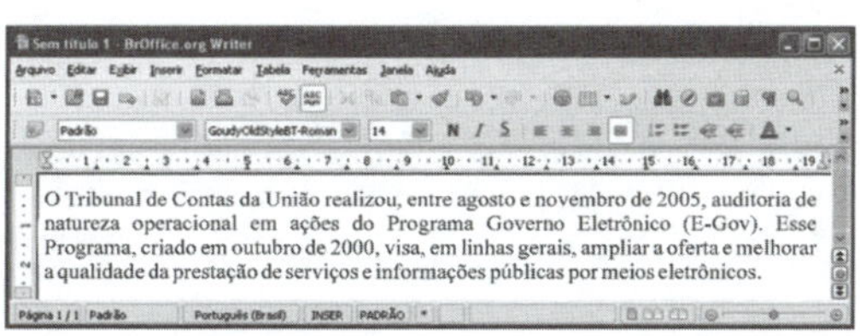

(Técnico – TCU – 2009 – CESPE) Considerando a figura acima, que mostra uma janela do *software* BrOffice 3.0 com um documento em processo de edição, julgue os itens seguintes.

(1) O texto contido no documento pode ser copiado para um slide do PowerPoint 2007, utilizando-se o recurso Exportar do menu Arquivo e selecionando-se o formato do tipo ppt.

(2) Para se criar um recuo à esquerda e outro à direita do trecho de texto mostrado, é suficiente selecionar esse trecho, clicar a opção Parágrafo do menu Formatar, clicar a guia Recuos e espaçamento, digitar os valores solicitados e clicar OK.

1: Errada, o Writer não possui função que exporte um documento no formato PowerPoint, o texto deve ser copiado e colocado no outro *software*; **2:** Correta, a opção Recuos e Espaçamento do menu Formatar permite alterar o nível de recuo de um parágrafo.

Gabarito 1E, 2C

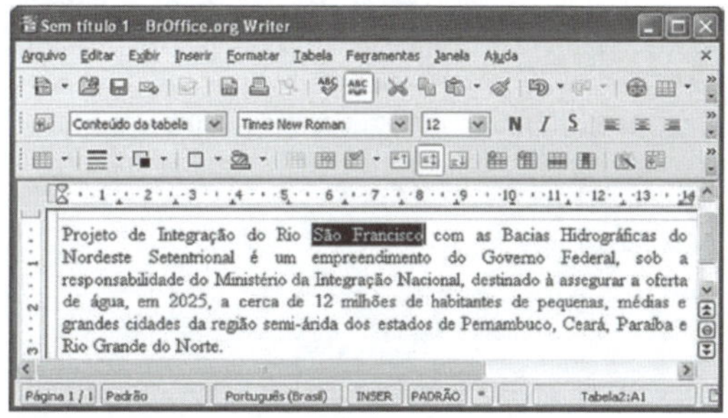

(Analista – Ministério da Integração Nacional – 2006 – CESPE) Considerando a figura acima, que mostra uma janela do *software* BrOffice 3.0 contendo um documento em processo de edição, julgue os itens que se seguem.

(1) Para se inserir um recuo ou marca de tabulação na primeira linha do texto mostrado na figura, basta posicionar o cursor em qualquer linha do texto e clicar o botão ☰.

(2) Ao se clicar sequencialmente os botões **N** e ABC, o texto selecionado no documento — São Francisco — será formatado com fonte em negrito e com sublinhado duplo ondulado.

(3) O documento em edição pode ser salvo em arquivo do tipo PDF, mas não em arquivo com a extensão .doc.

(4) Para se alterar o espaçamento entre as linhas do parágrafo mostrado, é suficiente selecionar o texto, clicar a opção Parágrafo do menu Formatar, selecionar o espaçamento desejado e clicar OK.

(5) Por meio do botão 🌐, é possível criar um *link* para uma página da Internet.

1: Errada, o botão apresentado altera o alinhamento para a direita; **2:** Errada, o botão ABC apenas ativa a verificação ortográfica; **3:** Errada, o Writer suporta tanto o formato PDF como o formato DOC para que o documento em edição seja salvo; **4:** Correta, a opção Parágrafo do menu Formatar permite que o usuário altere várias configurações referentes aos parágrafos, entre elas é possível alterar o espaçamento entre as linhas do texto; **5:** Correta, o botão 🌐 permite a criação de *hyperlinks* para páginas da Internet.

Gabarito 1E, 2E, 3E, 4C, 5C

2. EDITORES DE PLANILHAS

2.1. Office

(Delegado/PA – 2012 – MSCONCURSOS) Tem-se três planilhas em um arquivo Excel: cliente (código, nome), produto (código, descrição, preço unitário) e pedido (código do cliente, nome do cliente, código do produto, descrição do produto, quantidade e preço total). Qual função deve ser aplicada na planilha pedido, a fim de que, ao digitar o código do produto, tenha-se automaticamente as informações de descrição e preço unitário registrados na planilha produto?

(A) Função SE
(B) Função PROCV
(C) Função CORRESP
(D) Função ESCOLHER
(E) Função BDEXTRAIR

A: Errada, a função SE avalia uma condição lógica e toma comportamentos diferentes dependendo do resultado da condição. **B:** Correta, a função PROCV procura um valor na primeira coluna à esquerda de uma tabela e retorna um valor na mesma linha de uma coluna especificada. **C:** Errada, a função CORRESP apenas retorna a posição relativa de um item em uma matriz que corresponda a um valor específico em uma ordem específica. **D:** Errada, a função ESCOLHER apenas escolhe um valor a partir de uma lista de valores, com base em um número de índice. **E:** Errada, a função BDEXTRAIR apenas extrai de um banco de dados um único registro que corresponda a condições especificadas.

Gabarito "B"

(Auditor Fiscal – São Paulo/SP – FCC – 2012) O MS Excel permite que dados sejam introduzidos em planilhas e processados por fórmulas. As fórmulas

(A) sempre têm um resultado numérico.
(B) são equações que computam apenas funções matemáticas pré-definidas.
(C) são expressas por uma sequência de símbolos alfanuméricos, sempre terminando com o símbolo =.
(D) são equações que recebem como entrada apenas valores numéricos e datas.
(E) são equações que executam cálculos, recebendo como entrada funções, operadores, referências e constantes.

A: Errada, há outras possibilidades de resultado, por exemplo, verdadeiro ou falso. **B:** Errada, não apenas funções matemáticas, mas também comparações são possíveis no MS Excel. **C:** Errada, o símbolo = precede todas as funções do MS Excel. **D:** Errada, como entradas podem existir outros valores como texto por exemplo. **E:** Correta, as fórmulas do MS Excel são equações que aceitam diversos valores de entrada e apresentam um resultado de saída.

Gabarito "E"

(Policial Rodoviário Federal – 2009 – FUNRIO) Um programa de planilha eletrônica como Microsoft Excel ou BrOffice Calc permite realizar cálculos através de números e fórmulas armazenadas em células. Suponha as seguintes células preenchidas com números: A1=6, A2=5, A3=4, B1=3, B2=2, B3=1. Que valor será calculado e exibido na célula C3 caso esta tenha o conteúdo =SOMA(A2:B3)?

(A) 5
(B) 6
(C) 12
(D) 15
(E) 21

A, B, C, D, E: A fórmula =SOMA(x:y) realiza a soma dos valores das células de x à y, neste caso englobando as células A2, A3, B2 e B3 o que resultaria em 5+4+2+1=12, portanto apenas a alternativa C está correta.

Gabarito "C"

(Enfermeiro Fiscal de Saúde – PREFEITO SENADOR CANEDO/GO – 2011 – UFG) Considere a planilha elaborada no Microsoft© Office Excel 2007, apresentada na figura a seguir.

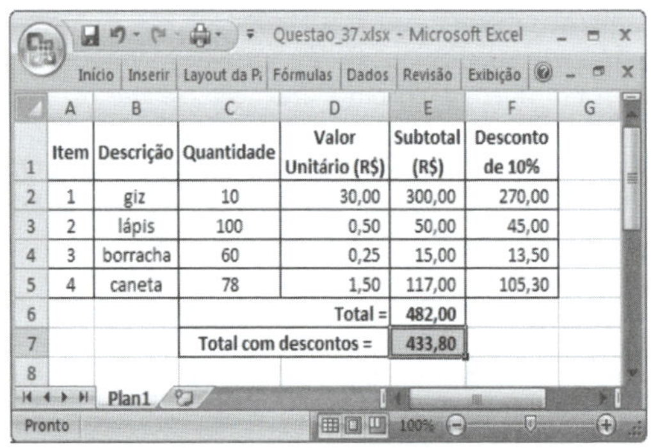

	A	B	C	D	E	F	G
1	Item	Descrição	Quantidade	Valor Unitário (R$)	Subtotal (R$)	Desconto de 10%	
2	1	giz	10	30,00	300,00	270,00	
3	2	lápis	100	0,50	50,00	45,00	
4	3	borracha	60	0,25	15,00	13,50	
5	4	caneta	78	1,50	117,00	105,30	
6				Total =	482,00		
7			Total com descontos =		433,80		
8							

Na célula E7, a fórmula que permite ao usuário obter o valor total dos materiais, considerando um desconto de 10%, é dada por:

(A) =SOMA(F2:F5)
(B) =SOMA(E2:E5)
(C) =SOMA(E2:F5)
(D) =SOMA(F2:E5)

A, B, C e D: A fórmula que realiza a soma dos valores de um intervale é SOMA(Inicio:Fim), caso seja usado ponto e vírgula ao invés de dois pontos é feito apenas a soma das células indicadas. Como é pedido o valor com desconto deve ser considerada a coluna F, logo a fórmula correta é =SOMA(F2**:**F5) e assim apenas a alternativa A está correta.

Gabarito "A"

(Enfermeiro – MP/RO – 2012 – FUNCAB) No Microsoft Office Excel 2003, é INCORRETO afirmar que:

(A) a Autosoma exibe a soma das células selecionadas.
(B) a função Classificar permite classificar os dados em ordem crescente ou decrescente.

(C) a função Localizar permite localizar, simultaneamente, um texto em todos os documentos Microsoft Office que estejam abertos no seu computador.
(D) a combinação de teclas CTRL + V corresponde à função Colar.
(E) o ícone aplica o negrito sobre o texto selecionado.

A, B, C, D e **E:** Apenas a afirmativa da alternativa C está incorreta, devendo esta ser marcada. A função Localizar permite apenas localizar um texto dentro do documento atual e não em todos os documentos do MS Office abertos no computador.

Gabarito "C"

(Enfermeiro – FAMERP/SP – 2012 – VUNESP) Considere que a planilha a seguir está sendo editada com o programa MS-Excel 2010, em sua configuração padrão.

A fórmula =SE(A1>B1;C1*2;C1+2) será colocada na célula D1 e copiada para D2, D3 e D4. Em seguida, na célula A5, será colocada a fórmula =SOMA(D1:D4).

O valor exibido em A5 será

(A) 37
(B) 38
(C) 42
(D) 49
(E) 50

A, B, C, D e **E:** Ao ser copiada para as outras linhas os valores internos são alterados para refletir a linha em que foram copiadas, portanto na célula D1 como o valor de B1 é maior que A1 o resultado seria C1 +2 que resulta em 11, na célula D2 a condição é a mesma portanto resultaria em 12, em D3 também seria aplicada a mesma regra resultando em 13 e por fim em D4 não seria diferente resultando em 14. Portanto 11 + 12 + 13 + 14 = 50 e por isso apenas a alternativa E está correta.

Gabarito "E"

(Enfermeiro – POLÍCIA CIVIL/MG – 2013 – ACADEPOL) São opções de formatação disponíveis na janela "Colunas", acionada pelo menu "Formatar" > "Colunas..." no Microsoft Word, versão português do Office 2003, EXCETO:

(A) Número de colunas.
(B) Linha entre colunas.
(C) Bordas e sombreamento.
(D) Colunas de mesma largura.

A, B, C e **D:** Todos os itens mencionados são opções de formatação na janela Colunas exceto Bordas e sombreamento que pode ser encontrado diretamente no menu Formatar, portanto apenas a alternativa C está correta.

Gabarito "C"

(Enfermeiro – POLÍCIA CIVIL/MG – 2013 – ACADEPOL) Em relação às opções do item de menu "Dados" "Importar dados externos" do Microsoft Excel, versão português do Office 2003, correlacione as colunas a seguir, numerando os parênteses:

Ícone **Opção**

I. ( ) Importar dados...
II. ( ) Nova consulta à Web...
III. ( ) Nova consulta a banco de dados...
IV. ( ) Propriedades do intervalo de dados...

A sequência CORRETA, de cima para baixo, é:

(A) II, III, I, IV.
(B) II, III, IV, I.
(C) III, II, I, IV.
(D) IV, III, II, I.

A, B, C e **D:** O ícone I representa a função Propriedades do intervalo de dados, o ícone II a função Importar dados, o ícone III a função Nova consulta à Web e o ícone IV a função Nova Consulta a banco de dados. Portanto apenas a alternativa B está correta em suas associações.

Gabarito "B"

(Enfermeiro – POLÍCIA CIVIL/MG – 2013 – ACADEPOL) Considere o gráfico a seguir do Microsoft Excel, versão português do Office 2003.
Sobre o gráfico, analise as seguintes afirmativas.

I. População é uma "Série" do gráfico.
II. O gráfico é do tipo "Barras".
III. Os nomes das unidades federativas são rótulos do eixo X.

Estão CORRETAS as afirmativas:

(A) I e II, apenas.
(B) I e III, apenas.
(C) II e III, apenas.
(D) I, II e III.

A, B, C e **D:** Apenas a afirmativa II está incorreta, no Excel o gráfico do tipo Barras contém as barras na horizontal, neste caso por estarem na vertical ele é denominado como do tipo "Colunas". Portanto apenas a alternativa B está correta.

Gabarito "C"

(Analista – TRE/AL – 2010 – FCC) Uma planilha eletrônica Excel 2003 possui os títulos das colunas na primeira linha e os títulos das linhas na primeira coluna. Para congelar na tela tanto os títulos das colunas quanto os títulos das linhas deve-se selecionar

(A) a primeira célula da primeira linha e da primeira coluna.
(B) a segunda célula da segunda linha e da segunda coluna.
(C) a primeira linha e a primeira coluna.
(D) a segunda linha e a segunda coluna.
(E) somente as células com conteúdos de títulos.

A: Errada, deve-se selecionar sempre uma célula abaixo ou à direita da célula/linha que se deseja congelar. **B:** Correta, para congelar uma linha ou coluna deve-se selecionar uma célula abaixo da linha desejada ou à direita da coluna desejada. **C:** Errada, deve-se selecionar a célula e não a linha ou a coluna toda. **D:** Errada, deve-se selecionar a célula e não a linha ou a coluna toda. **E:** Errada, deve-se selecionar sempre uma célula abaixo ou à direita da célula/linha que se deseja congelar.

Gabarito "C"

(Analista – STJ – 2008 – CESPE) A figura abaixo mostra uma janela do Excel 2003 com uma planilha, na qual as células A2 e A3 apresentam itens a serem comprados; as células B2 e B3, os preços unitários de cada item, em reais; e as células C2 e C3, as quantidades de itens a serem adquiridos.

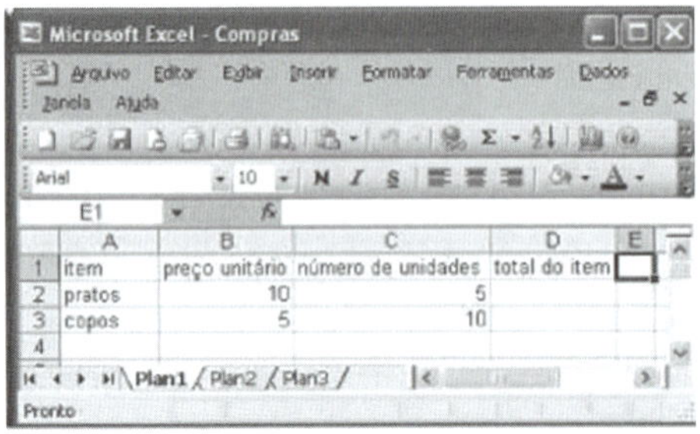

Considere que as células que contêm números estejam formatadas como números, e que os valores numéricos sejam todos inteiros.

A partir dessas informações, julgue os itens subsequentes, relativos ao Excel 2003.

(1) Para se calcular o preço total dos cinco pratos e pôr o resultado na célula D2, é suficiente clicar essa célula, digitar =B2*C2 e, em seguida, teclar [Enter].

(2) As células A1 e A3 estarão selecionadas após a execução da seguinte sequência de ações: clicar a célula A1; pressionar e manter pressionada a tecla [Ctrl]; clicar a célula A3; liberar, finalmente, a tecla [Ctrl].

(3) A seguinte ação irá mover o conteúdo da célula C2 para a célula D2: clicar a célula C2 e teclar [→].

1: correta, digitando-se na célula D2 a função =B2*C2 e em seguida teclando-se [Enter] é adicionada à célula uma função de multiplicação entre as células B2 e C2 que irá exibir apenas o resultado da multiplicação. **2:** correta, é possível selecionar células distintas mantendo-se pressionada a tecla [Ctrl] enquanto se clica em cada uma das células desejadas. **3:** errada, ao clicar na célula C2 e teclar [→] a seleção da cédula irá mudar para a célula D2, e não seu conteúdo.

Gabarito 1C, 2C, 3E

A figura abaixo mostra uma janela do Excel 2002, executado em um computador que usa como sistema operacional o Windows XP.

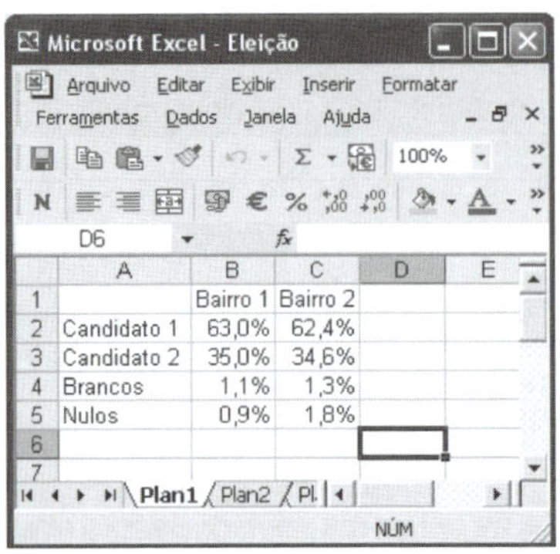

(Analista – TSE – 2006 – CESPE) Com relação à figura e ao Excel 2002, assinale a opção correta.

(A) Ao se clicar o *menu* Formatar, é exibida uma lista de opções, sendo que algumas permitem alterar a largura da coluna ou a altura da linha em que está contida a célula selecionada.

(B) Ao se clicar o botão [Cor do preenchimento], todas as células da planilha assumirão a cor atualmente associada a esse botão.

(C) Ao se clicar o botão [Estilo de moeda internacional], é aberta a caixa de diálogo Assistente de gráfico, que auxilia o usuário na elaboração de gráficos com os dados da planilha.

(D) Ao se clicar a célula B2 e se clicar o botão [Diminuir casas decimais] o conteúdo da célula B2 será exibido como 63,00%.

A: correta, no menu Formatar há opções de alteração de altura e largura da célula selecionada. **B:** errada, apenas a célula atualmente selecionada terá sua cor alterada para a cor associada ao botão [Cor do preenchimento]. **C:** errada, o botão [Estilo de moeda internacional] aplica à célula selecionada um estilo de moeda internacional. **D:** errada, o botão [Diminuir casas decimais] diminui o número de dígitos após a vírgula.

Gabarito "A"

(Analista – TST – 2008 – CESPE) A planilha mostrada na janela do Excel 2007, ilustrada abaixo, apresenta dados referentes à importação de materiais para três empresas diferentes, em que foram informados as quantidades e os valores unitários dos materiais.

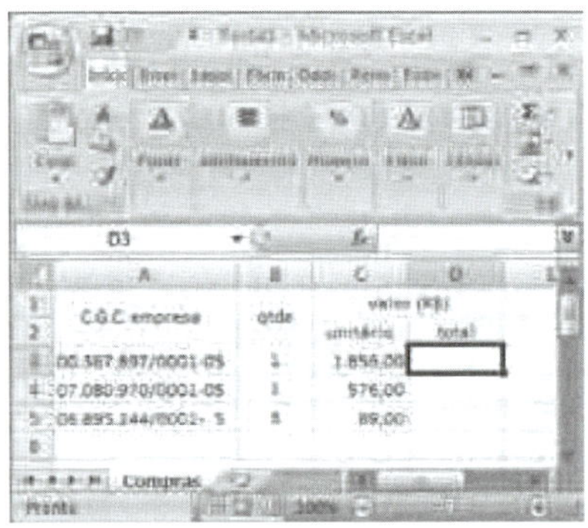

Para armazenar essas informações, as células de B3 a B5 estão formatadas para número, enquanto as células de C3 a C5 e de D3 a D5 estão formatadas para moeda. Para cada empresa, o valor total da compra de material realizada deve ser obtido pelo produto da quantidade de material importado pelo seu valor unitário em reais. Com base nessas informações, julgue os itens subsequentes, relativos à planilha mostrada e ao Excel 2007.

(1) Sabendo-se que a célula D3 está selecionada, para se preencher as células de D3 a D5 de acordo com as informações apresentadas, é suficiente que seja realizado o seguinte procedimento: digitar =(B3*C3) e teclar [Enter]; clicar a célula D3;

clicar o canto inferior direito da célula D3, mantendo o botão do *mouse* pressionado; arrastar o ponteiro do *mouse* até o canto inferior direito da célula D5; liberar o botão do *mouse*.

(2) Considere-se o seguinte procedimento: clicar a célula C3; pressionar e manter pressionada a tecla [Shift]; clicar a célula C5; liberar a tecla [Shift]; clicar o botão Σ. Nessa situação, sabendo-se que a célula C6 tem a mesma formatação das células de C3 a C5, após a realização desse procedimento, a célula C6 ficará preenchida com o valor 2.521,00.

1: correta, aplicando uma função a uma célula e clicando-se no canto inferior direito desta para arrastá-la, será aplicada a mesma formatação para as outras células. **2:** correta, a função Σ faz o cálculo da somatória das células selecionadas.

Gabarito 1C, 2C

(Analista – TRE/MS – 2007 – FCC) No Excel, se o conteúdo =B1+C1 da célula A1 for recortado e colado na célula A5, esta última normalmente deverá ficar com o conteúdo

(A) =B5+C5
(B) =B1+B5
(C) =C1+C5
(D) =B1+C5
(E) =B1+C1

A: errada, ao se copiar e colar o conteúdo da célula A1 a formatação deste é ajustada para ser equivalente a nova célula, porém na questão a ação usada é a de recortar. **B:** errada, ambos os valores da função terão seu índice referente à linha alterado, porém suas colunas se manterão iguais. **C:** errada, ambos os valores da função terão seu índice referente à linha alterado, porém suas colunas se manterão iguais. **D:** errada, ambos os valores da função terão seu índice referente à linha alterado, porém suas colunas se manterão iguais. **E:** correta, ao se recortar e colar o conteúdo de uma célula este permanecerá o mesmo na célula em que for colado.

Gabarito "E"

(Analista – TRF/1º – 2006 – FCC) Dadas as seguintes células de uma planilha Excel, com os respectivos conteúdos:

A1 = 1

A2 = 2

A3 = 3

A4 = 3

A5 = 2

A6 = 1

Selecionando-se as células A1, A2 e A3 e arrastando-as simultaneamente, pela alça de preenchimento, sobre as células A4, A5 e A6, os conteúdos finais das células A1, A2, A3, A4, A5 e A6 serão, respectivamente,

(A) 1, 2, 3, 1, 1 e 1.
(B) 1, 2, 3, 1, 2 e 3.
(C) 1, 2, 3, 3, 2 e 1.
(D) 1, 2, 3, 3, 3 e 3.
(E) 1, 2, 3, 4, 5 e 6.

A: errada, o Excel aplicará a mesma diferença entre as células A1 à A3 às células A4, A5 e A6. **B:** errada, o Excel aplicará a mesma diferença entre as células A1 à A3 às células A4, A5 e A6. **C:** errada, o Excel aplicará a mesma diferença entre as células A1 à A3 às células A4, A5 e A6. **D:** errada, o Excel aplicará a mesma diferença entre as células A1 à A3 às células A4, A5 e A6. **E:** correta, a mesma diferença entre os valores de A1 à A3 é aplicado às células A4, A5 e A6, portanto seus valores serão 1, 2, 3, 4, 5 e 6.

Gabarito "E"

I. Gravar em todo cabeçalho e rodapé das planilhas eletrônicas MS-Excel do Tribunal os padrões de logo e página estabelecidos pela Organização.

(Analista – TJ/PI – 2009 – FCC) A inserção de dados referida em I é possibilitada, em primeira instância, mediante o acesso ao menu

(A) Formatar.
(B) Ferramentas.
(C) Exibir.
(D) Editar.
(E) Inserir.

A: errada, o item para inserção de cabeçalhos e rodapés não se encontra no menu Formatar. **B:** errada, o item para inserção de cabeçalhos e rodapés não se encontra no menu Ferramentas. **C:** correta, cabeçalhos e rodapés podem ser inseridos por meio do item "Cabeçalho e rodapé..." do menu Exibir. **D:** errada, o item para inserção de cabeçalhos e rodapés não se encontra no menu Editar. **E:** errada, o item para inserção de cabeçalhos e rodapés não se encontra no menu Inserir.

Gabarito "C"

(Analista – TJ/AP – 2008 – CESPE) Considerando a figura acima, que mostra uma planilha do Excel 2000, julgue os itens seguintes.

(1) Sabendo que a população do Amapá é estimada em 475.843 habitantes, dos quais 362.914 residem em Macapá e Santana, então, para determinar o percentual da população do Amapá que reside nessas duas cidades, pondo o resultado na célula A1, é suficiente digitar =362.914×100\475.843 na célula selecionada e, a seguir, teclar "ENTER".

(2) Considere o seguinte procedimento: na célula selecionada, digitar Amapá; teclar "ENTER"; clicar a célula A1; clicar ; clicar a célula B1; teclar "ENTER". Após esse procedimento, as células A1 e B1 ficarão com o mesmo conteúdo: Amapá.

(3) A partir de dados numéricos que forem inseridos na planilha em edição, é possível a elaboração de relatórios por meio de opção encontrada no menu Ferramentas.

1: errada, o cálculo para determinar o percentual da população do Amapá que reside nessas cidades seria =362 914*100/475 843. **2:** correta, o botão copia o conteúdo da célula selecionada, após isso teclando-se "ENTER" o conteúdo copiado é colado no célula atual. **3:** errada, o menu Ferramentas não possui ferramentas para a elaboração de relatórios.

Gabarito 1E, 2C, 3E

(Analista – TJ/MT – 2008 – VUNESP) Verifique na figura I que existe um AutoFiltro aplicado na coluna D de uma planilha Excel XP, em sua configuração original:

FIGURA I

FIGURA II

Assinale a alternativa que contém apenas as linhas que serão visualizadas, caso ocorra a personalização do AutoFiltro, conforme exposto na figura II.

(A) 3, 4, 6, 8 e 10. **(B)** 3, 8 e 10. **(C)** 3 e 8.
(D) 4 e 6. **(E)** 8 e 10.

A: errada, a linha 4 não inicia com as letras "Bus". **B:** correta, apenas as linhas 3, 8 e 10 iniciam com as letras "Bus". **C:** errada, a linha 10 também inicia com as letras "Bus". **D:** errada, a linha 4 e 6 não iniciam com as letras "Bus". **E:** errada, a linha 3 também inicia com as letras "Bus".

Gabarito "B"

(Analista – TJ/MT – 2008 – VUNESP) Observe a fórmula aplicada na célula H1 de uma planilha do Excel XP, a partir da sua configuração original:

=SE(H2>=15;MOD(3;2);(SE(E(H2>8;H2<=10); H2*10%; MÉDIA(H2^2;H2/1))))

Indique a alternativa que traz os resultados que serão apresentados na célula H1, quando os seguintes valores forem inseridos na célula H2, respectivamente.

I. 2.
II. 8.
III. 9.
IV. 15.

(A) I. 1 ... II. 0,8 ... III. 45 ... IV. 1,5.
(B) I. 4 ... II. 8 ... III. 0,9 ... IV. 1.
(C) I. 3 ... II. 36 ... III. 0,9 ... IV. 1.
(D) I. 2 ... II. 64 ... III. 81 ... IV. 6.
(E) I. 0,2 ... II. 1 ... III. 9 ... IV. 15.

A: errada, como 2 não é menor que 15 será feita a segunda função; nesta 2, não está entre 8 e 10 portanto será feita sua segunda função; logo o cálculo da média de 2 ao quadrado e 2 resulta em 3, portanto a afirmativa está errada. **B:** errada, como 2 não é menor que 15 será feita a segunda função, nesta, 2 não está entre 8 e 10, portanto será feita sua segunda função, logo o cálculo da média de 2 ao quadrado e 2 resulta em 3, portanto a afirmativa está errada. **C:** correta. **D:** errada, como 2 não é menor que 15 será feita a segunda função, nesta, 2 não está entre 8 e 10 portanto será feita sua segunda função, logo o cálculo da média de 2 ao quadrado e 2 resulta em 3, portanto a afirmativa está errada. **E:** errada, como 2 não é menor que 15 será feita a segunda função, nesta, 2 não está entre 8 e 10 portanto será feita sua segunda função, logo o cálculo da média de 2 ao quadrado e 2 resulta em 3, portanto a afirmativa está errada.

Gabarito "C"

(Analista – TJ/PB – 2008 – COMPROV) Com relação ao *Microsoft Excel*, versão língua portuguesa, a função que realiza um teste condicional determinando se a condição é verdadeira ou falsa é:

(A) =TESTE().
(B) =TESTECONDICIONAL().
(C) =SE().
(D) =VERDADEIROOUFALSO().
(E) =REALIZATESTE().

A: errada, não existe a função =TESTE() no Microsoft Excel. **B:** errada, não existe a função =TESTECONDICIONAL() no Microsoft Excel. **C:** correta, a função é denominada =SE(). **D:** errada, não existe a função =VERDADEIROOUFALSE() no Microsoft Excel. **E:** errada, não existe a função =REALIZATESTE() no Microsoft Excel.

Gabarito "C"

(Analista – TJ/PB – 2008 – COMPROV) Com relação ao *Microsoft Excel*, versão em língua portuguesa, o resultado de se aplicar a função =PRI.MAIÚSCULA("isso é CULTURA") em uma da célula, é:

(A) Isso é CULTURA.
(B) Isso É Cultura.
(C) Isso é Cultura.
(D) Isso É CULTURA.
(E) ISSO É CULTURA.

A: errada, a função PRI.MAIÚSCULA() torna a primeira letra de cada palavra maiúscula e as demais minúsculas. **B:** correta, a função PRI. MAIÚSCULA() torna a primeira letra de cada palavra maiúscula e as demais minúsculas.**C:** errada, a função PRI.MAIÚSCULA() torna a primeira letra de cada palavra maiúscula e as demais minúsculas. **D:** errada, a função PRI.MAIÚSCULA() torna a primeira letra de cada palavra maiúscula e as demais minúsculas. **E:** errada, a função PRI. MAIÚSCULA() torna a primeira letra de cada palavra maiúscula e as demais minúsculas.

Gabarito "B"

(Analista – TJ/PB – 2008 – COMPROV) Sobre o *Microsoft Excel*, versão em língua portuguesa, analise os itens abaixo:

I. A função ÉLÓGICO() retorna verdadeiro se o valor de seu argumento for um valor lógico.
II. A função ABSOLUTO() retorna o valor absoluto de um número.
III. A função EXATO() verifica se dois valores de texto são idênticos.
IV. A função REPETE() retorna um texto um determinado número de vezes.

Escolha a alternativa correta.

(A) I e III.
(B) I e IV.
(C) II e III.
(D) II e IV.
(E) III e IV.

A: correta, as afirmativas I e III são as corretas. **B:** errada, a função REPETE () não existe no Microsoft Excel. **C:** errada, a função ABSOLUTO() não existe no Microsoft Excel. **D:** errada, a função ABSOLUTO() não existe no Microsoft Excel. **E:** errada, a função REPETE() não existe no Microsoft Excel.

Gabarito "A"

(Analista – TJ/PR – 2009) Em uma planilha, se o conteúdo =(B1+C1)*$D$1 da célula A1 for copiado e colado na célula A5, esta última deverá ficar com o conteúdo:

(A) =($B$5+$C$5)*$D$5
(B) =(B5+C5)*D1
(C) =(B5+C5)*$D$1
(D) =(B5+C5)*D5
(E) =(B1+C1)*D1

A: errada, a referência ao conteúdo das células B1 e C1 é alterado para B5 e C5, sem a utilização de '$'. **B:** errada, a referência em forma de $D$1 é mantida como $D$1 quando o conteúdo da célula é copiado. **C:** correta, as referências para a célula D1 são mantidas e das células B1 e C1 alteradas para B5 e C5. **D:** errada, a referência em forma de $D$1 é mantida quando o conteúdo da célula é copiado. **E:** errada, a referência em forma de $D$1 é mantida como $D$1 quando o conteúdo da célula é copiado.

Gabarito "C"

OBJETIVO:

O Ministério Público do Governo Federal de um país deseja modernizar seu ambiente tecnológico de informática. Para tanto, adquirirá equipamentos de computação eletrônica avançados e redefinirá seus sistemas de computação a fim de agilizar seus processos internos e também melhorar seu relacionamento com a sociedade.

REQUISITOS PARA ATENDER AO OBJETIVO:

[...]

§ 7º - As planilhas de cálculo deverão totalizar todas as colunas de valores.

Exemplo:

....	A	B
1		Valor
2		1
3		2
4		3
5		4
6	**Total**	**10**

(Técnico – MPU –2007 – FCC) Para atender ao requisito do **§ 7º** , a célula B6 do exemplo somente estará correta se contiver a fórmula

(A) (B2+B5).
(B) SOMA(B2:B5).
(C) (SOMA:B2:B5).
(D) SOMA(A2;A5).
(E) SOMA(B2+B5).

A: Errada, a função mencionada não possui a chamada da função SOMA. **B:** Correta, a função mencionada utiliza a função soma que se inicia na célula B2 e termina na B5. **C:** Errada, o parentêse é aberto após o nome da função e não antes. **D:** Errada, a célula B6 deve somar os valores da coluna B e não da coluna A. **E:** Errada, a função mencionada apenas soma os valores de duas funções.

Gabarito "B"

(Analista – MPU – 2010 – CESPE) A figura abaixo ilustra uma planilha em edição no Microsoft Excel 2007 (MSExcel 2007), que apresenta valores hipotéticos de seis processos.

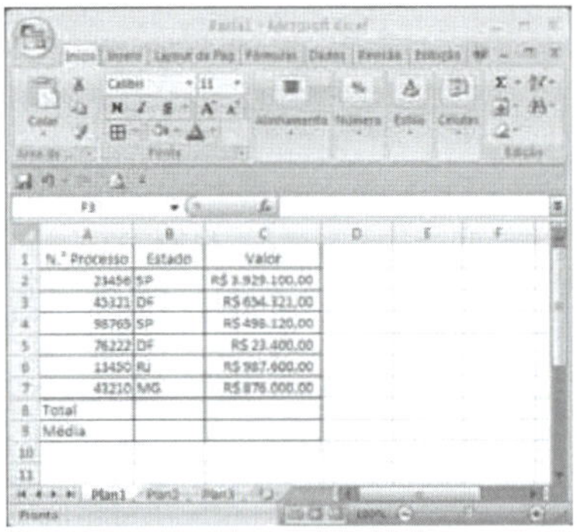

Nessa planilha, o total e a média aritmética dos valores dos seis processos serão inseridos nas células C8 e C9, respectivamente.

Com base nessas informações, julgue os itens subsequentes.

(1) O valor da média aritmética dos seis processos pode ser obtido com o seguinte procedimento: clicar a célula C9 e, em seguida, digitar a fórmula =MÉDIA(C2;C7).

(2) Para formatar a fonte dos valores abaixo de R$ 500.000,00 com a cor vermelha e a dos valores acima de R$ 500.000,00 com a cor azul, é suficiente selecionar a coluna, clicar o menu Fórmulas, digitar =SE(C2<500000;"vermelho";"azul") e arrastar tudo, copiando a fórmula para as demais células dessa coluna.

(3) Para classificar os processos do menor valor para o maior, é suficiente selecionar as células de C2 até C7; clicar a ferramenta ; selecionar a opção Classificar do Menor para o Maior e, em seguida, clicar o botão Classificar.

(4) Para se obter o valor total desses processos, é suficiente clicar a célula C8; pressionar a ferramenta Σ e, em seguida, pressionar a tecla "ENTER"

1: Errada, para se definir um intervalo de número deve-se utilizar os dois pontos e não ponto e vírgula; **2:** Errada, a fórmula mencionada apenas troca o conteúdo da célula na qual ela foi digitada por "vermelho" ou "azul" dependendo do valor da célula C2; **3:** Correta, a ferramenta mencionada organiza as células da seleção atual de acordo com a função escolhida, neste caso, do Menor para o Maior.; **4:** Correta, a ferramenta Σ corresponde à função Somatório, que soma todos os valores no intervalo acima da célula atual por padrão, podendo este intervalo ser alterado a gosto do usuário.

Gabarito 1E, 2E, 3C, 4C

(Técnico Judiciário – STJ – 2008 – CESPE) A figura a seguir mostra uma janela do Excel 2003, com uma planilha em processo de edição, em que os conteúdos de todas as células são números inteiros, sendo essas células formatadas com números, sem casas decimais.

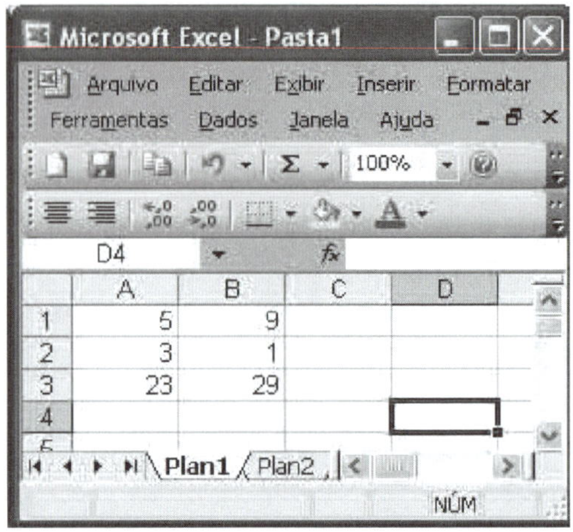

Considerando essas informações, julgue os itens seguintes, relativos a essa janela e ao Excel 2003.

(1) As células C1 e C2 conterão, respectivamente, os números 14 e 4, após a realização da seguinte sequência de ações: clicar a célula C1; digitar =A1 + B1 e teclar [Enter]; clicar novamente C1; clicar ; clicar C2; pressionar e manter pressionada a tecla [Ctrl]; teclar [V]; liberar a tecla [Ctrl].

(2) O conteúdo da célula B2 será exibido como 1,00 ao final da seguinte sequência de ações: clicar a célula B2, clicar duas vezes o botão .

(3) Para se alinhar à esquerda os conteúdos das células de A1 a B3, é suficiente realizar a seguinte sequência de ações: aplicar um duplo clique à célula A1; aplicar um duplo clique à célula B3; clicar .

1: correta, a função =A1 + B1 soma os valores das células indicadas, copiando-se esta formatação para a célula C2 os valores de A1 e B1 serão adaptados para A2 e B2. **2:** correta, o botão aumenta o número de casas decimais, clicando-se nele duas vezes será aumentada duas casas decimais na célula selecionada. **3:** errada, o botão se refere ao alinhamento à direita e não à esquerda.

Gabarito 1C, 2C, 3E

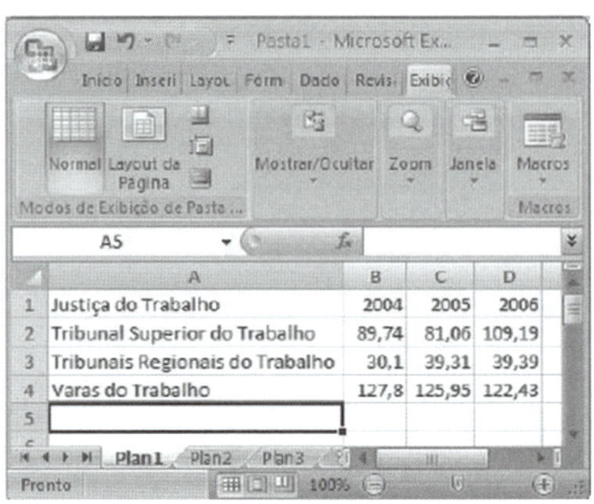

(Técnico Judiciário – TST – 2008 – CESPE) A figura anterior mostra uma janela do Microsoft Excel 2007 com uma planilha em processo de edição. Com relação a essa planilha e ao Excel 2007, julgue os itens seguintes.

(1) Considerando-se que nenhuma célula da planilha esteja formatada como negrito, para aplicar negrito às células A1, B1, C1 e D1, é suficiente realizar a seguinte sequência de ações: clicar a célula A1; pressionar e manter pressionada a tecla [Shift]; clicar a célula D1, liberando então a tecla [Shift]; pressionar e manter pressionada a tecla [Ctrl]; teclar [N], liberando, então, a tecla [Ctrl].

(2) Ao se clicar a célula B2 e, em seguida, pressionar simultaneamente as teclas [Shift] e [%], o conteúdo da célula B2 passará a ser exibido como 89,74%.

1: correta, ao clicar na célula A1 e pressionando-se a tecla [Shift] clicar na célula D1 todas as células entre estas serão selecionadas e o atalho [Ctrl] + [N] ativa a função de efeito negrito, aplicando-o a todas as células selecionadas. **2:** errada, ao pressionar simultaneamente as teclas [Shift] e [%] o conteúdo da célula B2 será substituído pelo símbolo %.

Gabarito 1C, 2E

(Técnico Judiciário – TRE/MS – 2007 – FCC) O termo SE em fórmulas do Excel é utilizado para

(A) conduzir testes condicionais sobre valores e fórmulas.
(B) retornar um número arredondado ao múltiplo desejado.
(C) arredondar um número para baixo, aproximando-o do zero.
(D) arredondar um número para cima.
(E) retornar o cosseno hiperbólico inverso de um número.

A: correta, o termo SE realiza testes condicionais. **B:** errada, o termo SE apenas realiza testes condicionais. **C:** errada, a função para arredondar um número para baixo é =ARREDONDAR.PARA.BAIXO. **D:** errada, a função para arredondar um número para cima é =ARREDONDAR.PARA.CIMA. **E:** errada, a função de cosseno hiperbólico é =COSH.

Gabarito "A"

(Escrevente Técnico Judiciário – TJ/SP – 2008 – VUNESP) Considere a seguinte expressão, inserida na célula B12 de uma planilha do Microsoft Excel XP. = SOMA(B2:B4;B8:B10) A ação que essa expressão tem é a de somar o conteúdo das seguintes células dessa planilha:

(A) B2 a B10.
(B) B2, B4 a B8 e B10.
(C) B2 a B4 e B8 a B10.
(D) B2 a B10, exceto as células B3 e B9.
(E) B2 a B10, exceto as células B4 e B8.

A: errada, a presença do ponto e vírgula define a existência de dois elementos de soma diferentes. **B:** errada, a presença de dois pontos define a extensão de uma célula até outra, portanto, seria da célula B2 até a B4 e não B2 e B4. **C:** correta, o ponto e vírgula define a existência de dois elementos na soma, o primeiro composto pelas células B2 a B4 e o segundo B8 a B10. **D:** errada, de acordo com o primeiro elemento da soma (de B2 a B4), o item B3 também faz parte da soma. **E:** errada, a célula B8 faz parte do segundo elemento da soma.

Gabarito "C"

(Escrevente Técnico Judiciário – TJ/SP – 2008 – VUNESP) No Microsoft Excel XP, para se atribuir uma cor de fundo às células de uma planilha, deve-se selecionar a opção de menu Formatar – Células, seguida pela seleção da aba

(A) Alinhamento.
(B) Borda.
(C) Número.
(D) Padrões.
(E) Proteção.

A: errada, a aba Alinhamento define a forma de alinhamento do texto da célula. **B:** errada, a aba Borda define as opções referentes à borda da célula. **C:** errada, não há opções de alteração de cor na aba Número. **D:** correta, as opções de cor de fundo de uma célula se encontram na aba Padrões. **E:** errada, não há opções de alteração de cor na aba Proteção.

Gabarito "D"

(Escrevente Técnico Judiciário – TJ/SP – 2007 – VUNESP) Com relação ao Microsoft Excel XP, na sua configuração padrão, assinale a alternativa que contém a fórmula correta, a ser aplicada na célula A9, para somar os valores da célula A1 até a célula A8, inclusive.

(A) =A1+A3+A4+A7+A8
(B) =Soma(A1:A8)
(C) =Soma(A1;A8)
(D) Soma(A1:A8)
(E) =A1:A8

A: errada, não serão somadas as células A2, A5, e A6 na fórmula descrita. **B:** correta, a função Soma() faz a soma dos elementos iniciando no primeiro parâmetro até o último parâmetro. **C:** errada, a sintaxe correta da função Soma() exige dois pontos entre os parâmetros e não ponto e vírgula. **D:** errada, para se configurar uma função é necessária a presença do símbolo de igualdade "=" antes do nome da função. **E:** errada, é necessária a presença da função Soma().

Gabarito "B"

(Delegado/AP – 2006 – UFAP) Analise as seguintes afirmações, quanto à planilha eletrônica Microsoft Excel 2000 em português:

I. A fórmula utilizada para efetuar e retornar somatório de todos os valores de uma determinada lista ou seleção é "CONT.NÚM ( )"
II. Recursos de formatação como alterar a fonte, acor e o tamanho dos valores das células, ainda não foram incorporados ao programa.
III. "MÉDIA( )" é uma função de estatística que está disponível no aplicativo.
IV. Ao imprimir uma planilha, é possível configurar a página para a orientação "retrato" ou "paisagem".

Indique a alternativa correta:

(A) Todas as afirmações estão incorretas.
(B) Apenas as afirmações III e IV estão corretas
(C) Todas as afirmações estão corretas.
(D) Apenas a afirmação IV está correta.
(E) Apenas a afirmação III está correta.

A: Errada, as afirmativas III e IV estão corretas. **B:** Correta, apenas as alternativas III e IV estão corretas. **C:** Errada, as afirmativas I e II estão incorretas, a função CONT. NUM () conta o n´mero de células que contém números e os números contidos na lista de argumentos, a fórmula correta seria SOMA () e os recursos de formatação de texto são parte integrante do programa. **D:** Errada, a afirmativa III também está correta. **E:** Errada, a afirmativa IV também está correta.

Gabarito "B"

(Delegado/PI – 2009 – UESPI) No aplicativo Microsoft Excel 2000, o item "Colar especial..." do menu *Editar* permite copiar para uma nova célula todas as informações abaixo, de outra célula, exceto:

(A) altura da linha.
(B) fórmula.
(C) valor.
(D) comentário.
(E) largura da coluna.

A: Correta, a altura da linha não é alterada com a opção *Colar Especial*, que copia a formatação de uma célula. **B:** Errada, a fórmula da célula é copiada utilizando-se a função *Colar Especial*. **C:** Errada, o valor da célula é copiado utilizando-se a *função Colar Especial*. **D:** Errada, a os comentários fazem parte da formatação da célula, e por isso, também são copiados com a função *Colar Especial*. **E:** Errada, a largura da coluna também é copiada com a função *Colar Especial*.

Gabarito "A"

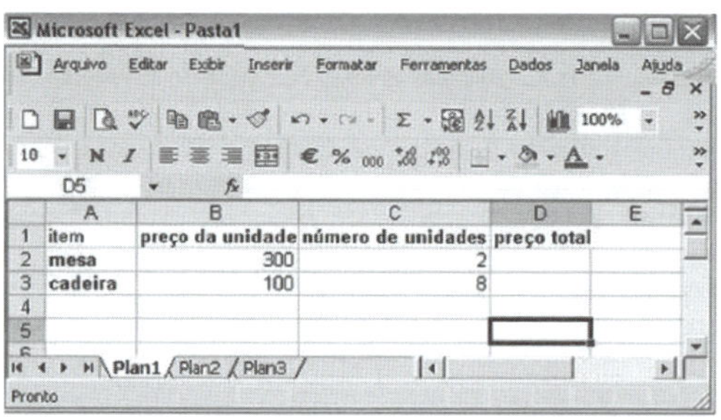

(Agente de Polícia Federal – 2009 – CESPE) Julgue o item a seguir, considerando a figura acima, que mostra uma planilha em edição no Excel 2002, com uma lista de preços unitários de mesas e cadeiras, bem como a quantidade a ser adquirida de cada item.

(1) Para se inserir uma nova linha entre as linhas 1 e 2, movendo os conteúdos das linhas 2 e 3 para baixo, é suficiente clicar no cabeçalho da linha 2 — [2] — e, em seguida, clicar o botão [⊞].

1: Errada, o botão mencionado tem como função mesclar e centralizar células e não adicionar novas linhas.

Gabarito 1E

(Escrivão de Polícia Federal – 2009 – CESPE) Julgue o item a seguir, considerando a figura anterior, que mostra uma planilha em edição no Excel 2002, com uma lista de preços unitários de mesas e cadeiras, bem como a quantidade a ser adquirida de cada item.

(1) Ao se clicar a célula C3 e, em seguida, se clicar o botão [↶], a célula B3 será selecionada.

1: Errada, o botão mencionado apenas desfaz a ultima ação realizada, como voltar o conteúdo excluído de uma célula ou adicionar uma linha apagada anteriormente.

Gabarito 1E

(Escrivão de Polícia Federal – 2009 – CESPE) Com relação a bancos de dados e processos de informação, julgue os itens seguintes.

(1) O uso de chaves estrangeiras em bancos de dados que adotam modelos relacionais permite que o fortalecimento da característica de integridade de dados seja melhor do que o das características de confidencialidade, autenticidade e disponibilidade de dados e informações.

(2) O ciclo de vida da informação em uma organização pode corresponder às seguintes fases: criação e recebimento; distribuição; uso; manutenção; e descarte.

1: Correta, as chaves estrangeiras forçam uma tabela que tenha uma relação com outra tabela possua apenas registros válidos existentes na segunda, isso garante a integridade dos dados mais que qualquer outra característica. **2:** Correta, toda informação é criada e recebida por algo ou alguém, ela pode ser distribuída, utilizada e receber manutenção durante um período até que seja por fim descartada.

Gabarito 1C, 2C

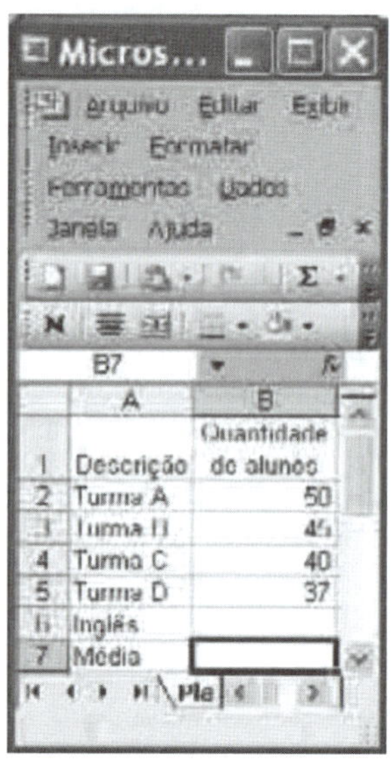

(Escrivão de Polícia/AC – 2008 – CESPE) Considerando a figura anterior, que mostra uma planilha contendo as quantidades de alunos de quatro turmas de uma escola, julgue os itens subsequentes, acerca do Excel 2003.

(1) Sabendo que a quantidade de alunos de inglês da escola em questão é metade da quantidade de alunos da turma A, a fórmula utilizada para calcular o total de alunos de inglês é =B2/50%.

(2) A média de alunos por turma pode ser calculada usando-se a fórmula =(B2+B3+B4+B5)/4.

(3) A ferramenta permite colocar bordas na planilha.

(4) Para formatar os títulos das colunas com negrito é suficiente selecioná-los e clicar a ferramenta N.

(5) O menu Exibir possibilita visualizar quebra de página.

1: Errada, a conta correta seria =B2/2 ou =B2*50%. **2:** Correta, a média é calculada pela soma dos fatores divida pelo número de fatores, neste caso os fatores sendo B2, B3, B4 e B5 a fórmula está correta. **3:** Errada, a ferramenta mencionada tem como função Mesclar e centralizar células. **4:** Correta, a ferramenta mencionada aplica o efeito negrito na célula que está selecionada. **5:** Correta, a partir do menu Exibir é possível visualizar uma prévia dos lugares onde as páginas irão quebrar através da opção visualização da quebra de página.

Gabarito 1E, 2C, 3E, 4C, 5C

(Agente de Polícia/DF – 2009 – UNIVERSA) Um professor utiliza o Microsoft Excel 2003 (com sua instalação padrão), para controlar as notas dos seus alunos, conforme mostra a figura abaixo. Ele deseja lançar, na coluna "E" da planilha, o conceito "Aprovado", quando a média do aluno for superior ou igual a 5, ou o conceito "Reprovado", quando a média do aluno for inferior a 5 aplicando a função lógica "SE". Assinale a alternativa que apresenta corretamente o uso da função "SE" para que o professor lance o conceito da aluna Maria.

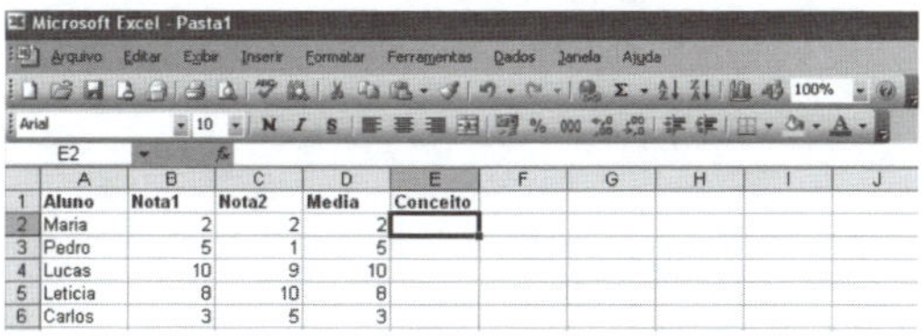

(A) =SE(D2:D6>=5;"Aprovado";"Reprovado")

(B) =SE(D2>=5;"Aprovado";"Reprovado")

(C) =SE(media>=5;"Aprovado";"Reprovado")

(D) =SE(E2>=5;"Aprovado";"Reprovado")

(E) =SE(A2>=5;"Aprovado";"Reprovado")

A: Errada, o primeiro parâmetro deve ser uma função de comparação, a função D2:D6>=5 não é uma função de comparação válida; **B:** Correta, a função de comparação D2>=5 é válida e permite saber se o valor da média de um dos alunos é igual ou maior que 5; **C:** Errada, deve-se informar no primeiro parâmetro da função a célula que será usada para a comparação; **D:** Errada, o valor da média da nota dos alunos está na coluna D e não na coluna E; **E:** Errada, o valor da média da nota dos alunos está na coluna D e não na coluna A.

Gabarito "B"

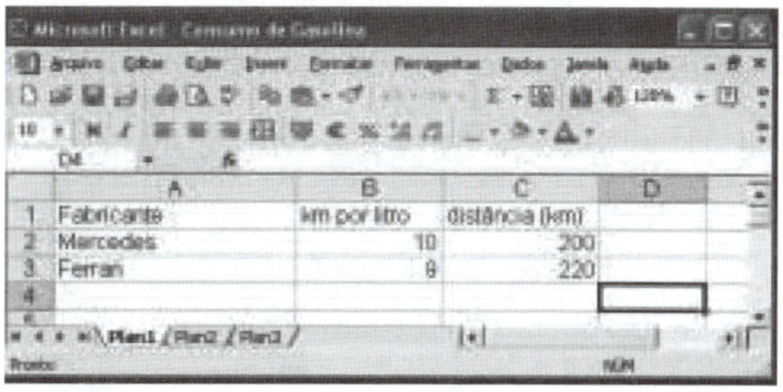

(Escrivão de Polícia/ES – 2006 – CESPE) A figura acima mostra uma janela do Excel 2002, com uma planilha, em processo de elaboração, contendo o consumo de dois carros de dois fabricantes diferentes, em quilômetros por litro, e a distância percorrida por eles em dois percursos diferentes. Com relação a essa situação hipotética e ao Excel 2002, julgue os itens seguintes.

(1) Considerando-se que nenhuma célula da planilha mostrada esteja formatada em negrito, ao final da seguinte sequência de ações os conteúdos das células A1 e C1 estarão formatados em negrito: clicar a célula A1; clicar N; clicar e, em seguida, clicar a célula C1.

(2) Para calcular o número total de litros consumidos no percurso realizado pelo carro do fabricante Mercedes, pondo o resultado na célula D2, é suficiente clicar a célula D2, clicar Σ e, em seguida, teclar Enter.

1: Correta, a função copia a formatação de um célula e aplica a outra célula, portanto após a primeira ação a célula A1 estaria em negrito e com a utilização do Pincel a célula teria a mesma formatação. **2:** Errada, o cálculo realização pela função Σ é a somatória, neste caso é preciso realizar a divisão do valor da célula C2 pelo da célula B2.

Gabarito 1C, 2E

(Agente de Polícia/GO – 2008 – UEG) Editores de textos disponibilizam recursos que facilitam a edição de documentos e sua respectiva impressão. O Microsoft Word 2003, em sua configuração padrão, é capaz de:

(A) corrigir automaticamente os erros mais comuns de digitação, alinhando parágrafos e criando formatações quando o recurso Autoformatar estiver ativado.

(B) fazer correção ortográfica e tradução automática de idiomas mais comuns, como o inglês e português, quando o recurso Idioma estiver ativado.

(C) imprimir apenas um trecho de texto previamente selecionado ou mesmo apenas as páginas indicadas no momento da impressão.

(D) criar índices de textos e figuras automaticamente através da ativação do recurso Controlar Alterações.

A: Errada, o nome da função que realiza as funções descritas é Autotexto e não Autoformatar; **B:** Errada, o Microsoft Word não permite a tradução automática, apenas possui dicionários em vários idiomas que podem ser usados para a correção ou obtenção de sinônimos; **C:** Correta, é possível imprimir apenas as páginas desejadas ou apenas um trecho de texto selecionado por meio da função de impressão do Microsoft Word 2003; **D:** Errada, a opção Controlar Alterações tem como função controlar as alterações feitas no documento, como inserções, exclusões e alterações de formatação.

Gabarito "C"

(Agente de Polícia/GO – 2008 – UEG) Atualmente, a utilização de planilhas é uma prática muito difundida para o armazenamento de informações estratégicas de empresas e, até mesmo, de pessoas físicas. Considere que seja necessária a localização de uma informação sobre pedofilia que esteja contida em uma planilha de uma máquina com centenas de arquivos no padrão do Microsoft Excel 2003. Uma forma rápida de localizar planilhas com essas informações é:

(A) listar todas as planilhas e efetuar uma criteriosa busca nos conteúdos dessas planilhas.
(B) usar um dos recursos de busca avançada do Internet Explorer, como o *Google Desktop Search*, para localizar planilhas que contenham assuntos ligados ao tema "pedofilia".
(C) em cada planilha, usar o recurso "Localizar..." existente no menu "Editar" do Excel, informando como argumento de busca palavras-chave ligadas ao tema procurado, como "pedófilo", "pedofilia" etc.
(D) usar o recurso de "Pesquisar..." do Windows Explorer, colocando como parâmetros de pesquisa o tipo de arquivo do Excel, além de palavras-chave ligadas ao tema procurado, como, por exemplo, "pedófilo", "pedofilia" etc.

A: Errada, essa forma permite a localização, porém demanda muito tempo e recurso não sendo a mais indicada; **B:** Errada, o Internet Explorer não realiza buscas no disco rígido do computador, mas sim na Internet; **C:** Errada, essa forma permite a localização, porém demanda muito tempo e recurso não sendo a mais indicada; **D:** Correta, a função Pesquisa do Windows Explorer, quando combinada com seus filtros de busca pode procurar conteúdos dentro de um arquivo, sendo a forma mais rápida neste cenário.

Gabarito "D"

(Escrivão de Polícia/GO – 2008 – UEG) Supondo-se que um escrivão interessado em avaliar o cenário estatístico de crimes durante o seu plantão tenha criado a planilha abaixo.

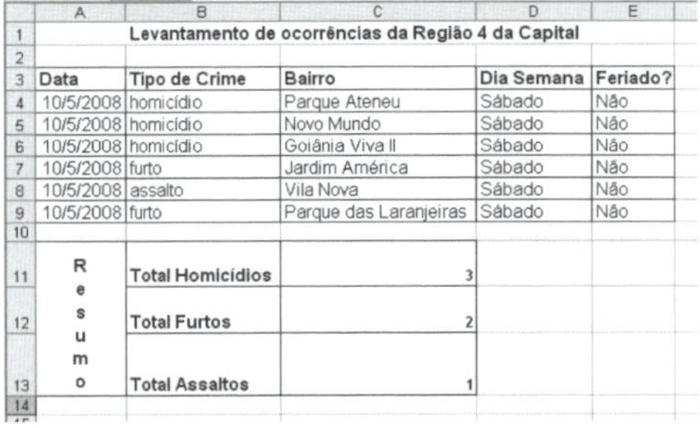

	A	B	C	D	E
1	Levantamento de ocorrências da Região 4 da Capital				
2					
3	Data	Tipo de Crime	Bairro	Dia Semana	Feriado?
4	10/5/2008	homicídio	Parque Ateneu	Sábado	Não
5	10/5/2008	homicídio	Novo Mundo	Sábado	Não
6	10/5/2008	homicídio	Goiânia Viva II	Sábado	Não
7	10/5/2008	furto	Jardim América	Sábado	Não
8	10/5/2008	assalto	Vila Nova	Sábado	Não
9	10/5/2008	furto	Parque das Laranjeiras	Sábado	Não
10					
11	Resumo	Total Homicídios	3		
12		Total Furtos	2		
13		Total Assaltos	1		

Nas células C11, C12 e C13 apresentam-se os totais de homicídios, furtos e assaltos, respectivamente. Para obter o número de ocorrência de homicídios indicados na Célula C11, o escrivão aplicou a seguinte fórmula:

(A) =SOMA.SE(B4:B9;"homicídio")
(B) =PROCV(B4:B9;"homicídio")
(C) =CONT.SE(B4:B9;"homicídio")
(D) =CONT.NÚM(B4:B9;"homicídio")

A: Errada, não existe a função =SOMA.SE() no Excel; **B:** Errada, a função =PROCV() apenas procura um valor na primeira coluna à esquerda de uma tabela e retorna um valor na mesma linha de uma coluna especificada; **C:** Correta, a função =CONT.SE() calcula o número de células não vazias que corresponde a uma determinada condição, neste caso possuir o texto "homicídio"; **D:** Errada, a função =CONT.NÚM() apenas conta o número de células em um intervalo selecionado que contêm valores numéricos.

Gabarito "C"

(Escrivão de Polícia/PA – 2009 – MOVENS) Considere que um delegado tenha recebido de uma operadora de telefonia planilha do Microsoft Excel 2003 com os números de telefones para os quais um suspeito fez ligações. Essa lista possui o registro dos dias e dos horários das ligações, bem como o número de destino e a duração de cada uma delas. No entanto, a lista é longa e são poucos os números de telefones que realmente interessam.

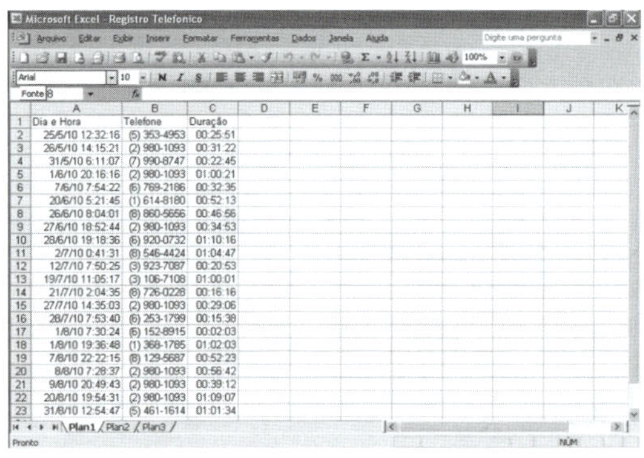

	A	B	C
1	Dia e Hora	Telefone	Duração
2	25/5/10 12:32:16	(5) 353-4953	00:25:51
3	26/5/10 14:15:21	(2) 980-1093	00:31:22
4	31/5/10 6:11:07	(7) 990-8747	00:22:45
5	1/6/10 20:16:16	(2) 980-1093	01:00:21
6	7/6/10 7:54:22	(6) 769-2186	00:32:35
7	20/6/10 5:21:45	(1) 614-8180	00:52:13
8	26/6/10 8:04:01	(8) 860-5656	00:46:56
9	27/6/10 18:52:44	(2) 980-1093	00:34:53
10	28/6/10 19:18:36	(6) 920-0732	01:10:16
11	2/7/10 0:41:31	(8) 546-4424	01:04:47
12	12/7/10 7:50:25	(3) 923-7087	00:20:53
13	19/7/10 11:05:17	(3) 106-7108	01:00:01
14	21/7/10 2:04:35	(8) 726-0228	00:16:16
15	27/7/10 14:35:03	(2) 980-1093	00:29:06
16	28/7/10 7:53:40	(6) 253-1799	00:15:38
17	1/8/10 7:30:24	(5) 152-8915	00:02:03
18	1/8/10 19:36:48	(1) 368-1785	01:02:03
19	7/8/10 22:22:15	(8) 129-5687	00:52:23
20	8/8/10 7:28:37	(2) 980-1093	00:56:42
21	9/8/10 20:49:43	(2) 980-1093	00:39:12
22	20/8/10 19:54:31	(2) 980-1093	01:09:07
23	31/8/10 12:54:47	(5) 461-1614	01:01:34

Sabendo que o delegado deseja visualizar, rapidamente, apenas os itens de seu interesse, assinale a opção que apresenta a sequência da operação desejada.

(A) Selecionar a coluna B; no menu **Dados**, selecionar a opção **Filtrar** e depois **AutoFiltro**; em seguida, clicar na seta de Autofiltro da Coluna B e selecionar o telefone desejado na lista.
(B) Selecionar a coluna B; no menu **Dados**, selecionar a opção **Consolidar**; em seguida, teclar **Enter**.
(C) Selecionar a última célula da coluna B; clicar o botão de **Classificação Crescente** A↓Z; selecionar a opção **Continuar com a seleção atual**; clicar o botão **Classificar**; em seguida, teclar **Enter**.
(D) Selecionar o telefone desejado na coluna B; no menu **Ferramentas**, selecionar, em **Opções**, a opção **Ocultar**; em seguida, teclar **Enter**.

A: Correta, a opção Filtrar permite exibir apenas os itens que satisfazem uma certa condição, facilitando assim a obtenção dos dados pertinentes; **B:** Errada, a opção consolidar não cria filtros que permitem obter os dados desejados; **C:** Errada, a opção Classificação Crescente apenas ordena os itens apresentados, não removendo os itens que não são relevantes; **D:** Errada, a filtragem dos dados é feita pelo opção Filtrar do menu Dados.

Gabarito "A"

(Escrivão de Polícia/PA – 2009 – MOVENS) Considere que um delegado tenha criado uma planilha no Microsoft Excel 2003 com dados confidenciais de algumas investigações em andamento. Com o receio de que outras pessoas possam acessar os dados, ele configurou uma senha de proteção para o arquivo.

Assinale a opção que descreve uma característica da "Senha de Proteção" do Microsoft Excel 2003.

(A) Evita que o arquivo seja enviado por meio de correio eletrônico para outra pessoa.

(B) Protege o arquivo e registra as tentativas de acesso não autorizado.

(C) Exige a confirmação de uma senha para liberar o acesso de leitura aos dados do arquivo.

(D) Impede que o arquivo seja copiado para um *pen-drive*, CD-ROM ou para outra pasta.

A: Errada, a senha apenas evita que ela seja aberta por uma pessoa que não possua a senha, sendo possível o envio por qualquer meio eletrônico; **B:** Errada, o arquivo é protegido, porém não há registro das tentativas de acesso não autorizado; **C:** Correta, a "Senha de Proteção" faz com que seja necessário digitar uma senha para abrir o arquivo em questão; **D:** Errada, a senha apenas evita que ela seja aberta por uma pessoa que não possua a senha, sendo possível a cópia por qualquer meio eletrônico.

Gabarito "C"

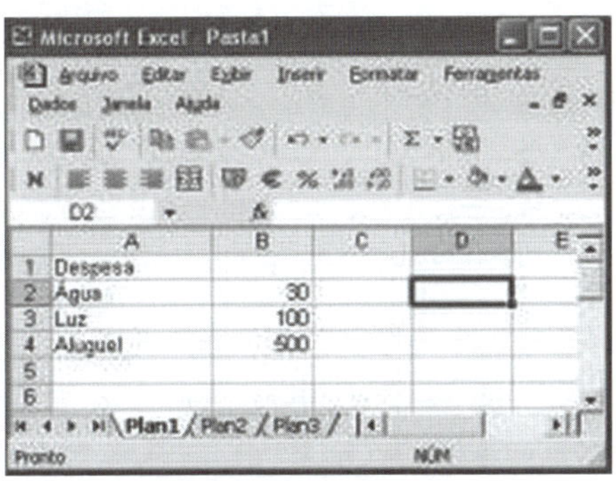

(Escrivão de Polícia/PA – 2006 – CESPE) A figura apresentada acima mostra uma janela do Excel 2002 em que uma planilha, contendo despesas mensais do usuário, está em processo de elaboração. Com relação a essa planilha e ao Excel 2002, assinale a opção correta.

(A) Para centralizar os conteúdos das células contidas na coluna B, é suficiente clicar o cabeçalho dessa coluna e, em seguida, pressionar simultaneamente as teclas [Ctrl] e [C].

(B) Para aplicar negrito ao conteúdo da célula A1 é suficiente clicar essa célula e, em seguida, pressionar simultaneamente as células [Shift] e [N].

(C) Para copiar os conteúdos das células B2 e B3 para, respectivamente, as células D2 e D3, é suficiente realizar a seguinte sequência de ações: selecionar o grupo de células formado pelas células B2 e B3; clicar ; clicar a célula D2 e clicar .

(D) Ao se selecionar as células A1, A2, A3 e A4, e se pressionar a tecla [↓], os conteúdos dessas células serão organizados em ordem alfabética.

A: Errada, as teclas [Ctrl] e [C] apenas copiam o conteúdo do elemento selecionado; **B:** Errada, o atalho correto é [Ctrl] e [N]; **C:** Correta, a sequência de ações mencionada irá copiar o conteúdo das células B2 e B3 para as células D2 e D3; **D:** Errada, a tecla [↓] irá apenas levar a caixa de seleção uma linha para baixo.

Gabarito "C"

(Agente de Polícia/PI – 2008 – UESPI) Com relação ao Microsoft Excel 2000, é correto afirmar:

(A) Referência circular é o efeito em que uma célula faz referência a uma segunda célula que não possui nenhuma informação.

(B) As células são referenciadas pelo nome da coluna e o número da linha (A1), e essa notação é conhecida como referência absoluta. Quando precedemos o nome da coluna e o número da linha com o símbolo $ (cifrão) estamos escrevendo referências relativas no Excel.

(C) Uma célula pode conter: uma constante numérica, uma constante texto, uma constante lógica ou booleana, uma constante data, uma variável, uma fórmula ou uma tabela.

(D) O endereço de uma célula pode ser precedido pelo nome de uma pasta do Excel, separado por hífen.

(E) No Excel, as planilhas são tabelas que possuem até 65536 linhas e 256 colunas.

A: Errada, a referência circular é quando uma célula faz referência a si; **B:** Errada, a referência absoluta é aquela com o símbolo $, sem ele faz-se referência relativa; **C:** Errada, uma célula não pode conter uma tabela, mas pode fazer parte de uma tabela; **D:** Errada, a referência entre pasta do Excel é feita utilizando o nome da pasta sucedido por uma exclamação; **E:** Correta, planilhas do Excel tem limite de até 256 colunas e 65536 linhas.

Gabarito "E"

(Escrivão de Polícia/PR – 2010) Considere as afirmativas a seguir, com relação ao aplicativo Calc do BrOffice 3.1:

I. O ícone mostra as funções de desenho.

II. O ícone aplica a fórmula SOMA às células selecionadas.

III. O ícone mescla as células selecionadas.

IV. O ícone classifica, em ordem crescente, as células selecionadas.

Assinale a alternativa correta.

(A) Somente as afirmativas I e II são corretas.
(B) Somente as afirmativas I e III são corretas.
(C) Somente as afirmativas III e IV são corretas.
(D) Somente as afirmativas I, II e IV são corretas.
(E) Somente as afirmativas II, III e IV são corretas.

A: Errada, as afirmativas I e II estão incorretas, o ícone permite a inserção de gráficos e o ícone adiciona uma casa decimal ao número; **B:** Errada, a afirmativa I está incorreta, o ícone permite a inserção de gráficos; **C:** Correta, apenas as afirmativas III e IV estão corretas; **D:** Errada, as afirmativas I e II estão incorretas, o ícone permite a inserção de gráficos e o ícone adiciona uma casa decimal ao número; **E:** Errada, a afirmação II está incorreta, o ícone adiciona uma casa decimal ao número.

Gabarito "C"

(Agente de Polícia/RO – 2009 – FUNCAB) Considere que ao criar uma planilha eletrônica no Microsoft Excel, o usuário necessite inserir, com frequência, sequencias extensas de caracteres de texto em células. Qual o recurso do Excel que pode tornar essa tarefa mais eficiente?

(A) Formatação condicional.
(B) Colaboração online.
(C) Macro.
(D) Autocorreção.
(E) Preenchimento automático.

A: Errada, a formatação condicional apenas aplica certa formatação caso seu conteúdo obedeça a uma regra preestabelecida. **B:** Errada, a colaboração online não realiza a criação dinâmica de conteúdo; **C:** Correta, o uso de Macros permite automatizar tarefas repetitivas; **D:** Errada, a Autocorreção apenas corrije erros comuns de escrita; **E:** Errada. O preenchimento automático depende da ação do usuário e não é a mais eficaz para este caso.

Gabarito "C"

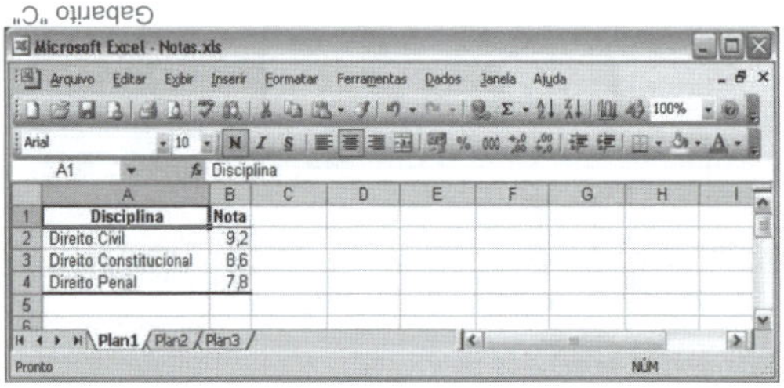

(Escrivão de Polícia/SC – 2008 – ACAFE) Observe a figura acima, referente ao Microsoft Excel, e analise as afirmações a seguir.

I. *Se o usuário quiser renomear a planilha Plan1 ele pode fazê-lo realizando duplo clique com o mouse em cima de* **Plan1** *e digitar o nome desejado.*
II. *Para ordenar as disciplinas por nota, da menor para a maior, o usuário pode selecionar a célula B1 e clicar no ícone .*
III. *Se o usuário quiser calcular a média das notas, ele pode selecionar a célula B5, clicar na seta ao lado do ícone AutoSoma (Σ) e escolher a opção Média.*
IV. *Se o usuário quiser calcular a porcentagem de cada nota relativa à soma total ele pode selecionar as células B2, B3 e B4 e clicar no ícone %.*

Assinale a alternativa correta.

(A) Apenas I e III estão corretas.
(B) Apenas II está correta.
(C) Apenas III e IV estão corretas.
(D) Todas as afirmações estão corretas.

A: Correta, apenas as afirmativas I e III estão corretas; **B:** Errada, a afirmativa II está incorreta, o ícone ordena as colunas de forma que os valores superiores ficam na parte superior; **C:** Errada, a afirmativa IV está incorreta, o ícone % apenas formata a célula para exibir seu valor na forma de porcentagem, não realizando qualquer cálculo sobre ele; **D:** Errada, as afirmativas II e IV estão incorretas, o ícone ordena as colunas de forma que os valores superiores ficam na parte superior e o ícone % apenas formata a célula para exibir seu valor na forma de porcentagem, não realizando qualquer cálculo sobre ele.

Gabarito "A"

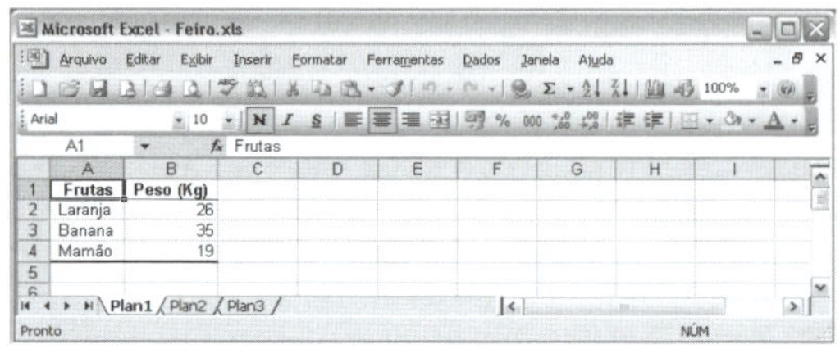

(Escrevente Policial/SC – 2008 – ACAFE) Sobre a figura acima, referente ao Microsoft Excel, é correto afirmar, exceto:

(A) Para ordenar a tabela por ordem alfabética dos nomes das frutas, o usuário pode selecionar a célula A1 e clicar no ícone .
(B) Se o usuário selecionar a célula B5 e clicar no ícone Σ será inserida uma função de soma dos valores das células B2, B3 e B4.
(C) As planilhas são **Plan1** / Plan2 / Plan3 três documentos do Excel distintos no disco rígido do computador.
(D) Para inserir um gráfico o usuário pode selecionar as células desejadas, clicar no ícone e seguir as instruções do Assistente de Gráfico.

A: Errada, a afirmativa está correta; **B:** Errada, a afirmativa está correta; **C:** Correta, a afirmativa está incorreta, as abas indicam pastas dentro do mesmo arquivo no disco rígido; **D:** Errada, a afirmativa está correta.

Gabarito "C"

(Agente de Polícia/TO – 2008 – CESPE) Considerando a figura anterior, que mostra parte de uma planilha em edição no Excel 2003, julgue os itens subsequentes.

(1) Considerando que o número de armários é 30% do número de mesas, a fórmula para o cálculo desse percentual é =30%+B4.

(2) A ferramenta é usada para realçar as células com cores variadas.

1: Errada, a fórmula matemática correta seria =B4*30%, utilizando a multiplicação e não adição. **2:** Errada, a ferramenta é usada para a inserção de gráficos no documento atual.

Gabarito 1E, 2E

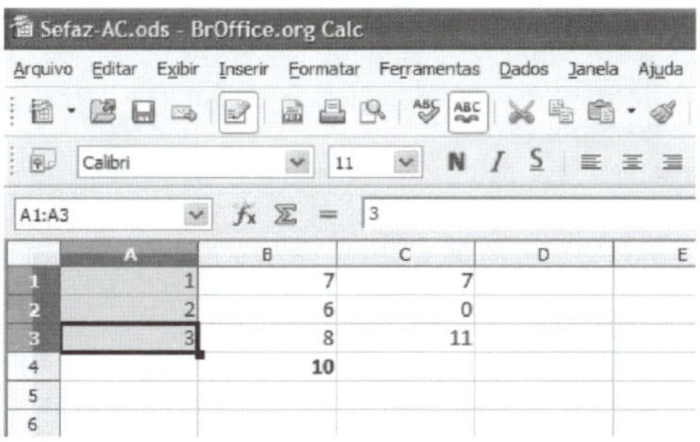

(Fiscal da Receita/CE – 2010) Considerando a figura acima, que ilustra uma janela do BrOffice Calc 3.1, com uma planilha em processo de edição, assinale a opção correta.

(A) Na situação da figura, o valor da célula B4 foi obtido a partir da fórmula =B$3+$A2 e, se essa fórmula for copiada da célula B4 para a célula C4, será obtido, na célula C4, o valor 17.

(B) A célula A4 será preenchida automaticamente com o valor 6 caso o seguinte procedimento seja realizado: selecionar as células A1, A2 e A3; manter pressionado o botão do *mouse* na alça de preenchimento — pequeno quadrado preto no canto inferior direito da célula A3 sobreposto do qual o ponteiro se transforma em uma cruz —; arrastar o ponteiro do *mouse* até o canto inferior direito da célula A4; e liberar, em seguida, o botão do *mouse*.

(C) Ao se digitar a fórmula =MED(C1:C3) na célula D2 e, em seguida, se teclar Enter, essa célula ficará preenchida com o número 7.

(D) Ao se digitar a fórmula =CONT.NUM(A1:C1;7) na célula D3 e, em seguida, se teclar Enter, essa célula ficará preenchida com o número 3.

A: Errada, o sinal $ quando antes da identificação da linha da célula fixa a linha, quando antes da identificação da coluna fixa a coluna, portanto o resultado seria 13. **B:** Errada, o procedimento descrito irá preencher a célula A4 com o valor correspondente à progressão dos números selecionados, portanto teria o valor 4. **C:** Correta, a fórmula mencionada calcula a mediana dos valores no intervalo escolhido. **D:** Errada, a função =CONT.NUM calcula o número de células que contém o número especificado no intervalo especificado.

Gabarito "C"

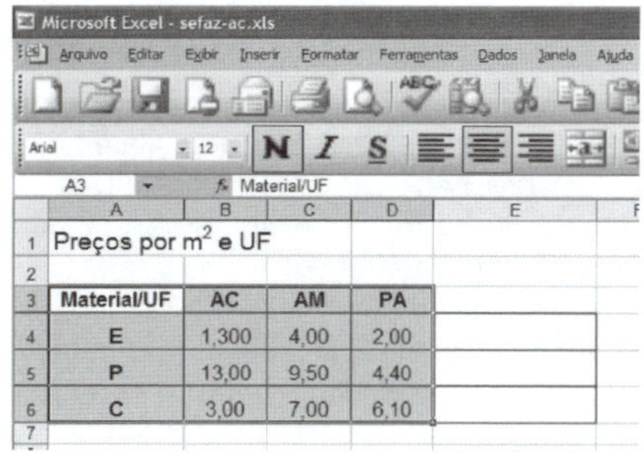

(Fiscal da Receita/CE – 2010) A partir da figura acima, que mostra uma janela do Microsoft Excel 2003 com uma planilha em processo de edição, assinale a opção correta.

(A) Se for digitada, na célula D1, a fórmula =$B$4&$C$6, então, ao se pressionar a tecla Enter, essa célula será preenchida com o valor 1,37.

(B) Para se mesclar as células D4, D5 e D6 em uma única célula, é suficiente realizar o seguinte procedimento: selecionar as referidas células; clicar, no menu Formatar, a opção Células; na janela disponibilizada, selecionar a guia Borda e, nessa guia, marcar a caixa de seleção Mesclar células; clicar o botão OK.

(C) Sabendo que, na célula D4, está inserida a fórmula =$B$4&$C$6, caso se selecione a célula B4 e se clique uma vez no botão Diminuir casas decimais, localizado na barra de ferramentas, o valor da célula B4 será modificado para 1,30 e o valor apresentado na célula D4 também será modificado.

(D) Na situação da figura, sabendo que as células de A3 a D6 estão selecionadas, para se classificar a planilha pelo nome do material, é suficiente realizar o seguinte procedimento: clicar, no menu Ferramentas, a opção Classificar e, na janela disponibilizada, clicar o botão OK.

A: Correta, o caractere & concatena os valores definidos, portanto resultaria em 1,3 de uma célula e 7 da outra, resultando em 1,37. **B:** Errada, dentro da opção Células deve-se utilizar a aba Alinhamento para que se encontre a função Mesclar células. **C:** Errada, os zeros à direta da vírgula são ignorados quando os valores são concatenados, portanto o valor se manteria igual. **D:** Errada, a opção Classificar está no menu "Dados" e não no "Ferramentas".

Gabarito "A"

(Auditor Fiscal/PE – 2009 – UPENET/IAUPE) Sabendo que a figura abaixo representa a parte superior da tela de abertura do Excel ao ser iniciado, indique a alternativa que representa uma afirmação FALSA.

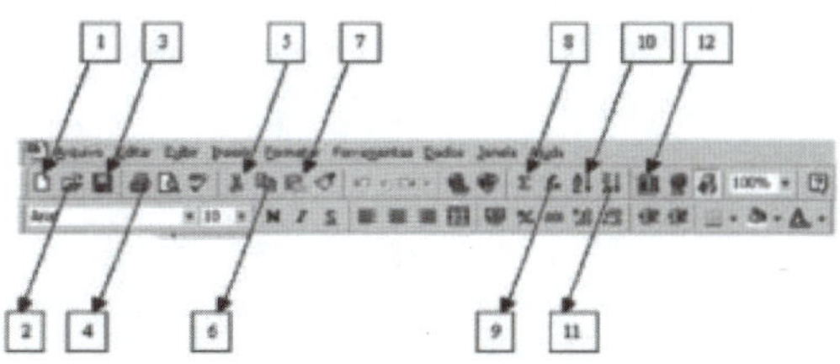

(A) O botão indicado por "7" não tem uso no Excel, por isso está desabilitado.
(B) O botão indicado por "2" abre uma caixa de diálogo para o usuário escolher uma planilha já existente para ser aberta.
(C) O botão indicado por "4" imprime a planilha ativa (aquela que está em uso).
(D) O botão indicado por "3", ao ser acionado, grava automaticamente as alterações realizadas na planilha ativa e/ou abre uma caixa de diálogo para que o usuário salve uma planilha ativa pela primeira vez.
(E) O botão indicado por "11" classifica textos e valores em ordem decrescente.

A: Correta, a afirmação está incorreta, o botão ativa a função Colar, que só estará ativada quando algo estiver na área de transferência. **B:** Errada, a afirmação está correta. **C:** Errada, a afirmação está correta. **D:** Errada, a afirmação está correta. **E:** Errada, a afirmação está correta.

Gabarito "A"

(Auditor Fiscal/PE – 2009 – UPENET/IAUPE) Ainda sobre a figura anterior, com relação ao botão indicado pelo número "9", uma das alternativas a seguir é VERDADEIRA, identifique-a

(A) Viabiliza, apenas, a inserção de funções lógicas.
(B) Abre uma caixa de diálogo para inserir uma função na célula selecionada.
(C) Pode ser usado para gerar uma nova coluna a partir de outra existente.
(D) Possibilita a manipulação de valores não numéricos.
(E) Pode gerar valores a partir de células de colunas e linhas livremente.

A: Errada, ela permite a inserção de funções, sejam elas lógicas ou não. **B:** Correta, o botão indicado permite a inserção de uma função na célula selecionada. **C:** Errada, o botão indicado tem por função a inserção de funções na célula e não de geração de colunas. **D:** Errada, ele possibilita a inserção de funções em uma célula. **E:** Errada, o botão indicado tem por função a inserção de funções na célula.

Gabarito "B"

(Auditor Fiscal/PE – 2009 – UPENET/IAUPE) Ainda, analisando a figura da questão anterior, para criar um gráfico, deve-se

I. clicar em qualquer célula da matriz que contém o intervalo de dados e acionar o botão "12".
II. clicar no menu Inserir, Gráfico e, a partir do assistente, selecionar o intervalo dos dados que irão compor o gráfico.
III. selecionar o intervalo dos dados que irão compor o gráfico e clicar no menu Inserir, Gráfico.

Assinale a alternativa CORRETA.

(A) Apenas I e III estão corretas.
(B) Apenas I está correta.
(C) Apenas I e II estão corretas.
(D) Todas estão corretas.
(E) Apenas II e III estão corretas.

A: Errada, a afirmativa II também está correta. **B:** Errada, as afirmativas II e III também estão corretas. **C:** Errada, a afirmativa III também está correta. **D:** Correta, todas as três afirmativas estão corretas. **E:** Errada, a afirmativa I também está correta.

Gabarito "D"

(Auditor Fiscal/PE – 2009 – UPENET/IAUPE) Com o auxílio do teclado, para excluir células, linhas ou colunas no Excel, procede-se da seguinte forma:

(A) Seleciona a(s) célula(s), segura o CTRL e o - (sinal de subtração).
(B) Seleciona a(s) célula(s), segura o CTRL, ALT, depois o sinal de - (sinal de subtração).
(C) Seleciona a(s) célula(s), segura o CTRL, *SHIFT*, depois o sinal de - (sinal de subtração).
(D) Seleciona a(s) célula(s), segura o *SHIFT* e o - (sinal de subtração).
(E) Seleciona a(s) célula(s), segura o ALT e o - (sinal de subtração).

A: Correta, o atalho CTRL e – (sinal de subtração) ativa a função de exclusão de linhas ou colunas. **B:** Errada, o atalho correto é CTRL e – (sinal de subtração), não é necessária a tecla ALT. **C:** Errada, o atalho correto é CTRL e – (sinal de subtração), não é necessária a tecla *SHIFT*. **D:** Errada, o atalho *SHIFT* e – (sinal de subtração) não possui nenhuma função no Excel. **E:** Errada, o atalho ALT e – (sinal de subtração) não possui nenhuma função no Excel.

Gabarito "A"

(Auditor Fiscal/PE – 2009 – UPENET/IAUPE) Para saber o maior valor em um intervalo de células, devemos usar uma das seguintes funções. Assinale-a.

(A) Max.
(B) Teto.
(C) Máximo.
(D) Mult.
(E) Maior.Valor

A: Errada, a função Max não é uma função válida. **B:** Errada, a função Teto arredonda um número para cima. **C:** Correta, a função Máximo informa o maior número de um intervalo de células. **D:** Errada, a função Mult não é uma função válida. **E:** Errada, a função Maior. Valor não é uma função válida.

Gabarito "C"

(Auditor Fiscal/PE – 2009 – UPENET/IAUPE) Usando a função =MÉDIA(SOMA(A2:A4);SOMA(B2:B4)) e tendo os seguintes valores nas células: A2=8 , A3=2 , A4=5, B2=3 , B3=6 e B4=2, o resultado será

(A) 13.
(B) 16.
(C) 26.
(D) 12.
(E) um erro #NOME.

A: Correta, a função somaria os valores de A2 a A4 e B2 a B4 e faria o cálculo da média, que resulta em 15 + 11 / 2 = 13. **B:** Errada, o valor correto seria 13, onde a média da soma de A2 a A4 (15) e B2 a B4 (11) resulta em 13. **C:** Errada, sob o valor 26 (soma dos intervalos de A2 a A4 e B2 a B4) a função média calcularia a média deste valor, dividindo-o por dois. **D:** Errada, o valor correto seria 13, onde média da soma de A2 a A4 (15) e B2 a B4 (11) resulta em 13. **E:** Errada, a função está preenchida corretamente e também estão os intervalos mencionados.

Gabarito "A"

(Auditor Fiscal/PE – 2009 – UPENET/IAUPE) Para modificar as características de impressão da planilha ativa, deve-se usar:

I. Arquivo, Visualizar impressão, Configurar.
II. Arquivo, Área de impressão, Configurar área de impressão.
III. Arquivo, Configurar impressão.
IV. Arquivo, Configurar Página.

Assinale a alternativa CORRETA.

(A) Apenas I está correta.
(B) Apenas I e IV estão corretas.
(D) I, II e IV estão corretas.
(C) I, II e III estão corretas.
(E) Todas estão corretas.

A: Errada, a afirmativa IV também está correta. **B:** Correta, apenas as afirmativas I e IV estão corretas. **C:** Errada, a afirmativa II está incorreta, não há opção Área de impressão no menu Arquivo. **D:** Errada, as afirmativas II e III estão incorretas, não há opção Área de impressão no menu Arquivo nem opção Configurar impressão no mesmo menu. **E:** Errada, as afirmativas II e III estão incorretas, não há opção Área de impressão no menu Arquivo nem opção Configurar impressão no mesmo menu.

Gabarito "B"

(Auditor Fiscal/PE – 2009 – UPENET/IAUPE) Se quiser vincular na plan2 algum conteúdo da plan1, deve-se:

(A) copiar o conteúdo da Plan 1 e acionar, na Plan2, o menu Editar, Colar Especial, opção Colar Vínculo.
(B) copiar o conteúdo da Plan 1 e acionar, na Plan2, o menu Colar Especial.
(C) copiar o conteúdo da Plan 1 e acionar, na Plan2, o menu Editar, Colar Vínculo.
(D) arrastar o conteúdo de Plan 1 e Soltar em Plan2, segurando a tecla CTRL.
(E) copiar o conteúdo da Plan 1 e acionar, na Plan2, o menu Colar especial, opção Valores.

A: Correta, a opção Colar Vínculo faz uma ligação entre valores de planilhas diferentes dentro de um mesmo documento. **B:** Errada, deve-se utilizar a opção Colar Vínculo dentro do menu Colar Especial para que a ligação dos valores seja realizado. **C:** Errada, a opção Colar Vínculo se encontra dentro da opção Colar Especial, que está no menu Editar. **D:** Errada, é necessário copiar o conteúdo e não arrastá-lo, também é preciso utilizar a função Colar Vínculo. **E:** Errada, dentro do menu Colar Especial, deve-se utilizar a opção Colar Vínculo e não a opção Valores.

Gabarito "A"

(Fiscal de Rendas/RJ – 2010 – FGV) Observe as planilhas SEFAZ55 e SEFAZ99 a seguir, criadas no *software* Excel 2007 BR.

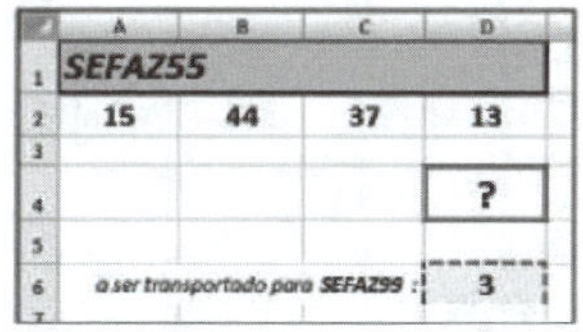

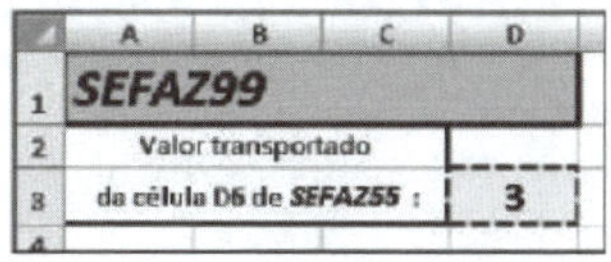

Na planilha SEFAZ55 foram inseridos os números mostrados nas células de A2 a D2.

Em seguida, foram inseridas as fórmulas =MOD(MED(A2:D2);7) na célula D4 e =CONT.SE(A2:D2;">=15") em D6. Para finalizar, foi inserida em D3 na planilha SEFAZ99 uma fórmula que transporta o valor da célula D6 de SEFAZ55.

Nessas condições, o valor que aparece na célula D4 de SEFAZ55 e a fórmula inserida em D3 na planilha SEFAZ99 são, respectivamente:

(A) 5 e =SEFAZ55!D6
(B) 0 e =SEFAZ55!D6
(C) 1 e =SEFAZ55!D6
(D) 0 e =SEFAZ55&D6
(E) 5 e =SEFAZ55&D6

A: Correta, a mediana (MED) de A2 a D2 é 40, que divido por 7 resulta em resto (MOD) 5 e para se transportar o valor da célula da outra planilha a fórmula deve mencionar o nome da planilha seguido por exclamação e a célula a ser transportada. **B:** Errada, a mediana (MED) de A2 a D2 é 40, que dividido por 7 resulta em resto (MOD) 5. **C:** Errada, a mediana (MED) de A2 a D2 é 40, que dividido por 7 resulta em resto (MOD) 5. **D:** Errada, a mediana (MED) de A2 a D2 é 40, que dividido por 7 resulta em resto (MOD) 5. **E:** Errada, o resultado da primeira fórmula está correto, porém na segunda fórmula deve-se usar ! e não & para referenciar a célula em outra planilha.

Gabarito "A"

(Auditor Fiscal/RO – 2010 – FCC) Uma planilha Microsoft contém:

	A	B
1	42	=33+2*A1
2	6	

Ao arrastar a célula B1 pela alça de preenchimento para a célula B2, o resultado nesta última (B2) será

(A) 35
(B) 45
(C) 52
(D) 55
(E) 62

A: Errada, a fórmula faria a conta de 2*B1, que resultaria em 33 + 12 = 45. **B:** Correta, ao preencher a célula B2 utilizando a alça de preenchimento a partir da célula B1, a fórmula faria a conta de 2*B1, que resultaria em 33 + 12 = 45. **C:** Errada, a fórmula faria a conta de 2*B1, que resultaria em 33 + 12 = 45. **D:** Errada, a fórmula faria a conta de 2*B1, que resultaria em 33 + 12 = 45. **E:** Errada, a fórmula faria a conta de 2*B1, que resultaria em 33 + 12 = 45.

Gabarito "B"

(Técnico da Receita Federal – 2006 – ESAF) Analise as seguintes afirmações relacionadas ao uso Microsoft Excel, em suas versões mais recentes. Para isso, considere uma planilha formada pelas células A1:F9, na formatação original e preenchida com números reais.

I. Na planilha em questão, considerando-se que as células D1, D2 e D3 estão preenchidas com os valores inteiros 5, 6 e 7, respectivamente, ao se selecionar a célula D10, digitar =D1&D2&D3 e, finalmente, teclar <Enter>, o resultado apresentado na célula D10 será 18.

II. Partindo-se da célula A10, ao se selecionar o intervalo de A10 até F10, em seguida, digitar a fórmula =SOMA(A1: A9) e, finalmente, teclar <Ctrl> + <Enter>, a célula F10 irá apresentar o resultado da soma das células de F1 até F9.

III. Ao selecionar a célula F10, digitar a fórmula =MULT(A1: F10) e, finalmente, teclar <Enter>, a célula F10 irá apresentar o produto de todos os números contidos nas células da planilha.

IV. Ao selecionar a célula A10, digitar a fórmula =(5+3)*2+10% e, finalmente, teclar <Enter>, o resultado apresentado pela célula A10 será 1610,00%.

Indique a opção que contenha todas as afirmações verdadeiras.

(A) I e II.
(B) II e III.
(C) III e IV.
(D) I e III.
(E) II e IV.

A: Errada, a afirmativa I está incorreta, o caractere & quando utilizado em fórmulas concatena os valores, portanto o resultado seria 567. **B:** Errada, a afirmativa III está incorreta, a fórmula =MULT não é uma fórmula válida. **C:** Errada, a afirmativa III está incorreta, a fórmula =MULT não é uma fórmula válida. **D:** Errada, a afirmativa I está incorreta, o caractere & quando utilizado em fórmulas concatena os valores, portanto o resultado seria 567. **E:** Correta, apenas as afirmativas II e IV estão corretas.

Gabarito "E"

(Fiscal de Tributos Estaduais/AC – 2006 – CESPE) João, um fiscal da Receita Estadual do Acre, precisa enviar um relatório para José, também fiscal da Receita Estadual do Acre, que se encontra em outra localidade. Esse relatório consiste em dados retirados de um banco de dados Access e tratados em uma planilha do Excel. José não possui o Microsoft Excel instalado nem tem como fazer a instalação deste aplicativo.

Na situação hipotética acima, para que José receba o relatório e possa lê-lo, João deverá

I. converter os dados do Excel para o Word utilizando o seguinte procedimento: selecionar os dados; clicar o menu Editar; selecionar a opção Copiar; abrir uma janela do Word; clicar o menu Editar da janela do Word; clicar a opção Colar; salvar o arquivo do Word e encaminhá-lo como anexo para o endereço de *e-mail* de José por meio do Outlook Express.

II. considerar que, como os dados foram extraídos de um banco de dados, é preciso abrir o arquivo com o Access e encaminhá-lo no formato .mdb, pois assim José poderá abri-lo utilizando o Word.

III. selecionar os dados no Excel; pressionar e manter pressionada a tecla [Ctrl]; teclar [C], liberando, em seguida, a tecla [Ctrl]; abrir um novo documento do Word; pressionar e manter pressionada a tecla [Ctrl]; teclar [V], liberando então a tecla [Ctrl]; salvar o novo documento; abrir o Outllook Express; compor uma mensagem e anexar o arquivo correspondente ao novo documento do Word.

IV. fazer um *download* da Internet de um aplicativo conversor de dados chamado OLE e usá-lo para fazer a conversão dos dados do Excel para Word e encaminhar o arquivo anexo à mensagem de correio eletrônico no formato .xls.

Estão certos apenas os itens

(A) I e II.
(B) I e III.
(C) II e IV.
(D) III e IV.

A: Errada, a afirmativa II está incorreta, o Microsoft Word não pode abrir arquivos de extensão .mdb. **B:** Correta, apenas as afirmativas I e III estão corretas. **C:** Errada, as afirmativas II e IV estão incorretas, o Microsoft Word não pode abrir arquivos de extensão .mdb e o formato xls é de arquivos do Excel, portanto não fariam diferença os passos descritos. **D:** Errada, a afirmativa IV está incorreta, o formato xls é de arquivos do Excel, portanto não fariam diferença os passos descritos.

Gabarito "B"

(Técnico – ANVISA – 2007 – CESPE) Considerando a figura anterior, que ilustra uma planilha em edição no Microsoft Excel 2002, julgue os itens subsequentes.

(1) Para totalizar o "Número de Empresas Fiscalizadas", é suficiente digitar =soma (B1 + B5) e pressionar a tecla Enter.

(2) A partir da seleção das células A1:A6 e B1:B6, é possível criar um gráfico de *pizza* que apresentará os valores numéricos contidos na planilha acima na forma de percentuais do total do "Número de Empresas Fiscalizadas".

1: Errada, na função soma deve-se utilizar dois pontos para indicar um intervalo, logo o correto seria =SOMA(B2:B6); **2:** Correta, selecionando-se os valores mencionados e indo até as funções de gráfico é possível gerar um gráfico de vários tipos, entre eles o de *pizza*, com os dados fornecidos.

Gabarito 1E, 2C

(Agente Administrativo – FUNASA – 2009 – CESGRANRIO) Considere a seguinte planilha no Microsoft Excel:

	A	B	C
1	5	3	
2	1	2	
3			

Sabendo-se que as demais colunas não possuem fórmulas, a fórmula digitada na primeira coluna da primeira linha é

(A) =$A2+2*B$2
(B) =$A2+2*B$
(C) =$A2+$2*B$2
(D) =$A2+2B2
(E) =$A2+2$B2

A: Correta, $A2 se refere à célula de valor 1 e B$2 à célula de valor 2, que tendo seu valor multiplicado por 2 resulta em 4 e somado ao primeiro valor da um total de 5. **B:** Errada, B$ é uma referência incompleta dentro do Excel. **C:** Errada, $2 não é um parâmetro válido dentro do uso de funções. **D:** Errada, o formato 2B2 não é aceito como uma referência válida pelo Excel. **E:** Errada, o formato 2$B2 não é aceito como uma referência válida pelo Excel.

Gabarito "A"

(CODIFICADOR – IBGE – 2011 – CONSULPLAN) No Microsoft Excel (versão 2003 – configuração padrão) o ícone Σ da barra de ferramentas Padrão é denominado de:

(A) Média.
(B) Auto Soma.
(C) Máximo.
(D) Mínimo.
(E) SE.

A: Errada, a função média não tem um ícone específico para ela. **B:** Correta, o ícone mencionado aciona a função de AutoSoma do Excel. **C:** Errada, não há ícone específico para a função Máximo. **D:** Errada, não há ícone específico para a função Mínimo. **E:** Errada, não há ícone específico para a função SE.

Gabarito "B"

(CODIFICADOR – IBGE – 2011 – CONSULPLAN) Sobre a utilização do Microsoft Excel (versão 2003 – configuração padrão), analise o fragmento de planilha a seguir:

D4 ▾ fx

	A	B	C	D
1	1	2	3	
2	4	5	6	
3	7	8	9	
4				

Ao ser aplicada à célula D4 a fórmula =SE(MÉDIA(A1:C3)>=4;A2+C2;B2+C1), obtém-se como resultado o seguinte valor:

(A) 4
(B) 5
(C) 8
(D) 10
(E) 12

A: Errada, a fórmula aplicada realiza dois possíveis cálculos dependendo se o valor da média das células A1 até C3 for maior ou igual a 4, neste caso a média é 5, portanto é maior, logo o cálculo feito é A2 + C2 que resulta em 10. **B:** Errada, a fórmula resulta em A2 + C2 caso a média dos valores de A1 até C3 for maior ou igual a 4 ou B2 + C1 caso seja menor que 4. **C:** Errada, a fórmula aplicada realiza dois possíveis cálculos dependendo se o valor da média das células A1 até C3 for maior ou igual a 4, neste caso a média é 5, portanto é maior, logo o cálculo feito é A2 + C2 que resulta em 10. **D:** Correta, a fórmula aplicada realiza dois possíveis cálculos dependendo se o valor da média das células A1 até C3 for maior ou igual a 4, neste caso a média é 5, portanto é maior, logo o cálculo feito é A2 + C2 que resulta em 10. **E:** Errada, a fórmula aplicada realiza dois possíveis cálculos dependendo se o valor da média das células A1 até C3 for maior ou igual a 4, neste caso a média é 5, portanto é maior, logo o cálculo feito é A2 + C2 que resulta em 10.

Gabarito "D"

(CODIFICADOR – IBGE – 2011 – CONSULPLAN) São nomes válidos de tipos de gráficos do Microsoft Excel (versão 2003 – configuração padrão), EXCETO:

(A) Rosca.
(B) Radar.
(C) Área.
(D) Bolhas.
(E) Torres.

A: Errada, Rosca é um tipo de gráfico presente no Excel 2003. **B:** Errada, Radar é um dos tipos de gráficos presentes no Excel 2003. **C:** Errada, Área é um dos tipos de gráficos presentes no Excel 2003. **D:** Errada, há também gráficos de Bolhas no Excel 2003. **E:** Correta, não existe nenhum tipo de gráfico no Excel 2003 denominado Torre.

Gabarito "E"

(Técnico – INSS – 2008 – CESPE) Considere-se que, em uma planilha do Excel 2003 na qual todas as células estejam formatadas como números, a célula B2 contenha o saldo de uma conta de poupança em determinado mês do ano. Considere-se, também, que, sobre esse saldo incidam juros compostos de 2% ao mês, e que o titular não realize, nessa conta, operações de depósito ou retirada. Nessa situação, julgue o item seguinte.

(1) O valor do saldo da referida conta de poupança, após duas incidências sucessivas de juros sobre o saldo mostrado na célula B2, pode ser calculado e apresentado na célula B4 por meio da seguinte sequência de ações: clicar a célula B4; digitar =B2*1,02^2 e, em seguida, teclar [Enter].

1: Correta, a fórmula =B2*1.02^2 fara o cálculo do valor do saldo da conta multiplicado pelos juros do período mencionado, que como foi digitada na célula B4, exibirá seu valor lá.

Gabarito 1C

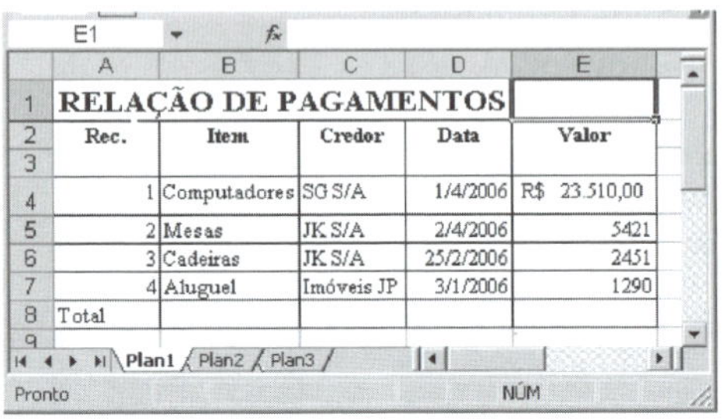

(Agente Administrativo – Ministério da Int. Nacional – 2006 – CESPE) A figura acima mostra parte de uma janela do Excel 2002 com uma planilha, em processo de edição, que se refere a um relatório de pagamentos de prestação de contas de convênios. Os dados foram extraídos do sítio www.mi.gov.br (com adaptações). Com relação a essa figura e ao Excel 2002, julgue os itens a seguir.

(1) Para centralizar o título — **RELAÇÃO DE PAGAMENTOS** — na planilha, é suficiente selecionar o referido título e clicar o botão **Mesclar e centralizar**.

(2) Para calcular a soma dos números contidos nas células E4, E5, E6 e E7, e colocar o resultado na célula E8, é suficiente clicar a célula E8, digitar =soma(E4:E7) e, em seguida, teclar [Enter].

(3) Para centrar a palavra "Credor" no alinhamento vertical, é suficiente selecionar essa palavra e teclar [Ctrl] + [V].

1: Correta, o botão Mesclar e centralizar irá mesclar as células onde o texto se encontra e centralizar o conteúdo a célula resultante; **2:** Correta, a fórmula =SOMA() realiza a soma dos termos ou intervalos fornecidos na função; **3:** Errada, o atalho Ctrl + V ativa a função Colar, o alinhamento vertical pode ser alterado por meio do botão ≡.

Gabarito 1C, 2C, 3E

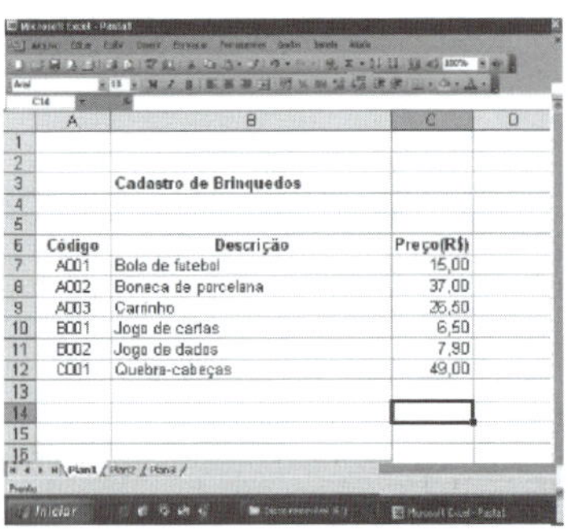

(Agente Administrativo – Ministério da Previdência – 2010 – CESPE) Considerando a figura acima, que ilustra uma janela do Microsoft Excel 2003, julgue os itens que se seguem.

(1) Sabendo que a célula C7 foi definida para o formato do tipo numérico e contém o valor 15,00, é correto afirmar que o seu valor será alterado para 15.000,00, caso o botão [,00 →,0] seja clicado.

(2) A fórmula =SE(MÉDIA(C7:C12)>10;SOMA(C7:C12);0) está sintaticamente correta e pode ser inserida na célula C14.

1: Errada, o botão em questão apenas diminui o número de casas decimais, neste caso não aconteceria nada pois o valor é inteiro. **2:** Correta, a sintaxe da formula é =SE(condição;ação se verdadeiro;ação se falso), portanto está corretamente escrita.

Gabarito 1E, 2C

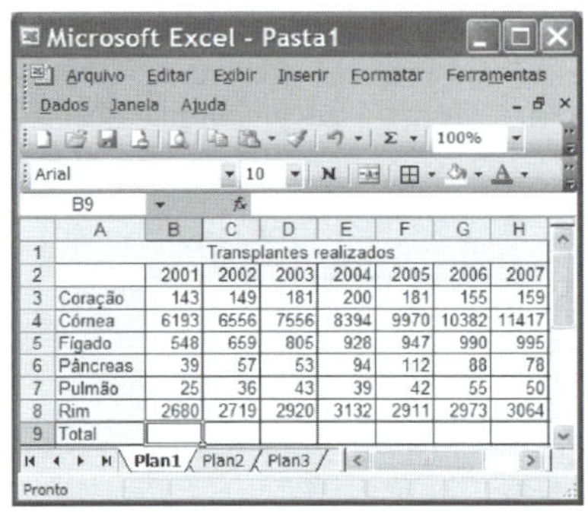

(Agente Administrativo – Ministério da Saúde – 2008 – CESPE) Considerando a figura acima, julgue os itens a seguir, acerca do Excel 2003.

(1) Para se fazer um gráfico comparativo dos anos pares, é necessário selecionar as colunas de acordo com o seguinte procedimento: selecionar a coluna C, pressionar e manter pressionada a tecla [Shift] e selecionar as colunas E e G.

(2) As células que contêm o título "Transplantes realizados" estão mescladas.

1: Errada, a tecla *Shift* faz com que todas as células no intervalo sejam selecionadas, correto seria usar a tecla Ctrl; **2:** Correta, pode-se afirmar que foi utilizado o recurso Mesclar e centralizar para mesclar as células onde o texto deveria ficar e seu conteúdo foi centralizado.

Gabarito 1E, 2C

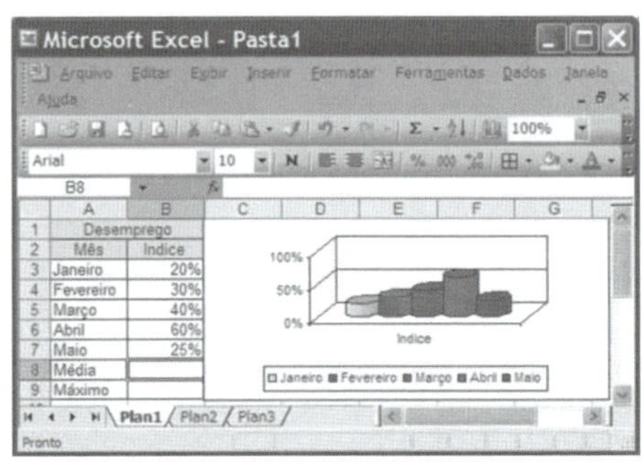

(Agente Administrativo – Ministério do Trabalho – 2008 – CESPE) Considerando a figura acima, que apresenta uma janela do Excel 2003 com uma planilha em elaboração, julgue os itens subsequentes.

(1) O gráfico mostrado na planilha pode ter sido criado usando-se a ferramenta, ou por meio da opção Gráfico do menu Inserir.

(2) Pode-se alterar o tamanho do gráfico mostrado por meio do seguinte procedimento: clicar sobre o gráfico; mover o ponteiro do *mouse* sobre a borda da área do gráfico até que ele se transforme em uma seta dupla; pressionar e manter pressionado o botão esquerdo do *mouse*; alterar o tamanho da área do gráfico arrastando a sua borda; liberar o botão esquerdo do *mouse*.

(3) A média dos valores contidos nas células de B3 a B7 pode ser calculada usando-se a fórmula =média X (B3;B7).

1: Correta, tanto a opção Gráfico do menu Inserir quanto a ferramenta permitem transformar um conjunto de dados em um gráfico; **2:** Correta, o procedimento descrito permite aumentar ou diminuir a área onde o gráfico será exibido, fazendo com que ele aumente ou diminua de tamanho; **3:** Errada, a fórmula para o cálculo de média é =MÉDIA().

Gabarito 1C, 2C, 3E

(Técnico Legislativo – Senado – 2008 – FGV) Na planilha abaixo, montada no Excel 2000/XP, foram inseridos os números 30 em A2 e 10 em B2 e a fórmula =SE(A2-B2>13;"CONGRESSO";SE(A2-B2<7;"SENADO";"FEDERAL")) em C2.

	A	B	C	D
1				
2	x ?	10	y ?	
3				

Mantendo o conteúdo de B2 constante, deseja-se determinar valores para que ocorram duas situações:

(1) o maior valor inteiro a ser digitado em A2 para que apareça "SENADO" na célula C2;

(2) o menor valor inteiro a ser digitado na célula A2 para que apareça "CONGRESSO" na célula C2.

Esses valores serão, respectivamente:

(A) 16 e 23.
(B) 17 e 24.
(C) 16 e 25.
(D) 17 e 23.
(E) 16 e 24.

A, B, C, D e E: A fórmula apresentada retorna "Congresso" caso a diferença entre A2 e B2 seja maior que 13, caso contrário ela retorna "Senado" se a diferença por menor que 7 ou "Federal" se for maior ou igual a 7. Como B2 vale 10, para que em C2 apareça a palavra "Senado" o menor valor de A2 é 16 e para que apareça Congresso o menor valor é 24. Portanto apenas a alternativa E está correta.

Gabarito "E"

(Técnico Legislativo – Senado – 2008 – FGV) Numa planilha no Excel 2000/XP, a célula A7 contém a fórmula =MULT(A3;C3) e B7 contém a fórmula =SOMA($B$3;$E$3). A seguir faz-se uma cópia dessas células, de A7 para C9 e de B7 para D9 na mesma planilha. Em C9 e D9 as fórmulas copiadas terão, respectivamente, os seguintes formatos:

(A) =MULT(C5;E5) e =SOMA($D$5;$G$5)
(B) =MULT(A3;C3) e =SOMA($B$3;$E$3)
(C) =MULT(C5;D5) e =SOMA($D$9;$G$9)
(D) =MULT(A3;C3) e =SOMA($D$5;$G$5)
(E) =MULT(C5;E5) e =SOMA($B$3;$E$3)

A, B, C, D e E: Quando não é usada a referência absoluta (usando o símbolo $) ao se copiar uma fórmula a referencia das células na fórmula se ajustam para que mantenham a mesma lógica, porém referente a célula onde foram copiadas, portanto a primeira fórmula ficaria =MULT(C5;E5) e como na segunda foi usada referência absoluta os valores se mantêm os mesmo, logo apenas a alternativa E está correta.

Gabarito "E"

(Agente Administrativo – SUFRAMA – 2008 – FUNRIO) No Microsoft Excel, é possível copiar o conteúdo de células e colar em outras células. A opção "Colar especial", do menu "Editar", permite que seja colada, especificamente, apenas uma característica das células copiadas, escolhida pelo usuário. Qual das alternativas abaixo descreve uma característica que NÃO pode ser colada especificamente pela opção "Colar especial"?

(A) Fórmulas
(B) Valores
(C) Comentários
(D) Largura da coluna
(E) Altura da linha

A: Errada, a fórmula é uma das características que pode ser copiada. **B:** Errada, os valores são uma das características que pode ser copiada. **C:** Errada, os comentários são uma das características que pode ser copiada. **D:** Errada, a largura da coluna é uma das características que pode ser copiada. **E:** Correta, apenas a altura da linha não pode ser colada com a opção Colar Especial.

Gabarito "E"

	A	B
1	**Processo**	**Valor**
2	232/2005	R$ 3.452.089,00
3	532/2006	R$ 134.254,00
4	632/2007	R$ 5.678.234,00
5	871/2008	R$ 23.412,00
6	872/2009	R$ 2.345.123,00
7	**Total**	
8	**Média**	

(Técnico – TCU – 2009 – CESPE) Com referência à figura acima, que mostra parte de uma janela do *software* Excel 2007, contendo uma planilha em processo de edição, julgue os itens que seguem.

(1) Para se formatar as células da planilha que contêm valores inferiores a R$ 1.000.000,00 com a cor verde, pode-se utilizar o recurso Formatação condicional do menu Formatar.

(2) O total e a média dos valores mostrados na coluna B podem ser calculados a partir das fórmulas =Soma(B2:B6) e =Média (B2:B6), respectivamente.

1: Correta, o recurso Formatação Condicional presente no menu Formatar permite que as células sejam formatadas de formas diferentes dependendo de seu conteúdo, podendo ser alterado a cor de fundo, cor de escrita e várias outras características; 2: Correta, a fórmula =SOMA(B2:B6) calcula o somatório do intervalo B2 até B6 e a fórmula =MÉDIA(B2:B6) calcula a média deste mesmo intervalo.

Gabarito 1C, 2C

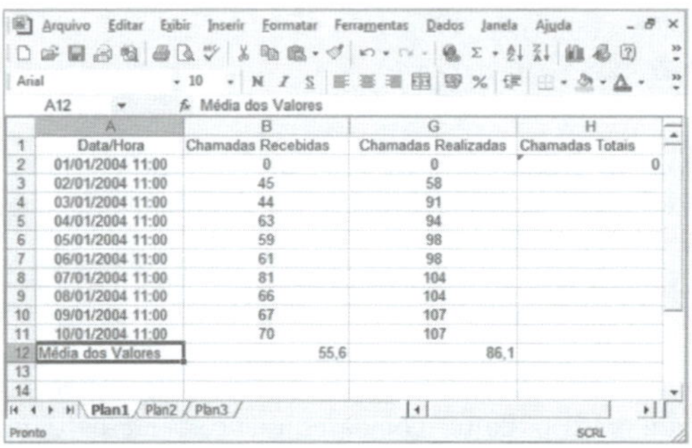

(Analista – ANATEL – 2009 – CESPE) A figura acima ilustra uma planilha em elaboração em uma janela do Microsoft Office Excel 2003, relacionando os números de chamadas recebidas e realizadas por uma empresa fictícia, nos dez primeiros dias do ano de 2004, até onze horas. A respeito dessa planilha e do Excel 2003, julgue os itens subsequentes.

(1) O Excel 2003 permite o modo de exibição de diversas barras de ferramentas que contêm diferentes campos e botões. Na janela acima, os campos ou botões ; A12 fx Média de Valores; e fazem parte, respectivamente, das barras de formatação, de fórmulas e padrão.

(2) Só é possível encontrar o valor total das chamadas recebidas e realizadas na data/hora, 05/01/2004 11:00" mediante a realização da seguinte sequência de ações: selecionar a célula H6; digitar = B6 + G6; teclar Enter.

1: Correta, as barras apresentadas estão corretamente descritas, é possível que o usuário adicione mais barras de menu ou personalize as existentes; 2: Errada, existem várias fórmula diferentes que poderia ser usadas além da informada, como por exemplo =SOMA(B6;G6).

Gabarito 1C, 2E

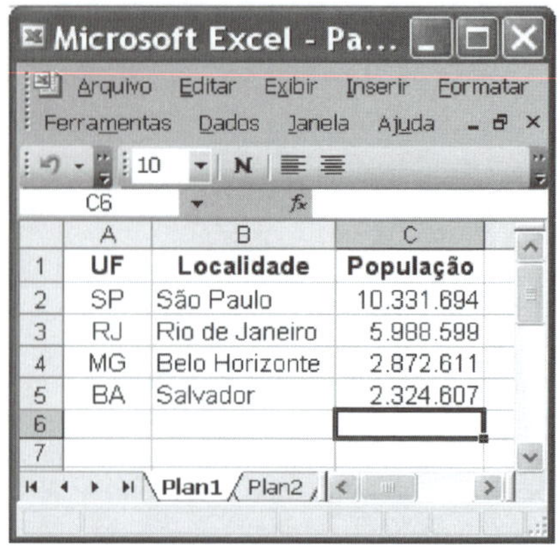

(Analista – ANATEL – 2006 – CESPE) A figura acima ilustra uma janela do Excel 2003 que contém uma planilha cujos dados se referem a localidades atendidas com uma nova modalidade de telefonia fixa, o acesso individual da classe especial (AICE), a partir de 1° de julho de 2006. Considerando essa janela, julgue os itens a seguir, acerca do Excel 2003.

(1) Considere a realização do seguinte procedimento na situação em que se encontra a planilha mostrada: digitar =MÉDIA(C2:C5) e, a seguir, teclar Enter. Após a realização desse procedimento, a célula C6 ficará preenchida com um número superior a 6.000.000.

(2) Considerando-se que o gráfico do tipo *pizza* ilustrado na figura a seguir tenha sido criado a partir dos dados contidos nas células de B2 a B5 e de C2 a C5, é correto afirmar que o referido gráfico pode ter sido criado por meio de recursos disponibilizados no menu Inserir.

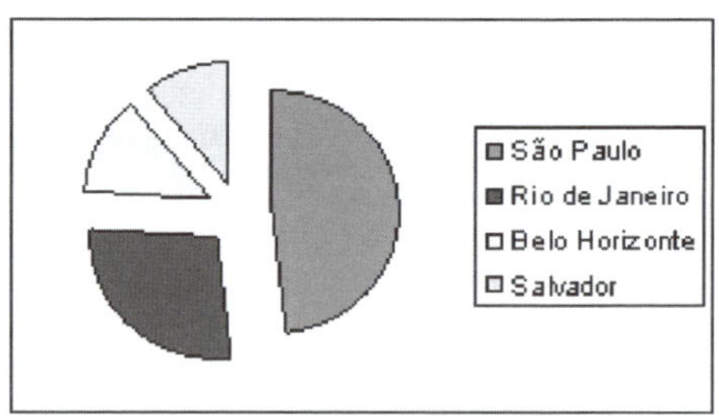

1: Errada, a média dos números no intervalo de C2 até C5 é 5.379.377,75, logo é inferior a 6.000.000; 2: Correta, gráficos preenchidos com valores das células da planilha podem ser inseridos por meio de opção presente no menu Inserir.

Gabarito 1E, 2C

(Analista Legislativo – Câmara dos Deputados – 2007 – FCC) Em uma planilha eletrônica MS Excel, para expressar a célula D1 em termos absolutos utiliza-se a notação

(A) D1
(B) $D$1
(C) #D#1
(D) D:1
(E) =D1

A, B, C, D e E: No MS Excel a referência absoluta é feita por meio do símbolo $, portanto a notação correta é $D$1, portanto apenas a alternativa B está correta.

Gabarito "B".

(Analista – DNPM – 2006 – CESGRANRIO) Observe as seguintes células de uma planilha de cálculo Microsoft Excel.

	A	B
1	2	10
2	4	
3	5	
4	1	

Suponha que a célula A5 contenha a fórmula abaixo. =SOMA(A1:A4)*B1 O resultado dessa fórmula é:

(A) 24510
(B) 120
(C) 30
(D) 20
(E) 10

A, B, C, D e E: A fórmula realiza a soma do intervalo de A1 até A4 e multiplica o resultado pelo valor de B1, portanto temos a soma de 12 multiplicado por 10 que resulta em 120, logo apenas a alternativa B está correta.

Gabarito "B".

(Administrador – FUNASA – 2009 – CESGRANRIO) Considere a tabela abaixo em uma planilha do Microsoft Excel, que apresenta a quantidade de empregados por setor de uma empresa. A respeito do Excel e de seus recursos, são feitas as afirmativas a seguir.

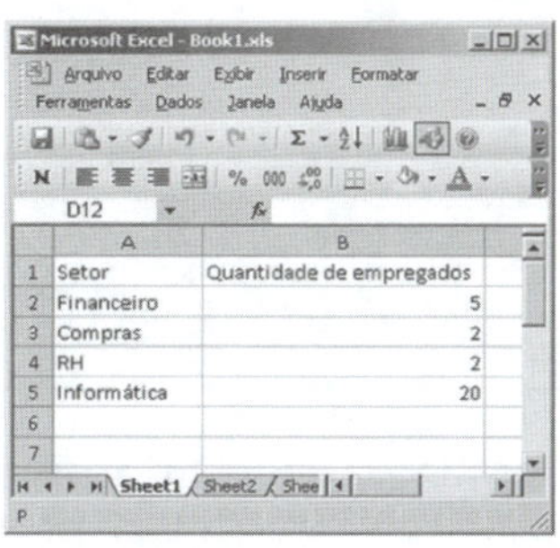

I. Para somar a quantidade de empregados da empresa, deve-se digitar, na célula B6, a fórmula =SOMA(B2:B5).

II. Através do ícone , o usuário pode classificar os setores da empresa, em ordem alfabética crescente.

III. O ícone 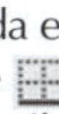 pode ser utilizado para definir bordas para as células da planilha.

Está(ão) correta(s) a(s) afirmativa(s)

(A) I, somente.
(B) II, somente.
(C) I e II, somente.
(D) II e III, somente.
(E) I, II e III.

A, B, C, D e E: Todas as afirmativas estão corretas, portanto apenas a alternativa E está correta.

Gabarito "E".

(Analista – IBGE – 2008 – CONSULPLAN) No MS Excel, os gráficos têm apelo visual e facilitam, para os usuários, a visualização de comparações, padrões e tendências nos dados. Por exemplo, em vez de ter que analisar várias colunas de números de planilha, pode-se ver imediatamente, se as vendas estão caindo ou subindo a cada trimestre ou como as vendas reais se comparam às vendas estimadas. Pode-se criar um gráfico na própria planilha ou como um objeto incorporado a uma planilha. É possível também publicar um gráfico em uma página da Web. Para criar um gráfico, primeiro deve-se inserir os dados do mesmo na planilha. Em seguida, deve-se selecionar os dados e usar o Assistente de Gráfico para passar pelo processo de escolha do tipo de gráfico e das várias opções de gráficos, ou usar a barra de ferramentas Gráfico, para criar um gráfico básico, que poderá ser formatado posteriormente. Através do menu, para acessar o Assistente de Gráfico, é necessário ir ao menu:

(A) Inserir – Gráfico.
(B) Ferramentas – Assistente de Gráfico.
(C) Editar – Gráfico.
(D) Editar – Assistente de Gráfico.
(E) Arquivo – Inserir Gráfico.

A, B, C, D e E: O Assistente de Gráfico, ferramenta que auxilia o usuário nas etapas de criação de um gráfico no MS Excel, está disponível através do menu Inserir, opção Gráfico. Portanto a única alternativa correta é a A.

Gabarito "A".

(Analista – IBGE – 2008 – CONSULPLAN) No MS Excel, para inserir uma borda em uma ou mais células deve-se selecionar as células nas quais se deseja adicionar uma borda, e:

(A) Ir ao menu Editar – Bordas e Sombreamentos.
(B) Ir ao menu Editar – Células – na Janela, selecionar a guia bordas e Sombreamentos.
(C) Ir ao menu Formatar – Células – na Janela, selecionar a guia bordas e Sombreamentos.
(D) Ir ao menu Editar – Células – na Janela, selecionar a guia bordas.
(E) Ir ao menu Formatar – Células – na Janela, selecionar a guia bordas.

A, B, C, D e E: No MS Excel as opções referentes as bordas das células estão inseridas na guia Bordas, presente na opção Células do menu Formatar, portanto apenas a alternativa E está correta.

Gabarito "E".

(Analista – INSS – 2008 – CESPE) Com relação ao Excel 2003, julgue o item a seguir.

(1) Considere que, em uma planilha do Excel 2003, as células C2, C3 e C4 contêm, respectivamente, os números 238, 285 e 251, referentes a pagamentos de contas de luz de um usuário em três meses sucessivos. Nessa situação, para se calcular a média aritmética dos três valores e apresentar o resultado na célula C5, é suficiente realizar a seguinte sequência de ações: clicar a célula C5, digitar = (C2 + C3 + C4)/3 e, em seguida, teclar Enter.

1: Correta, o formato de fórmula apresentado realiza primeiro a somas dos valores das células e divide o resultado pelo número de elementos, resultando assim na média aritmética.

Gabarito "C"

A informação abaixo deverá ser utilizada para responder às próximas duas questões.

Em uma planilha do Excel 2000, as células apresentam os seguintes valores: A1 = 10, A2 = 12, B1 = 8 e B2 = 14.

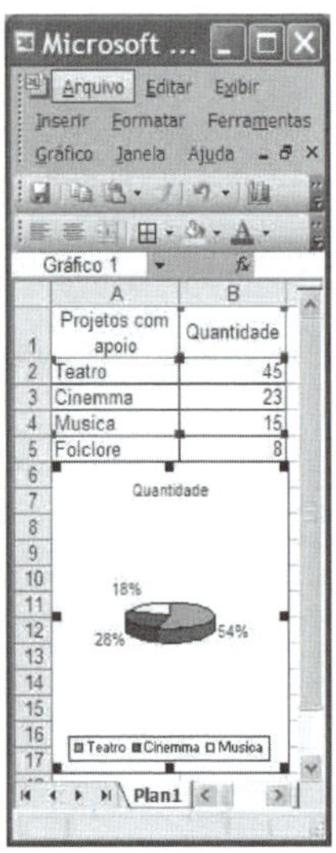

(Analista – Ministério das Comunicações – 2008 – CESPE) No que se concerne à utilização do Excel 2003 e à figura acima, que mostra uma janela desse *software* contendo uma planilha e um gráfico, julgue os itens que se seguem.

(1) Os valores 18%, 28% e 54% devem ser calculados por meio de uma fórmula, antes de se criar o gráfico.

(2) Para se corrigir a palavra "Cinemma" é necessário clicar a célula A3 e deletar a letra m, porque o Excel não possui corretor de grafia como no Word.

(3) Em função de a planilha conter apenas duas colunas, somente o gráfico do tipo *pizza* poderia ser criado, pois essa quantidade de colunas é insuficiente para se criar gráficos de outros tipos.

1: Errada, o Excel possui a ferramenta de gráfico que utiliza os dados das células selecionadas e pode calcular as porcentagens de forma automática; **2:** Errada, o Excel possui o corretor gramatical, assim como o Word, que pode ser acessado pelo botão F7; **3:** Errada, qualquer tipo de gráfico pode ser criado, independente do número de colunas ou células.

Gabarito 1E, 2E, 3E

(Analista – Ministério da Int. Nacional – 2012 – ESAF) No Microsoft Excel,

(A) na função SE (teste_lógico;valor_se_verdadeiro;valor_ se_falso), teste_lógico pode assumir até 5 valores diferentes.

(B) na função SE(teste_lógico;valor_se_verdadeiro;valor_ se_falso), valor_se_verdadeiro é sempre maior ou igual a zero.

(C) células podem ser mescladas por meio da seguinte sequência de comandos: **Ferramentas – Células – Edição – Mesclar células – OK**.

(D) células podem ser mescladas por meio da seguinte sequência de comandos: **Formatar – Células – Alinhamento – Mesclar células – OK**.

(E) existe uma função para determinar diretamente o valor da tangente cujo seno é conhecido.

A: Errada, o teste lógico tem apenas dois valores possíveis, verdadeiro ou falso. **B:** Errada, o valor_se_verdadeiro é definido pelo usuário. **C:** Errada, o menu correto a ser acesso é o menu Formatar. **D:** Correta, a opção Mesclar células do item Alinhamento localizado na opção Células do menu Formatar permite mesclar as células selecionadas. **E:** Errada, não há tal função direta.

Gabarito "D"

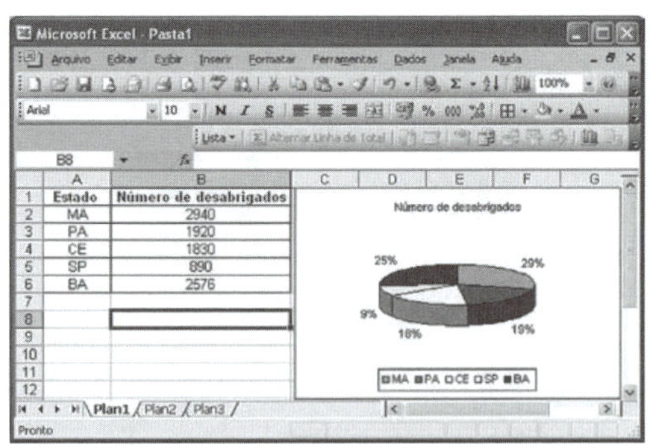

(Analista – Ministério da Integração Nacional – 2006 – CESPE) Considerando a figura acima, que mostra uma janela do *software Excel 2003* contendo uma planilha em processo de edição, julgue os próximos itens.

(1) Ao se selecionar a planilha, clicar a opção Filtrar no menu Dados e escolher, na lista disponibilizada, a opção Autofiltro, é possível selecionar o número de desabrigados de apenas um estado e, nessa situação, o gráfico também será alterado.

(2) O gráfico mostrado na figura, por conter valores em percentual, não foi criado a partir do conteúdo da planilha em edição.

1: Correta, as opções de Filtro fazem com que apenas os dados desejados sejam exibidos e isso afeta diretamente um gráfico que tenha sido gerado com bases nestes números; **2:** Errada, os gráficos gerados com base em valores presentes em células podem fazer uma representação percentual dos valores usados.

Gabarito 1C, 2E

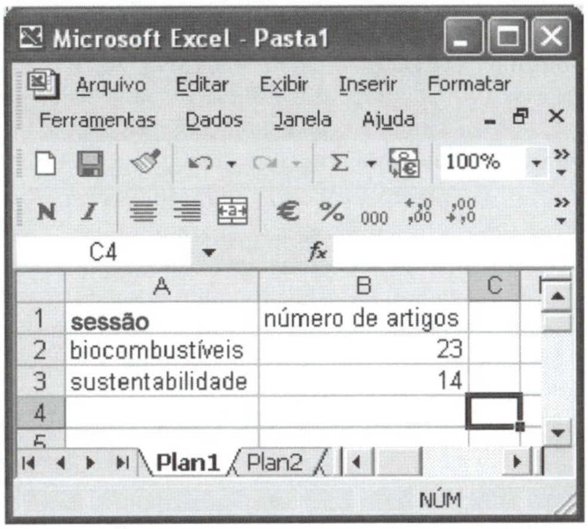

(Analista – Ministério do Meio Ambiente – 2008 – CESPE) A figura acima mostra uma janela do Excel 2002, que está sendo executada em um computador cujo sistema operacional é o Windows XP. Essa janela mostra uma planilha, em processo de elaboração, que contém dados relativos aos números de artigos apresentados sobre dois diferentes temas em um congresso. Acerca dessa planilha, julgue os itens subsequentes.

(1) Para calcular o número total de artigos apresentados no conjunto dos dois temas referidos — biocombustíveis e sustentabilidade —, apresentando o resultado na célula B4, é suficiente realizar a seguinte sequência de ações: clicar a célula B4; digitar =B2+B3 e, em seguida, teclar [Enter].

(2) As células A1 e B1 estarão formatadas como negrito ao final da seguinte sequência de ações: clicar a célula A1; pressionar e manter pressionada a tecla [Alt]; clicar a célula B1, liberar a tecla [Alt]; pressionar simultaneamente as teclas [Shift] e [N].

1: Correta, a fórmula =B2+B3 soma os valores das duas células, o que resultaria neste caso na soma do número de artigos; **2:** Errada, o atalho que ativa o efeito negrito é Ctrl + N e não *Shift* + N e para fazer a seleção das células deveria ser usada a tecla Ctrl ou *Shift* e não a Alt.

Gabarito 1C, 2E

2.2. BrOffice

(Técnico – TRE/CE – 2012 – FCC) A barra de fórmulas do BrOffice.org Calc, versão 3.2, NÃO contém

(A) o ícone da função de soma.
(B) o ícone do assistente de funções.
(C) o ícone que exibe a visualização de página.
(D) uma caixa de nome de células ou intervalo.
(E) uma linha de entrada de fórmulas.

A, B, C, D e **E:** De todos os itens apresentados o Calc apenas não possui um ícone para exibir a visualização de página, portanto apenas a letra C está correta.

Gabarito "C"

(Enfermeiro – TJ/ES – 2011 – CESPE) Com relação aos conceitos e aplicativos dos ambientes Microsoft Office e BrOffice, julgue os itens a seguir.

(1) O *Layout* de Impressão, um dos modos de exibição de arquivos no Microsoft Word, permite que se visualize o documento aberto para posterior impressão em papel, sem que seja possível, no entanto, fazer qualquer alteração do processo de edição e impressão.

(2) Em uma planilha em edição no Calc, se houver um número em uma célula e se, a partir dessa célula, a alça de preenchimento for levada para as células adjacentes, será automaticamente criada uma sequência numérica a partir desse número.

(3) No MS Word, os temas são recursos que auxiliam na definição de formatos de textos por meio de estilos criados com tamanhos de fontes variados, plano de fundo, marcadores de tópicos que podem ser utilizados para caracterizar um documento ou um conjunto deles.

(4) Para se inserir uma função em uma célula de planilha do Microsoft Excel, é necessário, primeiramente, selecionar essa célula e acionar o assistente Inserir Função. Por meio dele, é possível inserir funções de diversas categorias, como as funções estatísticas média aritmética, média geométrica e desvio padrão, entre outras.

1: Errada, no modo de exibição *Layout* de Impressão é possível fazer alterações no processo de edição e impressão. **2:** Correta, tanto no Excel como no Calc, se em uma célula que contenha um número a alça de preenchimento for arrastada será gerada uma sequência numérica a partir do número em questão. **3:** Correta, um tema é um conjunto de formatações que pode ser aplicada visando agilizar a formatação geral do texto. **4:** Correta, o assistente Inserir Função permite escolher dentre todas as funções presentes no Excel para formar a operação desejada.

Gabarito "1E, 2C, 3C, 4C"

(Enfermeiro Fiscal de Saúde – PREFEITO SENADOR CANEDO/GO – 2011 – UFG) Considere a planilha elaborada no BrOffice Calc 3.3.1, apresentada na figura a seguir.

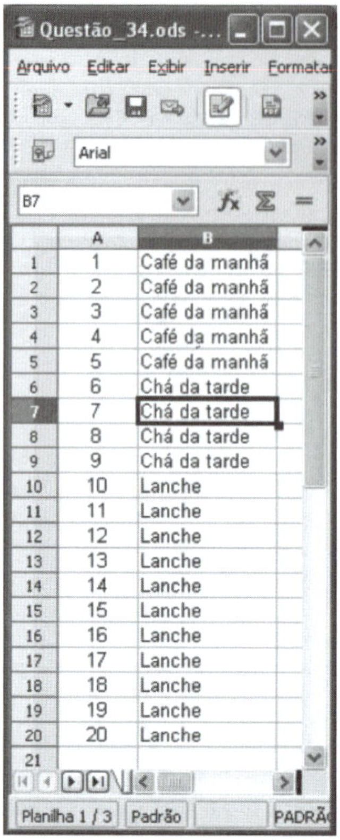

A fórmula utilizada na seleção apresentada (célula B7) é dada por:

(A) =SE(A7>=10; "Chá da tarde"; "Lanche")
(B) =SE(A7<=10; "Lanche"; "Chá da tarde")
(C) =SE(A7>=10; "Lanche"; SE(A7<=5; "Café da manhã"; "Chá da tarde"))
(D) =SE(A7>=10; "Lanche"; SE(A7>=5; "Café da manhã"; "Chá da tarde"))

A, **B**, **C** e **D**: A fórmula para a função é SE(condição; ação se verdadeiro; ação se falso), neste caso como existem 3 possíveis valores, a função deve ser usada de forma recursiva para que existam 3 condições, sendo esta =SE(A7>=10; "Lanche"; SE(A7<=5; "Café da manhã"; "Chá da tarde")), uma vez que a frase Café da manhã é usada caso o valor seja menor ou igual a 5, a palavra Lanche é usada para valores maiores ou iguais à 10 e a frase "Chá da tarde" para os demais. Portanto apenas a afirmativa C está correta.

Gabarito "C"

(Analista – TRT/2ª – 2008 – FCC) A exibição de um * (asterisco) em um determinado campo da barra de *status* da planilha BrOffice.org Calc indica que apenas

(A) o documento novo ainda não foi salvo.
(B) as alterações no documento ainda não foram salvas.
(C) o documento novo ainda não tem nome com a extensão .ods.
(D) o documento novo ainda não tem nome com a extensão .ods ou as alterações no documento ainda não foram salvas.
(E) o documento novo ou as alterações no documento ainda não foram salvas.

A: errada, um * (asterisco) também pode ser exibido caso o documento tenha sido alterado. **B:** errada, um * (asterisco) também pode ser exibido caso o documento seja novo. **C:** errada, a existência ou ausência de um nome com extensão .ods não pode causar a exibição de um * (asterisco). **D:** errada, a existência ou ausência de um nome com extensão .ods não pode causar a exibição de um * (asterisco). **E:** correta, um * (asterisco) pode ser exibido caso o documento seja novo ou tenha sofrido alterações que ainda não foram salvas.

Gabarito "E"

(Analista – TRT/21ª – 2010 – CESPE) Acerca dos sistemas operacionais, dos aplicativos de edição de textos, das planilhas e apresentações nos ambientes Windows e Linux, julgue o item abaixo.

(1) Em uma planilha em edição no Calc do BrOffice, se uma célula for preenchida com número e, em seguida, a alça de preenchimento dessa célula for arrastada para células seguintes na mesma linha ou coluna, as células serão automaticamente preenchidas com uma sequência numérica iniciada com número digitado.

1: Correta, utilizando-se a alça de preenchimento, as células conseguintes são preenchidas respeitando a progressão dos primeiros números selecionados.

Gabarito 1C

(Analista – TRE/AC – 2010 – FCC) O recurso de Autofiltro em uma planilha no *BrOffice.org Calc* pode ser usado por meio do acesso ao menu

(A) Dados e da seleção dos itens Filtro e Autofiltro.
(B) Formatar e da seleção dos itens Filtro e Autofiltro.
(C) Inserir e da seleção do item Autofiltro.
(D) Dados e da seleção do item Autofiltro.
(E) Formatar e da seleção do item Autofiltro.

A: Correta, o recurso de Autofiltro se encontra no item Filtro dentro do menu Dados. **B:** Errada, o menu correto seria o menu Dados e não o formatar. **C:** Errada, o menu correto é o menu Dados e não o menu Inserir. **D:** Errada, o menu está correto, porém o recurso se encontra dentro do item Filtro. **E:** Errada, o menu correto é o menu Dados e não o menu Formatar.

Gabarito "A"

(Analista – TRE/AP – 2011 – FCC) Em relação ao *BrOffice.org 3.1*, considere:

I. Em um arquivo aberto no *Writer* quando o cursor está em qualquer linha de qualquer parágrafo, ao se pressionar a tecla *Home* ele irá se posicionar no início do texto.
II. Em uma planilha do Calc, se a célula E8, que contém a fórmula =($D$2+SOMA(C3:C7))/$D$1, for copiada para a célula F9, através de Ctrl+C e Ctrl+V, a célula F9 conterá a fórmula =($D$2+SOMA(D4:D8))/$D$1.

III. No *Writer* as ações das teclas F7, Ctrl+F12 e Ctrl+F4 correspondem, respectivamente, verificar ortografia, inserir tabela e fechar documento.
IV. No Calc a fórmula =SOMA(A1:B2;B4) irá executar a soma de A1, B2 e B4.

Está correto o que se afirma, SOMENTE em

(A) I e II.
(B) I, II e IV.
(C) I, III e IV.
(D) II e III.
(E) II, III e IV.

A: Errada, a afirmativa I está incorreta, a tecla *Home* fará com que o curso se posicione no início da linha atual e não no início do texto. **B:** Errada, as afirmativas I e IV estão incorretas, a tecla *Home* fará com que o curso se posicione no início da linha atual e não no início do texto e a fórmula =SOMA(A**1:**B2;B4) soma os valores no intervalo A1 até B2 mais a célula B4. **C:** Errada, as afirmativas I e IV estão incorretas, a tecla *Home* fará com que o curso se posicione no início da linha atual e não no início do texto e a fórmula =SOMA(A**1:**B2;B4) soma os valores no intervalo A1 até B2 mais a célula B4. **D:** Correta, apenas as afirmativas II e III estão corretas. **E:** Errada, a afirmativa IV está incorreta, a fórmula =SOMA(A**1:**B2;B4) soma os valores no intervalo A1 até B2 mais a célula B4.

Gabarito "D"

I. Uma planilha (BrOffice.org 3.1) com as informações abaixo. A célula contendo o sinal de interrogação (incógnita) representa um valor obtido por propagação feita pela alça de preenchimento originada em A2. HIPÓTESE: O resultado da incógnita obtido com essa operação é o mesmo se a propagação for originada em B1.

	A	B
1	=42*33	=A1*2
2	=A1/2	?

(Analista – TRE/PI – 2009 – FCC) A hipótese apresentada em (I) está

(A) errada e a incógnita resulta em 1386 se originada em A2 e em 2772 se originada em B1.
(B) errada e a incógnita resulta em 693 se originada em A2 e em 1386 se originada em B1.
(C) errada e a incógnita resulta em 1386 se originada em A2 e em 693 se originada em B1.
(D) correta e a incógnita resulta em 693.
(E) correta e a incógnita resulta em 1386.

A: errada, a hipótese está correta, pois, se arrastada a partir de A2, a célula B2 teria o valor da B1 dividido por 2, portanto 1386, arrastando-se a partir de B1, seu valor seria A2 * 2, também 1386. **B:** errada, a hipótese está correta. **C:** errada, a hipótese está correta. **D:** errada, a hipótese está correta, porém o valor da incógnita será metade do valor de B1, neste caso, 1386. **E:** correta, a hipótese está correta e o resultado será metade do valor de B1, ou seja, 1386.

Gabarito "E"

Figura para as quatro questões a seguir

A figura a seguir ilustra uma janela do aplicativo Calc, com uma planilha em processo de edição.

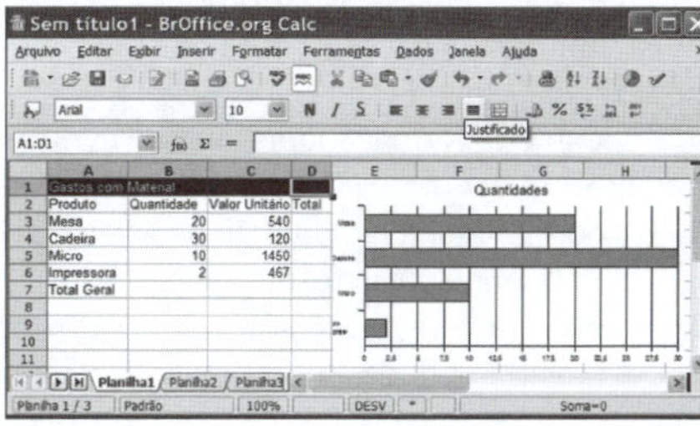

(Analista – TRE/GO – 2008 – CESPE) Com relação à figura apresentada, assinale a opção correta.

(A) Para calcular o valor total a ser gasto com a aquisição dos produtos, é suficiente clicar a célula C7, clicar a ferramenta Σ e pressionar a tecla Enter.
(B) Para calcular o valor Total para o produto Micro, é suficiente clicar a célula D5, digitar a fórmula =B5+C5 e pressionar a tecla Enter.
(C) Para calcular o valor Total para o produto Mesa é suficiente clicar a célula D3, digitar a fórmula =B3*C3 e pressionar a tecla Enter.
(D) Para calcular o valor Total Geral, é suficiente calcular o somatório da quantidade na célula B7 e multiplicar pelo resultado do cálculo do somatório dos valores unitários.

A: errada, seguindo os passos descritos obtém-se apenas a soma do valor unitário dos itens. **B:** errada, a função correta seria de multiplicação e não soma. **C:** correta, a fórmula =B3*C3 faz a multiplicação entre a quantidade e o valor unitário obtendo-se o valor Total para o produto Mesa. **D:** errada, somando-se as quantidades e multiplicando-se pela soma dos valores unitários não se obtém o resultado correto do Total Geral, sendo necessária a multiplicação de cada quantidade por seu respectivo valor e então somar os resultados obtidos.

Gabarito "C"

(Analista – TRE/GO – 2008 – CESPE) Considerando o gráfico apresentado na figura, assinale a opção correta.

(A) Os valores no eixo horizontal apresentam casas decimais porque ele foi construído com base na coluna D.
(B) Para alterar o tamanho do gráfico, é suficiente selecioná-lo, clicar a opção Tamanho do *menu* Formatar, selecionar, na janela disponibilizada, o tamanho desejado e clicar OK.
(C) Para dimensionar o gráfico com tamanho 50% da página, é suficiente clicá-lo e selecionar 50 na ferramenta 10.
(D) O gráfico foi construído com base apenas nos valores das colunas A e B.

A: errada, os valores decimais aparecem pois o gráfico foi configurado para usar um intervalo de 2,5 no eixo principal. **B:** errada, não há opções de alteração de tamanho no menu Formatar. **C:** errada, a ferramenta 10 altera o tamanho da fonte e não do gráfico. **D:** correta, os itens das colunas A e B são os itens representados pelo gráfico.

Gabarito "D"

(Analista – TRE/MA – 2009 – CESPE) Com relação aos aplicativos do ambiente BR Office, assinale a opção correta.

(A) O Writer é um editor de texto do BR Office cuja única limitação é não permitir a edição de documentos em código HTML.
(B) Um documento armazenado em arquivo no formato nativo padrão .odt do BR Office pode ser aberto por qualquer *software* do ambiente BR Office e também pelo Microsoft Office.
(C) O Impress, que reconhece arquivos com extensão .odt, é a ferramenta do BR Office utilizada para a criação de documentos, de forma equivalente ao aplicativo Microsoft Office Word.
(D) O BR Office é um *software* gratuito e livre, sendo encontrado em versões que podem ser executadas em diferentes plataformas de *hardware* e sistemas operacionais, incluindo Linux e Windows.
(E) O Calc é o *software* do BR Office usado para a edição de tabelas e cálculos de fórmulas, de forma semelhante ao Excel, mas que possui recursos próprios para a sintaxe das fórmulas e regras de cálculo diferentes das utilizadas no Microsoft Office Excel.

A: errada, o Writer permite a edição de documentos em código HTML. **B:** errada, o Microsoft Office não consegue abrir documentos no formato .odt. **C:** errada, o Impress é uma ferramenta de criação de apresentação de *slides* e não de documentos. **D:** correta, o BR Office é um *software* livre, gratuito e que pode ser encontrado em versões que rodam tanto em Windows como Linux. **E:** errada, a sintaxe das fórmulas e regras de cálculo não é diferente das utilizadas no Microsoft Office Excel.

Gabarito "D"

(Analista – TRE/TO – 2011 – FCC) As células A1 até A3 de uma planilha *BrOffice* (Calc) contêm, respectivamente, os números: 2, 22 e 222. A célula A4 contém a fórmula =A1*A2+A3 (resultado = 266) que arrastada pela alça de preenchimento para a célula A5 registrará, nesta última, o resultado (calculado)

(A) 510
(B) 5150
(C) 6074
(D) 10736
(E) 63936

A: Errada, a alça seguiria a progressão da função, alterando-a para =A2*A3+A4, que resulta em 5150. **B:** Correta, a alça sege a progressão da função, alterando-a para =A2*A3+A4, que resulta em 22*222+266 com resultado sendo 5150.**C:** Errada, a alça seguiria a progressão da função, alterando-a para =A2*A3+A4, que resulta em 5150. **D:** Errada, a alça seguiria a progressão da função, alterando-a para =A2*A3+A4, que resulta em 5150. **E:** Errada, a alça seguiria a progressão da função, alterando-a para =A2*A3+A4, que resulta em 5150.

Gabarito "B"

(Analista – TJ/ES – 2011 – CESPE) Com relação aos conceitos e aplicativos dos ambientes Microsoft Office e BrOffice, julgue os itens a seguir.

(1) O *Layout* de Impressão, um dos modos de exibição de arquivos no Microsoft Word, permite que se visualize o documento aberto para posterior impressão em papel, sem que seja possível, no entanto, fazer qualquer alteração do processo de edição e impressão.
(2) Em uma planilha em edição no Calc, se houver um número em uma célula e se, a partir dessa célula, a alça de preenchimento for levada para as células adjacentes, será automaticamente criada uma sequência numérica a partir desse número.
(3) No MS Word, os temas são recursos que auxiliam na definição de formatos de textos por meio de estilos criados com tamanhos de fontes variados, plano de fundo, marcadores de tópicos que podem ser utilizados para caracterizar um documento ou um conjunto deles.
(4) Para se inserir uma função em uma célula de planilha do Microsoft Excel, é necessário, primeiramente, selecionar essa célula e acionar o assistente Inserir Função. Por meio dele, é possível inserir funções de diversas categorias, como as funções estatísticas média aritmética, média geométrica e desvio padrão, entre outras.

1: Errada, o processo de edição e impressão ainda podem ser alterados no modo de exibição de *Layout* de Impressão. **2:** Correta, a alça de preenchimento segue a progressão do número criando uma sequência numérica a partir das células selecionadas. **3:** Correta, o tema agrupa um conjunto de configurações que podem ser aplicadas a outros documentos. **4:** Correta, uma função só pode ser inserida em uma célula previamente selecionada, após isso utiliza-se a função Inserir Função ou digitar a função na linha de escrita.

Gabarito 1E, 2C, 3C, 4C

(Técnico Judiciário – TRT/2ª – 2008 – FCC) O campo SOMA da barra de *status* da planilha BrOffice.org Calc, por padrão,

(A) exibe a soma dos conteúdos numéricos das células selecionadas.
(B) exibe a soma dos conteúdos numéricos de todas as células da planilha.
(C) insere a função SOMA na célula selecionada.
(D) insere a função SOMA imediatamente após a última linha da coluna selecionada.
(E) insere a função SOMA em todas as colunas, imediatamente após a última linha da planilha.

A: correta, o campo SOMA exibe a soma dos conteúdos numéricos das células selecionadas. **B:** errada, o campo SOMA exibe apenas a soma dos conteúdos numéricos das células selecionadas. **C:** errada, o campo SOMA exibe a soma dos conteúdos numéricos das células selecionadas. **D:** errada, o campo SOMA exibe a soma dos conteúdos numéricos das células selecionadas. **E:** errada, o campo SOMA exibe a soma dos conteúdos numéricos das células selecionadas.

Gabarito "A"

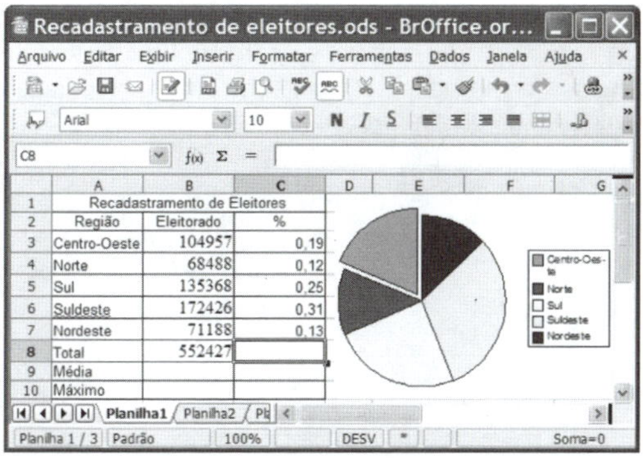

(Técnico Judiciário – TRE/GO – 2008 – CESPE) A figura acima ilustra uma janela do aplicativo Calc com uma planilha em processo de edição. Considerando os cálculos de Total, Média e Máximo, assinale a opção correta.

(A) Para calcular a média do eleitorado das regiões contidas na planilha é suficiente selecionar as células de B3 até B7 e clicar a ferramenta f(x).
(B) O valor máximo do eleitorado pode ser encontrado selecionando as células de B3 até B7 e clicando na opção Máximo do *menu* Dados.
(C) Ao se selecionar a célula C8 e clicar a opção Soma do *menu* Inserir, essa célula ficará preenchida com o valor 1,00.
(D) Considerando que o valor da célula C3 seja calculado dividindo-se o número do Eleitorado do Centro-oeste pelo Total, é correto afirmar que esse valor pode ser determinado pela fórmula =B3/B8.

A: errada, a ferramenta f(x) ativa o assistente de funções e não o cálculo de média. **B:** errada, não há opção Máximo no *menu* Dados. **C:** errada, não há opção Soma no *menu* Inserir. **D:** correta, a fórmula =B3/B8 faria o cálculo da divisão do número do Eleitorado do Centro-oeste pelo Total.

Gabarito "D"

(Agente Administrativo – Ministério da Justiça – 2009 – FUNRIO) O BrOffice Calc utiliza símbolos para representar as operações matemáticas. O símbolo utilizado para representar a exponenciação é:

(A) *
(B) exp
(C) ~
(D) &
(E) ^

A: Errada, o * representa multiplicação. **B:** Errada, exp não é um símbolo válido no Calc. **C:** Errada, ~ não é um símbolo para contas no Calc. **D:** Errada, o símbolo & apenas concatena os valores. **E:** Correta, o ^ é usado para representar exponenciações.

Gabarito "E"

(Agente Administrativo – MPOG – 2009 – FUNRIO) No BrOffice Calç para calcular a soma do conteúdo das células A1, A2 e A3, devemos inserir a seguinte fórmula:

(A) Fx SUM [A1:A3]
(B) /(A1+A2+A3)
(C) =soma(A1:A3)
(D) soma (A1..A3)
(E) [A1+A2+A3]

A: Errada, as fórmulas são iniciadas por =. **B:** Errada, as fórmulas são iniciadas por =. **C:** Correta, a fórmula =soma() calcula a soma das células ou do intervalo fornecido como parâmetro. **D:** Errada, as fórmulas são iniciadas por =. **E:** Errada, as fórmulas são iniciadas por =.

Gabarito "C"

(Administrador – Ministério da Justiça – 2009 – FUNRIO) O BrOffice Calc respeita uma precedência de operações ao realizar seus cálculos matemáticos. Em uma fórmula primeiramente é resolvido

(A) a exponenciação.
(B) o que estiver entre parênteses.
(C) a multiplicação ou divisão.
(D) a soma ou subtração.
(E) o que vier na ordem da esquerda para direita.

A, B, C, D e **E:** O primeiro item a ser considerado em qualquer fórmula é o conteúdo que está entre parênteses, lembrando que quando houver um dentro de outro conjunto de parênteses, o mais interno tem precedência sobre o mais externo.

Gabarito "B"

3. EDITORES DE APRESENTAÇÃO

(Técnico – TRT/11ª – 2012 – FCC) Ao abrir o *BrOffice.org* Apresentação (*Impress*) será aberta a tela do Assistente com as opções: Apresentação vazia,

(A) Usar meus *templates* e Abrir uma apresentação existente, apenas.
(B) A partir do modelo e Abrir uma apresentação existente, apenas.
(C) A partir do modelo, Abrir uma apresentação existente e Acessar o construtor *on-line,* apenas.
(D) Usar meus *templates* Abrir uma apresentação existente e Acessar o construtor *on-line*, apenas.
(E) A partir do modelo, Usar meus *templates* Abrir uma apresentação existente e Acessar o construtor *on-line*.

A, B, C, D e **E:** As outras opções são "A partir do modelo" e "Abrir uma apresentação existente", portanto apenas a alternativa B está correta.

Gabarito "B"

(Analista – TRT/11ª – 2012 – FCC) Em um *slide* mestre do *BrOffice.org* Apresentação (*Impress*), NÃO se trata de um espaço reservado que se possa configurar a partir da janela Elementos mestres:

(A) Número da página.
(B) Texto do título.
(C) Data/hora.
(D) Rodapé.
(E) Cabeçalho.

A, B, C, D e E: Nos *slides* mestres, número da página, data/hora, rodapé e cabeçalho são espaços reservados que podem ser configurados, apenas o Texto do título não pode ser alterado pela janela de Elementos mestres.

Gabarito "B".

(Analista – TRE/CE – 2012 – FCC) Para salvar uma apresentação do *BrOffice Impress* com senha,

(A) clica-se no menu Arquivo e em seguida na opção Salvar como. Na janela que se abre, dá-se o nome ao arquivo no campo Nome, seleciona-se a opção Ferramentas, em seguida Opções Gerais e digita-se a senha. Para concluir, clica-se no botão Salvar.

(B) pressiona-se a combinação de teclas *Ctrl* + *Shift* + S e, na tela que se abre, digita-se o nome do arquivo no campo Nome, a senha no campo Senha e clica-se no botão Salvar.

(C) clica-se no menu Arquivo e em seguida na opção Salvar. Na tela que se abre, digita-se o nome do arquivo no campo Nome, a senha no campo Senha e clica-se no botão Salvar.

(D) pressiona-se a combinação de teclas *Ctrl* + S e, na tela que se abre, digita-se o nome do arquivo no campo Nome, seleciona-se a caixa de combinação Salvar com senha e clica-se no botão Salvar. Para concluir, digita-se e redigita-se a senha e clica-se no botão OK.

(E) clica-se no menu Arquivo e em seguida na opção Salvar. Na janela que se abre, dá-se o nome do arquivo no campo Nome, seleciona-se a opção Ferramentas, em seguida Salvar com senha. Na janela que se abre, digita-se e redigita-se a senha e clica-se no botão Salvar.

A, B, C, D e E: No Impress, para salvar uma apresentação com senha, basta salvar o documento normalmente, por exemplo com o atalho Cltr + S; na janela exibida deve-se marcar a caixa Salvar com senha e então digitar a senha desejada, portanto apenas a alternativa D está correta.

Gabarito "D".

(Auditor Fiscal – São Paulo/SP – FCC – 2012) No *MS PowerPoint*, podem ser utilizados modelos prontos ou criados modelos novos. Para editar ou criar um novo modelo deve-se abrir a guia

(A) Exibir, clicar em Slide mestre e editar o *slide* mestre da apresentação e os leiautes associados.

(B) Editor de modelo e preencher um ou mais *slides* modelo.

(C) Arquivo, clicar em Modelos e preencher um ou mais *slides* modelo.

(D) Arquivo, clicar em Salvar como e selecionar o formato Modelo de apresentação.

(E) Exibir, clicar em Modelo de apresentação e preencher um ou mais *slides* modelo.

A, B, C, D e E: A edição e criação de modelos do MS PowerPoint é feita por meio da opção Modelos de apresentação localizada no menu Exibir, portanto apenas a alternativa E está correta.

Gabarito "E".

(Policial Rodoviário Federal – 2008 – CESPE) Considerando a figura abaixo, que ilustra uma janela do BrOffice.org Impress 2.4, contendo uma apresentação em processo de elaboração.

Julgue os itens a seguir.

I. Para se visualizar *slides* em miniatura, é suficiente clicar na guia Classificador de slides. Nessa situação, ao se clicar um *slide* em miniatura com o botão direito do *mouse* e, na lista disponibilizada, se escolher a opção Ocultar slide, o referido *slide* ficará oculto no modo apresentação; após essas ações, caso se clique com o botão direito do *mouse* nesse *slide*, a lista disponibilizada conterá uma opção que permite exibir novamente esse *slide*.

II. A lista a seguir apresenta opções da Barra de tarefas que é acessada por meio do menu Exibir.

Inserir
Linha e preenchimento
Modo
Navegador de formulários
Objetos 3D
Opções
Padrão (modo de exibição)
Padrão
Pontos de colagem

III. Na situação da janela mostrada, é correto afirmar que as linhas duplas observadas nas réguas horizontal e vertical definem as dimensões da figura contida no *slide*. Para redimensionar essa figura, é suficiente arrastar uma das linhas duplas para uma nova posição na régua.

IV. Se, após determinado procedimento com o botão direito do *mouse*, for visualizada uma janela com as informações a seguir, será correto inferir que a data que aparece no *slide* consiste em um campo variável e será automaticamente atualizada toda vez em que o arquivo contendo a apresentação for reaberto.

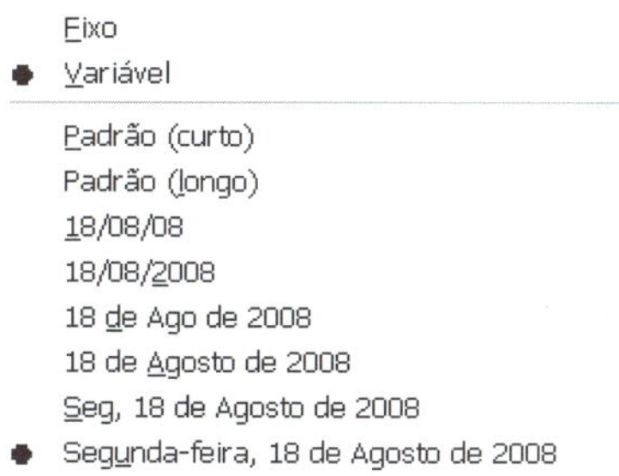

V. Ao se clicar Design de slides, será disponibilizada uma lista com diferentes tipos de *design* de estruturas básicas, como triângulos, retângulos, círculos e cubos, que podem ser inseridos no slide mostrado.

A quantidade de itens certos é igual a

(A) 1.
(B) 2.
(C) 3.
(D) 4.
(E) 5.

A, B, C, D e **E:** Apenas a afirmativa V está incorreta, o botão *Design* de *slides* permite selecionar um modelo de slide previamente salvo, portanto apenas a alternativa D está correta.

Gabarito "D"

(Enfermeiro Fiscal de Saúde – PREFEITO SENADOR CANEDO/GO – 2011 – UFG) Considere a caixa de diálogo do BrOffice Impress 3.3.1, apresentada na figura a seguir.

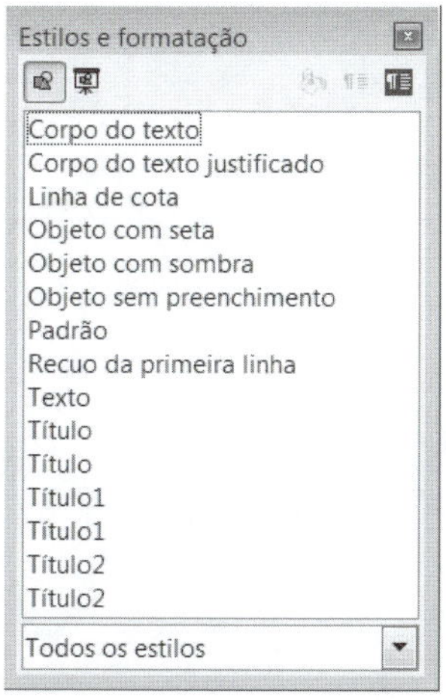

Os estilos utilizados nos esquemas automáticos apresentados na figura referem-se aos Estilos de

(A) Apresentação.
(B) Figuras.
(C) MathType.
(D) Suplementos.

A, B, C e **D:** Como pode ser verifica no canto superior esquerdo da imagem, o ícone relacionado as Figuras está selecionado, portanto os esquemas automáticos apresentados se referem aos Estilos de Figura, portanto apenas a alternativa B está correta.

Gabarito "B"

(Enfermeiro Fiscal de Saúde – PREFEITO SENADOR CANEDO/GO – 2011 – UFG) O Microsoft© Office PowerPoint 2007 permite que revisores incluam textos para avaliação de conteúdo dos *slides*. Para utilizar esse recurso o usuário deve acessar a guia "Revisão" e clicar no botão

(A)

(B)

(C)

(D)

A: Errada, este botão apenas permite visualizar comentários e outras anotações. **B:** Errada, este botão se encontra na guia Exibição e exibe a apresentação no modo de classificação de *slides*. **C:** Errada, este botão está na guia Arquivo e permite alterar as permissões de proteção do arquivo. **D:** Correta, este botão permite adicionar um comentário sobre a seleção atual.

Gabarito "D"

(Enfermeiro – FAMERP/SP – 2012 – VUNESP) A imagem a seguir foi retirada do programa MS-PowerPoint 2010, em sua configuração padrão.

Assinale a alternativa que contém o nome da guia e do grupo, respectivamente, a que pertence a imagem.

(A) Inserir; Gráficos.
(B) Inserir; Ilustrações.
(C) Gráficos; Inserir.
(D) Inserir; Objetos.
(E) Objetos; Inserir.

A, B, C, D e **E:** Os ícones apresentados representam as funções Forma, SmartArt e Gráfico, respectivamente, e podem ser encontrados no grupo Ilustrações da guia Inserir. Portanto apenas a alternativa B está correta.

Gabarito "B"

(Enfermeiro – POLÍCIA CIVIL/MG – 2013 – ACADEPOL) Sobre os tipos de diagramas disponíveis através da opção de menu "Inserir" à Diagrama... do Microsoft PowerPoint, versão português do Office 2003, analise as seguintes afirmativas.

I. O ícone representa um Diagrama de ciclo.
II. O ícone representa um Diagrama de Venn.
III. O ícone representa um Diagrama radial.

Estão CORRETAS as afirmativas:

(A) I, II e III.
(B) I e II, apenas.
(C) I e III, apenas.
(D) II e III, apenas.

A, B, C e **D:** Todas as afirmativas estão corretas, portanto a alternativa A deve ser assinalada.

Gabarito "A"

(Analista – TRE/AC – 2010 – FCC) Uma apresentação elaborada no *MS PowerPoint 2003* pode ser impressa na forma de folhetos para consultas. Espaços em linhas para que se façam anotações sobre as apresentações são reservados no folheto de

(A) um slide por página.
(B) dois *slides* por página.
(C) três *slides* por página.
(D) quatro *slides* por página.
(E) seis *slides* por página.

A: Errada, na impressão de um slide por página não há linhas reservadas para comentários. **B:** Errada, na impressão de dois *slides* por página não há linhas reservadas para comentários. **C:** Correta, apenas na impressão de folhetos com três *slides* por página é reservado um espaço com linhas para a realização de comentários. **D:** Errada, na impressão de folhetos com quatro *slides* por folha não há espaço reservado para comentários. **E:** Errada, na impressão de folhetos com seis *slides* por folha não há espaço reservado para comentários.

Gabarito "C"

(Analista – TSE – 2006 – CESPE) A figura a seguir mostra uma janela do PowerPoint 2002, com um *slide* de uma apresentação. Com relação a essa janela e ao PowerPoint 2002, assinale a opção correta.

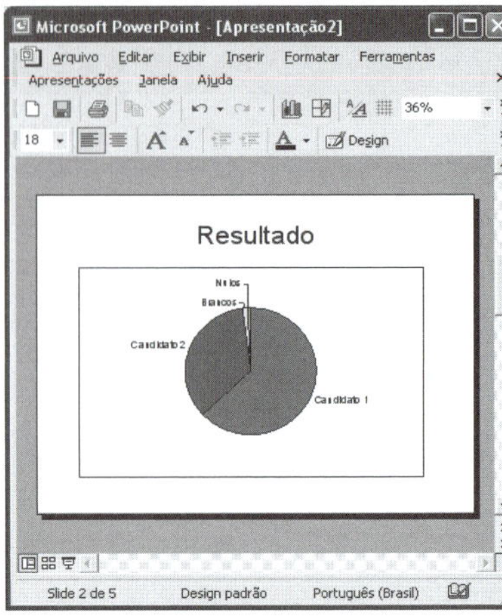

(A) Para se fazer que o *slide* seja exibido de forma que ocupe toda a tela do monitor de vídeo, é suficiente clicar o botão.
(B) Ao se clicar o gráfico mostrado na figura e se alterar o número 18, em 18, para 9, o gráfico será exibido com metade do tamanho.
(C) As funcionalidades do botão Design permitem alterar o *design* do *slide*, por meio da seleção de modelos de *design*.
(D) Para se aplicar itálico ao título do *slide* mostrado na figura, é suficiente selecionar esse título e clicar.

A: errada, o botão ativa o modo de classificação de *slides* e não a exibição em tela cheia. **B:** errada, apenas as palavras contidas no gráfico terão seu tamanho alterado para sua metade. **C:** correta, o botão Design irá exibir as opções de *design* do slide utilizando a seleção de modelos de *design*. **D:** errada, o botão exibe ou oculta a formatação do texto e não o torna itálico.

Gabarito "C"

(Analista – TST – 2008 – CESPE) Considerando a figura abaixo, que ilustra uma janela do PowerPoint 2007 contendo uma apresentação em elaboração, julgue o próximo item.

(1) A partir da figura mostrada, é correto afirmar que a apresentação em elaboração contém quatro *slides*, no primeiro dos quais foi inserida uma caixa de texto e uma figura, e que, caso se deseje personalizar a apresentação desses *slides*, é possível fazê-lo por meio de funcionalidades encontradas em .

1: errada, não é possível determinar o número de *slides* presentes na apresentação pela imagem exibida.

Gabarito 1E

(Técnico Judiciário – TST – 2008 – CESPE) Com relação ao PowerPoint 2007, julgue o item a seguir.

(1) O PowerPoint 2007 disponibiliza botões que, ao serem clicados, permitem aumentar ou diminuir o tamanho da fonte de um texto que esteja selecionado em um *slide*.

1: correta, no PowerPoint 2007 existem botões que permitem aumentar e diminuir o tamanho da fonte de um texto selecionado.

Gabarito "1C"

(Escrivão de Polícia/SP – 2010) Sobre o PowerPoint é correto dizer:

(A) o trabalho com o PowerPoint se inicia com uma das opções: Autoconteúdo, Modelo, Apresentação em Branco ou abrir um slide existente.
(B) o PowerPoint permite criar arquivos que poderão ser lidos e apresentados no Word
(C) o assistente de autoconteúdo permite a criação automática de apenas um slide. A criação de *slides* subsequentes se dá pelo Modo de classificação de *slides*.
(D) o trabalho com o PowerPoint se inicia com uma das opções: Assistente de Autoconteúdo, Modelo, Apresentação em Branco ou abrir uma apresentação existente.
(E) O PowerPoint não permite alterar arquivos lidos

A: Errada, a opção correta é denominada Assistente de Autoconteúdo. **B:** Errada, os arquivos criados no PowerPoint são lidos e apresentados no próprio programa e não no Word. **C:** Errada, é possível criar mais de um slide com o Assistente de Autoconteúdo. **D:** Correta, para iniciar o uso do PowerPoint pode-se escolher entre usar o Assistente de Autoconteúdo, abrir uma apresentação existente, iniciar uma apresentação em branco ou usar um modelo existente. **E:** Errada, é possível editar arquivos lidos ou salvos anteriormente.

Gabarito "D"

(Auditor Fiscal/RO – 2010 – FCC) A criação do efeito de Persiana horizontal pode ser elaborada no aplicativo PowerPoint por meio do menu

(A) Apresentações e da Opção Transição de *slides*.
(B) Apresentações e da Opção Novo slide.
(C) Inserir e da Opção Novo slide.
(D) Inserir e da Opção Apresentação de *slides*.
(E) Editar e da Opção Apresentação de *slides*.

A: Correta, a opção Transição de *slides* controla a forma como os *slides* surgem na tela, sendo uma delas o efeito de Persiana Horizontal. **B:** Errada, a opção mencionada apenas cria um novo slide no corpo da apresentação. **C:** Errada, a opção mencionada apenas cria um novo slide no corpo da apresentação. **D:** Errada, a opção Apresentação de Slides não se encontra no menu Inserir e não controla a transição de *slides*, onde o efeito de Persiana horizontal pode ser aplicado. **E:** Errada, a opção Apresentação de Slides não se encontra no menu Editar e não controla a transição de *slides*, onde o efeito de Persiana horizontal pode ser aplicado.

Gabarito "A"

(Analista – TRE/AC – 2010 – FCC) NÃO é um componente que se apresenta na janela principal do *BrOffice.org Impress*:

(A) Estrutura de tópicos.
(B) Painel de *slides*.
(C) Classificador de *slides*.
(D) Folheto.
(E) Notas.

A: Errada, o item Estrutura de tópicos está presente como uma aba no painel central do programa. **B:** Correta, o Painel de Slides não faz parte dos componentes presentes na janela principal do programa. **C:** Errada, o Classificador de *slides* também é uma das abas presentes no painel central da janela principal do programa. **D:** Errada, o Folheto também é uma das abas presentes no painel central da janela principal do programa. **E:** Errada, Notas também é uma das abas presentes no painel central da janela principal do programa.

Gabarito "B"

(Analista – ANATEL – 2006 – CESPE) A figura abaixo ilustra uma janela do PowerPoint 2003 que contém uma apresentação em elaboração, em que se observa um slide contendo uma imagem com o logotipo da ANATEL. Considerando essa figura, julgue os itens a seguir, sabendo que o referido slide não é um slide mestre.

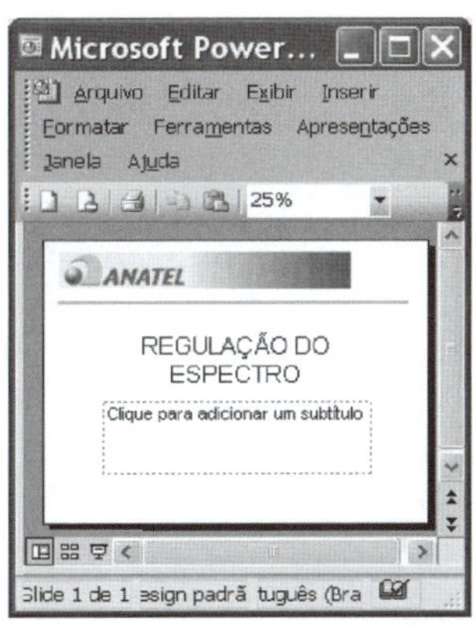

(1) Imagens como a do logotipo da ANATEL contida no slide mostrado podem ser criadas por meio de recursos encontrados no menu Apresentações.

1: Errada, a inserção de imagens é feita a partir do menu Inserir.

Gabarito 1E

(Analista – INSS – 2008 – CESPE) Considerando que um servidor do INSS necessite preparar uma apresentação utilizando computador e projetor multimídia, julgue o item abaixo.

(1) O aplicativo PowerPoint 2003 pode ser utilizado para a preparação da referida apresentação, visto que esse *software* possui funcionalidades que auxiliam na preparação e na apresentação de palestras, além de ter funcionalidades que permitem a inclusão, na apresentação multimídia, de diversos efeitos visuais e sonoros.

1: Correta, o PowerPoint permite a criação de apresentações de *slides*, muitas vezes utilizadas em palestras e seminários, como uma forma de demonstrar o conteúdo desejado de uma forma simples e elegante, dispondo também de diversos recursos multimídia.

Gabarito 1C

(Analista – Ministério do Meio Ambiente – 2008 – CESPE) Com relação a aplicativos do Microsoft Office 2002, julgue o item a seguir.

(1) A principal função do programa PowerPoint 2002 é a elaboração de bancos de dados relacionais, permitindo o armazenamento de dados em bancos de dados elaborados pelo usuário, como também a elaboração de interfaces com o usuário que permitem a entrada, a saída e a edição de dados.

1: Errada, o PowerPoint é um *software* usado na criação de apresentações e não de bancos de dados.

Gabarito 1E

(Analista – PREVIC – 2011 – CESPE) Acerca dos programas que fazem parte dos pacotes BrOffice.org e Microsoft Office, julgue os itens subsequentes.

(1) No programa PowerPoint do Microsoft Office, quando se grava um pacote de apresentações em um CD, essas apresentações são configuradas, por padrão, para serem executadas automaticamente.

(2) O programa Writer do BrOffice.org, assim como o Word do Microsoft Office, possui corretor gramatical e ortográfico de funcionamento automático.

1: Correta, quando um pacote de apresentações é gravado em CD este irá executá-las automaticamente, sendo que o usuário pode escolher em qual a ordem as apresentações serão exibidas. **2:** Errada, ambos os programas possuem auto verificação ortográfica porém as correções gramaticais devem ser ativadas pelo usuário.

Gabarito 1C, 2E

PARTE III

Banco de Dados

1. BANCOS DE DADOS

Diversos programas e sistemas necessitam de um local para armazenar informações, sejam elas estáticas ou dinâmicas, e para isso são utilizados Bancos de Dados, ou simplesmente BDs, que podemos definir como conjuntos de informações armazenados de uma forma estruturada.

O gerenciamento destes conjuntos em geral é feito a partir de um grupo de programas chamados Sistema Gerenciador de Banco de Dados (SGBD), que fornece uma interface para que se possa acessar e manipular os dados. Atualmente os SGBDs mais famosos e utilizados são:

- ✔ MySQL;
- ✔ SQL Server;
- ✔ Oracle;
- ✔ MS Access;
- ✔ PostgreSQL.

Cada um destes possui diferentes características como a quantidade de dados que suporta, velocidade de acesso às informações e custo de implantação.

A manipulação dos dados dentro de um BD é feita a partir de uma linguagem específica, chamada SQL (Structured Query Language), que possui palavras chaves usadas para seleção, inserção, remoção e atualização de informações. Os principais comandos são:

- ✔ SELECT: permite procurar por informações;
- ✔ INSERT: permite inserir novas informações;
- ✔ UPDATE: permite atualizar informações que já estão salvas;
- ✔ DELETE: permite excluir informações salvas.

Cada um destes comandos possui uma sintaxe, vamos analisá-las:

1.1. SELECT

Sintaxe: SELECT <campos> FROM <tabela> WHERE <condição> GROUP BY <campos> ORDER BY <campos> LIMIT < número>

Logo após a palavra chave SELECT, devemos definir quais os campos de informações queremos como resultado de nossa consulta, caso desejemos todos os campos, utiliza-se o símbolo do asterisco (*).

Em seguida definimos qual tabela de informações está sendo usada e as condições para a busca como, por exemplo, um campo possuir um certo valor ou ser maior/menor igual a um valor.

É possível também agrupar os resultados por valores de um campo através da cláusula GROUP BY, que não é um elemento necessário para a consulta e ainda o resultado pode ser ordenado por um campo através da cláusula ORDER BY e o número de resultados limitado pela cláusula LIMIT.

Vejamos agora um exemplo completo do uso do comando SELECT:

SELECT nome, idade, altura, peso FROM pessoa WHERE idade >= 18 ORDER BY nome LIMIT 10

Neste exemplo buscamos as 10 primeiras pessoas com idade igual ou superior à 18, ordenadas por nome.

1.2. *INSERT*

Sintaxe: INSERT INTO <tabela> (<campos>) VALUES (<valores>)

Para a inserção basta definirmos a tabela que receberá os dados, os campos que serão alimentados e seus valores respectivos, vejamos um exemplo:

INSERT INTO pessoa (nome, idade, altura, peso) VALUES ('José da Silva', 18, 1.80,86)

1.3. *UPDATE*

Sintaxe: UPDATE <tabela> SET <valores> WHERE <condição>

Para a atualização devemos primeiro indicar a tabela que iremos atualizar, em seguida definimos quais serão os campos que serão alterados juntamente com seus respectivos valores e por fim qual a condição será usada para buscar as entradas que serão atualizadas. Vejamos um exemplo:

UPDATE pessoa SET altura = 1.83 AND peso = 82 WHERE nome = 'José da Silva'

1.4. *DELETE*

Sintaxe: DELETE FROM <tabela> WHERE <condição>

Para a exclusão de registros devemos indicar a tabela de onde a informação será removida e a condição usada para encontrar os registros que serão removidos. Vejamos um exemplo:

DELETE FROM pessoa WHERE nome = 'José da Silva'

1.5. Tipos de bancos de dados

Atualmente existe dois principais modelos usados por bancos de dados: os relacionais e os orientados a objeto.

No BD do tipo relacional os dados são organizados em tabelas que possuem linhas e colunas. Cada linha representa um registro de informações e cada coluna um campo diferente que armazena a informação. Para facilitar a identificação de um registro, na maioria das vezes, cada um possui um campo que é designado como Chave Primária ou Primary Key, um valor em geral numérico, único e sequencial que não pode se repetir, porém outros tipos de valores podem ser usados, como um número de CPF ou RG, uma vez que estes também não se repetem em registros diferentes.

Estas tabelas podem ser relacionadas por meio de seus campos e existem três tipos diferentes de relacionamentos:

- ✔ Um-para-um: um registro de uma tabela possui apenas um registro correspondente na outra tabela;
- ✔ Um-para-muitos: um registro de uma tabela pode possuir vários registros correspondentes na outra tabela ;
- ✔ Muitos-para-muitos: um registro de uma tabela possui vários registros na outra tabela e esta também pode estar relacionada a mais de um registro da primeira.

Para permitir a identificação de registros relacionados é muito comum utilizar o valor da Chave Primária de uma tabela como identificador na tabela correspondente, neste caso o registro da Chave Primária na tabela correspondente recebe o nome de Chave Estrangeira.

Já nos BDs orientados a objeto as informações são armazenadas como um objeto, um elemento que possui atributos e métodos e podem herdar estas características de outro objeto. Os atributos correspondem às informações que o objeto armazena e os métodos são ações que podem ser realizadas com estas informações. Quando um objeto herda de outro, ele irá possuir os mesmos atributos e métodos deste. Vejamos um exemplo:

Uma possível definição de objeto poderia ser chamada de Pessoa, os atributos de uma Pessoa poderiam ser definidos como: nome, data_de_nascimento, altura, peso, gênero. Alguns métodos que poderiam ser implementados no objeto pessoa poderiam incluir: calcularIMC() e calcularIdade(), uma vez que temos todas as informações necessárias para obter estas informações. Pessoa também pode herdar do objeto chamado Mamífero, portanto também terá como atributos pelos e glândulas_mamárias e o método amamentar().

Este modelo é mais recomendado para armazenamento de informações de alta complexidade que não sejam apenas bidimensionais.

1.6. Outros conceitos

Existem dois outros conceitos muito usados com relação aos BDs, são eles Datamining e Data Warehouse. O primeiro diz respeito ao processo de exploração de grandes volumes de dados na busca de padrões, como regras de associação, para que novos subconjuntos de dados possam ser encontrados. O segundo corresponde a uma forma utilizada para o armazenamento consolidado de grandes volumes de dados, visando favorecer a análise dessas informações e a possibilidade de obtenção de informações estratégicas.

QUESTÕES COMENTADAS DE BANCOS DE DADOS

(Analista – TJ/MA – 2009 – IESES) A extensão padrão de um arquivo do Microsoft Access 2007 é:

(A) .dbf
(B) .mdb
(C) .accdb
(D) .csv

A: errada, .dbf é a extensão-padrão do *software* dBASE. **B:** errada, .mdb é a extensão do Microsoft Access nas versões anteriores ao Access 2007. **C:** correta, a extensão-padrão do Microsoft Access 2007 é .accdb. **D:** errada, .csv é uma extensão para arquivo que armazena dados tabelados.

Gabarito "C"

(Escrivão de Polícia/SC – 2008 – ACAFE) Sobre o Banco de Dados, marque V para verdadeiro ou F para falso.

( ) *Banco de Dados pode ser definido como um conjunto de informações inter-relacionadas e organizadas de forma estruturada.*
( ) *O Sistema Gerenciador de Banco de Dados, conhecido também como SGBD, fornece uma interface entre o usuário e o banco de dados permitindo que tarefas como consultas ou alterações de dados sejam realizadas.*
( ) *Microsoft SQL Server e Oracle são exemplos de Sistemas Gerenciadores de Banco de Dados amplamente utilizados por empresas de grande porte.*
( ) *Pode-se citar como exemplo de Modelos de Dados o Modelo Relacional e o Modelo Orientado a Objetos.*

A sequência correta, de cima para baixo, é:

(A) V - V - V - V
(B) F - V - V - F
(C) V - V - V - F
(D) F - F - V – V

A: Correta, todas as afirmativas estão corretas. **B:** Errada, a primeira e última afirmativas também estão corretas. **C:** Errada, a última afirmativa também está correta. **D:** Errada, a primeira e segunda afirmativas também estão corretas.

Gabarito "A"

(Escrevente Policial/SC – 2008 – ACAFE) Em relação à Banco de Dados, marque V ou F, conforme as afirmações a seguir sejam verdadeiras ou falsas.

( ) *Banco de Dados é um conjunto de informações organizadas de forma estruturada, como por exemplo, uma lista telefônica.*
( ) *O Sistema Gerenciador de Banco de Dados, conhecido também como SGBD, é um sistema informatizado que gerencia um banco de dados.*
( ) *Empresas de grande porte mantêm suas informações organizadas em Bancos de Dados de forma que todos os seus empregados tenham acesso a elas.*
( ) *O Windows Server e o Linux são Gerenciadores de Banco de Dados que utilizam a linguagem de manipulação de dados SQL.*

A sequência correta, de cima para baixo, é:

(A) F - F - V - V
(B) V - F - V - F
(C) F - V - F - F
(D) V - V - F – F

A: Errada, a primeira afirmativa está correta. **B:** Errada, a segunda afirmativa está correta. **C:** Errada, a primeira afirmativa está correta. **D:** Correta, Bancos de Dados são conjuntos de informações estruturadas e organizadas, os SGBDs são sistemas capazes de gerenciar bancos de dados, em grandes empresas o acesso ao banco de dados é restrito a um pequeno grupo responsável por seu gerenciamento e Linux é um sistema operacional e não um SGBD.

Gabarito "D"

(Técnico da Receita Federal – 2006 – ESAF) Analise as seguintes afirmações relacionadas aos conceitos básicos de gerenciadores de banco de dados.

I. Uma chave primária é uma ou mais linhas cujo valor ou valores identificam de modo exclusivo cada registro de uma tabela. Uma chave primária permite valores nulos e deve sempre ter um índice variável. Chaves estrangeiras são usadas para relacionar uma tabela a chaves primárias em outras tabelas.
II. Indexar um campo é um recurso que acelera a pesquisa e a classificação em uma tabela baseada em valores de chave e pode impor exclusividade nas linhas de uma tabela. A chave primária de uma tabela é automaticamente indexada. Alguns campos não podem ser indexados por causa de seus tipos de dados, como, por exemplo, campos Objeto OLE.
III. No uso da linguagem SQL para manipulação de dados em um banco de dados, a cláusula GROUP BY deve ser colocada antes da cláusula HAVING, pois os grupos são formados e as funções de grupos são calculadas antes de resolver a cláusula HAVING.
IV. No uso da linguagem SQL para manipulação de dados em um banco de dados, a cláusula WHERE funciona exatamente igual à cláusula HAVING.

Indique a opção que contenha todas as afirmações verdadeiras.

(A) I e II.
(B) II e III.
(C) III e IV.
(D) I e III.
(E) II e IV.

A: Errada, a afirmativa I está incorreta, chaves primárias não permitem valores nulos. **B:** Correta, apenas as afirmativas II e III estão corretas. **C:** Errada, a afirmativa IV está incorreta, a cláusula HAVING, diferentemente da cláusula WHERE, faz operações com funções agregadas. **D:** Errada, a afirmativa I está incorreta, chaves primárias não permitem valores nulos. **E:** Errada, a afirmativa IV está incorreta, a cláusula HAVING, diferentemente da cláusula WHERE, faz operações com funções agregadas.

Gabarito "B"

PARTE IV

INTERNET

1. INTERNET

Como vimos anteriormente, a Internet é basicamente uma grande rede de computadores espalhados por todo o mundo e conectados pelas mais diversas formas e tecnologias. Ela também serve de base para outro tipo de rede, as chamadas VPNs.

Uma VPN (*Virtual Private Network*) é uma rede virtual e privada criada dentro da Internet por meio de protocolos de criptografia por tunelamento. Fornecendo confidencialidade, autenticação e integridade para a rede. É muito utilizada por empresas ou instituições de ensino para permitir acesso às suas redes internas, ou Intranets, através da Internet.

A Intranet é uma rede física similar em funcionamento à Internet, porém com a diferença de ser uma rede particular. Em geral uma Intranet é criada dentro de um ambiente empresarial ou educacional e tem seu acesso restrito a este, podendo haver alguma forma de comunicação externa com a Internet.

1.1. Navegação

A navegação na Internet é feita através de páginas que são interligadas por meio de *hyperlinks*, que são ponteiros que indicam a localização de outra página. O protocolo utilizado neste processo é chamado de HTTP (*Hypertext Transfer Protocol*) ou sua versão segura o HTTPS (*Hypertext Transfer Protocol Secure*).

Para que uma página possa ser acessada são utilizados endereços chamados de URLs (*Uniform Resource Location*), que possuem o seguinte formato: <protocolo>://<subdomínio>.<domínio>/<pagina>. Vejamos alguns exemplos de URLs:

- ✔ http://www.google.com/translate
- ✔ http://maps.google.com
- ✔ http://gmail.com

Note que no último exemplo não foi especificado um subdomínio, em alguns casos este pode estar suprimido. O subdomínio padrão é www, mas este pode ser substituído por qualquer outra palavra, como no caso do segundo exemplo.

Existem diversas empresas que permitem o registro de domínios na Internet. No Brasil a entidade responsável pelos domínios .br é o registro.br.

Uma página pode conter textos e outros elementos multimídia, como imagens, fotos, vídeos e áudio. Elas são criadas utilizando uma linguagem de marcação chamada HTML (*Hypertext Markup Language*) auxiliada por outras linguagens como o CSS (*Cascade Style Sheet*), que dá controle a forma como os elementos são apresentados, e o JavaScript, linguagem que permite aumentar a interação da página com o usuário.

Além disso, é possível também realizar a troca de arquivos, processo que é chamado de *Download* quando o arquivo é recebido pelo usuário e de *Upload* quando é o usuário quem envia o arquivo.

1.2. Navegadores

Para permitir o acesso a páginas web, são utilizados programas específicos chamados de navegadores ou *browsers*. Eles permitem acessar o conteúdo de páginas *on-line* e também fornecem uma série de funções ao usuário.

Durante a navegação uma página pode precisar guardar por algum tempo um alguns detalhes do acesso, para isso são utilizados arquivos chamados *Cookies*, que ficam salvos no computador do usuário e podem armazenar informações como, por exemplo, preferências.

Para facilitar e tornar a navegação mais rápida o próprio *browser* pode salvar localmente alguns arquivos da página como imagens e arquivos de CSS e Javascript, assim, caso a página seja aberta novamente, não será necessário carregá-los outra vez. Estes arquivos salvos são chamados de *Cache*.

Muitas vezes durante a navegação uma página adicional em outra janela é aberta em decorrência de alguma ação da página em que se está navegando, esta nova janela é denominada de *Pop-up*.

O navegador também armazena, em sua configuração padrão, todos os *sites* visitados pelo usuário. A esta listagem damos o nome de Histórico de Navegação. Caso o usuário esteja utilizado algum modo de navegação anônima as páginas não serão salvas no Histórico. Outra listagem possível recebe o nome de Favoritos e nela o usuário pode adicionar endereços para que possam ser facilmente acessados posteriormente.

Outra função que os navegadores mais atuais possuem é a Navegação Anônima, onde não é registrada nenhuma informação referente às páginas acessadas, campos preenchidos em formulários ou arquivos baixados, a Navegação *Offline*, que permite que uma página seja acessada mesmo sem conexão com a Internet, neste processo os arquivos da página são salvos localmente no computador, e a Navegação em Abas, quando para cada página acessada ao invés de uma nova janela ser aberta é criada uma aba que pode ser facilmente alternada pelo usuário.

Os navegadores mais famosos e utilizados atualmente são:

- ✔ Google Chrome;
- ✔ Microsoft Internet Explorer (IE);
- ✔ Mozilla Firerfox.

Outros que também merecem ser citados são: Safari (usado pelos sistemas da Apple) e Opera (muito utilizado por smartphones).

Os navegadores possuem também atalhos que facilitam seu uso, sendo os principais:

- ✔ F5: atualiza a página atual;
- ✔ Ctrl + F5: atualiza a página atual sem considerar os arquivos de cache;
- ✔ Ctrl + F: permite procurar trechos de texto na página;
- ✔ Ctrl + N: abre uma nova janela do navegador;
- ✔ Ctrl + *Shift* + N: abre uma nova janela no modo de navegação anônima;
- ✔ Ctrl + T: abre uma nova aba na janela atual;
- ✔ Ctrl + J: listagem dos *downloads* feitos;
- ✔ Ctrl + *Shift* + T: abre a última aba fechada.

O Internet Explorer é um dos navegadores mais usados no mundo e é o navegador padrão do Microsoft Windows. A versão atual é a 10, tendo ele permitido o uso de abas a partir da versão 7 e a navegação anônima a partir da versão 8.

Entre suas funções podemos destacar o Modo de compatibilidade, que ajuda a corrigir problemas de exibição em algumas páginas, o Filtro SmartScreen, que ajuda a detectar *sites* de *phishing* e a proteger contra a instalação de *softwares* maliciosos, e a Navegação InPrivate, nome dado para a navegação anônima.

Vejamos exemplos das telas do navegador nas versões 6, 7 e 8, respectivamente:

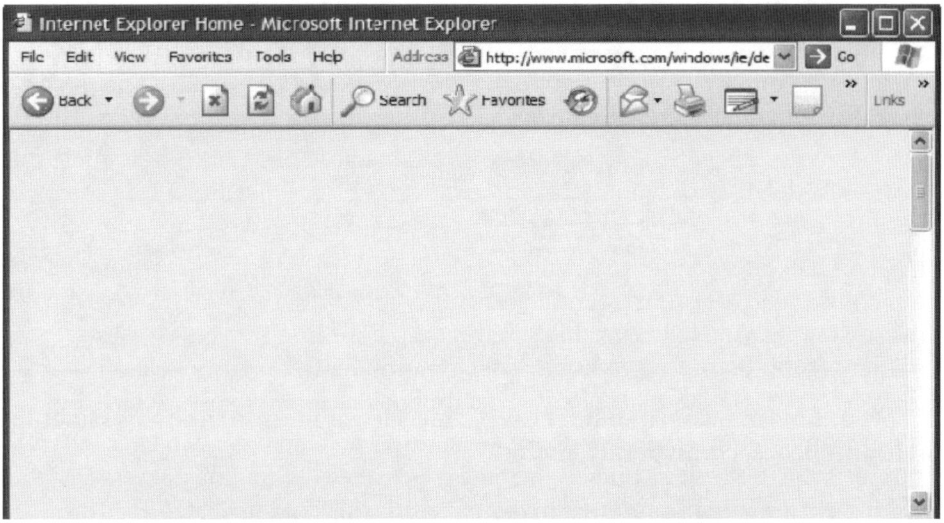

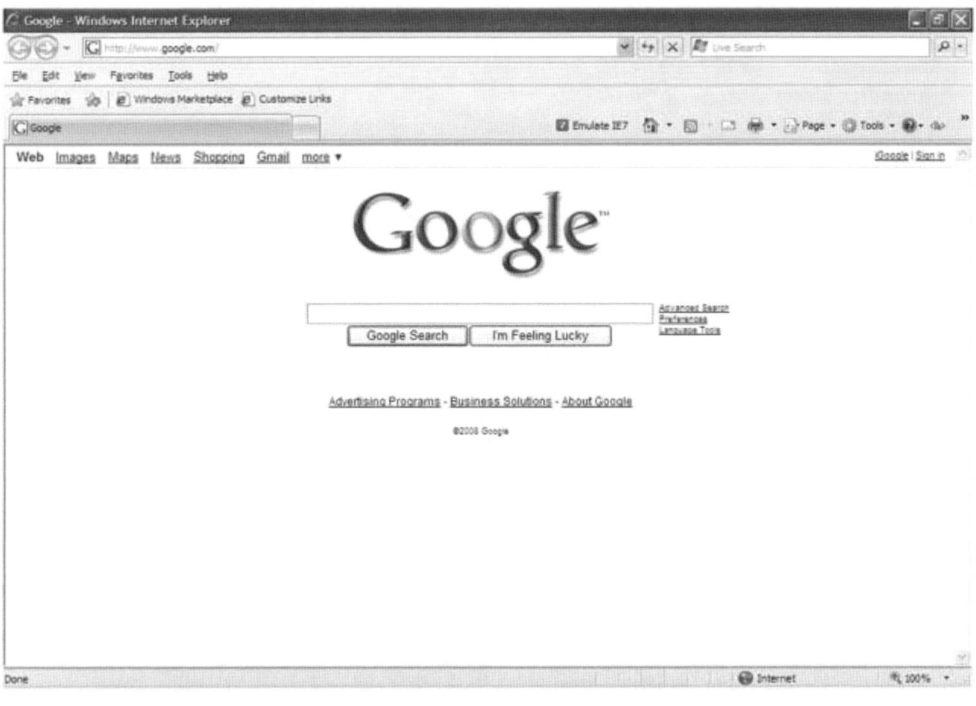

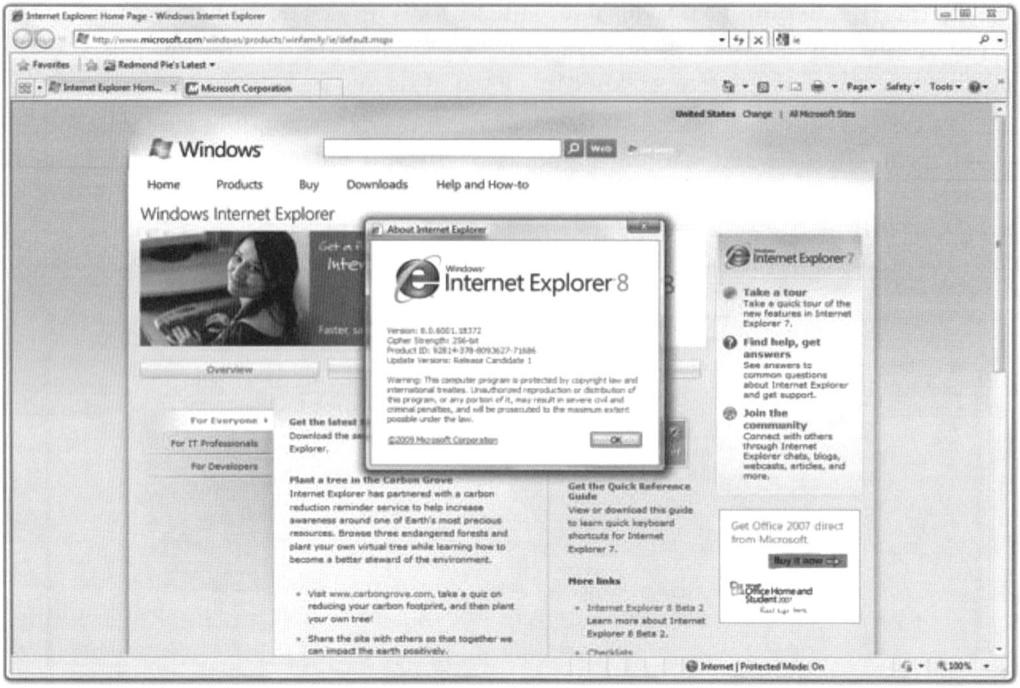

Note que mesmo com as mudanças na interface os mesmo símbolos são utilizados para indicar funções, como por exemplo:

Retrocede uma página no histórico

Avança uma página no histórico

Cancela o carregamento da página

Atualiza o conteúdo da página

Retorna à tela inicial

Mostra os *sites* listados em Favoritos

Exibe o Histórico de Navegação

Ao se deparar com questões relacionadas a este navegador é importante prestar atenção à versão informada do *software*. Muitas das questões fazem referência a localização de funções nos menus.

O Mozilla Firefox é um concorrente de código livre criado pela Fundação Mozilla, permite a adição de diversas extensões, navegação em abas e anônima.

Veja um exemplo da interface do Firefox:

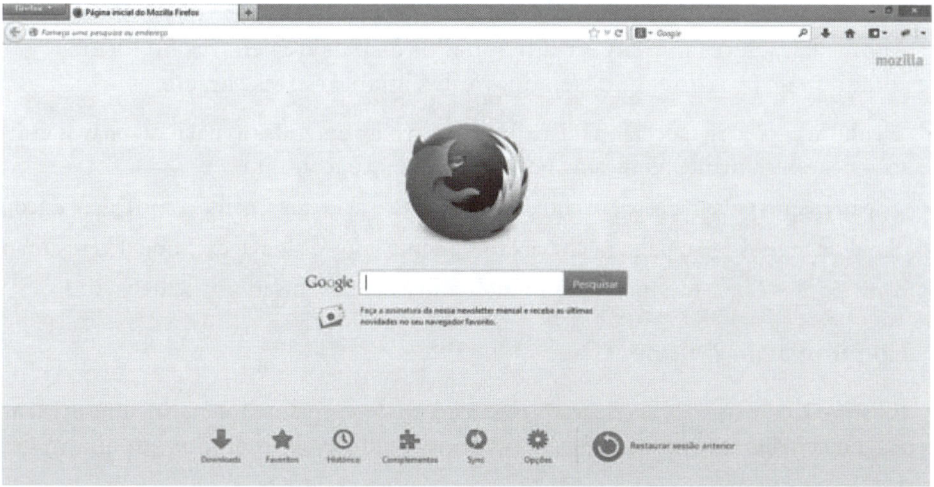

Por fim, o Google Chrome é o navegador mais utilizado atualmente, permitindo todas as funções dos outros navegadores e tendo por principal característica a integração com os serviços do Google. Ele possui versões específicas para smartphones e tablets.

Veja um exemplo da interface do Chrome:

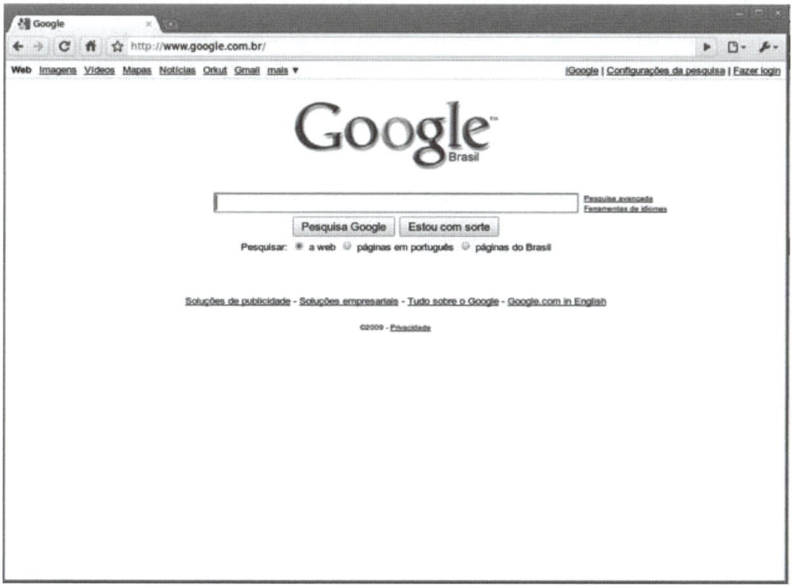

1.3. Motores de busca

Os motores de busca são ferramentas *on-line* que permitem pesquisar na internet por qualquer tipo de conteúdo a partir de algumas palavras chaves. Atualmente os mais famosos e utilizados são:

- Google;
- Bing;
- Yahoo.

Alguns caracteres podem ser adicionados às palavras chaves de forma a garantir um resultado mais próximo do desejado, vamos analisar estes caracteres:

- Nenhum caractere especial: a busca é feita com base em todas as palavras chaves utilizadas, não necessariamente na mesma ordem em que se encontram;
- Aspas: caso as palavras estejam entre aspas a busca é feita exatamente como elas se encontram;
- Sinal de menos (-): a palavra chave diretamente após o sinal é excluída dos resultados;
- Dois pontos finais (..): indicam um intervalo a ser pesquisado, ex.: 2010..2013

1.4. Comunicação *on-line*

Existem diversas formas de comunicação *on-line*, seja de forma instantânea, através de mensagens curtas ou longos textos. Podemos dividir esses métodos em quatro grupos:

1. Correio Eletrônico;
2. Redes Sociais;
3. Fórum;
4. Mensagens instantâneas.

Todo domínio registrado na Internet pode possuir endereços de correio eletrônicos (*e-mails*) atrelados a ele. O formato padrão de um *e-mail* é: <usuário>@<domínio>. Podem existir usuários iguais, porém em domínios diferentes. Os endereços também podem existir dentro de uma rede Intranet, porém neste caso não possuem comunicação com a Internet.

Uma mensagem, além de conteúdo, destinatário e remetente, pode possuir os seguintes elementos:

- Anexo: arquivo enviado juntamente com a mensagem;
- Cópia (Cc): cópia da mensagem para outro destinatário;
- Cópia Oculta (Cco, Bcc): Cópia da mensagem para outro destinatário sem que os outros tenham conhecimento.

O acesso a uma caixa de mensagens pode ser feito via *Webmail*, interface web disponibilizada pelo servidor de *e-mails*, ou por meio de um Gerenciador de *E-mails*, programas especializados na manipulação de mensagens eletrônicas.

Para que um *e-mail* seja manipulado são usados alguns protocolos específicos, sendo eles:

- POP3: controla o recebimento de mensagens;
- SMTP: controla o envio de mensagens;
- IMAP: permite gerenciar as mensagens diretamente no servidor de *e-mails*;
- HTTP: permite gerenciar as mensagens através de um *Webmail*.

Os gerenciadores mais famosos atualmente são: Microsoft Outlook e Mozilla Thunderbird.

O Outlook possui integração com diversos programas e dispositivos. A instalação padrão do Windows possui uma versão chamada Outlook Express, que não possui a função de calendário. O *software* permite gerenciar múltiplas contas de *e-mail*, criar regras de recebimento e envio, gerenciar contatos e tarefas além do envio de mensagens com criptografia.

Veja um exemplo da tela do Microsoft Outlook 2010:

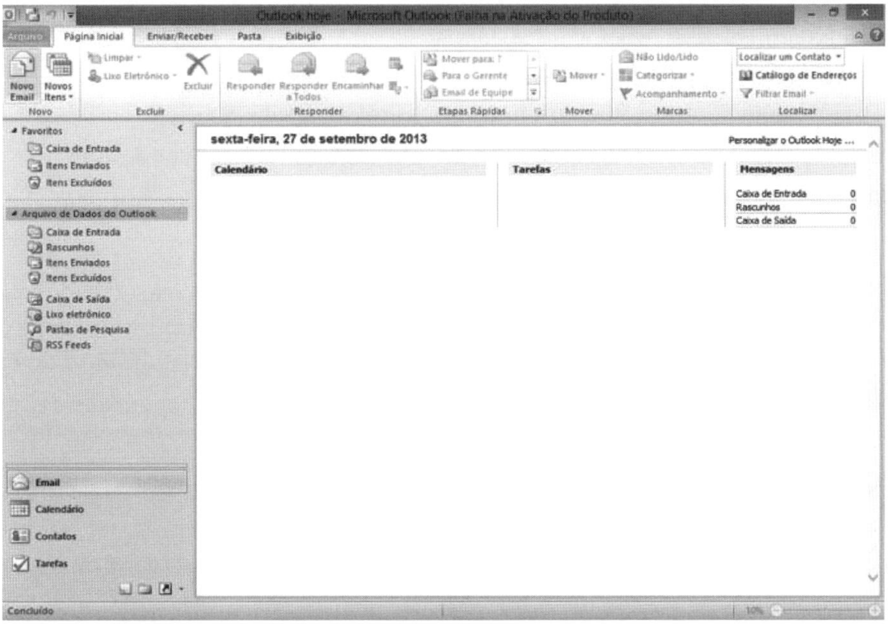

Já o Thunderbird é um concorrente gratuito do gerenciador da Microsoft. Ele permite a adição de extensões com funções adicionais que recebem o nome de complementos. Nele também é possível utilizar temas para alterar a aparência do gerenciador, possui um filtro *anti-spam* e anti-*phising* instalado por padrão e permite, assim como o Outlook, a assinatura de *feeds* RSS (forma de obtenção de noticias de *sites* e *blogs* na forma de mensagens compactas).

Veja um exemplo da interface do Thunderbird:

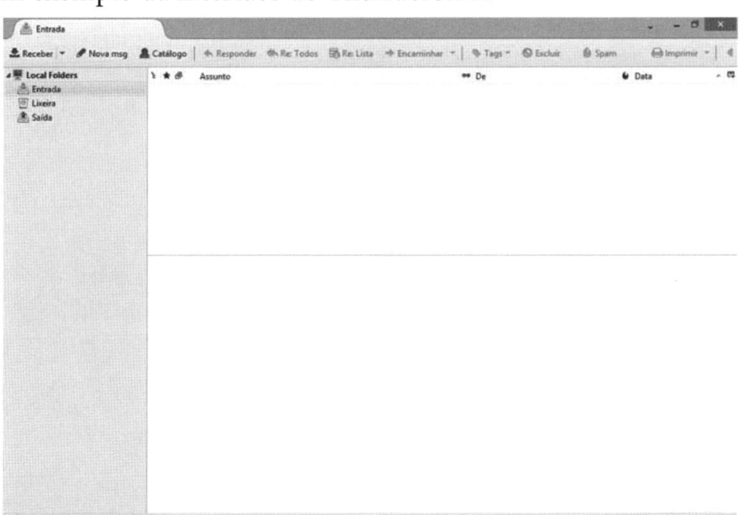

As redes sociais são *sites* que possuem uma estrutura compostas por pessoas conectadas através de suas relações sociais. Ela permite aos usuários compartilhar mensagens, imagens, vídeos e interagir com seu grupo de contatos. As principais existentes são:

- ✔ Facebook: a mais famosa no mundo, conecta as pessoas por suas relações de amizade ou parentesco;
- ✔ Twitter: principal característica é o compartilhamento de mensagens de até 140 caracteres;
- ✔ *Link*edIn: rede social voltada para relações de trabalho;
- ✔ Orkut: muito famosa no Brasil e Índia, foi adquirida pelo Google;
- ✔ Google+: nova rede social do Google, permite a criação de círculos de amizade;
- ✔ Instagram: usada principalmente para o compartilhamento de fotos e vídeos.

Os fóruns são páginas que permitem a criação de tópicos de discussões organizados por categorias. Permitem a comunicação em grupo, em geral, focados em uma temática específica, podendo ser públicos ou particulares. Possui regras internas que são definidas pelos moderados, pessoas responsáveis por monitorar o conteúdo dos fóruns.

Os comunicadores instantâneos permitem a troca de mensagens em tempo real, os mais famosos atualmente são:

- ✔ Skype: permite também a troca de mensagens de voz e a realização de chamadas telefônicas convencionais;
- ✔ WhatsApp: programa usado em smartphones para a troca de mensagens, imagens, vídeos, texto e áudio;
- ✔ MSN *Messenger*: programa muito famoso que foi descontinuado em 2013 e integrado ao Skype.

QUESTÕES COMENTADAS DE INTERNET

1. REDE, INTERNET E INTRANET

(Técnico – TRT/11ª – 2012 – FCC) Em relação à tecnologia e aplicativos associados à *internet,* é correto afirmar:

(A) Na internet, o protocolo HTTP (*Hypertext Transfer Protocol*) é usado para transmitir documentos formatados em HTML (*Hypertext Mark-up Language*).
(B) No *Internet Explorer 8* é possível excluir o histórico de navegação apenas pelo menu Ferramentas.
(C) Intranet pode ser definida como um ambiente corporativo que importa uma coleção de páginas de internet e as exibe internamente, sem necessidade do uso de senha.
(D) Serviços de *webmail* consistem no uso compartilhado de *software* de grupo de discussão instalado em computador.
(E) No *Thunderbird* 2, a agenda permite configurar vários tipos de alarmes de compromissos.

A: Correta, o HTTP é usado na navegação em páginas de *hyperlink*. **B:** Errada, também é possível excluir o histórico através do Painel de Controle. **C:** Errada, a intranet não importa páginas da internet por definição. **D:** Errada, o *webmail* é uma ferramenta que permite visualizar os *e-mails* através do navegador. **E:** Errada, o Thunderbird não possui função própria de agenda.

Gabarito "A"

(Técnico – TRE/PR – 2012 – FCC) Uma barreira protetora que monitora e restringe as informações passadas entre o seu computador e uma rede ou a Internet e fornece uma defesa por *software* contra pessoas que podem tentar acessar seu computador de fora sem a sua permissão é chamada de

(A) *ActiveX*.
(B) Roteador.
(C) Chaves públicas.
(D) Criptografia.
(E) *Firewall*.

A: Errada, o ActiveX é uma tecnologia da Microsoft para o desenvolvimento de páginas dinâmicas. **B:** Errada, roteador é um dispositivo de rede que conecta vários outros computadores e realiza o gerenciamento dos pacotes da rede. **C:** Errada, Chave pública é um termo relacionado a criptografia de dados. **D:** Errada, Criptografia é uma tecnologia usada na proteção de arquivos e dados. **E:** Correta, o *Firewall* é uma ferramenta que auxilia na prevenção de pragas virtuais controlando o acesso de programas à rede.

Gabarito "E"

(Técnico – TRE/SP – 2012 – FCC) Para que o computador de uma residência possa se conectar à Internet, utilizando a rede telefônica fixa, é indispensável o uso de um *hardware* chamado

(A) *hub*.
(B) *modem*.
(C) *access point*.
(D) *adaptador 3G*.
(E) *switch*.

A: Errada, o *hub* é um item de *hardware* usado para conectar vários computadores em rede por meio de cabo ethernet. **B:** Correta, o *modem dial-up* é usado para a conexão de Internet por meio da rede telefônica convencional. **C:** Errada, o *access point* é usado em conexões de rede *Wi-fi*. **D:** Errada, o adaptador 3G é usado para conexões por meio da rede de telefonia móvel. **E:** Errada, o *switch* é um equipamento de rede usado para interligar vários computadores.

Gabarito "B"

(Delegado/SP – 2011) A razão de se configurar um número específico de proxy no navegador da internet

(A) permite bloquear acesso de crianças a *sites* inadequados.
(B) impede a contaminação por vírus e malwares em geral.
(C) objetiva um determinado acesso especifico na rede
(D) é condição essencial para se navegar na internet por qualquer provedor
(E) funciona como endereço favorito para posterior acesso.

A, B, C, D e E: O servidor proxy é um tipo de servidor intermediário que atende requisições de navegação e as repassa ao servidor responsável, ele não faz verificações de malware ou outros pragas virtuais e não é requisito essencial para navegação, embora possa impedir o acesso a algum serviço isso não é um requisito para sua existência ou sua principal funcionalidade. Portanto apenas a alternativa C está correta.

Gabarito "C"

(Técnico Judiciário – STM – 2011 – CESPE) Com relação a Windows XP, Microsoft Office, Internet e *intranet*, julgue os itens a seguir.

(1) Na Internet, *backbones* correspondem a redes de alta velocidade que suportam o tráfego das informações.
(2) Em uma *intranet*, utilizam-se componentes e ferramentas empregadas na Internet, tais como servidores *web* e navegadores, mas seu acesso é restrito à rede local e aos usuários da instituição proprietária da *intranet*.
(3) Por meio da ferramenta Windows Update, pode-se baixar, via Internet, e instalar as atualizações e correções de segurança disponibilizadas pela Microsoft para o sistema operacional Windows XP.
(4) O Microsoft Word 2003 não possui recursos para sombrear ou destacar parágrafos em documentos nele produzidos.

(5) No Microsoft Excel 2003, por meio da função lógica *Se*, pode-se testar a condição especificada e retornar um valor caso a condição seja verdadeira ou outro valor caso a condição seja falsa.

1: Correta, os *backbones* formam a espinha dorsal da internet, interligando as várias redes de alta velocidade. **2:** Correta, as intranets funcionam de maneira idêntica à internet com a diferença de ter o acesso restrito às redes locais. **3:** Correta, a ferramenta do Windows Update automatiza a realização de atualizações do sistema operacional Windows. **4:** Errada, o Microsoft Word 2003 possui os recursos mencionados. **5:** Correta, a função lógica SE realiza verificações para a tomada de ações dependendo das condições indicadas na função.

Gabarito 1C, 2C, 3C, 4E, 5C

(Técnico Judiciário – TRT/4ª – 2011 – FCC) A principal finalidade dos navegadores de Internet é comunicar-se com servidores *Web* para efetuar pedidos de arquivos e processar as respostas recebidas. O principal protocolo utilizado para transferência dos hipertextos é o

(A) SMTP.
(B) HTTP.
(C) HTML.
(D) XML.
(E) IMAP.

A: Errada, o SMTP é um protocolo utilizado para o envio de correios eletrônicos. **B:** Correta, o HTTP é o protocolo de transferência de páginas de hypertexto. **C:** Errada, o HTML é um linguagem de marcação utilizada para exibição de documentos web. **D:** Errada, o XML é uma linguagem de marcação utilizada para troca de informações. **E:** Errada, o IMAP é um protocolo utilizado em correios eletrônicos.

Gabarito "B"

(Técnico Judiciário – TRT/14ª – 2011 – FCC) Em relação à Internet, é INCORRETO afirmar:

(A) *Chat* é um fórum eletrônico no qual os internautas conversam em tempo real.
(B) *Upload* é o processo de transferência de arquivos do computador do usuário para um computador remoto.
(C) *Download* é o processo de transferência de arquivos de um computador remoto para o computador do usuário.
(D) *URL* é a página de abertura de um *site*, pela qual se chega às demais.
(E) *Html* é a linguagem padrão de criação das páginas da *Web*.

A: Errada, em um *chat* pessoas podem conversar em tempo real, estando organizadas de maneira semelhante a um fórum. **B:** Errada, a definição está correta, em um *upload* se envia um arquivo de um computador para outro. **C:** Errada, a definição está correta, em um *download* um arquivo é transferido de outro computador para o do usuário. **D:** Correta, a página de abertura de um *site* se chama index, o URL é o endereço de um documento web. **E:** Errada, o HTML é uma linguagem de marcação utilizada a criação de páginas web.

Gabarito "D"

(Técnico Judiciário – TRT/14ª – 2011 – FCC) O sítio do Tribunal Regional do Trabalho da 14ª Região disponibiliza, entre outros, o *link* para o *twitter* TRT. *Twitter* é:

(A) um cliente de *e-mails* e notícias que permite a troca de opiniões sobre o assunto em pauta entre usuários previamente cadastrados.
(B) uma rede social na qual os usuários fazem atualizações de textos curtos, que podem ser vistos publicamente ou apenas por um grupo restrito escolhido pelo usuário.
(C) um *site* em que é possível enviar recados, arquivos, *links* e itens de calendário criados diretamente no programa.
(D) um mensageiro instantâneo que permite a troca de mensagens entre usuários previamente cadastrados.
(E) um *site* cuja estrutura permite a atualização rápida a partir de acréscimos de artigos, *posts* e diários *on-line*.

A: Errada, o twitter é uma rede social e não um cliente de *e-mails*. **B:** Correta, o twitter é uma rede social que consiste o envio de mensagens curtas de até 140 caracteres. **C:** Errada, não é possível enviar arquivos ou itens de calendário pelo twitter, apenas *links* podem ser compartilhados. **D:** Errada, o twitter é uma rede social e não um mensageiro instantâneo. **E:** Errada, o twitter permite apenas o compartilhamento de mensagens curtas, não sendo possível a utilização mencionada.

Gabarito "B"

(Técnico Judiciário – TRT/20ª – 2011 – FCC) Angela recebeu um *e-mail* de Ana Luiza, direcionado a vários destinatários. Após fazer a leitura do *e-mail*, Angela resolve enviá-lo a Pedro, seu colega de trabalho. Considerando que Pedro não estava na lista de destinatários do *e-mail* enviado por Ana Luiza, para executar essa tarefa Angela deverá selecionar a opção

(A) Responder.
(B) Encaminhar.
(C) Adicionar destinatário.
(D) Localizar destinatário.
(E) Responder a todos.

A: Errada, a opção Responder é utilizada para enviar uma resposta a pessoa que lhe enviou o *e-mail*. **B:** Correta, a opção encaminhar envia a mensagem para alguém que não estava na lista. **C:** Errada, a opção adicionar destinatário não realiza o envio de mensagens. **D:** Errada, a opção localizar destinatário não realiza o envio de mensagens. **E:** Errada, a opção responder a todos envia a resposta a todas as pessoas para as quais foi endereçado o *e-mail*.

Gabarito "B"

(Técnico Judiciário – TRT/20ª – 2011 – FCC) É INCORRETO afirmar que o modo de navegação privativo no *Firefox 3*

(A) permite navegar na Internet sem guardar informações sobre os *sites* e páginas que foram visitadas.
(B) não adiciona páginas visitadas à lista de endereços.
(C) não guarda arquivos temporários da Internet ou arquivos de *cache*.

(D) torna o internauta anônimo na Internet. Dessa forma o fornecedor de serviços de internet, entidade patronal, ou os próprios *sites* não poderão saber as páginas que foram visitadas.
(E) não salva o que foi digitado em caixas de texto, formulários, ou nos campos de pesquisa.

A: Errada, a afirmação está correta, na navegação privativa não são armazenadas informações sobre os *sites* visitados. **B:** Errada, a afirmação está correta, a páginas visitadas não são registradas. **C:** Errada, a afirmação está correta, os arquivos temporários não são armazenados ou qualquer arquivo de *cache*. **D:** Correta, a navegação privativa torna a navegação do usuário anônima. **E:** Errada, esses são apenas alguns dos efeitos da navegação privativa.

Gabarito "D"

(Técnico Judiciário – TRE/AC – 2010 – FCC) Caso algum *site* não esteja preparado para o *Internet Explorer 8*, usar no menu Ferramentas o item

(A) Diagnosticar Problemas de Conexão.
(B) Modo de Exibição de Compatibilidade.
(C) Configurações de Filtragem *InPrivate*.
(D) Navegação *InPrivate*.
(E) Gerenciar Complementos.

A: Errada, a compatibilidade de exibição de uma página não está relacionada a função Diagnosticar Problemas de Conexão. **B:** Correta, a opção Modo de Exibição de Compatibilidade faz com que os *sites* apareçam como se fossem exibidos em uma versão anterior do Internet Explorer. **C:** Errada, o item Configurações de Filtragem *InPrivate* gerencia os parâmetros da navegação InPrivate. **D:** Errada, a navegação *InPrivate* tem como função manter o usuário anônimo durante a navegação. **E:** Errada, a opção de Gerenciar Complementos permite administrar os complementos e lug-ins instalados no navegador.

Gabarito "B"

(Técnico Judiciário – TRE /AL – 2010 – FCC) A velocidade das redes de computadores normalmente é medida em megabits por segundo (Mbps), que pode ser indicada em gigabits por segundo (Gbps) ou *megabytes* por segundo (MB/s). Uma rede com velocidade de 1Gbps corresponde a uma taxa de transmissão teórica de

(A) 1000 Mbps ou 12,5 MB/s.
(B) 1000 Mbps ou 125 MB/s.
(C) 125 Mbps ou 1024 MB/s.
(D) 100 Mbps ou 1000 MB/s.
(E) 12,5 Mbps ou 1024 MB/s.

A: Errada, a taxa em MB/s seria de 125, pois é necessário dividir a taxa em Mbps por 8 para converter bits em *bytes*. **B:** Correta, 1 Gbps equivale a 1000Mbps que, em *bytes*, equivalem a 125Mb/s. **C:** Errada, 1 Gbps equivale a 1000Mbps. **D:** Errada, 1 Gbps equivale a 1000Mbps. **E:** Errada, 1 Gbps equivale a 1000Mbps.

Gabarito "B"

(Técnico Judiciário – TRE/AP – 2011 – FCC) Quando se utiliza o *Webmail*, os *e-mails* que chegam, via de regra, são

(A) armazenados no servidor de recebimento.
(B) descarregados no computador do usuário.
(C) armazenados no servidor de saída.
(D) descarregados no servidor de arquivos, na pasta do usuário.
(E) armazenados no servidor de páginas da internet.

A: Correta, todas as mensagens recebidas em um *e-mail* ficam armazenadas no servidor até que sejam retiradas pelo usuário. **B:** Errada, as mensagens só são descarregadas quando algum gerenciador de *e-mails* é utilizado. **C:** Errada, o servidor de saída armazena apenas mensagens enviadas e não as recebidas. **D:** Errada, as mensagens recebidas em um *e-mail* ficam armazenadas no servidor de recebimento do domínio do *e-mail*. **E:** Errada, servidores de páginas da internet não armazenam *e-mails* recebidos por um domínio.

Gabarito "A"

(Técnico Judiciário – TER/RS – 2010 – FCC) Duplicar Guia, Nova Janela e Nova Sessão estão disponíveis no Internet Explorer 8 no menu

(A) Arquivo.
(B) Editar.
(C) Exibir.
(D) Formatar.
(E) Ferramentas.

A: Correta, as opções de guia, janela e sessão estão localizadas no menu Arquivo. **B:** Errada, no menu Editar se encontram opções de edição como Copiar e Colar. **C:** Errada, no menu Exibir se encontram opções de exibição como *zoom* e tamanho do texto. **D:** Errada, não há um menu com este nome no IE8. **E:** Errada, no menu Ferramentas se encontram opções de configuração do IE8, como opções da Internet e Bloqueador de *Pop-ups*.

Gabarito "A"

(Técnico Judiciário – TRE/BA – 2010 – CESPE) Acerca de navegação, correio eletrônico, grupos de discussão, ferramentas de busca e pesquisa na Internet, julgue os itens que se seguem.

(1) Ao verificar a caixa postal de correio eletrônico, na realidade, o usuário acessa o servidor central de *e-mail* da Internet, chamado de cliente de *e-mail*, o qual direciona as mensagens que possuem o endereço do usuário reconhecido por sua senha pessoal e intransferível.
(2) Uma das formas de busca de informações na Internet utilizando os sítios de busca, como o Google, é por meio da utilização de operadores booleanos, os quais podem variar dependendo da ferramenta de busca utilizada.
(3) Um sítio de *chat* ou de bate-papo é um exemplo típico de grupo de discussão em que os assuntos são debatidos em tempo real. Para essa finalidade, a comunicação pode ser de forma assíncrona, o que significa que é desnecessária a conexão simultânea de todos os usuários.

1: Errada, ao verificar a caixa postal de correio eletrônico, o usuário acessa o servidor que está hospedando seu domínio de correio; **2:** Correta, os operadores booleanos ajudam a refinar as buscas feitas em *sites* de busca, melhorando o resultado da pesquisa; **3:** Errada, os *sites* de *chat* ou bate-papo são comunicadores instantâneos que requer a conexão simultânea de seus participantes.

Gabarito 1E, 2C, 3E

(Técnico Judiciário – TRF/1ª – 2011 – FCC) Em um *e-mail*, é prática comum usar o campo *Bcc* ou *Cco* quando se deseja endereçá-lo com o objetivo de

(A) revelar às pessoas que não ocupam cargos de confiança, quem recebeu o *e-mail*.
(B) diminuir o impacto na rede, no caso de textos maiores que cem caracteres.
(C) agilizar o encaminhamento no caso de textos menores que cem caracteres porque assim vai por uma linha especial.
(D) ocultar a lista de destinatários.
(E) revelar a lista de destinatários.

A: Errada, a função Bcc ou Cco oculta os *e-mails* que são adicionados como destinatário, portanto não os revelando aos outros destinatários. **B:** Errada, a utilização da cópia oculta não impacta a rede de forma alguma. **C:** Errada, o uso de cópias ocultas não agiliza o envio de mensagens eletrônicas. **D:** Correta, a função Bcc ou Cco oculta os destinatários adicionados. **E:** Errada, o objetivo é o oposto, ocultar a lista de destinatários.

Gabarito "D"

(Técnico Judiciário – TRF/1ª – 2011 – FCC) *World Wide Web* (que em português significa rede de alcance mundial), também conhecida como *Web* ou *WWW* é

(A) um método para copiar e elaborar *sites* padronizados.
(B) a forma de encaminhar *e-mails* por uma rede sem fio, somente.
(C) um sistema de arquivos utilizado unicamente nas *intranets*.
(D) um sistema de rede utilizado unicamente nas *intranets*.
(E) um sistema de documentos em hipermídia que são interligados e executados na Internet.

A: Errada, a WWW é um sistema e não um método. **B:** Errada, a WWW não está associada a mensagens de correio eletrônico. **C:** Errada, a WWW é um sistema de documentos em hipermídia e não um sistema de arquivos para intranet. **D:** Errada, a WWW não é um sistema de rede, mas sim de documentos em hipermídia. **E:** Correta, a WWW é um sistema de arquivos em hipermídia que são executados na Internet e permite a navegação entre páginas.

Gabarito "E"

(Técnico Judiciário – TRF/1ª – 2011 – FCC) Dispositivo de entrada e saída, modulador e demodulador, utilizado para transmissão de dados entre computadores através de uma linha de comunicação. Utilizado nas conexões *internet*. Trata-se de

(A) banda larga.
(B) *modem*.
(C) provedor de serviços.
(D) placa de rede.
(E) cabo coaxial.

A: Errada, banda larga descreve a capacidade de transmissão que é superior a 1.2 ou 2 Megabits por segundo. **B:** Correta, o *modem* é um modulador e demodulador que permite a comunicação entre computadores através de uma linha de comunicação convencional. **C:** Errada, um provedor de serviço é uma instituição que permite a seus usuários utilizar certos serviços da internet. **D:** Errada, a placa de rede é utilizada para interligar computadores através de rede ethernet e não linhas convencionais. **E:** Errada, o cabo coaxial é um meio de transmissão de dados apenas.

Gabarito "B"

(Técnico Judiciário – TRF/1ª – 2011 – FCC) Um sistema de envio de notícias de um *site* para outro, também conhecido como *Feeds*, ocorre de forma automática. Para ter um *site* alimentado por outro, basta ter ...... do gerador de notícias para inserir chamadas das notícias no *site* receptor. Completa corretamente a lacuna:

(A) o *e-mail*
(B) um computador igual ao
(C) o endereço RSS
(D) o mesmo provedor internet
(E) a mesma linha de comunicação

A: Errada, o *e-mail* não é utilizado no envio de *Feeds* de noticias. **B:** Errada, não é necessário um computador igual ao do gerador, não é necessário nem que o dispositivo seja um computador, podendo ser um simples smartphone. **C:** Correta, através do endereço RSS do gerador de noticias é possível obter as chamadas de noticia de forma automática. **D:** Errada, o envio de *feeds* independe do provedor de internet sendo utilizado em qualquer das pontas. **E:** Errada, a linha de comunicação sendo utilizada em qualquer das pontas não interfere no recebimento dos *feeds*.

Gabarito "C"

(Técnico Judiciário – TJ/GO – 2010 – UFG) No uso de correio eletrônico, o Filtro *Antispam* e *Webmail* permitem, respectivamente,

(A) a remoção de vírus e a prevenção de mensagens indesejáveis.
(B) a tradução de mensagens em uma determinada língua e o serviço de envio de mensagens automáticas.
(C) o compartilhamento de mensagens e o redirecionamento de mensagens.
(D) o bloqueio de mensagens indesejáveis e o gerenciamento de *e-mail* por meio de navegadores de Internet.

A: Errada, o Filtro Anti*spam* tem como função inibir a o recebimento de mensagens indesejadas. **B:** Errada, o Anti*spam* serve para que mensagens não requisitadas não sejam recebidas, ele não faz tradução de textos. **C:** Errada, o Anti*spam* não compartilha mensagens, apenas impede que mensagens não solicitadas sejam recebidas. **D:** Correta, o Anti*spam* bloqueia mensagens indesejadas e o *Webmail* permite o gerenciamento de uma conta através do navegador.

Gabarito "D"

(Técnico Judiciário – TJ/SC – 2010) Assinale a alternativa que indica um formato de endereço válido para uma conta de *e-mail*:

(A) joaquim@empresa@com@br
(B) www.joaquim.empresa.com.br

(C) joaquim@empresa.com.br
(D) http://joaquim.empresa.com.br
(E) @joaquim.empresa.com.br

A: Errada, endereços de *e-mail* válidos só podem possuir o símbolo da arroba uma vez. **B:** Errada, o endereço apresentado representa uma URL. **C:** Correta, o formato correto de um endereço de *e-mail* é usuário@dominio.extensão. **D:** Errada, o endereço apresentado representa uma URL. **E:** Errada, o nome do usuário de destino deve vir antes do símbolo da arroba.

Gabarito "C"

(Escrevente Técnico Judiciário – TJ/SP – 2011 – VUNESP) Analise os parágrafos a seguir, sabendo que eles contêm afirmações sobre os serviços e os recursos disponíveis aos usuários da Internet.

I. No endereço eletrônico reginaldo27@terra.com.br, o campo reginaldo27, que precede o símbolo @, identifica o usuário de *e-mail* de maneira única dentro do provedor de acesso terra.com.br.

II. O termo *SPAM* é usado para designar as mensagens eletrônicas não solicitadas, que geralmente são enviadas para um grande número de pessoas, e que causam grandes transtornos aos destinatários.

III. Hypertext Markup Language ou HTML é a linguagem utilizada na elaboração das páginas de hipertexto da World Wide Web, que permite aos *browsers* navegar pelos *sites* e exibir os seus conteúdos.

É correto o que se afirma em

(A) I, apenas.
(B) II, apenas.
(C) I e III, apenas.
(D) II e III, apenas.
(E) I, II e III.

A: Errada, as afirmativas II e III também estão corretas. **B:** Errada, as afirmativas I e III também estão corretas. **C:** Errada, a afirmativa II também está correta. **D:** Errada, a afirmativa I também está correta. **E:** Correta, todas as afirmativas estão corretas.

Gabarito "E"

(Escrevente Técnico – TJ/SP – 2010 – VUNESP) Assinale a alternativa que contém a correta afirmação sobre os serviços e recursos disponíveis aos usuários da Internet.

(A) A *World Wide Web* é o nome do serviço que primeiro permitiu aos internautas trocar mensagens eletrônicas.

(B) O termo *download* refere-se às ferramentas de busca que são úteis para a pesquisa de informações na rede.

(C) *Site* é a localidade da Internet onde os *spammers* armazenam as mensagens indesejáveis a serem postadas.

(D) URL é a linguagem de marcação utilizada para produzir páginas Web que podem ser interpretadas por *browsers*.

(E) Um *hyperlink* permite a um internauta migrar para outra página ou para outra posição no mesmo documento.

A: Errada, a World Wide Web, também conhecida como WWW é uma rede de documentos de hipermídia interligados por *hyperlinks*. **B:** Errada, o termo *download* se refere a ação de extrair um arquivo da Internet para seu computador. **C:** Errada, *site* é um termo que designa uma página web. **D:** Errada, a URL é o caminho que aponta para um documento ou página web. A linguagem de marcação descrita se chama HTML. **E:** Correta, o *hyperlink* é um apontamento de um documento web para outro, permitindo a navegação entre eles.

Gabarito "E"

(Técnico Judiciário – MPU – 2010 – CESPE) A respeito de Internet e intranet, julgue os itens subsequentes.

(1) O acesso autorizado à intranet de uma instituição restringe-se a um grupo de usuários previamente cadastrados, de modo que o conteúdo dessa intranet, supostamente, por vias normais, não pode ser acessado pelos demais usuários da Internet.

(2) Um *modem* ADSL permite que, em um mesmo canal de comunicação, trafeguem sinais simultâneos de dados e de voz. Por isso, com apenas uma linha telefônica, um usuário pode acessar a Internet e telefonar ao mesmo tempo.

1: Correta, as intranets possuem conteúdo restrito e não podem ser acessadas pela Internet; **2:** Correta, os modens ADSL modulam o sinal de forma que possam trafegar conjuntamente com voz sem que um interfira no outro.

Gabarito 1C, 2C

(Delegado/AP – 2006 – UFAP) Analise as afirmações, quanto à internet e ao correio eletrônico, indicando (V) para verdadeiro ou(F) para falso:

( ) O Microsoft Explorer é o único *browser* ou navegador disponível para acessar o conteúdo das páginas na internet.

( ) *Download* é o procedimento utilizado para transferir informações de páginas da internet para o seu computador.

( ) A barra de endereço no Microsoft Explorer é o local a ser digitado *o logine a senha* para acessar os *e-mails*.

( ) Arquivos anexados em mensagens de *e-mail* podem conter vírus, que são programas capazes de infectar outros programas e arquivos de um computador.

Indique a sequência correta, respectivamente:

(A) F – V – F – V
(B) V – V – V – V
(C) F – F – F – F
(D) F – F – V – V
(E) F – V – F – F

A: Correta, existem vários navegadores *web* diferentes, o *download* é o procedimento de transferir arquivos da internet para seu computador, a barra de endereços do Microsoft Explorer é o local que exibe o caminho da pasta atual e arquivos anexados em mensagens podem conter vírus. **B:** Errada, a primeira afirmativa é falsa, pois, existem vários navegadores da *web* e não apenas um. **C:** Errada, o *download* é o procedimento de transferir arquivos da internet para o computador e arquivos anexados em *e-mails* podem sim conter vírus. **D:** Errada, o *download* é o procedimento de transferir arquivos da internet para o computador e a barra de endereço do Microsoft Explorer exibe o caminho da pasta atual e não serve como área de *login*. **E:** Errada, arquivos anexados em *e-mails* podem conter vírus.

Gabarito "A"

(Delegado/MG – 2008) São protocolos de rede utilizados para configuração de uma conta de *e-mail*:

(A) POP3 e o FTP.
(B) POP3 e o SNMP.
(C) NNTP e o SMTP.
(D) POP3 e o SMTP.

A: Errada, o protocolo FTP se refere à transferência de arquivos pela *web*. **B:** Errada, o protocolo SNMP é um protocolo de gerenciamento de redes. **C:** Errada, NNTP é um protocolo obsoleto usado em grupos de discussão da chamada *usenet*. **D:** Correta, o protocolo POP3 é responsável pelo recebimento de mensagens eletrônicas e o SMTP pelo envio das mesmas.

Gabarito "D"

(Delegado/PB – 2009 – CESPE) Assinale a opção correta com relação a conceitos de Internet.

(A) A tecnologia WWWD (*world wide web duo*) substituirá a WWW, acrescentando realidade virtual e acesso ultrarrápido.
(B) HTTPS é um protocolo que permite fazer *upload* de arquivos para serem disponibilizados na Internet.
(C) Para se disponibilizar arquivo de dados na Internet, é necessário comprimir os dados por meio do aplicativo ZIP.
(D) O MP3 utiliza uma técnica de compressão de áudio em que a perda de qualidade do som não é, normalmente, de fácil percepção pelo ouvido humano.
(E) Para se transferir um texto anexado a um *e-mail*, deve-se utilizar aplicativo PDF.

A: Errada, o conceito de *World Wide Web Duo* não existe atualmente. **B:** Errada, o HTTPS é um protocolo que provê segurança na navegação web. **C:** Errada, qualquer arquivo pode ser disponibilizado na Internet, não há necessidade que estejam em um formato específico. **D:** Correta, o formato MP3 se refere à compressão de arquivos de áudio com pouca perda de qualidade. **E:** Errada, os arquivos anexados em *e-mail* não necessitam de um formato específico.

Gabarito "D"

(Delegado/PI – 2009 – UESPI) Considere as afirmações abaixo sobre navegação na Internet e correio eletrônico.

(1) No navegador Microsoft Internet Explorer, um atalho de teclado que permite recarregar a página atual é a tecla F3.
(2) *Webmail* é um aplicativo para a leitura e envio de mensagens de correio eletrônico off-line (isto é, quando não se está conectado à Internet).
(3) Para toda mensagem de correio eletrônico que desejarmos enviar, devemos preencher obrigatoriamente pelo menos os campos "Para:" e "Assunto:". O campo "De:" é preenchido automaticamente.
(4) Numa URL que começa com https://, estaremos instruindo o navegador a acessar um *site* usando um mecanismo de segurança que protege a troca de informações.

Está (ão) correta(s) apenas:

(A) 1 e 2
(B) 2 e 3
(C) 3
(D) 2 e 4
(E) 4

A: Errada, as afirmativas 1 e 2 estão incorretas, o atalho que permite recarregar a página atual é F5 e não F3 e *Webmail* não é um aplicativo, mas, um *site* que permite a consulta aos *e-mails* de maneira online. **B:** Errada, as afirmativas 2 e 3 estão incorretas, *Webmail* não é um aplicativo, mas é um *site* que permite a consulta aos *e-mails* de maneira online e o único campo obrigatório é o campo "Para:".**C:** Errada, o único campo obrigatório é o campo "Para:". **D:** Errada, a afirmativa 2 está incorreta, *Webmail* não é um aplicativo, mas sim um *site* que permite a consulta aos *e-mails* de maneira online.**E:** Correta, a afirmativa 4 está correta, o protocolo HTTPS garante uma troca de informações segura entre o servidor e o computador.

Gabarito "E"

(Delegado/RN – 2009 – CESPE) A Internet consiste em um conjunto de computadores, recursos e dispositivos interligados por meio de uma série de tecnologias e protocolos. Na Internet, utiliza-se uma pilha de protocolos denominada

(A) OSI.
(B) ADSL.
(C) TCP/IP.
(D) HTTP.
(E) SMTP.

A: Errada, OSI designa as diferentes camadas da comunicação em rede. **B:** Errada, ADSL se refere a conexões de internet de banda larga. **C:** Correta, o protocolo TCP/IP é a camada de protocolo na qual se baseia a internet. **D:** Errada, o protocolo HTTP é o protocolo de comunicação para navegação web. **E:** Errada, o protocolo SMTP se encarrega do envio de mensagens eletrônicas.

Gabarito "C"

(Delegado/RN – 2009 – CESPE) O envio e o recebimento de mensagens de correio eletrônico contendo documentos e imagens anexos podem ser realizados por meio do *software*

(A) Microsoft Publisher.
(B) Hyper Terminal.
(C) Skype.
(D) Adobe Acrobat.
(E) Microsoft Outlook.

A: Errada, o Microsoft Publisher tem como objetivo criar e manter publicações na web. **B:** Errada, o Hyper Terminal é um *software* de acesso remoto. **C:** Errada, o Skype é um programa de comunicação instantânea. **D:** Errada, o Adobe Acrobat é um programa de apresentação de documentos em formato PDF. **E:** Correta, o Microsoft Outlook é um programa gerenciador de *e-mail* e tem a capacidade de enviar e receber mensagens de correio eletrônico.

Gabarito "E"

(Agente de Polícia Federal – 2009 – CESPE) Julgue os itens subsequentes, a respeito de Internet e intranet.

(1) As intranets, por serem redes com acesso restrito aos usuários de empresas, não utilizam os mesmos protocolos de comunicação usados na Internet, como o TCP/IP.

(2) Um *cookie* é um arquivo passível de ser armazenado no computador de um usuário, que pode conter informações utilizáveis por um *website* quando este for acessado pelo usuário. O usuário deve ser cuidadoso ao aceitar um *cookie*, já que os navegadores da Web não oferecem opções para exclui-lo.

1: Errada, a intranet é baseada nos mesmos protocolos utilizados para a Internet, principalmente o TCP/IP. **2:** Errada, todo navegador permite a exclusão dos *cookies* por meio de função interna.

Gabarito 1E, 2E

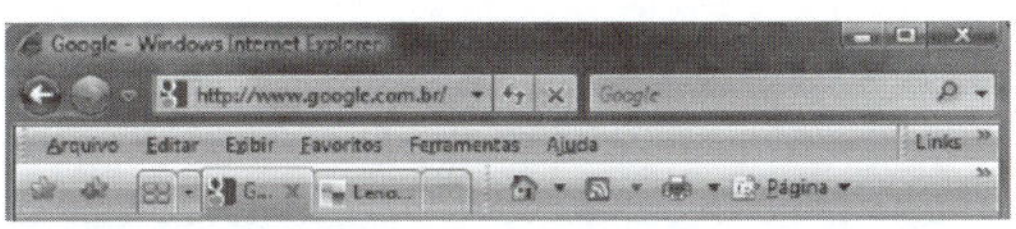

(Agente de Polícia Federal – 2009 – CESPE) A figura acima mostra a parte superior de uma janela do Internet Explorer 7 (IE7), em execução em um computador com sistema operacional Windows Vista, em que a página da Web http://www.google.com.br está sendo acessada. Com relação a essa janela, ao IE7 e a conceitos de Internet, julgue os itens que se seguem.

(1) Ao se clicar o botão [ícone], a página que estiver sendo exibida no navegador passará a ser a página inicial do IE7 sempre que este navegador for aberto.

(2) O Google é um instrumento de busca que pode auxiliar a execução de diversas atividades, como, por exemplo, pesquisas escolares.

1: Errada, o botão mencionado leva o usuário para a página inicial configurada no navegador. **2:** Correta, a Google é um dos *sites* de buscas mais utilizado no mundo e auxilia em atividades como pesquisas de forma muito eficiente.

Gabarito 1E, 2C

(Agente de Polícia Federal – 2009 – CESPE) Com relação a conceitos de Internet, julgue o item abaixo.

(1) A sigla FTP designa um protocolo que pode ser usado para a transferência de arquivos de dados na Internet.

1: Correta, o protocolo FTP trata do envio de arquivos em rede.

Gabarito 1C

(Escrivão de Polícia Federal – 2009 – CESPE) Com relação à Internet, julgue o item abaixo.

(1) Na tecnologia TCP/IP, usada na Internet, um arquivo, ao ser transferido, é transferido inteiro (sem ser dividido em vários pedaços), e transita sempre por uma única rota entre os computadores de origem e de destino, sempre que ocorre uma transmissão.

1: Errada, os arquivos são divididos em várias partes quando transferidos e nem sempre fazem o mesmo caminho, tomando sempre o caminho mostrado pelo roteador onde os pacotes passam.

Gabarito 1E

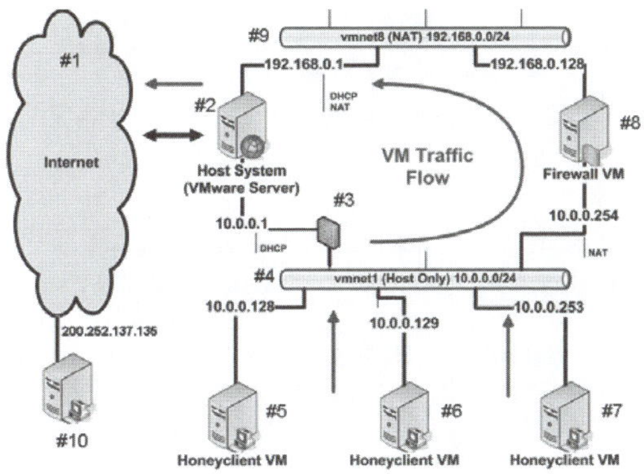

Internet: <honeyclient.org>.

(Escrivão de Polícia Federal – 2009 – CESPE) Considerando a figura acima, que apresenta o esquema de uma rede de computadores conectada à Internet, na qual se destacam elementos nomeados de 1 a 10, julgue os itens a seguir, a respeito de redes de computadores, segurança de redes e segurança da informação.

(1) Caso uma aplicação em execução no elemento 10 envie com sucesso um pedido http para um servidor web em funcionamento em 6 e receba como resposta uma página HTML com centenas de kilo*bytes*, o fluxo de pacotes estabelecido entre os dois hosts será filtrado obrigatoriamente pelo dispositivo 3.

(2) O endereço IP 10.0.0.253 deve ser usado na URL inserida em um *browser* em funcionamento em 10 para viabilizar a comunicação entre esse *browser* e um servidor http em funcionamento na porta 80 do dispositivo 7, caso não seja possível usar um servidor de DNS em 10.

(3) Se uma aplicação cliente de correio eletrônico, em funcionamento em 5, recupera o conjunto de *e-mails* de um usuário de serviço de *e-mail* do tipo POP3 localizado em 10, então o fluxo de pacotes UDP deve ser estabelecido entre esses computadores.

1: Errada, o tráfego entre a internet e os servidores é filtrado no dispositivo 8 e não no dispositivo 3, este segundo apenas encaminha os dados. **2:** Errada, o IP 10.0.0.253 é um IP interno, não possuindo acesso direto pela internet, apenas na rede local em que se encontra. **3:** Errada, o tipo de pacote utilizado pelo protocolo POP3 é o TCP e não o UDP, pois ele precisa garantir a entrega da informação ao host requisitante.

Gabarito 1E, 2E, 3E

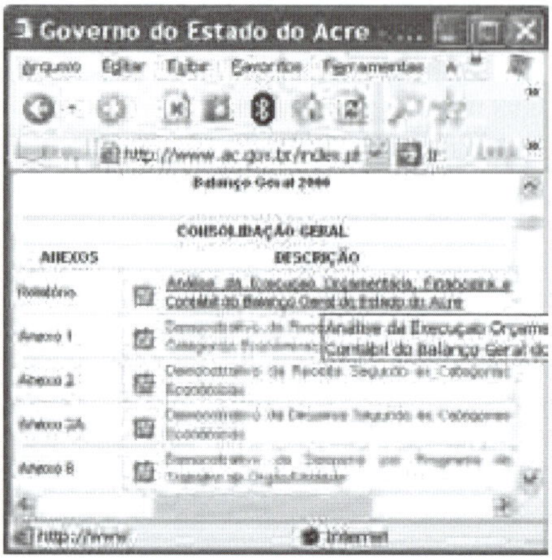

(Escrivão de Polícia/AC – 2008 – CESPE) Considerando a figura acima, que mostra uma janela do navegador Internet Explorer 6 (IE6), com a página da Secretaria de Administração do Acre, julgue os itens que se seguem.

(1) Considerando que uma nova página é apresentada ao se clicar o texto, é correto afirmar que o referido texto é um *link*.

(2) Ao se clicar a ferramenta, a página será atualizada.

(3) Uma desvantagem do IE6 é a impossibilidade de copiar o texto para o Word 2003.

(4) Ao se clicar a ferramenta, o arquivo com o texto será encaminhado por *e-mail*.

(5) Utilizando-se o menu Editar, é possível alterar o conteúdo da página e republicá-la.

1: Correta, os *links* tem como função ligar uma página a outra, quando se clica em um *link* uma nova página é aberta. **2:** Correta, a ferramenta atualiza o conteúdo da página atual. **3:** Errada, é possível copiar textos e também imagens do IE6 para o Word 2003. **4:** Errada, a ferramenta apenas leva o usuário para a página visitada anteriormente. **5:** Errada, não se pode alterar o conteúdo de uma página que já foi gerada pelo servidor e entregue ao cliente para depois republicá-la.

Gabarito 1C, 2C, 3E, 4E, 5E

(Agente de Polícia/AP – 2006 – UNIFAP) Analise as seguintes afirmações quanto à internet e ao correio eletrônico:

I. O programa utilizado para a visualização do conteúdo das páginas na internet é chamado de navegador ou *browser*.

II. *Upload* é o procedimento utilizado para transferir informações de páginas da internet para o seu computador.

III. Não é possível enviar um arquivo feito no editor de textos Microsoft Word anexado em mensagens de *e-mail*.

IV. Arquivos anexados em mensagens de *e-mail* podem conter vírus, que são programas capazes de infectar outros programas e arquivos de um computador.

Indique a alternativa correta:

(A) Apenas I e IV estão corretas.
(B) Apenas II, III e IV estão incorretas.
(C) Todas as opções estão corretas.
(D) Todas as opções estão incorretas.
(E) Apenas I, II e III estão incorretas.

A: Correta, apenas as afirmativas I e IV estão corretas; **B:** Errada, as afirmativas II e III estão incorretas, a transferência de arquivos da internet para o computador do usuário se chama *Download*, *Upload* consiste no envio de arquivos para a internet ou outro computador e arquivos do Microsoft Word podem ser anexados a mensagens de correio eletrônico sem restrições; **C:** Errada, as afirmativas II e III estão incorretas, a transferência de arquivos da internet para o computador do usuário se chama *Download*, *Upload* consiste no envio de arquivos para a internet ou outro computador e arquivos do Microsoft Word podem ser anexados a mensagens de correio eletrônico sem restrições; **D:** Errada, as afirmativas I e IV estão corretas; **E:** Errada, a afirmativa I está correta.

Gabarito "A"

(Agente de Polícia/DF – 2009 – UNIVERSA) A conexão ADSL (*asymmetrical digital subscriber line*) oferece várias vantagens sobre a conexão convencional. Assinale a alternativa que apresenta apenas vantagem(ens) da ADSL.

(A) Tem velocidade superior à da obtida pelo acesso convencional e deixa a linha telefônica disponível para uso durante o acesso.
(B) Deixa a rede imune aos vírus e possui *antispam*.
(C) Aumenta o desempenho do processador e da memória RAM.
(D) Reduz o consumo de energia e chega a ser 75% mais econômica do que o acesso convencional.
(E) Dispensa o uso do *modem* e da placa de rede.

A: Correta, a conexão ADSL permite transmitir dados e voz pelo mesmo meio ao mesmo tempo e possui velocidades muito superiores a conexão *dial-up*; **B:** Errada, nenhum tipo de conexão imuniza um computador contra vírus; **C:** Errada, nenhum tipo de conexão tem efeito qualquer sobre a memória RAM do computador; **D:** Errada, a diferença de consumo do computador é muito pequena, não havendo economia significativa; **E:** Errada, a conexão ADSL depende de um *modem* e uma placa de rede.

Gabarito "A"

(Agente de Polícia/ES – 2009 – CESPE) Considerando os conceitos de Internet, intranet e correio eletrônico, julgue os itens a seguir.

(1) As redes *wireless* possuem a vantagem de permitir conexão à Internet, mas não permitem a conexão à intranet por se tratar de rede corporativa local.

(2) O navegador Internet Explorer 7.0 possibilita que se alterne de um sítio para outro por meio de separadores no topo da moldura do *browser*, fato que facilita a navegação.

(3) O Outlook Express possui recurso para impedir a infecção de vírus enviados por *e-mail*.

(4) Para se fazer *upload* e *download* de arquivos na intranet é necessário que o usuário tenha o sistema zip*driver* instalado no computador.

1: Errada, tanto a Internet como a intranet podem ser acessadas por meio de redes *wireless*. **2:** Correta, o IE7 apresenta a navegação por meio de abas que se encontram na parte superior da página, facilitando a navegação quando o usuário deseja abrir várias páginas. **3:** Errada, o Outlook Express em sua configuração padrão não conta com nenhum sistema antivírus. **4:** Errada, o sistema zipdrive é apenas uma interface de entrada e saída que permite o uso de disquetes de capacidade superior aos disquetes de 3½".

Gabarito 1E, 2C, 3E, 4E

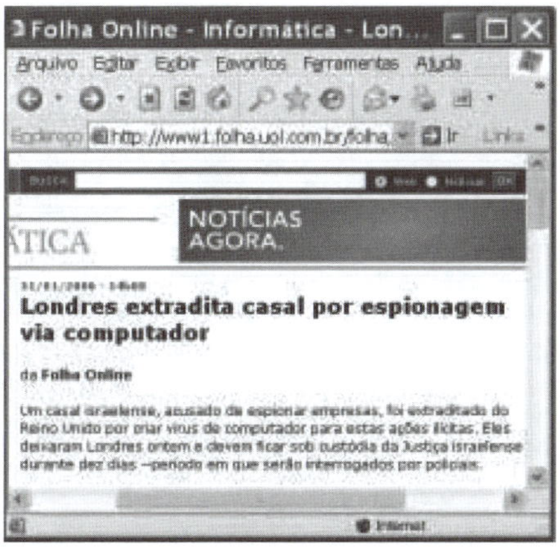

Figura I

Figura II

(Escrivão de Polícia/ES – 2006 – CESPE) Considerando-se as figuras I e II anteriores, que ilustram duas janelas do Internet Explorer 6 (IE6) em execução em um computador PC, e o conteúdo das áreas de páginas dessas janelas, julgue os próximos itens.

(1) Sabendo-se que a situação de espionagem relatada na área de páginas da janela do IE6 da figura I consistia no uso de cavalos de troia, é correto concluir que esse tipo de espionagem é muito raro no Brasil graças ao uso obrigatório de certificados digitais em quaisquer transações de Internet, que identificam os usuários da rede em trocas de informações, desmascarando tais operações ilícitas.

(2) Em transações pela Internet por meio do IE6, para se ter "certeza da veracidade e procedência dos *links*", sugestão presente na área de páginas da janela do IE6 da figura II, é suficiente verificar a existência, na barra inferior do IE6, de um pequeno cadeado, que indica que se está acessando um sítio seguro, que apresenta certificado assinado por autoridade certificadora — que garante a legitimidade do sítio —, e, ainda, que os dados trocados nas referidas transações são criptografados.

(3) Caso se deseje configurar a página web ilustrada na janela do IE6 da figura I ou da figura II como favorita do IE6, é suficiente realizar a seguinte sequência de ações: pressionar e manter pressionada a tecla Ctrl; teclar F; liberar a tecla Ctrl.

(4) A seguinte janela, que permite definir, dos botões disponíveis, aqueles que devem ser visualizados na barra de ferramentas do IE6, pode ser executada a partir de opção disponibilizada no menu Exibir.

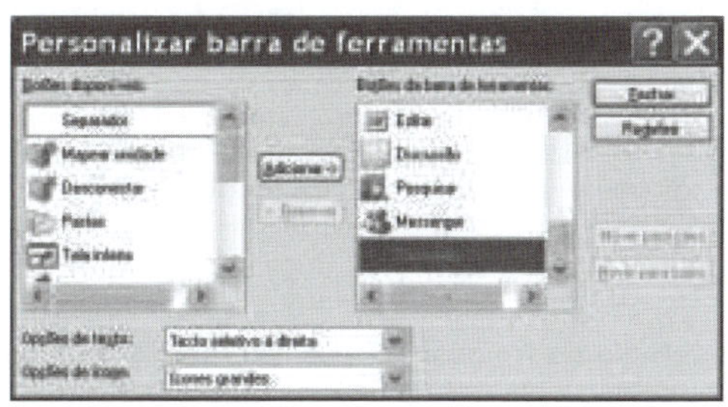

(5) Para se converter o conteúdo da área de páginas da janela do IE6 da figura I para o formato de um documento Word, abrindo-se automaticamente esse documento em uma janela do Word, é suficiente, na referida janela, clicar o botão 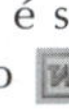. Esse procedimento, porém, converte apenas o conteúdo textual da página visitada.

(6) Caso a situação de espionagem mencionada na área de páginas da janela do IE6 ilustrada na figura I utilizasse recursos de *keylogger* e armazenasse informações processadas no computador, o uso de sistema *firewall* seria indicado para impedir que essas informações fossem enviadas a uma máquina de um possível espião na Internet.

1: Errada, as ameaças do tipo cavalo de troia são muito comuns e uma das que mais infestam computadores, além disso não existe obrigatoriedade do uso de certificados digitais em qualquer tipo de transação de Internet. **2:** Errada, *sites* que oferecem criptografia na transmissão dos dados utilizam o protocolo HTTPS, portanto também é necessário verificar se o *site* usa este protocolo. **3:** Errada, as teclas Ctrl + F ativam a função de pesquisa de texto na página atual, o correto seria o uso do atalho Ctrl + B. **4:** Correta, a opção de personalização da barra de ferramentas é acessível a partir do menu Exibir e permite alterar os ícones presente na barra de ferramentas do IE. **5:** Errada, o procedimento descrito também irá converter as imagens presentes na página. **6:** Correta, o *Firewall* bloqueia o acesso às portas de comunicação e informa ao usuário quando uma das portas tenta ser utilizada, podendo portanto prevenir que as informações sejam enviadas ao espião.

Gabarito 1E, 2E, 3E, 4C, 5E, 6C

(Agente de Polícia/GO – 2008 – UEG) Dos recursos atuais existentes na internet, um que pode ajudar muito na localização de informações importantes sobre pessoas são as máquinas de busca, como as do Google e Yahoo. Entretanto, essas máquinas possuem alguns fatores dificultadores de uso, como:

(A) a impossibilidade de se obter informações sobre pessoas físicas sem expressa autorização judicial.
(B) a ausência de informações sobre pessoas brasileiras, uma vez que os mecanismos foram desenvolvidos por estrangeiros.
(C) a escolha das palavras-chave corretas e o pouco difundido conhecimento das opções de buscas oferecidas pelos mecanismos.
(D) o fato de ser considerado crime a busca de informações a respeito de pessoas físicas na Internet, não podendo, portanto, ser utilizadas em investigações.

A: Errada, não é necessário autorização judicial para a realização de buscas em motores de busca como Google e Yahoo; **B:** Errada, os mecanismos de busca varrem toda a internet, independentemente da linguagem ou idioma; **C:** Correta, o principal dificultador das buscas é a utilização das palavras-chave corretas para que se encontre os dados desejados de forma eficiente, pois os resultados das buscas dependem das palavras-chaves utilizadas; **D:** Errada, buscar informações a respeito de pessoas físicas na Internet não constitui crime algum.

Gabarito "C"

(Escrivão de Polícia/GO – 2008 – UEG) Mecanismos de buscas são muito úteis no processo de pesquisa na web. Atualmente esses mecanismos se consolidaram como ferramentas básicas para o internauta, como os do google e yahoo, que são capazes de

(A) selecionar conteúdos confiáveis quando o critério de busca utilizar frases inteiras entre aspas.
(B) buscar conteúdos em idiomas diversos e traduzi-los com precisão devido ao uso de seus amplos dicionários.
(C) consultar conteúdos na web e retornar resultados para diversificados formatos, tais como documentos de textos e apresentações.
(D) buscar por programas para *download* verificando a sua confiabilidade em relação a conteúdo e programas maliciosos, quando o texto pesquisado estiver entre parênteses.

A: Errada, o uso de aspas apenas garante que o trecho digitado está da forma como foi escrito nos resultados obtidos, isso não garante a confiabilidade do resultado; **B:** Errada, as traduções oferecidas não são muito precisas devendo sempre ser validadas antes de ter seu resultado como certo; **C:** Correta, é possível que os resultados obtidos estejam em páginas web ou documentos de texto, apresentações, planilhas, entre outros; **D:** Errada, eles não permitem verificar o conteúdo quanto à segurança e existência de vírus ou outros malwares.

Gabarito "C"

(Agente de Polícia/MG – 2008) Para poder receber as mensagens de um servidor de *e-mail* em um computador através de aplicativos como *Outlook Express*, *Mozilla*, *Thunderbird*, Eudora e outros, faz-se necessária a *correta* configuração no aplicativo do

(A) DNS
(B) FTP
(C) POP3
(D) SMTP

A: Errada, o protocolo DNS trata da conversão de endereços de *websites* (URLs) em endereços de IP do servidor correspondente; **B:** Errada, FTP é um protocolo usado na troca de arquivos entre computadores em uma rede; **C:** Correta, o protocolo POP3 trata do recebimento de mensagens de um servidor de *e-mails*; **D:** Errada, o protocolo SMPT trata do envio de mensagens para um servidor de *e-mails*.

Gabarito "C"

(Inspetor de Polícia/MT – 2010 – UNEMAT) A Internet é um conjunto de redes interligadas ao redor do mundo, que fornecem as mais diversas informações e os mais variados serviços. O correio eletrônico é um desses serviços.

Sobre correio eletrônico, é correto afirmar.

I. O correio eletrônico serve também para a editoração e processamento de documentos.
II. Através do correio eletrônico é possível enviar diferentes tipos de arquivos com diferentes extensões.
III. Com o uso do correio eletrônico, é possível ter acesso a outros serviços da Internet, bastando apenas a digitação do endereço de *e-mail* e uma senha.
IV. O correio eletrônico é um dos serviços mais antigos, disponibilizados desde a criação da Internet.

Assinale a alternativa cujas afirmações estão corretas.

(A) Apenas I e II estão corretas.
(B) Apenas II e III estão corretas.
(C) Apenas I, II e III estão corretas.
(D) Apenas II, III e IV estão corretas.
(E) Apenas I, II e IV estão corretas.

A: Errada, a afirmativa I está incorreta, o correio eletrônico tem como função a comunicação entre indivíduos e não o processamento de documentos; **B:** Errada, a afirmativa IV também está correta; **C:** Errada, a afirmativa I está incorreta, o correio eletrônico tem como função a comunicação entre indivíduos e não o processamento de documentos; **D:** Correta, apenas as afirmativas II, III e IV estão corretas; **E:** Errada, a afirmativa I está incorreta, o correio eletrônico tem como função a comunicação entre indivíduos e não o processamento de documentos.

Gabarito "D"

(Agente e Escrivão de Polícia/PB – 2008 – CESPE) Considerando a figura abaixo, que apresenta uma janela do Internet Explorer 6.0 em uso para acesso a uma página web, assinale a opção correta acerca de conceitos de Internet e intranet.

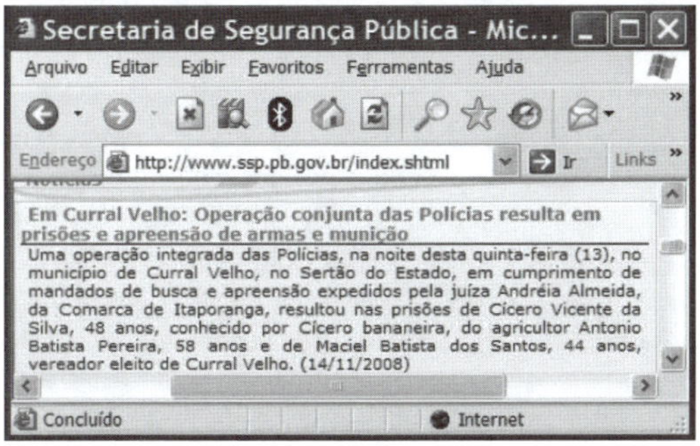

(A) No campo , os caracteres index.shtml indicam que se trata de uma página web segura.

(B) O texto mostrado na página web pode ser copiado para um aplicativo de edição de textos, utilizando-se a opção Copiar do *menu* Editar, e poderá ser formatado com fonte Arial, tamanho 20.

(C) A ferramenta [ícone] permite editar o texto mostrado na página web e formatá-lo para carta.

(D) Ao se clicar a ferramenta [ícone], é possível criar palavras chaves para uma busca posterior.

(E) Ao se clicar a ferramenta [ícone], a página será atualizada.

A: Errada, páginas da web seguras iniciam sua URL com https e não com http; **B:** Correta, por meio da opção Colar do menu Editar é possível realizar uma cópia do texto para um editor de texto e realizar alterações em sua formatação; **C:** Errada, a ferramenta [ícone] permite acesso aos *e-mails* ou criar novas mensagens; **D:** Errada, a ferramenta [ícone] realiza consultas em uma variedade de serviços de pesquisa e referência; **E:** Errada, a ferramenta [ícone] abre o histórico de navegação do IE6.

Gabarito "B"

(Agente e Escrivão de Polícia/PB – 2008 – CESPE) Assinale a opção correta com relação a conceitos de Internet.

(A) A tecnologia WWWD (*world wide web duo*) substituirá a WWW, acrescentando realidade virtual e acesso ultrarrápido.

(B) HTTPS é um protocolo que permite fazer *upload* de arquivos, para serem disponibilizados na Internet.

(C) Para se disponibilizar arquivo de dados na Internet, é necessário comprimir os dados por meio do aplicativo ZIP.

(D) O MP3 utiliza uma técnica de compressão de áudio em que a perda de qualidade do som não é, normalmente, de fácil percepção pelo ouvido humano.

(E) Para se transferir um texto anexado a um *e-mail*, deve-se utilizar aplicativo PDF.

A: Errada, não existe tal tecnologia; **B:** Errada, HTTPS funciona da mesma forma que o protocolo HTTP, utilizado para navegação em páginas web, porém com uma camada de segurança; **C:** Errada, arquivos podem ser disponibilizados em qualquer formato e não apenas no formato ZIP; **D:** Correta, os arquivos MP3 possuem uma compressão de áudio que mantém uma boa qualidade de som; **E:** Errada, o texto também pode estar em outros formatos como doc, docx ou txt, entre outros.

Gabarito "D"

(Investigador de Polícia/PA – 2009 – MOVENS) A internet é uma ferramenta importante para o trabalho, porém existem diversos riscos, o seu mau uso pode causar perda ou vazamento de Informações e prejuízos financeiros, Por esse motivo, é importante saber como acessá-la de forma segura.

A respeito da segurança no uso da internet. assinale a opção correta.

(A) O acesso à internet por redes sem fio (*Wireless* ou *Wi-Fi*) abertas é perigoso e deve ser evitado.

(B) O filtro de linha é um equipamento muito utilizado para evitar vírus e *hackers*. Ele faz a verificação dos dados que passam pela linha telefônica.

(C) O uso de antivírus é fundamental e 100% seguro; por isso, suas atualizações podem ser feitas somente quando uma nova ameaça é divulgada na mídia.

(D) Utilizar senhas pequenas, com até quatro letras e/ou números, é eficiente, pois são mais fáceis de lembrar.

A: Correta, o acesso a redes abertas, sem proteção, podem permitir que um terceiro intercepte a comunicação e obtenha informações pessoais ou confidenciais; **B:** Errada, o filtro de linha não tem efeito qualquer sobre os itens de *software* do computador; **C:** Errada, as atualizações devem ser feitas constantemente para evitar a maior quantidade de pragas possíveis; **D:** Errada, senhas não podem ser pequenas ou ligadas a datas ou nomes, devem conter pelo menos um caractere que não seja alfanumérico no mínimo 8 dígitos para proverem uma boa segurança.

Gabarito "A"

(Investigador de Polícia/PA – 2009 – MOVENS) O Internet Explorer 7 é um dos programas mais utilizados para navegar na Internet. A respeito do seu funcionamento, assinale a opção INCORRETA.

(A) Caso a tela do computador esteja pequena para visualizar o *site*, pode-se utilizar a função "Tela Cheia".

(B) Com o Internet Explorer é possível configurar quais programas serão utilizados para outros serviços de internet, como correio eletrônico, grupos de notícias, calendário e contatos.

(C) O Internet Explorer pode ser configurado para realizar conexão discada com um provedor de acesso à internet, caso não haja conexão disponível.

(D) O ícone [ícone] aparece toda vez que se visita um endereço eletrônico protegido.

A: Errada, a afirmativa está correta; **B:** Errada, a afirmativa está correta; **C:** Errada, a afirmativa está correta, **D:** Correta, a alternativa deverá ser marcada, pois o ícone permite acesso aos *sites* favoritos.

Gabarito "D"

(Escrivão de Polícia/PA – 2009 – MOVENS) Diante das diversas formas para acessar a internet atualmente, cada nova tecnologia propõe-se como mais rápida e mais barata que a anterior. Considerando os diferentes meios de acesso à internet, assinale a opção correta.

(A) A tecnologia 3G permite o acesso à internet em qualquer lugar, porém sua velocidade é limitada a 56Kbps.
(B) O acesso por cable *modem* é um dos mais rápidos, e sua disponibilidade é apenas para empresas.
(C) O acesso discado ainda é muito popular devido ao baixo custo e à alta velocidade de transmissão.
(D) Uma das vantagens da tecnologia ADSL é a possibilidade de utilizar a mesma linha telefônica, simultaneamente, para acesso à internet e para ligações de voz.

A: Errada, a velocidade de conexão 3G pode ultrapassar a barreira de 1Mbps; **B:** Errada, conexão por cable *modem* também são possíveis em residências; **C:** Errada, o acesso discado está caindo em desuso e possui uma velocidade de conexão muito baixa; **D:** Correta, a tecnologia DSL permite o tráfego de voz e dados pelo mesmo meio de comunicação de forma simultânea.

Gabarito "D"

(Escrivão de Polícia/PA – 2009 – MOVENS) Considere a figura abaixo, que apresenta uma página em funcionamento do Internet Explorer 7.

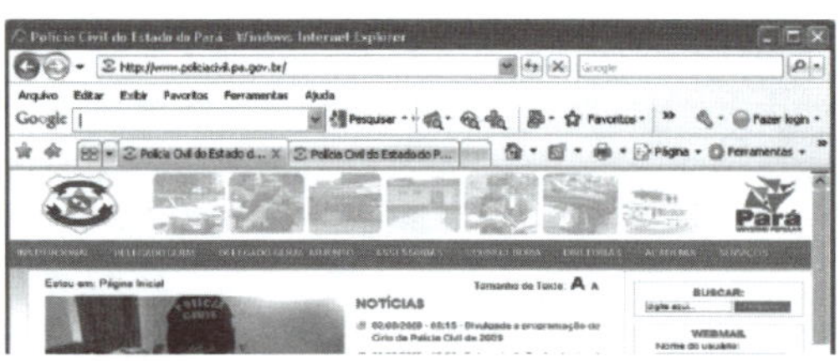

A respeito do funcionamento do Internet Explorer 7 e da figura acima, julgue os itens abaixo e, em seguida, assinale a opção correta.

I. Clicar o botão e depois Adicionar a Favoritos tem o mesmo efeito do atalho Ctrl + D.
II. O Internet Explorer não é capaz de transferir arquivos por FTP. Para isso, é preciso um *software* especializado.
III. Existem duas abas de navegação em uso no mesmo aplicativo do Internet Explorer.
IV. O botão é utilizado para voltar aos *sites* anteriores.

Estão certos apenas os itens

(A) I e III.
(B) I e IV.
(C) II e III.
(D) II e IV.

A: Correta, apenas as afirmativas I e III estão corretas; **B:** Errada, a afirmativa IV está incorreta, o botão tem como função recarregar a página atual; **C:** Errada, a afirmativa II está incorreta, o IE pode funcionar como um cliente FTP, acessando um servidor remoto e realizando transferências; **D:** Errada, as afirmativas II e IV estão incorretas, o botão tem como função recarregar a página atual e o IE pode funcionar como um cliente FTP, acessando um servidor remoto e realizando transferências.

Gabarito "A"

Texto e figura para as duas próximas questões.

A janela do Internet Explorer 6 (IE6) ilustrada a seguir está sendo executada em um computador PC cujo sistema operacional é o Windows XP. A conexão com a Internet é do tipo ADSL, com capacidade de transmissão de 256 kbps. O computador possui sistema *firewall* e *software* antivírus, que estão ativados e atualizados. A página *web* mostrada no IE6 pertence ao sítio do CESPE – Universidade de Brasília, cujo URL é http://www.cespe.unb.br.

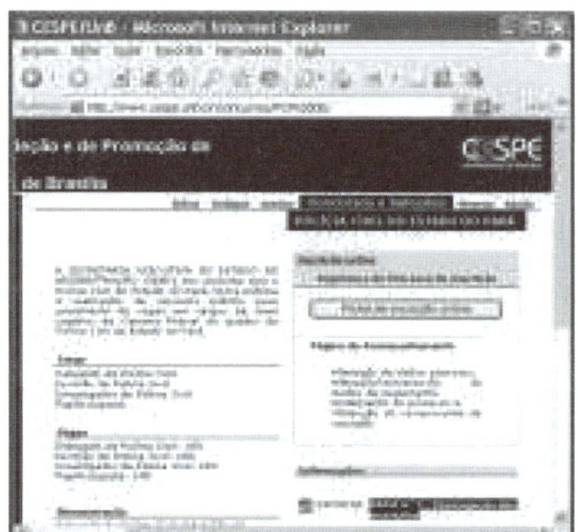

(Escrivão de Polícia/PA – 2006 – CESPE) Com relação à situação apresentada no texto, assinale a opção correta, considerando que o ponteiro do *mouse* encontra-se sobre o objeto 24/02/06, na parte inferior direita da página *web* mostrada.

(A) As informações apresentadas são suficientes para se concluir que o objeto 24/02/06 consiste em um *hyperlink* que, ao ser clicado, fará que o IE6 dê início a acesso a informações contidas no sítio do CESPE – Universidade de Brasília.
(B) Com relação ao navegador Mozilla Firefox, o IE6 tem, atualmente, a vantagem de permitir o acesso a páginas de *webmail*, enquanto aquele não oferece recursos que suportam tais serviços.
(C) Caso a conexão com a Internet fosse do tipo *dial-up*, a capacidade de transmissão poderia ser maior que 256 kbps, podendo chegar a 512 kbps.

(D) Como o computador possui sistema ativado de *firewall* e *software* antivírus atualizado e ativado, é correto concluir que o acesso a páginas *web* por meio do computador referido no texto é seguro, sendo impossível contaminação por vírus de computador e invasão de privacidade por meio de *software* malicioso.

A: Correta, a presença de uma URL no canto inferior esquerdo do IE e o formato do ponteiro do *mouse* mostra que este está sobre um *hyperlink*, portanto a afirmação é verdadeira; **B:** Errada, qualquer navegador web permite o acesso a *webmails*; **C:** Errada, a velocidade máxima de conexões *dial-up* é de 56,4kbps; **D:** Errada, mesmo com ferramentas de detecção, falta de cuidado e falhas do usuário podem infectar o computador.

Gabarito "A"

(Escrivão de Polícia/PA – 2006 – CESPE) Ainda com relação à situação apresentada no texto acima, caso o usuário deseje acessar o conteúdo da pasta histórico associada ao IE6, que contém dados referentes a acessos a páginas *web* previamente realizados, é suficiente que ele, na janela do IE6, clique o botão

(A) .

(B) .

(C) .

(D) .

A: Errada, este botão apenas atualiza o conteúdo da página atual; **B:** Errada, este botão leva o usuário para a página inicial configurada no navegador; **C:** Errada, este botão exibe as páginas favoritas; **D:** Correta, este botão exibe o histórico de navegação salvo no navegador.

Gabarito "D"

(Agente de Polícia/PE – 2006 – IPAD) No item 'Opções da Internet', acessado a partir do menu 'Ferramentas' do Internet Explorer, podem ser configurados alguns parâmetros da conexão com a rede Internet. Assinale a alternativa *correta*:

(A) Nas 'Opções da Internet' é definido o endereço IP do servidor DNS (*Domain Name System*) utilizado para resolução de nomes de domínio.

(B) É possível definir que a máquina obterá seu endereço IP automaticamente, utilizando um servidor DHCP (*Dynamic Host Configuration Protocol*).

(C) Nas 'Opções da Internet' pode-se definir o endereço IP da máquina.

(D) É possível definir o programa que será utilizado para leitura de *e-mails*.

(E) É possível habilitar o *Firewall* do Windows, para garantir que o usuário navegará, com segurança, pela *Web*.

A: Errada, o endereço IP do servidor DNS é definido nas configurações da placa de rede ou da conexão *dial-up*; **B:** Errada, as configurações de DHCP também são feitas diretamente na placa de rede do computador; **C:** Errada, as configurações de endereço IP também são feitas na placa de rede do computador; **D:** Correta, o *software* padrão para a leitura de *e-mails* pode ser definido por meio das "Opções da Internet"; **E:** Errada, o *Firewall* do Windows é habilitado por meio de opção no Painel de Controle e não nas "Opções da Internet".

Gabarito "D"

(Agente de Polícia/PI – 2008 – UESPI) Com relação às páginas de internet, encontradas na maioria dos servidores www, é correto afirmar:

(A) Uma página pode conter apenas uma figura no formato GIF ou JPEG.

(B) Os recursos disponíveis no html são visuais e impedem a apresentação de músicas, sons e outros efeitos sonoros.

(C) Nos hipertextos em formato html (formato padrão da World Wide Web), os *links* são, normalmente, endereços conhecidos como URL que fazem referência a outros documentos.

(D) O programa padrão do MS-Windows para escrita de páginas no formato html é o Paint.

(E) Programas de buscas como o Google ou o Yahoo utilizam recursos ilegais (que podem ser considerados invasão de privacidade para conhecer e indexar os conteúdos dos *sites* da internet.

A: Errada, não há limitação quanto a quantidade de imagens que um documento web pode possuir; **B:** Errada, documentos web podem possuir qualquer tipo de mídia, seja imagem, áudio ou vídeo; **C:** Correta, *links* são ligações entre documentos web que permitem ao usuário navegar entre eles; **D:** Errada, o Paint é apenas um programa para a criação de imagens; **E:** Errada, os mecanismos de busca não utilizam nenhum método ilegal durante a busca por palavras chaves.

Gabarito "C"

(Escrivão de Polícia/SP – 2010) O protocolo mais comum utilizado para dar suporte ao correio eletrônico é

(A) HTTP

(B) NTFS

(C) FTP

(D) TELNET

(E) SMTP

A: Errada, o protocolo HTTP é utilizado para páginas web; **B:** Errada, o protocolo NTFS é um sistema de arquivos e não um protocolo de Internet; **C:** Errada, o FTP é um protocolo utilizado na troca de arquivos em rede; **D:** Errada, o Telnet é um protocolo de acesso remoto; **E:** Correta, o protocolo SMTP cuida do envio de mensagens de correio eletrônico.

Gabarito "E"

(Escrivão de Polícia/SP – 2010) A configuração de rede mais adequada para conectar computadores de um edifício, uma cidade, um país, respectivamente, é:

(A) LAN,LAN, WAN

(B) LAN, LAN, LAN.

(C) WAN, WAN , LAN

(D) LAN, WAN, LAN

(E) LAN, WAN,WAN

A: Errada, LANs têm alcance limitado e não podem cobrir uma cidade inteira; **B:** Errada, LANs têm alcance limitado e não podem cobrir cidades ou países; **C:** Errada, um edifício é um ambiente de rede pequeno e é coberto facilmente por uma LAN; **D:** Errada, países não podem ser cobertos por LANs por possuírem alcance limitado; **E:** Correta, LANs têm um alcance pequeno mas podem cobrir com facilidade um edifício, cidades e países necessitam de WANs, rede com alcance muito maior e maior capacidade.

Gabarito "E"

(Escrivão de Polícia/SP – 2010) Ao configurar um *firewall* para proteger e permitir acesso a uma DMZ que hospeda apenas um servidor WWW deve(m)-se liberar:

(A) a porta de comunicação 20
(B) a porta de comunicação 80
(C) a porta de comunicação 25
(D) as portas de comunicação 110 e 21
(E) todas as portas de comunicação

A: Errada, a porta de comunicação 20 é usada para troca de arquivos e não para servidores web; **B:** Correta, a porta 80 é utilizada para acesso a páginas web; **C:** Errada, a porta 25 é usada por servidores de *e-mail* e não servidores de *sites*; **D:** Errada, a porta 21 é usada para troca de arquivos e a 110 para recebimento de mensagens de correio eletrônico; **E:** Errada, deixar todas as portas de comunicação é um risco muito grande, devendo apenas as portas a serem utilizadas permanecerem abertas.

Gabarito "B"

(Escrivão de Polícia/SP – 2010) Em uma rede pode ser necessário que o mesmo endereço IP possa ser usado em diferentes placas de rede em momentos distintos. Isto pode ser feito pelo protocolo

(A) DHCP
(B) SMTP
(C) SNMP
(D) FTP anônimo
(E) RIP

A: Correta, o protocolo DHCP entrega um endereço de IP para o computador conforme os endereços em sua tabela de endereços estão livres ou ocupados; **B:** Errada, o protocolo SMTP controla o envio de mensagens de correio eletrônico; **C:** Errada, o protocolo SNMP é usado no monitoramento de redes; **D:** Errada, o FTP é usado apenas para transferência de dados entre computadores; **E:** Errada, o protocolo RIP é usado em redes para determinar o número máximo de saltos que um pacote pode fazer durante o roteamento.

Gabarito "A"

(Escrivão de Polícia/SP – 2010) A velocidade de transmissão de dados via *modem* é medida em

(A) bits por segundo .
(B) hertz por megahertz .
(C) *bytes* por minuto .
(D) *bytes* por segundo
(E) mega*byte* por segundo.

A: Correta, as transferências em rede são calculadas em bits por segundo; **B:** Errada, hertz por megahertz não é uma unidade de medida; **C:** Errada, são usadas as menores unidades para a medição, neste caso *bytes* são maiores que bits e minutos mais que segundos; **D:** Errada, são usadas as menores unidades para a medição, neste caso *bytes* são maiores que bits; **E:** Errada, são usadas as menores unidades para a medição, neste caso *megabytes* são muito maiores que bits.

Gabarito "A"

(Escrivão de Polícia/SP – 2010) Voz sobre IP, telefonia IP e telefonia internet é a tecnologia que nos permite a voz sobre banda larga e é denominada

(A) Skype
(B) VOIP
(C) MSN
(D) GSM
(E) EDGE

A: Errada, Skype é um programa que utiliza a telefonia IP para comunicação entre seus usuários; **B:** Correta, o protocolo VOIPVOIP permite a comunicação de voz por meio de redes de dados; **C:** Errada, o MSN é um programa de comunicação instantânea; **D:** Errada, GSM é uma tecnologia usada em redes móveis de telefonia convencional; **E:** Errada, EDGE é uma tecnologia usada em redes móveis de telefonia convencional.

Gabarito "B"

(Escrivão de Polícia/SP – 2010) O SMTP e o POP3 são protocolos de comunicação utilizados na troca de *e-mail*. No processo de configuração de um *firewall* os protocolos SMTP e POP3 estão relacionados, respectivamente, por padrão às portas

(A) UDP 35 e TCP 80
(B) UDP 25 e UDP 110
(C) UDP 53 e UDP 80
(D) TCP 25 e TCP 110
(E) TCP 53 e TCP 80

A: Errada, a porta UDP 35 é utilizada por impressoras e a porta 80 pelo protocolo HTTP; **B:** Errada, o protocolo SMTP usa a porta TCP 25 e não a UDP 25; **C:** Errada, a porta 53 é usada pelo protocolo DNS; **D:** Correta, o SMTP usa a porta TCP 25 (para garantir a entrega da mensagem) e o POP3 a porta TCP 110 (para garantir o recebimento da mensagem); **E:** Errada, a porta 53 é usada pelo protocolo DNS.

Gabarito "D"

(Escrivão de Polícia/PR – 2010) Considere as afirmativas a seguir:

I. Uma das funcionalidades presentes no Internet Explorer 7.0 é a navegação em abas.
II. Cavalo de Troia é o nome dado a uma categoria de vírus que se apresenta sob a forma de um *software* útil, mas cuja real intenção é provocar algum tipo de dano ao computador do usuário.
III. O Outlook Express 6.0 não possui o recurso de envio de mensagens com cópia oculta.
IV. O Outlook Express 6.0 permite o gerenciamento de várias contas de *e-mail*.

Assinale a alternativa correta.

(A) Somente as afirmativas I e IV são corretas.
(B) Somente as afirmativas II e III são corretas.
(C) Somente as afirmativas III e IV são corretas.
(D) Somente as afirmativas I, II e III são corretas.
(E) Somente as afirmativas I, II e IV são corretas.

A: Errada, a afirmativa II também está correta; **B:** Errada, a afirmativa III está incorreta, é possível enviar cópias ocultas pelo Outlook Express 6 normalmente; **C:** Errada, a afirmativa III está incorreta, é possível enviar cópias ocultas pelo Outlook Express 6

normalmente; **D:** Errada, a afirmativa III está incorreta, é possível enviar cópias ocultas pelo Outlook Express 6 normalmente; **E:** Correta, apenas as afirmativas I, II e IV estão corretas.

Gabarito "E"

(Escrivão de Polícia/RN – 2008 – CESPE) A Internet consiste em um conjunto de computadores, recursos e dispositivos interligados por meio de uma série de tecnologias e protocolos. Na Internet, utiliza-se uma pilha de protocolos denominada

(A) OSI.
(B) ADSL.
(C) TCP/IP.
(D) HTTP.
(E) SMTP.

A: Errada, OSI é a denominação das camadas do protocolo TCP/IP; **B:** Errada, ADSL é uma tecnologia de conexão com a Internet; **C:** Correta, o protocolo TCP/IP é aquele que dá base para as conexões de rede e para a Internet; **D:** Errada, o protocolo HTTP é usado na navegação de páginas web; **E:** Errada, o protocolo SMTP é utilizado no envio de mensagens eletrônicas.

Gabarito "C"

(Escrivão de Polícia/RN – 2008 – CESPE) Google é um serviço que permite a realização de buscas avançadas por meio da combinação de resultados ou da inclusão de palavras-chave. A busca por uma expressão inteira, por exemplo, delegado de polícia, no Google pode ser feita a partir da digitação do trecho

(A) (delegado de polícia)
(B) {delegado de polícia}
(C) *delegado de polícia*/
(D) "delegado de polícia"
(E) _delegado_de_polícia

A: Errada, parênteses não são um dos operadores de diferenciação nas buscas no Google; **B:** Errada, chaves não são um dos operadores de diferenciação nas buscas no Google; **C:** Errada, a utilização de asteriscos indica que pode haver qualquer conteúdo em seu lugar; **D:** Correta, a utilização de aspas duplas força que os resultados contenham as palavras na forma em que foram buscadas; **E:** Errada, o underline não é um dos operadores de diferenciação nas buscas no Google.

Gabarito "D"

(Agente de Polícia/RO – 2009 – FUNCAB) Dependendo do *status* de sua conexão de rede local, a aparência do ícone na pasta Conexões de rede é alterada ou um ícone separado é exibido na área de notificação. Em qual situação, NÃO será exibido nenhum ícone de conexão de rede local na pasta Conexões de rede?

(A) Se a conexão da rede local estiver ativa.
(B) Se o *driver* estiver ativado.
(C) Se um adaptador de rede não for detectado pelo computador.
(D) Se a mídia estiver desconectada.
(E) Se o *driver* estiver desativado.

A: Errada, nesta situação um ícone será exibido indicando que a conexão está ativa; **B:** Errada, nesta situação um ícone será exibido indicando a conexão de rede; **C:** Correta, caso não haja uma placa de rede detectada não será exibido nenhum ícone referente a ela; **D:** Errada, mesmo com a mídia desconectada é exibido um ícone indicando este fato; **E:** Errada, mesmo com o *driver* desativado é exibido um ícone indicando este fato.

Gabarito "C"

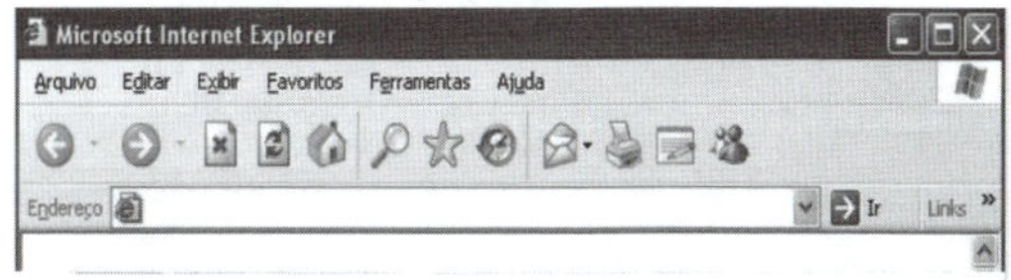

(Escrevente Policial/SC – 2008 – ACAFE) Relacionadas à figura acima, referente ao navegador Internet Explorer, todas as alternativas estão corretas, exceto a:

(A) Os Favoritos, que podem ser acessados pelo ícone ☆, são os *sites* cujos *links* foram adicionados pelo usuário para posterior acesso.
(B) O ícone ⌂ é utilizado para acessar o *site* inicial configurado previamente nesse navegador.
(C) O campo Endereço é o local onde o usuário digita a URL do *site* onde deseja navegar.
(D) O usuário pode clicar no ícone 🔍 para visualizar os *sites* navegados anteriormente nesse computador, organizados por data e hora.

A: Errada, a afirmativa está correta; **B:** Errada, a afirmativa está correta; **C:** Errada, a afirmativa está correta; **D:** Correta, a afirmativa está incorreta, o ícone a que se refere a alternativa é o ícone .

Gabarito "D"

(Investigador de Polícia/SP – 2009) O que é HTML?

(A) Linguagem de formatação de texto.
(B) Linguagem de programação.
(C) Tecnologia usada em monitores de cristal líquido.
(D) Porta encontrada na maioria dos hubs, que permite interligar dois hubs utilizando um cabo de rede comum.
(E) Tecnologia de transmissão de dados sem fio.

A: Correta, o HTML é uma linguagem de marcação usada para definir a estrutura de documentos web; **B:** Errada, o HTML é uma linguagem de marcação e não de programação; **C:** Errada, o HTML é uma linguagem de marcação e não uma tecnologia para elementos de hardware; **D:** Errada, o HTML é uma linguagem e não uma porta física; **E:** Errada, a tecnologia mencionada é denominada *wireless*.

Gabarito "A"

(Investigador de Polícia/SP – 2009) O que é HTTP?

(A) Programa geralmente fornecido como parte dos processadores de texto que faz a separação silábica de palavras.
(B) Linguagem de programação, também conhecida como Java.
(C) Linguagem de formatação de texto.
(D) Protocolo de comunicação usado para transferir informação entre um servidor e um cliente.
(E) Linguagem de programação, também conhecida como Visual Basic.

A: Errada, HTTP é um protocolo e não um programa; **B:** Errada, o HTTP é um protocolo de rede e não uma linguagem; **C:** Errada, o HTTP é um protocolo de rede e não uma linguagem; **D:** Correta, HTTP é um protocolo de rede usado para navegação em páginas web; **E:** Errada, o HTTP é um protocolo de rede e não uma linguagem.

Gabarito "D"

(Investigador de Polícia/SP – 2009) O que é IP?

(A) Navegador da internet para acesso a *sites* de conteúdo livre.
(B) *Software* de desenvolvimento que combina a função de editor e compilador de forma perfeitamente integrada.
(C) Endereço que indica o local de um determinado equipamento (geralmente computadores) em uma rede privada ou pública.
(D) Processo segundo o qual um computador faz contato com um terminal, a fim de dar a este a oportunidade de transmitir uma mensagem que esteja pronta.
(E) Protocolo de comunicação usado para movimentar dados entre dois servidores ou programas em estações de trabalho.

A: Errada, o IP é um endereço lógico de rede e não um *software*; **B:** Errada, o IP é um endereço lógico de rede e não um *software*; **C:** Correta, o IP é um endereço que identifica um computador em uma rede, seja ela pública ou privada; **D:** Errada, o IP é um endereço lógico de rede e não um processo de computador; **E:** Errada, o protocolo mencionado é o protocolo TCP.

Gabarito "C"

(Investigador de Polícia/SP – 2009) O que é *Cookie*?

(A) Um sistema de máquina virtual que gera interação geral de tempo compartilhado.
(B) Arquivo do tipo "biscoito" que evita que o servidor possa rastrear padrões e preferências do usuário.
(C) Circuitos integrados, com formato de "biscoito", que trabalham com baixa corrente elétrica, diminuindo o calor durante o funcionamento.
(D) Ferramenta que evita, em uma visita posterior ao mesmo *site*, utilizar informação armazenada para personalizar o que será enviado ao usuário.
(E) Um grupo de dados trocados entre navegador e o servidor, colocado num arquivo de texto criado no computador do utilizador.

A: Errada, *cookies* são arquivos de armazenamento simples e não têm conexão com máquinas virtuais; **B:** Errada, o objetivo do *cookie* é justamente o oposto do descrito; **C:** Errada, *cookies* são arquivos e não itens físicos de hardware; **D:** Errada, o objetivo do *cookie* é justamente o oposto do descrito; **E:** Correta, os *Cookies* são arquivos salvos no computador do usuário de um *website* que têm por objetivo armazenar as preferências do usuário de modo a personalizar a experiência do usuário.

Gabarito "E"

(Investigador de Polícia/SP – 2009) Qual o nome do endereço de um recurso ou página, disponível em uma rede (internet ou intranet)?

(A) dns
(B) dot
(C) url
(D) config
(E) wps

A: Errada, o DNS é um protocolo que transforma o endereço da página em um endereço IP correspondente ao servidor em que ela está localizada; **B:** Errada, dot não é uma sigla relacionada a página ou endereços web mas sim com arquivos do Microsoft Excel; **C:** Correta, o URL corresponde ao endereço de uma página na internet; **D:** Errada, config não é um termo utilizado para designar elementos de páginas web; **E:** Errada, wps não é uma sigla relacionada a página ou endereços web.

Gabarito "C"

(Investigador de Polícia/SP – 2009) Qual a função dos serviços, como TinyURL.com, micURL ou 1URL?

(A) Servidores de *webmail*.
(B) Provedores para conversas on-line, através de url.
(C) Organizar grupos de discussão.
(D) Encurtadores de url.
(E) Servidores de *e-mail*, através de url.

A: Errada, os serviços mencionados não provêm serviços de *e-mail*; **B:** Errada, os serviços mencionados não tem qualquer relação com sistemas de mensagem instantânea; **C:** Errada, os serviços mencionados não possuem qualquer relação com grupos de discussões; **D:** Correta, os serviços mencionados permite diminuir o tamanho da URL de um outro *site* para que possa ser distribuído de forma mais fácil; **E:** Errada, os serviços mencionados não provêm serviços de *e-mail*.

Gabarito "D"

(Investigador de Polícia/SP – 2009) Qual o nome da ferramenta que permite descobrir o caminho feito pelos pacotes de dados por uma rede de computadores, desde a sua origem até o seu destino?

(A) Traceroute.
(B) Inetd.
(C) Ipconfig.
(D) Telnet.
(E) Home.

A: Correta, o Traceroute permite identificar a rota que os pacotes percorrem de um ponto a outro; **B:** Errada, o inetd gerencia conexões para diversos daemons do sistema operacional; **C:** Errada, o ipconfig permite obter as configurações de IP do computador; **D:** Errada, o Telnet é um programa usado para acesso remoto; **E:** Errada, *home* não é um comando válido.

Gabarito "A"

(Investigador de Polícia/SP – 2009) Como é chamada a tecnologia de acesso rápido que usa a linha telefônica para a transmissão de dados do servidor para o cliente?

(A) Iden.
(B) *Wi-Fi*.
(C) ADSL.

(D) *Dial-up*.
(E) Adware.

A: Errada, Iden não é uma tecnologia de acesso a internet; **B:** Errada, o *Wi-Fi* é utilizado para conexões sem fio e não utilizada a linha telefônica; **C:** Correta, as conexões ADSL utilizam a rede telefônica convencional para a transmissão de dados em alta velocidade; **D:** Errada, a conexão *dial-up* utiliza a rede telefônica porém não consegue obter altas velocidades; **E:** Errada, Adware é um tipo de vírus de computador e não um meio de conexão com a Internet.

Gabarito "C"

(Investigador de Polícia/SP – 2009) Qual o nome da ferramenta que serve para traduzir nomes de domínio para os números de IP correspondentes, consultando os servidores de DNS?

(A) Ping.
(B) Recall.
(C) Callip.
(D) Nslookup.
(E) Babel.

A: Errada, o ping é utilizado para testar a conectividade entre equipamentos de rede; **B:** Errada, recall não é um comando válido em ambientes de rede; **C:** Errada, callip não é um comando válido em ambientes de rede; **D:** Correta, o comando nslookup é usado para obter informações de registro de DNS de um determinado domínio, host ou IP; **E:** Errada, babel não é um comando válido para redes.

Gabarito "D"

(Investigador de Polícia/SP – 2009) Qual o nome da ferramenta, comum ao Windows, Unix e Linux, utilizada para se obterem informações sobre as conexões de rede (saída e entrada), tabelas de roteamento e informações sobre a frequência de eventos da utilização da interface na rede?

(A) Whois.
(B) Ipstat.
(C) Lsof.
(D) Netstat.
(E) Figer.

A: Errada, whois não é um comando válido no Windows; **B:** Errada, ipstat não é um comando válido no Windows; **C:** Errada, losf não é um comando válido no Windows; **D:** Correta, o comando netstat é usado para obter informações sobre conexões de rede, tabelas de roteamento e várias informações sobre as interfaces de rede; **E:** Errada, figer não é um comando válido no Windows.

Gabarito "D"

(Investigador de Polícia/SP – 2009) Qual o nome da ferramenta ou programa usado para monitorar o tráfego de redes e descobrir portas abertas ou outras falhas de segurança?

(A) Single System.
(B) SMTP.
(C) SIMM.
(D) SNMP.
(E) Sniffer.

A: Errada, Single System não designa uma ferramenta ou programa de monitoramento de redes; **B:**Errada, o SMTP é um protocolo de rede ligado ao envio de mensagens de correio eletrônico; **C:** Errada, o SIMM designa um tipo de memória RAM utilizada na década de 80; **D:** Errada, o SNMP é um protocolo de gerenciamento de rede não uma ferramenta ou *software*; **E:** Correta, o Sniffer é um tipo de programa que monitora os pacotes enviados à rede e pode encontrar portas abertas ou outras falhas de segurança.

Gabarito "E"

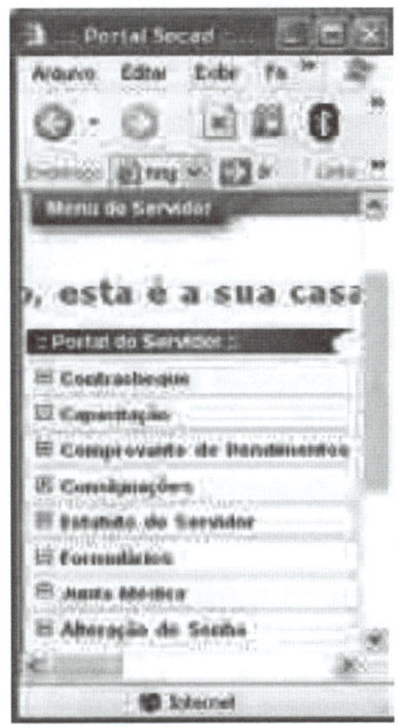

(Agente de Polícia/TO – 2008 – CESPE) Considerando a figura acima, que mostra uma janela do navegador Internet Explorer 6 com parte da página da Secretaria de Administração de Tocantins, julgue os itens que se seguem.

(1) A página possivelmente permite acesso à *intranet* da SECAD, já que apresenta *links* de acesso restrito.
(2) Ao se clicar a ferramenta ![], a navegação será paralisada.
(3) Observando-se a figura, é correto afirmar que a página é segura, uma vez que o símbolo ![] é apresentado.
(4) Ao se clicar a ferramenta ![], o sítio será adicionado à lista de sítios favoritos do usuário.

1: Correta, os *links* presentes na página poderiam levar o usuário a intranet da SECAD. **2:** Correta, a ferramenta ![] para o carregamento da página atual. **3:** Errada, o símbolo ![] apenas indica a presença da tecnologia Bluetooth. **4:** Errada, o ícone referente a ferramenta mencionada é ![] e ativa a função Favoritos.

Gabarito 1C, 2C, 3E, 4E

(CEF – Técnico Bancário – 2010 – CESPE) Acerca dos conceitos de Internet e *intranet*, assinale a opção correta.

(A) Em uma *intranet*, a troca de dados entre clientes e servidores é realizada com o uso do protocolo *Wi-Fi*

(B) Em grandes áreas de uma cidade, como aeroportos e *shopping centers*, normalmente se encontra disponível a tecnologia WAN, que é um tipo de rede sem fio para acesso à Internet.

(C) O acesso a páginas web, da Internet ou de uma intranet, é feito com o uso do HTTP ou protocolo de hipertexto.

(D) SMTP é uma tecnologia utilizada apenas na *intranet*, quando não existe conexão com a Internet

(E) FTP é o protocolo de envio e recebimento de *e-mail* utilizado quando as mensagens de correio eletrônico não possuem remetentes.

O HTTP (Hypertext Transfer Protocol, ou Protocolo de Transferência de Hipertexto) é um protocolo de comunicação responsável pelo tratamento de pedidos e respostas entre cliente e servidores em intranets e também na internet.

Gabarito "C"

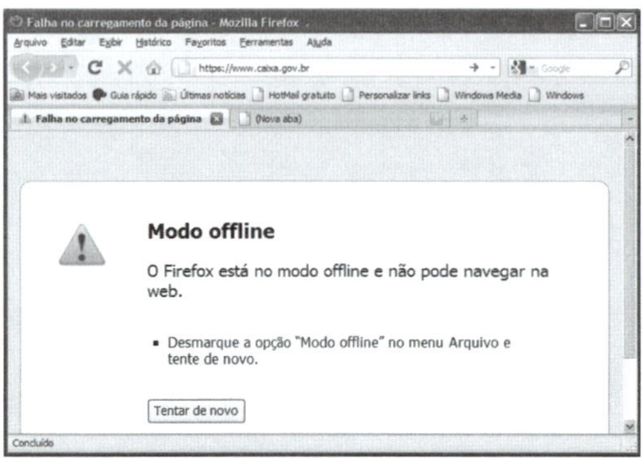

(CEF – Técnico Bancário – 2010 – CESPE) Considerando a figura acima, que ilustra uma janela do Mozzila Firefox, com uma página em exibição, assinale a opção correta.

(A) A partir da informação e do sinal de adição (+) em  é correto inferir que uma nova página *web*, com o mesmo conteúdo da página em exibição, está disponível em outro endereço da Web.

(B) O ícone C indica que a página em exibição possui erros de programação e pode ser enviada ao endereço que está sendo acessado para reciclagem digital, a fim de que seu código seja aproveitado por outros programadores.

(C) Na situação da janela mostrada, é correto inferir que o sítio correspondente ao endereço HTTPS://www.caixa.gov.br provavelmente estava fora do ar, no momento em que o acesso foi tentado.

(D) O modo *offline* é utilizado para navegação em páginas de *intranet* apenas para usuários cadastrados pelo administrador da rede por meio de uma senha pessoal e intransferível

(E) Mesmo em modo *offline*, é possível utilizar o Mozilla Firefox para visualizar uma página *web* em formato html ou equivalente, que esteja armazenada no computador em uso.

Mesmo em modo offline ou completamente sem conexão internet é possível ver páginas web salvas localmente no computador através do menu arquivo, abrir arquivo.

Gabarito "E"

(CEF – Técnico Bancário/Nacional – 2008 – CESGRANRIO) Uma das afirmações sobre o protocolo FTP, apresentadas abaixo, está **INCORRETA**. Assinale-a.

(A) Só permite a transferência de arquivos completos.

(B) Durante uma sessão, podem ser transferidos vários arquivos.

(C) Não oferece suporte para permitir que um usuário remova um arquivo remoto.

(D) Sua operação baseia-se no estabelecimento de duas conexões entre o cliente e o servidor.

(E) Antes de qualquer operação, é necessária uma autenticação (usuário e senha) no servidor.

O comando DELETE remove arquivos no servidor remoto, desde que o usuário tenha as permissões necessárias.

Gabarito "C"

(CEF – Técnico Bancário – 2008 – CESGRANRIO) As páginas disponíveis na World Wide Web podem ser classificadas em estáticas e dinâmicas. Considerando o tipo de processamento realizado no servidor, o que caracteriza uma página dinâmica, em comparação a uma estática?

(A) Permitir a exibição de figuras animadas no navegador.

(B) Realizar processamento otimizado da página no navegador.

(C) Ser capaz de exibir objetos de áudio e vídeo sincronizados dinamicamente no navegador.

(D) Ser interpretada no servidor, para retornar um resultado capaz de ser exibido pelo navegador.

(E) Traduzir o código HTML da página, para apresentar o seu conteúdo no navegador.

Páginas dinâmicas são aquelas criadas do lado do servidor e depois servidas para o cliente para ser apresentada pelo navegador.

Gabarito "D"

(CEF – Técnico Bancário – 2008 – CESGRANRIO) HTTPS pode ser definido como um protocolo utilizado para

(A) acessar páginas com transferência criptografada de dados.

(B) atribuir endereços IP aos computadores da intranet.
(C) enviar e receber *e-mails*.
(D) permitir o gerenciamento dos nós de uma intranet.
(E) realizar o armazenamento de páginas da World Wide Web.

HTTPS (Hypertext Transfer Protocol Secure, ou Protocolo Seguro de Transferência de Hipertexto) é a implantação do protocolo HTTP para acesso de páginas com uma camada adicional que criptografa os dados.

Gabarito "A"

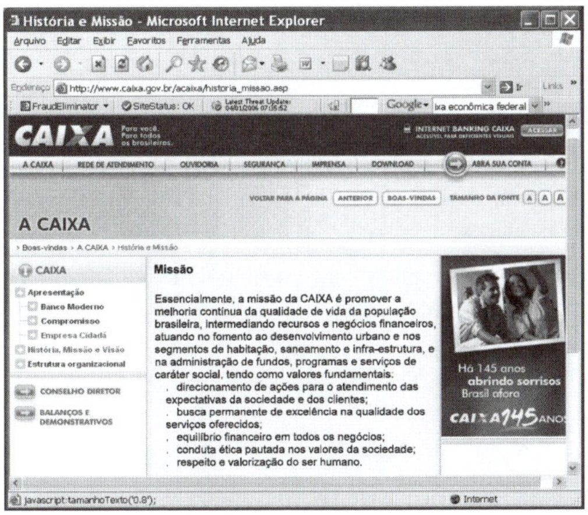

(CEF – Técnico Bancário – 2006 – CESPE) Considere que a janela do Internet Explorer 6 (IE6) ao lado ilustrada esteja em execução em um computador PC com Windows XP. Considere ainda que a sessão de uso do IE6 esteja sendo realizada utilizando-se uma conexão ADSL de 300 kbps com a Internet, e que o conteúdo mostrado na área de páginas refira-se ao sítio da CAIXA — www.caixa.gov.br. A partir dessas informações e sabendo que, no momento em que a figura acima foi capturada, o ponteiro do *mouse* encontrava-se sobre um objeto da página *web* visualizada, julgue os itens seguintes.

(1) As informações contidas na página web mostrada, referentes à missão da CAIXA, podem ser enviadas automaticamente para um documento Word 2003, por meio de recursos disponibilizados pelo IE6 ao se clicar o botão direito do *mouse* sobre o conteúdo textual desejado. Esse recurso do IE6 facilita a obtenção e a compilação de informações obtidas em pesquisa realizada na *web*.

(2) O campo Google▾ ixa econômica federal consiste em um *plug-in* adicionado ao IE6, referente a um sítio *web* especializado na busca de endereços eletrônicos de páginas *web* que contêm informações desejadas por um usuário. Um dos recursos desse sítio é a pesquisa na Web por imagens referentes a uma palavra ou expressão, podendo a pesquisa se limitar a páginas em português.

(3) Atualmente, é possível, por meio da tecnologia VoIP (*voice over IP*), também chamada de voz por protocolo de Internet, que um sítio da Web disponibilize recursos que permitem, utilizando-se *software* e *hardware* específicos, a comunicação por voz entre seus usuários e entre estes e usuários das diversas redes de telefonia fixa ou móvel celular espalhadas pelo mundo. Trata-se de recurso típico de banda larga, que exige conexões com a Internet com características tais como a conexão ADSL mencionada.

(4) Entre os recursos disponibilizados atualmente na Internet, estão os denominados grupos de discussão, que consistem em comunidades virtuais e permitem que usuários da rede mundial de computadores possam trocar mensagens de interesse comum, utilizando, entre outros, recursos de correio eletrônico e de páginas *web*. Entre os elementos normalmente presentes em um grupo de discussão, encontram-se o administrador do grupo, que decide acerca das regras do grupo, e o moderador do grupo, que tem a função de aprovar, ou não, determinada mensagem.

(5) Sabendo que FraudEliminator ▾ refere-se a um *software* que atua como *anti-phishing*, identificando se uma página *web* consiste em uma tentativa de *phishing*, é correto concluir que o computador referido acima tem proteção contra exploração de vulnerabilidades do Windows XP realizada por spywares e(ou) cavalos de troia.

1: errado. O botão direito abre um menu de opcões, onde pode ser encontrados atalhos como "copiar" "colar", que podem ser usados para copiar texto de um *site* web para o Word; **2:** certo. O *plugin* apresentado faz pesquisas diretamente no *site* de buscas Google, que pode buscar tanto por textos quanto imagens de uma expressão fornecida; **3:** certo. VoIP (*Voice over IP*, ou Voz sobre IP) é uma tecnologia para a comunicação instantânea, via voz, através da internet; **4:** certo. Grupos de discussões são comunidades que discorrem sobre um tema, normalmente moderado, e podem trocar tanto informações quanto arquivos multimídia; **5:** errado. O computador acima tem proteção contra *phishings*, que são *sites* falsos que tentam obter informações se passando por um *site* confiável. Outros programas, como antivírus, devem estar presente para a proteção contra as outras ameaças.

Gabarito 1E, 2C, 3C, 4C, 5E

(BB – Escriturário – 2011 – FCC) Em relação à Internet e à Intranet, é INCORRETO afirmar:

(A) Ambas empregam tecnologia padrão de rede.
(B) Há completa similaridade de conteúdo em ambos os ambientes.
(C) A Intranet tem como objetivo principal agilizar a implantação de processos, promover a integração dos funcionários e favorecer o compartilhamento de recursos.

(D) O acesso à Internet é aberto, enquanto na Intranet é restrito ao seu público de interesse.

(E) Internet refere-se, em geral, ao conteúdo público da empresa, ao passo que a Intranet pode englobar compartilhamento de informações de usuários internos à empresa.

Na intranet temos informações de interesse interno a empresa em questão, enquanto na internet temos, em geral, conteúdos de interesse público.

Gabarito "B"

(BB – Escriturário – 2011 – FCC) No contexto da Internet, é o responsável pela transferência de hiper texto, que possibilita a leitura das páginas da Internet pelos programas navegadores:

(A) HTTP.
(B) POP.
(C) SMTP.
(D) TCP.
(E) FTP.

HTTP (protocolo de transferência de hipertexto) é o protocolo responsável pela transferência das páginas de internet pelos navegadores.

Gabarito "A"

(BB – Escriturário – 2011 – FCC) No que se refere aos recursos existentes em navegadores da Internet, considere:

I. Mecanismo de busca interna na página, conhecida como *find as you type*. À medida que a palavra é digitada, todas as ocorrências vão sendo exibidas e destacadas na página, simultaneamente.

II. Navegação tabulada, também chamada de navegação por abas, que permite ao usuário abrir diversas páginas em uma mesma janela, tendo na parte superior um índice com a aba de cada página.

III. Uma palavra qualquer, digitada aleatoriamente na barra de endereço, aciona um motor de busca que traz o resultado da pesquisa na Internet.

Em relação ao *Internet Explorer* e ao *Mozilla Firefox,* é correto afirmar:

(A) Todos os itens são recursos apenas do *Internet Explorer*.

(B) Todos os itens são recursos apenas do *Mozilla Firefox*.

(C) Todos os itens são recursos de ambos os navegadores.

(D) Os itens I e III são recursos do *Internet Explorer* e o item II do *Mozilla Firefox*.

(E) O item I é um recurso do *Internet Explorer* e os itens II e III são do *Mozilla Firefox*.

Tanto o find as you type (a partir do atalho ctrl+f), quanto a navegação tabulada (ctrl+t) estão presentes nos dois navegadores. Além disso, a barra de endereços dos dois navegadores entende quando expressões, e não url, são enviadas, e de forma automática fazem pesquisas em motores de busca destes termos.

Gabarito "C"

(BB – Escriturário – 2010 – FCC) Para pesquisar nos *sites* de busca (*Google, Bing, Yahoo*) todos os *sites* que contenham a palavra gato, não contenham a palavra cachorro e contenham a expressão pires de leite morno (com as palavras da expressão nesta ordem), deve-se digitar:

(A) gato CACHORRO (pires de leite morno).
(B) gato Cachorro "pires de leite morno".
(C) -gato +cachorro (pires de leite morno).
(D) gato -cachorro "pires de leite morno".
(E) +gato ^cachorro (pires de leite morno).

Colocamos – antes dos termos que desejamos excluir em entre " " os termos que queremos procurar na expressão em ordem exata.

Gabarito "D"

(BB – Escriturário – 2010 – FCC) *Cookies* utilizados pelos navegadores Web (*Internet Explorer/Mozilla Firefox*) são

(A) arquivos temporários como páginas, imagens, vídeos e outras mídias baixados pelo usuário em sua navegação.

(B) pequenos arquivos de texto que os *sites* gravam no computador do usuário e que são utilizados, geralmente, para guardar sua preferências de navegação.

(C) listas dos *downloads* efetuados pelo usuário para possibilitar a retomada destes em caso de falha na conexão.

(D) listas com endereços de *sites* com conteúdos impróprios e inadequados para permitir o controle de navegação por parte dos pais de crianças e adolescentes.

(E) pequenas listas contendo os *sites* e endereços visitados anteriormente.

Cookies, também são conhecidos como testemunho de navegação, são dados trocados entre o navegador e o servidor, salvos num arquivo, que podem guardar preferências de usuários e manter a persistência de sessões HTTP.

Gabarito "B"

(BB – Escriturário – 2010 – CESGRANRIO) O conteúdo de mídia digital, executado à medida que é transmitido por meio da Internet para o computador do usuário, é denominado mídia de fluxo

(A) local.
(B) contínuo.
(C) alternado.
(D) intermediário.
(E) compartilhado.

Uma mídia de fluxo contínuo, ou streaming, seja em vídeo ou áudio, é aquela que é transmitida ao mesmo tempo em que é exibida ao usuário.

Gabarito "B"

(BB – Escriturário – 2010 – CESGRANRIO) A Internet baseia-se no protocolo TCP/IP em que o endereço IP pode ser designado de maneira fixa ou variável. O responsável por designar endereços IP variáveis que possibilitam a navegação na Web é o servidor de

(A) HTTP.
(B) HTML.
(C) DNS.
(D) DHCP.
(E) PHP.

O DHCP (Dynamic Host Configuration Protocol, ou Protocolo de Configuração de Host Dinâmico) é um protocolo de serviço TCP/IP que oferece concessão dinâmica de endereços IPs e outros parâmetros de configuração de rede.

Gabarito "D"

Texto I

Nova Internet será 10 mil vezes mais rápida que a atual

Depois de trazer ao mundo a *world wide web*, em 1989, o centro de física CERN, que tem sede em Genebra, agora pretende lançar uma nova Internet, 10 mil vezes mais rápida. A novidade, que já está sendo chamada de *the grid* (a grade), pode estar disponível aos consumidores dentro de um ou dois anos. O CERN não usou a Internet tradicional no desenvolvimento dessa nova rede, pois a enorme quantidade de dados carregados e transmitidos poderia gerar um colapso na *web* atual. A nova Internet usa principalmente fibras ópticas, e sua velocidade não será diminuída por componentes desatualizados. Ainda não se sabe se a *grid* será usada também domesticamente, nem se empresas optarão por construir suas próprias redes, similares a esta.

Internet: <www.terra.com.br> (com adaptações).

Texto II

Internet pode esgotar sua capacidade em dois anos

De acordo com estudos realizados, o uso pessoal e profissional da Internet pode sobrecarregar a atual capacidade e causar uma redução de velocidade nos próximos anos, caso provedores de *backbones* não invistam em uma nova infraestrutura. Uma enxurrada de novos vídeos e outros tipos de conteúdo na *web* pode causar uma sobrecarga até 2010. Um grande investimento por parte dos provedores será necessário para suprir as necessidades, de acordo com a pesquisa. Esse estudo é o primeiro a aplicar a lei de Moore na Internet, e afirma que, apesar de o núcleo de fibra e os recursos de *switching/routing* serem suficientes para suportar qualquer demanda, as infraestruturas de acesso à Internet, especialmente na América do Norte, deixarão de ser suficientes nos próximos três a cinco anos.

Internet: <www.terra.com.br> (com adaptações).

Texto III

Seu *desktop* na Internet

Com o surgimento da Internet, o usuário de computador ganhou um fornecimento ilimitado de informações. Nos últimos anos, a rede evoluiu e tornou-se também uma rica fonte de serviços, com a oferta *on-line* de ferramentas até então disponíveis apenas no disco rígido do computador. Basta ter um *browser* para desfrutar essas inúmeras facilidades *online*, que oferecem mobilidade (podem ser acessadas de qualquer lugar) e permitem economizar tempo e dinheiro.

Daniel dos Santos. *In*: **PCWORLD**, mar./2007 (com adaptações).

Texto IV

Hoje, para um número crescente de pessoas, a *web* é um computador. Agenda, *e-maile* aplicativos básicos de escritório, por exemplo, já não residem necessariamente no micro. Podem rodar na grande nuvem computacional da Internet. Aplicativos mais complexos ainda dependem do PC ou de um servidor na rede local. Mas não há dúvidas de que eles também tomarão o caminho da *web* em um futuro não muito distante.

Info, fev./2008 (com adaptações).

(BB – Escriturário – 2008 – CESPE) Os textos de I a IV apresentados relatam mudanças que vêm ocorrendo na rede mundial de computadores, a Internet, e anunciam outras que estão por vir nos próximos anos. A partir desses textos, julgue os itens abaixo.

(1) A nova Internet referida no texto I é também conhecida como Web 2.0, que traz como maiores atributos o uso irrestrito de fibras ópticas, para aumentar a velocidade de transmissão de dados na rede, e o uso do protocolo IPv6, nova versão do protocolo IP, que permitirá a transmissão de informações pela Internet sem vulnerabilidades de segurança.
(2) Atualmente, para que um usuário possa "rodar na grande nuvem computacional da Internet" serviços de "Agenda, *e-mail* e aplicativos básicos de escritório", como referido no texto IV, é necessário que ele disponha, em seu computador, da tecnologia do sistema operacional Linux.
(3) Como o Mozilla Firefox constitui um *browser*, é correto inferir do texto III que esse *software* permite a um usuário "desfrutar essas inúmeras facilidades *online*, que oferecem mobilidade", como referido nesse texto.
(4) Entre os usos "pessoal e profissional da Internet" que podem "sobrecarregar a atual capacidade e causar uma redução de velocidade nos próximos anos, caso provedores de *backbones* não invistam em uma nova infraestrutura", como referido no texto II, pode-se destacar o *download* de arquivos de vídeo, devido, entre outros fatores, ao volume

de informações que esses arquivos habitualmente armazenam. Do lado do usuário, o *download* de arquivos de vídeo pode acarretar o armazenamento de dados e para isso, novas tecnologias vêm sendo desenvolvidas, como a denominada *blu-ray*, que permite o armazenamento em mídia de mais de 50 GB de informação, capacidade mais de 10 vezes superior a diversos tipos de mídia DVD padrão.

(5) A afirmação presente no texto II de que "apesar de o núcleo de fibra e os recursos de *switching/routing* serem suficientes para suportar qualquer demanda, as infraestruturas de acesso à Internet, especialmente na América do Norte, deixarão de ser suficientes nos próximos três a cinco anos" é suficiente para se concluir corretamente que todo o *hardware* dos microcomputadores utilizados atualmente deverá se tornar obsoleto quando a nova Internet, anunciada no texto I, for disponibilizada aos usuários domésticos.

(6) Considerando que a tabela a seguir apresenta parte da configuração de um computador, é correto afirmar que os itens listados e suas especificações são adequados para que um usuário possa desfrutar os serviços e recursos aludidos nos textos III e IV atualmente disponibilizados na Internet.

tipo de computador	*laptop – notebook*
processador	Intel Core 2 Duo T8300 – 2,4 GHz/ 800 MHz
memória *cache* externa	3 MB
RAM	4 GB DDR2
HD	500 GB – SATA RAID
placa de vídeo	nVidia GeForce Go 8600 GT GPU
memória de vídeo dedicada	512 MB
memória de vídeo máxima	1.023 MB
webcam	integrada
bluetooth	integrado
modem / fax	56 kbps
placa de rede	Ethernet 10/100/1000 Mbps
placa *wireless*	WiFi 802.11 a/b/g/n, *bluetooth 2.0*
conectores USB 2.0	3
conector FireWire IEEE1394	1

(7) Sabendo que um usuário acessa a Internet para desfrutar os recursos aludidos nos textos III e IV a partir de um computador que tem instalado, como sistema operacional, o RedHat, é correto concluir que esse computador utiliza uma versão Linux de sistema operacional.

(8) O Google é uma das tecnologias de referência na Internet na definição e(ou) na exploração de ferramentas de colaboração, correio eletrônico, grupos de discussão, fóruns e *wikis*, serviços aludidos nos textos III e IV.

(9) As "facilidades *online*", como referido no texto III, incluem os denominados mensageiros instantâneos, como o MSN *Messenger*, que pode ser utilizado tanto em ambientes Microsoft quanto em ambientes Linux. A partir desse recurso, o usuário pode se conectar simultaneamente a ICQ e GTalk, tratando-se este último de uma versão do Skype para aplicações, exclusivamente, de telefonia móvel celular.

(10) O número crescente de pessoas que consideram que a "*web* é um computador", como referido no texto IV, se traduz, também, no número crescente de computadores denominados *zumbis* conectados na grande rede. Um computador *zumbi* pode ser utilizado para o envio de *spam* e para o ataque a sistemas informatizados acessíveis na *web*. Uma forma de reduzir os riscos associados ao fato de o computador do usuário estar conectado na Internet é pelo uso de *software* antivírus, como o McAfee e o Avast!, por exemplo. O emprego de um *firewall*, para o controle do que entra e do que sai do computador em conexões com a *web*, é outra forma de reduzir tais riscos.

1: errado. A nova Internet, atualmente disponível sobretudo para Universidades e Centros de Pesquisas, é conhecida por Internet 2; **2:** errado. Ele precisa apenas de conexão a internet e um navegador moderno. Estes requisitos independem do sistema operacional, podendo, portanto, ser em Linux, Windows, MacOS ou outros; **3:** certo. O Mozilla Firefox, assim como o Google Chrome, Microsoft Internet Explorer e outros são navegadores modernos capazes de acessarem os serviços descritos no texto; **4:** certo. Recursos multimídia, como vídeos, exigem uma grande banda de transmissão. Como estão se tornando padrões na internet, uma quantidade maior de dados está sendo transmitida. E de fato, o *Blu-Ray*, disco com 50Gb de capacidade, é uma tecnologia nova para o armazenamento pessoal de informação; **5:** errado, A frase implica que são os *backbones*, ou seja, a "espinha dorsal" da internet, que deverão ser melhorados para atender a demanda futura; **6:** certo. Esta tabela apresenta a descrição de um computador moderno, com capacidade de se conectar à internet e utilizar os serviços descritos na questão; **7:** certo. O RedHat é uma empresa que comercializa uma distribuição Linux; **8:** certo. O Google apresenta uma família de aplicativos baseados na internet para *e-mail* (Gmail), grupo de discussão (Google Groups) e afins; **9:** errado. Apesar de versões do MSN existirem em *browser*, esta é uma rede de comunicação exclusiva da Microsoft, sendo o ICQ, Gtalk e Skype aplicativos concorrentes; **10:** certo. Um computador zumbi é um computador infectado por programas maliciosos que executam ações à distância normalmente para envios de *spams* ou ataques de negação de serviço. Antivírus e *firewalls* são as atitudes preventivas mais eficientes para evitar de ser contaminado por tais programas.

Gabarito 1E, 2E, 3C, 4C, 5E, 6C, 7C, 8C, 9E, 10C

(BB – Escriturário – 2007 – CESPE) A figura acima mostra uma janela do Internet Explorer 6, em que parte de uma página da Web está sendo exibida. Com relação a essa figura e a conceitos relacionados à informática e à Internet, julgue os próximos itens.

(1) A sequência de caracteres http://www.uol.com.br é um exemplo de URL. Nessa sequência, http é o nome de um protocolo usado na *World Wide Web*.

(2) Com base na figura, é correto afirmar que, toda vez que se clicaro botão [botão], a página da Web http://www.uol.com.br será carregada.

(3) O termo "Banda Larga", que aparece em um dos *links* mostrados na página, refere-se, atualmente, a conexões com a Internet cuja taxa máxima de transferência de dados é de 1.000 bits por segundo.

(4) Ao se substituírem os caracteres http://www.uol.com.br, em [http://www.uol.com.br/] pelos caracteres http://www.cespe.unb.br e se clicar [Ir], será exibida uma nova página da Web, caso os caracteres digitados correspondam ao endereço de uma página existente que esteja funcionando corretamente.

1: certo. Este é o endereço de um *site* web, acessado através do protocolo HTTP (Hypertext Transfer Protocol); **2:** errado. Este botão acessa o *site* definido como "inicial" no IE6; **3:** errado. O termo Banda Larga refere-se a conexões com transferência na taxa de Mbps (milhões de bits por segundo); **4:** certo. Tal procedimento tentará acessar um novo *site* web.

Gabarito 1C, 2E, 3E, 4C

(BB – Escriturário – 2006 – FCC) Os ícones desenvolvidos pelos internautas, na forma de "carinhas" feitas de caracteres comuns, para demonstrar "estados de espírito" como tristeza, loucura ou felicidade, são denominados

(A) *emoticons*, apenas.
(B) *smileys*, apenas.
(C) *emoticons* ou *smileys*, apenas.
(D) *emoticons* ou *flames*, apenas.
(E) emoticons, *smileys* ou *flames*.

Emoticons, ou smileys, são os sinais que representam sentimentos em *chats* da internet.

Gabarito "C"

(Fiscal da Receita/CE – 2010) Com relação aos navegadores de Internet Firefox 3.5 e Internet Explorer 6.0 (IE6), assinale a opção correta.

(A) Complementos são programas que ampliam os recursos dos navegadores web. No IE6, é possível ativar ou desativar um complemento a partir da opção Gerenciar Complementos, encontrada no menu Editar.

(B) O Firefox, por padrão, bloqueia janelas *popup* inconvenientes em sítios da Web. Caso se deseje que determinados sítios utilizem *popups*, é possível habilitar permissão específica por meio de funcionalidades disponibilizadas na aba Conteúdo, da janela Opções..., acessada no menu Ferramentas.

(C) No Firefox, ao se pressionar as teclas [Ctrl] e [D], abre-se a janela Gerenciador de *Downloads*, que apresenta uma lista com os *downloads* em andamento e também os *downloads* finalizados.

(D) Ao se clicar o botão [botão], presente na barra de ferramentas do IE6, obtém-se a versão mais recente da página web exibida.

A: Errada, no IE6 não há opção "Gerenciar Complementos" no menu Editar. **B:** Correta, os *pop-ups* podem ser habilitados por meio de funcionalidade disponibilizada na aba Conteúdo, da janela Opções..., acessada no menu Ferramentas. **C:** Errada, as teclas [Ctrl] e [D] abrem a janela "Novo Favoritos", as teclas que ativam o Gerenciados de *Downloads* são [Ctrl] e "F". **D:** Errada, o botão [botão] abre a janela "Histórico de Navegação".

Gabarito "B"

(Fiscal de Rendas/RJ – 2010 – FGV) O twitter é definido como uma rede social e servidor para *microblogging* que permite aos usuários o envio e a leitura de atualizações pessoais de outros contatos utilizando a web e outros meios específicos em dispositivos portáteis.

As alternativas a seguir apresentam algumas características dessa tecnologia, à exceção de uma. Assinale-a.

(A) Pode ser chamado de como o *"SMS da Internet"*.
(B) Possibilita seguir pessoas entrando na página deles e clicando em *"follow"*.
(C) Utiliza textos de até 140 caracteres conhecidos como *"tweets"*.
(D) Emula o funcionamento do *software "Outlook Express"*.
(E) Usa *@usuariodapessoa* no começo da mensagem para enviá-la especificamente a uma pessoa.

A: Errada, a afirmativa está correta, por se tratar de textos curtos ele pode ser chamado de "SMS da Internet" em uma alusão bem construída. **B:** Errada, a afirmativa está correta, é possível seguir as atualizações de outras pessoas por meio da função "follow". **C:** Errada, a afirmativa está correta, os textos que podem ter até 140 caracteres são chamados "tweets". **D:** Errada, o *software* "Outlook Express" é um gerenciador de correio eletrônico e trabalha com mensagens de tamanho muito superior ao suportado pelo Twitter. **E:** Errada, a afirmativa está correta, a utilização de @usuariodapessoa envia o tweet para uma pessoa específica.

Gabarito "D"

(Auditor Fiscal/RO – 2010 – FCC) No Internet Explorer, o Bloqueador de *Pop-ups* pode ser habilitado ou desativado mediante acesso ao menu

(A) Arquivo.
(B) Exibir.
(C) Ferramentas.
(D) Editar.
(E) Favoritos.

A: Errada, o *menu* "Arquivo" dá acesso a opções referentes à janela atual como Abrir nova Página ou Nova Aba, não sendo o Bloqueador de *Pop-ups* parte deste *menu*. **B:** Errada, o *menu* "Exibir" dá acesso a opções de exibição da página atual, não sendo o Bloqueador de *Pop-ups* parte deste *menu*. **C:** Correta, o Bloqueador de *Pop-ups* é um dos recursos disponíveis no *menu* "Ferramentas". **D:** Errada, o *menu* "Editar" dá acesso a opções de edição da página, como Copiar e Colar por exemplo, não sendo o Bloqueador de *Pop-ups* parte deste *menu*. **E:** Errada, o *menu* "Favoritos" dá acesso a opções de *sites* classificados como Favoritos, não sendo o Bloqueador de *Pop-ups* parte deste *menu*.

Gabarito "C"

(Técnico da Receita Federal – 2006 – ESAF) Analise as seguintes afirmações relacionadas a conceitos básicos de Internet, Intranet e redes de computadores.

I. Um *backbone* é a interconexão central de uma rede internet. Pode ser entendido como uma espinha dorsal de conexões que interliga pontos distribuídos de uma rede, formando uma grande via por onde trafegam informações.
II. *Finger* é um serviço Internet que permite obter informações sobre usuários de uma máquina.
III. *Download* é o processo de transferência de uma cópia de um arquivo presente em um computador remoto para outro computador através da rede. O arquivo recebido é gravado em disco no computador local e apagado do computador de origem.
IV. FTP é o protocolo padrão da Internet, usado para transferência de *e-mail* entre computadores.

Indique a opção que contenha todas as afirmações verdadeiras.

(A) I e II.
(B) II e III.
(C) III e IV.
(D) I e III.
(E) II e IV.

A: Correta, apenas as afirmativas I e II estão corretas. **B:** Errada, a afirmativa III está incorreta, no *download* o arquivo não é apagado do computador remoto, ele é apenas copiado. **C:** Errada, as afirmativas III e IV estão incorretas, no *download* o arquivo não é apagado do computador remoto, ele é apenas copiado e o protocolo FTP é utilizado para transferência de arquivos, o protocolo responsável por enviar *e-mail* é o SMTP. **D:** Errada, a afirmativa III está incorreta, no *download* o arquivo não é apagado do computador remoto, ele é apenas copiado. **E:** Errada, a afirmativa IV está incorreta, o protocolo FTP é utilizado para transferência de arquivos, o protocolo responsável por enviar *e-mail* é o SMTP.

Gabarito "A"

(Técnico da Receita Federal – 2006 – ESAF) Analise as seguintes afirmações relacionadas a conceitos básicos de Internet e Intranet.

I. O POP (*Post Office Protocol)* é um protocolo que trabalha no ciclo das mensagens eletrônicas. Serve para que os usuários possam enviar facilmente suas mensagens de *e-mail* para um servidor.
II. O *Dial Up* é um sistema utilizado pelos *browsers* para que, quando for solicitado um acesso a um endereço do tipo www.prova.com.br, o computador possa transformar este nome em um endereço IP válido e realizar a conexão.
III. Um *proxy* é um servidor que atua como "ponte". Uma conexão feita através de *proxy* passa primeiro pelo *Proxy* antes de chegar no seu destino, por exemplo, a Internet. Desse modo, se todos os dados trafegam pelo *Proxy* antes de chegar à Internet, eles podem ser usados em redes empresariais para que os computadores tenham conexão à Internet limitada e controlada.
IV. Protocolos são um conjunto de instruções de como duas ou mais ferramentas se comunicam. O navegador *web* e o servidor *web* precisam entender um ao outro, por isso os dois se utilizam do HTTP para interpretar as informações que recebem e formular as mensagens que irão mandar.

Indique a opção que contenha todas as afirmações verdadeiras.

(A) I e II.
(B) II e III.
(C) III e IV.
(D) I e III.
(E) II e IV.

A: Errada, as afirmativas I e II estão incorretas, o protocolo POP atua no recebimento de mensagens eletrônicas e não no envio delas e o *dial-up* é uma forma de conexão com a internet através de um *modem* e uma linha telefônica convencional, o sistema descrito se chama na verdade DNS. **B:** Errada, a afirmativa II está incorreta, *dial-up* é uma forma de conexão com a internet através de um *modem* e uma linha telefônica convencional, o sistema descrito se chama na verdade DNS. **C:** Correta, apenas as afirmativas III e IV estão corretas. **D:** Errada, a afirmativa I está incorreta, o protocolo POP atua no recebimento de mensagens eletrônicas e não no envio delas. **E:** Errada, a afirmativa II está incorreta, *dial-up* é uma forma de conexão com a internet através de um *modem* e uma linha telefônica convencional, o sistema descrito se chama na verdade DNS.

Gabarito "C"

(Agente Fiscal/Teresina-PI – 2008 – CESPE) Acerca de Internet, julgue os itens que se seguem.

(1) O termo TCP/IP denomina o grupo de aplicativos de computador que tem a função de detectar e eliminar a infecção de programas por vírus de computador.

(2) Em diversas ferramentas para envio de correio eletrônico, está disponível uma opção — muitas vezes, denominada Cc: — que permite o envio de cópias de uma mensagem de *e-mail* para outros destinatários além do destinatário principal.

1: Errada, o termo TCP/IP denomina um conjunto de protocolos que formam a base das redes de computadores; **2:** Correta, a opção denominada Cc: (do inglês *Carbon Copy*) envia uma cópia da mensagem eletrônica para outros endereços de *e-mail*.

Gabarito 1E, 2C

(Auditor Fiscal/Vitória-ES – 2007 – CESPE) Acerca de conceitos relacionados à Internet e à World Wide Web, julgue os itens que se seguem.

(1) A estrutura do endereço de correio eletrônico joao@empresadojoao.com.br é compatível com a estrutura de um endereço de *e-mail* de uma instituição comercial do Brasil.

(2) Técnicas criptográficas são, muitas vezes, utilizadas em diversas ferramentas que permitem a transmissão de arquivos tal que, caso estes sejam interceptados ou indevidamente recebidos por terceiros, torna-se muito difícil que os receptores consigam ter acesso, efetivamente, à informação contida nesses arquivos. A ciência da criptografia avançou tanto nas últimas duas décadas que nenhum código criptográfico desenvolvido nos últimos 20 anos foi quebrado.

1: Correta, endereços de *e-mail* comerciais no Brasil terminam com .com.br e iniciam com a estrutura usuário@dominio; **2:** Errada, vários tipos de criptografia criados nos últimos 20 anos foram quebrados como por exemplo a WEP e a WPA.

Gabarito 1C, 2E

(Fiscal de Tributos/Rio Branco-AC – 2007 – CESPE) Com relação a conceitos de Internet e intranet, julgue os próximos itens.

(1) Não é possível, em uma intranet, a troca de mensagens de correio eletrônico entre dois usuários de dois computadores pertencentes a essa intranet.

(2) A sequência de caracteres joao@empresa.com.br é um exemplo de URL, ou endereço de página da Web, e a sequência de caracteres www.empresa.com.br é um exemplo de endereço de correio eletrônico.

1: Errada, em uma intranet pode haver troca de mensagens eletrônicas entre computadores; **2:** Errada, as definições estão invertidas, joao@empresa.com.br é um endereço de correio eletrônico e www.empresa.com.br é um exemplo de URL.

Gabarito 1E, 2E

(Fiscal de Tributos/Rio Branco-AC – 2007 – CESPE) Com relação a mensagens de correio eletrônico, julgue o item abaixo.

(1) Normalmente, os programas que viabilizam o uso de correio eletrônico possuem funcionalidade que permite encaminhar uma mensagem recebida para um outro endereço de correio eletrônico.

1: Correta, é muito comum programas que dão suporte a correio eletrônico terem a função que permite encaminhar uma mensagem a outro correio eletrônico.

Gabarito 1C

(Fiscal de Tributos Estaduais/AC – 2006 – CESPE) Com relação a tecnologias de informação, assinale a opção correta.

(A) A *intranet* é semelhante a um sítio da Web mas usa protocolos totalmente diferentes daqueles usados na Internet.

(B) O termo banda larga é comumente usado para designar tecnologias que permitem acesso de alta velocidade à Internet.

(C) O comércio eletrônico (*e-commerce*) pode incluir a compra e venda de produtos e serviços pela Internet. Para acessar os sítios que prestam esse serviço é essencial que o usuário tenha assinatura digital, pois, caso contrário, não é possível a conclusão de transação de compra e(ou) venda.

(D) O Internet Explorer permite a navegação e a organização de arquivos e pastas no computador, evitando desperdício de espaço em disco. Esse aplicativo também protege, de forma eficaz, o computador contra infecção por vírus de computador.

A: Errada, uma intranet é uma rede privada que assenta sobre os protocolos da Internet. **B:** Correta, conexões com a internet em alta velocidade são chamadas banda larga. **C:** Errada, é possível a realização de transações sem assinatura digital, ainda que isso não seja seguro. **D:** Errada, a função do Internet Explorer é de navegação em páginas da Internet e não a manutenção de arquivos.

Gabarito "B"

(Auditor Fiscal/São Paulo-SP – 2007 – FCC) Um governo municipal deseja implantar um sistema fisco-tributário que permita o levantamento das contribuições realizadas, a apuração do montante de impostos pagos, o "batimento" de contas visando à exatidão dos valores recebidos em impostos contra as movimentações realizadas em estabelecimentos comerciais, industriais e de prestação de serviços, bem como os impostos sobre propriedades territoriais (moradias e terrenos) no âmbito de seu município, tudo em meio eletrônico usando a tecnologia mais avançada de computadores, tais como redes de computadores locais e de longa distância interligando todos os equipamentos, processamento distribuído entre estações de trabalho e servidores, uso de sistemas operacionais Windows e Linux (preferencialmente daquele que, processado em uma única estação de trabalho, na interrupção de um programa mantenha o processamento ininterrupto de todos os demais que estão em funcionamento) e tecnologia internet e intranet, com toda a segurança física e lógica das informações que garanta autenticidade, sigilo, facilidade de recuperação e proteção contra invasões e pragas eletrônicas.

[...]

§ 2º – Avisos eletrônicos via internet deverão ser encaminhados a cada contribuinte.

[...]

§ 6º – A fim de economizar despesas com papéis, o sistema de trâmite e controle de processos de contribuintes, bem como a troca de memorandos internos, deverão utilizar a tecnologia WEB em rede exclusiva da prefeitura.

[...]

§ 7º – Objetivando economia de despesas com telefonemas e tempo de deslocamento, os funcionários serão estimulados a realizar conversação eletrônica.

Como requisitos característicos expostos nos § 2º, § 6º e § 7º podem ser respectivamente observados os conceitos de

(A) *e-mail, chat* e WAN.
(B) WAN, *chat* e intranet.
(C) intranet, *e-mail* e *chat.*
(D) LAN, *chat,* e *e-mail.*
(E) *e-mail*, intranet e *chat.*

A: Errada, *chat* é um conceito relacionado a comunicação instantânea e não com redes exclusivas. **B:** Errada, WAN é um conceito relacionado a redes de computadores e não a mensagens eletrônicas. **C:** Errada, intranet é uma rede privada que se utiliza dos conceitos da internet, ela não está diretamente relacionada a comunicação instantânea. **D:** Errada, LAN são redes de computadores locais, o conceito não está relacionado a comunicação instantânea. **E:** Correta, *e-mail* trata de mensagens eletrônicas, a intranet é uma rede exclusiva via WEB e *chat* é uma forma de comunicação instantânea.

Gabarito "E"

(Agente Fiscal de Rendas/SP – 2006 – FCC) A necessidade de agilizar e facilitar o trâmite de documentos em uma organização, por meio da internet e do correio eletrônico, como, por exemplo, em uma aplicação transacional que controla o trâmite de processos, em que cada departamento ou setor organizacional recebe um documento eletrônico, complementa suas informações e, eletronicamente, remete-o para outro departamento ou setor, aponta para uma aplicação Web de *workflow* que, usando ferramentas de colaboração está intrinsecamente associada aos conceitos de

(A) *content delivery network.*
(B) *content provider.*
(C) *groupware.*
(D) *workstation.*
(E) *access provider.*

A: Errada, uma *content delivery network* (CDN) é uma rede de computadores que cooperam de modo transparente para fornecer conteúdo a usuários finais. **B:** Errada, um *content provider* (provedor de conteúdo) não segue necessariamente um *workflow*. **C:** Correta, um *groupware* é um sistema baseado em computador que auxilia grupos de pessoas envolvidas em tarefas comuns (ou objetivos) e que provê interface para um ambiente compartilhado. **D:** Errada, *workstation* é um conceito que define uma estação de trabalho, muitas vezes é usado como sinônimo de computador pessoal. **E:** Errada, um *access provider* (provedor de acesso, em português) é qualquer organização que provê conexão de acesso à Internet.

Gabarito "C"

(Auditor Fiscal/S.J. Rio Preto-SP – 2008 – VUNESP) Selecione a alternativa contendo a correta definição sobre os termos, recursos e serviços disponibilizados aos usuários na rede mundial de computadores, a Internet.

(A) *Browser* é um programa que habilita seus usuários a interagirem com documentos hipertexto hospedados em um servidor acessível pela Internet.
(B) *Link* é um protocolo de comunicação utilizado para transferir dados pela World Wide Web ou através das redes corporativas, as chamadas Intranets.
(C) HTTP é uma referência num documento em hipertexto, indicando o caminho de acesso a outro documento ou a outro recurso disponível na Internet.
(D) HTML é o endereço de um arquivo, de um computador ou de qualquer recurso disponível na Internet ou numa rede corporativa, uma Intranet.
(E) URL é a linguagem de marcação utilizada para produzir páginas na World Wide Web, que podem ser interpretadas pelos programas navegadores.

A: Correta, os *Browsers*, ou navegadores, são programas que permitem o acesso a páginas na Internet. **B:** Errada, *Link* é uma referência para um endereço de um *site* na Internet. **C:** Errada, HTTP é um protocolo de comunicação utilizado para sistemas de informação de hipermídia distribuídos e colaborativos. **D:** Errada, o HTML é uma linguagem de marcação utilizada para o desenvolvimento de páginas WEB. **E:** Errada, a URL é uma identificação de um domínio na internet, que pode ser acessado por um navegador para sua visualização.

Gabarito "A"

(Técnico – ANATEL – 2009 – CESPE) A respeito da Internet e de *intranets*, julgue os itens subsequentes.

(1) *As intranets* possuem as características e fundamentos semelhantes aos da Internet e baseiam-se no mesmo conjunto de protocolos utilizados na Internet. Entre outros, são exemplos de protocolos para *intranets*: *transmission control protocol* (TCP) e *internet protocol* (IP).
(2) As máquinas na Internet comunicam-se entre si por meio do conjunto de protocolos TCP/IP, o qual permite que sistemas heterogêneos operem por meio de redes inteiramente diversas. O *domain name system* (DNS) pode ser compreendido como um esquema de atribuição de nomes que possui estrutura hierárquica e natureza distribuída.

1: Correta, tanto a Internet quanto a Intranet são baseadas nos mesmos preceitos, o que faz a diferenciação entre elas é o tipo de acesso que os usuários possuem, sendo a Internet pública e a Intranet privada; 2: Correta, o DNS permite a tradução dos nomes de URLs de serviços e máquinas em endereços de IP, que são usados no roteamento das informações na rede. Todo este processo é suportado pelo protocolo TCP/IP, que é a base da Internet.

Gabarito 1C, 2C

(Agente Administrativo – Ministério do Des. Agrário – 2009 – COSEAC) Na Internet, um documento HTML ou outra informação é localizada na WWW por um identificador conhecido como:

(A) *Gateway*;
(B) *Firewall*;
(C) URL;
(D) *Frame*;
(E) *Broadcast*.

A: Errada, *gateway* é uma parte de saída usada por um computador para chegar a Internet. B: Errada, o *Firewall* é uma ferramenta que ajuda a proteger o computador contra ataques. C: Correta, a URL é o endereço que identifica um documento na Internet. D: Errada, *Frame* não é um termo relacionado à identificação de itens na Internet. E: Errada, *Broadcast* é uma mensagem enviada em massa na rede.

Gabarito "C"

(Agente Administrativo – Ministério da Educação – 2009 – CESPE) Com relação a Internet e intranet, julgue os itens seguintes.

(1) Os usuários que desejam trocar mensagens de *e-mail* pela Internet precisam estar cadastrados em um provedor de caixas postais de mensagens eletrônicas, pelo qual o usuário tem o direito de utilizar um endereço de *e-mail* particular, com nome e senha exclusivos.
(2) No Internet Explorer 7, o acesso a páginas em HTML é feito por meio do protocolo HTTP. O nome da página, por exemplo, http://www.cespe.unb.br, deve ser obrigatoriamente digitado no campo endereço para que o sistema identifique o protocolo do serviço em uso.
(3) A *intranet* é uma tecnologia utilizada nas grandes empresas apenas para a disponibilização de documentos internos de interesse exclusivo da própria empresa; logo, essa ferramenta não pode disponibilizar nenhuma informação que já esteja na Internet, a fim de que não haja duplicidade de informações.

1: Correta, provedores de *e-mail* permitem, por meio de usuário e senha exclusivos, que pessoas cadastradas realizem o envio e recebimento de mensagens eletrônicas; 2: Errada, caso o protocolo não seja informado o navegador adota o http como padrão, portanto o endereço www.cespe.unb.br também é válido, 3: Errada, a intranet pode ser usada para a disponibilização de qualquer tipo de conteúdo, inclusive de algum que já esteja na Internet.

Gabarito 1C, 2E, 3E

(Agente Administrativo – Ministério da Int. Nacional – 2006 – CESPE) Com relação a conceitos de Internet, julgue o seguinte item.

(1) Um protocolo é para os computadores o que uma linguagem (língua) é para os humanos. Para que dois computadores possam transferir informações entre si, eles devem utilizar o mesmo protocolo (ou ter um terceiro que interprete os dois protocolos e faça a tradução). O protocolo padrão utilizado na Internet é o protocolo ADSL, que permite uma comunicação segura e rápida.

1: Errada, ADSL é uma tecnologia de transmissão de dados e não um protocolo de rede.

Gabarito "E"

(Agente Administrativo – Ministério da Int. Nacional – 2006 – CESPE) Com relação a conceitos de Internet e de *intranet*, julgue os itens subsequentes.

(1) No endereço https://www.mi.gov.br, o termo https refere-se à *intranet* do Ministério da Integração Nacional.
(2) O Internet Explorer e o BrOffice são exemplos de navegadores da Internet.
(3) O termo *Wi-Fi* é entendido como uma tecnologia de interconexão entre dispositivos sem fios na qual é usado o protocolo IEEE 802.11.
(4) A terceira geração de padrões e de tecnologias de telefonia móvel, denominada 3G, permite conexão com a Internet.
(5) O procedimento de copiar arquivo de um sítio da Internet para o computador pessoal é denominado *download*, ao passo que o procedimento para transferir arquivos do computador para a Internet é chamado *upload*.

1: Errada, https se refere ao protocolo HTTPS, usado para acesso de páginas na web de forma segura; 2: Errada, o BrOffice é uma suíte de programas de escritório, contendo *softwares* de planilhas eletrônicas, editores de texto, entre outros; 3: Correta, *Wi-Fi* é uma tecnologia de transmissão de dados sem o uso de cabeamento por meio de protocolo IEEE 802.11, que utiliza ondas de rádio para a troca de informações; 4: Correta, o padrão de telefonia móvel 3G permite a conexão com a Internet em alta velocidade, com taxas de transmissão de até 2Mbit/s; 5: Correta, o *download* é a cópia de um arquivo da Internet para o computador local, o envio de dados para outro computador na Internet é denominado *upload*.

Gabarito 1E, 2E, 3C, 4C, 5C

(Técnico – TCU – 2009 – CESPE) Acerca de conceitos e tecnologias relacionados à Internet, julgue os itens subsequentes.

(1) A Internet é controlada no Brasil pela ANATEL, órgão governamental regulamentador de telecomunicação no país.
(2) Intranet e extranet são redes de computadores em que se utiliza a tecnologia da Internet para o fornecimento de serviços.

1: Errada, a ANATEL apenas dita as regras pelas quais os provedores devem se basear para definir os serviços prestados; **2:** Correta, ambas são baseadas nos mesmo protocolos e permitem o fornecimento de serviços em redes.

Gabarito 1E, 2C

(Analista – ANATEL – 2009 – CESPE) Com referência ao funcionamento da Internet e das *intranets*, julgue os itens a seguir.

(1) O funcionamento da Internet depende de três camadas de protocolos base: o protocolo de Internet IP, definidor de datagramas que carregam dados de um nó a outro da rede; os protocolos TCP, UDP e ICMP, responsáveis pela transmissão de dados; e, na camada final, os protocolos definidores de mensagens específicas e de formatos digitais, como os DNS, POP3 e HTTP, entre outros.

(2) Baseada nos padrões de comunicação da Internet, uma intranet pode ser caracterizada como uma rede privada de computadores, acessível apenas a membros de uma mesma organização. Mesmo assim, sua utilização requer componentes básicos, como sistemas de proteção e servidores web, sem, no entanto, ser obrigatório o uso do protocolo TCP/IP.

1: Correta, essas três camadas dão base ao funcionamento das redes e por consequência à Internet. O protocolo IP se encarrega da localização na transmissão dos dados, os protocolos TCP, UDP e ICMP fazem a transmissão dos pacotes e os protocolos de camada superior gerenciam os serviços utilizados; **2:** Errada, a Intranet, assim como a Internet, é baseada no protocolo TCP/IP, portanto seu uso é indispensável.

Gabarito 1C, 2E

(Analista Legislativo – Câmara dos Deputados – 2007 – FCC) Os conteúdos de áudio no formato MP3 transmitidos na Internet por meio de *feeds* são denominados

(A) *audiocast*.
(B) *podcasting*.
(C) *audioblog*.
(D) iPod.
(E) iTunes.

A: Errada, *audiocast* é um termo genérico dado a conteúdo de aúdio. **B:** Correta, o *podcasting* é o termo usado para denominar a transmissão de áudio no formato MP3 por meio de *feeds*. **C:** Errada, *audioblog* é apenas um *blog* (diário na internet) com conteúdo de aúdio como parte central. **D:** Errada, iPod é um equipamento de reprodução de áudio e vídeo. **E:** Errada, iTunes é um *software* de computador e não um termo denominativo de transmissão da Internet.

Gabarito "B"

(Administrador – FUNASA – 2009 – CESGRANRIO) A figura a seguir apresenta uma página sendo visualizada no Microsoft Internet Explorer em sua configuração padrão.

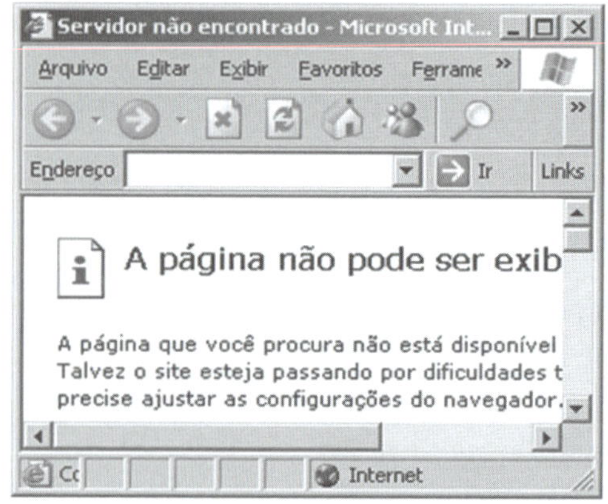

Sobre a figura acima e os recursos do Microsoft Internet Explorer é FALSO afirmar que

(A) o ícone é utilizado para acessar o Windows *Messenger*.
(B) a figura apresenta o Microsoft Internet Explorer com quatro guias abertas.
(C) os Favoritos são páginas cujos *links* foram salvos pelo usuário para posterior acesso.
(D) no campo Endereço pode ser digitado a URL do *site* que o usuário deseja navegar.
(E) através do Microsoft Internet Explorer é possível navegar em *sites* que não são seguros.

A: Errada, a afirmativa está correta. **B:** Correta, a afirmativa está incorreta, a versão apresentada do Internet Explorer não possui suporte a navegação por guias. **C:** Errada, a afirmativa está correta. **D:** Errada, a afirmativa está correta. **E:** Errada, a afirmativa está correta.

Gabarito "B"

(Analista – IBGE – 2008 – CONSULPLAN) Assinale a afirmativa INCORRETA:

(A) *Download* (significa descarregar ou baixar em português) é a transferência de dados de um computador remoto para um computador local.
(B) Em informática, um vírus de computador é um programa malicioso desenvolvido por programadores que, tal como um vírus biológico, infecta o sistema, faz cópias de si mesmo e tenta se espalhar para outros computadores, utilizando-se de diversos meios.
(C) Bancos de dados (ou bases de dados) são conjuntos de registros, dispostos em estrutura regular que possibilitam a reorganização dos mesmos e produção de informação. Um banco de dados, normalmente agrupa registros utilizáveis para um mesmo fim.
(D) *Upload* é a transferência de dados de um servidor para uma página Web, normalmente conhecida como *Webmail*.
(E) Um *site* ou sítio é um conjunto de páginas Web, isto é, de hipertextos acessíveis geralmente pelo protocolo HTTP na Internet.

A: Errada, a afirmativa está correta. **B:** Errada, a afirmativa está correta. **C:** Errada, a afirmativa está correta. **D:** Correta, a afirmativa está incorreta, o *upload* é a transferência de dados de um computador local para a Internet. **E:** Errada, a afirmativa está correta.

Gabarito "D"

(Analista – Ministério das Comunicações – 2008 – CESPE) Considerando os conceitos de Internet, intranet e correio eletrônico, julgue os próximos itens.

(1) A Internet 2 é uma nova modalidade de rede, sem fio, que permite acesso de qualquer lugar.

(2) A intranet utiliza os mesmos mecanismos da Internet, mas com acesso restrito a uma organização.

(3) Além de possuir recursos de envio e recebimento de mensagem, o Microsoft Outlook possui recursos de tarefas, calendário e contatos.

(4) Para se garantir que o computador não seja infectado com vírus enviado por *e-mail*, é suficiente, no momento da configuração, instalar antivírus.

(5) O BrOffice é um conjunto de *software* livres que visa facilitar a execução de tarefas de escritório, como edição de textos, criação de planilha eletrônica e de apresentações.

(6) O Outlook Express permite o envio de texto anexo, mesmo que este tenha sido criado pelo editor de texto BrOffice.

1: Errada, a Internet 2 é um consórcio de redes avançadas sem fins lucrativos feito nos Estados Unidos; **2:** Correta, ambas são baseadas nos mesmo protocolos de rede, o que diferencia uma da outra é o tipo de acesso; **3:** Correta, o Outlook é o gerenciador de mensagens eletrônicas da Microsoft e possui recursos adicionais como gerenciamento de tarefas, contatos e calendário; **4:** Errada, o antivírus instalado deve possuir uma ferramenta de verificação de mensagens eletrônicas para que a segurança seja garantida. Também é essencial que os anexos sejam sempre verificados antes de serem verificados; **5:** Correta, o BrOffice, atualmente chamado de LibreOffice, é uma suíte de programas de escritório que facilita a edição de textos, planilhas e apresentações; **6:** Correta, O Outlook Express é um gerenciador de mensagens eletrônicas da Microsoft e permite o envio de anexos, independentemente de onde o arquivo anexo foi gerado.

Gabarito 1E, 2C, 3C, 4E, 5C, 6C

(Analista – Ministério da Int. Nacional – 2012 – ESAF) Nos sistemas de conexão à Internet,

(A) o acesso discado permite uso simultâneo da linha telefônica para transmissão de voz.

(B) no acesso DSL, a linha telefônica conduz exclusivamente dados.

(C) o acesso a cabo utiliza-se do sinal da televisão por antena.

(D) no acesso DSL, o cabo conduz simultaneamente sinais telefônicos e sinais de televisão.

(E) o acesso discado à Internet bloqueia a linha telefônica comum do usuário.

A: Errada, no acesso discado apenas uma das atividades é possível por vez. **B:** Errada, no acesso DSL a linha telefônica transmite simultaneamente voz e dados. **C:** Errada, o acesso a cabo, como o próprio nome sugere, utiliza cabeamento físico para a transmissão de dados. **D:** Errada, no acesso DSL o cabo conduz voz e dados de forma simultânea. **E:** Correta, o acesso discado utiliza a rede telefônica para transmissão de dados exclusivamente.

Gabarito "E"

(Analista – Ministério da Int. Nacional – 2012 – ESAF) Uma rede privada virtual

(A) envia dados através da Internet, dispensando criptografia para garantir privacidade.

(B) envia dados através da Internet, mas criptografa transmissões entre *sites* para garantir privacidade.

(C) define um programa para um roteador em um *site* e usa encapsulamento *Pop-em-Ip*.

(D) não envia dados através da Internet e criptografa dados para uso local para garantir privacidade.

(E) define um túnel através da Intranet entre um roteador em um *site* e um roteador em outro e usa encapsulamento *drag-and-drop*.

A: Errada, as redes privadas usando obrigatoriamente a criptografia para garantir a privacidade. **B:** Correta, as redes privadas virtuais (VPN) criptografam os dados durante a transmissão pela Internet. **C:** Errada, a VPN é uma rede virtual que utiliza criptografia para a transmissão de dados de modo a garantir a segurança dos dados trafegados e não um programa de roteador. **D:** Errada, as VPNs enviam dados criptografados pela Internet. **E:** Errada, a comunicação é feita pela Internet e não por meio de uma Intranet.

Gabarito "B"

(Administrador – Ministério da Justiça – 2009 – FUNRIO) O Protocolo da Internet responsável pelo recebimento de mensagens, copiando-as para o computador é o

(A) SMTP

(B) http

(C) *Webmail*

(D) FTP

(E) POP3

A: Errada, o protocolo SMTP é responsável pelo envio de mensagens eletrônicas. **B:** Errada, o protocolo HTTP é responsável pela navegação em páginas web. **C:** Errada, *Webmail* é uma ferramenta que permite visualizar as mensagens armazenadas no servidor de *e-mails*. **D:** Errada, o FTP é um protocolo usado na transferência de dados pela rede. **E:** Correta, o protocolo POP3 é responsável pelo recebimento de mensagens eletrônicas.

Gabarito "E"

(Administrador – Ministério da Justiça – 2009 – FUNRIO) O protocolo HTTPS é considerado seguro porque

(A) verifica com um *AntiSpyware* o endereço acessado.

(B) escan*eia* os arquivos procurando por vírus antes de baixá-los.

(C) só funciona dentro de uma Intranet.

(D) utiliza criptografia.

(E) impede o uso de *Spoofing*.

A: Errada, não é usado nenhum tipo de *software* externo na navegação por meio do protocolo HTTPS. **B:** Errada, não é usado nenhum tipo de *software* externo na navegação por meio do protocolo HTTPS. **C:** Errada, o protocolo HTTPS funciona tanto na Intranet como na Internet. **D:** Correta, o protocolo é considerado seguro por usar criptografia na transmissão dos dados na rede. **E:** Errada, ele é considerado seguro pelo uso de criptografia na transmissão dos dados.

Gabarito "D"

(Administrador – Ministério da Justiça – 2009 – FUNRIO) Os serviços disponíveis através da Internet são controlados por protocolos, isto é, conjuntos de regras e convenções utilizados para estabelecer a comunicação entre computadores. Quais protocolos listados nas alternativas abaixo são protocolos de *e-mail*, utilizados na configuração de ferramentas de correio eletrônico como Microsoft Outlook Express e Mozilla Thunderbird?

(A) PPP, UDP e SSH.
(B) FTP, UTP e DNS.
(C) TCP, IRC e WAP.
(D) TCP, IRC e WAP.
(E) SMTP, POP3 e IMAP.

A: Errada, SSH é um tipo de protocolo de acesso remoto. **B:** Errada, o FTP é um protocolo usado na transferência de arquivos. **C:** Errada, WAP um padrão internacional para aplicações que utilizam comunicações de dados sem fio. **D:** Errada, IRC é um protocolo usado para comunicação instantânea. **E:** Correta, todos os protocolos mencionados são usados para troca de mensagens de correio eletrônico, o SMTP é responsável pelo envio, POP3 responsável pelo recebimento e IMAP é um protocolo de sincronização com servidores de *e-mail*.

Gabarito "E"

(Analista – MPOG – 2009 – FUNRIO) O serviço da Internet responsável por "traduzir" um nome (por exemplo www.funrio.org.br) em um número IP é:

(A) DHCP.
(B) FTP.
(C) SSL.
(D) URL.
(E) DNS.

A: Errada, DHCP é um serviço responsável pela atribuição de endereços IP de forma automática em uma rede. **B:** Errada, o FTP é um protocolo de transferência de arquivos em rede. **C:** Errada, o SSL é um protocolo de encriptação de dados para transmissão em rede. **D:** Errada, a URL é o endereço de locais na internet. **E:** Correta, o DNS é o protocolo responsável pela tradução das URLs em seus endereços de IP correspondentes.

Gabarito "E"

(Analista – PREVIC – 2011 – CESPE) Julgue os itens subsecutivos, referentes a conceitos de Internet e intranet.

(1) Apesar de o HTTP (Hypertext Transfer Protocol) ser normalmente utilizado para acessar páginas web, em alguns casos ele também é usado na transferência de mensagens de correio eletrônico do computador do usuário final para o servidor de correio eletrônico.

(2) Por meio do uso de certificados digitais, é possível garantir a integridade dos dados que transitam pela Internet, pois esses certificados são uma forma confiável de se conhecer a origem dos dados.

(3) Para que as aplicações disponibilizadas na intranet de uma empresa possam ser acessadas por usuários via Internet, é suficiente incluir tais usuários no grupo de usuários com acesso autorizado à intranet.

1: Correta, por meio de sistemas de *Webmail* a mensagem pode ser enviada do computador do usuário até o servidor de *e-mail* por meio do protocolo HTTP. **2:** Errada, quem pode garantir a origem de um documento é a assinatura digital por meio de chave privada. **3:** Errada, para que Intranets sejam acessadas por meio da Internet é necessário o uso de uma rede virtual privada (VPN).

Gabarito 1C, 2E, 3E

2. FERRAMENTAS E APLICATIVOS DE NAVEGAÇÃO

(Técnico – TRT/11ª – 2012 – FCC) Quando um navegador de Internet apresenta em sua barra de *status* um ícone de cadeado fechado, significa que

(A) somente *spams* de *sites* confiáveis serão aceitos pelo navegador.
(B) o navegador está protegido por um programa de antivírus.
(C) a comunicação está sendo monitorada por um *firewall*.
(D) o *site* exige senha para acesso às suas páginas.
(E) a comunicação entre o navegador e o *site* está sendo feita de forma criptografada.

A, B, C, D e E: O ícone de um cadeado fechado indica que a comunicação entre seu navegador e o servidor no qual a página está hospedada está sendo feita utilizando criptografia, em geral a página também usará o protocolo HTTPS ao invés do HTTP, portanto apenas a alternativa E está correta.

Gabarito "E"

(Técnico – TRE/CE – 2012 – FCC) Para fazer uma pesquisa na página ativa do navegador *Mozila Firefox 8.0*, selecione no menu

(A) Editar a opção Visualizar.
(B) Exibir a opção Selecionar.
(C) Editar a opção Selecionar.
(D) Exibir a opção Localizar.
(E) Editar a opção Localizar.

A, B, C, D e E: Para fazer uma pesquisa na página basta usar a opção Localizar que se encontra no menu Editar, portanto apenas a alternativa E está correta.

Gabarito "E"

(Técnico – TRE/PR – 2012 – FCC) Devido ao modo de armazenamento do histórico de acesso em navegadores, é possível para diferentes usuários acessando um mesmo computador visualizar e até utilizar informações de outro usuário deste histórico ou arquivos armazenados pelos navegadores (*Cookies*). No *Internet Explorer* 8, é possível navegar de forma privada onde não será mantido o histórico de navegação. Este recurso é chamado de

(A) Trabalhar *Offline*.
(B) *InPrivate*.

(C) Modo de compatibilidade.
(D) Gerenciador de Favoritos.
(E) *Incognito*.

A, B, C, D e E: A navegação no IE8, e versões posteriores, não são registrados dados como *sites* visitados e outras informações temporárias se chama InPrivate, portanto apenas a alternativa B está correta. A navegação Incognito pertence ao Google Chrome.

Gabarito "B"

(Técnico – TRE/SP – 2012 – FCC) No Internet Explorer 8 é possível alterar o tamanho do texto a ser exibido em páginas *web* compatíveis com esse recurso. O texto que normalmente é exibido no tamanho médio pode ser alterado para o tamanho grande ou pequeno, dentre outros. Essa alteração é possível por meio do item Tamanho do Texto, localizado no menu

(A) Editar.
(B) Exibir.
(C) Visualizar.
(D) Favoritos.
(E) Ferramentas.

A, B, C, D e E: As opções de alteração do tamanho do texto usado no navegador podem ser alteradas através de opções presente no menu Exibir, portanto apenas a alternativa B está correta.

Gabarito "B"

(Analista – TRT/11ª – 2012 – FCC) Em relação a tecnologia e aplicativos associados à internet, é correto afirmar.

(A) Navegação por abas, *find as you type* (mecanismo de busca interna na página) e motor de busca são recursos existentes tanto no *Mozilla Firefox* quanto no *Internet Explorer 8*.
(B) A opção de bloqueio a *pop-ups*, um recurso presente no *Mozilla Firefox*, inexiste no *Internet Explorer 8*.
(C) No ambiente *Web*, o uso de teclado virtual em aplicativos tem como objetivo facilitar a inserção dos dados das senhas apenas com o uso do *mouse*.
(D) Em ambiente *Wi-Fi*, os elementos de rede que fazem a comunicação entre os computadores dos usuários utilizam fibras óticas, conectadas a um *hub*.
(E) No *Thunderbird 2*, o acionamento do botão Encaminhar exibirá uma janela de opções, entre as quais a Lixeira de mensagens.

A: Correta, ambos os navegadores possuem navegação por abas e função de pesquisa na página conforme o usuário digita o texto. **B:** Errada, o IE8 possui função de bloqueio de *pop-up*. **C:** Errada, a função é aumentar a segurança para evitar ataques de *keyloggers*, pragas que gravam tudo que o usuário digita. **D:** Errada, em ambientes Wifi não são utilizados cabos. **E:** Errada, a função Encaminhar encaminha uma mensagem para outro destinatário, e não para outra pasta ou para a lixeira.

Gabarito "A"

(Analista – TRE/CE – 2012 – FCC) Sobre o Filtro *SmartScreen* do Internet *Explorer 9*, analise:

I. Enquanto você navega pela Web, ele analisa as páginas da Web e determina se elas têm alguma característica que possa ser considerada suspeita. Se encontrar páginas da Web suspeitas, o *SmartScreen* exibirá uma mensagem dando a você a oportunidade de enviar um comentário e sugerindo que você proceda com cautela.
II. Verifica os *sites* visitados e os compara com uma lista dinâmica de *sites* de *phishing* e *sites* de *softwares* mal-intencionados relatados. Se encontrar uma correspondência, o Filtro *SmartScreen* exibirá um aviso notificando-o que o *site* foi bloqueado para a sua segurança.
III. Verifica os arquivos baixados da Web e os compara com uma lista de *sites* de *softwares* mal-intencionados relatados e programas conhecidos como inseguros. Se encontrar uma correspondência, o Filtro *SmartScreen* o avisará que o *download* foi bloqueado para a sua segurança.
IV. É um recurso no *Internet Explorer* que ajuda a detectar *sites* de *phishing*. Pode ajudar também a protegê-lo contra o *download* ou a instalação de *malware* (*software* mal-intencionado).

Está correto o que se afirma em

(A) I, II, III e IV.
(B) I e II, apenas.
(C) I, II e III, apenas.
(D) III e IV, apenas.
(E) IV, apenas.

A, B, C, D e E: Todas as afirmativas sobre o SmartScreen estão corretas, portanto apenas a alternativa A está correta.

Gabarito "A"

(Analista – TRE/PR – 2012 – FCC) Devido ao modo de armazenamento do histórico de acesso em navegadores, é possível para diferentes usuários acessando um mesmo computador visualizar e até utilizar informações de outro usuário deste histórico ou arquivos armazenados pelos navegadores (*Cookies*). No *Internet Explorer* 9 é possível navegar de forma privada onde não será mantido o histórico de navegação por uso do modo *InPrivate*. Uma das maneiras de iniciar a navegação nesse modo é clicar no botão

(A) Arquivo, clicar na opção Segurança e clicar em *InPrivate*.
(B) Segurança e clicar em Modo de Compatibilidade.
(C) Arquivo e clicar em *InPrivate*.
(D) Modo de Compatibilidade e clicar em Navegação *InPrivate*.
(E) Nova Guia e, no corpo da página, clicar em Navegação *InPrivate*.

A, B, C, D e E: Para iniciar a navegação *InPrivate* no IE9 basta abrir uma nova guia, a opção de Navegação *InPrivate* estará no corpo da página, portanto apenas a alternativa E está correta.

Gabarito "E"

(Policial Rodoviário Federal – 2009 – FUNRIO) Nos programas de navegação na Internet, como Microsoft Internet Explorer ou Mozilla Firefox, que tecla de função do teclado, ao ser pressionada, alterna entre os modos de exibição tela inteira e normal da janela do navegador?

(A) F1
(B) F3
(C) F7
(D) F12
(E) F11

A: Errada, a tecla F1 ativa a ajuda. **B:** Errada, a tecla F3 ativa a função Localizar. **C:** Errada, a tecla F7 ativa ou desativa o cursor do teclado. **D:** Errada, a tecla F12 ativa uma ferramenta de depuração de código fonte. **E:** Correta, a tecla F11 ativa ou desativa a exibição no modo tela cheia.

Gabarito "E"

(Enfermeiro – STM – 2010 – CESPE) Com relação ao Microsoft Excel, Internet Explorer (IE) e Microsoft Outlook, julgue os itens a seguir.

(1) O navegador IE não permite aumentar ou reduzir o tamanho dos textos visualizados em uma página acessada na Internet.
(2) No Excel, a função AGORA( ) permite obter a data e hora do sistema operacional.

1: Errada, é possível aumentar e diminuir a fonte de exibição no IE, isso pode ser feito por exemplo pelas teclas Ctrl e +. **2:** Correta, a função AGORA() retorna a data e hora do sistema operacional em que o Excel está sendo executado.

Gabarito "1E, 2C"

(Enfermeiro – ESTÂNCIA/SE – 2011 – EXATUS) Ao visitar determinado restaurante, você observa a seguinte imagem fixada junto a parede: Isto significa que neste estabelecimento:

(A) Há sinal de internet (sem fio) disponível.
(B) Há locais para conectar um computador a internet (cabos de rede).
(C) É permitido o uso de computadores, *tablets* e celulares (*smartphones*).
(D) Há tomadas para conectar um computador (ou celular) para recarregar a(s) bateria(s).

A: Correta, a imagem mencionada significa que no local onde foi encontrada existe uma rede de internet sem fio disponível para uso. **B:** Errada, como é possível ver no símbolo mencionado a forma de conexão disponibilizada é via rede sem fio (WiFi). **C:** Errada, este símbolo não faz menção a nenhum dos itens descritos mas sim a existência de uma rede sem fio disponível no local. **D:** Errada, o símbolo não tem relação com elementos de energia mas sim com redes de computador.

Gabarito "A"

(Enfermeiro Fiscal de Saúde – PREFEITO SENADOR CANEDO/GO – 2011 – UFG) Considere a janela do navegador Mozilla Firefox 3.6.13, apresentada na figura a seguir.

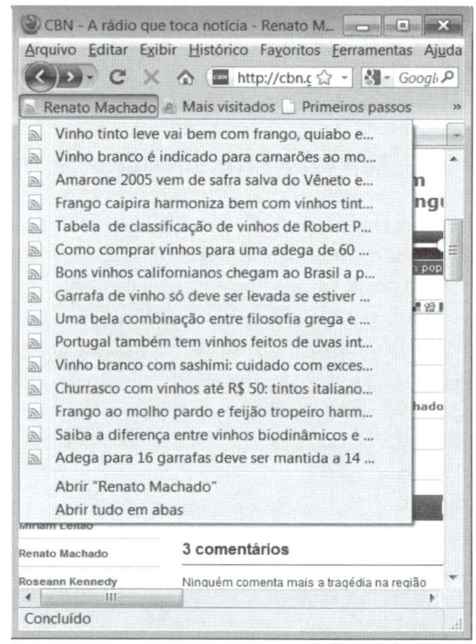

A lista apresentada na figura refere-se a um serviço em que o usuário pode economizar tempo para receber conteúdo Web de seus sítios e *blogs* prediletos. Esse serviço é conhecido por

(A) *Feeds* RSS.
(B) Janela *pop-up*.
(C) *Messenger*.
(D) *Wi-Fi*.

A: Correta, o serviço de *Feeds* RSS permite receber conteúdo de um provedor de forma mais rápida e fácil. **B:** Errada, uma janela *pop-up* é uma janela aberta pela aba atual com outro tipo de conteúdo. **C:** Errada, Messeger é um programa de troca de mensagens instantâneas. **D:** Errada, *Wi-Fi* é um termo usado para se referir a redes sem fio.

Gabarito "A"

(Enfermeiro – MP/RO – 2012 – FUNCAB) Observe a imagem parcial do *site* da FUNCAB na internet e considere que, ao posicionar o cursor sobre a palavra CONCURSOS, o formato do cursor é alterado para o formato de uma mão. Na configuração padrão do Windows Internet Explorer, ao clicar sobre a imagem:

(A) a imagem será impressa.
(B) a imagem será ampliada.
(C) a imagem será salva no seu computador.
(D) uma página *web* será exibida.
(E) a imagem será adicionada à lista de favoritos.

A, B, C, D e E: Na configuração padrão do Windows, quando o cursor se torna o símbolo de uma mão quer dizer que o *mouse* está sobre um *hyperlink* e este se clicado deverá exibir o conteúdo de uma nova página, portanto apenas a alternativa D está correta.

Gabarito "D"

(Enfermeiro – TJ/AL – 2012 – CESPE) Em relação aos conceitos básicos, ferramentas e aplicativos da Internet, assinale a opção correta.

(A) Por questões de segurança entre as mensagens trocadas, o programa Eudora não permite anexar arquivos executáveis às mensagens de *e-mail*.
(B) iCloud é um sistema da Apple que permite ao usuário armazenar determinadas informações que, por sua vez, poderão ser acessadas por meio de diversos dispositivos, via Internet.
(C) No Google, ao se iniciar uma pesquisa com a palavra *allintext*, a busca vai restringir os resultados a páginas que se encontram armazenadas fora do país onde a consulta foi originada.
(D) O HTTP (*Hypertext Transfer Protocol*) é uma linguagem de descrição por hipertexto que foi desenvolvida para a criação e o armazenamento de páginas web acessíveis por *browser* ou navegador. Para que o navegador permita a seus usuários interagirem com páginas web criadas com o HTTP, é necessário que a essas páginas tenham sido associados endereços eletrônicos da Internet (URL ou URI).
(E) O Twitter é uma rede social na qual é permitido escrever mensagens de até duzentos caracteres. Essas mensagens podem ser recebidas por pessoas que estejam acessando diferentes redes sociais.

A: Errada, o Eudora permite a inclusão de anexos executaveis. **B:** Correta, o iCloud é um sistema da Apple que permite compartilhar arquivos e configurações entre seus dispositivos. **C:** Errada, ao utilizar a palavra allintext o Google irá restringir a pesquisa a resultados que contenham todos os termos da consulta. **D:** Errada, HTTP é um protocolo de comunicação e não uma linguagem. **E:** Errada, o limite de caracteres para as mensagens do Twitter é de 140.

Gabarito "B"

(Enfermeiro – TJ/AL – 2012 – CESPE) Assinale a opção que cita apenas exemplos de navegadores *web*.

(A) Google Chrome, Opera, Mozilla Firefox e Dropbox
(B) Mozilla Firefox, Safari, Opera e Shiira
(C) Shiira, Windows Explorer, Google Chrome e Mozilla Thunderbird
(D) Dropbox, Mozilla Thunderbird, Outlook Express e Google
(E) Windows Explorer, Mozilla Firefox, Safari e Outlook Express

A: Errada, Dropbox é um programa de armazenamento virtual. **B:** Correta, todos os programas mencionados nesta alternativa são navegadores web. **C:** Errada, o Windows Explorer é um programa que permite visualizar a estrutura de pastas do Windows e Thunderbird é um gerenciador de mensagens eletrônicas. **D:** Errada, Dropbox é um programa de armazenamento virtual, Thunderbird é um gerenciador de mensagens eletrônicas e Google é um motor de buscas. **E:** Errada, Windows Explorer é um programa que permite visualizar a estrutura de pastas do Windows e Outlook Express é um gerenciador de mensagens eletrônicas.

Gabarito "B"

(Enfermeiro – POLÍCIA CIVIL/MG – 2013 – ACADEPOL) Em relação aos botões de comando do Internet Explorer 7, versão português, correlacione as colunas a seguir, numerando os parênteses:

Ícone	Opção
I. 	( ) Página inicial
II. 	( ) Adicionar a favoritos
III. 	( ) Atualizar
IV. 	( ) Configurações

A sequência CORRETA, de cima para baixo, é:

(A) II, I, IV, III.
(B) III, I, II, IV.
(C) IV, II, I, III.
(D) IV, I, II, III.

A, B, C e D: O ícone I representa a ação de Adicionar a favoritos, o ícone II a ação de Atualizar, o ícone III a opção Configurações e o ícone IV a opção de Página inicial, portanto apenas a alternativa D está correta nas associações.

Gabarito "D"

(Analista – STF – 2008 – CESPE) A figura abaixo mostra uma janela do Internet Explorer 7 (IE7), na qual é exibida parte de uma página da Web.

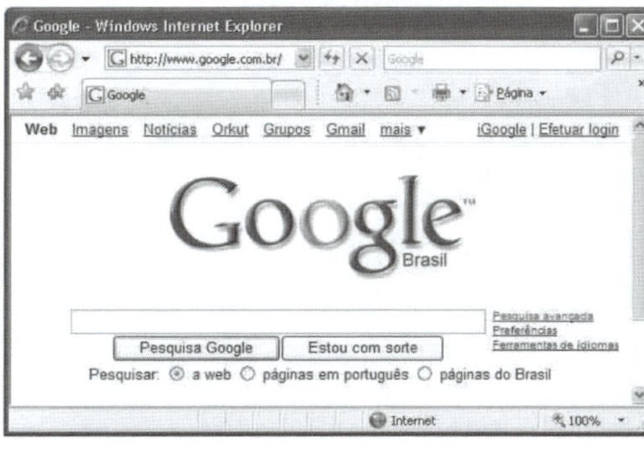

Com relação a essa janela, ao IE7 e a conceitos relacionados à Internet e(ou) a *intranet*, julgue os itens que se seguem.

(1) A sequência de caracteres http://www.google.com.br é um exemplo de endereço na Internet. Nesse endereço, os caracteres http identificam um protocolo.

(2) Ao se clicar o botão , é aberto o programa Outlook Express, que permite o envio e o recebimento de mensagens de correio eletrônico, mediante o acesso, para cada usuário, a uma conta de correio eletrônico.

(3) Ao se digitar, no campo específico para inclusão de palavras para pesquisa, as palavras **Supremo Tribunal** e se clicar o botão Pesquisa Google, será iniciada uma busca por páginas que contenham a expressão exata, mas não páginas que contenham as duas palavras na ordem invertida — **Tribunal Supremo**.

(4) Clicar o botão faz que o *menu* Favoritos seja aberto. Esse *menu* permite o acesso a páginas da Web que tenham sido previamente incluídas em uma lista desse *menu*.

1: correta, a sequência de caracteres http://www.google.com.br é um endereço da internet válido, nela "HTTP" indica um protocolo referente a páginas de hypertexto. **2:** errada, ao se clicar o botão , o usuário é enviado para a página inicial do navegador. **3:** errada, ao realizar uma pesquisa com as palavras Supremo Tribunal será realizada uma pesquisa por páginas que contenham as palavras digitadas não importando sua ordem. **4:** correta, o botão exibe o menu "Favoritos", em que podem ser encontradas páginas previamente adicionadas pelo usuário.

Gabarito 1C, 2E, 3E, 4C

(Analista – STJ – 2008 – CESPE) A figura acima mostra uma janela do Internet Explorer 7 (IE7), na qual é exibida parte de uma página da Web. Com relação a essa janela, ao IE7 e a conceitos e tecnologias relacionados à Internet, julgue os itens que se seguem.

(1) O *menu* Ferramentas possibilita o acesso a funcionalidade que permite definir a primeira página que deve ser exibida quando o IE7 é aberto.

(2) Ao se clicar o botão , será exibida uma lista de todos os *websites* que foram acessados no dia atual.

(3) Ao se clicar , será aberta a página inicial do *website* do STJ.

(4) Ao se clicar , no canto superior esquerdo da janela mostrada, é exibida uma lista de opções, entre as quais se encontra uma que permite fechar o IE7.

(5) Ao se aplicar um clique duplo em um local na barra de título que não contenha nenhum botão ou ícone, a janela mostrada será minimizada.

1:correta, a página inicial pode ser definida através de uma funcionalidade chamada *Opções da Internet* que está localizada no menu *Ferramentas*. **2:** errada, ao se clicar no botão , é exibida a lista de *Favoritos* e não os *websites* acessados no dia atual. **3:** errada, ao se clicar no botão , o usuário é direcionado à pagina inicial do navegador que não necessariamente será a do STJ. **4:** correta, o botão irá exibir uma lista de opções disponíveis da janela do IE, entre elas a função que permite fechar o IE7. **5:** errada, ao se aplicar um duplo clique em um local da barra de títulos que não contenha nenhum botão ou ícone, a janela terá seu tamanho reduzido (se estiver maximizada) ou será maximizada (se estiver com seu tamanho reduzido).

Gabarito 1C, 2E, 3E, 4C, 5E

(Analista – TSE – 2006 – CESPE) A respeito da Internet e de conceitos a ela relacionados, assinale a opção correta.

(A) A linguagem html é útil na elaboração de páginas da Web que contenham figuras. Entretanto, essa linguagem não permite a elaboração de páginas que contenham apenas texto e *hyperlinks*.

(B) O TCP/IP é usado em redes do tipo Ethernet, mas não tem função relevante na comunicação realizada por meio da www.

(C) Uma característica da www é a absoluta segurança e privacidade. Como todas as informações que circulam na Web são fortemente criptografadas, não existe o risco de interceptação ou uso indevido de informações transmitidas por computadores a ela conectados.

(D) As funcionalidades do FTP podem ser úteis na transferência de arquivos entre dois computadores conectados à Internet.

A: errada, a linguagem HTML é uma linguagem que permite a utilização de texto e *hyperlinks*. **B:** errada, o protocolo TCP/IP é a base da comunicação de redes, sendo indispensável para qualquer tipo de comunicação em rede. **C:** errada, nem todas as informações que circulam pela Web são criptografadas; se não forem utilizados canais seguros de comunicação, pode haver interceptação de informação. **D:** correta, o protocolo FTP trata essencialmente da transmissão de arquivos em uma rede de computadores.

Gabarito "D"

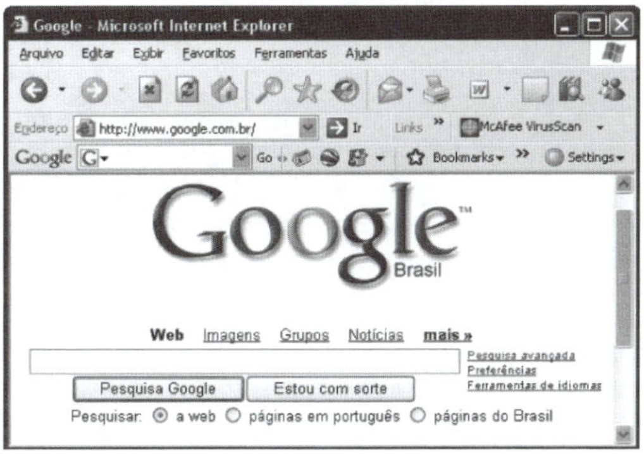

(Analista – TSE – 2006 – CESPE) A figura acima mostra uma janela do Internet Explorer 6, com uma página da Web em exibição. Com relação a essa janela, assinale a opção correta.

(A) A página *web* em exibição é um *website* cuja principal aplicação é permitir o envio de mensagens de correio eletrônico.

(B) Considerando que a palavra Imagens seja um *hyperlink*, então, ao se clicar essa palavra, será aberto o aplicativo Paint, do Windows XP, que permite a elaboração de desenhos e a edição de imagens.

(C) Ao se clicar o botão , é aberta uma janela cuja principal função é permitir a configuração das opções de segurança do Internet Explorer 6.

(D) Ao se clicar o *menu* Ferramentas, será exibida uma lista de opções, incluindo uma denominada Opções da Internet, que permite configurar diversos parâmetros que controlam o funcionamento do Internet Explorer 6.

A: errada, a página da web exibida é um buscador eletrônico, que permite a realização de pesquisas de *sites* na internet. **B:** errada, sendo um *hyperlink*, ao se clicar em Imagens o usuário é direcionado a uma nova página da web e não ao aplicativo Paint. **C:** errada, ao se clicar o botão será aberto o aplicativo Windows *Messenger*, que permite a comunicação instantânea via web. **D:** correta, o menu Ferramentas possui uma lista com várias opções entre elas, a chamada Opções da Internet que pode controlar o funcionamento do IE6.

Gabarito "D"

(Analista – TSE – 2006 – CESPE) Com relação a programas usados em aplicações associadas à Internet, assinale a opção correta.

(A) O Outlook Express permite, entre outras coisas, enviar e receber mensagens de *e-mail* e ingressar em grupos de notícias.

(B) O *Messenger* é um programa cuja principal função é a criação de páginas da Web usando linguagem Java.

(C) Para acessar mensagens de *e-mail* por meio de sítios do tipo *webmail*, é essencial que esteja instalado no computador o programa Eudora.

(D) *Cookie* é a denominação comumente usada para os chamados programas antivírus.

A: correta, o Outlook Express é um aplicativo que permite o envio e recebimento de *e-mails* e a participação em grupos de notícias. **B:** errada, o *Messenger* é um aplicativo que permite a comunicação instantânea via web. **C:** errada, o acesso a mensagens de *e-mail* por meio de *sites* do tipo *webmail* é feito independentemente da existência do programa Eudora é um computador. **D:** errada, os *Cookies* são arquivos temporários criados por páginas da web para armazenar informações sobre o usuário.

Gabarito "A"

(Analista – TST – 2008 – CESPE) A figura acima ilustra parte de uma página do sítio do TST, acessado por meio do Internet Explorer 6 (IE6), que está sendo executado em um computador cujo sistema operacional é o Windows XP. Considerando essa figura, julgue os itens a seguir acerca do IE6 e de conceitos de Internet e correio eletrônico.

(1) Na janela Opções da Internet, que pode ser executada a partir de opção do *menu* Ferramentas, é possível encontrar, em uma das guias dessa janela, a ferramenta ilustrada a seguir, que permite bloquear a exibição de *pop-ups*. Por meio de funcionalidades disponibilizadas ao se clicar o botão Configurações..., nessa ferramenta, podem-se especificar endereços de sítios para os quais é permitida a exibição de *pop-ups*.

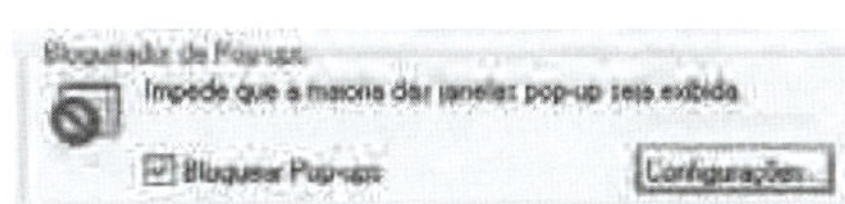

(2) As páginas que são visitadas na Internet em uma sessão de uso do IE6 podem ser armazenadas em uma pasta especial para exibição rápida em uma outra sessão de uso do IE6. O usuário não tem acesso aos arquivos armazenados nessa pasta, no entanto, é possível definir o tamanho do espaço em disco a ser usado de modo que, quando esse espaço for completamente ocupado, a referida pasta é automaticamente esvaziada.

(3) No *menu* Arquivo, existe opção que permite enviar o endereço da página mostrada acima como *link* em uma mensagem de *e-mail*. Dessa forma, clicando esse *link*, o destinatário do *e-mail* poderá dar início a procedimento de acesso à referida página do TST.

(4) Na janela Painel de controle do Windows XP, encontra-se ferramenta que permite especificar o Mozilla Thunderbird como o aplicativo a ser usado para edição de páginas web. Porém, uma página web criada por meio do Mozilla Thunderbird não pode ser exibida no IE6, porque esses dois aplicativos são incompatíveis.

(5) O IE6 não permite a proteção do computador contra vírus de Internet, mas disponibiliza ferramenta inicializável por meio do *menu* Arquivo que permite a proteção contra outros tipos de ameaças, incluindo as denominadas ferramentas de hacking, que, apesar de não serem vírus nem terem efeitos destrutivos, podem provocar danos.

1: correta, no IE7 há a possibilidade de bloquear *pop-ups* por meio da funcionalidade indicada na ilustração, que pode ser encontrada no menu Ferramentas na opção Opções da internet e após se clicar em Configurações... **2:** errada, a funcionalidade mencionada existe, porém o usuário possui acesso aos arquivos armazenados nesta pasta. **3:** correta, no menu arquivo existe uma opção que habilita o usuário a enviar a página como um *hyperlink* via *e-mail* para que outra pessoa possa acessá-la. **4:** errada, O Thunderbird é na verdade um *software* de correio eletrônico e não um editor de páginas da internet. **5:** errada, o IE6 não possui nenhuma ferramenta nativa para proteção contra vírus e outros tipos de ameaça, ficando a cargo do usuário a instalação de tal ferramenta.

Gabarito 1C, 2E, 3C, 4E, 5E

(Analista – TRT/2ª – 2008 – FCC) A função *Live Bookmarks* do Mozilla Firefox 2 permite receber

(A) atualizações automáticas do navegador.
(B) extensões de segurança.
(C) extensões de personalização.
(D) *feeds* de RSS no navegador.
(E) suporte multiplataforma.

A: errado, o Live Bookmarks permite receber atualizações automáticas de *sites* e não do navegador. **B:** errada, o Live Bookmarks não tem qualquer efeito sobre as extensões de segurança. **C:** errada, o Live Bookmarks não tem qualquer efeito sobre as extensões de personalização. **D:** correta, o Live Bookmarks permite receber atualizações automáticas de *sites* como *feeds* de RSS. **E:** errada, o Live Bookmarks não tem qualquer efeito sobre o suporte multiplataforma do navegador.

Gabarito "D"

(Analista – TRT/14ª – 2011 – FCC) No Mozilla Thunderbird 2.0,

(A) uma conexão segura pode ser configurável por meio do protocolo SMTP.
(B) o campo Cco é utilizado para criptografar a mensagem a ser enviada.
(C) a agenda permite configurar vários tipos de alarmes de compromissos.
(D) contas de usuários de *webmail* podem ser acessadas pelo *Thunderbird* simplesmente fornecendo o nome de usuário e senha.
(E) tentativas de golpe, no qual a mensagem recebida é usada para convencer o usuário a fornecer dados pessoais, são alertadas pela ferramenta *anti-spam*.

A: Errada, o protocolo SMTP apenas lida com o envio de mensagens de correio eletrônico. **B:** Errada, o campo Cco é utilizado para enviar cópias ocultas da mensagem. **C:** Errada, o Thunderbird não possui uma agenda integrada. **D:** Correta, o Thunderbird é um cliente de *e-mail* que permite a visualização das mensagens contidas em um *webmail*. **E:** Errada, o objetivo do *anti-spam* é barrar as mensagens indesejadas, nem toda tentativa de phishing é identificada pelo *anti-spam*, esta função é exercida pelo *anti-phishing*.

Gabarito "D"

(Analista – TRT/14ª – 2011 – FCC) Na Internet,

(A) uma forma de se fazer uma pesquisa com maior objetividade e se obter respostas mais próximas do tema pesquisado em *sites* de busca é fazer uma pergunta direta, encerrada com ponto de interrogação.
(B) o *download* é uma transferência de arquivos de algum ponto da Internet para o computador do usuário, por meio do servidor SMTP.
(C) *Cookies* são grupos de dados gravados no servidor de páginas, acerca de costumes de navegação do usuário para facilitar seu próximo acesso ao *site*.
(D) um serviço de banda larga ADSL pode disponibilizar velocidade superior a 10 MB, quando conectado à porta serial.
(E) um serviço hospedado em um servidor pode ser acessado pela URL ou pelo seu endereço IP.

A: Errada, pesquisas desta forma retornam resultados que contenham aquelas palavras não necessariamente na mesma ordem, o correto é utilizar a frase de busca entre aspas. **B:** Errada, o protocolo SMTP trata apenas o envio de mensagens de correio eletrônico, a troca de arquivos é feita pelo protocolo FTP. **C:** Errada, os *cookies* são gravados no computador do usuário e não em um servidor web. **D:** Errada, serviços ADSL utilizam da porta Ethernet e não serial para conexões de rede. **E:** Correta, serviços em servidores na Web são acessados pela URL de conexão ou pelo endereço IP do servidor onde está hospedado.

Gabarito "E"

(Analista – TRT/20ª – 2011 – FCC) É um exemplo de URL (*Uniform Resource Locator*) INCORRETO:

(A) smtp://www.map.com.br/força/brasil.html
(B) https://www.uni.br/asia/china.php
(C) http://dev.doc.com/*downloads*/manuais/doc.html
(D) ftp://ftp.foo.com/home/foo/homepage.html
(E) file://localhost/dir2/file.html

A: Correta, uma URL não começa com o protocolo SMTP, pois este trata o envio de mensagens de correio eletrônico. **B:** Errada, este formate de URL é válido. **C:** Errada, este exemplo de URL é válido. **D:** Errada, este formate de URL é válido, o protocolo ftp trata a troca de arquivos entre computadores em uma rede. **E:** Errada, o exemplo de URL é valido.

Gabarito "A"

(Analista – TRT/21ª – 2010 – CESPE) Julgue os itens a seguir, relativos a conceitos e modos de utilização da Internet e de intranets, assim como a conceitos básicos de tecnologia e segurança da informação.

(1) Considere a estrutura do seguinte URL hipotético: www.empresahipotetica.com.br. Nessa estrutura, os caracteres br indicam que o endereço é de uma página de uma organização brasileira e os caracteres com indicam que o sítio web é de uma empresa especializada no comércio e(ou) na fabricação de computadores.

(2) O protocolo SMTP permite que sejam enviadas mensagens de correio eletrônico entre usuários. Para o recebimento de arquivos, podem ser utilizados tanto o protocolo Pop3 quanto o IMAP.

(3) Se um usuário enviar um *e-mail* para outro usuário e usar o campo cc: para enviar cópias da mensagem para dois outros destinatários, então nenhum destinatário que receber a cópia da mensagem saberá quais outros destinatários também receberam cópias.

(4) No sítio web google.com.br, se for realizada busca por "memórias póstumas" — com aspas delimitando a expressão memórias póstumas —, o Google irá realizar busca por páginas da Web que contenham a palavra memórias ou a palavra póstumas, mas não necessariamente a expressão exata memórias póstumas. Mas se a expressão memórias póstumas não foi delimitada por aspas, então o Google irá buscar apenas as páginas que contenham exatamente a expressão memórias póstumas.

1: Errada, por meio dos caracteres com não é possível especificar o ramo de atuação da empresa detentora do domínio; **2:** Correta, o protocolo SMTP realiza o envio de mensagens de correio eletrônico, enquanto os protocolos POP3 e IMAP fazem o recebimento destas mensagens; **3:** Errada, para que nenhum destinatário tenha conhecimento do envio de cópias deve-se utilizar o campo Bcc; **4:** Errada, a realização de uma busca no sítio web google.com.br com a utilização de aspas faz com que o resultado contenha a expressão na forma como foi digitada, neste caso ela deve conter as palavras memórias póstumas, escritas desta forma e nesta mesma ordem.

Gabarito 1E, 2C, 3E, 4E

(Analista – TRE/AC – 2010 – FCC) A prevenção contra *sites* que agem monitorando a navegação de usuários na *Internet* é realizada no *Internet Explorer 8* por meio do recurso

(A) *Data Execution Prevention.*
(B) *Automatic Crash Recovery.*
(C) *Cross Site Scripting.*
(D) Filtro do *SmartScreen.*
(E) Filtragem *InPrivate.*

A: Errada, o DEP é um recurso do Windows e não do Internet Explorer. **B:** Errada, o Automatic Crash Recovery ajuda a prevenir que o usuário perca uma página que esteja aberta caso o programa trave. **C:** Errada, Cross *Site* Scripting é um tipo de vulnerabilidade do sistema de segurança de um computador, encontrado normalmente em aplicações web. **D:** Errada, o Filtro do SmartScreené um recurso no Internet Explorer que ajuda a detectar *sites* de phishing. **E:** Correta, a Filtragem *InPrivate* previne que *sites* monitorem a navegação do usuário.

Gabarito "E"

(Analista – TRE/AC – 2010 – FCC) NÃO se trata de um componente da área de trabalho padrão do *Mozilla Firefox*:

(A) Abas de Navegação.
(B) Barra de Navegação.
(C) Barra de *Status*.
(D) Barra de Menus.
(E) Barra de Tarefas.

A: Errada, as Abas de Navegação não só estão presentes como são um dos principais elementos do navegador. **B:** Errada, a Barra de Navegação está presente na área de trabalho-padrão do navegador. **C:** Errada, a Barra de *Status* também está, por padrão, presente na área de trabalho do Firefox. **D:** Errada, a Barra de Menus é outro componente presente por padrão na área de trabalho do Mozilla Firefox. **E:** Correta, apenas a Barra de Tarefas não é um componente--padrão presente na área de trabalho do navegador.

Gabarito "E"

(Analista – TRE/AP – 2011 – FCC) No *Internet Explorer 8* o internauta pode navegar por:

(A) guias, janelas, guias duplicadas e sessões.
(B) janelas, guias e guias duplicadas, somente.
(C) janelas e sessões, somente.
(D) janelas e janelas duplicadas, somente.
(E) guias, guias duplicadas e sessões, somente.

A: Correta, podem ser usadas janelas, guias e guias duplicadas ou sessões durante a navegação no IE8, todos acessíveis por meio do menu Arquivo. **B:** Errada, o IE8 também permite o uso de sessões. **C:** Errada, não há a opção de janelas duplicadas mas sim guias duplicadas, também é possível utilizar guias e sessões. **D:** Errada, também podem ser usadas sessões e guias. **E:** Errada, também podem ser usadas janelas.

Gabarito "A"

(Analista – TRE/RS – 2010 – FCC) A *web* permite que cada documento na rede tenha um endereço único, indicando os nomes do arquivo, diretório e servidor, bem como o método pelo qual ele deve ser requisitado. Esse endereço é chamado de

(A) DNS.
(B) FTP.
(C) TCP/IP.
(D) URL.
(E) IMAP.

A: Errada, o DNS designa um servidor de nomes, responsável por transformar endereços web em endereços IP. **B:** Errada, o FTP é um protocolo de troca de arquivos. **C:** Errada, o TCP/IP é um conjunto de regras e protocolos no qual se baseiam as conexões de rede. **D:** Correta, o URL é um endereço amigável que identifica um endereço na rede, nele é possível definir o tipo de acesso que está sendo ao servidor requisitado por meio do protocolo utilizado. **E:** Errada, o IMAP é um protocolo de recebimento de correio eletrônico.

Gabarito "D"

(Analista – TRE/RS – 2010 – FCC) O computador de um provedor de acesso à Internet (ISP), encarregado de enviar as mensagens aos provedores de destino é um servidor

(A) PROXY.
(B) *WEBMAIL.*

(C) DNS.
(D) SMTP.
(E) POP3.

A: Errada, proxy é um servidor que atende a requisições repassando os dados do cliente à frente. **B:** Errada, *Webmail* é uma forma de acessar um endereço de *e-mail* sem a necessidade de um *software* gerenciador de *e-mails*. **C:** Errada, o DNS é um protocolo responsável pela tradução de um endereço web em seu endereço IP correspondente. **D:** Correta, o SMTP é o protocolo responsável pelo envio de mensagens eletrônicas. **E:** Errada, o POP3 é um protocolo responsável pelo recebimento de mensagens eletrônicas.

Gabarito "D"

(Analista – TRE/TO – 2011 – FCC) A operação de transferência de um arquivo gravado no computador pessoal para um computador servidor de um provedor da Internet é conhecida por

(A) *Extraction.*
(B) *Copy.*
(C) *Download.*
(D) *Upload.*
(E) *Move.*

A: Errada, Extraction é a ação feita em um arquivo comprimido, onde os dados são extraídos no mesmo para a unidade de armazenamento local. **B:** Errada, Copy é a ação de cópia de um arquivo dentro da própria máquina. **C:** Errada, *Download* é a ação de transferência de um arquivo de um servidor ou máquina na rede para o computador local. **D:** Correta, o *Upload* é a ação de envio de um arquivo de um computador local para outro na rede. **E:** Errada, Move é a ação de mover um arquivo de um local para outro dentro do mesmo computador.

Gabarito "D"

(Analista – TRE/TO – 2011 – FCC) No Internet *Explorer,* o bloqueio ou desbloqueio de *Pop-ups* pode ser realizado por intermédio do menu

(A) Arquivo.
(B) Editar.
(C) Exibir.
(D) Ferramentas.
(E) Opções.

A: Errada, o menu Arquivo concentra a opções de gerenciamento da janela, abertura de novas abas e impressão. **B:** Errada, o menu Editar concentra opções de manipulação como Copiar e Colar. **C:** Errada, o menu Exibir concentra opções de exibição do documento atual, como *zoom* e tamanho da fonte. **D:** Correta, as opções de bloqueio e desbloqueio de *Pop-ups* se encontram no menu Ferramentas. **E:** Errada, não há o menu Opções no IE.

Gabarito "D"

(Analista – TRE/TO – 2011 – FCC) Os dispositivos que têm como principal função controlar o tráfego na Internet são denominados

(A) *switch*es.
(B) comutadores.
(C) roteadores.
(D) *firewall*s.
(E) web servers.

A: Errada, os *switch*es tem como função segmentar redes e direcionar o tráfego de pacotes. **B:** Errada, os comutadores são sinônimos de *switch*es, que apenas segmentam a rede e reencaminham pacotes. **C:** Correta, os roteadores fazem o gerenciamento da rede, controlando todo o trafego que por ele passa. **D:** Errada, os *firewall* são apenas barreiras de proteção para um rede, limitando o acesso a certas portas ou serviços. **E:** Errada, os web servers são servidores web que fornecem algum serviço.

Gabarito "C"

(Analista – TRE/BA – 2010 – CESPE) Com relação ao uso seguro das tecnologias de informação e comunicação, julgue os itens subsequentes.

(1) No acesso à Internet por meio de uma linha digital assimétrica de assinante (ADSL), a conexão é feita usando-se uma linha de telefone ligada a um *modem* e os dados trafegam em alta velocidade.
(2) *Firewall* é um recurso utilizado para a segurança tanto de estações de trabalho como de servidores ou de toda uma rede de comunicação de dados. Esse recurso possibilita o bloqueio de acessos indevidos a partir de regras preestabelecidas.

1: Correta, as conexões ADSL utilizam um *modem* que codifica os dados que trafegam pela linha telefônica convencional, sua velocidade é muito superior à de conexões do tipo *dial-up*; **2:** Correta, o *Firewall* é um dos principais itens de segurança de uma rede ou computador pessoal, ele permite bloquear o acesso a portas específicas e assim garantir a integridade da rede.

Gabarito 1C, 2C

(Analista – TRE/MT – 2010 – CESPE) Assinale a opção que apresenta um protocolo responsável pelo envio de mensagens eletrônicas na Internet.

(A) UDP
(B) POP3
(C) SNMP
(D) SMTP
(E) RTP

A: Errada, UDP designa um tipo de pacote sem confirmação de entrega que transita em redes de computador. **B:** Errada, o POP3 é um protocolo destinado ao recebimento de mensagens eletrônicas. **C:** Errada, o SNMP é um protocolo de monitoramento de rede utilizado para controle e gestão de redes de computadores. **D:** Correta, o protocolo SMTP é o protocolo utilizado no envio de mensagens eletrônicas. **E:** Errada, o RTP é um protocolo utilizado em aplicações em tempo real como transmissão de vídeo ou áudio via rede.

Gabarito "D"

(Analista – TRE/MT – 2010 – CESPE) Considerando os conceitos básicos de tecnologias e ferramentas associadas à Internet e intranet, assinale a opção correta.

(A) Para se acessar a Internet ou uma intranet, é suficiente que o usuário tenha o Internet Explorer instalado em seu computador.
(B) A tecnologia 3G disponibiliza serviços de telefonia e transmissão de dados a longas distâncias, em um ambiente móvel, incluindo o acesso a Internet.

(C) O Outlook Express possui mais funcionalidades do que o Microsoft Outlook, como, por exemplo, Agenda e Contatos.

(D) A intranet disponibiliza serviços semelhantes aos da Internet dentro de uma rede local, mas não permite que esses serviços sejam acessados de outros locais.

(E) ADSL é um serviço implementado pelo Internet Explorer que permite aumentar a velocidade de acesso a Internet.

A: Errada, é necessária também uma conexão de rede com a Internet ou com a intranet desejada. **B:** Correta, a conexão 3G permite que a transmissão de dados e telefonia seja feitos com maior velocidade. **C:** Errada, o Outlook Express é uma versão com menos funcionalidades que o Microsoft Outlook. **D:** Errada, uma intranet pode ser acessada de outros locais por meio de uma VPN por exemplo. **E:** Errada, ADSL é um tipo de conexão de banda larga que utiliza a linha telefônica como meio de transmissão.

Gabarito "B"

(TJ/SC – 2010) Assinale a alternativa que NÃO INDICA um recurso disponível no navegador Internet Explorer:

(A) Bloqueador de *pop-ups*.

(B) Navegação com guias.

(C) Barra de favoritos.

(D) Botões de avançar e retroceder páginas.

(E) Função "User Location". Trata-se de um botão que, ao ser clicado, mostra automaticamente o mapa da cidade onde se encontra o computador.

A: Errada, o bloqueador de *pop-ups* é um recurso disponível no Internet Explorer. **B:** Errada, a navegação com guias é um recurso disponível nas versões mais atuais do Internet Explorer. **C:** Errada, a barra de favoritos também é um recurso disponível no Internet Explorer. **D:** Errada, o Internet Explorer possui botões de avançar e retroceder páginas durante a navegação. **E:** Correta, a função "User Location" não é um recurso presente no Internet Explorer.

Gabarito "E"

(Analista – TRE/PB – 2007 – FCC) No Internet Explorer 6, os *links* das páginas visitadas recentemente podem ser excluídos executando-se

(A) Limpar histórico da pasta Histórico.

(B) Excluir *cookies* dos arquivos temporários.

(C) Assinalar *about:blank* na página inicial .

(D) Limpar *cookies* da página inicial.

(E) Assinalar *about:blank* na pasta Histórico.

A: correta, ao se limpar o histórico de navegação os *links* das páginas visitadas recentemente serão excluídos. **B:** errada, os *cookies* são apenas arquivos de armazenamento temporário de informações utilizadas por *websites*. **C:** errada, about:*blank* define uma página em branco no navegador. **D:** errada, os *cookies* são apenas arquivos de armazenamento temporário de informações utilizadas por *websites*. **E:** errada, about:*blank* define uma página em branco no navegador.

Gabarito "A"

I. Usar ferramentas de comunicação apropriadas, via Internet, sempre que a comunicação entre pessoas tiver caráter de urgência (tipo pergunta e resposta instantânea).

(Analista – TRE/PI – 2009 – FCC) De acordo com o recomendado em (I), é adequado o uso das funções de

(A) correio eletrônico.

(B) correio eletrônico e *chat*.

(C) *chat*.

(D) página web.

(E) *feeds*.

A: errada, correio eletrônico não é a forma mais rápida de comunicação em caráter de urgência. **B:** errada, correio eletrônico não é a forma mais rápida de comunicação em caráter de urgência. **C:** correta, sistemas de *chat* possibilitam comunicação instantânea, o que melhora o tempo de comunicação quando em caráter de urgência. **D:** errada, páginas web não são a forma mais rápida de comunicação em caráter de urgência. **E:** errada, *feeds* não são a forma mais rápida de comunicação em caráter de urgência, seu uso é mais comum na atualização frequente de conteúdo como *blogs* e *sites* de noticia.

Gabarito "C"

(Analista – TRE/SP – 2006 – FCC) É uma opção direta e originalmente disponível em Opções da Internet no menu Ferramentas do Internet Explorer:

(A) Código fonte.

(B) Localizar.

(C) Tela inteira.

(D) Limpar histórico.

(E) Configurar página.

A: errada, o código fonte é acessível através do menu Exibir. **B:** errada, a função Localizar é acessível através do menu Editar. **C:** errada, a função Tela inteira é acessível através do menu Exibir. **D:** correta, a função de Limpar histórico é acessível através da opção Opções da Internet no menu Ferramentas. **E:** errada, a função Configurar página é acessível através do menu Arquivo.

Gabarito "D"

Figura para as duas questões seguintes

A figura a seguir ilustra uma janela do Internet Explorer 6.0 (IE6), que está em uso para acesso a uma página *web*.

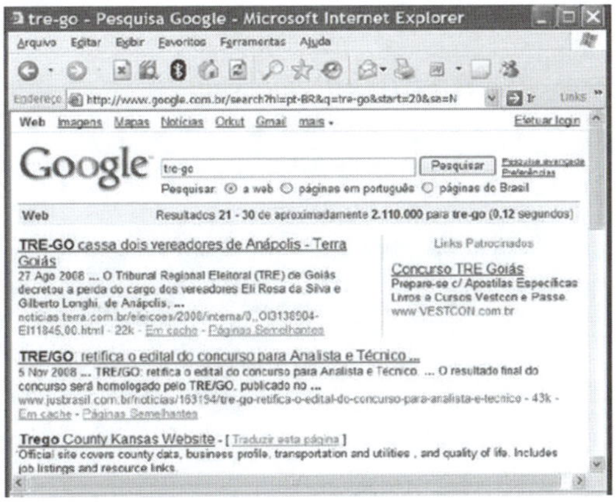

(Analista – TRE/GO – 2008 – CESPE) Considerando a pesquisa na Internet realizada, assinale a opção correta.

(A) Se a pesquisa fosse realizada com o termo tre-go colocado entre aspas, então o último dos resultados mostrados na figura não seria apresentado.
(B) A pesquisa apresenta o resultado de 30 sítios encontrados com o tema tre-go.
(C) A partir da figura, é correto afirmar que a notícia "TRE-GO cassa dois vereadores de Anápolis", encontra-se no sítio do TRE-GO.
(D) O terceiro resultado mostrado na figura apresenta a tradução da página oficial do TRE-GO para o idioma inglês.

A: correta, o segundo resultado também não seria exibido. **B:** errada, a pesquisa apresenta 10 resultados, indo do resultado 21 ao resultado 30, dentro 2.110.000 possíveis. **C:** errada, analisando o URL da página é possível verificar que ela se encontra em um *site* de notícias independente do TRE-GO. **D:** errada, o terceiro resultado representa uma página da web em inglês que contém a palavra Trego em seu título.

Gabarito "A"

(Analista – TRE/GO – 2008 – CESPE) Considerando que o Microsoft Outlook seja o cliente padrão, assinale a opção correspondente à sequência correta de procedimentos para encaminhar, por *e-mail*, o resultado da pesquisa.

(A) clicar a opção *e-mail* do *menu* Arquivo, digitar, no campo Para, o endereço eletrônico do destinatário, clicar Enviar
(B) clicar a ferramenta , selecionar a opção Enviar Página, digitar, no campo Para, o endereço eletrônico do destinatário, clicar Enviar
(C) clicar a ferramenta , selecionar a opção Enviar Página, digitar, no campo Para, o endereço eletrônico do destinatário, clicar Enviar
(D) clicar o *menu* Ferramentas, selecionar a opção *e-mail*, digitar, no campo Para, o endereço eletrônico do destinatário, clicar Enviar

A: errada, não há opção *e-mail* no menu Arquivo. **B:** errada, o botão apenas atualiza o conteúdo da página. **C:** correta, por meio do ícone , selecionando-se a opção Enviar Página e digitando-se, no campo Para, o endereço de *e-mail* do destinatário e clicando-se por fim em Enviar, a página será enviada para o *e-mail* informado. **D:** errada, o nome correto da função é *E-mail* e notícias, a partir do qual deve-se escolher a opção Enviar página.

Gabarito "C"

Figura para as duas questões seguintes

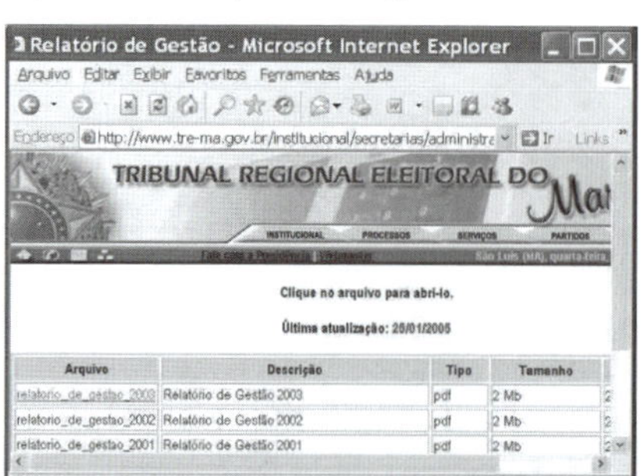

Considere que a janela do Internet Explorer 6 (IE6) ilustrada na figura anterior esteja sendo executada em um computador PC.

Considere ainda que a página *web* mostrada na janela esteja associada ao sítio http://www.tre-ma.gov.br e que o ponteiro do *mouse* esteja sobre o *hyperlink* relatorio_de_gestao_2003.

(Analista – TRE/MA – 2006 – CESPE) Com base nas informações apresentadas no texto II, é correto afirmar que,

(A) ao se clicar o *hyperlink* relatorio_de_gestao_2003, será iniciado processo de *download* de arquivo criptografado do tipo PDF a uma velocidade de 2 Mbps, por meio de uma conexão segura.
(B) ao se clicar o *hyperlink* relatorio_de_gestao_2003, caso esteja devidamente configurado, o IE6 poderá apresentar mensagem informando que o *download* de arquivo não está autorizado.
(C) ao se clicar o botão , será iniciado processo de salvaguarda do arquivo associado ao *hyperlink* relatorio_de_gestao_2003 na pasta Meus documentos.
(D) ao se clicar o botão e, em seguida, clicar o *hyperlink* relatorio_de_gestao_2003, será iniciado processo de verificação de existência de vírus de computador no arquivo associado a esse *hyperlink*, procedimento que reduz riscos de contaminação por vírus de computador no *download* de informação na Internet.
(E) ao se clicar o botão , será iniciado processo de impressão do conteúdo armazenado no arquivo associado ao *hyperlink* relatorio_de_gestao_2003.

A: errada, 2MB refere-se ao tamanho do arquivo e não à velocidade com que será baixado. **B:** correta, caso esteja devidamente configurado será exibida uma mensagem dizendo que o *download* do arquivo não foi autorizado. **C:** errada, o botão não possui função de salvaguardade arquivos. **D:** errada, o botão refere-se ao aplicativo *Messenger* de comunicação instantânea e não à verificação de vírus. **E:** errada, ao se clicar o botão será iniciado o processo de impressão de toda a página atual e não do arquivo associado ao *hyperlink*.

Gabarito "B"

(Analista – TRE/MA – 2006 – CESPE) Na situação apresentada no texto II, caso se deseje configurar o bloqueio de páginas *pop-up* que porventura sejam acionadas ao se acessar páginas do sítio http://www.tre-ma.gov.br, é correto o uso de recursos do IE6 disponibilizados por opção encontrada no *menu*

(A) Arquivo.
(B) Editar.
(C) Exibir.
(D) Favoritos.
(E) Ferramentas.

A: errada, o menu Arquivo não possibilita acesso a opções de bloqueio de *pop-up*. **B:** errada, o menu Editar não possibilita acesso a opções de bloqueio de *pop-up*. **C:** errada, o menu Exibir não possibilita acesso a opções de bloqueio de *pop-up*. **D:** errada, o menu Favoritos não possibilita acesso a opções de bloqueio de *pop-up*. **E:** correta, as opções referentes ao bloqueio de *pop-ups* podem ser acessadas através do menu Ferramentas.

Gabarito "E"

(Analista – TRE/MA – 2009 – CESPE) Acerca das ferramentas de navegação na Internet, assinale a opção correta.

(A) É possível configurar qual será o navegador padrão usado para navegação na Web, caso haja mais de um *software* com essa finalidade instalado no computador.
(B) O Firefox é um *browser* que não precisa de *plug-ins* para executar arquivos de som ou vídeo.
(C) O Internet Explorer é uma ferramenta utilizada para navegar na Internet que também disponibiliza opções de edição de arquivos e tratamento de imagens no formato HTML.
(D) Os *pop-ups* são janelas adicionais abertas automática e obrigatoriamente pelo *browser* para apresentar ao usuário recursos como confirmar senha, imprimir ou enviar uma página por *e-mail*.
(E) O Outlook Express é um *software* de *webmail* do sistema Windows que pode ser usado para gerenciar caixas de correio eletrônico e acessar páginas HTML e que também permite o envio destas a destinatários incluídos no catálogo de endereços do usuário.

A: correta, existindo mais de um navegador instalado no computador o usuário pode definir qual será o navegador-padrão. **B:** errada, são necessários *plug-ins* para a execução de alguns arquivos de som ou vídeo. **C:** errada, ele não disponibiliza opções de edição de arquivos e tratamento de imagens no formato HTML. **D:** errada, os recursos apresentados pelos *pop-ups* para o usuário não se limitam a confirmação de senha, impressão ou envio de página por *e-mail*. **E:** errada, o Outlook Express é um gerenciador de *e-mails* e não um *software* de *webmail*.

Gabarito "A"

(Analista – TRE/MA – 2009 – CESPE) Considerando a figura acima, que ilustra uma janela do Internet Explorer 6 (IE6), assinale a opção correta.

(A) O botão ☒ é utilizado para atualizar a página acessada pelo usuário.
(B) Para se abrir uma nova guia de navegação, deve-se selecionar o botão ✚ ou acessar a opção Abrir nova guia, no *menu* Arquivo.
(C) O botão 🖶 disponibiliza funcionalidade que permite bloquear ou desbloquear *pop-ups*.
(D) A opção de pesquisa na barra de endereço é acionada pelo botão ➔ Ir.
(E) O IE6 não pode ser usado para a navegação pela estrutura de diretórios e arquivos armazenados localmente na máquina do usuário.

A: errada, o botão ☒ fecha a janela atual do IE6. **B:** errada, a versão 6 do IE não possui suporte a guias de navegação. **C:** correta, 🖶 disponibiliza acesso a funcionalidade que permite bloquear ou desbloquear *pop-ups*. **D:** errada, o botão ➔ Ir inicia o acesso à página digitada na barra de endereço. **E:** errada, o IE6 pode ser utilizado para navegar na estrutura de arquivos armazenados localmente na máquina do usuário.

Gabarito "C"

(Analista – TRF/1ª – 2011 – FCC) Dados distribuídos na internet, frequentemente no formato RSS, em formas de comunicação com conteúdo constantemente atualizado, como *sites* de notícias ou *blogs*. Trata-se de

(A) *hiperlinks*.
(B) ripertextos.
(C) web Feed.
(D) web designer.
(E) canal aberto.

A: Errada, *hiperlinks* são ligações entre documentos web que permitem a navegação entre páginas. **B:** Errada, ripertexto não é uma nomenclatura utilizada na internet. **C:** Correta, os web *Feeds* fornecem informação em forma de RSS para as pessoas que os assinam. **D:** Errada, web designer é uma pessoa que cria designs e *layouts* para *websites*. **E:** Errada, canal aberto não é um termo que designa uma função relacionada a internet.

Gabarito "C"

I. Utilizar, preferencialmente, um navegador livre (*Software* Livre) para acesso a páginas da Internet.

(Analista – TJ/PI – 2009 – FCC) Para atender à recomendação disposta em I é correto o uso do

(A) We*blog*.
(B) Mozilla Firefox.
(C) Skype.
(D) Internet Explorer.
(E) Flash.

A: errada, o We*blog* não é um navegador web, e sim um *site* de *blogs*. **B:** correta, o Mozilla Firefox é um navegador web livre. **C:** errada, o Skype não é um navegador web, mas sim um *software* de comunicação instantânea. **D:** errada, o Internet Explorer é um navegador e um *software* de licença proprietária da Microsoft. **E:** errada, o Flash não é um navegador web, mas sim uma plataforma de animações.

Gabarito "B"

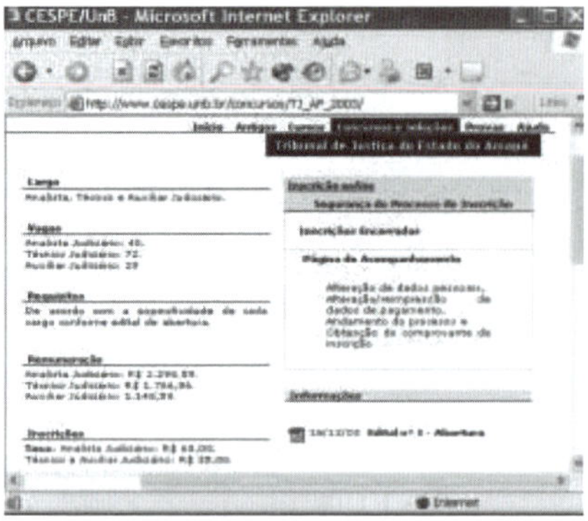

(Analista – TJ/AP – 2008 – CESPE) Considerando a janela do Internet Explorer 6 ilustrada acima, que está sendo executada em um computador PC, julgue os itens a seguir.

(1) Por não constituir um endereço eletrônico válido para páginas Web, A expressão http://www.cespe.unb.br/concursos/TJ_AP_2003/, constante do campo Endereço, não pode corresponder à página Web mostrada na janela do Internet Explorer 6 ilustrada.

(2) Ao se clicar o botão ☆, será iniciado um processo de acesso à página previamente configurada como a favorita do Internet Explorer 6, caso exista.

(3) Sabendo que consiste em um *hyperlink*, as informações contidas na janela do Internet Explorer 6 ilustrada permitem concluir que, ao clicar esse *hyperlink*, será aberta uma janela do Word 2000.

(4) Ao se clicar o botão, será mostrado um campo na janela do Internet Explorer 6 no qual será possível a manipulação de informações referentes ao histórico de acessos a páginas Web realizadas utilizando-se o computador.

1: errada, a expressão http://www.cespe.unb.br/concursos/TJ_AP_2003/ é um endereço eletrônico válido para páginas Web. **2:** errada, ao se clicar o botão ☆ é acessada a área de páginas favoritas. **3:** errada, um *hyperlink* pode levar a outra página da Web ou algum outro programa do computador, não necessariamente o Word 2000. **4:** correta, o botão da acesso à área de controle do histórico de navegação, exibindo as páginas da web acessadas por aquele computador.

Gabarito 1E, 2E, 3E, 4C

(Analista – TJ/CE – 2008 – CESPE) Considerando a figura anterior, que mostra uma janela do Internet Explorer 6 (IE6), julgue os itens a seguir.

(1) O IE6 permite definir diversas características de navegação por intermédio das Opções da Internet, acessadas por meio do menu Ferramentas.

(2) A ferramenta acessada por meio do botão permite pesquisar sinônimos de palavras.

(3) Para se acessar a Internet, é necessária a instalação de uma placa de rede de banda larga.

(4) Ao se executar a instalação-padrão do Windows XP, o IE6 é instalado automaticamente.

(5) Para se copiar um texto de página da Internet para um documento do Word, o seguinte procedimento pode ser adotado: selecionar o texto; clicar a opção Copiar do menu Exibir; abrir o documento do Word e clicar a opção Colar do menu Exibir.

1: correta, diversas características da navegação do IE6 podem ser definidas por meio das Opções da Internet, localizadas no menu Ferramentas. **2:** correta, o botão tem a função de pesquisar sinônimos de palavras. **3:** errada, a conexão com a Internet também pode ser feita via conexão discada usando uma placa de fax *modem*. **4:** correta, a instalação-padrão do Windows XP inclui o IE6 de forma automática. **5:** errada, não existe opção Copiar no menu Exibir.

Gabarito 1C, 2C, 3E, 4C, 5E

(Analista – TJ/MT – 2008 – VUNESP) Indique a alternativa que contém a guia da janela Opções da Internet (encontrada no botão Ferramentas do Internet Explorer 7) que permite ativar o Bloqueador de *Pop-ups*.

(A) Avançadas.

(B) Conteúdo.

(C) Geral.

(D) Programas.

(E) Privacidade.

A: errada, a guia Avançadas possui configurações técnicas do Internet Explorer. **B:** errada, a guia conteúdo possui configurações sobre o conteúdo dos *sites* visitados. **C:** errada, a guia Geral possui configurações sobre página inicial, histórico, pesquisa, guias e aparência do Internet Explorer. **D:** errada, a guia Programas define configurações de complementos, navegador-padrão, edição de HTML e programas-padrão. **E:** correta, as configurações de bloqueio de *pop-ups* se encontram na guia Privacidade.

Gabarito "E"

OBJETIVO:

O Ministério Público do Governo Federal de um país deseja modernizar seu ambiente tecnológico de informática. Para tanto, adquirirá equipamentos de computação eletrônica avançados e redefinirá seus sistemas de computação a fim de agilizar seus processos internos e também melhorar seu relacionamento com a sociedade.

REQUISITOS PARA ATENDER AO OBJETIVO:

§ 1º - O ambiente de rede de computadores, para troca de informações exclusivamente internas do Ministério, deverá usar a mesma tecnologia da rede mundial de computadores.

[...]

§ 3º - Os funcionários poderão se comunicar através de um serviço de conversação eletrônica em modo instantâneo (tempo real).

§ 4º - A comunicação eletrônica também poderá ser feita via internet no modo não instantâneo.

[...]

§ 8º - Os arquivos anexados às mensagens recebidas por meio de correio eletrônico, em cópia oculta, deverão ser salvos em uma pasta do computador local com identificação de Nome, Tamanho, Tipo e Data de modificação, bem como copiados em mídia removível, que será entregue ao supervisor do departamento.

(MPU –2007 – FCC) Os **§ 1º**, **§ 3º** e **§ 4º** correspondem correta e respectivamente a

(A) intranet, *chat* e *e-mail*.
(B) intranet, *e-mail* e *chat*.
(C) navegador, busca e *chat*.
(D) navegador, *e-mail* e intranet.
(E) internet, *e-mail* e *chat*.

A: Correta, os sistemas de rede internos se denominam intranet, programas de conversação instantânea são os *chats* e a comunicação de forma não instantânea é feita via *e-mail*. **B:** Errada, o *e-mail* não é uma forma de comunicação instantânea, mas sim o *chat*. **C:** Errada, o navegador apenas permite a navegação por *websites*, sistemas de rede interno se denominam intranet. **D:** Errada, o navegador apenas permite a navegação por *websites*, sistemas de rede interno se denominam intranet. **E:** Errada, a internet é um sistema de rede global e não apenas local como descrito no item § 1º.

Gabarito "A"

(MPU –2007 – FCC) São termos e elementos que podem ser observados mediante entendimento dos requisitos especificados no **§ 8º**:

(A) Cc e *pen-drive*.
(B) *e-mail* e *chat*.
(C) impressora e *scanner*.
(D) navegador e disco rígido.
(E) Cco e disquete.

A: Errada, o termo que se refere à cópia oculta é o Cco e não o Cc. **B:** Errada, o *chat* não é um sistema de armazenamento, e sim de comunicação instantânea. **C:** Errada, o *scanner* não é um sistema de armazenamento assim como a impressora não se refere à comunicação via cópia oculta de mensagens eletrônicas. **D:** Errada, o disco rígido não é uma mídia removível. **E:** Correta, o termo Cco se refere a cópia oculta e o disquete pode ser utilizado como mídia removível.

Gabarito "E"

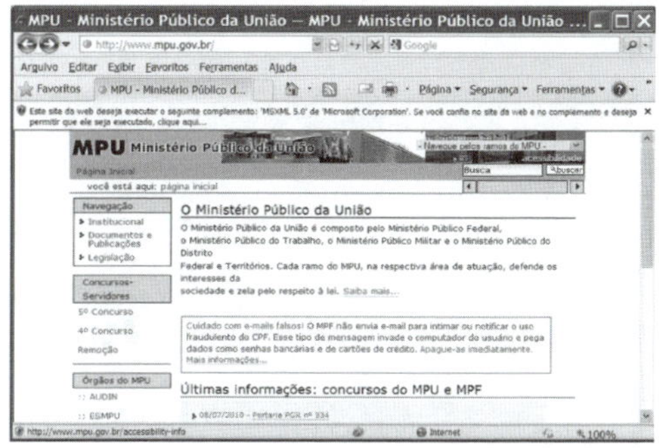

(MPU – 2010 – CESPE) A figura anterior mostra uma janela do IE 8.0 aberta em um computador com o Windows XP e conectado à Internet. Com base nessa figura, julgue os itens que se seguem, acerca da utilização de tecnologias, ferramentas, aplicativos e procedimentos associados à Internet.

(1) Ao se clicar a opção Página ▾ e, em seguida, a opção *Zoom*, serão exibidas opções que permitem ampliar ou reduzir a exibição da página da Web mostrada na figura.
(2) Ao se clicar o botão Ferramentas ▾, será apresentada a opção Adicionar a Favoritos... Esta, por sua vez, ao ser clicada, permite adicionar o endereço www.mpu.gov.br na lista de favoritos.
(3) Antes de permitir a execução do complemento MSXML 5.0, recomenda-se que o usuário clique a opção e, em seguida, clique Ativar Filtragem *InPrivate* para executar o antivírus do IE 8.0.

1: Correta, a opção Página ▾ permite acesso a opções de *zoom* da página atual assim como tamanho da fonte e outras opções referentes à página em exibição; **2:** Correta, a descrição apresentada descreve corretamente a maneira pela qual se pode adicionar a URL do *site* em exibição à lista de favoritos; **3:** Errada, a Filtragem *InPrivate* não é um antivírus, e sim uma funcionalidade que permite que o usuário navegue protegido de monitoramento.

Gabarito 1C, 2C, 3E

(Técnico Judiciário – STF – 2008 – CESPE) Acerca de conceitos e tecnologias relacionados à Internet e a intranet, julgue os itens subsequentes.

(1) Arquivos que armazenam documentos gerados a partir do Microsoft Word de versão superior ou igual à 2003 são imunes a infecção por vírus de macro, devido à incapacidade de esse tipo de vírus infectar arquivos com extensão .doc obtidos por meio do referido programa.
(2) Na Internet, o termo *cookie* é utilizado para designar um tipo de vírus que tem por função destruir dados contidos no disco rígido de um computador infectado.
(3) A estrutura de endereço de correio eletrônico **nome@empresa.com** está incorreta, pois após o conjunto de caracteres ".com" é obrigatória a inclusão de um ponto seguido por uma sequência de letras que indique o país do usuário do endereço, independentemente de qual seja esse país.

1: errada, arquivos de versões superiores ou iguais à versão 2003 também estão sujeitos a infecção por vírus de macro. **2:** errada, *cookies* são arquivos temporários que armazenam informações referentes à navegação da internet. **3:** errada, após o conjunto de caracteres ".com" não é obrigatório a inclusão de um ponto seguido por uma sequência de letras que indique o país do usuário.

Gabarito 1E, 2E, 3E

(Técnico Judiciário – STF – 2008 – CESPE) A figura acima mostra uma janela do Internet Explorer 7 (IE7), em que é exibida parte de uma página da Web. Com relação a essa janela, ao IE7 e à Internet, julgue os itens seguintes.

(1) Os caracteres http://www.unb.br/ não correspondem a um URL, pois, na World Wide Web, nenhum URL pode iniciar com os caracteres http.

(2) O botão permite que o usuário retorne à página da Web que havia sido exibida anteriormente à página atual.

(3) O botão permite ao usuário adicionar a página da Web que está sendo exibida a uma lista de páginas favoritas.

(4) Ao se clicar o botão, à direita de, aparecerá uma janela contendo uma mensagem perguntando se a seção de uso do aplicativo IE7 deve ser encerrada, e, ao se clicar o botão Sim, na referida janela, essa seção será encerrada.

1: errada, a maior parte dos URL válidos se inicia com os caracteres HTTP. **2:** correta, o botão faz com que o navegador retorne a página anteriormente acessada. **3:** correta, o botão permite ao usuário adicionar a página da Web atual à sua lista de favoritos. **4:** errada, o botão cancela o carregamento da página atual.

Gabarito 1E, 2C, 3C, 4E

(Técnico Judiciário – STJ – 2008 – CESPE) A figura anterior mostra uma janela do Internet Explorer 7 (IE7), em que é exibida parte de uma página da Web. Com relação a essa página, ao IE7 e a conceitos relacionados à Internet, julgue os itens seguintes.

(1) Ao se clicar o botão, na barra de títulos da janela do IE7, é exibida uma lista de opções, entre as quais a opção Abrir Outlook Express, que inicia um programa para edição, envio e recepção de mensagens de correio eletrônico.

(2) Ao se clicar o *menu* Editar, será exibida uma lista de opções, entre as quais a opção Editar página da Web, que permite fazer mudanças no código em linguagem html da página em exibição.

(3) O *menu* Editar permite o acesso a uma funcionalidade que possibilita a localização de palavras ou trechos de texto na página que está sendo exibida.

(4) Ao se clicar o botão, será exibida a página listada em segunda posição no histórico do IE7, caso ela exista.

(5) Ao se clicar o botão, na barra de título do IE7, a janela desse aplicativo será maximizada, e, ao se clicar o botão, essa janela será minimizada.

1: errada, o botão da acesso às opções de manipulação da janela atual, como maximizar, minimizar, mover, etc. **2:** errada, não existe a opção "Editar página da Web" no *menu* Editar. **3:** correta, por meio do *menu* Editar é possível acessar funcionalidade que permite a procura de palavras ou trechos de texto na página atual. **4:** errada, o botão atualiza o conteúdo da página atual. **5:** errada, ao se clicar o botão a janela atual será fechada.

Gabarito 1E, 2E, 3C, 4E, 5E

(Técnico Judiciário – TST – 2008 – CESPE) Com relação a Internet, correio eletrônico e navegadores da Internet, julgue os itens seguintes.

(1) No Internet Explorer 6, é possível que o usuário configure a página que estiver sendo exibida em uma sessão de uso do navegador como sendo a primeira página que será acessada na próxima vez que uma sessão de uso do navegador for iniciada.

(2) Existe funcionalidade do Internet Explorer 6 que permite interromper o processo de *download* de uma página web.

(3) O Mozilla Thunderbird é um navegador da Internet que apresenta funcionalidades similares às do Internet Explorer 6, entretanto é incompatível com o sistema operacional Windows XP.

(4) O termo worm é usado na informática para designar programas que combatem tipos específicos de vírus de computador que costumam se disseminar criando cópias de si mesmos em outros sistemas e são transmitidos por conexão de rede ou por anexos de *e-mail*.

(5) Caso um usuário envie uma mensagem de correio eletrônico e deseje que ela não possa ser lida por alguém que, por algum meio, a intercepte, ele deve se certificar que nenhum processo de criptografia seja usado para codificá-la.

1: correta, a página atual pode ser configurada para ser a página inicial do navegador, sendo acessada sempre que o mesmo for aberto pela primeira vez. **2:** correta, existe uma funcionalidade que interrompe o processo de *download* de uma página da web. **3:** errada, o Mozilla Thunderbird é um *software* gerenciador de *e-mails* e não um navegador web. **4:** errada, worm é um termo usado para especificar um tipo de vírus e não um programa contra os vírus. **5:** errada, sem o processo de criptografia uma mensagem que porventura seja interceptada pode ser lida sem nenhuma problema. O correto seria a mensagem passar por um processo de criptografia.

Gabarito 1C, 2C, 3E, 4E, 5E

(Técnico Judiciário – TRT/4ª – 2006 – FCC) Os *cookies* enviados pelos servidores da *Web* e captados pelos navegadores da Internet nos computadores são, geralmente, armazenados no disco rígido, pelo *Internet Explorer*, em uma pasta denominada

(A) *Desktop*.
(B) Favoritos.
(C) *Temporary*.
(D) Meus documentos.
(E) *Temporary Internet Files*.

A: errada, o *Desktop* é a área de trabalho do usuário, não armazenando *cookies*. **B:** errada, o Favoritos armazena os *sites* adicionados pelo usuário aos seus Favoritos. **C:** errada, não há pasta denominada *Temporary* que faça parte do sistema de arquivos utilizado pelo *Internet Explorer*. **D:** errada, a pasta Meus documentos armazena apenas arquivos salvos pelo usuário. **E:** correta, a pasta *Temporary* Internet *Files* é onde os *cookies* enviados pelos servidores da Web são geralmente armazenados.

Gabarito "E"

Figura para as duas questões seguintes

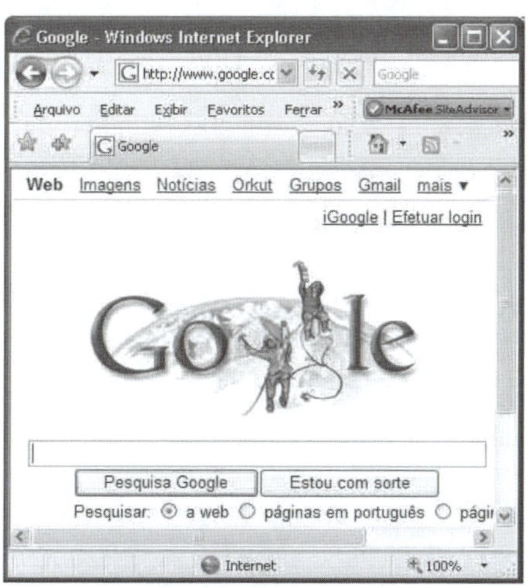

(Técnico Judiciário – TRT/1ª – 2008 – CESPE) Com relação à figura apresentada, que ilustra uma janela do Internet Explorer 7 (IE7), assinale a opção correta.

(A) Ao se clicar o botão , será iniciado o acesso à página web definida como página inicial a ser carregada quando o IE7 é aberto.
(B) O protocolo TCP/IP não está envolvido na transferência de dados que compõem a página web mostrada na figura.
(C) Ao clicar a palavra Orkut, mostrada na janela do IE7, será iniciado o acesso a uma página web cujo principal objetivo é permitir a realização de tradução automática de textos para a língua inglesa.
(D) Ao se clicar o botão ×, à direita do botão , o IE7 será fechado e a conexão entre o computador em uso e a Internet será finalizada.
(E) Por meio do URL www.google.com, tem-se acesso a ferramentas que podem facilitar a procura por informações na World Wide Web.

A: errada, o botão retorna à página anterior. **B:** errada, o protocolo TCP/IP é a base da transferência de dados da internet. **C:** errada, ao se clicar a palavra Orkut será exibida a página do *site* Orkut. **D:** errada, o botão × na verdade cancela o processo de *download* da página atual. **E:** correta, o URL www.google.com dá acesso a uma ferramenta de busca na World Wide Web.

Gabarito "E"

(Técnico Judiciário – TRT/1ª – 2008 – CESPE) Ainda com relação à janela do IE7 apresentada, e a conceitos de informática, assinale a opção correta.

(A) A exemplo do IE7, o aplicativo Mozilla Firefox é também um navegador da Internet. Entretanto, o Mozilla Firefox não permite a exibição de páginas com elementos gráficos, como a mostrada na figura, porque é um *browser* apenas para textos.
(B) Ao se clicar o botão , é aberta uma caixa de diálogo que permite a definição do tamanho das fontes usadas nos textos das páginas web que são acessadas.
(C) Embora o navegador IE7 possa ser utilizado em computadores que acessam a Internet por meio de linha discada, esse aplicativo não pode ser executado em computadores que estejam conectados a uma rede local que utilize o padrão Ethernet para conexão entre seus computadores.
(D) Ao se clicar, no IE7, o menu Arquivo, será exibida uma lista de opções, entre as quais aquela denominada Opções da Internet, que permite, entre outras ações, definir a página inicial que deverá ser carregada quando o IE7 for executado.
(E) Ao se clicar o botão , localizado próximo ao canto superior direito da figura mostrada, a janela do IE7 será minimizada.

A: errada, o Mozilla Firefox permite a exibição de páginas com elementos gráficos. **B:** errada, o botão da acesso ao menu Favoritos. **C:** errada, o IE7 pode ser utilizado independente do modo de conexão do computador. **D:** errada, a opção Opções da Internet se encontra no menu "Ferramentas" e não no menu Arquivo. **E:** correta, ao se clicar o botão , a janela do IE7 será minimizada.

Gabarito "E"

(Técnico Judiciário – TRE/AP – 2006 – FCC) O endereço de um *site* na Internet, no formato www.nomedodominio.br, do qual foram suprimidos um ponto e uma abreviatura de três letras, normalmente indica que se trata de um *site* do tipo

(A) comercial.
(B) governamental.
(C) organizacional.
(D) educacional.
(E) genérico.

A: errada, *sites* comerciais possuem a abreviatura com. **B:** errada, *sites* governamentais possuem a abreviatura gov. **C:** errada, *sites* organizacionais possuem a abreviatura org. **D:** correta, se trata de um *site* educacional, apenas recentemente os registros de domínio educacionais devem contem a sigla .edu, porém os que já existem com .br puderam permanecer dessa forma. **E:** errada, domínios genéricos são constituídos por um grande número de abreviações.

Gabarito "D"

I. Em uma situação na qual se tenha iniciado uma sessão de pesquisa no Internet Explorer (versão 8), é desejável reproduzir a guia atual, a fim de não perder as informações obtidas. Iniciando o trabalho em nova guia, deve-se proceder corretamente para obter o resultado desejado.

(Técnico Judiciário – TRE/PI – 2009 – FCC) O procedimento correto recomendado em (I) é acionar o menu Arquivo e escolher

(A) Duplicar página.
(B) Nova Guia.
(C) Nova Sessão.
(D) Salvar como.
(E) Duplicar Guia.

A: errada, não há a opção Duplicar página no menu Arquivo. **B:** errada, a opção Nova Guia apenas cria uma guia em branco. **C:** errada, a opção Nova Sessão abre uma nova sessão do Internet Explorer. **D:** errada, a opção Salvar como apenas salva a página atual para exibição off-line. **E:** correta, a opção Duplicar Guia cria uma nova aba com o mesmo conteúdo da página atual.

Gabarito "E"

(Técnico Judiciário – TRE/SE – 2007 – FCC) Com relação à Internet e Intranet, é correto afirmar que:

(A) o FTP (*File Transfer Protocol*) é um serviço da Internet para a transferência de arquivos.
(B) Internet é sinônimo de *World World Web* ou rede mundial de computadores.
(C) numa Intranet cada computador da organização precisa ter seu endereço reconhecido na Internet.
(D) *Gateway*, roteador e *modem* ADSL são aparelhos com funções específicas na Intranet.
(E) a Internet faz uso do protocolo de comunicação HTTP, enquanto a Intranet utiliza o protocolo HTTPS.

A: correta, o FTP é um protocolo de transferência de arquivos. **B:** errada, o termo World World Web não existe. **C:** errada, os computadores de uma Intranet não possuem necessariamente contato com a Internet. **D:** errada, *modem* ADSL não é um aparelho com função específica para Intranet. **E:** errada, ambas as redes podem usar ambos os protocolos, a diferença entre eles é que o HTTPS é um protocolo mais seguro que o HTTP.

Gabarito "A"

A figura acima apresenta uma janela do Internet Explorer 6 (IE6) que está sendo usado para acesso à Internet.

(Técnico Judiciário – TRE/GO – 2008 – CESPE) Com base na figura apresentada, assinale a opção correta.

(A) Ao se clicar a ferramenta Ir, será encaminhado um *e-mail* contendo o endereço da página acessada, para um destinatário de correio eletrônico.
(B) Por meio de funcionalidades disponibilizadas na ferramenta , é possível a busca de livros disponíveis na Internet para *upload*.
(C) Ao se clicar a ferramenta , é apresentada uma janela com opção de *download* e de *upload*.
(D) Para cadastrar o sítio em exibição como favorito do IE6 é suficiente clicar a ferramenta , a seguir, o botão Adicionar e, finalmente, OK.

A: errada, o botão Ir leva o usuário até a página digitada na barra de endereços. **B:** errada, a ferramenta não possui função de pesquisa de livros na Internet. **C:** errada, a ferramenta atualiza o conteúdo da página atual. **D:** correta, a ferramenta permite a inserção de um sítio em exibição à lista de Favoritos por meio da opção Adicionar.

Gabarito "D"

(Técnico Judiciário – TRE/MA – 2009 – CESPE) Acerca de conceitos relacionados à Internet e intranet, assinale a opção correta.

(A) A Internet é uma rede mundial de computadores, administrada pelo governo norte-americano, para disponibilizar informações do mundo inteiro.
(B) *Intranet* é a mesma coisa que Internet, só que ela foi criada para ser acessada apenas por usuários externos a determinada instituição.

(C) Para se acessar a Internet, basta ter um computador conectado na rede elétrica, pois, com o advento das redes sem fio, atualmente não são mais necessários cabos ou fios de telefonia para o acesso.
(D) Fazer parte da Internet significa usufruir de diversos serviços, como correio eletrônico, acesso a conteúdo livre ou pago, sendo necessário, para tanto, utilizar o protocolo TCP/IP.
(E) O endereço **www.minhaempresa.com.br** identifica uma intranet que só pode ser acessada por usuários comerciais no Brasil.

A: errada, a Internet não é administrada pelo governo norte-americano. **B:** errada, Intranet é uma rede local interna, a Internet é uma rede de alcance global. **C:** errada, é necessário um meio específico de conexão para se acessar a Internet. **D:** correta, fazer parte da Internet significa poder utilizar vários serviços, pagos ou livres, utilizando o protocolo TCP/IP. **E:** errada, o endereço www.minhaempresa.com.br é um endereço da Internet que pode ser acessado por qualquer usuário no mundo.

Gabarito "D"

(Escrevente Técnico Judiciário – TJ/SP – 2008 – VUNESP) Para realizar a navegação na Internet pode ser utilizado qualquer *Browser* ou Navegador. Normalmente, essas ferramentas disponibilizam um recurso para que o usuário possa cadastrar as páginas *web* de sua preferência, comumente denominado

(A) Destinos preferidos.
(B) *Sites* preferidos.
(C) *Sites* visitados.
(D) Favoritos.
(E) Histórico.

A: errada, não há recurso denominado Destinos preferidos. **B:** errada, não há recurso denominado *Sites* preferidos. **C:** errada, não há recurso denominado *Sites* visitados. **D:** correta, o recurso é denominado Favoritos. **E:** errada, o recurso denominado Histórico armazena todos os *sites* visitados pelo usuário.

Gabarito "D"

(Técnico – ANATEL – 2009 – CESPE) Com referência a navegação na Internet, julgue os itens a seguir.

(1) No Internet Explorer 7, ao se selecionar o *menu* Ferramentas, diversas opções de configuração do navegador serão apresentadas. Entre elas, por meio de Opções da Internet, é possível selecionar uma página *web* como página inicial do navegador.
(2) Para se acessar a Internet, é necessário, entre outros: se dispor de conexão a rede que dê acesso à Internet; abrir um navegador disponível; e digitar um endereço eletrônico pretendido. No navegador Internet Explorer 7 (IE7), algumas das ferramentas básicas que auxiliam na navegação na Internet são: o botão , que atualiza informações referentes a uma página que esteja sendo visualizada; o botão , que interrompe algum processo no IE7 em andamento, fechando a janela do aplicativo.

1: Correta, por meio da opção "Opões da Internet", presente no menu Ferramentas do IE7 é possível definir qual será a página inicial do navegador assim como outras configurações como proxy e opções de níveis de segurança; **2:** Correta, para que se possa acessar a Internet é indispensável o acesso a uma conexão de rede que possua acesso à Internet, o navegador é a ferramenta que permite a navegação entre páginas e os botões apresentados estão presentes no IE7 estando também suas funções bem descritas.

Gabarito 1C, 2C

(Técnico – ANVISA – 2007 – CESPE) Com relação ao Internet Explorer e ao Outlook Express, julgue os itens seguintes.

(1) Com o Outlook Express, é possível compactar arquivos e encaminhá-los como anexo em uma mensagem cujo destinatário está conectado à intranet da ANVISA.
(2) O Internet Explorer fornece alguns recursos que ajudam a proteger a privacidade e a tornar o computador e as informações de identificação pessoal mais seguras, como, por exemplo, alertas de privacidade que informam quando o usuário está tentando acessar um sítio que não atende aos critérios das configurações de privacidade.

1: Errada, contas de *e-mail* de uma intranet não ficam disponíveis na Internet; **2:** Correta, as versões mais novas do Internet Explorer possuem uma série de recursos que ajudam a prevenir o usuário de *sites* potencialmente não seguros.

Gabarito 1E, 2C

(CODIFICADOR – IBGE – 2011 – CONSULPLAN) É um aplicativo que tem a função específica de *browser* navegador de Internet:

(A) Mozilla Firefox
(B) Windows Explorer.
(C) Microsoft PowerPoint.
(D) Wordpad.
(E) Microsoft Access.

A: Correta, o Mozilla Firefox é um navegador web em grande ascensão no mercado. **B:** Errada, o Windows Explorer é usado para navegador pelo sistema de pastas do Windows. **C:** Errada, o Microsoft PowerPoint é um editor de apresentações do pacote Office. **D:** Errada, o Wordpad é um editor de textos que faz parte do Windows. **E:** Errada, o Microsoft Access é um gerenciador de bancos de dados.

Gabarito "A"

(CODIFICADOR – IBGE – 2011 – CONSULPLAN) No *browser* navegador Internet Explorer, a combinação de teclas de atalho que têm a função de localizar conteúdo de texto na página atual, é:

(A) Ctrl + L
(B) Alt + L
(C) Ctrl + P
(D) Ctrl + F
(E) Alt + P

A: Errada, o atalho Ctrl + L leva o usuário à barra de endereços. **B:** Errada, o atalho Alt + L não tem função específica. **C:** Errada, o atalho Ctrl + P é usado para configurar impressão. **D:** Correta, o atalho Ctrl + F ativa a função que permite um conteúdo de texto. **E:** Errada, o atalho Alt + P não possui função específica.

Gabarito "D"

(Agente Administrativo – FUNASA – 2009 – CESGRANRIO) Qual das descrições abaixo define corretamente um *Software* Livre?

(A) Um programa semelhante aos programas demo com a diferença de ter as funcionalidades disponíveis por determinado período de tempo.
(B) Um programa de computador disponibilizado gratuitamente, porém com algum tipo de limitação.
(C) Qualquer material promocional que é uma fração de um produto maior, lançado com a intenção de dar oportunidade de o produto ser avaliado por possíveis clientes.
(D) Qualquer programa de computador que pode ser usado, copiado, estudado, modificado e redistribuído, sem nenhuma restrição.
(E) Qualquer programa de computador cuja utilização não implica o pagamento de licenças de uso ou *royalties*.

A: Errada, esta definição se assemelha mais a definição de programas do tipo Shareware. **B:** Errada, estes são os programas de demonstração. **C:** Errada, esta definição descreve melhor versões beta de programas. **D:** Correta, o *Software* Livre é um *software* que pode ser manipulado livremente pelo usuário, incluindo modificações e redistribuições deste. **E:** Errada, o *Software* Livre não necessariamente é gratuito.

Gabarito "D"

(Agente Administrativo – Ministério da Justiça – 2009 – FUNRIO) Os arquivos armazenados pelo navegador para agilizar a abertura de páginas já visualizadas recentemente recebem o nome de

(A) Favoritos.
(B) JavaScript.
(C) *Download*.
(D) Histórico.
(E) Arquivos temporários.

A: Errada, Favoritos é uma denominação dada a *sites* salvos pelo usuário para facilitar seu acesso. **B:** Errada, JavaScript é uma linguagem cliente-side executada pelos navegadores que dão interatividade a páginas web. **C:** Errada, Dowload é a ação de copiar um arquivo da Internet para o computador local. **D:** Errada, Histórico define a lista de *websites* visitados pelo usuário. **E:** Correta, arquivos temporários são armazenados pelo navegador a fim de agilizar a navegação da Internet na medida que estes não precisam ser baixados novamente.

Gabarito "E"

(Agente Administrativo – Ministério do Trabalho – 2008 – CESPE) Considerando a figura anterior, que ilustra uma janela do Internet Explorer, com uma página *web* sendo apresentada, julgue os seguintes itens.

(1) Existe opção no menu Ferramentas, denominada Segurança, que permite definir parâmetros para garantir a segurança do computador por meio de criptografia e assinatura digital.
(2) Assim como o Windows XP, o Linux também disponibiliza o *browser* Internet Explorer na sua instalação.
(3) Ao se clicar a ferramenta [ícone], a página anteriormente visitada será apresentada.

1: Errada, apenas as configurações de segurança na navegação são afetadas por ações feitas a partir do menu Ferramentas, a segurança geral do computador é modificada a partir do Painel de Controle; **2:** Errada, o Internet Explorer é um *software* exclusivo do Windows; **3:** Errada, a ferramenta [ícone] faz com que seja exibido o histórico de navegação do Internet Explorer.

Gabarito 1E, 2E, 3E

(Agente Administrativo – SUFRAMA – 2008 – FUNRIO) A tecla de função F11, no navegador Internet Explorer da Microsoft, em relação à página aberta serve para

(A) abrir uma caixa de diálogo para localizar/substituir texto na página atual.
(B) ir para a página inicial.
(C) parar o carregamento da página atual.
(D) alternar entre os modos de exibição normal e de tela inteira.
(E) atualizar a página aberta.

A: Errada, o atalho para a função localizar\substituir é Ctrl + F. **B:** Errada, o atalho para ir à página inicial é Alt + Home. **C:** Errada, o atalho para parar o carregamento da página atual pe Esc. **D:** Correta, a tecla F11 alterna entre o modo de exibição normal e o modo tela cheia. **E:** Errada, para atualizar a página atual é usada a tecla F5.

Gabarito "D"

(Analista Legislativo – Câmara dos Deputados – 2007 – FCC) Um endereço IP, na versão 4, será de classe A se contiver no primeiro octeto qualquer valor decimal no intervalo de

(A) 0 a 255
(B) 0 a 127
(C) 1 a 256
(D) 1 a 128
(E) 1 a 126

A: Errada, 0 a 255 são todos os valores possíveis para um octeto. **B:** Errada, o valor inicial para a classe A é 0. **C:** Errada, o valor máximo possível para um octeto é 255. **D:** Errada, o final da classe A é 127. **E:** Correta, a classe A vai do intervalo de 1 até 126 no primeiro octeto.

Gabarito "E"

(Analista – IBGE – 2008 – CONSULPLAN) No Internet Explorer, para se inserir a página que está sendo visualizada na lista de Favoritos através das Teclas de atalho do teclado, é necessário teclar:

(A) CTRL+B
(B) CTRL+F
(C) CTRL+I
(D) CTRL+A
(E) CTRL+D

A: Errada, o atalho Ctrl + B abre o gerenciados de favoritos. **B:** Errada, o atalho Ctrl + F ativa a função Localizar... **C:** Errada, o atalho Ctrl + I exibe os favoritos e *feeds*. **D:** Errada, o atalho Ctrl + A não possui função específica. **E:** Correta, o atalho Ctrl + D adiciona o endereço atual à listagem de *sites* favoritos.

Gabarito "E"

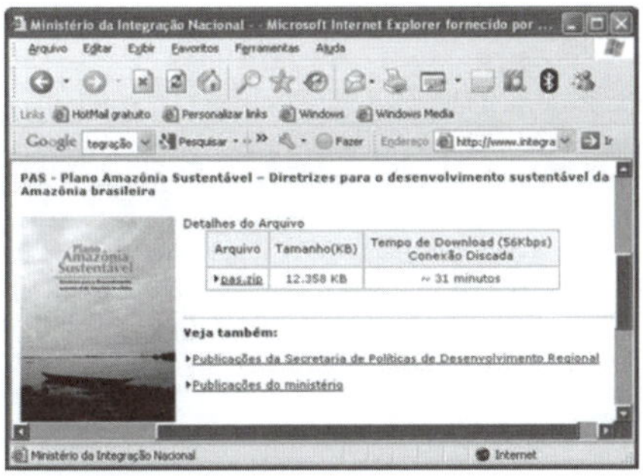

(Analista – Ministério da Integração Nacional – 2006 – CESPE) Considerando a figura acima, que ilustra uma janela do Internet Explorer 6.0, e os conceitos de organização de arquivos, julgue os seguintes itens.

(1) Por meio da ferramenta Google tegração, é possível localizar arquivos no computador em uso.
(2) Desde que autorizado, é possível copiar a figura contida na página *web* utilizando-se o seguinte procedimento: clicar essa figura com o botão direito do *mouse*, selecionar, na lista disponibilizada, a opção **Salvar imagem como** e, a seguir, clicar o botão Salvar.
(3) Para se fazer uma cópia do arquivo pas.zip, é necessária a instalação do *software* Winzip ou Linuxzip no computador em uso.

1: Errada, a ferramenta apresentada realiza buscar no *site* Google; **2:** Correta, o procedimento informado faz com que a imagem selecionada seja salva no computador local; **3:** Errada, a cópia do arquivo depende apenas da existência de um navegador web.

Gabarito 1E, 2C, 3E

(Analista – Ministério do Meio Ambiente – 2008 – CESPE) A figura anterior mostra uma janela do Internet Explorer 6 (IE6), que está sendo executada em um computador cujo sistema operacional é o Windows XP. Com relação a essa janela, a navegadores e a conceitos relacionados à Internet, julgue os itens seguintes.

(1) Ao se aplicar um clique sobre a sequência de caracteres http://www.mma.gov.br/, no campo Endereço, será aberto um programa para edição de mensagens de correio eletrônico que terá como remetente o webmaster do sítio cuja página web está sendo ilustrada na área de páginas do IE6.
(2) O aplicativo Mozilla Firefox é um navegador que, assim como o IE6, permite a visualização de páginas da World Wide Web.

1: Errada, clicar sobre a sequência mencionada apenas habilita a edição do texto contido o campo Endereço; **2:** Correta, o Firefox é um navegador desenvolvimento pela Mozilla Foundation que permite a visualização de páginas web.

Gabarito 1E, 2C

3. CORREIO ELETRÔNICO

(Técnico – TRE/SP – 2012 – FCC) Em relação ao formato de endereços de *e-mail*, está correto afirmar que

(A) todos os endereços de *e-mail* possuem o símbolo @ (arroba).
(B) todos os endereços de *e-mail* terminam com .br (ponto br).
(C) dois endereços de *e-mail* com o mesmo texto precedendo o símbolo @ (arroba) são da mesma pessoa.
(D) o texto após o símbolo @ (arroba) especifica onde o destinatário trabalha.
(E) uma mesma pessoa não pode ter mais de um endereço de *e-mail*.

A: Correta, todo e qualquer endereço de *e-mail* deve possuir o símbolo de @. **B:** Errada, apenas os *e-mails* de domínios brasileiros terminam com .br. **C:** Errada, pessoas diferentes podem possuir o mesmo precedente do símbolo de @ caso sejam de domínios diferentes. **D:** Errada, o texto depois da arroba especifica o domínio a que pertence o *e-mail*. **E:** Errada, uma pessoa pode possuir vários endereços de *e-mail*.

Gabarito "A"

(Delegado/SP – 2011) Para se configurar o acesso ao servidor de *e-mail* por meio de um aplicativo gerenciador e necessário conhecer, em regra,

(A) os protocolos de envio POP e recebimento SMTP, além do IP da máquina.
(B) os protocolos de envio SMTP e recebimento POP, além do endereço de *e-mail*.
(C) os protocolos 1MAP e SMTP, além do IP da máquina. V

(D) os protocolos de envio POP e recebimento SMTP, além do endereço de *e-mail*.

(E) os protocolos IMAP e POP, o IP da máquina, além do endereço de *e-mail*.

A: Errada, sabendo-se os protocolos POP e SMTP não é necessário nenhum outro tipo de protocolo. **B:** Correta, com os endereços de POP e SMTP mais usuário e senha é possível acessar sua conta de *e-mail* por meio de um gerenciador de mensagens eletrônicas. **C:** Errada, neste caso não é necessário o endereço IP da máquina, apenas os endereços de IMAP e SMTP. **D:** Errada, o protocolo POP é usado no recebimento e o SMTP no envio de mensagens. **E:** Errada, o protocolo IMAP substitui o protocolo POP.

Gabarito "B"

(Delegado/PA – 2012 – MSCONCURSOS) Analise as seguintes proposições sobre correio eletrônico e assinale a alternativa correta:

I. É possível enviar e receber mensagens de forma síncrona.

II. É necessário um programa de correio eletrônico para ler, escrever e organizar os *e-mails*.

III. *Webmail* é um servidor de correio eletrônico.

IV. *Spam* é uma mensagem de correio eletrônico com fins publicitários, indesejada e não solicitada.

(A) Somente as proposições I e II são falsas.

(B) Somente as proposições I e III são falsas.

(C) Somente as proposições II e IV são falsas.

(D) Somente as proposições I, II e III são falsas.

(E) Somente as proposições II, III e IV são falsas.

A, B, C, D e E: Apenas a afirmativa IV está correta, as mensagens de correio eletrônico são enviadas de forma assíncrona (não é necessário que remetente e destinatário estejam conectados simultaneamente), é possível utilizar todos os recursos de correio eletrônico através de *webmails*, que é um sistema de acesso a um servidor de correio eletrônico e não o servidor em si. Portanto apenas a alternativa D está correta.

Gabarito "D"

(Analista – TRE/SP – 2012 – FCC) Sobre *webmail* é INCORRETO afirmar:

(A) É a forma de acessar o correio eletrônico através da *Web*, usando para tal um navegador (*browser*) e um computador conectado à Internet.

(B) Exige validação de acesso, portanto requer nome de usuário e senha.

(C) Via de regra, uma de suas limitações é o espaço em disco reservado para a caixa de correio, que é gerenciado pelo provedor de acesso.

(D) HTTP (Hypertext Transfer Protocol) é o protocolo normalmente utilizado no *webmail*.

(E) É a forma de acessar o correio eletrônico através da *Web*, desde que haja um *software* cliente de *e-mail* instalado no computador.

A: Errada, a afirmativa está correta. **B:** Errada, a afirmativa está correta. **C:** Errada, a afirmativa está correta. **D:** Errada, a afirmativa está correta. **E:** Correta, a afirmativa está errada, não é necessário nenhum tipo de *software* além do navegador para utilizar um *webmail*.

Gabarito "E"

(Auditor Fiscal – São Paulo/SP – FCC – 2012) Atualmente, é possível a utilização de serviços de correio eletrônico por meio da Internet, os chamados *webmails*. Para usar este tipo de serviço, o computador do usuário necessita apenas de um navegador e conexão com a Internet, não sendo necessária a instalação de outros programas. Porém, alguns serviços de *webmail* possibilitam que se utilize programas tradicionais como *Thunderbird* ou *Outlook Express* para a leitura e envio de *e-mails*, pois disponibilizam acesso a servidores

(A) UDP e TCP.

(B) DNS e NTP.

(C) IMAP e UDP.

(D) HTTP e FTP.

(E) POP3 e SMTP.

A: Errada, UDP e TCP são protocolos de rede e não de envio de mensagens eletrônicas. **B:** Errada, NTP é um protocolo de sincronização de horário e DNS é um protocolo de conversão de nomes. **C:** Errada, o UDP é um protocolo de transmissão de dados em rede e não de mensagens eletrônicas. **D:** Errada, o FTP é um protocolo de transferência de arquivos em rede. **E:** Correta, os protocolos POP3 e SMTP gerenciam o recebimento e envio, respectivamente, de mensagens eletrônicas.

Gabarito "E"

(Policial Rodoviário Federal – 2008 – CESPE) Em cada um dos itens a seguir, é apresentada uma forma de endereçamento de correio eletrônico.

I. pedro@gmail.com

II. ftp6maria@hotmail:www.servidor.com

III. joao da silva@servidor:linux-a-r-w

IV. www.gmail.com/paulo@

V. mateus.silva@cespe.unb.br

Como forma correta de endereçamento de correio eletrônico, estão certas apenas as apresentadas nos itens

(A) I e II.

(B) I e V.

(C) II e IV.

(D) III e IV.

(E) III e V.

A, B, C, D e E: Endereços de correio eletrônico possuem o seguinte formato: <destinatário>@<domínio>, sem a presença de espaços, logo os itens I e V são os únicos endereços válidos e portanto apenas a alternativa B está correta.

Gabarito "B"

A figura abaixo ilustra uma janela do Mozilla Thunderbird $_{TM}$ 2 que está sendo executada em um computador pessoal que tem acesso à Internet por meio de uma conexão adequadamente configurada.

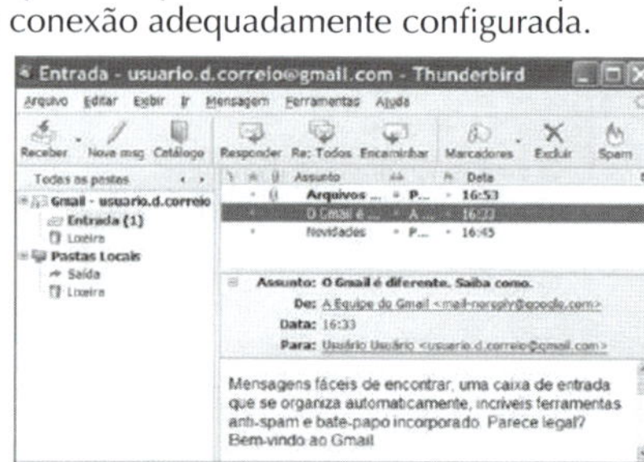

(Policial Rodoviário Federal – 2008 – CESPE) Com relação às funcionalidades disponibilizadas na janela do Mozilla Thunderbird™ 2 ilustrada no texto, assinale a opção correta.

(A) O botão Receber tem por função obter informações acerca de atualizações do aplicativo Mozilla Thunderbird™ 2, na Internet.
(B) Sabendo-se que usuario.d.correio refere-se a uma conta de *webmail*, ao se clicar Catálogo, será dado início a um processo de acesso à Internet que tem por objetivo atualizar o catálogo do Mozilla Thunderbird™ 2 referente a usuario.d.correio a partir de informações contidas nessa conta de *webmail*.
(C) Por meio de opção disponibilizada no *menu* Ferramentas, pode-se acessar janela que permite acionar ferramenta para verificar se uma mensagem de correio eletrônico exibida constitui tentativa de fraude por *phishing*.
(D) Por meio do botão Marcadores, é possível marcar a mensagem de correio eletrônico selecionada como não lida.
(E) Ao se clicar o botão Spam, será executada ferramenta *anti-spam*, tendo como foco a mensagem de correio eletrônico selecionada: caso essa mensagem constitua alguma forma de *spam*, ela será automaticamente eliminada da caixa de entrada da conta usuario.d.correio.

A: Errada, o botão em questão verifica se há novas mensagens e as carrega no programa gerenciador. **B:** Errada, o botão em questão abre o catálogo de endereços com a lista de endereços que o usuário cadastrou. **C:** Correta, o Thunderbird permite a inclusão de vários *add-ons*, entre eles há *add-ons* que verificam se uma mensagem pode ser uma tentativa de *phising*. **D:** Errada, o botão em questão apenas adiciona um marcador à mensagem para melhor organização das mensagens na caixa do usuário. **E:** Errada, o botão em questão apenas marca a mensagem como um *spam*.

Gabarito "C"

(Policial Rodoviário Federal – 2008 – CESPE) O Mozilla Thunderbird™ 2 permite que sejam armazenadas mensagens de correio eletrônico em pastas específicas, que podem ser criadas pelo próprio usuário. Na janela do Mozilla Thunderbird™ 2 ilustrada no texto, o usuário pode criar suas próprias pastas a partir de opção encontrada no *menu*

(A) Arquivo.
(B) Editar.
(C) Exibir.
(D) Mensagem.
(E) Ferramentas.

A, B, C, D e **E:** A opção "Novo" no menu Arquivo permite criar pastas personalizadas para que o usuário possa organizar suas mensagens, portanto apenas a alternativa A está correta.

Gabarito "A"

(Policial Rodoviário Federal – 2008 – CESPE) Na situação em que se encontra a janela do Mozilla Thunderbird$_{TM}$ 2 ilustrada no texto, caso o botão Encaminhar seja acionado,

(A) a mensagem de correio eletrônico selecionada será encaminhada à pasta Lixeira associada à conta a que pertence a referida mensagem.
(B) será aberta uma janela de edição de mensagem de correio eletrônico que possui funcionalidades que permitem enviar a mensagem de correio eletrônico selecionada a determinado destinatário.
(C) a mensagem de correio eletrônico selecionada será colocada em quarentena, para que seja verificada a existência de vírus de computador associado à referida mensagem.
(D) serão aplicados os filtros de mensagem eletrônica previamente definidos à mensagem de correio eletrônico selecionada, que será excluída da pasta na qual se encontra, caso haja alguma diretiva que assim estipule a sua exclusão.
(E) a mensagem de correio eletrônico selecionada será automaticamente enviada a uma conta de *webmail* cujo destinatário tem como endereço eletrônico usuario.d.correio@gmail.com.

A, B, C, D e **E:** O botão mencionado tem por função encaminhar uma cópia da mensagem atualmente selecionada, com ou sem edições do usuário, para algum destinatário, portanto apenas a alternativa B está correta.

Gabarito "B"

(Enfermeiro – STM – 2010 – CESPE) Julgue os itens seguintes, acerca de correio eletrônico, do Outlook 2003 e do Internet Explorer 7.

(1) O Outlook tem a capacidade de gerar arquivos de catálogo de endereços no formato .pab.
(2) O Internet Explorer 7 não permite que o usuário se inscreva em um RSS *feeds*, procure notícias ou filtre a sua exibição.
(3) Para o funcionamento de um serviço de correio eletrônico, são necessários cliente e servidor. A função do cliente de *e-mail* é a de acesso do usuário a mensagens, e o servidor tem a função de envio, recebimento e manutenção das mensagens.
(4) Um *firewall* pessoal instalado no computador do usuário impede que sua máquina seja infectada por qualquer tipo de vírus de computador.

1: Correta, os arquivos do tipo pab (*Personal Address Book*) contêm catálogos de endereço e pode ser gerado pelo Outlook. **2:** Errada, o Internet Explorer 7 permite a assinatura de *feeds* RSS e tem funções de manipulações destes. **3:** Correta, o servidor realiza as funções de envio, recebimento e manutenção das mensagens, permitindo que o correio eletrônico exista, o cliente apenas acessa as informações contidas no servidor. **4:** Errada, a função do *Firewall* não é impedir a infecção por vírus mas sim monitorar as portas de comunicação para possíveis intrusos.

Gabarito "1C, 2E, 3C, 4E"

(Enfermeiro – TJ/ES – 2011 – CESPE) Com referência a aplicativos e conceitos relacionados à Internet, julgue os itens que se seguem.

(1) O Microsoft Outlook é uma ferramenta de correio eletrônico que facilita o gerenciamento de mensagens por meio de opções avançadas. Porém, sua desvantagem é a necessidade de o computador estar conectado à Internet ou à *intranet* da organização quando for preciso acessar as pastas de mensagens recebidas.

(2) O Mozilla Thunderbird é um programa livre e gratuito de *e-mail* que, entre outras funcionalidades, possui um recurso de *anti-spam* que identifica as mensagens indesejadas. Essas mensagens podem ser armazenadas em uma pasta diferente da caixa de entrada de *e-mail* do usuário.

(3) No Internet Explorer, a opção Adicionar a Favoritos permite armazenar localmente uma página visitada frequentemente. Assim, em acessos futuros, essa página adicionada a Favoritos estará disponível, mesmo que o computador não esteja conectado à Internet.

1: Errada, uma vez que as mensagens foram baixadas para o Outlook não é necessário acesso a Internet ou Intranet para ler o conteúdos destas. **2:** Correta, o Mozilla Thunderbird é um gerenciador de mensagens eletrônicas livre e gratuito que possui diversas funcionalidades, entre elas a de *anti-spam*. **3:** Errada, a opção Adicionar a Favoritos apenas adiciona o *site* a uma lista de *sites* considerados Favoritos visando agilizar o acesso a estes, o conteúdo das páginas não são salvas localmente.

Gabarito "1E, 2C, 3E"

(Enfermeiro – MP/RO – 2012 – FUNCAB) Nos principais aplicativos de correio eletrônico, caso sua caixa de entrada alcance o limite de armazenamento, é possível que você não possa receber mais mensagens. Algumas práticas são recomendadas para ajudá-lo a gerenciar a sua conta a fim de manter um espaço razoável de armazenamento, EXCETO:

(A) criar um arquivo morto.
(B) configurar uma pasta no disco rígido do seu computador na qual você possa salvar anexos grandes e excluí-los da Caixa de Entrada.
(C) esvaziar a pasta Lixo Eletrônico.
(D) esvaziar a pasta Mensagens Excluídas.
(E) salvar os arquivos na pasta *archive* já que ela compacta os *e-mails* armazenados, reduzindo o consumo de espaço de armazenamento.

A, B, C, D e **E:** Todas as práticas mencionadas são recomendadas exceto a da alternativa E, que deve ser assinalada. Não existe uma pasta chamada *archive* que compacte os *e-mails* nela armazenados.

Gabarito "E"

(Enfermeiro – FAMERP/SP – 2012 – VUNESP) Considere as afirmações apresentadas a seguir.

I. *Popup* é uma janela adicional que se abre ao se acessar algumas páginas da internet.
II. O programa Internet Explorer, versão 8, em sua configuração padrão, possui recursos para bloquear janelas *popup* e para salvar os *sites* favoritos.
III. Para anexar arquivos a um *e-mail*, é necessário que o nome do arquivo contenha o símbolo "@".

Está correto o que se afirma em

(A) I, apenas.
(B) II, apenas.
(C) I e II, apenas.
(D) I e III, apenas.
(E) I, II e III.

A, B, C, D e **E:** Apenas a afirmativa III está incorreta, arquivos não precisam de um nome específico para serem anexados à um *e-mail*, além disso o @ é um caracter inválido em alguns sistemas operacionais. Portanto apenas a alternativa C está correta.

Gabarito "C"

(Analista – TRE/AC – 2010 – FCC) Novos "temas" podem ser instalados na área de trabalho do *Thunderbird* a partir da ferramenta

(A) Edição.
(B) Propriedades.
(C) Complementos.
(D) Extensões.
(E) Aparência.

A: Errada, não há tal ferramenta no Thunderbird. **B:** Errada, não há item no menu Ferramentas no Thunderbird. **C:** Correta, a partir da opção Complementos no menu Ferramentas pode-se adicionar novos temas ao programa. **D:** Errada, a função de adicionar extensões não altera a configuração de temas do programa. **E:** Errada, a opção Aparência permite apenas a alteração do esquema de cores e fontes e não de temas no programa.

Gabarito "C"

(Analista – TRE/BA – 2010 – CESPE) Acerca de navegação, correio eletrônico, grupos de discussão e ferramentas de busca e pesquisa, julgue o próximo item.

(1) A caixa postal de correio eletrônico é um diretório criado no servidor de *e-mail*, o qual fica localizado no computador do usuário. Ao ser ligada à máquina, esse servidor recebe da Internet, via provedor de acesso, as mensagens que foram enviadas para o endereço do usuário.

1: Errada, a caixa postal não fica no computador do usuário, mas sim no servidor da empresa que hospeda este *e-mail*. Ao ligar o computador o usuário apenas recebe as mensagens lá armazenadas.

Gabarito 1E

(Analista – STJ – 2008 – CESPE) Com relação a correio eletrônico, julgue os próximos itens.

(1) O programa Outlook Express 2003 permite a edição e o envio de mensagens de correio eletrônico, possuindo, também, funcionalidades que permitem o envio de cópias de uma mesma mensagem a vários endereços de correio eletrônico.

(2) Toda mensagem enviada para endereço de correio eletrônico que contenha o símbolo @ passa por processo de criptografia. Esse processo garante que, se a mensagem for interceptada por pessoa que não seja o destinatário, seu conteúdo não será decifrado.

1: correta, o Outlook Express 2003 é um aplicativo de correio eletrônico que possui funções de envio e recebimento de *e-mails*, assim como de enviode cópias para vários endereços. **2:** errado, o símbolo da arroba (@) não garante que a mensagem passará por um processo de criptografia, ficando a cargo do provedor de *e-mail* essa tarefa.

Gabarito 1C, 2E

(Analista – STM – 2011 – CESPE) Julgue os itens seguintes, referentes a correio eletrônico, Outlook 2003 e Internet Explorer 7.

(1) Uma ferramenta *anti-spam* tem a capacidade de avaliar as mensagens recebidas pelo usuário e detectar se estas são ou não indesejadas.

(2) Caso o usuário tenha uma lista de contatos de *e--mail* em uma planilha Excel, esta poderá ser utilizada pelo Outlook, sem que haja necessidade de usar os recursos de exportação do Excel e de importação do Outlook.

(3) O Internet Explorer passou a ter o recurso de navegação por guias a partir da versão 7.

(4) Se o administrador de rede de uma empresa tiver registrado o domínio empresa.com.br e for criar um endereço eletrônico de *e-mail* para um novo colaborador, cujo primeiro nome seja Marcelo, então o endereço eletrônico necessariamente deverá ter o formato marcelo@marcelo.empresa.com.br.

1: Correta, os *anti-spam* atuando detectando e diminuindo a quantidade de mensagens indesejadas recebidas pelos usuários por meio de vários filtros. **2:** Correta, por meio da opção Arquivo, Importar e Exportar do Outlook é possível carregar os contatos diretamente do Excel. **3:** Correta, a navegação por guias foi uma das novidades presentes em todas as versões do Internet Explorer a contar da versão 7. **4:** Errada, o nome do usuário vem apenas antes do símbolo da arroba (@) portanto o correto seria marcelo@empresa.com.br.

Gabarito 1C, 2C, 3C, 4E

(Analista – STM – 2011 – CESPE) Com relação a Windows XP, Microsoft Office, Internet e *intranet*, julgue os itens de 1 a 3.

(1) Para registro de um nome pertencente ao domínio de uma instituição no Brasil, como, por exemplo, o nome instituição.com.br, é necessário contatar o registro.br, organização responsável pelo registro de domínios para a Internet no Brasil.

(2) Considere que um membro da área de recursos humanos de determinada empresa tenha publicado, no espaço acessível de *intranet* da empresa, documentos relativos às avaliações de desempenho dos departamentos e dos servidores aí lotados. Nesse caso, em função da natureza do meio em que foram disponibilizados, os documentos serão de acesso público e irrestrito para outros usuários da *Internet*.

(3) A ferramenta Painel de controle do Windows XP não possui recursos capazes de adicionar impressora para imprimir documentos produzidos a partir de *software* instalado nesse sistema operacional.

1: Correta, o registro.br é uma entidade que controla o registro de domínios .br, estando ligada diretamente ao Nic.br, entidade civil, sem fins lucrativos, que implementa as decisões e projetos do Comitê Gestor da Internet no Brasil. **2:** Errada, por terem sido disponibilizados dentro de uma intranet, o acesso a eles está restrito ao domínio da intranet, não sendo publico ou de acesso irrestrito. **3:** Errada, um dos itens do Painel de Controle tem por função justamente a instalação e gerenciamento de impressoras.

Gabarito 1C, 2E, 3E

(Analista – STM – 2011 – CESPE) Julgue os itens seguintes, acerca de correio eletrônico, do Outlook 2003 e do Internet Explorer 7.

(1) O Outlook tem a capacidade de gerar arquivos de catálogo de endereços no formato .pab.

(2) O Internet Explorer 7 não permite que o usuário se inscreva em um RSS *feeds*, procure notícias ou filtre a sua exibição.

(3) Para o funcionamento de um serviço de correio eletrônico, são necessários cliente e servidor. A função do cliente de *e-mail* é a de acesso do usuário a mensagens, e o servidor tem a função de envio, recebimento e manutenção das mensagens.

(4) Um *firewall* pessoal instalado no computador do usuário impede que sua máquina seja infectada por qualquer tipo de vírus de computador.

1: Correta, o Outlook utiliza a extensão .pab para salvar seus catálogos de endereço, que são armazenados separadamente das mensagens de uma conta. **2:** Errada, pelo Internet Explorer 7 o usuário tem acesso a funções de RSS inclusive filtros de busca. **3:** Correta, o servidor atua realizando os envios, recebimentos e também armazenando as mensagens recebidas , já o cliente funciona como uma interface de acesso ao servidor e suas funções. **4:** Errada, o *firewall* apenas limita o acesso a certas portas, não tendo a mesma função que um *softwares* antivírus.

Gabarito 1C, 2E, 3C, 4E

(Analista – TSE – 2006 – CESPE) Considerando que Yuri seja empregado de uma empresa privada denominada Enterprise, localizada nos Estados Unidos da América, assinale a opção que contém uma estrutura válida e usual para um endereço de *e-mail* para Yuri.

(A) yuri@enterprise.org.usa
(B) yuri@enterprise.com.eua
(C) yuri@enterprise.com.usa
(D) yuri@enterprise.com

A: errada, o domínio de topo (TDL) .org é utilizado por organizações não governamentais, e o TDL .usa não existe. **B:** errada, não existe o domínio de topo .eua. **C:** errada, não existe o domínio de topo. **D:** correta, o *e-mail* é composto por nome + @ + domínio + .com que define um *e-mail* comercial.

Gabarito "D"

(Analista – TRT/2ª – 2008 – FCC) O protocolo mais comum utilizado para dar suporte ao correio eletrônico é o

(A) HTTP.
(B) NTFS.
(C) SMTP.
(D) SNMP.
(E) FTP.

A: errada, o protocolo HTTP se refere a páginas de *hiperlink* **B:** errada, o padrão NTFS se refere ao armazenamento de arquivos. **C:** correta, o protocolo SMTP se refere ao envio de mensagens via correio eletrônico. **D:** errada, o SNMP é um protocolo de gerenciamento de redes. **E:** errada, o protocolo FTP se refere a transferência de arquivos remotos.

Gabarito "C"

(Analista – TRT/2ª – 2008 – FCC) A personalização do Mozilla Thunderbird 2, por meio do gerenciamento de extensões e temas em um único lugar, ficou facilitada com o novo

(A) Gerenciador de Interfaces.
(B) Gerenciador de Complementos.
(C) Painel de Visualização.
(D) Painel de Configurações.
(E) Navegador de Mensagens.

A: errada, temas e extensões são tratados como complementos pelo Thunderbird, portanto não fazem parte de interfaces. **B:** correta, a personalização de temas e extensões é feita por meio do Gerenciador de Complementos, em que o usuário pode trocar os temas e extensões do programa. **C:** errada, temas e extensões são tratados como complementos pelo Thunderbird, portanto não fazem parte de configurações de visualização. **D:** errada, o painel de configurações dá acesso à alteração de configurações do programa, e não a seus complementos. **E:** errada, pelo navegador de mensagens o usuário apenas navega pelas mensagens recebidas pelo Thunderbird.

Gabarito "B"

(Analista – TRE/AP – 2011 – FCC) Para se criar uma nova mensagem no Thunderbird 2, basta clicar no ícone da barra de ferramentas NovaMSG, ou clicar no menu

(A) Editar ¨ Nova mensagem.
(B) Arquivo ¨ Novo ¨Mensagem.
(C) Mensagem ¨ Editar como nova.
(D) Exibir ¨ Opções de nova mensagem.
(E) Ferramentas ¨ Editar ¨ Mensagem.

A: Errada, o menu correto onde se encontra a função de criar nova mensagem é o menu Arquivo. **B:** Correta, por meio da opção Mensagem no item Novo do menu Arquivo é possível criar uma nova mensagem de correio eletrônico. **C:** Errada, , o menu correto onde se encontra a função de criar nova mensagem é o menu Arquivo. **D:** Errada, o correto é a opção Mensagem no item Novo do menu Arquivo. **E:** Errada, o menu correto onde se encontra a função de criar nova mensagem é o menu Arquivo.

Gabarito "B"

(Analista – TRE/SE – 2007 – FCC) Os *softwares* de correio eletrônico normalmente utilizam para entrada de *e-mails* e saída de *e-mails*, respectivamente, os servidores

(A) POP3 + HTTP
(B) POP3 + SMTP
(C) SMTP + POP3
(D) SMTP + HTTP
(E) HTTP + POP3

A: errada, o protocolo HTTP se refere a páginas de *hypertexto,* e não ao envio de *e-mails*. **B:** correta, o protocolo POP3 trata o recebimento de *e-mails* e o protocolo SMTP trata o envio de *e-mails*. **C:** errada, o protocolo SMTP trata o envio, e não e o recebimento de *e-mails*, já o POP3 trata o recebimento, e não o envio de *e-mails*. **D:** errada, o protocolo SMTP trata o envio e não o recebimento de *e-mails*, e o protocolo HTTP trata páginas de *hypertexto*. **E:** errada, o protocolo HTTP trata páginas de *hypertexto* e o o POP3 trata o recebimento, e não o envio de *e-mails*.

Gabarito "B"

(Analista – TRE/TO – 2011 – FCC) *Webmail* é um serviço de mensagens eletrônicas na Internet que permite a leitura ou envio de mensagens. Para acessá-lo é necessário instalar no computador

(A) um programa cliente de correio eletrônico.
(B) um programa cliente de correio eletrônico e um navegador.
(C) um servidor de correio IMAP.
(D) um navegador, apenas.
(E) um servidor de correio POP3.

A: Errada, o *webmail* não necessita de nenhum *softwares* específico além do navegador. **B:** Errada, o *webmail* não necessita de nenhum *softwares* específico além do navegador. **C:** Errada, os servidores de correio ficam localizados no provedor de *e-mails* do usuário. **D:** Correta, para utilizar um *webmail* basta possuir acesso a um navegador web. **E:** Errada, os servidores de correio ficam localizados no provedor de *e-mails* do usuário.

Gabarito "D"

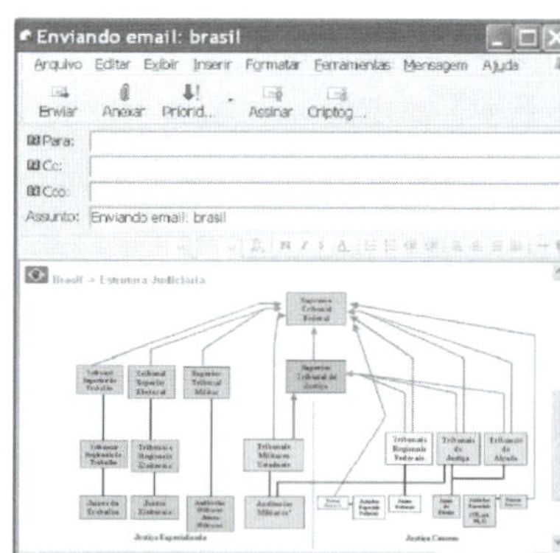

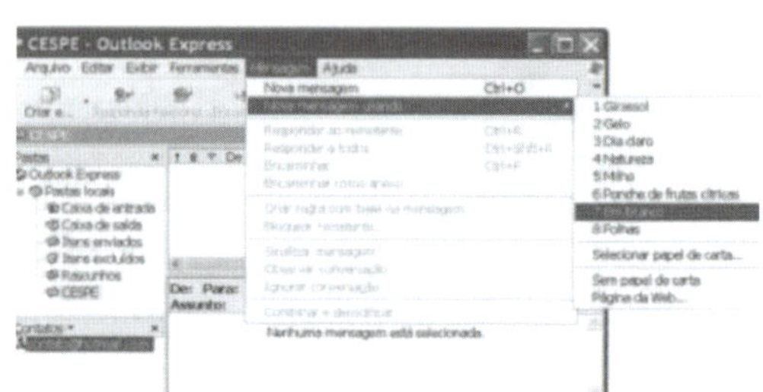

(Analista – TRE/MA – 2006 – CESPE) Considerando que a janela do Outlook Express 6 (OE6) ilustrada na figura anterior esteja em execução em um computador PC, e que o ponteiro do *mouse* encontra-se sobre a opção 7 Em branco, ao se clicar o botão esquerdo do *mouse*, será

(A) aberta uma janela que permitirá a edição de mensagem de correio eletrônico com o fundo da área de mensagem em branco.

(B) iniciado processo de acesso aos recursos do *Messenger* implementados no OE6 utilizando-se uma janela com o fundo em branco.

(C) carregado o conteúdo do recurso *Messenger* do OE6 em um arquivo Word em branco, que será armazenado na pasta CESPE.

(D) fechada a janela do OE6 mostrada anteriormente, abrindo-se uma nova janela que permitirá a edição de uma mensagem de correio eletrônico com o conteúdo necessariamente em branco.

(E) solicitada uma senha para a edição de mensagem de correio eletrônico e, caso essa senha seja adequadamente fornecida, será aberta uma janela na qual será possível a edição de mensagem de correio eletrônico, usando-se o estilo denominado em branco, que impede que arquivos sejam anexados à referida mensagem.

A: correta, será aberta uma janela para a edição de uma mensagem de correio eletrônico com um fundo da área de texto em branco. **B:** errada, o menu Mensagem apenas dá acesso à manipulação de mensagens de correio eletrônico, e não ao *Messenger*. **C:** errada, o menu Mensagem apenas dá acesso à manipulação de mensagens de correio eletrônico, e não ao *Messenger*. **D:** errada, a janela do OE6 permanecerá aberta. **E:** errada, não é requisitado nenhum tipo de senha para o acesso à janela de edição de mensagens de correio eletrônico.

Gabarito "A"

(Analista – TJ/PE – 2007 – FCC) Após a conclusão, o texto deve ser encaminhado via correio eletrônico sem identificação dos destinatários.

Portanto, deverá ser utilizado o campo

(A) "Para" do navegador.

(B) "Cc" da ferramenta de correio eletrônico.

(C) "Para" da ferramenta de correio eletrônico.

(D) "Cco" da ferramenta de correio eletrônico.

(E) "Cco" do navegador.

A: errada, o campo "Para" deixa visível todos os destinatários. **B:** errada, o campo "Cc" deixa visível todos os destinatários. **C:** errada, o campo "Para" deixa visível todos os destinatários. **D:** correta, o campo "Cco" oculta os destinatários da mensagem e é acessado via ferramenta de correio eletrônico. **E:** errada, o campo "Cco" deve ser acesso via ferramenta de correio eletrônico.

Gabarito "D"

(Analista – TJ/ES – 2011 – CESPE) Com referência a aplicativos e conceitos relacionados à Internet, julgue os itens que se seguem.

(1) O Microsoft Outlook é uma ferramenta de correio eletrônico que facilita o gerenciamento de mensagens por meio de opções avançadas. Porém, sua desvantagem é a necessidade de o computador estar conectado à Internet ou à *intranet* da organização quando for preciso acessar as pastas de mensagens recebidas.

(2) O Mozilla Thunderbird é um programa livre e gratuito de *e-mail* que, entre outras funcionalidades, possui um recurso de *anti-spam* que identifica as mensagens indesejadas. Essas mensagens podem ser armazenadas em uma pasta diferente da caixa de entrada de *e-mail* do usuário.

(3) No Internet Explorer, a opção Adicionar a Favoritos permite armazenar localmente uma página visitada frequentemente. Assim, em acessos futuros, essa página adicionada a Favoritos estará disponível, mesmo que o computador não esteja conectado à Internet.

1: Errada, as mensagens que já foram recebidas pelo Outlook podem ser acessadas normalmente sem a necessidade de uma conexão com a internet ou qualquer outra rede. **2:** Correta, o Mozilla Thundebird é o gerenciador de *e-mails* do projeto Mozilla, que produz uma série de produtos gratuitos para uso na internet. **3:** Errada, a opção Adicionar ao Favoritos apenas cria um *link* para fácil acesso a página adicionada, não ficando ela salva no computador local.

Gabarito 1E, 2C, 3E

(Analista – TJ/MT – 2008 – VUNESP) A figura apresenta as opções de inserção de anexo em uma mensagem do Outlook XP que está sendo escrita.

Ao escolher a opção Item, será possível anexar

(A) um documento do Word gravado no **C:**.

(B) uma apresentação do PowerPoint encontrada em Itens Recentes.

(C) uma planilha do Excel existente na pasta Documentos.

(D) uma outra mensagem existente na Caixa de Entrada.

(E) um formulário que é um dos itens do banco de dados Access.

A: errada, um documento do Word gravado no "**C:**" é um arquivo, portanto deveria ser escolhida a outra opção. **B:** errada, uma apresentação do PowerPoint é um arquivo, portanto deveria ser escolhida a outra opção. **C:** errada, uma planilha do Excel é um arquivo, portanto deveria ser escolhida a outra opção. **D:** correta, a opção de anexar Item possibilita que outra mensagem da Caixa de Entrada será anexada à mensagem de correio eletrônico. **E:** errada, um formulário Access é um arquivo, portanto deveria ser escolhida a outra opção.

Gabarito "D"

(Analista – TJ/MA – 2009 – IESES) Dentre os protocolos apresentados abaixo, qual se caracteriza por ser um protocolo padrão para o envio de *e-mails* na internet?

(A) IMAP
(B) POP3
(C) IRC
(D) SMTP

A: errada, o protocolo IMAP é um protocolo de gerenciamento de correio eletrônico. **B:** errada, o POP3 é um protocolo de recebimento de mensagem de correio eletrônico. **C:** errada, o IRC é um protocolo de comunicação *online* via *chat*. **D:** correta, o SMTP é um protocolo de envio de *e-mails*.

Gabarito "D"

(Analista – TJ/PB – 2008 – COMPROV) Uma ferramenta que permite a manipulação das caixas postais via *web* é conhecida como:

(A) *Messenger*.
(B) *Webmail*.
(C) *Crawler*.
(D) XMI.
(E) Orkut.

A: errada, *Messenger* é uma ferramenta de comunicação instantânea. **B:** correta, o *Webmail* é uma ferramenta que permite a manipulação de caixas postais via web. **C:** errada, *Crawler* não é uma ferramenta relacionada ao uso de caixas postais. **D:** errada, XMI é um padrão para troca de informações baseado em XML. **E:** errada, Orkut é um *site* de relacionamentos.

Gabarito "B"

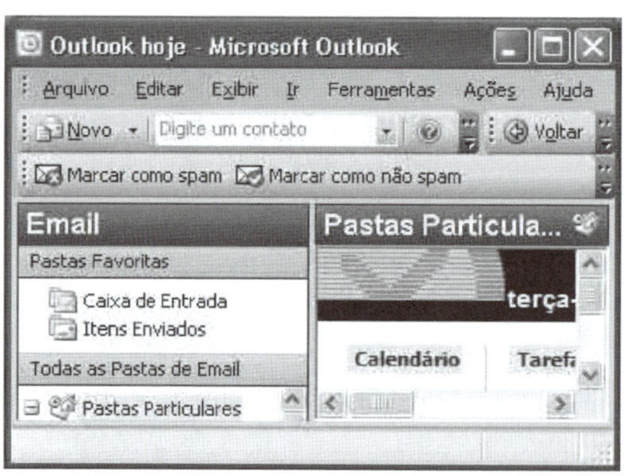

(Técnico Judiciário – STF – 2008 – CESPE) A figura acima mostra uma janela do Outlook 2003. Com relação a essa janela e ao Outlook 2003, julgue os itens subsequentes.

(1) O *menu* Exibir possui funcionalidade que permite exibir a janela de lembretes.
(2) Ao se clicar o botão, é aberta a janela denominada Sobre o Microsoft Office Outlook, cuja função é apresentar detalhes acerca da versão do Outlook que está sendo usada.

1: correta, a janela de lembretes pode ser acessada através de funcionalidade localizada no *menu* Exibir. **2:** errada, o botão abre a "Ajuda do Microsoft Outlook", que possui varias informações para ajudar o usuário na utilização do *software*.

Gabarito 1C, 2E

(Técnico Judiciário – TRT/2ª – 2008 – FCC) O Mozilla Thunderbird 2 indica quando uma mensagem pode ser uma possível tentativa de golpe, que tenta enganar o usuário para induzi-lo a fornecer dados pessoais, por meio do recurso de segurança denominado proteção

(A) *anti-cookies*.
(B) *anti-spam* inteligente.
(C) *anti-phishing*.
(D) de imagens remotas.
(E) de privacidade.

A: errada, *cookies* não é um termo relacionado a mensagens de correio eletrônico. **B:** errada, a proteção se chama *anti-phishing*. **C:** correta, o recurso de segurança é denominado *anti-phishing*. **D:** errada, a proteção se chama *anti-phishing*. **E:** errada, a proteção se chama *anti-phishing*.

Gabarito "C"

(Técnico Judiciário – TRT/4ª – 2006 – FCC) Após redigir uma resposta para um *e-mail* recebido e desejar não enviá-la imediatamente, deve-se salvar o texto redigido para ser enviado mais tarde na pasta

(A) Rascunhos.
(B) Encaminhar.
(C) Caixa de saída.
(D) Responder a todos.
(E) Cco – Destinatários ocultos.

A: correta, a pasta rascunho é onde *e-mails* escritos e não enviados são salvos. **B:** errada, não há pasta Encaminhar em sistemas gerenciadores de *e-mail*. **C:** errada, a caixa de saída é onde os *e-mails* ficam enquanto ainda não foram enviados pelo gerenciador de *e-mail*. **D:** errada, Responder a todos é na verdade uma função que envia a resposta do *e-mail* para todos os destinatários incluídos na mensagem. **E:** errada, Cco – Destinatários ocultos é uma função que permite o envio de mensagem de correio eletrônico sem que um dos destinatários tenha conhecimento dos outros.

Gabarito "A"

(Técnico Judiciário – TRT/1ª – 2008 – CESPE) Com relação a correio eletrônico, assinale a opção correta.

(A) A estrutura típica de um endereço de correio eletrônico comercial tem a forma br.empresatal.com@fulano, em que fulano é o nome de um usuário que trabalha em uma empresa brasileira denominada "empresatal".
(B) O aplicativo Microsoft Office Outlook 2003 é um exemplo de programa que pode permitir a recepção e o envio de mensagens de correio eletrônico.

(C) Ao incluir um endereço de correio eletrônico no campo cc: de um aplicativo para manipulação de correio eletrônico, o usuário configura esse aplicativo para não receber mensagens vindas do referido endereço.

(D) Ao incluir um endereço de correio eletrônico no campo cco: de um aplicativo para manipulação de correio eletrônico, o usuário indica a esse aplicativo que, quando for recebida mensagem vinda do referido endereço, o programa deve apresentar, na tela, texto em que se pergunta ao usuário se deseja ou não receber a mensagem em questão.

(E) Atualmente, todos os programas de *e-mail* realizam, automaticamente e sem necessidade de configuração pelo usuário, operações de criptografia nos arquivos a serem enviados, de forma que não existe a possibilidade de uma mensagem de *e-mail* ser interceptada, lida e entendida por um usuário para o qual ela não foi destinada.

A: errada, a estrutura típica de um endereço de correio eletrônico comercial tem a forma fulano@empresatal.com.br. **B:** correta, o Microsoft Office Outlook 2003 é um exemplo de programa que permite a recepção e envio de mensagens de correio eletrônico. **C:** errada, o campo Cc: de um aplicativo de manipulação de correio eletrônico se refere ao envio de cópias de um *e-mail*. **D:** errada, o campo Cco: de um aplicativo de manipulação de correio eletrônico se refere ao envio de cópias ocultas de um *e-mail*. **E:** errada, nem todos os programas de *e-mail* realizam operações de criptografia sem a necessidade de configuração.

Gabarito "B"

(Técnico Judiciário – TRE/MS – 2007 – FCC) Com relação ao Outlook Express, considere as afirmativas abaixo.

I. Para alterar senhas ou protocolos, é preciso seguir o caminho *Ferramentas>Contas>E-mail>(conta de e-mail)>Propriedades*.

II. Para acessar opções de classificação de mensagens é preciso clicar em *Classificar por* no menu *Exibir*.

III. O Outlook importa catálogos de endereços somente no formato LDIF.

É correto o que se afirma em

(A) I, apenas.
(B) I e II, apenas.
(C) I, II e III.
(D) II e III, apenas.
(E) III, apenas.

A: errada, há outras afirmativas corretas. **B:** correta, apenas as alternativas I e II estão corretas. **C:** errada, a afirmativa III não está correta, pois o Outlook Express importa catálogos de endereços no formato '.wab'. **D:** errada, a afirmativa III não está correta, pois o Outlook Express importa catálogos de endereços no formato '.wab'. **E:** errada, a afirmativa III não está correta, pois o Outlook Express importa catálogos de endereços no formato '.wab'.

Gabarito "B"

(Técnico Judiciário – TRE/SE – 2007 – FCC) Ao ser enviado um *e-mail*,

(A) os destinatários devem estar previamente cadastrados no catálogo de endereços.

(B) para que o destinatário que receberá uma cópia não seja revelado, seu endereço deve ser colocado no campo CC.

(C) o campo Assunto é obrigatório.

(D) somente arquivos contendo documentos e planilhas podem ser anexados.

(E) o campo Assunto pode ser omitido.

A: errada, não é necessário que o destinatário esteja cadastrado no catálogo de endereços. **B:** errada, seu endereço deve ser colocado no campo CCO. **C:** errada, o campo Assunto não é obrigatório. **D:** errada, outros tipos de arquivos também podem ser anexados. **E:** correta, o campo Assunto pode ser omitido.

Gabarito "E"

A figura acima apresenta uma janela do Internet Explorer 6 (IE6) que está sendo usado para acesso à Internet.

(Técnico Judiciário – TRE/GO – 2008 – CESPE) Considerando a figura mostrada, assinale a opção incorreta, acerca de correio eletrônico.

(A) *Webmail* é uma interface da World Wide Web que permite ler e escrever *e-mail* usando-se um navegador como o IE6 mostrado na figura.

(B) Microsoft Outlook Express é um programa cliente de *e-mail* e de notícias da Microsoft que permite administrar mais de uma conta de *e-mail*.

(C) Microsoft Outlook é integrante do pacote Office e, diferentemente do Outlook Express que é usado basicamente para receber e enviar *e-mails*, possui funções de *e-mail*, e é um calendário completo, para agendar compromissos.

(D) O *link* Gmail apresentado na janela do IE6 é utilizado para receber e enviar *e-mails* desde que o computador em uso tenha instalado pelo menos o Outlook Express.

A: errada, a afirmativa está correta. **B:** errada, a afirmativa está correta. **C:** errada, a afirmativa está correta. **D:** correta, para se utilizar o Gmail não é necessário a presença do Outlook Express no computador.

Gabarito "D"

(Escrevente Técnico Judiciário – TJ/SP – 2008 – VUNESP) No sistema de correio eletrônico (*e-mail*) da Internet, ao indicarmos os destinatários, é possível utilizar os campos: Para...(To...), Cc...(Cc...) e Cco... (Bcc...). Os destinatários indicados no campo Cco...

(A) serão ocultados para os receptores da mensagem.
(B) devem pertencer sempre a uma mesma corporação.
(C) devem enviar uma confirmação de recebimento da mensagem.
(D) receberão a mensagem criptografada com uma chave aberta.
(E) receberão apenas o cabeçalho e o assunto da mensagem, ficando o corpo da mensagem oculto.

A: correta, os destinatários do campo Cco estarão ocultados dos outros receptores da mesma mensagem. **B:** errada, não é necessário que os *e-mails* em Cco sejam da mesma corporação, uma vez que o campo se refere a cópias ocultas da mensagem. **C:** errada, os destinatários só devem enviar a confirmação de recebimento quando requerido pelo remetente. **D:** errada, as mensagens enviadas como cópias ocultas não são necessariamente criptografadas. **E:** errada, o item oculto na mensagem serão os destinatários e não o conteúdo do *e-mail*.

Gabarito "A"

(Agente de Polícia/GO – 2008 – UEG) O uso de *e-mail* agiliza o processo de comunicação, mas, por outro lado, como qualquer recurso de informática também traz problemas. Dentre os diversos problemas que o uso de *e-mail* acarreta, é CORRETO citar:

(A) a impossibilidade de envio de *e-mail* para mais que dois destinatários, isto é, um destinatário principal e outro referenciado por cópia.
(B) o uso abusivo da ferramenta com significativo excesso de *e-mails* pouco úteis que podem prejudicar a produtividade no trabalho.
(C) a falta de privacidade que a ferramenta oferece atualmente, sendo corriqueiros os atos de interceptação de mensagens sigilosas.
(D) a lentidão dos serviços atualmente disponíveis; os servidores de *e-mail* têm um retardo mínimo de trinta minutos.

A: Errada, uma mensagem eletrônica pode ser enviada para vários destinatários simultaneamente por meio do uso de cópia e cópias ocultas; **B:** Correta, o envio e recebimento de *e-mails* com conteúdo pouco útil pode tomar uma boa parte do tempo de trabalho e portanto diminuir a produtividade de um agente; **C:** Errada, existem várias formas de aumentar a privacidade e segurança no envio de mensagens, tornando a interceptação de mensagens muito mais difícil; **D:** Errada, os servidores de *e-mail* têm em geral grande capacidade de *hardware* sendo o envio em muitos casos quase instantâneo ou com retardo mínimo.

Gabarito "B"

(Escrivão de Polícia/RN – 2008 – CESPE) O envio e o recebimento de mensagens de correio eletrônico contendo documentos e imagens anexos podem ser realizados por meio do *software*

(A) Microsoft Publisher.
(B) Hyper Terminal.
(C) Skype.
(D) Adobe Acrobat.
(E) Microsoft Outlook.

A: Errada, o Microsoft Publisher é usado para diagramação eletrônica; **B:** Errada, o Hyper Terminal é usado para acesso remoto; **C:** Errada, o Skype é um comunicador instantâneo também utilizado para chamadas via VoIP; **D:** Errada, o Adobe Acrobat é um *software* que provê leitura de arquivos do tipo PDF; **E:** Correta, o Microsoft Outlook é um gerenciador de *e-mails* que permite o recebimento e envio de mensagens contendo anexos.

Gabarito "E"

(CEF – Técnico Bancário/Nacional – 2008 – CESGRANRIO) Considere um endereço eletrônico de destino abcd@efgh.com. Acerca do formato dos endereços eletrônicos utilizados na Internet, tem-se que

(A) "abcd" é uma identificação única de usuário na Word Wide Web e "efgh.com" identifica a caixa postal do destinatário.
(B) "abcd" identifica a caixa postal do destinatário e "efgh.com" identifica o domínio ao qual o destinatário pertence.
(C) "abcd" identifica o domínio ao qual o destinatário pertence e "efgh.com" identifica a caixa postal do destinatário.
(D) "abcd" identifica o domínio ao qual o destinatário pertence e "efgh.com" é uma identificação única do usuário "@" da Word Wide Web.
(E) é impossível existir um endereço eletrônico como esse por não possuir em seu formato a identificação de país (após o ".com").

Em um *e-mail*, os caracteres antes do @ indicam a caixa postal e, após tal símbolo, o domínio a qual o destinatário pertence. Portanto, "abcd" indica a caixa postal presente no domínio "efgh.com".

Gabarito "B"

(CEF – Técnico Bancário – 2008 – CESGRANRIO) A pasta "Caixa de Saída" do MS Outlook 2003 serve para armazenar mensagens que

(A) tiveram seu envio solicitado pelo usuário (independente de terem sido ou não enviadas pelo servidor de *e-mail*).
(B) tiveram seu envio solicitado pelo usuário, mas ainda não foram enviadas pelo servidor de *e-mail*.
(C) foram enviadas pelo servidor de *e-mail*.
(D) foram criadas, mas ainda não tiveram seu envio solicitado pelo usuário.
(E) foram recebidas de outros usuários.

Após a criação de um *e-mail*, e o clique no botão enviar, o *e-mail* fica na Caixa de saída até ser de fato enviado pelo servidor de *e-mail* ao destinatário da mensagem.

Gabarito "B"

(BB – Escriturário – 2010 – FCC) Num programa de correio eletrônico ou *webmail*, o campo Cópia Oculta (também conhecido como CCo ou BCc) serve para

(A) copiar o conteúdo da mensagem, sem conhecimento do remetente, e enviá-la ao destinatário do campo CCo, geralmente pais de crianças e adolescentes ou administradores de rede.

(B) ocultar o remetente da mensagem, permitindo o envio de mensagens anônimas.
(C) criptografar o conteúdo da mensagem de modo a garantir a privacidade entre as partes, assegurando que somente o destinatário do campo CCo conseguirá lê-la.
(D) enviar ao destinatário do campo CCo uma cópia da mensagem sem o conhecimento dos demais destinatários.
(E) ocultar do destinatário do campo CCo partes do conteúdo da mensagem.

O Cco permite enviar um *e-mail* a vários usuários sem que a lista de destinatários seja aparente a todos que recebem o *e-mail*.

Gabarito "D"

(BB – Escriturário – 2006 – FCC) Dadas as seguintes declarações:

I. Uma conta de *webmail* pode ser acessada de qualquer computador que esteja ligado à Internet.
II. Com uma conta de *webmail*, as mensagens residirão no servidor e não no computador pessoal.
III. O uso do computador pessoal, mesmo que compartilhado, possibilitará maior privacidade.
IV. O acesso às mensagens pelo programa de *e-mail* exige configurações específicas, nem sempre disponíveis, quando acessado em outro computador diferente do pessoal.

É correto o que consta APENAS em

(A) I e II.
(B) II e III.
(C) III e IV.
(D) I, II e III.
(E) I, II e IV.

I: certo. Um *webmail* pode ser acessado como um *site* comum através da Internet, utilizando apenas nome de usuário e senhas pessoais; **II:** certo. Em um *webmail*, as mensagens permanecem no servidor até serem deletadas; **III:** errado. Um computador compartilhado poderá ter vírus ou spyware que podem interceptar as senhas pessoais de acesso; **IV:** certo. Um programa de *e-mail* precisa de configurações específicas dos protocolos para o acesso direto dos *e-mails*.

Gabarito "E"

(Técnico – ANP – 2008 – CESGRANRIO) A vantagem de se utilizar um serviço de *webmail* em relação ao uso de ferramentas locais para gerenciamento de *e-mails* é a possibilidade de acessar *e-mails* em

(A) máquinas que possuam acesso à Internet e navegador HTML instalado.
(B) máquinas que possuam acesso à Internet e uma ferramenta de *e-mail*, como Microsoft Outlook Express, instalada.
(C) máquinas que possuam configuração necessária para acessar os servidores SMTP e POP3.
(D) máquinas sem nenhum *software* instalado.
(E) qualquer máquina, independente do servidor de *e-mail* estar funcionando.

A: Correta, os serviços de *webmail* não possuem muitos requerimentos e facilitam o acesso de qualquer computador com acesso a Internet. **B:** Errada, serviços de *webmail* são independentes de ferramentas locais como o Microsoft Outlook. **C:** Errada, os serviços de *webmail* não fazem uso dos protocolos SMTP e POP3 da máquina, mas sim do servidor onde o serviço está hospedado. **D:** Errada, é necessário ao menos um navegador web para o acesso a este tipo de serviço. **E:** Errada, o serviço de *webmail* requer que o servidor de *e-mail* correspondente esteja online e funcionando normalmente.

Gabarito "A"

(Agente Administrativo – FUNASA – 2009 – CESGRANRIO) Mensagens de *e-mail* não desejadas e enviadas em massa para múltiplas pessoas são conhecidas como

(A) anexo.
(B) hotmail.
(C) mime.
(D) *spam*.
(E) vírus.

A: Errada, anexos são arquivos enviados juntamente com um *e-mail*. **B:** Errada, Hotmail é um provedor de *e-mails* gratuitos. **C:** Errada, mime é uma norma que padroniza mensagens de *e-mail*. **D:** Correta, as mensagens não solicitadas, geralmente enviadas para múltiplos endereços, são chamadas de *SPAM*. **E:** Errada, vírus é um tipo de ameaça virtual que pode afetar o funcionamento de um computador.

Gabarito "D"

(CODIFICADOR – IBGE – 2011 – CONSULPLAN) Na utilização do gerenciador de correio eletrônico Microsoft Outlook (versão 2003 – configuração padrão), são campos de preenchimento válidos de uma nova mensagem de correio eletrônico,EXCETO:

(A) Para...
(B) Cc...
(C) Cco...
(D) Assunto:
(E) *E-mail*:

A: Errada, Para é um dos campos existentes na criação de mensagens eletrônicas. **B:** Errada, o campo Cc é usado para enviar cópias do *e-mail* sendo criado. **C:** Errada, o campo Cco é usado para envio de cópias ocultas do *e-mail* sendo enviado. **D:** Errada, o campo Assunto é um dos campos existentes durante a criação de mensagens eletrônicas. **E:** Correta, não há o campo *E-mail* durante a criação de mensagens de correio eletrônico.

Gabarito "E"

(Técnico – IBGE – 2006 – CESGRANRIO) O protocolo utilizado no correio eletrônico para o envio de mensagens na Internet é:

(A) MAILP
(B) SMTP
(C) UDP
(D) POP
(E) FTP

A: Errada, MAILP não é um nome de protocolo válido. **B:** Correta, SMTP é o protocolo utilizado no envio de mensagens eletrônicas. **C:** Errada, UDP é um tipo de pacote de dados. **D:** Errada, POP é o protocolo usado no recebimento de mensagens eletrônicas. **E:** Errada, FTP é um protocolo usado para transferência de arquivos.

Gabarito "B"

(Técnico – INSS – 2012 – CESPE) Paulo trabalha na área administrativa da Empresa XPT. Realiza boa parte do seu trabalho por meio do seu *e-mail* corporativo. Com o crescimento da empresa, a demanda de trabalho de Paulo aumentou, mas sua caixa de *e-mail* continuou com a mesma capacidade, 100 MB. Frequentemente a caixa de *e-mail* de Paulo enche e ele tem que parar suas atividades profissionais para excluir os *e-mails* maiores e menos importantes, liberando assim espaço para novas mensagens.

Certo dia, em um procedimento para liberar espaço na sua caixa de *e-mail* corporativo, Paulo apagou, por engano, diversos *e-mails* importantes, necessários para fechar a folha de pagamento de funcionários do mês. Como não tinha uma cópia desses *e-mails,* teve que solicitar aos emissores que enviassem os *e-mails* novamente.

Para tentar resolver o problema de espaço em sua caixa de *e-mail,* Paulo abriu uma Ordem de Serviço para a área de TI, pedindo o aumento de sua caixa de *e-mail* para 200 MB. A TI negou o pedido, argumentando limitações de espaço em seus servidores.

Como solução alternativa, para a cópia de segurança de seus *e-mails* corporativos, reduzindo dessa forma os riscos relacionados às exclusões que deverá fazer periodicamente devido a essa limitação de espaço e considerando que as políticas da empresa não impõem nenhuma restrição para o acesso e guarda dos *e-mails* em outros computadores ou ambientes, Paulo pensou em realizar as seguintes ações:

I. Criar um *e-mail* pessoal em um servidor de *e-mail* da Internet, com *capacidade* de armazenamento suficiente para manter uma cópia de seus *e-mails* corporativos por um tempo maior que os limitados pelo tamanho de sua caixa de *e-mail* corporativo e estabelecer regras na sua caixa de *e-mails* corporativo para enviar uma cópia automática de todos os *e-mails* recebidos para este novo endereço.

II. Instalar o *Microsoft Office Outlook* no computador que utiliza na empresa (caso não esteja instalado), criar seu perfil (caso não exista), fazer as configurações necessárias no *Outlook* para baixar os *e-mails* de sua caixa de *e-mail* corporativo para o computador e, por fim, baixar os *e-mails.*

III. Criar pastas na sua caixa de entrada do *e-mail* corporativo e separar os *e-mails* recebidos entre essas pastas.

IV. Criar regras na sua caixa de *e-mail* corporativo para excluir automaticamente todas as mensagens que chegarem trazendo arquivos anexados.

As possíveis ações que podem resolver o problema de Paulo, evitando que ele perca *e-mails* importantes, estão presentes em

(A) I, II, III e IV.

(B) II e III, apenas.

(C) I e II, apenas.

(D) I, apenas.

(E) II, apenas.

A: Errada, as afirmativas III e IV estão incorretas, criar uma nova posta no servidor de *e-mails* e mover as mensagens para ela não faz com que estas deixem de ocupar espaço e excluir automaticamente *e-mails* com anexo poderá causar perda de informações importantes. **B:** Errada, a afirmativa III está incorreta, criar uma nova posta no servidor de *e-mails* e mover as mensagens para ela não faz com que estas deixem de ocupar espaço. **C:** Correta, apenas as afirmativas I e II estão corretas. **D:** Errada, a afirmativa II também está correta. **E:** Errada, a afirmativa I também está correta.

Gabarito "C"

(Técnico – INSS – 2008 – CESPE) Com relação a mensagens de correio eletrônico e a conceitos relacionados a Internet e *intranet,* julgue os itens seguintes.

(1) Para se enviar uma mensagem confidencial de correio eletrônico, cujo conteúdo não deva ser decifrado caso essa mensagem seja interceptada antes de chegar ao destinatário, é suficiente que o computador a partir do qual a mensagem seja enviada tenha, instalados, um programa antivírus e um *firewall* e que esse computador não esteja conectado a uma *intranet.*

(2) É comum, mediante o uso de programas de computador que utilizam o Windows XP como sistema operacional, o recebimento de mensagens de texto por meio de correio eletrônico. Entretanto, é possível a realização dessa mesma tarefa por meio de programas de computador adequados que utilizam o sistema operacional Linux.

1: Errada, o *firewall* é apenas uma barreira de proteção para o computador em que está instalado e o antivírus tem por função a remoção de ameaças do computador, nenhuma das ferramentas tem relação com a segurança no envio de *e-mails,* o correto seria enviar as mensagens de forma criptografada; **2:** Correta, a ação de envio e recebimento de mensagens eletrônicas não tem qualquer restrição com relação ao tipo do sistema operacional.

Gabarito 1E, 2C

(Agente Administrativo – Ministério da Int. Nacional – 2006 – CESPE) Com relação ao Outlook Express 6, julgue o item que se segue.

(1) Ao se pressionar o botão Catálogo de endereços, no Outlook Express, é possível armazenar os endereços dos sítios favoritos no catálogo de endereços.

1: Errada, o Catálogo de endereços armazena endereços de *e-mail* e não endereços de páginas na Internet.

Gabarito "E"

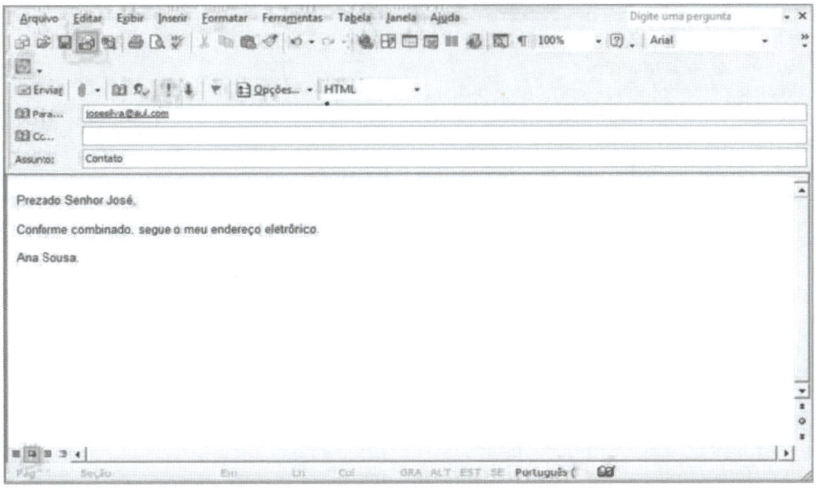

(Analista – ANATEL – 2009 – CESPE) Considerando a figura anterior, que ilustra uma janela do Microsoft Outlook 2003 sendo executada, julgue os itens seguintes.

(1) Se uma pessoa quiser enviar mensagem a destinatário específico com cópia para outros destinatários, deve considerar que o Microsoft Outlook não permite que a mensagem seja enviada simultaneamente a terceiros sem que o destinatário tenha conhecimento. Em contrapartida, o programa permite a inclusão de diversos endereços de *e-mail* no campo Cc... que receberão uma cópia da mesma mensagem com conhecimento do destinatário.

(2) Caso um remetente, usando o Microsoft Outlook, queira enviar uma mensagem a um contato salvo em lista criada por ele, basta clicar no ícone. A ferramenta encontrará o endereço eletrônico do contato a partir da digitação de seu nome.

1: Errada, o campo Cco... permite o envio de uma mensagem a vários destinatários sem que o destinatário principal tenha conhecimento dos outros; **2:** Errada, para acessar a lista de endereços salvos ele deve usar o catálogo de endereços por meio do ícone.

Gabarito 1E, 2E

(Analista – ANP – 2008 – CESGRANRIO) Um determinado usuário trabalha em uma rede que possui o servidor "anpout.gov.br" para envio de *e-mails* e o servidor "anpin.gov.br" para *download* de *e-mails*. Qual das configurações a seguir esse usuário deve utilizar na sua ferramenta de *e-mails*?

(A) servidor de *e-mail* pop3 = "anpout.gov.br" e servidor de *e-mail* imap = "anpin.gov.br"

(B) servidor de *e-mail* pop3 = "anpout.gov.br" e servidor de *e-mail* smtp = "anpin.gov.br"

(C) servidor de *e-mail* stmp = "anpout.gov.br" e servidor de *e-mail* pop3 = "anpin.gov.br"

(D) servidor de *e-mail* dhcp = "anpout.gov.br" e servidor de *e-mail* imap = "anpin.gov.br"

(E) servidor de *e-mail* imap = "anpout.gov.br" e servidor de *e-mail* dhcp = "anpin.gov.br"

A: Errada, o servidor de envio é gerenciado pelo protocolo SMTP e não pelo POP3. **B:** Errada, o servidor de envio é gerenciado pelo protocolo SMTP e não pelo POP3. **C:** Correta, o servidor de saída é do tipo SMTP e o servidor de entrada do tipo POP3. **D:** Errada, DHCP é um serviço de redes e não de mensagens eletrônicas. **E:** Errada, DHCP é um serviço de redes e não de mensagens eletrônicas.

Gabarito "C"

(Analista – IBGE – 2008 – CONSULPLAN) Quando recebemos um *e-mail*, em alguns casos, ele pode possuir um ou mais arquivos de diversos formatos (*.doc, *.xls, *.jpg, etc). Assinale como são denominados esses arquivos:

(A) Dowloads.

(B) Anexos.

(C) Apêndices.

(D) Índices.

(E) Sumários.

A: Errada, *download* é a ação de copiar dados da Internet para o computador local. **B:** Correta, os arquivos enviados junto de mensagens eletrônicas são denominados anexos. **C:** Errada, este não é um termo relacionado à arquivos em rede. **D:** Errada, este não é um termo relacionado à arquivos em rede. **E:** Errada, este não é um termo relacionado à arquivos em rede.

Gabarito "B"

(Analista – IBGE – 2008 – CONSULPLAN) *Webmail* é uma interface da World Wide Web que permite ao utilizador ler e escrever *e-mail* usando um navegador.

Acerca disso, assinale a alternativa correta:

(A) A maior vantagem do *webmail* é o fato de não ser necessário possuir um programa específico para a leitura ou envio de mensagens de correio eletrônico. Qualquer computador, ligado à Internet com um navegador, é suficiente.

(B) Como todos os protocolos de comunicação na web, para ler seu *e-mail* no *webmail*, é necessário utilizar sempre o mesmo computador.

(C) No *webmail*, todas as mensagens existentes na caixa de correio são transferidas sequencialmente para o computador local.

(D) As mensagens, após baixadas para seu computador, são apagadas da caixa de correio (opcionalmente, o protocolo pode ser configurado para que as mensagens não sejam apagadas da caixa de correio).

(E) A característica off-line do protocolo *webmail*, é particularmente útil para utilizadores que se ligam à Internet através de redes públicas comutadas, em que o custo da ligação é proporcional ao tempo, pois a ligação apenas precisa estar ativa durante a transferência das mensagens; a leitura e o processamento das mensagens podem, depois, serem efetuadas com a ligação inativa.

A: Correta, o uso do *Webmail* dispensa qualquer *software* gerenciador de mensagens eletrônicas e permite que elas sejam acessadas de qualquer computador com acesso à Internet. **B:** Errada, por ser uma ferramenta Web o *Webmail* pode ser acessado de qualquer computador com acesso à Internet. **C:** Errada, o *Webmail* é apenas uma interface de visualização das mensagens no servidor, nada é armazenado no computador local. **D:** Errada, este comportamento pertence aos *softwares* gerenciados de *e-mail*. **E:** Errada, o *Webmail* é uma ferramenta essencialmente online.

Gabarito "A"

(Analista – INSS – 2008 – CESPE) Considerando a situação hipotética em que João deseja enviar a José e a Mário uma mensagem de correio eletrônico por meio do Outlook Express, julgue o item abaixo.

(1) Caso João, antes de enviar a mensagem, inclua, no campo CC: do aplicativo usado para o envio da mensagem, o endereço de correio eletrônico de Mário, e, no campo Para:, o endereço eletrônico de José, então José e Mário receberão uma cópia da mensagem enviada por João, mas José não terá como saber que Mário recebeu uma cópia dessa mensagem.

1: Errada, para que isso acontecesse deveria ser usado o campo CCO e não CC, o campo CC o destinatário é visível para todos os outros.

Gabarito 1E

4. GRUPOS DE DISCUSSÃO

(Analista – TRE/TO – 2011 – FCC) Na Internet, ela é uma rede social que permite comunicar com um grupo de amigos predefinido, aceitando os amigos e restringindo o acesso de estranhos aos seus dados:

(A) Correio Eletrônico.
(B) *Twitter*.
(C) *Blog*.
(D) *Facebook*.
(E) *Weblog*.

A: Errada, o correio eletrônico não é uma rede social, apenas um método de comunicação na rede. **B:** Errada, o Twitter é um micro-*blog* de compartilhamento de informações, não sendo possível restringir o acesso aos seus dados. **C:** Errada, os *blogs* não são redes sócias, apenas funcionam como um diário virtual. **D:** Correta, o Facebook é uma rede social onde pode se definir grupos de amigos, aceitando seus pedidos de amizade e restringindo o acesso aos dados conforme as configurações de privacidade. **E:** Errada, o *Weblog* é um sinônimo de *blog*, que não são redes sociais.

Gabarito "D"

(Analista – TRF/1ª – 2011 – FCC) O *Orkut* é caracteristicamente definido como

(A) provedor de acesso.
(B) lista de contatos.
(C) rede de segurança.
(D) comércio eletrônico.
(E) rede social.

A: Errada, o Orkut é um serviço da internet e não um provedor de acesso. **B:** Errada, o Orkut é uma rede social e não uma lista de contatos. **C:** Errada, o Orkut é um serviço web e não uma rede de segurança. **D:** Errada, o Orkut não possui funções de comércio. **E:** Correta, o Orkut é uma rede social que tem por objetivo reunir amigos e pessoa de interesses comuns.

Gabarito "E"

(Analista – TRF/1ª – 2011 – FCC) *Link*edin é

(A) uma rede de negócios principalmente utilizada por profissionais.
(B) um aplicativo de correio eletrônico pago.
(C) uma forma de configurar perfis no correio eletrônico do Google.
(D) um aplicativo antivírus de amplo uso na web.
(E) uma forma de conexão entre o computador pessoal e o provedor internet.

A: Correta, o *Link*edIn é uma rede social voltada para contatos de negócios. **B:** Errada, o *Link*edIn é uma rede social e não um aplicativo de correio eletrônico. **C:** Errada, o *Link*edIn é um serviço web que não está relacionado ao Google. **D:** Errada, o *Link*edIn é uma rede social e não um *software* antivírus.**E:** Errada, o *Link*edIn é um serviço web e não uma forma de conexão física.

Gabarito "A"

(Analista – ANP – 2008 – CESGRANRIO) Um funcionário precisa encontrar um documento Microsoft Word 2003 (extensão doc) disponibilizado na Internet por sua empresa. Sabendo-se que o título do documento é Impactos Ambientais na Baía de Guanabara e que o documento possui as palavras-chave ecossistema e petróleo, qual a forma mais eficaz de encontrar esse documento utilizando o *site* de busca http://www.google.com?

(A) Impactos Ambientais na Baía de Guanabara ecossistema petróleo

(B) Impactos Ambientais na Baía de Guanabara ecossistema petróleo filetype:doc

(C) "Impactos Ambientais na Baía de Guanabara ecossistema petróleo"

(D) "Impactos Ambientais na Baía de Guanabara" ecossistema petróleo filetype:doc

(E) "Impactos Ambientais na Baía de Guanabara" - ecossistema -petróleo filetype:doc

A: Errada, é necessário adicionar informar também o tipo do arquivo para que a busca tenha melhores resultados. **B:** Errada, desta forma a busca é feita por todas as palavras, não estando necessariamente nesta ordem. **C:** Errada, é necessário informar o tipo do arquivo e colocar todos os termos entre aspas faz com que a busca seja feita por resultados que contenham as palavras naquela ordem, neste caso ecossistema e petróleo são apenas palavras chaves e não devem estar entre as aspas. **D:** Correta, manter o título do arquivo entre aspas garante que o resultado terá a frase com as palavras naquela ordem, manter ecossistema e petróleo fora das aspas garante que estas palavras-chaves também estarão no arquivo e adicionar o tipo do arquivo garante que aparecerão apenas arquivos do tipo desejado. **E:** Errada, adicionar um traço antes de um termo faz com que este não esteja incluso nos resultados.

Gabarito "D"

5. BUSCA E PESQUISA

I. Utilizar, ao fazer pesquisa no Google, preferencialmente, uma opção que traga as palavras pesquisadas em destaque dentro das páginas encontradas.

(Analista – TRE/PI – 2009 – FCC) Ao receber a lista das páginas encontradas na pesquisa, a opção a ser escolhida, de acordo com o recomendado em (I) é

(A) Páginas semelhantes.
(B) Encontrar mais.
(C) Em *cache*.
(D) Preferências.
(E) Mais.

A: errada, a opção "páginas semelhantes" apenas realiza uma nova busca. **B:** errada, a opção "encontrar mais" estende a busca para procurar mais resultados. **C:** correta, a opção "em cache" exibe as palavras pesquisadas em destaque na página. **D:** errada, a opção "preferências" não possui qualquer relação com destaque de textos na pesquisa. **E:** errada, a opção "mais" apenas muda para a próxima página com os resultados da pesquisa.

Gabarito "C"

(Analista – TRE/MA – 2009 – CESPE) Com relação às ferramentas de busca na Internet, assinale a opção correta.

(A) O Mozzila é uma ferramenta de busca avançada na Internet que oferece acesso a páginas que não são apresentadas pelo Google.

(B) Na opção de páginas em português do Google, o usuário poderá ter acesso apenas a conteúdos disponíveis no domínio .pt, de Portugal.

(C) O Google é uma ferramenta de busca para acesso a páginas indexadas pelo sítio Wikipedia em qualquer idioma.

(D) As ferramentas de busca disponíveis na Internet evoluíram para permitir o acesso aos arquivos armazenados em máquinas pessoais de todos os usuários que estejam, no momento da busca, conectados à rede.

(E) As opções avançadas de busca do Google permitem a combinação de diversas palavras para formar um nome, seja com todas as palavras informadas no campo de busca, seja com qualquer uma das palavras ou até sem uma palavra específica que se deseja utilizar para filtrar a pesquisa.

A: errada, o Mozzila é um navegador, e não uma ferramenta de busca. **B:** errada, na opção de páginas em português do Google, o usuário terá como resposta da busca *websites* em português. **C:** errada, o Google não se limita a pesquisa de páginas do sítio Wikipedia. **D:** errada, não é possível acessar arquivos armazenados em qualquer computador pessoal da internet. **E:** correta, as opções avançadas de busca do Google permitem refinar a busca para qualquer uma das palavras, todas as palavras ou até sem uma certa palavra informada pelo usuário.

Gabarito "E"

PARTE V

Sistemas Operacionais

1. SISTEMAS OPERACIONAIS

Sistemas Operacionais são conjuntos de *softwares* que gerenciam os recursos de um computador e servem como uma interface entre o usuário e a máquina, seja na forma textual ou gráfica.

Entre as principais tarefas do Sistema Operacional, ou simplesmente SO, temos:

- ✔ Gerenciamento dos processos;
- ✔ Gerenciamento da memória;
- ✔ Gerenciamento da entrada e saída de dados;
- ✔ Gerenciamento do sistema de arquivos.

Estas tarefas são executadas pelo Kernel, que é o núcleo do sistema operacional, recebendo os pedidos dos dispositivos, transformando-os em requisições e gerenciando todos estes processos.

Os SOs podem ser classificados quanto ao suporte a processos e usuários, utilizando as seguintes denominações, respectivamente:

- ✔ Monotarefa: permite a realização de um processo por vez. Ex.: MS-DOS, Windows 3.1;
- ✔ Multitarefa: permite a realização de diversos processos de forma simultânea. Ex.: Linux, Windows 95/98/XP/7/8;
- ✔ Monousuário: permite apenas um usuário por vez. Ex.: MS-DOS, Windows 95/98;
- ✔ Multiusuário: permite diversos usuários conectados por vez. Ex.: Linux, Windows XP/7/8.

Outra classificação possível para estes sistemas se refere à sua forma de distribuição, podendo ser Proprietário (é necessário pagar por uma cópia do *software*) ou Open Source (pode ser usado, modificado e distribuído de forma gratuita).

Para armazenar arquivos cada SO utiliza um tipo de Sistema de Arquivos, estes definem principalmente a forma de organização dos arquivos e o tamanho dos *clusters*, que são as menores porções lógicas de espaço em um disco.

O Windows utiliza os seguintes sistemas de arquivos:

- ✔ FAT16: MS-DOS e Windows 95;
- ✔ FAT32: Windows 98/ME;
- ✔ NTFS: Windows XP/Vista/7/8.

O Linux possui sistemas diferentes, que são:

- ✔ Ext;
- ✔ Ext2;
- ✔ Ext3;
- ✔ Ext4.

Outro elemento muito importante que não faz parte de um SO, mas da base para eles, se chama BIOS (Basic Input/Ouput System), que é um programa armazenado na memória ROM do computador e fornece suporte básico ao *hardware*, realiza o chamado teste básico para inicialização do sistema (POST) e inicializa o sistema Operacional (processo de *BOOT*).

Além dos sistemas Windows e Linux, os mais utilizados no mercado atualmente, é importante mencionar alguns outros como o Mac OS, sistema utilizado em equipamentos da Apple e o Solaris, sistema baseado em UNIX desenvolvido pela Sun Microsystems.

1.1. Linux

Vamos agora entender um pouco melhor o funcionamento do Linux.

O Linux é um sistema Open Source, baseado em UNIX, um outro sistema operacional, por este motivo compartilham diversas semelhanças embora sejam sistemas diferentes. Ele é classificado como multiusuário e multitarefa e foi desenvolvido pelo engenheiro Linus Torvalds.

Sendo um sistema Open Source existem diversas distribuições diferentes para este SO, cada distribuição compreende um pacote de modificações no sistema original e possui um grupo que o mantêm e atualiza. Os principais pacotes existentes atualmente são:

- ✔ Red hat;
- ✔ Debian;
- ✔ Ubuntu;
- ✔ SuSE;
- ✔ Mandriva.

Cada distribuição é composta pelos principais elementos do Linux que compreendem:

- ✔ Kernel: núcleo do Sistema Operacional, gerencia os processos, memória e requerimentos;
- ✔ Biblioteca de Sistema: conjunto padrão de funções usadas para interação com o Kernel;
- ✔ Utilitários do Sistema: programas especializados que realizam outras tarefas.
- ✔ As principais características do Linux são:
- ✔ Sistema de grande estabilidade;
- ✔ Possui ótimos níveis de segurança;
- ✔ Permite múltiplas sessões de acesso (incluindo utilizando-se o mesmo usuário).

Por estes motivos ele é uma das principais escolhas para a utilização em servidores ou computadores provedores de serviços, ainda sim, existem muitos usuários domésticos que optam por utilizar este sistema, que também possui sistemas de interface gráfica como KDE, Gnome e BlackBox.

Por possuir um sistema de arquivos diferentes além de outras diferenças, programas feitos para Windows não podem ser executados diretamente no Linux, a menos que seja utilizado algum tipo de emulador ou uma versão específica para este SO.

A forma como os arquivos são organizados dentro do Linux também difere do Windows. Este organiza os arquivos em diretórios agrupados por funções, sendo eles:

- ✔ /bin/: armazena os executáveis de programas básicos do sistema;
- ✔ /boot/: armazena o Kernel e arquivos usados na inicialização do sistema;
- ✔ /dev/: ponteiros para os dispositivos de *hardware* do computador;
- ✔ /etc/: arquivos de configuração do sistema e programas;
- ✔ /home/: cada usuário possui um diretório próprio dentro deste, onde ficam armazenados seus arquivos pessoais;
- ✔ /lib/: bibliotecas compartilhadas pelos programas do sistema e módulos do Kernel;

- /media/: ponto de montagem para as mídias removíveis como CDs e Pendrives;
- /mnt/: pontos de montagem temporários para unidades removíveis e volumes de rede;
- /opt/: *softwares* adicionais instalados de maneira não padrão ou que não fazem parte do sistema original;
- /root/: diretório pessoal do usuário root, administrador do sistema;
- /sbin/: diretório de programas utilizados pelo administrador do sistema (superuser ou su) para administração e controle do funcionamento do sistema;
- /srv/: dados de serviços fornecidos pelo sistema;
- /tmp/: arquivos temporários gerados pelo sistema;
- /usr/: local onde são armazenados a maioria dos programas do usuário;
- /var/: informações variáveis do sistema como spool de impressora, caixas postais, logs do sistema, etc.

1.2. Windows

O Windows é um dos sistemas mais utilizados mundialmente. É um sistema proprietário desenvolvido pela Microsoft. Veja a lista em ordem cronológica das versões deste SO:

- MS-DOS;
- Windows 3.11;
- Windows 95;
- Windows 98;
- Windows 2000;
- Windows ME;
- Windows XP;
- Windows Vista;
- Windows 7;
- Windows 8.

Existem outras versões feitas para uso em servidores, que são:

- Windows Server 2003;
- Windows Server 2008;
- Windows Server 2012.

1.3. Interface

A interface foi um dos fatores que ajudou a popularizar o Windows. Ela é composta de uma área de trabalho onde são exibidas as janelas que representam os programas em execução. Há também uma barra de tarefas na parte inferior que exibe os programas abertos, o relógio do sistema, miniaturas que representam programas sendo executados em segundo plano e o botão Iniciar, que permite um rápido acesso à diversas configurações e *softwares* instalados.

Esta interface possui pequenas diferenças entre uma versão e outra porém a localização geral dos itens se mantém praticamente idêntica. Mantendo sempre a barra de rolagem na lateral direita e parte inferior quando o conteúdo da tela excede o tamanho disponível e a barra de títulos no topo de cada janela, que exibe o nome da aplicação e algumas outras informações sobre a atual sessão de uso.

Vejamos exemplos da interface nas versão XP e 7 do Windows, respectivamente.

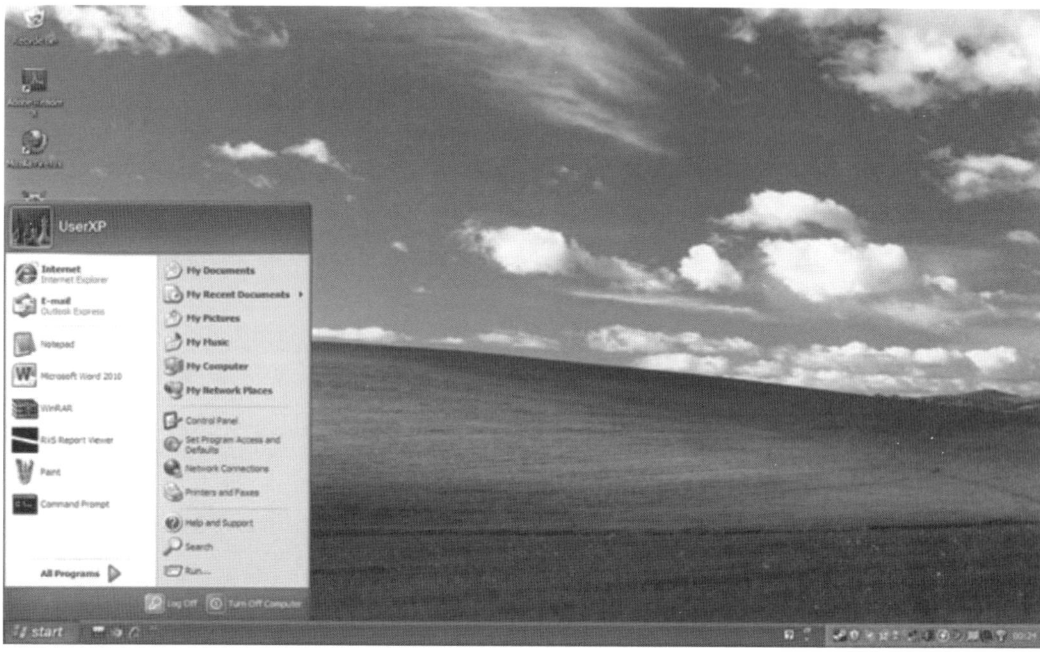

A interface utilizada pelo Windows Vista e 7 recebe o nome de Aero, que fornece também diversos efeitos gráficos como transparências e o Windows *Flip* 3D. No Windows 8 uma outra interface denominada Metro foi utilizada, muito semelhante ao que se encontra na versão Phone do Windows, utilizando blocos para representar os programas e aplicativos.

1.4. Ícones

Como parte da representação gráfica, o Windows utiliza um Sistema de ícones para seus arquivos e diretórios. Em geral cada arquivo exibe o ícone referente ao programa utilizado para executar este tipo de arquivo. Há também alguns modificadores que podem indicar que um arquivo ou pasta está sendo compartilhado ou é um atalho.

Vejamos exemplos destes casos:

Pasta/Diretório

Pasta Compartilhada

Arquivo e atalho para arquivo

1.5. Interação via *mouse*

Outro item importante na interação gráfica do Windows é o *mouse*. Por meio dele se torna possível selecionar, executar e arrastar arquivos e diretórios apenas com cliques, sendo que um clique simples com o botão esquerdo seleciona um item, um clique duplo abre o arquivo ou diretório e um clique simples com o botão direito exibe um menu com opções que podem ser feitas com o item selecionado.

Algumas teclas modificadoras podem alterar a forma como os cliques respondem ao usuário. Vejamos alguns exemplos:

- ✔ Botão Esquerdo + Ctrl, arrastando: copia o arquivo ou pasta selecionada;
- ✔ Botão Esquerdo + Ctrl, clicando: seleciona arquivos não adjacentes;
- ✔ Botão Esquerdo + *Shift*, arrastando: move o arquivo ou pasta selecionada;
- ✔ Botão Esquerdo + *Shift*, clicando: seleciona arquivos adjacentes;
- ✔ Botão Esquerdo + Alt: cria um atalho do item selecionado.

1.6. Atalhos do teclado

Outras teclas quando pressionadas em conjunto com as teclas modificadores, funcionam como atalhos que ativam algumas funções especiais, estes atalhos são muito úteis durante a utilização do Windows, pois facilitam o acesso a estas funções. Em geral os atalhos são compostos de combinações com uma ou mais das teclas Ctrl, Alt e *Shift*.

Vejamos os principais atalhos:

- Ctrl + Esc ou Tecla Windows: abrem o menu Iniciar;
- Ctrl + Alt + Del: abrem o Gerenciador de Tarefas do Windows;
- Ctrl + C: ativa a função copiar;
- Ctrl + V: ativa a função colar;
- Ctrl + X: ativa a função recortar;
- Ctrl + Z: desfaz a última ação realizada;
- Windows + M: minimiza todas as janelas abertas;
- Windows + D: exibe a área de trabalho minimizando todas as janelas abertas;
- *Shift* + Delete: exclui um arquivo ou diretório sem que passe pela Lixeira;
- Alt + Tab: permite alternar entre os programas abertos através de uma janela de diálogo;
- Alt + F4: fecha a janela atualmente aberta;
- Alt + Esc: permite alternar entre os programas abertos sem o uso de uma janela de diálogo;
- F1: abre a ajuda do programa atualmente aberto;
- F2: permite renomear um arquivo ou diretório selecionado.

1.7. Principais programas

Na instalação padrão do Windows existem alguns programas muito úteis durante o uso do sistema. Eles permitem alterar as configurações do sistema, explorar a hierarquia de pastas e visualizar detalhes do sistema. Vejamos quais são estes importantes programas:

- Lixeira: local onde os arquivos excluídos ficam armazenados até que sejam definitivamente removidos;
- Meu Computador: permite acesso as unidades de disco rígido e armazenamento removível além de atalhos para algumas configurações do computador;
- Windows Explorer: permite visualizar toda a estrutura de pastas e arquivos do computador;
- Gerenciador do Sistema: aplicativo que permite visualizar todos os processos em execução, usuários conectados e dados de performance da rede, memória e discos;
- Limpeza de disco: permite remover arquivos temporários ou desnecessários para aumentar o espaço em disco;
- Restauração do Sistema: permite retornar as configurações do Windows para as mesmas de um dia anterior onde existir um ponto de restauração;
- Desfragmentador de Disco: reorganiza fisicamente os arquivos no disco de forma que estejam armazenados de forma contígua;
- Painel de Controle: local onde se encontram todos os itens referentes às configurações do SO.

A partir do Painel de Controle o usuário pode alterar diversas opções de configuração. Existem diversos itens que agrupam configurações semelhantes, sendo os principais:

- Adicionar ou Remover Programas: maneira correta de excluir um programa instalado no computador, removendo não só os arquivos, mas também dados do registro;
- Atualizações automáticas: permite configurar as opções de atualização do Windows;
- Conexões de Rede: exibe todas as coxões de rede do computador, seja através da placa de rede, redes *wireless* ou *bluetooth*;
- Contas de Usuário: permite gerenciar os usuários que tem acesso ao computador;

- *Firewall* do Windows: permite configurar as opções de *Firewall* nativas do Windows;
- Impressoras e aparelhos de fax: permite acessar as configurações referentes a impressoras e aparelhos de fax;
- Opções da Internet: permite configurar uma série de opções relacionadas à navegação, como limpeza de *cookies*, históricos, arquivos temporários. Este item também pode ser acessado pelo Internet Explorer;
- Opções regionais e de idioma: permite configurar formatos usados para exibição de datas, horas, valores monetários e alterar o idioma de escrita do teclado;
- Sistema: exibe diversas configurações relacionadas ao computador e ao Windows;
- Vídeo: permite alterar configurações de vídeo como resolução da tela, papel de parede e uso de múltiplos monitores.

1.8. Sistema de pastas e arquivos

O Windows utiliza um sistema de pastas organizadas hierarquicamente para armazenar seus arquivos. O diretório principal é denominado de diretório raíz e a partir dele são dispostos todos os outros diretórios.

Cada unidade de disco recebe um identificador, em geral a unidade principal é designada como C: e as outras seguem a ordem alfabética. As unidades A: e B: são reservadas para unidades de disquete.

Com relação a nomenclatura de pastas e arquivos, existem algumas restrições. Letras, números e espaços são aceitos, porém alguns caracteres especiais são proibidos, sendo eles os seguintes: < > \ / | ? * : "

Cada arquivo além de seu nome possui também uma extensão, que define as características do arquivo e o programa necessário para sua execução. Vejamos quais as extensões mais comuns para diversos tipos de arquivos:

- Programas: exe, bat, com;
- Imagens: jpg, jpeg, bmp, png, gif;
- Pacote Office: doc, docx, ppt, pptx, xls, xlsx;
- Músicas: mp3, wmv, wav;
- Arquivos de sistema: dll, tmp, reg;
- Web: html. htm, php, asp, js;
- Vídeos: mpg, mpeg, avi, mov, mvk;
- Outros: pdf, txt, zip, rar.

1.9. Outros conceitos

Quando um item é copiado ou recortado no Windows ele é armazenado temporariamente na chamada Área de transferência. A ação de colar, na verdade transfere o conteúdo da área de transferência para o local indicado pelo usuário.

Como método de prevenção o Windows possui um Modo de Segurança, onde apenas os módulos mais básicos são carregados. Este modo permite ao usuário tentar recuperar o Windows de algum possível erro ou configuração que previna a inicialização normal do sistema.

QUESTÕES COMENTADAS DE SISTEMAS OPERACIONAIS

(Técnico – TRT/11ª – 2012 – FCC) No *Windows Explorer* do *Windows XP*, teclas e *mouse* podem ser usados para copiar ou mover arquivos entre pastas, na mesma unidade (*drive*) de disco. Dessa forma, é INCORRETO afirmar que

(A) ao se manter pressionada a tecla *Shift* e arrastar e soltar o arquivo com o botão esquerdo do *mouse*, o arquivo é movido.
(B) ao se manter pressionada a tecla *Ctrl* e arrastar e soltar o arquivo com o botão esquerdo do *mouse*, o arquivo é copiado.
(C) ao se manter pressionada a tecla *Alt* e arrastar e soltar o arquivo com o botão esquerdo do *mouse*, apenas o atalho para o arquivo é copiado.
(D) simplesmente arrastar e soltar o arquivo com o botão esquerdo do *mouse* faz com que o arquivo seja copiado.
(E) simplesmente arrastar e soltar o arquivo com o botão direito do *mouse* faz com que seja exibido um menu *pop-up* para escolha da ação a ser tomada.

A, B, C, D e E: Todas as afirmativas estão corretas menos a afirmativa D, devendo ser assinalada, pois arrastar e soltar o arquivo com o botão esquerdo do *mouse* simplesmente o muda de lugar.

Gabarito "D".

(Técnico – TRE/PR – 2012 – FCC) No *Windows* XP, com a utilização do *Windows Explorer*, é possível definir qual aplicação padrão irá abrir um determinado arquivo caso o usuário efetue um duplo clique sobre o mesmo, ou ao clicar com o botão direito do *mouse* e escolher a opção Abrir. Para alterar a aplicação padrão de um arquivo, é necessário entrar no menu

(A) Arquivo, clicar em Propriedades e em seguida clicar em Alterar.
(B) Ferramentas, clicar em Opções de Pasta e em seguida Programas Padrão.
(C) Visualizar, clicar em Opções e em seguida Opções de Abertura.
(D) Editar, clicar em Programas Padrão e escolher a aplicação na listagem.
(E) Visualizar, clicar em Programas Padrão e em seguida Opções de Abertura.

A, B, C, D e E: Para alterar o programa de execução padrão de um arquivo é necessário clicar no arquivo com o botão direito, escolher a opção Propriedades e então clicar em Alterar, portanto apenas a alternativa A está correta.

Gabarito "A".

(Técnico – TRE/PR – 2012 – FCC) No *Windows* XP, com a utilização do *Windows Explorer*, é possível associar uma pasta compartilhada em uma rede a uma letra de unidade no computador. Para efetuar esse procedimento, é necessário escolher no menu Ferramentas a opção

(A) Criar Atalho de rede.
(B) Inserir compartilhamento.
(C) Mapear unidade de rede.
(D) Adicionar *Drive* Remoto.
(E) Novo atalho de Rede.

A, B, C, D e E: A função que permite mapear pastas compartilhadas como se fossem unidades de disco se chama Mapear unidade de rede, portanto apenas a alternativa C está correta.

Gabarito "C".

(Técnico – TRE/SP – 2012 – FCC) Sobre o *Microsoft Windows XP*, analise:

I. A configuração do idioma e do tipo de teclado é feita exclusivamente por meio do ícone de teclado no Painel de Controle.
II. *Windows Product Activation* (WPA) é um recurso do *Windows XP* que atua como um meio de assegurar que uma cópia original esteja instalada em apenas uma máquina. Com esse recurso, toda a configuração de *hardware* do computador e o *status* de ativação do *Windows* ficam gravados e são enviados à *Microsoft* toda vez que o computador for ligado e estiver conectado à Internet.
III. O Editor do Registro do *Windows* (regedit.exe) permite visualizar, pesquisar e alterar as configurações no registro do sistema, que contém informações sobre o funcionamento do computador.
IV. O ícone Opções Regionais e de Idioma do Painel de Controle permite selecionar o formato da moeda, data e número, porém não permite outras configurações, como o tipo e idioma do teclado, resolução da tela etc.

Está correto o que consta em

(A) III, apenas.
(B) I e IV, apenas.
(C) II e IV, apenas.
(D) I, II e III, apenas.
(E) I, II, III e IV.

A, B, C, D e E: As afirmativas I, II e IV estão incorretas, o ícone correto para troca de configuração do idioma se chama Opções Regionais e de Idioma e também permite trocar opções como formato da moeda, data e número, e WPA não envia dados do computador à Microsoft, portanto apenas a alternativa A está correta.

Gabarito "A".

(Técnico – TRE/SP – 2012 – FCC) No *Microsoft Windows* XP é possível indexar arquivos para agilizar sua pesquisa. Uma das maneiras de habilitar ou desabilitar este recurso é por meio dos atributos avançados do arquivo. Nessa tela de atributos avançados também é possível

(A) alterar o arquivo utilizado para a abertura e edição deste arquivo.
(B) alterar as propriedades para os diversos níveis de segurança.

(C) alterar os atributos de somente leitura e arquivo oculto.
(D) criptografar o conteúdo para proteger os dados.
(E) efetuar o compartilhamento do arquivo.

A: Errada, isso é feito na tela de propriedades na aba Geral clicando-se no botão Alterar. **B:** Errada, isso é feito na tela de propriedades na aba Segurança. **C:** Errada, isso pode ser feito na tela de propriedades na aba Geral. **D:** Correta, nas propriedades avançadas de um arquivo é possível criptografar o conteúdo para protegê-lo. **E:** Errada, o compartilhamento é feito na opção "Compartilhar com" ao se clicar com o botão direito no arquivo.

Gabarito "D"

(Delegado/SP – 2011) A denominada licença GPL (já traduzida pra o português: Licença Pública Geral)

(A) garante as liberdades de execução, estudo, redistribuição e aperfeiçoamento de ´programas assim licenciados, permitindo a todos o conhecimento do aprimoramento e acesso ao código fonte
(B) representa a possibilidade da Administração Pública em utilizar gratuitamente de certos *softwares* em face da supremacia do interesse público.
(C) representa a viabilidade do público em geral aproveitar o *software* em qualquer sentido porem preservando a propriedade intelectual do desenvolvedor.
(D) garante ao desenvolvedor os direitos autorais em qualquer país do mundo. Jk
(E) assegura apenas a distribuição gratuita de programas. X

A, B, C, D e E: A licença do tipo GPL é uma designação de *software* livre, que indica que este pode ser executado para qualquer propósito, pode-se estudar seu código fonte bem como modifica-lo, distribuí-lo com ou sem modificações desde que a licença GPL seja usada, portanto apenas a alternativa A está correta.

Gabarito "A"

(Delegado/SP – 2011) Constituem sistemas operacionais de código aberto

(A) Free Solaris, MAC OS, Open BSD
(B) DOS, Linux e Windows.
(C) Linux, Mac OS, Windows e OS 2.
(D) Linux, Open BSD e Free Solaris.
(E) Windows, Mac OS, Open BSD

A: Errada, o MAC OS não é um sistema operacional de código aberto. **B:** Errada, o Windows não é um sistema operacional de código aberto. **C:** Errada, o Windows não é um sistema operacional de código aberto. **D:** Correta, todos os sistemas operacionais apresentados possuem seu código aberto. **E:** Errada, o Windows e o MAC OS não são sistemas operacionais de código aberto.

Gabarito "D"

(Analista – TRT/11ª – 2012 – FCC) No *Windows Vista*

(A) uma janela maximizada só pode ter suas dimensões alteradas através do botão Restaurar, exibido no canto superior direito ou clicando duas vezes, rapidamente, na barra de título.
(B) todas as janelas podem ser maximizadas e redimensionadas.
(C) é possível alternar entre as duas últimas janelas ativadas ou navegar através de todas as janelas abertas, usando conjuntamente as teclas *Alt* e *Tab*.
(D) para fechar uma janela minimizada é necessário torná-la ativa, clicando no seu respectivo botão da barra de tarefas.
(E) é possível, manualmente, organizar as janelas de várias maneiras na área de trabalho. Porém, podem ser organizadas automaticamente pelo *Windows*, apenas nas formas em cascata e lado a lado.

A: Errada, existem atalhos que também permitem tais ações como o botão Windows e a seta para cima ou para baixo. **B:** Errada, algumas janelas possuem essa opção bloqueada pelo sistema operacional. **C:** Correta, o atalho Alt + *Tab* permite alternar entre todas as janelas abertas de forma rápida e fácil. **D:** Errada, não é necessário que ela esteja ativa, um simples clique com o botão direito já exibe a opção de fechar a janela. **E:** Errada, existem ainda outras formas de organização.

Gabarito "C"

(Analista – TRE/CE – 2012 – FCC) Sobre sistemas operacionais, é INCORRETO afirmar:

(A) O sistema operacional é uma camada de *hardware* que separa as aplicações do *software* que elas acessam e fornece serviços que permitem que cada aplicação seja executada com segurança e efetividade.
(B) Na maioria dos sistemas operacionais um usuário requisita ao computador que execute uma ação (por exemplo, imprimir um documento), e o sistema operacional gerencia o *software* e o *hardware* para produzir o resultado esperado.
(C) Um usuário interage com o sistema operacional via uma ou mais aplicações de usuário e, muitas vezes, por meio de uma aplicação especial denominada *shell* ou interpretador de comandos.
(D) Primordialmente, são gerenciadores de recursos – gerenciam *hardware* como processadores, memória, dispositivos de entrada/saída e dispositivos de comunicação.
(E) O *software* que contém os componentes centrais do sistema operacional chama-se núcleo *(kernel)*.

A, B, C, D e E: Todas as afirmativas estão corretas menos a afirmativa A, devendo ser assinalada, o sistema operacional não é um item de hardware, mas sim de *software*.

Gabarito "A"

(Analista – TRE/PR – 2012 – FCC) No *Windows XP*, sempre que um programa, pasta ou um arquivo é aberto, ele aparece na tela em uma caixa ou moldura chamada janela, e um botão associado a essa janela é criado na barra de tarefas. Para selecionar a janela corrente, basta clicar no botão correspondente na barra de tarefas. A alternância entre a última janela aberta e a janela corrente é possível por um atalho de teclado, pressionando-se simultaneamente as teclas

(A) ALT e TAB.
(B) CTRL e ALT.

(C) CTRL e *SHIFT*.
(D) *SHIFT* e DEL.
(E) CTRL, ALT e DEL.

A, **B**, **C**, **D** e **E:** O atalho que, no Windows, permite alternar entre todas as janelas abertas na sessão de uso atual é o Alt + Tab, portanto apenas a alternativa A está correta.

Gabarito "A"

(Analista – TRE/PR – 2012 – FCC) Sobre o *Firewall* do *Windows XP*, considere:

I. É um recurso para ajudar a impedir que *hackers* ou *softwares* mal-intencionados obtenham acesso ao seu computador através de uma rede ou da Internet.

II. Pode impedir, quando corretamente configurada, que o computador envie *software* mal-intencionado para outros computadores.

III. Pode analisar o conteúdo de mensagens enviadas por uma rede local e bloqueá-las, caso partes da mensagem apresentem conteúdo nocivo.

(A) II e III, apenas.
(B) I, II e III.
(C) I e III, apenas.
(D) I e II, apenas.
(E) III, apenas.

A, **B**, **C**, **D** e **E:** As afirmativas I e II estão corretas, porém o *firewall* não tem capacidade de verificar o conteúdo de mensagens enviadas, logo a afirmativa III está incorreta e, portanto, apenas a alternativa D está correta.

Gabarito "D"

(Analista – TRE/PR – 2012 – FCC) Sobre o Sistema Operacional *Windows XP*, considere:

I. No *Windows Explorer* é possível criar atalhos para arquivos em sua área de trabalho ao clicar com o botão direito do *mouse* sobre o arquivo desejado e escolher a opção **Enviar para** e em seguida **Área de Trabalho**.

II. Além de adicionar atalhos à área de trabalho, também é possível adicionar atalhos ao menu Iniciar. Os atalhos para os arquivos favoritos podem aparecer ao lado dos programas.

III. Os atalhos incluem uma imagem chamada de ícone, que pode ajudá-lo a localizar o programa ou arquivo com mais rapidez. Quando você altera o tema do *Windows*, o novo tema pode incluir um conjunto de ícones personalizados que complementam a aparência da nova área de trabalho.

IV. Os atalhos são *links* para programas, documentos, arquivos ou *sites*. Em vez de pesquisar pastas ou a Internet, sempre que você quiser abrir um arquivo ou um *site* em particular, basta criar um atalho.

Está correto o que consta em

(A) I, II e III, apenas.
(B) I, II, III e IV.
(C) I e IV, apenas.
(D) II, III e IV, apenas.
(E) II e III, apenas.

A, **B**, **C**, **D** e **E:** Todas as afirmativas apresentadas estão corretas, logo temos somente a alternativa B correta.

Gabarito "B"

(Analista – TRE/SP – 2012 – FCC) Em relação à organização de arquivos, é correto afirmar:

(A) Uma pasta pode conter apenas arquivos.
(B) Arquivos e pastas de sistemas podem ser renomeados ou movidos, mas nunca excluídos.
(C) Dois arquivos com o mesmo nome podem coexistir desde que estejam em pastas ou subpastas diferentes.
(D) Arquivos podem ser classificados e exibidos de diversas formas, exceto por data da criação.
(E) Arquivos e pastas de documentos do usuário podem ser renomeados, mas não podem ser movidos.

A: Errada, uma pasta também podem conter outras pastas. **B:** Errada, alguns arquivos de sistema não podem ser renomeados ou movidos ou excluídos de seus locais de origem. **C:** Correta, estando em pastas diferentes podem haver vários arquivos que possuam o mesmo nome. **D:** Errada, os arquivos podem também ser organizados por data de criação. **E:** Errada, arquivos e pastas de documentos do usuário podem ser renomeados, movidos e excluídos livremente.

Gabarito "C"

(Auditor Fiscal – São Paulo/SP – FCC – 2012) Na rede do *MS Windows*,

(A) não é possível acessar arquivos ou impressoras presentes em outros computadores da mesma rede. Estes recursos são disponibilizados apenas pelos servidores centrais de rede.
(B) é possível acessar arquivos e impressoras presentes em outros computadores da mesma rede, desde que seus donos ativem o compartilhamento.
(C) é possível acessar todos os arquivos e todas as impressoras presentes em outros computadores da mesma rede, mesmo que seus donos não ativem o compartilhamento.
(D) é possível acessar todos os arquivos presentes em outros computadores da mesma rede, mesmo que seus donos não ativem o compartilhamento e as impressoras que foram compartilhadas.
(E) não é possível acessar arquivos presentes em outros computadores da mesma rede, apenas as impressoras que foram compartilhadas pelos seus donos.

A, **B**, **C**, **D** e **E:** Em redes do MS Windows é possível acessar arquivos e impressoras de outros computadores que se encontram na mesma rede apenas se seus donos ativarem o compartilhamento e as configurações de *Firewall* permitirem tal compartilhamento, portanto apenas a opção B está correta.

Gabarito "B"

(Auditor Fiscal – São Paulo/SP – FCC – 2012) No *MS Windows Vista*, para exibir a fila de impressão remota caso o ícone de impressora não esteja visível na área de notificação, deve-se clicar no botão Iniciar, em

(A) Rede, em Compartilhamento e Redes e em Impressoras, e selecionar a impressora da lista clicando duas vezes.

(B) Configurações de Impressoras e selecionar a impressora da lista clicando duas vezes.

(C) Painel de Controle, em *Hardware* e Som e em Impressoras, e selecionar a impressora da lista clicando duas vezes.

(D) Rede e em Impressoras, e selecionar a impressora da lista clicando duas vezes.

(E) Computador e em Impressoras, e selecionar a impressora da lista clicando duas vezes.

A, B, C, D e E: Para ver a lista de impressão remota é necessário aplicar um duplo clique na impressora em questão, para isso é necessário ir até o Painel de Controle, opção *Hardware* e Sons e subitem Dispositivos e Impressoras, portanto apenas a letra C está correta.

Gabarito "C"

(Policial Rodoviário Federal – 2009 – FUNRIO) No sistema operacional Microsoft Windows, o programa Windows Explorer, entre outras tarefas,

(A) exibe a estrutura hierárquica de arquivos, pastas e unidades no computador.

(B) pesquisa e exibe informações na World Wide Web, através de uma conexão à Internet.

(C) serve para ler *e-mails*, participar de *chat* on line, apreciar música e vídeo on line.

(D) edita documentos simples, com textos básicos, sem imagens e sem formatação.

(E) gerencia calendários e agendas, publicando-os e compartilhando-os na Internet.

A: Correta, a principal função do Windows Explorer é exibir toda a estrutura de arquivos das unidades de armazenamento do computador. **B:** Errada, a descrição fornecida é de navegador, ou *browser*, como o Internet Explorer ou Chrome, entre outros. **C:** Errada, a descrição fornecida é mais compatível com navegadores web. **D:** Errada, a descrição fornecida é programas de edição de texto como o Bloco de Notas. **E:** Errada, a descrição fornecida pode ser encontrada em programas de gerenciamento de mensagens eletrônicas.

Gabarito "A"

(Policial Rodoviário Federal – 2004 – CESPE) Com relação às especificações abaixo e a conceitos de *hardware* e *software* de computadores do tipo PC.

• Pentium 4, de 1,8 GHz • placa-mãe PC CHIPS • 256 MB de RAM • HD de 40 GB • gravador de CD 52x • fax/*modem* de 56 kbps	• gabinete ATX • Kit multimídia com caixas de som de 120 W PMPO • teclado ABNT, *mouse* de 320 dpi, monitor de 21″ • Windows XP-professional

Julgue os itens seguintes.

(1) O sistema operacional especificado para o computador apresenta diversas vantagens com relação ao Windows 98. Uma delas é que o Windows XP aboliu o sistema *plug and play*, que permitia que leigos realizassem instalações de *hardware*. Sem esse sistema, a instalação de *hardware* em computadores que têm como sistema operacional o Windows XP requer um técnico especializado, para configurar as placas-mãe por meio de *jumpers*.

(2) O sistema operacional especificado para o computador apresenta diferenças em relação ao Windows 98 no referente ao *menu* Iniciar, que foi remodelado, podendo agora ser apresentado em uma janela com duas colunas.

1: Errada, o sistema de *plug and play* está presente em todas as versões do Windows posteriores ao Windows 98. **2:** Correta, o menu Iniciar do Windows XP sofreu uma reformulação em sua interface, porém ainda é possível utilizar o modelo antigo alterando as configurações do menu.

Gabarito "1E, 2C"

(Policial Rodoviário Federal – 2008 – CESPE) Com relação a *software* livres, suas licenças de uso, distribuição e modificação, assinale a opção correta, tendo como referência as definições e os conceitos atualmente empregados pela Free *Software* Foundation.

(A) Todo *software* livre deve ser desenvolvido para uso por pessoa física em ambiente com sistema operacional da família Linux, devendo haver restrições de uso a serem impostas por fornecedor no caso de outros sistemas operacionais.

(B) O código-fonte de um *software* livre pode ser adaptado ou aperfeiçoado pelo usuário, para necessidades próprias, e o resultado de aperfeiçoamentos desse *software* pode ser liberado e redistribuído para outros usuários, sem necessidade de permissão do fornecedor do código original.

(C) Toda licença de *software* livre deve estabelecer a liberdade de que esse *software* seja, a qualquer momento, convertido em *software* proprietário e, a partir desse momento, passem a ser respeitados os direitos de propriedade intelectual do código-fonte do *software* convertido.

(D) Quando a licença de um *software* livre contém cláusula denominada *copyleft*, significa que esse *software*, além de livre, é também de domínio público e, dessa forma, empresas interessadas em comercializar versões não gratuitas do referido *software* poderão fazê-lo, desde que não haja alterações nas funcionalidades originais do *software*.

(E) Um *software* livre é considerado *software* de código aberto quando o seu código-fonte está disponível em sítio da Internet com designação .org, podendo, assim, ser continuamente atualizado, aperfeiçoado e estendido às necessidades dos usuários, que, para executá-lo, devem compilá-lo em seus computadores pessoais. Essa característica garante a superioridade do *software* livre em face dos seus concorrentes comerciais proprietários.

A: Errada, *softwares* livres podem ser executados em qualquer tipo de sistema operacional e por qualquer tipo de pessoa. **B:** Correta, um *software* livre pode ser modificado por qualquer pessoa e esta modificação também pode ser redistribuída livremente para outros usuários. **C:** Errada, *softwares* livres não podem ser convertidos em *software* proprietário como parte da definição de *software* livre. **D:** Errada, o copyleft não impõem barreiras à utilização, difusão e modificação de uma obra criativa. **E:** Errada, não é necessário que o código esteja disponível em um domínio de um tipo específico para que o *software* seja considerado livre.

Gabarito "B"

(Enfermeiro – STM – 2010 – CESPE) Com relação a Windows XP, Microsoft Office, Internet e intranet, julgue os itens a seguir.

(1) A ferramenta Painel de controle do Windows XP não possui recursos capazes de adicionar impressora para imprimir documentos produzidos a partir de *software* instalado nesse sistema operacional.

1: Errada, é possível adicionar impressoras e outros dispositivos através da opção "Impressoras e Aparelhos de Fax".

Gabarito "E"

(Enfermeiro – TJ/ES – 2011 – CESPE) Julgue os itens a seguir, acerca do sistema operacional Windows XP.

(1) A criação de novas pastas no Windows Explorer pode ser feita pelo usuário, de modo a facilitar a forma com que os arquivos possam ser armazenados.

(2) O recurso de atualização do Windows Update permite, entre outras coisas, baixar automaticamente novas versões do Windows, efetuar atualização de *firewall* e antivírus, assim como registrar os programas em uso mediante pagamento de taxa de administração para a empresa fabricante desse sistema operacional no Brasil.

(3) Por meio das Opções de energia no Painel de Controle do Windows XP, o usuário pode ajustar as opções de gerenciamento de energia à configuração de *hardware* exclusiva suportada pelo seu computador.

1: Correta, o Windows Explorer permite a criação de novas pastas para que o usuário organize seus dados da maneira que melhor de convier. **2:** Errada, o Windows Update não permite o *download* de novas versões do sistema operacional ou registrar programas em uso. **3:** Correta, o item Opções de Energia permite que o usuário configure vários itens relacionados ao consumo de energia do computador.

Gabarito "1C, 2E, 3C"

(Enfermeiro – ESTÂNCIA/SE – 2011 – EXATUS) No sistema operacional Windows, os arquivos podem ser classificados de acordo com sua extensão. Todas as extensões abaixo remetem a arquivos de texto, exceto:

(A) txt
(B) doc
(C) tes
(D) docx

A, B, C, e D: Todas a alternativas mencionam extensões de arquivos de texto exceto a extensão tes, que é um extensão usada em alguns CDs. Portanto a afirmativa C deve ser assinalada.

Gabarito "C"

(Enfermeiro Fiscal de Saúde – PREFEITO SENADOR CANEDO/GO – 2011 – UFG) Considere a caixa de diálogo "Escolher Detalhes" apresentada na figura a seguir.

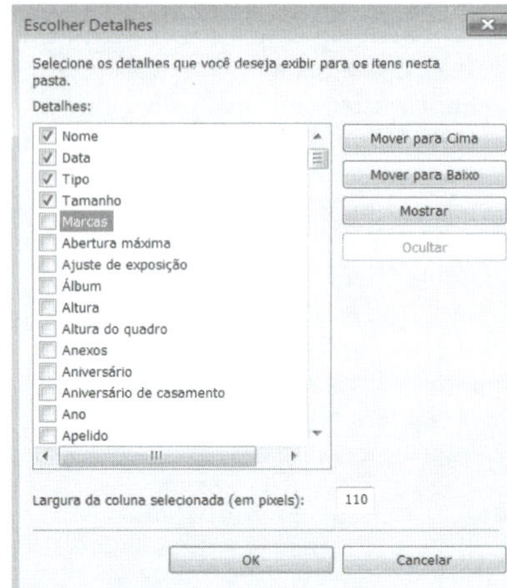

Na caixa de diálogo apresentada, as propriedades aparecem no topo da lista "Detalhes". Que propriedade é sempre exibida?

(A) Nome
(B) Data
(C) Tipo
(D) Tamanho

A, B, C e D: O único item que é sempre exibido independente do tipo de exibição é o Nome, portanto apenas a alternativa A está correta.

Gabarito "A"

(Enfermeiro Fiscal de Saúde – PREFEITO SENADOR CANEDO/GO – 2011 – UFG) Considere as informações de um terminal de console Linux, apresentadas na figura a seguir.

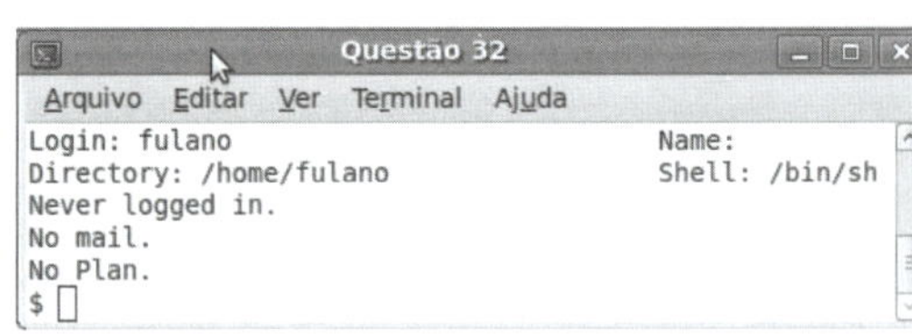

O comando, presente na distribuição Linux 2.6.28-11-generic #42-Ubuntu SMP, que permite exibir as informações do usuário "fulano", conforme mostrado na figura, é

(A) find.
(B) finger.
(C) useradd.
(D) usermod.

A: Errada, o comando 'find' é usado para encontrar em arquivo ou diretório. **B:** Correta, o comando 'finger' exibe o *login* do usuário, seu nome e outras informações. **C:** Errada, o comado useradd é usado para criar ou atualizar um usuário. **D:** Errada, o comando usermod é usado para modificar a conta do usuário.

Gabarito "B"

(Enfermeiro – MP/RO – 2012 – FUNCAB) Ao clicar no botão [minimizar] de uma janela, o Windows XP irá:

(A) minimizar a janela.
(B) maximizar a janela.
(C) fechar a janela.
(D) salvar o conteúdo da janela.
(E) restaurar a janela a seu tamanho original.

A: Correta, o botão [minimizar] minimiza a janela para a barra de tarefas. **B:** Errada, o botão que maximiza a janela é o [maximizar]. **C:** Errada, o botão que fecha a janela é o [fechar]. **D:** Errada, o botão usado para salvar o conteúdo da janela é [salvar]. **E:** Errada, o botão que restaura a janela para o tamanho original é o [restaurar].

Gabarito "A"

(Enfermeiro – TJ/AL – 2012 – CESPE) Com relação aos conceitos de organização e de gerenciamento de arquivos e pastas, assinale a opção correta.

(A) No Linux, a nomeação de arquivos e diretórios é irrestrita, não havendo limitação de comprimento ou caracteres não permitidos.
(B) No Windows 7, ao contrário das versões anteriores, é possível examinar o conteúdo de várias pastas em uma única janela do Windows Explorer, desde que as subpastas estejam compartilhadas.
(C) Todo arquivo ou diretório tem propriedades associadas. Independentemente do sistema operacional, quaisquer dessas propriedades podem ser alteradas diretamente pelo proprietário do arquivo.
(D) No Linux, um diretório pode conter referências a arquivos e a outros diretórios, que podem também conter outras referências a arquivos e diretórios. Todavia, nesse sistema, os arquivos contidos em um diretório devem ser do mesmo tipo.
(E) Muitos sistemas operacionais suportam vários tipos de arquivos. Linux e Windows, por exemplo, apresentam os arquivos de texto, os arquivos de dados, os arquivos executáveis e as bibliotecas compartilhadas como arquivos do tipo regular.

A: Errada, no Linux existem caracteres restritos para a nomeação de arquivos como, por exemplo, @, #, $, %, &, entre outros. **B:** Errada, o Windows Explorer permite a visualização de apenas uma pasta por vez. **C:** Errada, algumas propriedades só podem ser alteradas com permissão específica. **D:** Errada, um diretório pode conter arquivos de tipos diferentes. **E:** Correta, os tipos de arquivos mencionados são considerados arquivos regulares, enquanto named pipes, sockets, dispositivos são considerados arquivos especiais.

Gabarito "E"

(Enfermeiro – FAMERP/SP – 2012 – VUNESP) O programa acessório do MS-Windows 7, em sua configuração padrão, que permite consultar a quantidade de espaço disponível do(s) disco(s) rígido(s) do computador é o(a)

(A) Windows Explorer.
(B) Bloco de Notas.
(C) Calculadora.
(D) Ferramentas.
(E) Microsoft Excel.

A: Correta, o Windows Explorer permite visualizar o espaço em disco e toda a estrutura de arquivos. **B:** Errada, o Bloco de Notas é um editor de textos simples. **C:** Errada, a Calculadora tem por função a realização de cálculos matemáticos. **D:** Errada, Ferramentas não é um programa padrão do Windows. **E:** Errada, o Microsoft Excel não vem instalado no Windows 7 de forma padrão e não permite a visualização do espaço em disco.

Gabarito "A"

(Enfermeiro – POLÍCIA CIVIL/MG – 2013 – ACADEPOL) Em relação à estrutura básica dos diretórios do sistema operacional Linux, correlacione as colunas a seguir, numerando os parênteses:

Diretório	Finalidade
I. /boot	( ) Contém arquivos para acessar periféricos.
II. /dev	( ) Contém os diretórios dos usuários.
III. /lib	( ) Contém arquivos necessários para a inicialização do sistema.
IV. /home	( ) Contém bibliotecas compartilhadas por programas.

A sequência CORRETA, de cima para baixo, é:

(A) I, III, II, IV.
(B) II, III, I, IV.
(C) II, IV, I, III.
(D) III, IV, I, II.

A, B, C e D: O diretório /boot contém os dados relacionados a inicialização do sistema operacional, o diretório /dev contém dados relativos aos periféricos do computador, o diretório /lib contém as bibliotecas compartilhadas por programas e o diretório /home é onde os arquivos dos usuários são armazenados, portanto apenas a alternativa C está correta as associações.

Gabarito "C"

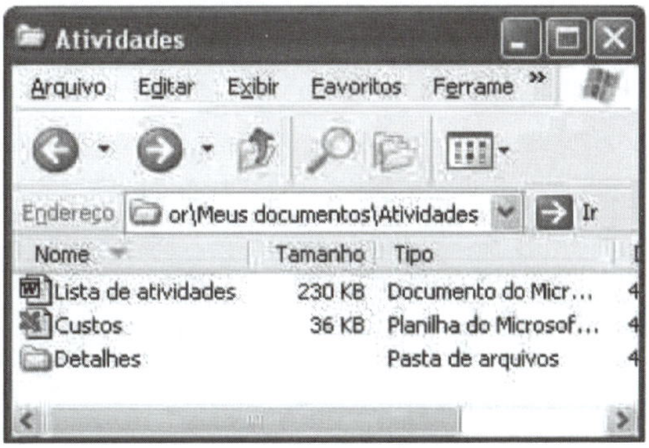

(Analista – STF – 2008 – CESPE) A figura acima ilustra uma janela do Windows XP, denominada Atividades, que contém uma pasta e dois arquivos. Com relação a essa figura e ao Windows XP, julgue os itens a seguir

(1) Ao se clicar o ícone Detalhes e, em seguida, se clicar [acima], o ícone Detalhes será reposicionado, passando a ser exibido entre os ícones Lista de atividades e Custos.

(2) A seguinte sequência de ações permite abrir o arquivo associado ao ícone Custos: clicar o referido ícone; clicar o *menu* Arquivo; na lista de opções disponibilizadas, clicar a opção Abrir.

1: errada, ao se clicar o ícone Detalhes e, em seguida, clicar-se , o usuário será enviado pasta acima da atual na árvore de pastas não haverá reposicionamento dos itens exibidos. **2:** correta, a sequência descrita refere-se a uma das formas de abrir um documento: clicando-se no ícone; clicando-se no menu Arquivo e escolhendo a opção "Abrir".

Gabarito 1E, 2C

(Analista – STJ – 2008 – CESPE) A figura acima mostra parte da área de trabalho de um computador que tem como sistema operacional o Windows XP. Com relação a essa figura e ao Windows XP, julgue os itens seguintes.

(1) Ao se clicar o ícone com o botão direito do *mouse*, o arquivo associado a esse ícone será aberto.

(2) Ao se clicar o ícone e, em seguida, clicar-se o botão Iniciar, o aplicativo associado a esse ícone será iniciado.

(3) Ao se pressionar a tecla Alt e, mantendo-a pressionada, teclar-se Tab, será aberta a janela denominada Gerenciador de tarefas do Windows, que permite, entre outras coisas, visualizar uma lista dos aplicativos que estão sendo executados no computador.

1: errada, ao se clicar o ícone com o botão direito do *mouse*, será exibido um menu com funções secundárias como recortar e copiar. **2:** errada, ao se clicar o botão Iniciar, o menu "Iniciar" será aberto, independente de qualquer ação anterior feita pelo usuário. 3: errada, ao se pressionar a tecla Alt e, mantendo-a pressionada, teclar-se Tab, o usuário poderá navegar entre os aplicativos abertos no sistema e não a janela "Gerenciador de tarefas do Windows".

Gabarito 1E, 2E, 3E

Texto para as duas próximas questões

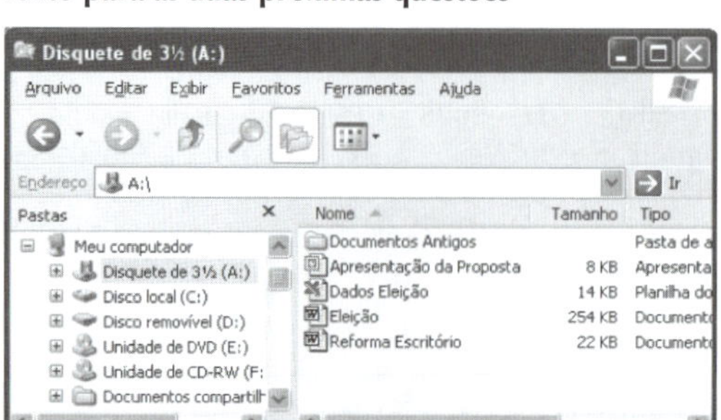

A figura anterior mostra uma janela do Windows Explorer, executado em um computador que usa o Windows XP como sistema operacional.

(Analista – TSE – 2006 – CESPE) Com relação à figura, ao Windows Explorer e ao Windows XP, assinale a opção correta.

(A) Ao se clicar o símbolo ⊞, imediatamente à esquerda do ícone Disquete de 3½ (A:), abre-se uma janela cuja função é a de formatar o disquete.

(B) Ao final da seguinte sequência de ações, o ícone Disco local (C:) estará selecionado: clicar o ícone Apresentação da Proposta; clicar .

(C) Ao se clicar o ícone Documentos Antigos e, em seguida, clicar ×, à esquerda de Nome, a pasta Documentos Antigos será apagada.

(D) Ao se clicar o ícone Dados Eleição e, em seguida, se clicar o *menu* Arquivo, será exibida uma lista de opções, incluindo a opção Abrir, que permite abrir o arquivo Dados Eleição.

A: errada, ao se clicar o símbolo ⊞ o conteúdo do item à sua direita é expandido na árvore de arquivos. **B:** errada, ao se clicar em o usuário irá retornar à última pasta acessada antes da pasta atual. **C:** errada, ao se clicar × a barra de ferramentas lateral será fechada e a pasta permanecerá em seu local. **D:** correta, dentro do menu Arquivo há uma opção para se abrir o documento selecionado.

Gabarito "D"

(Analista – TSE – 2006 – CESPE) Assinale a opção que contém uma descrição correta para, no Windows XP, abrir a janela Propriedades de Vídeo.

(A) Em um local vazio da área de trabalho, aplicar um duplo clique, fazendo que surja uma lista de opções, incluindo a opção Vídeo, que deve ser clicada.

(B) Aplicar um duplo clique no ícone Meu computador, fazendo que surja uma lista de opções, entre as quais a opção Propriedades de Vídeo; clica-se, então, essa opção.

(C) Clicar, com o botão direito do *mouse*, um local da área de trabalho sem ícones ou barras; na lista de opções que surge em decorrência dessa ação, clicar Propriedades.

(D) Clicar o botão Iniciar, o que fará que seja exibida uma lista de opções, incluindo a opção Monitor de Vídeo.

A: errada, um duplo clique em um local vazio da área de trabalho não possui nenhum efeito. **B:** errada, um duplo clique no ícone Meu Computador irá abrir o item Meu Computador e não haverá uma opção de Propriedades de Vídeo. **C:** correta, clicando-se com o botão direito em um local vazio da área de trabalho e clicando-se na opção Propriedades haverá uma aba com as Propriedades de Vídeo. **D:** errada, dentro do menu Iniciar não há nenhuma opção chamada Monitor de Vídeo.

Gabarito "C"

(Analista – TST – 2008 – CESPE) Com relação ao Windows XP, julgue os itens que se seguem.

(1) Quando devidamente configurado, o Windows XP pode permitir que um arquivo excluído e enviado para a Lixeira seja restaurado. Existe, entretanto, a possibilidade de se configurar a Lixeira de forma que os arquivos excluídos não sejam para ela movidos.

(2) No Windows XP, ao se clicar o botão Iniciar, é exibido um menu. O Windows XP permite a exibição desse menu em mais de um estilo, e o usuário pode, por meio de operações com o *mouse*, definir o estilo a ser usado no computador.

(3) Ao se clicar o ícone correspondente a um arquivo que armazena um documento Word 2007 presente na *desktop* do Windows XP, o Word não será aberto. Por outro lado, se for aplicado um clique simples com o botão direito do *mouse* sobre o referido ícone, o Word 2007 será aberto e o conteúdo do arquivo associado ao ícone será exibido na tela do computador.

1: correta, quando os arquivos são excluídos eles vão para a Lixeira, a menos que esta seja configurada para que eles sejam removidos imediatamente sem passar pela Lixeira. **2:** correta, o Windows XP possui duas exibições de estilo para o menu Iniciar, uma padrão e outra no estilo clássico similar ao do Windows 98. 3: errada, ao se clicar com o botão direito do *mouse* em um ícone que se refere a um arquivo do Word 2007 será exibida uma lista de opções referentes a este arquivo e ele não será aberto automaticamente.

Gabarito 1C, 2C, 3E

(Analista – STM – 2011 – CESPE) Acerca do Windows XP, do Microsoft Office, da Internet e de *intranet*, julgue os itens a seguir.

(1) A *intranet* é um tipo de rede de uso restrito a um conjunto de usuários específicos de determinada organização.

(2) O Windows XP possui recurso interativo de ajuda que pode ser acionado a partir de *menus* ou teclas de atalho.

(3) Com os recursos do Microsoft Word 2003 é possível manipular estruturas em forma de tabelas, com linhas e colunas. Todavia, as linhas de grade não podem ser ocultadas.

(4) A Internet não possui recursos que permitam a interligação entre computadores e a consequente disponibilização ou compartilhamento de arquivos entre os usuários.

1: Correta, as intranets são como uma versão privada da Internet, tendo seu acesso limitado a uma rede ou grupo de usuários. **2:** Correta, todo programa assim como o próprio sistema operacional conta com um recurso de ajuda, geralmente ativado pela tecla F1. 3: Errada, é possível ocultar as linhas em tabelas do Word. **4:** Errada, a Internet é baseada justamente no conceito de compartilhamento de recursos, arquivos e serviços entre computadores.

Gabarito 1C, 2C, 3E, 4E

(Analista – TRT/2ª – 2008 – FCC) O Windows XP possui um componente chamado "restauração do sistema" que atua sobre o *registry*. Esse componente salva periodicamente, além de outros estados de *software*,

(A) os barramentos.
(B) a memória RAM.
(C) o *boot*.
(D) *os hives*.
(E) o HD.

A: errada, os barramentos são os meios pelos quais as informações trafegam. **B:** errada, a memória RAM não possui conteúdo fixo, ela é utilizada apenas como memória auxiliar da CPU. **C:** errada, o *boot* é responsável pela inicialização do sistema operacional. **D:** correta, os hives são setores lógicos que armazenam informações referentes ao registro do computador e são salvos pela restauração do sistema. **E:** errada, o HD apenas serve para armazenar dados.

Gabarito "D"

(Analista – TRT/4ª – 2006 – FCC) No Windows XP, em sua configuração padrão e original, uma operação NÃO possível entre as opções regionais é a personalização do

(A) símbolo de agrupamento de dígitos.
(B) formato de moeda positivo.
(C) símbolo decimal.
(D) formato de número negativo.
(E) símbolo de sinal positivo.

A: errada, o símbolo de agrupamento de dígitos pode ser alterado na personalização de opções regionais. **B:** errada, o formato de moeda positivo pode ser alterado na personalização de opções regionais. **C:** errada, o símbolo decimal pode ser alterado na personalização de opções regionais. **D:** errada, o formato do número negativo pode ser alterado na personalização de opções regionais. **E:** correta, não há opções para alteração do símbolo de sinal positivo na personalização de opções regionais.

Gabarito "E"

(Analista – TRT/4ª – 2006 – FCC) No Windows XP,

(A) é totalmente possível compartilhar uma pasta com os usuários de um único computador ou até mesmo de uma rede.
(B) não é possível a ativação do compartilhamento de impressoras por meio do Assistente de configuração de rede.
(C) não é permitido o compartilhamento de pastas, mas sim a réplica de arquivos em cada computador da rede.
(D) somente é possível habilitar aos usuários de uma rede a consulta aos arquivos de uma pasta compartilhada.
(E) é totalmente possível compartilhar uma pasta com os usuários de um mesmo computador, mas não com os de uma rede.

A: correta, o Windows possui funções de compartilhamento de arquivos e impressoras em suas configurações-padrão. **B:** errada, por padrão o Windows possui o suporte ao compartilhamento de impressoras na rede por meio do Assistente de configuração de rede. **C:** errada, o compartilhamento de pastas é permitido e pode ser feito por meio do Assistente de configuração de rede. **D:** errada, também é possível habilitar a modificação das pastas por outros usuários da rede. **E:** errada, o compartilhamento de uma pasta também pode ser feito com outros usuários de uma rede.

Gabarito "A"

(Analista – TRT/14ª – 2011 – FCC) *Windows Flip* e *Windows Flip 3D* são funcionalidades para gerenciar janelas. Em relação aos sistemas operacionais *Windows XP* e *Windows Vista* é correto afirmar:

(A) No *Vista* inexiste o *Flip*, já que o *Flip* 3D engloba as duas funcionalidades.

(B) No *Vista*, o *Flip* 3D é utilizado por meio da combinação das teclas logotipo *Windows* e *Tab*.

(C) O XP utiliza apenas o *Flip* por meio da combinação das teclas logotipo *Windows* e *Tab*.

(D) Ambos integram as duas funcionalidades.

(E) O XP utiliza apenas o *Flip* por meio da combinação das teclas *Alt* e *Tab*.

A: Errada, Windows *Flip* e o *Flip* 3D são funcionalidades semelhantes com efeitos diferentes, sendo que ambos coexistem no sistema operacional. **B:** Correta, a partir do Windows Vista, as teclas Windows + *Tab* ativam o *Flip* 3D. **C:** Errada, o Windows *Flip* não está presente no Windows XP. **D:** Errada, cada um possui uma das funcionalidades. **E:** Errada, o Windows *Flip* não está presente no Windows XP.

Gabarito "B"

(Analista – TRT/14ª – 2011 – FCC) Em relação a organização e gerenciamento de arquivos e pastas no ambiente *Windows* XP, é correto afirmar:

(A) A renomeação de uma pasta ou arquivo pode ser feita tanto no painel esquerdo quanto no painel direito do *Windows Explorer*.

(B) Usar o *mouse* para arrastar um arquivo de uma pasta para outra, dentro do mesmo *drive* de disco é uma operação de recortar e colar, sucessivamente.

(C) No *Windows Explorer*, o bloqueio de uma pasta para uso apenas de seu proprietário é indicado pela presença da figura de uma mão integrada ao respectivo ícone.

(D) O uso combinado das teclas *Shift, Alt* e *Del* serve para apagar um arquivo, sem que ele seja encaminhado para a lixeira.

(E) A organização de pastas e arquivos pode ser feita dentro do painel esquerdo do *Windows Explorer*.

A: Errada, a renomeação só é acessível a partir do painel direito do Windows Explorer. **B:** Correta, quando um arquivo é arrastado de uma pasta para outro no mesmo drive, ele é retirado da origem e colocado no destino, o mesmo efeito de recortá-lo e colá-lo. **C:** Errada, a presença da figura de uma mão integrada ao respectivo ícone demonstra que a pasta ou arquivo em questão está compartilhada na rede. **D:** Errada, o atalho correto é composto apenas de *Shift* + Del. **E:** Errada, o painel esquerdo apenas exibe a árvore de pastas, a organização deve ser feita no painel direito.

Gabarito "B"

(Analista – TRT/21ª – 2010 – CESPE) Acerca dos sistemas operacionais, dos aplicativos de edição de textos, das planilhas e apresentações nos ambientes Windows e Linux, julgue os itens abaixo.

(1) Arquivos no formato txt têm seu conteúdo representado em ASCII ou UNICODE, podendo conter letras, números e imagens formatadas. São arquivos que podem ser abertos por editores de textos simples como o bloco de notas ou por editores avançados como o Word do Microsoft Office ou o Writer do BROffice.

(2) No Windows, um arquivo ou pasta pode receber um nome composto por até 255 caracteres quaisquer: isto é, quaisquer letras, números ou símbolos do teclado. Além disso, dois ou mais objetos ou arquivos pertencentes ao mesmo diretório podem receber o mesmo nome, pois o Windows reconhece a extensão do arquivo como diferenciador.

1: Errada, em função de sua simplicidade, arquivos txt não suportam a utilização de imagens formatadas;**2:** Errada, nem todo símbolo é permitido na nomenclatura de pastas ou arquivos para evitar conflitos no sistema.

Gabarito 1E, 2E

(Analista – TRT/21ª – 2010 – CESPE) Julgue os itens a seguir, relativos a conceitos e modos de utilização da Internet e de intranets, assim como a conceitos básicos de tecnologia e segurança da informação.

(1) No Windows XP, o gerenciamento de conexões de rede, presente no menu Iniciar ou também por meio da opção de Conexões de rede via Acessórios – Comunicações, permite ao usuário configurar dados do protocolo TCP/IP nas conexões de rede existentes, configurar uma rede local doméstica ou também fazer as configurações do *Firewall* do Windows.

1: Correta, por meio do gerenciamento de conexões de rede o usuário pode configurar uma rede local, realizar ajustes no *Firewall* do Windows ou alterar configurações do protocolo TCP/IP.

Gabarito 1C

(Analista – TRT/21ª – 2010 – CESPE) Acerca dos sistemas operacionais, dos aplicativos de edição de textos, das planilhas e apresentações nos ambientes Windows e Linux, julgue o item abaixo.

(1) No Linux, o diretório raiz, que é representado pela barra /, e o diretório representado por /dev servem para duas funções primordiais ao funcionamento do ambiente: o primeiro é onde fica localizada a estrutura de diretórios e subdiretórios do sistema; o segundo é onde ficam os arquivos de dispositivos de *hardware* do computador em que o Linux está instalado.

1: Correta, o diretório raiz contém toda a estrutura de pastas do sistema operacional, enquanto o /dev armazena drives e outros arquivos de dispositivos de hardware.

Gabarito 1C

(Analista – TRE/AC – 2010 – FCC) Ao abrir um menu de um aplicativo do *Windows XP*, a presença de três pontos (...) no final de um item do menu indica que

(A) existem mais itens do menu.
(B) existe um atalho de teclado.
(C) se trata de um recurso ativo.
(D) abrirá uma caixa de diálogo.
(E) abrirá um submenu.

A: Errada, quando existem mais itens naquele menu, uma seta será a indicação. **B:** Errada, os atalhos de teclado são indicados de forma escrita no item correspondente. **C:** Errada, recursos ativos possuem um símbolo de visto antes de sua descrição. **D:** Correta, itens que possuem três pontos após sua descrição são abertas em uma caixa de diálogo. **E:** Errada, itens que possuem três pontos após suas descrição são abertas em uma caixa de diálogo.

Gabarito "D"

(Analista – TRE/AL – 2010 – FCC) Todas as janelas abertas e exibidas pelo Windows XP podem ser organizadas, em cascata ou lado a lado, clicando-se com o botão direito do *mouse* a partir

(A) do menu Arquivo.
(B) do menu Exibir.
(C) da Área de trabalho.
(D) da Barra de tarefas.
(E) da Barra de ferramentas.

A: Errada, o menu Arquivo possui apenas funções relativas ao programa aberto. **B:** Errada, o menu Exibir possui apenas funções relativas a exibição da janela atual. **C:** Errada, as opções obtidas clicando-se com o botão direito na Área de trabalho dizem respeito aos ícones nela presentes. **D:** Correta, a partir da Barra de tarefas pode-se organizar a exibição de todas as janelas abertas. **E:** Errada, as janelas abertas são controladas pela Barra de tarefas e não pela Barra de Ferramentas.

Gabarito "D"

(Analista – TRE/AM – 2010 – FCC) Para copiar um arquivo de uma pasta para outra, dentro da mesma unidade (*drive*), pode-se arrastar o arquivo com o *mouse* da pasta de origem para a pasta de destino, mantendo pressionada a tecla

(A) *Insert*.
(B) *Shift*.
(C) Ctrl.
(D) Tab.
(E) Alt.

A: Errada, o *Insert* não tem função na cópia ou transferência de arquivos. **B:** Errada, o *Shift* faz com que o arquivo seja movido e não copiado. **C:** Correta, o Ctrl faz com que um arquivo seja copiado quando movido de uma pasta a outra. **D:** Errada, o *Tab* não tem função na cópia ou transferência de arquivos. **E:** Errada, o Alt cria um *link* para o arquivo em seu local original quando este é arrastado para outra pasta.

Gabarito "C"

(Analista – TRE/AM – 2010 – FCC) A seleção do esquema de energia com as configurações mais adequadas ao computador poderá ser executada no Windows XP por meio da janela Propriedades de Vídeo, na guia

(A) Configurações.
(B) Temas.
(C) Aparência.
(D) Proteção de tela.
(E) Área de trabalho.

A: Errada, a guia Configurações define as configurações de resolução e cores do monitor. **B:** Errada, a guia Temas altera o tema do Windows, um conjunto composto por papel de parede, esquema de cores, proteção de tela e outros componentes que personalizam o computador. **C:** Errada, a guia Aparência altera o esquema de cores e estilo de janelas e botões. **D:** Correta, na guia Proteção de tela é possível alterar as configurações do esquema de energia do Windows por meio do botão Energia. **E:** Errada, a guia Área de trabalho altera o fundo de tela e suas propriedades.

Gabarito "D"

(Analista – TRE/AM – 2010 – FCC) Ao digitar a letra de uma unidade e o nome de uma pasta (por exemplo, C:\Arquivos de programas) na barra de Endereços do Internet Explorer e pressionar ENTER,

(A) uma nova janela em branco será aberta.
(B) o conteúdo da pasta será exibido em uma nova janela.
(C) o conteúdo da pasta será exibido na mesma janela.
(D) nada acontecerá porque o comando não é reconhecido.
(E) uma mensagem de erro será exibida.

A: Errada, a pasta digitada será aberta em uma janela do Windows Explorer. **B:** Correta, o conteúdo será exibido a partir de uma nova janela do Windows Explorer. **C:** Errada, o conteúdo da pasta será exibido a partir do Windows Explorer em uma nova janela. **D:** Errada, o comando é válido e abrirá uma nova janela com o conteúdo da pasta digitada. **E:** Errada, não será exibida mensagem de erro, pois o comando digitado é válido.

Gabarito "B"

(Analista – TRE/AP – 2011 – FCC) O mesmo modo de exibição (Listas, Lado a lado, Detalhes, etc) que está sendo apresentado na pasta atual, pode ser aplicado a todas as pastas do *Windows XP*, na janela Meu computador, clicando-se com o *mouse* em

(A) Tarefas do sistema ¨ Modo de exibição.
(B) menu Arquivo ¨ Opções de pastas ¨ Modo de exibição.
(C) menu Ferramentas ¨ Opções de pastas ¨ Modo de exibição.
(D) menu Ferramentas ¨ Mapear opções de pasta ¨ Modo de exibição.
(E) Tarefas do sistema ¨ Mapear opções de pasta ¨ Modo de exibição.

A: Errada, a opção Modo de exibição se encontra no menu Ferramentas. **B:** Errada, as opções de pasta onde se encontra o item Modo de exibição está localizada no menu Ferramentas. **C:** Correta, por meio da guia Modo de exibição no item Opções de pastas no menu Ferramentas é possível aplicar o modo de exibição atual para todas as pastas. **D:** Errada, a guia Modo de exibição está localizada no item Opções de Pasta. **E:** Errada, a guia Modo de exibição está localizada no item Opções de Pasta.

Gabarito "C"

(Analista – TRE/MS – 2007 – FCC) O Gerenciador de dispositivos do Windows tem, dentre as suas funções, a atribuição de

(A) remover programas aplicativos do computador.
(B) atualizar o *software* de dispositivos de hardware.
(C) alterar a BIOS do computador.
(D) carregar o sistema operacional no dispositivo de memória.
(E) configurar o dispositivo de *hardware* para carregar o sistema operacional.

A: errada, esta função é feita pelo Adicionar ou Remover Programas, e não pelo Gerenciados de dispositivos. **B:** correta, o Gerenciador de dispositivos gerencia os *softwares(drivers)* dos dispositivos de hardware. **C:** errada, a BIOS não pode ser alterada por nenhum item nativo do Windows. **D:** errada, uma vez que para seu uso o sistema operacional já deve estar carregado na memória. **E:** errada, o Gerenciador de dispositivos apenas gerencia os *softwares* que controlam os itens de hardware.

Gabarito "B"

(Analista – TRE/PB – 2007 – FCC) Um item selecionado do Windows XP pode ser excluído permanentemente, sem colocá-lo na Lixeira, pressionando-se simultaneamente as teclas

(A) *Ctrl* + *Delete*.
(B) *Shift* + *End*.
(C) *Shift* + *Delete*.
(D) *Ctrl* + *End*.
(E) *Ctrl* + X.

A: errada, Ctrl + Delete não possui nenhuma função. **B:** errada, *Shift* + *End* estenderia a seleção para outros arquivos. **C:** correta, com Shirt + Delete um item selecionado é excluído permanentemente. **D:** errada, Ctrl + *End* não possui nenhuma função de exclusão. **E:** errada, Ctrl + X ativa a função recortar.

Gabarito "C"

(Analista – TRE/PB – 2007 – FCC) Quando um arquivo não pode ser alterado ou excluído acidentalmente deve-se assinalar em Propriedades do arquivo o atributo

(A) Criptografar o conteúdo.
(B) Somente leitura.
(C) Gravar senha de proteção.
(D) Proteger o conteúdo.
(E) Oculto.

A: errada, o atributo Criptografar o conteúdo criptografa o conteúdo de forma que apenas o usuário que o criptografou pode acessar seu conteúdo. **B:** correta, o atributo Somente Leitura impede que o arquivo seja alterado ou excluído de forma acidental. **C:** errada, não há este atributo entre os atributos possíveis. **D:** errada, não há este atributo entre os atributos possíveis. **E:** errada, o atributo Oculto apenas remove o arquivo da exibição normal deixando-o oculto na pasta.

Gabarito "B"

Texto para responder as quatro questões seguintes.

I. Desabilitar a exibição do relógio na Área de notificação a título de economia de espaço nessa área, utilizando o modo de exibição clássico do Painel de controle do Windows XP (edição doméstica).

II. Modificar o tamanho das fontes do Windows XP (edição doméstica) para "Fontes grandes" a fim de melhorar a visibilidade das letras, quando a resolução do monitor for posicionada em 1024 por 768 pixels.

III. Inibir a exibição de pastas e arquivos ocultos no Windows XP (edição doméstica).

IV. Em caso de instalação de *software* duvidoso, devem ser adotados, no Windows XP, procedimentos para garantir a recuperação do sistema, se necessário.

(Analista – TRE/PI – 2009 – FCC) Para cumprir com a solicitação do item (I) deve-se

(A) escolher o ícone Barra de tarefas e menu Iniciar.
(B) ativar a opção Bloquear a Barra de tarefas.
(C) escolher o ícone Sistema e a aba Data e hora.
(D) escolher o ícone Data e hora, apenas.
(E) escolher o ícone Opções regionais e de idioma, apenas.

A: correta, no ícone Barra de tarefas pode-se ocultar a exibição do relógio do computador. **B:** errada, ao bloquear a Barra de tarefas o usuário irá bloquear a barra na sua posição atual, assim como o tamanho e posição de qualquer barra de ferramentas exibida na barra de tarefas. **C:** errada, o ícone Sistema oferece opções de controle do sistema para o usuário, como alteração plano de fundo, des*can*so de tela, entre outros. **D:** errada, a opção de Data e hora faz alterações na data e hora atuais do computador e não possibilita ocultá-las. **E:** errada, as Opções regionais e de idioma alteram opções de idioma e configurações inerentes a regiões como moeda corrente, formato de horário, entre outros.

Gabarito "A"

(Analista – TRE/PI – 2009 – FCC) A modificação das fontes, solicitada no item (II), é resolvida por meio das ações: clicar com o botão direito (destro) do *mouse* na área de trabalho, escolher a opção Propriedades e a guia

(A) Área de trabalho e abrir a caixa Posição.
(B) Configurações e abrir a caixa Modificar fonte.
(C) Configurações e abrir a caixa Aumentar fonte.
(D) Aparência e abrir a caixa Tamanho da fonte.
(E) Aparência e abrir a caixa Configurar fonte.

A: errada, na guia Área de trabalho o usuário pode alterar o fundo de tela do computador. **B:** errada, na guia configurações o usuário pode alterar a resolução da tela do computador e a quantidade de cores. **C:** errada, na guia configurações o usuário pode alterar a resolução da tela do computador e a quantidade de cores. **D:** correta, para alterar o tamanho da fonte o usuário deve ir até a guia Aparência e abrir a caixa Tamanho da Fonte. **E:** errada, para alterar o tamanho da fonte o usuário deve ir até a guia Aparência e abrir a caixa Tamanho da Fonte e não Configurar fonte.

Gabarito "D"

(Analista – TRE/PI – 2009 – FCC) Uma das formas de atender à recomendação em (III) é acessar o Painel de controle, escolher

(A) Opções de pasta e a guia Tipos de arquivo.
(B) Opções de pasta e a guia Modo de exibição.
(C) Opções de pasta e a guia Geral.
(D) Contas de usuário e a guia Modo de exibição.
(E) Contas de usuário e a guia Tipos de arquivo.

A: errada, a guia Tipos de arquivos lida com quais programas devem abrir cada tipo de arquivo. **B:** correta, a exibição de pastas e arquivos ocultos podem ser inibida na guia Modo de Exibição do menu Opções de Pasta. **C:** errada, na guia Geral o usuário pode alterar opções de tarefas, procura nas pastas e a forma com que os itens respondem aos cliques do *mouse*. **D:** errada, em Contas de usuário um usuário pode apenas alterar configurações de conta do Windows. **E:** errada, em Contas de usuário um usuário pode apenas alterar configurações de conta do Windows.

Gabarito "B"

(Analista – TRE/PI – 2009 – FCC) Para atender à recomendação contida em (IV), deve-se optar pelo modo de exibição do Painel de controle por categoria; escolher Desempenho e manutenção e, após,

(A) Restauração do sistema, procedendo à opção Criar *backup*.
(B) Restauração do sistema, procedendo à opção Criar um ponto de restauração.
(C) Reestruturação do sistema, procedendo à opção Reparar o sistema.
(D) Reestruturação do sistema, procedendo à opção Reinstalar o Windows.
(E) Recuperação em caso de perda, procedendo à opção Criar um ponto de manutenção.

A: errada, não há opção de Criar *backup* no item Restauração do Sistema. **B:** correta, o usuário deve Criar um ponto de restauração no item Restauração do Sistema para que seja possível recuperar o sistema se necessário. **C:** errada, não existe o item Reestruturação do sistema. **D:** errada, não existe o item Reestruturação do sistema. **E:** errada, não existe o item Reestruturação em caso de perda.

Gabarito "B"

(Analista – TRE/SE – 2007 – FCC) NÃO é um componente exibido na barra de tarefas do Windows XP

(A) o menu Iniciar.
(B) a área de notificação.
(C) a área de transferência.
(D) a barra de ferramentas.
(E) a barra de Inicialização rápida.

A: errada, o Menu Iniciar faz parte da barra de tarefas do Windows XP. **B:** errada, a área de notificação faz parte da barra de tarefas do Windows XP. **C:** correta, a área de transferência é uma área na qual permanecem arquivos ou textos copiados e à espera de serem colados em algum local. **D:** errada, a barra de ferramentas faz parte da barra de tarefas do Windows. **E:** errada, a barra de Inicialização rápida faz parte da barra de tarefas do Windows.

Gabarito "C"

(Analista – TRE/RS – 2010 – FCC) O Windows XP é um sistema operacional que possibilita ao processador de um computador processar as informações utilizando somente

(A) 32 ou 64 bits.
(B) 64 ou 128 bits.
(C) 32 bits.
(D) 64 bits.
(E) 128 bits.

A: Correta, o Windows XP suporta processadores de 32 e 64 bits. **B:** Errada, não existem processadores com arquitetura de 128bits. **C:** Errada, o Windows XP também suporta processadores com arquitetura de 64 bits. **D:** Errada, o Windows XP também suporta processadores com arquitetura de 32 bits. **E:** Errada, não existem processadores com arquitetura de 128bits.

Gabarito "A"

(Analista – TRE/TO – 2011 – FCC) No *Linux*, quando um processo recebe um determinado sinal, via de regra, executa as instruções contidas naquele sinal. O *kill*, que é um comando utilizado para "matar" um processo, pode, também, ser usado para enviar qualquer sinal. Entretanto, se for usado sem o parâmetro de um sinal, ele executará a mesma função do sinal

(A) STOP.
(B) SEGV.
(C) TERM.
(D) CONT.
(E) ILL.

A: Errada, o comando stop tem a função de interromper a execução de um processo e só reativá-lo após o recebimento do sinal CONT. **B:** Errada, o comando SEGV informa erros de endereços de memória. **C:** Correta, o comando TERMtem a função de terminar completamente o processo, ou seja, este deixa de existir após a finalização. **D:** Errada, CONT tem a função de instruir a execução de um processo após este ter sido interrompido. **E:** Errada, informa erros de instrução ilegal, por exemplo, quando ocorre divisão por zero.

Gabarito "C"

(Analista – TRE/TO – 2011 – FCC) Usada para desfazer alterações feitas e para retornar as configurações do computador a uma etapa anterior, preservando os trabalhos recentes, sendo um processo totalmente reversível. No *Windows*, trata-se de

(A) Gerenciador de tarefas.
(B) Restauração do sistema.
(C) Painel de controle.
(D) Atualizações automáticas.
(E) Central de segurança.

A: Errada, o Gerenciador de tarefas tem por função controlar os processos em execução no sistema operacional. **B:** Correta, a Restauração do Sistema permite retornar as configurações do Windows para um estado anterior sem afetar os arquivos pessoais do usuário, senda está uma ação reversível. **C:** Errada, o Painel de Controle concentra uma série de opções que são utilizadas para o gerenciamento e manutenção do sistema operacional. **D:** Errada, as Atualizações Automáticas tratam apenas do controle das atualizações do sistema operacional. **E:** Errada, a Central de Segurança tem por função agrupar funções que auxiliam na segurança do sistema, como o *firewall* e politicas de acesso.

Gabarito "B"

(Analista – TRE/TO – 2011 – FCC) Um arquivo movido para a Lixeira do *Windows*

(A) é recuperável desde que tenha sido excluído mediante o uso combinado das teclas *shift* + del.
(B) só pode ser restaurado para o local original.
(C) é excluído permanentemente.

(D) pode ser restaurado.
(E) só pode ser recuperado dentro dos três primeiros meses após a movimentação.

A: Errada, a combinação *Shift* + Del remove um arquivo sem que ele passe pela Lixeira do Windows. **B:** Errada, o arquivo pode ser movido normalmente para qualquer diretório. **C:** Errada, os arquivos movidos para a Lixeira podem ser recuperados normalmente. **D:** Correta, qualquer arquivo na Lixeira do Windows pode ser recuperado. **E:** Errada, não há tempo limite para que o arquivo seja restaurado, basta que esteja presente na Lixeira.

Gabarito "D".

(Analista – TRE/TO – 2011 – FCC) Em relação à restauração de um estado anterior do Windows XP, é correto afirmar:

(A) a restauração somente tem efeito se realizada em tempo de inicialização do *Windows*.
(B) dependendo do problema, a restauração pode ser realizada em tempo de inicialização do sistema operacional ou de dentro da própria seção ativa do Windows.
(C) a restauração somente tem efeito se realizada na própria seção ativa do *Windows*.
(D) quando a restauração é realizada em tempo de inicialização do sistema operacional, o CD de instalação sempre será requisitado.
(E) em qualquer situação de restauração, o sistema operacional requisitará o CD de instalação.

A: Errada, a restauração pode ser feita a qualquer momento. **B:** Correta, a restauração também é possível após o inicio da seção ativa do Windows. **C:** Errada, ela também tem efeito normal caso feita antes do inicio da seção ativa. **D:** Errada, o CD de instalação do Windows não é necessário na restauração do sistema. **E:** Errada, o CD de instalação não é necessário na restauração do sistema.

Gabarito "B".

(Analista – TRE/BA – 2010 – CESPE) Julgue os itens que se seguem, a respeito dos sistemas operacionais Windows XP e Linux.

(1) No Windows XP, é possível tornar um diretório restrito, usando-se funcionalidade encontrada na aba Compartilhamento, que é acessada a partir da opção Propriedades do menu Arquivo do Windows Explorer.

1: Correta, marcando-se a caixa de seleção "Tornar esta pasta particular" é possível limitar o acesso a um diretório e suas subpastas.

Gabarito 1C

(Analista – TRE/MT – 2010 – CESPE) Considerando os sistemas operacionais Windows XP e Linux, assinale a opção correta.

(A) Gnome é o sistema gerenciador de usuário do Linux.
(B) A opção Meu computador no Windows XP apresenta as características do usuário atual.
(C) No Linux, para se acessar a Internet é suficiente entrar no Windows Explorer.
(D) O Painel de controle do Linux possibilita a criação de arquivos e pastas.
(E) Nautilus é um programa semelhante ao Windows Explorer que permite gerenciar arquivos.

A: Errada, Gnome é é um projeto de *software* livre abrangendo o Ambiente de Trabalho GNOME. **B:** Errada, a opção Meu Computador exibe as unidades de armazenamento e outras funções de administração do computador. **C:** Errada, o Windows Explorer é um manipulador de arquivos do Windows, e não um navegador web. **D:** Errada, O Painel de Controle é um componente do Windows, e não do Linux. **E:** Correta, o Nautilus é um gerenciador de arquivos, semelhante ao Windows Explorer, para ambientes baseados em Linux.

Gabarito "E".

(Analista – TRE/MA – 2009 – CESPE) Entre as diferentes distribuições do sistema operacional Linux estão

(A) Debian, Conectiva, Turbo Linux e Slackware.
(B) Fedora, RedHat, Kurumim e Posix.
(C) Conectiva, OpenOffice, StarOffice e Debian.
(D) GNU, Conectiva, Debian e Kernel.
(E) KDE, Blackbox, Debian e Pipe.

A: correta, todos os nomes mencionados são diferentes distribuições do sistema operacional Linux. **B:** errada, Posix refere-se a normas que garantem portabilidade de código. **C:** errada, OpenOffice se refere à suíte de programas de escritório. **D:** errada, Kernel refere-se ao núcleo do sistema operacional. **E:** errada, Pipe refere-se ao redirecionamento da saída padrão de um programa para a entrada padrão de outro.

Gabarito "A".

(Analista – TRE/GO – 2008 – CESPE) Acerca do Internet Explorer e do sistema operacional Linux, assinale a opção correta.

(A) Para conectar à Internet um microcomputador que tenha instalado o sistema operacional Linux, é necessária a utilização de uma placa de rede específica.
(B) A conexão, à Internet, de um microcomputador que possui o sistema operacional Linux instalado é mais lenta quando comparada com um que tenha instalado o Windows XP.
(C) Se um *e-mail* for criado a partir de algum aplicativo do sistema operacional Linux, ele não poderá ser lido por destinatário que usa o Windows XP.
(D) Com o Linux é possível acessar a Internet usando uma rede sem fio (*wireless*).

A: correta, para se conectar à internet um microcomputador que possua o sistema Linux necessita de uma placa de rede específica para este fim. **B:** errada,a velocidade da conexão com a internet independe do sistema operacional. **C:** errada, *emails* não são vinculados ao tipo de sistema operacional de onde se originou, podendo ser lido por qualquer computador. **D:** errada, para utilizar uma rede sem fio (*wireless*) o microcomputador necessita de uma placa de rede específica para isso.

Gabarito "A".

(Analista – TRE/GO – 2008 – CESPE) Assinale a opção correspondente a características do sistema operacional Linux.

(A) multitarefa, multiusuário, *open source*
(B) monotarefa, multiusuário, *open source*
(C) multitarefa, monousuário, gratuito
(D) monotarefa, monousuário, gratuito

O Linux é um sistema que pode realizar várias tarefas de forma simultânea e também permite que mais de um usuário tenha acesso ao sistema, também de simultaneamente. Além disso, é um projeto *open source*, onde qualquer um tem acesso ao código fonte, pode alterá-lo e distribuí-lo de forma gratuita. Portanto, apenas a alternativa "A" está correta.

Gabarito "A"

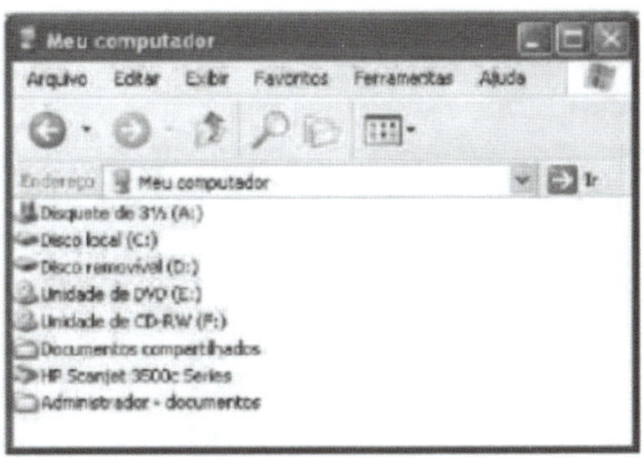

(Analista – TRE/MA – 2006 – CESPE) A figura acima mostra a janela Meu computador do Windows XP.

Com relação a essa janela e ao Windows XP, assinale a opção correta.

(A) Ao se aplicar um clique duplo no ícone Disquete de 3½ (A:), será iniciado processo de formatação de um disquete que estiver na unidade de disco de 3½", desde que o disco não esteja protegido contra escrita.
(B) Ao se aplicar um clique duplo sobre a barra de título da janela mostrada, esta será fechada.
(C) Ao se aplicar um clique duplo no ícone Unidade de DVD (E:), será aberta uma janela que permite a gravação de arquivos em discos do tipo DVD, que é uma unidade com menor capacidade de armazenamento que as unidades de CD-ROM.
(D) Ao se aplicar um clique duplo no ícone Unidade de CD-RW (F:), será aberta uma janela que permite o acesso a CD que possibilita tanto a leitura como a escrita de dados.
(E) Ao se aplicar um clique duplo no ícone HP Scanjet 3500c Series, será aberto um aplicativo denominado *scanner*, que tem por finalidade detectar a existência de vírus de computador em disquetes ou em discos de CD-ROM.

A: errada, um duplo clique no ícone Disquete de 3½ (A:) inicia o acesso a esta unidade e não à função de formatação. **B:** errada, ao se aplicar um duplo clique na barra de título a janela será maximizada e não fechada. **C:** errada, um duplo clique no ícone Unidade de DVD (E:) inicia o acesso a esta unidade e não à função de gravação. **D:** correta, um duplo clique no ícone Unidade de CD-RW (F:) abre a janela que permite o acesso às informações contidas no CD. **E:** errada, o *scanner* tem por finalidade digitalizar documentos impressos em papel e não detectar vírus de computador.

Gabarito "D"

(Analista – TRE/MA – 2009 – CESPE) A respeito do sistema operacional Windows, assinale a opção correta.

(A) A opção de propriedades de disco local, contida na janela Meu computador, apresenta a lista dos arquivos armazenados localmente, para facilitar a execução de um programa sem a necessidade de se usar o botão Iniciar.
(B) A central de segurança do Windows XP oferece duas opções de configuração do *firewall* do Windows: ativado (não recomendada), que não permite exceções; e desativado (recomendada), que oferece uma lista de exceções disponibilizadas pelo fabricante.
(C) O Painel de controle do Windows é uma ferramenta de gerenciamento de arquivos e diretórios utilizada para localizar, armazenar e excluir arquivos, bem como compactar ou fazer *backup* de informações.
(D) A área de trabalho (*desktop*) é composta por diversos itens, entre eles, o botão Iniciar, a barra de tarefas, a área de notificação da barra de tarefas, o relógio, assim como os ícones criados pelo usuário.
(E) Para se fazer a troca de usuários cadastrados no Windows, deve-se acionar o botão Fazer *logoff* e imediatamente reiniciar o computador para que o novo usuário não tenha acesso aos documentos de outros usuários.

A: errada, a opção propriedades de disco local exibe informações sobre o estado do disco rígido do computador, como sistema de arquivos, espaço utilizado etc. **B:** errada, a configuração recomendada para o *firewall* do Windows é estar ativado e não desativado; além disso, existe uma possibilidade de lista de exceções para o modo ativado e não para o modo desativado. **C:** errada, o Painel de Controle é uma ferramenta de gerenciamento do Windows cujas configurações podem ser alteradas. **D:** correta, a área de trabalho é composta por botão Iniciar, a barra de tarefas, a área de notificação da barra de tarefas, o relógio e ícones criados pelo usuário. **E:** errada, para fazer a troca de usuários deve-se acionar o botão Fazer *logoff* e após isso a opção Trocar de usuário; não é necessário reiniciar o sistema.

Gabarito "D"

(Analista – TRF/1º – 2006 – FCC) O *Windows Explorer* em uma única exibição de sua janela mostra normalmente, no quadro à esquerda dela,

(A) a estrutura hierárquica de arquivos, pastas e unidades do computador e, no quadro à direita, os diretórios, pastas e arquivos do item selecionado no quadro à esquerda.
(B) a estrutura hierárquica somente das unidades do computador e, no quadro à direita, uma lista simples de todos os diretórios, pastas e arquivos contidos nos meios de armazenamento.

(C) a estrutura hierárquica somente das unidades do computador e, no quadro à direita, os detalhes de todos os diretórios, pastas e arquivos contidos nos meios de armazenamento.

(D) uma lista simples de todos os diretórios, pastas e arquivos contidos nos meios de armazenamento do computador e, no quadro à direita, os detalhes de todas as pastas e arquivos do quadro à esquerda.

(E) uma lista simples de todos os diretórios, pastas e arquivos contidos nos meios de armazenamento do computador e, no quadro à direita, os detalhes da pasta ou do arquivo selecionado no quadro à esquerda.

A: correta, na janela à esquerda é exibida a estrutura hierárquica de arquivos, pasta e unidades enquanto na direita os diretórios, pastas e arquivos do item selecionado no quadro à esquerda. **B:** errada, também é exibida a estrutura hierárquica de pastas e arquivos do computador. **C:** errada, também é exibida a estrutura hierárquica de pastas e arquivos do computador, e na direita os detalhes do diretório, pastas e arquivos do item selecionado no quadro à esquerda e não todos os meios de armazenamento. **D:** errada, não é exibida uma lista simples, e sim a estrutura hierárquica dos arquivos, pastas e unidades. **E:** errada, errada, não é exibida uma lista simples, e sim a estrutura hierárquica dos arquivos, pastas e unidades.

Gabarito "A".

(Analista – TJ/PE – 2007 – FCC) Um funcionário de um órgão judiciário é incumbido pelo supervisor de redigir um texto que contenha aproximadamente 2000 palavras, não podendo conter erros de sintaxe ou ortográficos. O texto, composto de letras e números, deve receber cálculos feitos em determinadas células de uma planilha eletrônica, cujos resultados deverão ser preservados na planilha, devendo ser salvo para posterior recuperação. O supervisor solicita, ainda, que todo o cuidado seja tomado no caso de perda do original e também quanto ao acesso ao texto por pessoas não autorizadas. Após a conclusão, o texto deve ser encaminhado via correio eletrônico sem identificação dos destinatários. O texto também deve ser publicado em uma página Web interna da organização, mas que seja somente acessado por pessoas autorizadas. Uma parte do texto solicitado deve ser obtido na Web mediante pesquisa de determinadas palavras-chave fornecidas pela chefia. Após a conclusão deverão ser tiradas vinte cópias do texto em papel timbrado do órgão que serão entregues pessoalmente pelo supervisor aos destinatários.

O ambiente operacional de computação disponível para realizar estas operações envolve o uso do MS-Windows, do MS-Office, das ferramentas Internet Explorer e de correio eletrônico, em português e em suas versões padrões mais utilizadas atualmente.

Observação: Entenda-se por mídia removível disquetes, CDs e DVDs graváveis, *Pen Drives* (mídia removível acoplada em portas do tipo USB) e outras funcionalmente semelhantes.

Ao salvar o arquivo que contém o texto, o Windows Explorer

(A) não tem como reconhecer o seu tamanho.

(B) irá classificá-lo com Tamanho e Tipo, mas não com Data de modificação.

(C) não tem como classificar o seu tipo.

(D) somente poderá identificar o seu tipo.

(E) irá classificá-lo com Tamanho, Tipo e Data de modificação.

A: errado, o Windows Explorer tem acesso ao tamanho dos arquivos. **B:** errada, a Data de modificação também é um dos critérios de classificação de arquivos no Windows Explorer. **C:** errada, o Windows Explorer pode classificar arquivos de acordo com seu tipo. **D:** errada, existem outros métodos de classificação que não a classificação por tipo. **E:** correta, o Windows Explorer irá classificar o arquivo de acordo com seu Tamanho, Tipo e Data de modificação.

Gabarito "E".

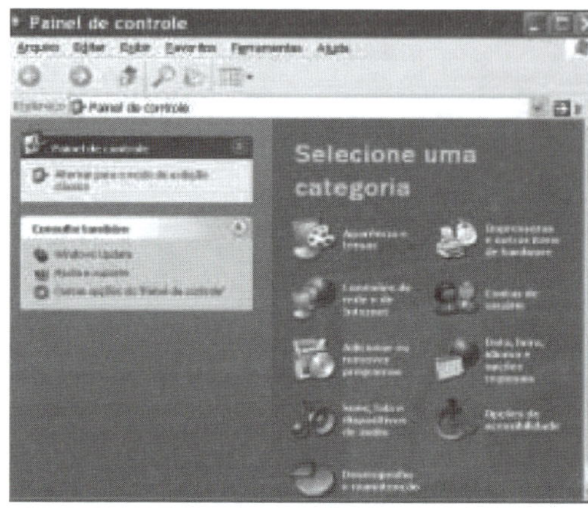

(Analista – TJ/AP – 2008 – CESPE) A figura acima ilustra a janela Painel de controle do Windows XP, que está sendo executada em um computador PC. Com relação a essa janela e ao Windows XP, julgue os itens a seguir.

(1) Caso se clique o *hyperlink* [Windows Update], será dado início a um processo que permite a atualização de componentes do Windows XP, que envolve um acesso ao sítio da Microsoft para que se possa realizar o *download* de componentes desejados.

(2) Por meio do *hyperlink* [Contas de usuário], é possível se definir um novo usuário que poderá ter *login* e password próprios para o acesso aos recursos do computador.

(3) Por meio do *hyperlink* [Adicionar ou remover programas], é possível adicionar ou remover *software* instalado no computador. A janela que é executada ao se clicar o referido *hyperlink* permite igualmente adicionar ou remover componentes do próprio Windows XP.

(4) Ao clicar o ícone [Alternar para o modo de exibição clássico], é possível obter e instalar versões anteriores ao Windows XP. Para se obter êxito nessa operação, é necessário que o Windows XP instalado no computador seja do tipo UNIX.

1: correta, o *hyperlink* [Windows Update] dá acesso à área de atualização de componentes do Windows XP, que envolve o *download* dos componentes desejados por meio de acesso ao *site* da Microsoft. **2:** correta, o *hyperlink* [Contas de usuário] dá acesso à área de controle de usuários do Windows na qual pode-se criar um novo usuário para acessar os recursos do computador. 3: correta, o *hyperlink* [Adicionar ou remover programas] possibilita ao usuário ter controle sobre os programas instalados no computador assim como componentes do Windows XP. **4:** errada, o ícone [Alternar para o modo de exibição clássico] altera o modo como os ícones do painel de controle são exibidos.

Gabarito 1C, 2C, 3C, 4E

(Analista – TJ/ES – 2011 – CESPE) Julgue os itens a seguir, acerca do sistema operacional Windows XP.

(1) A criação de novas pastas no Windows Explorer pode ser feita pelo usuário, de modo a facilitar a forma com que os arquivos possam ser armazenados.

(2) O recurso de atualização do Windows Update permite, entre outras coisas, baixar automaticamente novas versões do Windows, efetuar atualização de *firewall* e antivírus, assim como registrar os programas em uso mediante pagamento de taxa de administração para a empresa fabricante desse sistema operacional no Brasil.

(3) Por meio das Opções de energia no Painel de Controle do Windows XP, o usuário pode ajustar as opções de gerenciamento de energia à configuração de *hardware* exclusiva suportada pelo seu computador.

1: Correta, a organização por pastas ajuda a manter os arquivos organizados e o armazenamento dos mesmos. **2:** Errada, o Windows Update apenas baixa pacotes de correção da versão atual do Windows, não atualizando o sistema para uma versão mais atual ou atualizando outros programas. 3: Correta, as Opções de Energia do Painel de Controle permitem gerenciar vários aspectos do uso de energia do computador.

Gabarito 1C, 2E, 3C

(Analista – TJ/MT – 2008 – VUNESP) Conforme exposto no Gerenciador de tarefas do Windows, indique a alternativa que contém o tamanho da memória RAM instalada no computador.

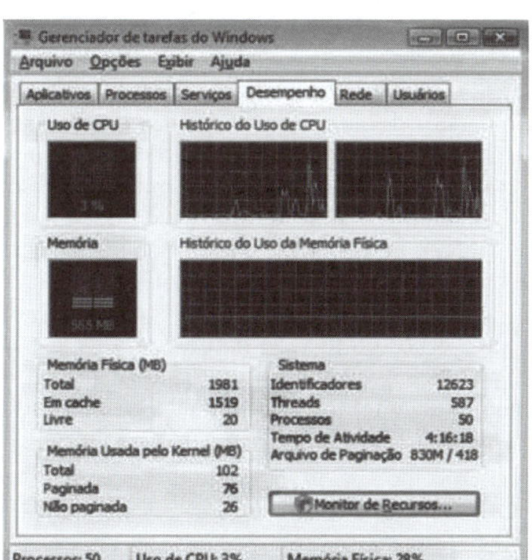

(A) 565 *MBytes* ou 565 000 *Bytes*.

(B) 830 *MBytes* ou 0,830 *GBytes*.

(C) 1 519 *MBytes* ou 1,5 *GBytes*.

(D) 1 519 *Bytes* ou 1,5 *MBytes*.

(E) 1 981 *MBytes* ou 2 *GBytes*.

A: errada, a numeração exibida como 565MB não se refere à memória RAM. **B:** errada, a numeração exibida como 830M não se refere À memória RAM. **C:** errada, 1519*MBytes* de memória se refere à memória em *cache* e não à memória Total. **D:** errada, a quantidade 1519 está sendo exibida em *MBytes* e não em *Bytes*, e também se refere à memória em *cache* e não à memória Total. **E:** correta, a Memória Física Total é de 1981*MBytes* ou 2*GBytes*.

Gabarito "E"

(Analista – TJ/MT – 2008 – VUNESP) A janela apresentada na figura é exibida pelo Windows Vista, em sua configuração original, quando as teclas Alt e *Tab* são pressionadas simultaneamente (alternador de tarefas).

Da esquerda para a direita, identifique todos os elementos apresentados na janela (exceto o Bloco de notas que já foi identificado).

(A) Internet Explorer, Paint, WordPad, Excel e Barra de tarefas.

(B) Internet Explorer, Paint, Word, Excel e *Desktop*.

(C) Windows Explorer, CorelDraw, Word, Excel e Meu computador.

(D) Windows Explorer, Paint, Word, Excel e *Desktop*.

(E) Outlook, Paint, WordPad, Excel e Barra de tarefas.

A: Errada, o terceiro ícone se refere ao Microsoft Office Word e não ao WordPad. **B:** correta, os itens não selecionados são Internet Explorer, Paint, Word, Excel e o *Desktop*. **C:** errada, o primeiro ícone se refere ao Internet Explorer e não ao Windows Explorer. **D:** errada, o primeiro ícone se refere ao Internet Explorer e não ao Windows Explorer. **E:** errada, o primeiro ícone se refere ao Internet Explorer e não ao Outlook.

Gabarito "B"

(Analista – TJ/PB – 2008 – COMPROV) No *Windows* XP, a tecla de atalho que permite renomear um item selecionado é:

(A) F1.

(B) F2.

(C) F3.

(D) F4.

(E) F5.

A: errada, a tecla F1 é o atalho para a Ajuda. **B:** correta, a tecla F2 ativa a função de renomeação. **C:** errada, a tecla F3 ativa a função de Pesquisa. **D:** errada, a tecla F4 exibe a lista da barra de endereços. **E:** errada, a tecla F5 ativa a função Atualizar.

Gabarito "B"

(Analista – TJ/PB – 2008 – COMPROV) 40 - Sobre o *Windows* XP, julgue corretos os itens abaixo:

I. O Windows apresenta diversos acessórios, como, por exemplo, a calculadora, utilizada para realizar cálculos matemáticos

II. No painel de controle, existe um ícone para *Mouse*, que permite, por exemplo, ajustar a velocidade do clique duplo do *mouse*

III. A barra de tarefas mostra as janelas que estão abertas no momento, mesmo que algumas estejam minimizadas ou ocultas sob outra janela, permitindo assim alternar entre estas janelas ou entre programas com rapidez e facilidade

IV. Ícones são figuras que representam recursos do computador, como, por exemplo, um texto, música, programa, fotos, etc.

Escolha a alternativa correta.

(A) I e III.
(B) I e IV.
(C) II e III.
(D) II e IV.
(E) I, II, III e IV.

A: errada, as alternativas II e IV também estão corretas. **B:** errada, as alternativas II e III também estão corretas. **C:** errada, as alternativas I e IV também estão corretas. **D:** errada, as alternativas I e III também estão corretas. **E:** correta, todas as quatro alternativas estão corretas.

Gabarito "E"

(Analista – TJ/MA – 2009 – IESES) O Windows Vista *Home* Premium é uma edição dentre as disponíveis para o sistema operacional Windows Vista. Quando comparada com a versão Windows Vista Business, ela tem como diferença:

(A) Que o Windows Vista *Home* Premium não permite, sem o uso de programas aplicativos adicionais ao pacote, o uso do serviço de *backup* agendado.
(B) Que o Windows Vista *Home* Premium não possui Windows Media Center.
(C) Que o Windows Vista *Home* Premium não dá suporte à associação a um domínio.
(D) Que o Windows Vista *Home* Premium não permite acesso simultâneo a um número ilimitado de programas.

A: errada, o serviço de *backup* agendado está disponível na versão *Home* Premium. **B:** errada, o Windows Media Center está presente no Windows Vista *Home* Premium. **C:** correta, a versão *Home* Premium não dá suporte à associação a um domínio. **D:** errada, o Windows Vista *Home* Premium permite o acesso simultâneo a um número ilimitado de programas.

Gabarito "C"

(Analista – TJ/MA – 2009 – IESES) O Microsoft Windows Vista permite aos usuários criptografar pastas e arquivos armazenados nos discos rígidos. Quando exibidos no gerenciador de arquivos do sistema operacional, estes arquivos aparecerão destacados na cor:

(A) Verde
(B) Preta
(C) Azul
(D) Vermelha

A: correta, os arquivos criptografados são exibidos em verde. **B:** errada, os arquivos exibidos em preto não possuem uma característica especial. **C:** errada, os arquivos exibidos em azul são arquivos compactados para ocupar menos espaço. **D:** errada, arquivos na cor vermelha não representam arquivos criptografados.

Gabarito "A"

(Analista – TJ/MA – 2009 – IESES) São distribuições de LINUX todas as seguintes, **EXCETO**:

(A) Ubuntu
(B) SuSE
(C) FreeBSD
(D) Red Hat

A: errada, Ubuntu é uma distribuição de Linux. **B:** errada, SuSE é uma distribuição de Linux. **C:** correta, FreeBSD é um sistema baseado em UNIX, porém não é uma distribuição de Linux. **D:** errada, Red Hat é uma distribuição de Linux.

Gabarito "C"

(Analista – TJ/PR – 2009) Ao realizar uma impressão a partir do comando Imprimir no menu Arquivo, podemos ter a alternativa de imprimir um conjunto de páginas. Nesse caso, se quisermos imprimir as páginas 1 e 4 e da página 6 à página 10, a sintaxe a ser utilizada é:

(A) 1,4,6-10
(B) 1;4;6-10
(C) 1:4,6,10
(D) 1-4,6-10
(E) Todas as alternativas estão erradas.

A: errada, o ";" separa as páginas escolhidas e o "-" uma sequência de páginas, portanto o correto seria "1-4;" e não "1,4". **B:** correta, como ";" separa as páginas escolhidas e o "-" uma sequência de páginas, o correto é "1-4;6-10". **C:** errada, o ";" separa as páginas escolhidas e o "-" uma sequência de páginas, portanto o correto seria "1-4;6-" e não "1:4,6,". **D:** errada, o ";" separa as páginas escolhidas e o "-" uma sequência de páginas, portanto o correto seria "4;6" e não "4,6". **E:** errada, apenas a alternativa B está correta.

Gabarito "B"

(Analista – TJ/PR – 2009) Os atalhos de teclado são combinações de duas ou mais teclas que, ao serem pressionadas, podem ser usadas para executar uma tarefa que normalmente exigiria um *mouse* ou dispositivo apontador. Os atalhos de teclado podem facilitar a interação com o computador, poupando seu tempo e esforço com o Windows e a internet. Supondo que você precisa abrir o menu iniciar, o *mouse* não funciona, e no seu teclado não existe a tecla com o logotipo . A alternativa que possibilita o acesso ao menu iniciar por meio de um atalho de teclado é:

(A) ALT+I
(B) CTRL+I
(C) CTRL+ESC
(D) F1
(E) ALT+TAB

A: errada, as teclas ALT + I não possuem nenhuma função no Windows. **B:** errada, as teclas CTRL + I não possuem nenhuma função no Windows.**C:** correto, as teclas CTRL + ESC possibilita o acesso ao menu Iniciar. **D:** errada, a tecla F1 inicia a ajuda do Windows. **E:** errada, as teclas ALT + *TAB* iniciam o alternador de tarefas.

Gabarito "C"

(Técnico Judiciário – STF – 2008 – CESPE) Considerando a figura acima, que mostra uma janela do Windows XP, julgue os itens a seguir.

(1) A tecnologia atualmente disponível permite que o arquivo associado ao ícone Carta seja armazenado em disquete de 3½".

(2) Para mover o arquivo associado ao ícone Planejamento para a pasta referente ao ícone Versões finais, é suficiente aplicar um clique duplo sobre Planejamento e, em seguida, clicar Versões finais.

(3) Para iniciar um processo de verificação de infecção por vírus de computador dos arquivos associados aos ícones Carta e Planejamento, é suficiente realizar a seguinte sequência de ações: clicar Carta; pressionar e manter pressionada a tecla Ctrl; clicar Planejamento; liberar a tecla Ctrl; clicar .

(4) Para abrir a pasta associada ao ícone Versões finais, é suficiente clicar esse ícone; clicar o *menu* Arquivo; na lista que surge em decorrência dessa ação, clicar Abrir.

(5) Para se criar uma nova pasta, vazia e provisoriamente sem nome, é suficiente clicar .

1: correta, o nível de tecnologia atual permite o armazenamento de arquivos em disquetes de 3½". **2:** errada, o duplo clique sobre Planejamento irá abrir o documento , o correto seria clicar e manter o botão pressionado e então, arrastá-lo até o ícone Versões finais 3: errada, o botão tem como função procurar arquivos ou pastas no computador e não procurar por vírus. **4:** correta, os passos descritos fornecem uma das maneiras de se abrir uma pasta ou documento. **5:** errada, o ícone apenas exibe a árvore de pastas do computador, não criando uma nova pasta.

Gabarito 1C, 2E, 3E, 4C, 5E

(Técnico Judiciário – STJ – 2008 – CESPE) Considerando a figura acima, que ilustra uma janela do Windows XP, julgue os itens a seguir.

(1) Caso se clique o botão , será criada uma pasta, com nome Nova pasta, contendo uma cópia dos dois arquivos mostrados na figura acima.

(2) Ao se clicar, sucessivamente, o ícone Relatório mensal e o botão , será realizada uma procura, no disco rígido do computador em uso, de arquivos do Word cujos nomes sejam formados pelos termos "Relatório", "mensal" ou "Relatório mensal".

(3) O arquivo associado ao ícone Relatório mensal será excluído sem que seja enviado à Lixeira do Windows e, portanto, não poderá mais ser recuperado usando-se funcionalidades da Lixeira, ao se realizar a seguinte sequência de operações: clicar o referido ícone; pressionar e manter pressionada a tecla Shift; teclar Delete; liberar a tecla Shift; na janela disponibilizada após essas ações, confirmar a exclusão do referido arquivo.

1: errada, o botão exibe a árvore de pastas do computador. **2:** errada, o botão ativa a função de pesquisa de arquivos ou pastas no computador. 3: correta, com a tecla Shift pressionada, o botão Delete irá excluir um arquivo ou pasta sem que ele seja enviado à lixeira do Windows.

Gabarito 1E, 2E, 3C

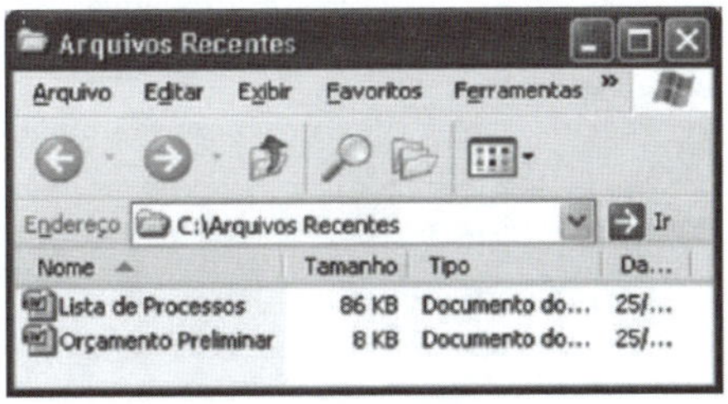

(Técnico Judiciário – TST – 2008 – CESPE) A figura acima mostra uma janela do Windows XP com informações acerca de dois arquivos Word armazenados em um computador. Com relação a essa janela e ao Windows XP, julgue os itens que se seguem.

(1) Ao se clicar o ícone Orçamento Preliminar e, em seguida, se clicar , o arquivo associado a esse ícone será movido da pasta C:\Arquivos Recentes para a pasta C:\.

(2) Para se verificar se os dois arquivos Word referidos apresentam alguma infecção por vírus de computador, é suficiente realizar a seguinte sequência de ações: clicar o ícone Lista de Processos; com o botão direito do *mouse*, clicar o ícone Orçamento Preliminar; e, em seguida, clicar .

(3) Uma forma de abrir o arquivo Word associado ao ícone Lista de Processos, é aplicar um clique duplo sobre o referido ícone. Outra forma é aplicar, com o botão direito do *mouse*, um clique sobre esse mesmo ícone e, na lista de opções que surge em decorrência dessa ação, clicar a opção Abrir.

1: errada, o ícone apenas leva o usuário uma pasta à cima da hierarquia de pastas. **2:** errada, o botão ativa a função de pesquisa de arquivos ou pastas no computador. 3: correta, ambos os processos descritos são formas válidas de se abrir um arquivo do Word.

Gabarito 1E, 2E, 3C

Atenção: Figura para as duas questões seguintes.

(Técnico Judiciário – TRT/4ª – 2011 – FCC) No Windows XP, a janela Meu Computador pode ser configurada para exibir seus elementos de diversas formas, EXCETO

(A) Conteúdo.
(B) Detalhes.
(C) Listas.
(D) Lado a Lado.
(E) Ícones.

A: Correta, esta opção só está disponível para ser utiliza no Meu Computador em versões mais novas que o Windows XP. **B:** Errada, detalhes é uma dar formas que se pode utilizar para organizar os elementos no Meu Computador. **C:** Errada, listas é uma dar formas que se pode utilizar para organizar os elementos no Meu Computador. **D:** Errada, lado a lado é uma dar formas que se pode utilizar para organizar os elementos no Meu Computador. **E:** Errada, ícones é uma dar formas que se pode utilizar para organizar os elementos no Meu Computador.

Gabarito "A"

(Técnico Judiciário – TRT/14ª – 2011 – FCC) No *Windows XP*, o *Windows Explorer* permite o gerenciamento da árvore de diretórios e tem como uma de suas funções organizar

(A) apenas pastas, no painel direito da janela.
(B) apenas arquivos, no painel direito da janela.
(C) arquivos e pastas no painel esquerdo da janela.
(D) apenas arquivos, no painel esquerdo da janela.
(E) arquivos e pastas no painel direito da janela.

A: Errada, o Windows Explorer organiza pastas e arquivos. **B:** Errada, o Windows Explorer organiza pastas e arquivos. **C:** Errada, o Windows Explorer organiza as pastas e arquivos no painel da direita, ficando o da esquerdo reservado para a exibição da árvore de pastas. **D:** Errada, o Windows Explorer organiza pastas e arquivos. **E:** Correta, os arquivos e pastas podem ser organizados a partir do painel da direita do Windows Explorer.

Gabarito "E"

(Técnico Judiciário – TRT/20ª – 2011 – FCC) No *Windows XP* é possível configurar números, unidades monetárias, horários e datas acessando-se o painel de controle e dando 2 cliques em

(A) Sistema.
(B) Ferramentas administrativas.
(C) Opções regionais e de idioma.
(D) Opções de acessibilidade.
(E) Gerenciador de configurações.

A: Errada, em Sistema estão localizadas opções de configuração do Windows XP. **B:** Errada, em Ferramentas administrativas estão localizadas várias opções de configuração avançada do Windows. **C:** Correta, em opções regionais e de idioma é possível definir os formatos padrão de exibição de várias informações, entre elas números, unidades monetários, datas e horários. **D:** Errada, as opções de acessibilidade são um conjunto de configurações voltadas para usuários com necessidades especiais. **E:** Errada, não há tal opção no Painel de controle do Windows XP.

Gabarito "C"

(Técnico Judiciário – TRE /AP – 2011 – FCC) No *Windows XP Service Pack 3,* além do Painel de Controle é possível adicionar ou remover programas na respectiva opção existente na janela Meu computador. Ela está localizada

(A) no menu Arquivo.
(B) em Tarefas do sistema.
(C) no menu Editar.
(D) no menu Ferramentas.
(E) em Outros locais.

A: Errada, o menu Arquivo possui opções de comado como Fechar, Abrir, Excluir, entre outros. **B:** Correta, o menu Tarefas do Sistema permite ações do sistema como por exemplo adicionar e remover programas. **C:** Errada, o menu Editar possui opções como copiar, recortar e colar apenas. **D:** Errada, o menu Ferramentas contém apenas opções de configuração de pastas e unidades. **E:** Errada, o item Outros Locais apenas exibe outros diretórios ou funções no computador.

Gabarito "B"

(Técnico Judiciário – TRE/AP – 2006 – FCC) Com o cursor do *mouse* posicionado em uma área livre do lado direito da janela do *Windows Explorer*, dentro de uma pasta específica, pode-se criar uma subpasta nova clicando no botão

(A) direito do *mouse* e selecionando Subpasta e depois Nova.

(B) direito do *mouse* e selecionando Novo e depois Pasta.
(C) esquerdo do *mouse* e selecionando Novo e depois Subpasta.
(D) esquerdo do *mouse* e selecionando Pasta e depois Nova.
(E) esquerdo do *mouse* e selecionando Novo e depois Pasta.

A: errada, a ordem correta da seleção seria Novo e depois Pasta. **B:** correta, deve-se selecionar Novo e depois Pasta. **C:** errada, deve-se utilizar o botão direito do *mouse* e não o esquerdo. **D:** errada, deve-se utilizar o botão direito do *mouse* e não o esquerdo. **E:** errada, deve-se utilizar o botão direito do *mouse* e não o esquerdo.

Gabarito "B"

(Técnico Judiciário – TRE/MS – 2007 – FCC) Considerando o correto procedimento de remover e/ou adicionar programas no Windows XP, é certo afirmar que

(A) no processo de instalação, o Windows somente aceitará a pasta C:/Windows como destino para todos os arquivos do *software* a ser instalado.
(B) o Windows não adiciona programas através do Painel de Controle.
(C) para remover, basta acessar o Painel de Controle e escolher a opção correspondente.
(D) no processo de remoção, cabe ao usuário deletar os arquivos que se encontram na pasta do *software*, pois o Windows retira somente os arquivos da pasta C:/Windows.
(E) outra opção para remoção é apenas deletar a pasta onde o *software* se encontra.

A: errada, o usuário pode alterar a pasta de destino do sistema. **B:** errada, o Windows pode adicionar programas através do Painel de Controle. **C:** correta, para remover programas, basta acessar o Painel de Controle e escolher a opção correspondente. **D:** errada, no processo de remoção os arquivos que se encontram na pasta do *software* são removidos automaticamente. **E:** errada, apenas deletar a pasta do *software* não o remove totalmente do sistema.

Gabarito "C"

I. As informações jurídicas mais importantes devem ser guardadas em pastas separadas e organizadas por ano, mês dentro do ano, assunto dentro do mês e documento. Ex. 2009, Junho, Filiação de Partidos e Relatório.doc.

(Técnico Judiciário – TRE/PI – 2009 – FCC) Para atender corretamente ao solicitado no item (I) e organizar a colocação dos documentos correspondentes, é necessário criar a respectiva estrutura de pastas no Windows Explorer composta de

(A) pasta, subpasta e subsubpasta, apenas.
(B) pasta e arquivo, apenas.
(C) pasta e subpasta, apenas.
(D) subpasta, subsubpasta e arquivo, apenas.
(E) arquivo, pasta, subpasta e subsubpasta.

A: correta, a estrutura corresponde a pasta, subpasta, subsubpasta. **B:** errada, existem também uma subpasta e uma subsubpasta além dos mencionados. **C:** errada, existem também um arquivo e uma subsubpasta além dos mencionados. **D:** errada, há também uma pasta na estrutura além dos mencionados. **E:** errada, a ordem correta seria pasta, subpasta, subsubpasta e arquivo.

Gabarito "A"

(Técnico Judiciário – TRE/SE – 2007 – FCC) Nativamente, o Windows XP conta com dois editores de texto, acessados através do menu *Iniciar*>Programas>*Acessórios*. São eles:

(A) WordPad e Paint.
(B) Word e Paint.
(C) WordPad e Word.
(D) Bloco de Notas e WordPad.
(E) Bloco de Notas e Word.

A: errada, o Paint não é um editor de texto e sim de imagens. **B:** errada, o Word não é um *software* nativo do Windows XP. **C:** errada, o Word não é um *software* nativo do Windows XP. **D:** correta, o Bloco de Notas e WordPad são editores de texto nativos do Windows XP. **E:** errada, o Word não é um *software* nativo do Windows XP.

Gabarito "D"

(Técnico Judiciário – TRE/MA – 2009 – CESPE) Assinale a opção correta com relação ao sistema operacional Windows.

(A) A barra de ferramentas do Windows, geralmente localizada no rodapé da tela do monitor, apresenta o botão Iniciar e ícones associados aos programas que estão em execução.
(B) O ícone **Meu computador**, presente na área de trabalho do Windows, permite o acesso direto aos locais de armazenamento de arquivos do computador em uso, mas não aos locais de rede.
(C) Ao se desinstalar um programa no Windows XP, é recomendado o uso da opção **Adicionar ou remover programas** para que os arquivos sejam devidamente removidos.
(D) Os *menus* de atalho, para se realizar acesso rápido a opções avançadas de configuração de rede e dispositivos móveis, podem ser acionados apenas a partir da área de trabalho do Windows.
(E) No Windows, o uso da tecla [Ctrl] junto com o *mouse* é um recurso eficiente de seleção simultânea de todos os objetos presentes na área de trabalho, geralmente para atribuir um mesmo comando a todos os itens selecionados por esse recurso.

A: errada, essas são funções da barra de tarefas e não da barra de ferramentas. **B:** errada, a partir do Meu Computador também é possível acessar locais de rede. **C:** correta, a opção Adicionar ou remover programas é a opção recomendada para desinstalar um programa no Windows XP. **D:** errada, os *menus* de atalho podem ser acionados a partir de outros lugares. **E:** errada, o uso da tecla [Ctrl] juntamente com o *mouse* ativa a função de seleção múltipla, e não de seleção de todos os objetos presentes na área de trabalho.

Gabarito "C"

(Técnico Judiciário – TRE/MA – 2009 – CESPE) A respeito da organização e gerenciamento de arquivos e pastas, assinale a opção correta.

(A) No Windows, o Internet Explorer é o programa utilizado para acesso às pastas e arquivos, assim como aos programas instalados.
(B) No Windows, para se excluir definitivamente um arquivo do computador, deve-se removê-lo para a lixeira a partir do gerenciador de arquivos e, em seguida, deve-se também removê-lo da lixeira.
(C) Para se criar um novo arquivo ou diretório, o usuário deve, antes, estar certo do que vai fazer, pois não é possível alterar o nome de um arquivo criado.
(D) Para se remover programas do computador, basta excluir a pasta inteira que os contém, por meio do comando Delete, contido no diretório **Arquivos de programas**, do Windows.
(E) O usuário que deseja criar um novo diretório deve selecionar uma área no computador, clicar no arquivo que deseja guardar e salvá-lo com outro nome, para não haver sobreposição.

A: errada, o Internet Explorer é um navegador de páginas web. **B:** correta, para que um arquivo seja excluído definitivamente ele deve ser excluído também da lixeira. **C:** errada, é possível alterar o nome de um arquivo após sua criação. **D:** errada, para se remover um programa de computador é necessário utilizar a função Adicionar ou Remover Programas contida no Painel de Controle. **E:** errada, para criar um novo diretório o usuário deve selecionar uma área onde ele deseja criar o diretório, clicar com o botão direito do *mouse* e escolher a opção Novo e depois Pasta.

Gabarito "B"

(Técnico Judiciário – TRE/RS – 2010 – FCC) Se existir a necessidade frequente de trabalhar com arquivos que não estão no computador principal (utilizando um computador portátil, por exemplo), é possível sincronizar os arquivos com suas contrapartes no computador principal após terminar o trabalho. No *Windows XP* esta facilidade é possibilitada pelo uso específico

(A) da transferência de arquivos.
(B) da Área de transferência.
(C) do Porta arquivos.
(D) do Gerenciador de tarefas.
(E) do Porta documentos.

A: Errada, transferência de arquivos é o ato de enviar um arquivo de um local a outro. **B:** Errada, a área de transferência é o local onde as informações copiadas ou recortadas ficam até que sejam coladas em outro local. **C:** Correta, o porta arquivos permite a sincronização de arquivos com uma contraparte. **D:** Errada, o Gerenciador de tarefas é um utilitário que permite o gerenciamento dos processos e serviços sendo executados no computador. **E:** Errada, não existe não ferramenta no Windows XP.

Gabarito "C"

(Técnico Judiciário – TRE/RS – 2010 – FCC) É um dos utilitários do *Windows XP* que serve para analisar volumes locais, além de localizar e consolidar arquivos para que cada um ocupe um espaço único e contíguo no volume. Trata-se de

(A) Volume.
(B) Desfragmentador.
(C) Compactador.
(D) Restaurador do sistema.
(E) Informações do sistema.

A: Errada, volume não é um utilitário do Windows. **B:** Correta, o Desfragmentador analisa o disco rígido à procura de erros e realoca os arquivos de modo que o armazenamento seja contíguo. **C:** Errada, compactador não é um utilitário padrão do Windows. **D:** Errada, o Restaurador do Sistema tem como função retornar o Windows às configurações que possuía em um dia anterior. **E:** Errada, Informações do Sistema permite ao usuário obter dados de *hardware* e *software* sobre o Windows e o computador no qual está instalado.

Gabarito "B"

(Técnico Judiciário – TRE/AC – 2010 – FCC) Nos aplicativos do *Windows XP*, as letras sublinhadas nos nomes de menu da Barra de Menus indicam que o acesso a um menu pode ser realizado pelo teclado pressionando-se a tecla da letra sublinhada,

(A) apenas.
(B) simultaneamente com as teclas *SHIFT* + CTRL.
(C) simultaneamente com a tecla *SHIFT*.
(D) simultaneamente com a tecla CTRL.
(E) simultaneamente com a tecla ALT.

A: Errada, pressionar uma letra sem outra tecla de suporte não ativa atalhos do Windows. **B:** Errada, as teclas *SHIFT* + CTRL sozinhas não possuem função específica. **C:** Errada, a tecla *SHIFT* sozinha não possui função específica de atalhos. **D:** Errada, a tecla CTRL sozinha não possui função de atalho específica. **E:** Correta, a tecla ALT quando pressionada simultaneamente a uma letra sublinhada no menu ativa aquele menu.

Gabarito "E"

(Técnico Judiciário – TRE/AL – 2010 – FCC) Na barra de endereços da janela do Windows Explorer, no sistema operacional Windows XP, pode-se digitar

(A) endereços da Web, apenas.
(B) caminhos de pastas e arquivos, apenas.
(C) endereços da Web, caminhos de pastas e arquivos ou selecionar pastas no botão de opções do lado direito da barra.
(D) endereços da Web ou selecionar pastas no botão de opções do lado direito da barra, apenas.
(E) endereços da Web ou caminhos de pastas e arquivos, apenas.

A: Errada, também podem ser digitados caminhos de pastas e arquivos. **B:** Errada, o Windows Explorer também aceita endereços da Web. **C:** Correta, a barra de endereços suporta tanto caminhos de pastas e arquivos quanto endereços da Web. **D:** Errada, também é possível digitar caminhos de pastas ou arquivos. **E:** Errada, além disso é possível selecionar pasta no botão de opções da barra.

Gabarito "C"

(Técnico Judiciário – TRE/BA – 2010 – CESPE) Com relação aos sistemas operacionais Windows XP e Linux, julgue os próximos itens.

(1) As informações de espaço livre em um disco rígido de uma máquina que tenha instalado o sistema Windows XP podem ser obtidas a partir do menu Arquivo do Windows Explorer, acessando-se a opção Propriedades, que exibe informações específicas sobre a unidade selecionada.

(2) O Linux é um sistema operacional que pode ser usado apenas em servidores, não sendo adequado para a utilização em estações de trabalho do tipo PC. No entanto, é um sistema cujo código fonte fica disponível para alterações, permitindo que os usuários contribuam para a sua melhoria.

1: Correta, por meio dos passos mencionados é possível obter detalhes do disco como espaço livre e utilizado; **2:** Errada, o Linux pode ser utilizado em qualquer tipo de computador, seja servidor ou de uso pessoal.

Gabarito 1C, 2E

(Técnico Judiciário – TRE/BA – 2010 – CESPE) Quanto ao uso seguro das tecnologias de informação e comunicação, julgue os itens que se seguem.

(1) As intranets são estruturadas de maneira que as organizações possam disponibilizar suas informações internas de forma segura, irrestrita e pública, sem que os usuários necessitem de autenticação, ou seja, de fornecimento de nome de *login* e senha.

(2) Uma das formas de bloquear o acesso a locais não autorizados e restringir acessos a uma rede de computadores é por meio da instalação de firewall, o qual pode ser instalado na rede como um todo, ou apenas em servidores ou nas estações de trabalho.

1: Errada, intranets funcionam como a internet porém limitado à organização, podendo haver áreas restritas; **2:** Correta, os firewalls permitem aplicar uma camada de segurança, limitando o acesso a serviços ou locais específicos da rede.

Gabarito 1E, 2C

(Técnico Judiciário – TJ/SC – 2010) Com relação ao compartilhamento de recursos do Windows 7, analise as afirmativas a seguir e assinale a alternativa correta:

I. Dentre os recursos possíveis de compartilhar no Windows estão arquivos e impressoras

II. Quando um usuário compartilha uma impressora, automaticamente todos os arquivos da pasta "Minhas Impressoras" também são compartilha-dos com permissão de leitura e escrita.

III. É possível compartilhar um arquivo com apenas um usuário da rede e fornecer a esse usuário permissão apenas de leitura.

(A) Somente as proposições I e II estão corretas.
(B) Somente as proposições II e III estão corretas.
(C) Todas as proposições estão corretas.
(D) Todas as proposições estão incorretas.
(E) Somente as proposições I e III estão corretas.

A: Errada, a proposição II está incorreta, quando uma impressora é compartilhada, apenas ela fica disponível na rede. **B:** Errada, a proposição II está incorreta, quando uma impressora é compartilhada, apenas ela fica disponível na rede. **C:** Errada, a proposição II está incorreta, quando uma impressora é compartilhada, apenas ela fica disponível na rede. **D:** Errada, as proposições I e III estão corretas. **E:** Correta, apenas as proposições I e III estão corretas.

Gabarito "E"

(Técnico Judiciário – TJ/SC – 2010) São operações oferecidas pela calculadora do Windows 7, EXCETO:

(A) Calcular a diferença entre duas datas.
(B) Converter temperatura de Celsius para Fahrenheit.
(C) Adicionar ou subtrair dias de uma data especificada.
(D) Converter calorias em quilogramas.
(E) Converter distância de centímetros para metros.

A: Errada, a calculadora do Windows 7 permite o calculo da diferença de datas. **B:** Errada, a conversão de temperatura também é possível pela calculadora do Windows 7. **C:** Errada, por meio da função cálculo de datas é possível adicionar ou subtrair dias de uma data. **D:** Correta, não é possível fazer a conversão de calorias para quilogramas por serem unidades diferentes. **E:** Errada, a conversão de unidades de distância é possível pela calculadora do Windows 7.

Gabarito "D"

(Escrevente Técnico Judiciário – TJ/SP – 2011 – VUNESP) Um escrevente está usando o programa Windows Explorer, que integra o Microsoft Windows XP em sua configuração padrão, para a visualização das pastas e arquivos de seu computador. Sabendo que a tela apresentada pelo programa é a que está reproduzida na figura a seguir, assinale a alternativa que contém a afirmação correta.

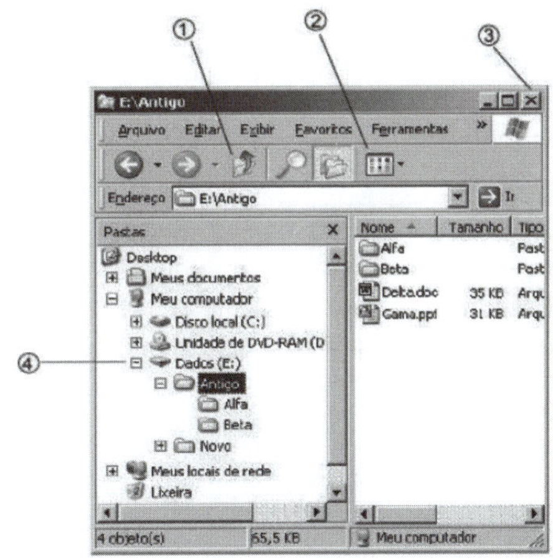

(A) Ao se clicar sobre o ícone 1, a área à direita da tela do programa irá exibir os itens existentes no Disco Local (C:).

(B) Ao se clicar sobre o ícone 2, será iniciada a apresentação Gama.ppt que está armazenada na pasta denominada Beta.

(C) Clicando-se sobre o ícone 3, a pasta selecionada pelo usuário será removida do disco rígido do computador.
(D) Clicando-se sobre o ícone 4, serão ocultadas as pastas Alfa, Beta e também os arquivos Delta.doc e Gama.ppt.
(E) No arquivo Delta.doc existe menor quantidade de informação armazenada em *bits* do que existe no arquivo Gama.ppt.

A: Errada, o ícone 1 faz com que seja exibida uma pasta superior a atual a hierarquia de pastas. **B:** Errada, o ícone 2 permite alterar o modo de exibição dos itens presentes na janela da direita. **C:** Errada, o ícone 3 apenas fecha a janela atual. **D:** Correta, o ícone 4 retrai as pastas que estão sendo exibidas de forma expandida, portanto as pastas Alta e Beta seriam ocultadas, os arquivos também seria ocultados pois a exibição mudaria para o conteúdo do disco de Dados (**E:**). **E:** Errada, como se pode comprovar pela segunda coluna exibida na tela da direita, o arquivo Delta.doc possui mais bits que o arquivo Gama.ppt.

Gabarito "D"

(Escrevente Técnico – TJ/SP – 2010 – VUNESP) Assinale a alternativa cujas palavras completam, correta e respectivamente, a afirmação a seguir.

Para apagar, de forma intercalada, vários arquivos de uma pasta cujo conteúdo está sendo visualizado com o Windows Explorer, que integra o Microsoft Windows XP, em sua configuração padrão, um usuário deverá acionar a tecla, selecionar os arquivos com o *mouse* e acionar a tecla.

(A) Ctrl ... Delete
(B) Ctrl ... Escape
(C) End ... PageUp
(D) *Shift* ... Delete
(E) *Shift* ... Home

A: Correta, a tecla Ctrl combinada com cliques do *mouse* permite a seleção não adjunta e a tecla Delete faz a exclusão dos arquivos selecionados. **B:** Errada, a tecla Escape cancela uma ação, o correto seria a tecla Delete. **C:** Errada, a tecla *End* apenas leva a seleção para o último arquivo no diretório atual. **D:** Errada, a tecla *shift* faz a seleção de vários arquivos adjacentes, portanto não é possível a seleção intercalada. **E:** Errada, a tecla *shift* faz a seleção de vários arquivos adjacentes, portanto não é possível a seleção intercalada.

Gabarito "A"

(Técnico Judiciário – TJ/PR – 2009) Para selecionarmos arquivos que estão em sequência, devemos:

(A) selecionar o primeiro arquivo, pressionar a tecla CTRL e selecionar o último arquivo.
(B) selecionar o primeiro arquivo, pressionar a tecla *SHIFT* e selecionar o último arquivo.
(C) selecionar o primeiro arquivo, pressionar a tecla ALT e selecionar o último arquivo.
(D) selecionar o primeiro arquivo, pressionar a tecla *TAB* e selecionar o último arquivo.

A: errada, a tecla CTRL faz seleção de múltiplos arquivos de forma individual, selecionando os arquivos um a um. **B:** correta, com a tecla *SHIFT* todos os arquivos no intervalo desejado serão selecionados. **C:** errada, a tecla ALT não realiza seleção de múltiplos arquivos. **D:** errada, a tecla *TAB* não realiza seleção de múltiplos arquivos.

Gabarito "B"

(Técnico Judiciário – MPU – 2010 – CESPE) Acerca do ambiente Windows e das ferramentas a ele associadas, julgue os itens a seguir.

(1) Os operadores aritméticos do MS Excel 2007 para multiplicação, divisão, potenciação e porcentagem são, respectivamente, * , / , ^ e % .
(2) Na área de transferência do Windows XP, ficam armazenados, por padrão, atalhos para alguns aplicativos úteis, como o Gerenciador de Arquivos, Meu Computador, Meus Locais de Rede e Lixeira, podendo o usuário criar outros atalhos que desejar.

1: Correta, o símbolo * representa a multiplicação, / a divisão, ^ a potenciação e %a porcentagem; **2:** Errada, a área de transferência é o local onde textos e arquivos ficam armazenados quando copiados ou recortados, até que sejam colados em outro local.

Gabarito 1C, 2E

(Delegado/RN – 2009 – CESPE) O sistema operacional Linux não é

(A) capaz de dar suporte a diversos tipos de sistema de arquivos.
(B) um sistema monousuário.
(C) um sistema multitarefa.
(D) capaz de ser compilado de acordo com a necessidade do usuário.
(E) capaz de suportar diversos módulos de dispositivos externos.

A: Errada, o Linux tem suporte a vários tipos de sistemas de arquivos. **B:** Correta, o Linux não é um sistema monousuário, ele permite que mais de um usuário se conecte a ele de forma simultânea. **C:** Errada, o Linux é um sistema multitarefa, podendo executar várias ações ao mesmo tempo. **D:** Errada, o Linux é um sistema de código aberto, portanto pode ser modificado de acordo com as necessidades do usuário. **E:** Errada, o Linux tem suporte a vários módulos de dispositivos externos.

Gabarito "B"

(Delegado/AP – 2006 – UFAP) Analise as seguintes afirmações, quanto à organização dos arquivos em um computador, cujo único sistema operacional instalado é o Windows XPem português, e marque somente a alternativa correta.

(A) Através do Windows Explorer é possível acessar informações que estão compartilhadas em outros computadores, mesmo que o usuário não tenha permissão e que os computadores não estejam conectados em rede.
(B) No Windows Explorer, quando a opção "modos de exibição" estiver na opção "LISTA", é possível visualizar o tamanho e a data de modificação do arquivo.
(C) No ícone "Meu computador", disponível no *desktop*, é possível visualizar as unidades de disco rígido e os dispositivos de armazenamento removível.
(D) Não é possível mover arquivos entre pastas, clicando-se com o botão principal do *mouse* e arrastando para a pasta desejada.
(E) O Windows XP não permite a criação de arquivos com nomes acentuados.

A: Errada, dado que só é possível acessar informações em outros computadores se estes estiverem em rede e se o usuário tiver permissão de acesso. **B:** Errada, essas informações estão disponíveis no modo *Detalhes* e não no modo *Lista*. **C:** Correta, já que o ícone "Meu Computador" permite visualizar os discos rígidos e unidades removíveis do computador. **D:** Errada, pois o procedimento descrito permite que um arquivo seja movido de uma pasta para outra. **E:** Errada, uma vez que é possível a criação de arquivos com acentuações no nome no Windows XP.

Gabarito "C"

(Delegado/MA – 2006 – FCC) Considerando o Windows, versão em português e *mouse* com configuração padrão, analise as seguintes afirmações.

I. Clicar com o botão direito do *mouse* em qualquer espaço vazio da lista do lado direito do Windows Explorer e escolher as opções do item *Exibir*.

II. Clicar com o botão esquerdo do *mouse* no item *Exibir* do menu principal e escolher a opção desejada.

III. Clicar com o botão esquerdo do *mouse* no ícone *Modos de Exibição* e escolher a opção desejada.

Para alterar os modos de exibição dos diretórios e arquivos no Windows Explorer é correto o que se afirma em

(A) I, apenas.
(B) I, II e III.
(C) II, apenas.
(D) II e III, apenas.
(E) III, apenas.

A: Errada, pois as afirmativas II e III também estão corretas. **B:** Correta, porque todas as afirmativas estão corretas. **C:** Errada, pois as afirmativas I e III também estão corretas. **D:** Errada, porque a afirmativa I também está correta. **E:** Errada, uma vez que as afirmativas I e II também estão corretas.

Gabarito "B"

(Delegado/MA – 2006 – FCC) Analise os itens abaixo, relativos ao manuseio de diretórios e arquivos no Windows Explorer.

I. Quando um diretório exibe a figura de uma mão abaixo do seu ícone padrão, significa que seu usopode ser compartilhado com outros usuários.

II. As funções *recortar* e *colar* são executadas, sucessivamente, quando, dentro do mesmo *drive*, utilizamos o *mouse* para arrastar um arquivo de um diretório para outro.

III. Uma das formas de se apagar um arquivo diretamente, sem que ele seja transferido para a lixeira do Windows, é selecioná-lo e, em seguida, pressionaras teclas [*SHIFT*] + [DEL].

É correto o que se afirma em

(A) I, apenas.
(B) II, apenas.
(C) I e II, apenas.
(D) I, II e III.
(E) II e III, apenas.

A: Errada, pois as afirmativas II e III também estão corretas. **B:** Errada, dado que as afirmativas I e III também estão corretas. **C:** Errada, porque a afirmativa III também está correta. **D:** Correta, pois, todas as afirmativas estão corretas. **E:** Errada, já que a afirmativa I também está correta.

Gabarito "D"

(Delegado/MG – 2007) Para executar o programa de *backup* em uma instalação padrão do Windows, a sequência correta é:

(A) Iniciar / Programas / Ferramentas do Sistema / *Backup*
(B) Iniciar / Configurações / Painel de Controle / *Backup*
(C) Iniciar / Programas / Acessórios / Ferramentas do Sistema / *Backup*
(D) Iniciar / Programas / Acessórios / Ferramentas de Multimídia / *Backup*

A: Errada, porque o item *Ferramentas* do Sistema encontra-se dentro do item *Acessórios* e não do item *Programas*. **B:** Errada, já que a opção de *backup* está no item *Ferramentas* do Sistema e não no *Painel de Controle*. **C:** Correta, já que a opção de *backup* encontra-se no item *Ferramentas* do Sistema, localizada no menu *Acessórios*, dentro de Programas no menu *Iniciar*. **D:** Errada, porque a opção *backup* situa-se no item *Ferramentas* do Sistema e não em *Ferramentas* de Multimídia.

Gabarito "C"

(Delegado/MG – 2006) No Windows Explorer, os comandos para nomear um disco selecionado são:

(A) menu Editar, guia Exibir, Propriedade, rotulo
(B) menu Arquivo, Propriedades, Rotulo
(C) menu Ferramentas, guia Propriedades, Rótulo
(D) menu Exibir, guia Propriedades, Rotulo
(E) menu Exibir, Propriedade, Rótulo

A: Errada, porque o item *rótulo*, da opção *Propriedades* é acessível através do menu *Arquivo* e não do menu *Editar*. **B:** Correta, já que por meio da opção *Propriedades* do menu *Arquivo* é possível editar o item *rótulo*, que dá nome a unidade de disco. **C:** Errada, pois a opção *Propriedades* correta situa-se no menu *Arquivo* e não é uma guia. **D:** Errada, pois a opção *Propriedades* correta está no menu *Arquivo* e não é uma guia.**E:** Errada, ou seja, a opção Propriedades correta seria a do menu *Arquivo*.

Gabarito "B"

(Delegado/PI – 2009 – UESPI) Após selecionarmos um item da área de trabalho (*desktop*), se pressionarmos a tecla de atalho F2, o que poderemos fazer de imediato com este item?

(A) Abrir .
(B) Executar .
(C) renomear .
(D) Apagar .
(E) Alterar o seu ícone.

A: Errada, já que nenhuma das teclas de atalho 'F' podem abrir arquivos. **B:** Errada, porque nenhuma das teclas de atalho 'F' executa um arquivo. **C:** Correta, pois a tecla de atalho F2 ativa a função Renomear, permitindo que o nome do arquivo seja alterado. **D:** Errada, uma vez que a tecla que ativa a função apagar é a tecla *Delete* e não as teclas de atalho 'F'. **E:** Errada, dado que para alterar o ícone deve-se acessar as propriedades do arquivo em questão, e as teclas de atalho 'F' não possuem esta habilidade.

Gabarito "C"

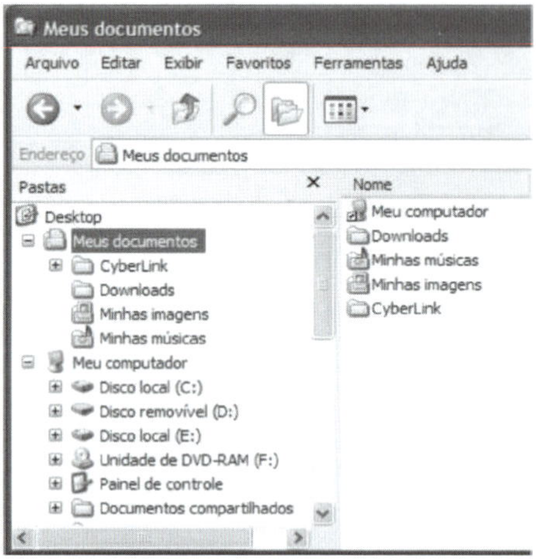

(CEF – Técnico Bancário – 2010 – CESPE) Com relação à janela do Windows Explorer mostrada parcialmente acima, assinale a opção correta.

(A) Na falta de conexão do computador com a Internet, o Windows Explorer fica indisponível para o usuário.

(B) A partir do ícone ⊞ Unidade de DVD-RAM (F:), é correto inferir que o computador em uso tem apenas uma unidade de entrada para DVD, e não suporta formatos graváveis em CD.

(C) O botão habilitado na janela ilustrada, é utilizado quando se deseja visualizar as pastas com informações detalhadas de tamanho, tipo e data de modificação.

(D) A partir da janela mostrada, é correto inferir que Desktop é o diretório raiz de mais alta hierarquia no sistema operacional Windows. Nesse diretório, estão contidos todos os demais, como Meus documentos e Meu computador, visíveis pelos botões de expandir e recuar

(E) ícone ⊞ Disco local (C:) indica o disco rígido do computador, onde ficam gravados os arquivos do sistema operacional Windows.

O Disco local **C:** é o disco padrão de instalação do Windows no computador.

Gabarito "E"

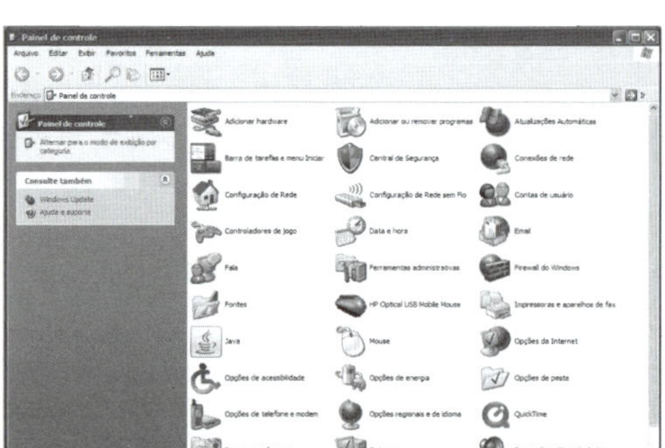

(CEF – Técnico Bancário – 2010 – CESPE) Considerando a figura anterior, que ilustra a janela Painel de controle do Windows, assinale a opção correta. .

(A) Por meio de funcionalidades encontradas na janela associada ao ícone Sistema é possível obter informações gerais sobre o sistema operacional, bem como configurar o processo de obtenção e instalação de atualizações do Windows.

(B) Ao se clicar o ícone Conexões de rede será aberta uma janela do Internet Explorer, o que permite o acesso a uma página *web*, por meio de redes cabeadas ou sem fio, desde que, no campo apropriado dessa janela, seja informado o endereço completo da página que se deseja acessar, sem erros de digitação.

(C) Por meio do ícone Contas de usuário, é possível acessar diretamente as contas de *e-mail* e as áreas de armazenamento específicas dos usuários cadastrados no computador em uso.

(D) As funcionalidades relacionadas ao ícone Adicionar hardware devem ser utilizadas sempre que se adiciona ou remove qualquer programa que esteja instalado no computador em uso, de forma a não causar instabilidade no sistema operacional.

(E) Caso se deseje ouvir música ou acessar o ambiente de áudio para executar arquivos do tipo .avi, é possível fazê-lo por meio de funcionalidades encontradas ao se clicar o ícone Sons e dispositivos de áudio

A partir do Painel de Controle, o menu Sistema apresenta informações sobre o Sistema Operacional instalado, tipo de processador, quantidade de memória disponível, detalhes dos dispositivos físicos e configuração das Atualizações Automáticas do Windows.

Gabarito "A"

(CEF – Técnico Bancário – 2010 – CESPE) A respeito do ambiente Linux, assinale a opção correta.

(A) O acesso à Internet no ambiente Linux é realizado, por padrão, por meio do aplicativo Kernel.

(B) No ambiente Linux, pode haver diversos tipos de interfaces e uso de licenças. Uma dessas interfaces é o KDE, que utiliza a licença GNU.

(C) A distribuição Debian do Linux tem a sua utilização limitada por não oferecer ferramentas administrativas nem integração com outros ambientes computacionais.

(D) O Linux é um sistema gratuito desenvolvido no Brasil com o objetivo de restringir o uso de sistemas operacionais de alto custo, como o Windows, nos computadores dos órgãos governamentais.

(E) Apache é a denominação de uma comunidade de desenvolvedores de *software* gratuito para acesso à Web, que foi formada nos Estados Unidos da América, mas hoje está disseminada em vários países, inclusive no Brasil.

O Linux apresenta diversas interfaces gráficas, como o Gnome, o WindowMaker e o KDE. Em específico, este último apresenta licença GNU GPL.

Gabarito "B"

(CEF – Técnico Bancário/Nacional – 2008 – CESGRANRIO) Uma restrição de um atalho do Microsoft Windows XP é que ele

(A) pode ser criado somente na área de *desktop*.
(B) deve necessariamente ter o mesmo nome do arquivo que referencia.
(C) não pode referenciar arquivos disponíveis em unidades de rede.
(D) não pode referenciar mais de um arquivo simultaneamente.
(E) não pode ser modificado, após sua criação, para referenciar outro arquivo.

Um atalho é uma forma conveniente de se acessar um arquivo ou executar um programa. Porém, cada atalho só pode estar associado a um arquivo único.

Gabarito "D"

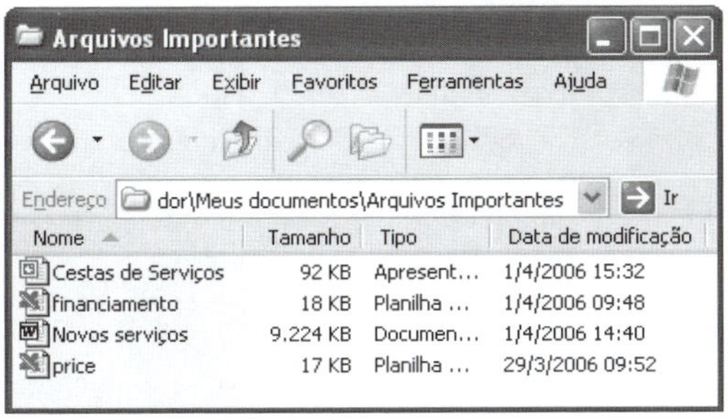

(CEF – Técnico Bancário – 2006 – CESPE) A figura acima mostra uma janela do Windows XP, contendo informações acerca de uma lista de arquivos. Com relação a essa janela e ao Windows XP, julgue os itens que se seguem.

(1) Na situação apresentada, ao se digitar CAIXA no campo Endereço e, a seguir, clicar ➡ será iniciado procedimento de busca da referida palavra nos arquivos listados.
(2) Ao se clicar o campo Tamanho os arquivos listados serão reordenados, sendo exibidos em uma ordem que depende do tamanho do arquivo.
(3) Ao se clicar o *menu* Arquivo, será exibida uma lista de opções, entre as quais a opção Novo, que permite iniciar uma ação que poderá levar à criação de uma nova pasta, contida na pasta Arquivos Importantes.
(4) Uma forma efetiva de se realizar uma cópia de segurança do arquivo associado ao ícone Novos serviços é a sua gravação sem compactação em um disquete de 3½".

1: errado. Tal procedimento procurará um arquivo com o nome referido; **2:** certo. Ao se clicar nos campos (Nome, Tamanho, Tipo ou Data), os arquivos são ordenados pelo campo onde ocorreu o clique; 3: certo. Para criar uma subpasta dentro do diretório atual devemos clicar em arquivo -> nova pasta; **4:** errado. Tal arquivo possui mais de 1.44mb, que é o tamanho de um disquete de 3½. Portanto tal cópia não pode ser efetuada.

Gabarito 1E, 2C, 3C, 4E

(BB – Escriturário – 2010 – FCC) Um estagiário apagou acidentalmente um importante relatório que seu chefe vinha preparando há duas semanas. Um colega de trabalho informou-lhe que os seguintes itens não são armazenados na Lixeira do *Windows* e, portanto, não podem ser restaurados:

I. Itens excluídos de locais da rede.
II. Itens excluídos de mídia removível (como disquetes de 3,5 polegadas).
III. Itens maiores do que a capacidade de armazenamento da Lixeira.
IV. Itens excluídos há mais de quinze dias.
V. Itens ocultos e arquivos do sistema.

NÃO podem ser recuperados utilizando-se o procedimento <Restaurar> da Lixeira do *Windows* APENAS os itens

(A) I e II.
(B) I, II e III.
(C) I, III e V.
(D) II, III, IV e V.
(E) III e V.

Os itens da lixeira ficam nela até a exclusão permanente. Os itens que não podem ser restaurados são os provenientes de locais de rede, de mídias removíveis ou cujo tamanho superam a sua capacidade de armazenamento, que pode ser ajustada de acordo com o usuário.

Gabarito "B"

(BB – Escriturário – 2010 – CESGRANRIO) Com relação ao ambiente operacional Windows, tomando-se por base o Windows XP, analise as afirmativas a seguir.

I. A restauração do sistema retorna o computador a uma etapa anterior sem que se percam trabalhos recentes como documentos salvos, *e-mail* ou lista de histórico e de favoritos.
II. A Limpeza de disco é uma ferramenta que ajuda a liberar espaço na unidade de disco rígido, pesquisando e mostrando os arquivos temporários, os arquivos em *cache* de Internet e os arquivos de programas desnecessários, que podem ser excluídos com segurança.
III. O shell de comando é um *software* independente, que oferece comunicação direta entre o usuário e o sistema operacional e pode ser usado para criar e editar arquivos em lotes, também denominados de scripts e, assim, automatizar tarefas rotineiras.
IV. No ambiente Windows, é possível abrir, fechar e navegar no menu Iniciar, na área de trabalho, em menus, caixas de diálogo e páginas da Web utilizando atalhos do teclado, que facilitam a interação com o computador.

Estão corretas as afirmativas

(A) I e IV, apenas.
(B) II e III, apenas.
(C) I, II e III, apenas.
(D) I, II e IV, apenas.
(E) I, II, III e IV.

I: certo. A restauração do sistema cria pontos de restauração, com configurações do computador em momentos em que os arquivos do sistema estavam estáveis. Isto não interfere com os arquivos pessoais; II: certo. A limpeza de disco é uma ferramento Windows que serve para liberar espaço em disco excluindo arquivos temporários ou desnecessários; III: certo. O shell, ou prompt, é um programa que interpreta linhas de comandos; IV: certo. Teclas de atalhos permitem executar praticamente todas as ações do Windows sem o uso do *mouse*.

Gabarito "E"

(BB – Escriturário – 2010 – CESGRANRIO) Nos sistemas operacionais como o Windows, as informações estão contidas em arquivos de vários formatos, que são armazenados no disco fixo ou em outros tipos de mídias removíveis do computador, organizados em

(A) telas.
(B) pastas.
(C) janelas.
(D) imagens.
(E) programas.

Pastas, ou diretórios, dividem o disco rígido em blocos de tamanho variáveis, e podem conter arquivos ou outras pastas.

Gabarito "B"

(BB – Escriturário – 2010 – CESGRANRIO) Com relação à estrutura de diretórios dos sistemas operacionais Linux, associe os diretórios da coluna da esquerda com o respectivo conteúdo da coluna da direita.

Diretórios	Conteúdos
I – /dev	O – Arquivos dos usuários do sistema
II – /etc	P – Arquivos de configurações do sistema
III – /home	Q – Arquivos de dispositivos do sistema
IV – /Sbin	R – Binários essenciais do sistema
	S – Sistemas de arquivos de processos

As associações corretas são

(A) I –O,II–P,III– Q,IV –R.
(B) I –P,II–O,III– Q,IV –S.
(C) I –Q,II–P,III– O,IV –R.
(D) I –R,II–S,III– P,IV –O.
(E) I –R,II–Q,III– O,IV –S.

No sistema de diretórios do Linux, temos que: /dev contém os pontos de entrada dos periféricos do sistema. /etc possui os comandos e arquivos para o administrador do sistema. /home possui os arquivos pessoais dos usuários do sistema. /sbin possui arquivos executáveis, na sua maioria ferramentas administrativas.

Gabarito "C"

(Fiscal de Rendas/RJ – 2010 – FGV) As distribuições Linux utilizam diversos gerenciadores de janelas e de pastas e arquivos, cada um com suas peculiaridades e que representam ambientes gráficos. Assinale a alternativa que apresenta exemplos de gerenciadores mais utilizados no Linux.

(A) KDE, GNOME e BLACKBOX.
(B) DEBIAN, XFCE e UBUNTU.
(C) MANDRIVA, REDHAT e SPARC.
(D) FREEBSD, MOBLIN e LXDE.
(E) KERNEL, SUSE e FLUXBOX.

A: Correta, todas representam ambientes gráficos do Linux. **B:** Errada, Debian e Ubuntu são distribuições Linux e não gerenciadores de janelas. **C:** Errada, Mandriva e RedHat são distribuições Linux, enquanto SPARC é uma arquitetura de processador e não gerenciadores de janelas. **D:** Errada, FreeBSD e Moblin são distribuições Linux e não gerenciadores de janelas. **E:** Errada, Kernel se refere ao núcleo do sistema operacional e Suse é uma distribuição Linux e não gerenciadores de janelas.

Gabarito "A"

(Fiscal de Rendas/RJ – 2010 – FGV) Sistemas operacionais como Windows 98 SE, Windows XP Professional, Windows Vista e o Windows 7 utilizam ícones e atalhos de teclado com o objetivo de facilitar a execução de operações.

Nesse sentido, pressionar simultaneamente as teclas *Alt* e *Tab* tem por significado:

(A) classificar todos os ícones existentes na área de trabalho, em ordem alfabética.
(B) mover uma pasta ou arquivo que esteja armazenado em um disco rígido, para outro.
(C) copiar uma pasta ou arquivo que esteja armazenado em um disco rígido, para outro.
(D) acessar uma aplicação por meio da escolha em uma janela de diálogo, dentre as que se encontram em execução no ambiente Windows.
(E) acessar uma aplicação diretamente sem auxílio de uma janela de diálogo, dentre as que se encontram em execução no ambiente Windows.

A: Errada, não há teclas de atalho para classificar os ícones da área de trabalho na configuração-padrão dos sistemas mencionados. **B:** Errada, para que isso fosse feito, deveriam ser usados os atalhos Ctrl + X no local de origem do arquivo (estando ele previamente selecionado) e Ctrl + V no local de destino. **C:** Errada, para que isso fosse feito, deveriam ser usados os atalhos Ctrl + C no local de origem do arquivo (estando ele previamente selecionado) e Ctrl + V no local de destino. **D:** Correta, as teclas Alt + *Tab* permitem alternar a janela ativa por meio da escolha em uma janela de diálogo. **E:** Errada, as teclas Alt + *Tab* permitem acessar uma aplicação dentre as que se encontram em execução, porém com o auxílio de uma janela de diálogo.

Gabarito "D"

(Auditor Fiscal/RO – 2010 – FCC) No Windows, estão disponíveis no menu Ferramentas do Meu computador APENAS as Opções de pasta

(A) Modo de exibição e Geral.
(B) Modo de exibição, Tipos de arquivo e Sincronizar.
(C) Geral e Tipos de arquivo.
(D) Geral, Modo de exibição e Tipos de arquivo.
(E) Mapear unidade de rede e Tipos de arquivo.

A: Errada, há também a opção Tipos de Arquivo. **B:** Errada, não há opção Sincronizar nas Opções de Pasta do menu Ferramentas no Meu Computador. **C:** Errada, há também a opção Modo de Exibição. **D:** Correta, todas as 3 opções mencionadas podem ser encontradas em Opções de Pasta do menu Ferramentas no Meu Computador. **E:** Errada, Mapear unidade de rede é uma opção acessível diretamente no menu Ferramentas e não dentro de Opções de Pasta.

Gabarito "D"

(Auditor Fiscal/SC – 2010 – FEPESE) Assinale a alternativa correta a respeito do compartilhamento (exportação) de arquivos e pastas nos sistemas operacionais Windows ou Linux.

(A) Um arquivo pode ser 'compartilhado' (ou 'exportado'), de modo a se tornar acessível a partir de outros computadores da rede.

(B) É possível efetuar o compartilhamento ('exportação') somente de discos inteiros ou de partições físicas ou lógicas do disco.

(C) Qualquer usuário da rede, a partir do seu computador, pode ler um arquivo compartilhado que se encontra armazenado em outro computador da rede, mas somente o usuário que efetuou o compartilhamento pode alterar o arquivo a partir do seu computador.

(D) Uma pasta (também chamada de 'diretório') pode ser 'compartilhada' (ou 'exportada'), de modo a tornar o seu conteúdo acessível a partir de outros computadores da rede.

(E) Qualquer usuário da rede, a partir do seu computador, pode alterar um arquivo compartilhado que se encontra armazenado em outro computador da rede.

A: Errada, só é possível compartilhar um arquivo a partir do computador onde ele se encontra. **B:** Errada, também é possível compartilhar arquivos ou diretórios separadamente. **C:** Errada, qualquer usuário pode alterar um arquivo disponibilizado na rede, desde que lhe tenha sido dado permissão para isso. **D:** Correta, uma pasta também pode ser compartilhada tornando seu conteúdo disponível a partir de outros computadores. **E:** Errada, apenas usuários que tenham permissão para isso podem alterar arquivos compartilhados na rede.

Gabarito "D"

(Auditor Fiscal/SC – 2010 – FEPESE) Considerando as características dos sistemas operacionais, assinale a alternativa correta.

(A) Um computador com sistema operacional multiusuário pode ser utilizado por vários usuários simultaneamente.

(B) Um computador com sistema operacional multitarefa permite que diferentes usuários executem tarefas simultaneamente no computador.

(C) Um sistema operacional multitarefa é sempre um sistema operacional multiusuário.

(D) Um sistema operacional multitarefa requer um computador com processador que possua dois ou mais núcleos.

(E) Um sistema operacional multiusuário requer um computador com processador que possua dois ou mais núcleos.

A: Correta, um SO multiusuário pode ser usado por vários usuários simultaneamente. **B:** Errada, um SO multitarefa permite que um usuário execute várias tarefas de forma simultânea. **C:** Errada, nem todo SO multitarefa é multiusuário. **D:** Errada, SOs multitarefa podem ser executados normalmente em computadores com apenas um núcleo por meio do uso de threads. **E:** Errada, SOs multiusuário podem ser executados normalmente em computadores com apenas um núcleo.

Gabarito "A"

(Técnico da Receita Federal – 2006 – ESAF) A memória virtual é um recurso de armazenamento temporário usado por um computador para executar programas que precisam de mais memória do que ele dispõe. Em relação ao uso e gerenciamento da memória virtual de um computador com o sistema operacional Windows é correto afirmar que:

(A) para cada 2 *Kbytes* reservado em disco para uso como memória virtual, o sistema irá utilizar apenas 1 *Kbyte* para armazenamento devido às diferenças entre palavras de 16 bits e 32 bits existentes entre a memória RAM e o HD.

(B) o espaço reservado em disco para uso como memória virtual deverá estar localizado somente na raiz da unidade de disco na qual está instalado o sistema operacional.

(C) quando o computador está com pouca memória RAM e precisa de mais, imediatamente, para completar a tarefa atual, o Windows usará espaço em disco rígido para simular RAM do sistema.

(D) o despejo da memória do sistema quando ocorre em memória virtual permite que o sistema se recupere do erro sem ser reiniciado.

(E) ao se reduzir as configurações de tamanho máximo ou mínimo do arquivo de paginação, não será necessário reiniciar o computador para que as alterações sejam efetivadas.

A: Errada, o espaço em disco reservado para a memória virtual é utilizado em sua totalidade, não havendo espaço inutilizado. **B:** Errada, pode-se alocar espaço de qualquer unidade de disco, contanto que esta tenha espaço livre para isso. **C:** Correta, o papel da memória virtual é suprir uma eventual falta de memória RAM utilizando o disco rígido para simular a RAM. **D:** Errada, o despejo de memória serve para que os dados armazenados na memória sejam despejados em um arquivo no HD para que eles possam ser recuperados caso o sistema reinicie. **E:** Errada, ao alterar o tamanho máximo ou mínimo do arquivo de paginação é necessário reiniciar o sistema.

Gabarito "C"

(Técnico da Receita Federal – 2006 – ESAF) No sistema operacional Windows, quando o sistema de arquivos utilizado é NTFS, é possível utilizar um recurso de compactação e descompactação automática de arquivos e pastas para se economizar espaço em disco rígido. Analise as seguintes afirmações relacionadas ao uso desse recurso.

I. Ao mover um arquivo de uma unidade NTFS diferente, na qual ele se encontrava compactado, para uma pasta não compactada, ele será mantido compactado no destino.

II. Ao adicionar um arquivo em uma pasta compactada, ele será compactado automaticamente.

III. Ao copiar um arquivo da mesma unidade NTFS para uma pasta compactada, o arquivo manterá o estado em que se encontrava na origem, seja ele compactado ou não.

IV. Ao mover um arquivo da mesma unidade NTFS para uma pasta compactada, o arquivo manterá o estado em que se encontrava na origem, seja ele compactado ou não.

Indique a opção que contenha todas as afirmações verdadeiras.

(A) I e II.
(B) II e III.
(C) III e IV.
(D) I e III.
(E) II e IV.

A: Errada, a afirmativa I está incorreta, para mover o arquivo ele é descompactado, como em seu destino não há compactação, ele não será compactado novamente. **B:** Errada, a afirmativa III está incorreta, o arquivo manterá o estado em que se encontrava na origem apenas quando for movido. **C:** Errada, a afirmativa III está incorreta, o arquivo manterá o estado em que se encontrava na origem apenas quando for movido. **D:** Errada, as afirmativas I e III estão incorretas, para mover o arquivo ele é descompactado, como em seu destino não há compactação, ele não será compactado novamente, e copiando-se um arquivo em uma mesma unidade ele não manterá seu estado anterior. **E:** Correta, apenas as afirmativas II e IV estão corretas.

Gabarito "E"

(Técnico da Receita Federal – 2006 – ESAF) O Kernel de um Sistema Operacional

(A) é o programa mais elementar existente no computador para ser executado antes do POST. Com a configuração do *Kernel*, pode-se gerenciar todas as configurações de *hardware* da máquina, como tamanho e tipo de disco rígido, tipo e quantidade de memória RAM, interrupções e acesso à memória (IRQs e DMA), hora e data do relógio interno e o estado de todos os periféricos conectados.

(B) é o método gráfico de controlar como o usuário interage com o computador. Ao invés de executar ações através de linha, o usuário desenvolve as tarefas desejadas usando um *mouse* para escolher entre um conjunto de opções apresentadas na tela.

(C) é uma tecnologia utilizada para fazer a "ponte" entre o *browser* e as aplicações de servidor. Os programas de servidor, denominados *Kernel*, são utilizados para desempenhar inúmeras tarefas, como, por exemplo, processar os dados inseridos em formulários, mostrar *banners* publicitários e permitir o envio de notícias para amigos.

(D) representa a camada mais baixa de interface com o *hardware*, sendo responsável por gerenciar os recursos do sistema como um todo. Ele define as funções para operação com periféricos e gerenciamento de memória.

(E) é uma interface para programadores que criam *scripts* ou aplicativos que são executados em segundo plano em um servidor da Web. Esses *scripts* podem gerar textos ou outros tipos de dados sem afetar outras operações.

A: Errada, esta alternativa descreve o funcionamento da BIOS e não do Kernel. **B:** Errada, esta alternativa descreve o funcionando de um ambiente gráfico, no Kernel não há interação por meio de *mouse*. **C:** Errada, a alternativa descreve o funcionamento dos CGIs (Commong *Gateway* Interface) e não de um Kernel. **D:** Correta, o Kernel gerencia os recursos do sistema, define operações com periféricos e gerenciamento de memória. **E:** Errada, o Kernel não possui como função servir de interface para programação, sua tarefa é gerenciar os recursos do sistema.

Gabarito "D"

(Técnico da Receita Federal – 2006 – ESAF) O sistema operacional Linux é composto por três componentes principais. Um deles, o Shell, é

(A) o elo entre o usuário e o sistema, funcionando como intérprete entre o dois. Ele traduz os comandos digitados pelo usuário para a linguagem usada pelo Kernel e vice-versa. Sem o Shell a interação entre usuário e o Kernel seria bastante complexa.

(B) o núcleo do sistema. É responsável pelas operações de baixo nível, tais como: gerenciamento de memória, suporte ao sistema de arquivos, periféricos e dispositivos.

(C) o substituto do Kernel para as distribuições mais recentes do Linux.

(D) o responsável por incorporar novas funcionalidades ao sistema. É através dele que se torna possível a implementação de serviços necessários ao sistema, divididos em aplicações do sistema e aplicações do usuário.

(E) o responsável pelo gerenciamento dos processos em execução pelo Sistema Operacional.

A: Correta, o Shell é a interface entre o usuário e o sistema, traduzindo comandos digitados para a linguagem utilizada pelo Kernel. **B:** Errada, a alternativa descreve o funcionamento do Kernel e não do Shell. **C:** Errada, o Shell é uma interface para o Kernel e não seu substituto. **D:** Errada, ele não é responsável por incorporar novas funcionalidades. **E:** Errada, o Shell é apenas uma interface entre o usuário e o sistema, portanto não tem capacidade de gerenciar processos.

Gabarito "A"

(Técnico da Receita Federal – 2006 – ESAF) No sistema operacional Linux devem-se respeitar vários tipos de limites de recursos que podem interferir com a operação de alguns aplicativos. Particularmente mais importantes são os limites do número de processos por usuário, o número de arquivos abertos por processo e a quantidade de memória disponível para cada processo. Nesse sistema operacional, o

(A) comando /etc/conf/bin/idtune SHMMAX 100 define que a quantidade máxima de arquivos abertos suportados pelo sistema é igual a 100.

(B) comando /etc/conf/bin/idtune -g SHMMAX define a quantidade máxima de arquivos que podem ser abertos.

(C) comando /proc/sys/fs/file-max informa a quantidade máxima de arquivos que o sistema suporta.

(D) limite original padrão para o número de arquivos abertos geralmente é definido como um valor igual a zero.

(E) limite máximo de arquivos por processo é fixado quando o núcleo é compilado.

A: Errada, o comando descrito define o tamanho máximo para os segmentos de memória compartilhada. **B:** Errada, o comando descrito exibe o valor máximo para os segmentos de memória compartilhada. **C:** Errada, o comando descrito informa a quantidade máxima de arquivos abertos suportados pelo sistema. **D:** Errada, o limite-padrão de arquivos abertos é definido em um número maior que zero. **E:** Correta, o limite de arquivos por processo é fixado quando o núcleo é compilado.

Gabarito "E"

(Auditor Fiscal/CE – 2006 – ESAF) Analise as seguintes afirmações relacionadas a conceitos básicos de Sistemas Operacionais.

I. O Kerberos é um protocolo de criptografia de chave privada utilizado por algumas versões do Sistema Operacional Windows como protocolo de autenticação padrão. Nesses casos, o controlador de domínio Windows executa o serviço de servidor do Kerberos e os computadores clientes do Windows executam o serviço de cliente do Kerberos.

II. Nas versões do Windows com sistemas de arquivo NTFS e que permitem compactação de pastas, ao se adicionar ou copiar um arquivo para uma pasta compactada, ele será compactado automaticamente. Ao se mover um arquivo de uma unidade NTFS para uma pasta compactada, ele também será compactado, desde que a unidade de origem seja diferente da unidade de destino.

III. Quando um microcomputador é ligado, o primeiro *software* carregado é o Sistema Operacional, que faz a contagem da memória RAM, detecta os dispositivos instalados e por fim carrega o BIOS. Este procedimento inicial é chamado de POST (*Power-On Self Test*).

IV. O Samba é um servidor para Windows que permite o gerenciamento e compartilhamento de recursos em redes formadas por computadores com o Linux. Instalando o Samba, é possível usar o Windows como servidor de arquivos, servidor de impressão, entre outros, como se a rede utilizasse apenas servidores Linux.

Indique a opção que contenha todas as afirmações verdadeiras.

(A) I e II.

(B) II e III.

(C) III e IV.

(D) I e III.

(E) II e IV.

A: Correta, apenas as afirmativas I e II estão corretas. **B:** Errada, a afirmativa III está incorreta, o procedimento correto é o inverso, a BIOS é carregado primeiro e é seguida pelo Sistema Operacional. **C:** Errada, as afirmativas III e IV estão incorretas, o procedimento correto é o inverso, a BIOS é carregado primeiro e é seguida pelo Sistema Operacional, e Samba é um programa que simula um servidor Windows em sistemas baseados em UNIX. **D:** Errada, a afirmativa III está incorreta, o procedimento correto é o inverso, a BIOS é carregada primeiro e é seguida pelo Sistema Operacional. **E:** Errada, a alternativa IV está incorreta, Samba é um programa que simula um servidor Windows em sistemas baseados em UNIX.

Gabarito "A"

§ 1º – É fundamental que todos os documentos impressos contenham o timbre municipal, ou seja, cada documento produzido, inclusive usando editores eletrônicos de textos modernos e atuais, deve ser impresso com o timbre.

(Auditor Fiscal/São Paulo-SP – 2007 – FCC) Capturado o timbre de meio externo e tendo sido convertido em formato digital, este

(A) não pode ser inserido diretamente no editor eletrônico de texto.

(B) pode ser inserido como figura no editor eletrônico de texto, mesmo no formato gif.

(C) não pode ser inserido no editor eletrônico de texto se estiver no formato gif.

(D) somente pode ser inserido em um editor de apresentações.

(E) somente pode ser inserido no editor eletrônico de texto se estiver no formato bmp.

A: Errada, após ser digitalizado o timbre pode sim ser inserido diretamente no editor de texto. **B:** Correta, ainda que esteja no formato gif, ele pode ser inserido como uma figura no editor de textos. **C:** Errada, editores de texto permitem imagens no formato gif. **D:** Errada, ele pode ser inserido em outros editores como o de texto por exemplo. **E:** Errada, o editor de textos aceita outros formatos como gif, jpg e png por exemplo.

Gabarito "B"

Um governo municipal deseja implantar um sistema fisco-tributário que permita o levantamento das contribuições realizadas, a apuração do montante de impostos pagos, o "batimento" de contas visando à exatidão dos valores recebidos em impostos contra as movimentações realizadas em estabelecimentos comerciais, industriais e de prestação de serviços, bem como os impostos sobre propriedades territoriais (moradias e terrenos) no âmbito de seu município, tudo em meio eletrônico usando a tecnologia mais avançada de computadores, tais como redes de computadores locais e de longa distância interligando todos os equipamentos, processamento distribuído entre estações de trabalho e servidores, uso de sistemas operacionais Windows e Linux (preferencialmente daquele que, processado em uma única estação de trabalho, na interrupção de um programa mantenha o processamento ininterrupto de todos os demais que estão em funcionamento) e tecnologia internet e intranet, com toda a segurança física e lógica das informações que garanta autenticidade, sigilo, facilidade de recuperação e proteção contra invasões e pragas eletrônicas.

(Auditor Fiscal/São Paulo-SP – 2007 – FCC) Para organizar os arquivos recebidos dos contribuintes pela internet pode-se usar

(A) somente o diretório /usr do *Linux*.
(B) tanto o *Windows Explorer* quanto o diretório /home do *Linux*.
(C) tanto o *Internet Explorer* quanto o diretório /usr do *Linux*.
(D) pastas de arquivos do *Windows* mas não diretórios do *Linux*.
(E) o *Windows Explorer* mas não diretórios do *Linux*.

A: Errada, o diretório /usr armazena os executáveis e bibliotecas da maioria dos programas instalados no sistema. **B:** Correta, o Windows Explorer é o gerenciador de arquivos do Windows, e o diretório /home armazena os arquivos do sistema. **C:** Errada, o Internet Explorer é um navegador Web e não um gerenciador de arquivos e o diretório /usr armazena os executáveis e bibliotecas da maioria dos programas instalados no sistema. **D:** Errada, pode-se armazenar tanto em pastas do Windows como em diretórios do Linux. **E:** Errada, pode-se armazenar tanto em pastas do Windows como em diretórios do Linux.

Gabarito "B"

(Auditor Fiscal/São Paulo-SP – 2007 – FCC) A preferência especificada no objetivo indica que é recomendado o uso de sistema operacional

(A) multitarefa.
(B) monousuário, mas não multitarefa.
(C) monotarefa e multiusuário.
(D) multitarefa e multiusuário, mas não monousuário.
(E) monotarefa e monousuário.

A: Correta, sistema multitarefa pode realizar várias atividades ao mesmo tempo sem que isso faça com que outra atividade pare. **B:** Errada, o sistema deve ser multitarefa, não há menção sobre a necessidade de suporte a mais de um usuário. **C:** Errada, um sistema monotarefa processa apenas um processo por vez, a especificação pede um sistema multitarefa. **D:** Errada, não há menção sobre a necessidade de mais de um usuário portanto ele poderia ser monousuário. **E:** Errada, um sistema monotarefa processa apenas um processo por vez, a especificação pede um sistema multitarefa.

Gabarito "A"

(Agente Fiscal de Rendas/SP – 2006 – FCC) Em um aplicativo processado no ambiente operacional do Microsoft Windows XP, um dos requisitos especificados diz respeito ao armazenamento do conteúdo da memória de um microcomputador no disco rígido que, em seguida, será desligado, permitindo, entretanto, o retorno ao estado anterior. Para atender esse requisito, cuja funcionalidade se insere entre as Propriedades de Opções de energia, deve-se usar a opção de Ativar

(A) Esquemas de energia.
(B) *backup*.
(C) *No-break*.
(D) Restauração do sistema.
(E) hibernação.

A: Errada, o esquema de energia gerencia a forma como a energia é utilizada pelo computador. **B:** Errada, o *backup* não faz parte das opções presentes em Opções de Energia. **C:** Errada, o *No-break* é um componente físico e não uma das opções em Opções de Energia. **D:** Errada, a Restauração do Sistema é uma opção que retorna as configurações do Windows a um estado anterior. **E:** Correta, a hibernação faz com que o sistema seja desligado, porém mantém as informações armazenadas para que o computador possa retornar ao estado anterior ao seu desligamento.

Gabarito "E"

(Técnico – ANATEL – 2009 – CESPE) Em relação aos sistemas operacionais Windows XP e Linux, julgue os itens que se seguem.

(1) O Linux, sistema operacional bastante difundido atualmente e adotado por grandes empresas, possui capacidade de multitarefa, multiprocessamento, memória virtual por paginação e bibliotecas compartilhadas.
(2) O Windows XP, pertencente à família de sistemas operacionais produzidos pela Microsoft, é reconhecido pela sua estabilidade e eficiência. Características como a alternância entre contas de usuários, o suporte para redes *wireless* e sequências rápidas de iniciação popularizaram e difundiram o uso desse compilador, apesar de a interface gráfica das versões anteriores, por seu aperfeiçoamento e simplicidade, ter sido mantida.

1: Correta, o Linux permite a execução de vários processos ao mesmo tempo, sendo portanto multitarefa e possuindo multiprocessamento, ele também possui suporte ao uso de memória virtual e uma vasta gama de bibliotecas compartilhadas; **2:** Errada, o Windows XP apresentou a primeira alteração nas interface gráfica desde a versão 95 do Windows, que foi novamente alterada com os lançamentos das versões Windows Vista e Windows 8.

Gabarito 1C, 2E

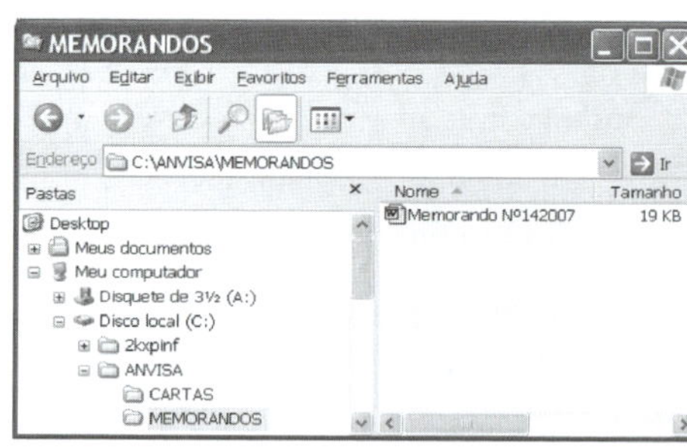

(Técnico – ANVISA – 2007 – CESPE) Considerando a figura acima, que ilustra uma janela do Windows Explorer em um computador cujo sistema operacional é o Windows XP, julgue os itens a seguir.

(1) Para se excluir o arquivo Memorando Nº142007 da pasta em que se encontra e enviá-lo à lixeira do Windows, é suficiente clicar o ícone associado ao referido arquivo com o botão direito do *mouse*, em seguida, no menu que aparece em decorrência dessa ação, clicar a opção Excluir e, na janela que é executada, clicar Sim para confirmar o envio do arquivo para a lixeira.

(2) Para renomear o arquivo Memorando Nº142007, é suficiente clicar o menu Ferramentas, clicar a opção Renomear, digitar o nome desejado e confirmar a operação.

(3) A pasta MEMORANDOS é uma subpasta de CARTAS.

1: Correta, os passos descritos fazem com que o arquivo seja removido de sua pasta atual e enviado para a Lixeira, onde poderá ser recuperado ou excluído permanentemente; **2:** Errada, a opção de renomeação de arquivos é encontrada ou clicar com o botão direito do *mouse* sobre o mesmo, ou então selecionando-o e apertando a tecla F2; 3: Errada, ambas as pastas se encontra dentro da pasta ANVISA, logo são subpastas desta, estando as duas no mesmo nível hierárquico de pasta.

Gabarito 1C, 2E, 3E

(Agente Administrativo – FUNASA – 2009 – CESGRANRIO) Para configurar os principais recursos de *hardware* e *software* de um microcomputador, no Windows XP, utiliza-se a ferramenta

(A) catálogo de endereços.
(B) central de segurança.
(C) desfragmentador.
(D) mapa de caracteres.
(E) painel de controle.

A: Errada, o catálogo de endereços não tem qualquer relação com configurações de *hardware* e *software* do computador. **B:** Errada, a central de segurança controla apenas as opções de segurança como *firewall* e antivírus do computador. **C:** Errada, o desfragmentador tem como função desfragmentar as unidades de disco do computador. **D:** Errada, o mapa de caracteres é uma ferramenta que permite acesso a todos os tipos de caracteres aos quais o computador reconhece. **E:** Correta, por meio do Painel de Controle é possível configurar diversas opções de *hardware* e *software* do Windows.

Gabarito "E"

(Agente Administrativo – FUNASA – 2009 – CESGRANRIO) Ao trabalhar no ambiente Windows XP, um usuário pode utilizar uma série de ferramentas. Relacione as ferramentas apresentadas na coluna da esquerda com as respectivas funções indicadas na coluna da direita.

Ferramentas	Funções
I – Firefox	Q – Navegar na Internet.
II – Paint	R – Gerenciar pastas e arquivos.
III – Windows Explorer	

Estão corretas as associações:

(A) I – Q, II – R
(B) I – Q, III – R
(C) I – R, II – Q
(D) II – Q, III – R
(E) II – R, III – Q

A: Errada, o Paint é um editor de imagem e não um gerenciador de arquivos. **B:** Correta, Firefox é um navegador web e o Windows Explorer é o gerenciador de pastas e arquivos do Windows. **C:** Errada, Firefox é um navegador e não um gerenciador de arquivos. **D:** Errada, o Paint é um editor de imagens e não um navegador. **E:** Errada, o Paint é um editor de imagens e não um gerenciador de arquivos.

Gabarito "B"

(CODIFICADOR – IBGE – 2011 – CONSULPLAN) Na organização de arquivos com a utilização do Windows Explorer (Windows XP – configuração padrão), as teclas de atalho "Ctrl + X" têm a função de:

(A) Abrir um arquivo selecionado.
(B) Recortar arquivo ou pasta selecionada.
(C) Copiar arquivo ou pasta selecionada.
(D) Colar arquivo ou pasta copiada.
(E) Não tem nenhuma função.

A: Errada, para abrir um arquivo selecionado basta apertar a tecla Enter. **B:** Correta, o atalho Ctrl + X recorta o arquivo ou pasta que está selecionado. **C:** Errada, o atalho para copiar um arquivo ou pasta é Ctrl + C. **D:** Errada, o atalho para Colar um arquivo ou pasta é Ctrl + V. **E:** Errada, há uma função atrelada ao atalho, neste caso a de Recortar.

Gabarito "B"

(Agente Administrativo – Ministério do Des. Agrário – 2009 – COSEAC) No Painel de Controle do Windows XP (Home Edition), a categoria que é configurada as opções da Internet, as atualizações automáticas e o *firewall* do Windows, é conhecida como:

(A) Central de Segurança;
(B) Desempenho e Manutenção;
(C) Opções de Acessibilidade;
(D) Adicionar ou Remover Programas;
(E) Aparência e Temas.

A: Correta, a Central de Segurança permite gerenciar as configurações de firewall, atualizações e opções de segurança da Internet. **B:** Errada, em Desempenho e Manutenção há opções de gerenciamento de energia, opções visuais, entre outros. **C:** Errada, em Opções de Acessibilidade é possível configurar detalhes do sistema para pessoas com deficiências. **D:** Errada, em Adicionar e Remover Programas é possível apenas remover e adicionar programas ou itens do Windows. **E:** Errada, em Aparência e Temas é possível alterar as configurações visuais do Windows.

Gabarito "A"

(Agente Administrativo – Ministério da Educação – 2009 – CESPE) Acerca do ambiente Windows, de editores e sistema operacional, julgue os próximos itens.

(1) No Windows XP, a funcionalidade de mapear unidade de rede oferece a opção de se criar uma espécie de disco virtual em outro computador, mas que só pode ser acessado quando os computadores estiverem conectados em rede.

(2) No Microsoft Word 2003, a função de comparação de documentos lado a lado permite que sejam mescladas as alterações feitas em dois documentos distintos a partir de um deles, o que facilita a identificação de diferenças entre as versões dos documentos.

(3) Para se justificar todos os parágrafos de um texto contido em uma caixa de texto do Microsoft PowerPoint, pode-se selecionar a caixa de texto em que estão contidos os parágrafos, atribuindo-se a todo o texto da caixa a justificação do parágrafo.

(4) No Microsoft Excel, o caractere que se utiliza para iniciar fórmulas de cálculo é o sinal de igual (=), sem o qual o sistema interpreta os dados como sendo números simples ou dados alfanuméricos.

1: Correta, unidades mapeadas de rede acessam pastas em outros computadores na forma de um disco virtual; **2:** Errada, a comparação de documentos lado a lado apenas exibe as diferenças entre os documentos, não mesclando seu conteúdo; 3: Correta, quando um efeito é aplicado à caixa de texto, todo seu conteúdo recebe o referido efeito; **4:** Correta, o símbolo de igual inicia todas as fórmulas do Excel, sendo obrigatório sua presença no inicio da fórmula.

Gabarito 1C, 2E, 3C, 4C

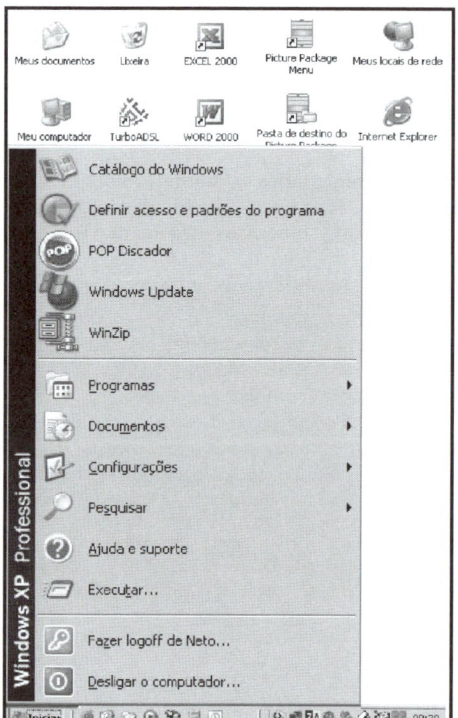

(Agente Administrativo – Ministério da Int. Nacional – 2006 – CESPE) A figura acima mostra parte da área de trabalho de um computador que usa, como sistema operacional, o Windows XP. Com relação a essa figura e ao Windows XP, julgue os itens seguintes.

(1) Por meio da opção [Documentos], acessível por meio do botão [Iniciar], é possível abrir determinados documentos usados recentemente, agilizando, muitas vezes, a abertura de arquivos que são manipulados constantemente e cujas informações ainda estejam disponíveis.

(2) Para desinstalar o Word 2000 do computador é suficiente clicar o ícone [WORD 2000], na área de trabalho, e teclar [Delete].

(3) A opção [Pesquisar], acessível por meio do botão [Iniciar], executar a opção de dicionário do Windows que permite a busca de significados de palavras, facilitando a elaboração de textos e garantindo a sua correção ortográfica.

(4) Uma das ferramentas do Windows que permitem a transferência de arquivos do disco rígido do computador para um disquete de 3½" que esteja disponível é o Windows Explorer, que também pode auxiliar na organização de arquivos e pastas armazenadas no computador.

1: Correta, a opção [Documentos] exibe os arquivos abertos recentemente pelo usuário; **2:** Errada, este processo apenas exclui o atalho, para excluir o programa é necessário acessar a opção Adicionar e Remover Programas através do Painel de Controle; 3: Errada, a opção [Pesquisar] permite localizar um arquivo no computador; **4:** Correta, o Windows Explorer é a ferramenta que permite ao usuário navegar na arvore de diretórios do sistema e nas unidades de leitura e armazenamento externas como HDs externos e unidades de CD.

Gabarito 1C, 2E, 3E, 4C

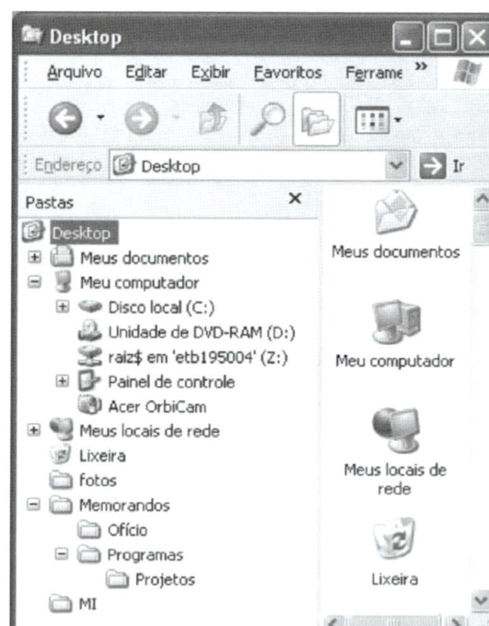

(Agente Administrativo – Ministério da Int. Nacional – 2006 – CESPE) Considerando a figura acima e os conceitos de sistemas operacionais Windows e Linux, julgue os itens que se seguem.

(1) O Linux é um sistema operacional monotarefa, ou seja, permite a instalação de vários programas ao mesmo tempo.

(2) Podem ser cadastrados para gerenciar arquivos, no máximo, cinco usuários do Windows XP.

(3) Para se esvaziar a Lixeira do Windows, é suficiente clicar, com o botão direito, o ícone a ela associado, selecionar, na lista disponibilizada, a opção Esvaziar Lixeira e, a seguir, clicar a opção SIM, para confirmar a exclusão dos arquivos.

(4) Na situação mostrada na figura, ao se arrastar a pasta associada ao ícone Memorandos para a pasta associada ao ícone MI, serão levadas também as pastas associadas aos ícones Ofício, Programas e Projetos.

(5) A pasta associada ao ícone Meus locais de rede armazena a lista de sítios da Internet favoritos do usuário.

(6) Ao se clicar o ícone Desktop, será apresentada a lista de programas instalados no computador em uso.

1: Errada, o Linux é um sistema multitarefa, ele permite a execução de vários processos de forma simultânea; **2:** Errada, não há limite no número de usuários que podem gerenciar arquivos no Windows; 3: Correta, a opção Esvaziar Lixeira remove todos os arquivos da Lixeira e é acessada por meio de um clique com o botão direito sobre o ícone da Lixeira; **4:** Correta, como as pastas Ofício, Programas e Projetos se encontram dentro da pasta Memorandos, ao ser movida todas as pastas internas são movidas também; **5:** Errada, o ícone Meus locais de rede apenas permite acesso aos outros computadores de rede e seus compartilhamentos; **6:** Errada, o ícone Desktop exibe os arquivos e ícones presentes na área de trabalho do usuário logado.

Gabarito 1E, 2E, 3C, 4C, 5E, 6E

(Agente Administrativo – Ministério da Educação – 2009 – CESPE) A respeito de sistemas operacionais e de editores de texto, de apresentações e de planilhas eletrônicas, julgue os itens a seguir.

(1) No BrOffice Writer, a opção Salvar tudo permite salvar todos os arquivos correntemente abertos, e a opção Recarregar permite desfazer as alterações feitas em um documento, recuperando o estado original de quando ele foi aberto.

(2) O BrOffice Calc é um aplicativo que possui as mesmas funcionalidades do Microsoft Excel e apresenta os mesmos símbolos de botões para facilitar a utilização por usuários que fazem uso simultâneo desses aplicativos.

(3) O BrOffice Impress é um programa utilizado para a criação de apresentações em *slides* que, ao contrário de outros *software* da suíte BrOffice, não possui um assistente para auxiliar o usuário na criação do documento.

1: Correta, o Writer possui a opção Salvar tudo, onde todos os arquivos que estão atualmente abertos são salvos e a opção Recarregar faz com que todas as alterações feitas desde que o arquivo foi salvo sejam desfeitas; **2:** Errada, nem todos os símbolos de botões nos programas mencionados são idênticos; 3: Errada, o Impress também possui um assistente que ajuda o usuário durante a criação de uma apresentação.

Gabarito 1C, 2E, 3E

(Agente Administrativo – Ministério da Justiça – 2009 – FUNRIO) O aplicativo Paint, que já vem incluído no Microsoft Windows XP, salva por padrão seus arquivos no formato:

(A) JPG
(B) GIF
(C) TIF
(D) DOC
(E) BMP

A: Errada, embora JPG seja uma extensão de imagens não é a usada por padrão pelo Paint. **B:** Errada, gifs são imagens animadas ou estáticas porém não é o formato padrão do Paint. **C:** Errada, o formato TIF é suportado pelo Paint porém não é o formato padrão do programa. **D:** Errada, DOC é um formato de arquivos de texto. **E:** Correta, BMP (Bitmap Graphics) é o formato usado por padrão pelo Paint.

Gabarito "E"

(Agente Administrativo – Ministério da Justiça – 2009 – FUNRIO) O teclado brasileiro que possui a tecla "Ç", para funcionar corretamente, deve ser configurado no Windows XP com o *layout* no padrão

(A) Latin1
(B) ABNT2
(C) Pt-BR
(D) PS2
(E) US-Internacional

A: Errada, Latin1 é um padrão ISO de conjunto de caracteres. **B:** Correta, o padrão de *layout* ABNT2 possui o caractere Ç entre os disponíveis no teclado. **C:** Errada, Pt-BR não é um *layout* de teclado válido. **D:** Errada, PS2 é um tipo de conexão de teclados e não um padrão de *layout* de teclado. **E:** Errada, o *layout* US-Internacional não possui o caractere Ç em seu padrão.

Gabarito "B"

(Agente Administrativo – MPOG – 2009 – FUNRIO) Considere as afirmativas a seguir quanto a algumas das opções que temos ao clicar em "Iniciar", "Desligar o computador..." no Windows XP:

I. Desativar – Desliga o Windows com segurança.

II. Em espera – Coloca o Windows em um estado de baixo consumo de energia.

III. Hibernar – Desliga o Windows, mas antes salva as informações e programas abertos na memória do Disco Rígido.

Está(ão) correta(s) a(s) afirmativa(s):

(A) I e II, apenas.
(B) I e III, apenas.
(C) II e III, apenas.
(D) I, apenas.
(E) I, II e III.

A: Errada, a afirmativa III também está correta. **B:** Errada, a afirmativa II também está correta. **C:** Errada, a afirmativa I também está correta. **D:** Errada, as afirmativas II e III também estão corretas. **E:** Correta, a opção Desativar desliga o Windows de forma segura, Em espera coloca o computador em um estado onde há um menor consumo de energia porém ele não é desligado totalmente e no modo Hibernar o Windows é desligado e todas as informações do sistemas são salvos no disco rígido para que possam ser usadas novamente quando ele for religado.

Gabarito "E"

(Agente Administrativo – Ministério da Previdência – 2010 – CESPE) Tendo como referência a figura acima, julgue os próximos itens.

(1) Na figura, observa-se uma janela que é mostrada, no Windows XP, quando um *pendrive* é inserido em uma entrada USB, na qual se encontra opção para abrir esse dispositivo. Caso essa janela não seja mostrada automaticamente, é necessário clicar o botão direito do *mouse* e selecionar a opção Executar pendrive.

(2) No Windows XP, quando ocorre problema em um programa em execução, o sistema operacional mostra uma mensagem avisando que aquele programa parou de funcionar. Nesse caso, para finalizar o referido programa, é necessário acionar simultaneamente as teclas Ctrl + Alt + Delete e, na janela disponibilizada, selecionar a aba Processos e clicar o botão Finalizar tarefa.

(3) No modo de exibição Detalhes do Windows Explorer, encontra-se o conteúdo da pasta aberta, com informações detalhadas sobre os arquivos, as quais podem ser escolhidas pelo usuário.

1: Errada, não existe opção denominada Executar *pendrive* no Windows XP, basta abrir o Windows Explorer para ter acesso ao conteúdo do *pendrive*. **2:** Errada, na própria tela de aviso há uma opção que permite cancelar a execução do programa em questão. 3: Correta, o modo de exibição Detalhes mostra ao usuário uma série de informações sobre o arquivo, como data de criação, modificação, tamanho, entre outros.

Gabarito 1E, 2E, 3C

(Agente Administrativo – Ministério da Previdência – 2010 – CESPE) A respeito do sistema operacional Linux, julgue o item abaixo.

(1) No Linux, os comandos rm e cp permitem, respectivamente, remover e copiar um ou mais arquivos.

1: Correta, o comando rm permite a exclusão de arquivos e o comado cp realiza a cópia de arquivos dentro de um ambiente Linux.

Gabarito 1C

(Técnico Legislativo – Senado – 2008 – FGV) No Windows 2000/XP, um funcionário do Senado Federal está com a janela do Windows Explorer aberta na tela do monitor de vídeo e executou os procedimentos a seguir descritos.

- selecionou o arquivo SENADORES.DOC na pasta PESSOAL existente no drive C:;
- executou o atalho de teclado <CTRL> + X;
- selecionou a pasta CONGRESSO, também existente no drive C:;
- executou o atalho de teclado <CTRL> + V.

Com relação ao arquivo SENADORES.DOC, esse funcionário realizou a operação:

(A) Copiar.
(B) Mover.
(C) Excluir.
(D) Substituir.
(E) Renomear.

A: Errada, o atalho usado na cópia de arquivos é o Ctrl + C. **B:** Correta, o atalho Ctrl + X recorta um arquivo de um local e Ctrl + V cola-o em outro, portanto ele é movido. **C:** Errada, a exclusão é feita pelo botão Delete. **D:** Errada, o arquivo é movido e não substituído, pois foi usado a funcionalidade Recortar. **E:** Errada, o atalho usado para a renomeação é o F2.

Gabarito "B"

(Técnico Legislativo – Senado – 2008 – FGV) A respeito do compartilhamento de pastas e arquivos em uma rede de microcomputadores padrão Windows, uma pasta compartilhada está indicada na alternativa:

(A) 

(B) 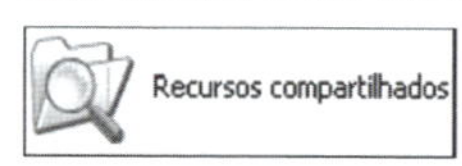

(C) 

(D) 

(E) 

A, B, C, D e **E:** As pastas compartilhadas podem ser reconhecidas pela existem de uma mão aberta segurando o ícone da pasta ou arquivo, neste caso apenas a alternativa A está correta.

Gabarito "A"

(Técnico Legislativo – Senado – 2008 – FGV) Um técnico de apoio administrativo está trabalhando em um microcomputador com sistema operacional Windows XP e tem abertas no ambiente quatro aplicações do MSOffice 2003, versão em português: a primeira, um arquivo Word; a segunda, uma planilha Excel; a terceira, uma apresentação em Powerpoint; e a quarta, no Publisher. Para passar de uma aplicação a outra, diretamente, sem necessidade de acessar janelas de diálogo, esse técnico executa o seguinte atalho de teclado:

(A) <CTRL> + <ALT>.
(B) <ALT> + <TAB>.

(C) <CTRL> + <ESC>.
(D) <ALT> + <ESC>.
(E) <CTRL> + <TAB>.

A: Errada, as teclas Ctrl + Alt não possuem função de alternação de janelas. **B:** Errada, as teclas Alt + *Tab* exibem uma janela de diálogo para que o usuário escolha o programa que deseja usar. **C:** Errada, as teclas Ctrl + Esc abrem o menu Iniciar. **D:** Correta, as teclas Alt + Esc alternam entre os programas abertos sem que seja exibida uma janela de diálogo. **E:** Errada, as teclas Ctrl + *Tab* alternam entre abas abertas em um aplicativo.

Gabarito "D"

(Agente Administrativo – SUFRAMA – 2008 – FUNRIO) A tecla que ativa ou desativa o modo permanente de letras maiúsculas de teclado, sinalizado, em geral, por uma luz acesa enquanto esse modo estiver ativo, é a tecla

(A) Alt
(B) Caps Lock
(C) Ctrl
(D) Home
(E) *Shift*

A: Errada, a tecla Alt não afeta a escrita. **B:** Correta, a tecla Caps Lock faz com que todas as letras sejam escritas em maiúscula. **C:** Errada, a tecla Ctrl não afeta a escrita. **D:** Errada, a tecla *Home* não afeta a escrita. **E:** Errada, a tecla *Shift* faz com que as letras sejam escritas em maiúscula apenas enquanto estiver sendo pressionada.

Gabarito "B"

(Agente Administrativo – SUFRAMA – 2008 – FUNRIO) No sistema operacional Microsoft Windows, assim como em programas do pacote Microsoft Office, o efeito da combinação de teclas Ctrl+Z (tecla Ctrl combinada com a tecla Z), quando disponível ao usuário no programa em uso, é

(A) Copiar
(B) Colar
(C) Desfazer
(D) Localizar
(E) Repetir

A: Errada, o atalho para a função Copiar é o Ctrl + C. **B:** Errada, o atalho para a função Colar é o Ctrl + V. **C:** Correta, o atalho Ctrl + C ativa a função Desfazer. **D:** Errada, o atalho para a função Localizar é Ctrl + F. **E:** Errada, a função repetir em geral está associada ao atalho Ctrl + R.

Gabarito "C"

(Técnico – TCU – 2009 – CESPE) Com relação a conceitos de informática e características de sistemas operacionais, julgue os itens a seguir.

(1) O *firewall* do Windows XP restringe as informações que chegam ao computador no qual ele está instalado vindas de outros computadores, o que permite maior controle sobre os dados e oferece proteção contra pessoas ou programas que tentem conectar o computador sem permissão.

(2) O Linux é pouco vulnerável a vírus de computador devido à separação de privilégios entre processos, desde que sejam respeitadas as recomendações padrão de política de segurança e uso de contas privilegiadas.

1: Correta, o *firewall* tem por função filtrar as informações que entram e saem do computador, ajudando assim a evitar que o computador seja acessado sem o consentimento do usuário; **2:** Correta, a política de privilégios do Linux garante um nível de segurança muito maior ao sistema, diferente do Windows onde quase sempre os processos são executados com permissão de administrador.

Gabarito 1C, 2C

Sistema Linux já é coisa de gente grande: cresce a adoção do *software* nas empresas brasileiras

O Linux, principal concorrente do Microsoft Windows, já serve de base a um mercado bilionário no país e dá suporte a atividades essenciais de gigantes nacionais. O uso do Linux é tranquilo, estável e confiável. Além disso, permite reduções de 30% a 40% nos investimentos em equipamentos. Os terminais não têm disco rígido e carregam os programas diretamente dos servidores. Com essa configuração rodando Linux, as redes varejistas podem usar computadores bem mais simples e baratos como terminais, reduzindo os custos das máquinas e de sua manutenção.

O Estado de S. Paulo, 13/4/2004 (com adaptações).

(Analista – ANATEL – 2009 – CESPE) Tendo o texto acima como referência inicial, julgue os itens seguintes, a respeito do sistema operacional Linux.

(1) O sistema operacional Linux é considerado um *software* livre, o que significa que não é propriedade exclusiva de nenhuma empresa e que a seu usuário é assegurada a liberdade de usá-lo, manipulá-lo e redistribuí-lo ilimitadamente e sem restrições.

(2) A redução de gastos com investimentos em equipamentos, a que se refere o texto, pode ser relacionada ao fato de o Linux ser um *kernel* modular, o que significa que as suas funções de agendamento de processos, gerenciamento de memória, operações de entrada e saída, acesso ao sistema de arquivos entre outras, são executadas no espaço *kernel*.

1: Correta, o Linux é distribuído de forma gratuita e pode ser livremente usado, manipulado e distribuído por seus usuários; **2:** Errada, o Linux necessita de um *hardware* menos robusto para ser executado e também economiza com a aquisição de licenças de uso.

Gabarito 1C, 2E

(Analista – ANP – 2008 – CESGRANRIO) Os *links* simbólicos do sistema Linux e os atalhos do sistema Windows podem ser utilizados para

(A) acessar um mesmo recurso através de caminhos diferentes.
(B) adicionar ou remover *hardware* com segurança.

(C) iniciar a execução de um documento no prompt do MS-DOS.
(D) criar teclas de atalho personalizadas.
(E) criar uma partição compartilhada para os dois sistemas (Linux e Windows).

A: Correta, os *links* tem por função facilitar o acesso a um certo recurso, permitindo que seja acessado de um lugar mais cômodo para o usuário. **B:** Errada, *links* são atalhos, não possuindo qualquer relação com a instalação ou remoção de aplicativos. **C:** Errada, *links* não estão associados ao prompt de comando. **D:** Errada, os *links* são caminhos de atalho e não teclas de atalho. **E:** Errada, *links* não fazem qualquer tipo de compartilhamento entre sistemas.

Gabarito "A"

(Analista – IBGE – 2008 – CONSULPLAN) NÃO pertence a arquivos que podem ser utilizados como Papel de Parede da área de Trabalho do Windows:

(A) *.jpg.
(B) *.bmp.
(C) *.xls.
(D) *.html.
(E) *.gif.

A: Errada, arquivos de imagem do tipo JPG podem ser usados como papel de parede. **B:** Errada, arquivos de imagem do tipo BMP podem ser usados como papel de parede. **C:** Correta, arquivos do tipo XLS são planilhas eletrônicas e não podem ser usados como papel de parede. **D:** Errada, arquivos do tipo HTML também são aceitos como papel de parede do Windows. **E:** Errada, arquivos de imagem do tipo GIF podem ser usados como papel de parede.

Gabarito "C"

(Analista – Ministério das Comunicações – 2008 – CESPE) Acerca de conceitos do sistema operacional Windows XP/Vista, julgue os itens a seguir.

(1) O Windows Explorer é um programa que, presente tanto no Windows XP quanto no Windows Vista, permite o gerenciamento de arquivos.
(2) A opção Impressora e Aparelhos de Fax existente na opção Configuração do menu Iniciar do Windows XP permite definir a impressora padrão.
(3) Para se instalar o Internet Explorer 7.0, é necessária, antes, a instalação do Windows Vista.

1: Correta, o Windows Explorer é o *software* usado para o gerenciamento de arquivos dos sistemas da Microsoft; **2:** Correta, as configurações de impressora estão localizadas no item Impressora e Aparelhos de Fax que pode ser acessada pelo menu Iniciar no item Configuração; 3: Errada, o Internet Explorer 7.0 pode ser instalado normalmente no Windows XP.

Gabarito 1C, 2C, 3E

(Analista – IBGE – 2008 – CONSULPLAN) OpenOffice é uma suíte de aplicativos para escritório livre e multiplataforma, sendo distribuída para diversos sistemas operacionais. A suíte usa o formato ODF (OpenDocument). Acerca disso, assinale a afirmativa correta:

(A) O OpenOffice, não lê arquivos criados no MS Word com o formato *.doc.
(B) O OpenOffice, funciona apenas em sistemas baseados em Unix ou Linux.
(C) O OpenOffice, funciona apenas em Sistema Operacional Microsoft Windows.
(D) Os documentos criados pelo OpenOffice, são lidos em qualquer editor de texto, mantendo suas características originais.
(E) O OpenOffice, é distribuído para diversos sistemas operacionais, incluindo Microsoft Windows, Unix, Solaris, Linux e Mac Osx.

A: Errada, o OpeOffice tem suporte para ler os arquivos gerados pelo Microsoft Office. **B:** Errada, o OpenOffice funciona em diversos tipos de sistemas operacionais. **C:** Errada, o OpenOffice funciona em diversos tipos de sistemas operacionais. **D:** Errada, os documentos gerados pelo OpenOffice não conseguem ser lidos por alguns programas, como por exemplo o MS Office. **E:** Correta, o OpenOffice possui versões compatíveis com diversos sistemas operacionais.

Gabarito "E"

(Analista – Ministério da Int. Nacional – 2012 – ESAF) A estrutura do núcleo do Linux contém os componentes:

(A) E/S, Gerenciador de periféricos, Gerenciador de programa.
(B) Gerenciador de TCP/IP, Gerenciador de memória virtual, Gerenciador de processo.
(C) E/S, Gerenciador de memória, Gerenciador de processo.
(D) E/S, Gerenciador de sinais, Gerenciador de escalonamento de CPU.
(E) Gerenciador de sistema operacional, Gerenciador de memória principal, Gerenciador de processador.

A: Errada, Gerenciador de programa não é um tipo de estrutura que compõem o núcleo de um sistema operacional. **B:** Errada, o protocolo TCP/IP não tem relação direta com o núcleo do sistema operacional. **C:** Correta, Gerenciador de memória e processo são componentes que fazem parte do núcleo de um sistema operacional, assim como os controladores de Entrada e Saída (E/S). **D:** Errada, Gerenciador de escalonamento não é um tipo de estrutura que compõem o núcleo de um sistema operacional. **E:** Errada, Gerenciador de sistema operacional não é um tipo de estrutura que compõem o núcleo de um sistema operacional.

Gabarito "C"

(Analista – Ministério da Int. Nacional – 2012 – ESAF) Em relação aos aplicativos do Microsoft Office e do BR Office, é correto afirmar que:

(A) o aplicativo de edição de textos do BR Office é o Impress.
(B) a ferramenta de "Verificação ortográfica" só está disponível nos aplicativos de edição de textos do Microsoft Office.
(C) os aplicativos do BR Office não permitem salvar documentos em formato .pdf.
(D) o recurso de "Alinhamento rápido" de parágrafos na "Barra de ferramentas" só está disponível nos aplicativos de edição de textos do BR Office.

(E) ambos dispõem de uma ferramenta muito útil para "copiar" atributos de um determinado texto para outro, chamados, respectivamente, de "Formatar pincel" e "Pincel de estilo".

A: Errada, o Impress é um aplicativo de apresentação de *slides*, o editor de texto se chama Writer. **B:** Errada, ambos os *softwares* possuem uma ferramenta de verificação ortográfica. **C:** Errada, é possível salvar os documentos no formato PDF usando os aplicativos do BrOffice. **D:** Errada, não há um tipo de alinhamento com esta denominação. **E:** Correta, as ferramentas Formatar Pincel e Pincel de Estilo copiam a formatação de um trecho de texto selecionado.

Gabarito "E"

(Analista – Ministério da Integração Nacional – 2006 – CESPE) A respeito dos sistemas operacionais Windows e Linux, julgue os itens seguintes.

(1) O Linux foi projetado para fazer uso inteligente dos recursos de qualquer máquina, funcionando tanto em máquinas com vários *gigabytes* de memória como em aparelhos celulares com poucos kilo*bytes* de capacidade.

(2) O BrOffice pode ser instalado em computadores que utilizam o sistema operacional Linux ou o Windows.

(3) Acessibilidade é um recurso do Windows XP usado para se estabelecer critérios de segurança de acesso ao sistema, como senha e criptografia.

1: Correta,o Linux foi projetado para funcionar em diferentes tipos de configurações usando sempre o mínimo possível de recursos; **2:** Correta, não há restrição quanto ao tipo do sistema operacional para que o BrOffice seja instalado; 3: Errada, Acessibilidade gerencia uma série de recursos usados para facilitar o uso do computador para pessoas com algum tipo de deficiência.

Gabarito 1C, 2C, 3E

(Administrador – Ministério da Justiça – 2009 – FUNRIO) A tela inicial do sistema operacional Microsoft Windows XP é formada por uma área de trabalho ou *desktop*. A barra que aparece na parte inferior da área de trabalho, configurada em modo padrão, é denominada barra de

(A) ferramentas.
(B) programas.
(C) *status*.
(D) notificações.
(E) tarefas.

A: Errada, a barra de ferramentas é um item presente dentro dos aplicativos, onde podem ser acessadas funções destes. **B:** Errada, não há uma barra de programas no Windows XP. **C:** Errada, a barra de *status* é um item interno de um programa que apenas exibe informações sobre o aplicativo atual. **D:** Errada, barra de notificações é um item pertencente a um programa e não ao Windows. **E:** Correta, a barra que aparece na parte inferior da área de trabalho, onde está localizado o menu Iniciar, é denominada barra de tarefas.

Gabarito "E"

(Analista – MPOG – 2009 – FUNRIO) O programa do Windows responsável por reorganizar e otimizar os arquivos que estão no disco, tornando o seu acesso mais eficiente é:

(A) *Scan*disk.
(B) Limpeza de disco.
(C) Windows Explorer.
(D) Chkdisk.
(E) Desfragmentador de disco.

A: Errada, o Scadisk é uma ferramenta de varredura que busca erros no disco rígido. **B:** Errada, a ferramenta de Limpeza de disco apenas busca liberar espaço no disco rígido. **C:** Errada, o Windows Explorer é o gerenciador de arquivos do Windows. **D:** Errada, o Chkdisk não é um programa do Windows. **E:** Correta, o Desfragmentador de disco reorganiza os arquivos de forma que eles sejam armazenados contiguamente, melhorando assim a velocidade de acesso às informações.

Gabarito "E"

(Analista – MPOG – 2009 – FUNRIO) Considere as afirmativas sobre o Windows XP:

I. Permite compactar e descompactar arquivos ".ZIP" sem a necessidade de instalar *softwares* de terceiros.

II. Já vem incluído como acessórios os editores de texto "Bloco de Notas" e "Word Pad".

III. Permite ser controlado remotamente, mas é necessária a instalação de *softwares* de terceiros para a assistência remota.

Está(ão) correta(s) apenas

(A) I e III.
(B) II e III.
(C) I.
(D) I e II.
(E) I, II e III.

A, B, C, D e **E:** Apenas a afirmativa III está incorreta, o Windows possui uma ferramenta próprio de acesso remoto, não sendo necessário um *software* de terceiros, portanto apenas a alternativa D está correta.

Gabarito "D"

(Analista – PREVIC – 2011 – CESPE) A respeito do sistema operacional Windows e de suas ferramentas, julgue o item a seguir.

(1) No Windows XP Professional, a ferramenta de limpeza do disco seleciona automaticamente arquivos que possam ser excluídos com segurança, possibilitando a liberação de espaço no disco rígido do computador.

1: Correta, a ferramenta de Limpeza de disco vasculha o computador por arquivos temporários e outros tipos de arquivos que podem ser excluídos sem causar impacto no funcionamento do sistema, aumentando assim o espaço disponível em disco.

Gabarito 1C

(Administrador – SUFRAMA – 2008 – FUNRIO) A tecla Ctrl serve, em um teclado de computador, para

(A) alternar entre janelas abertas de um mesmo programa.
(B) criar atalhos para determinadas funções, em conjunto com outras teclas.
(C) ativar temporariamente as letras maiúsculas enquanto pressionada.
(D) cancelar uma função que está sendo executada por um programa.
(E) ativar ou desativar o teclado numérico à direita do teclado.

A: Errada, a tecla Ctrl sozinha não tem essa função, apenas em conjunto com a tecla Tab. **B:** Correta, em conjunto com outras teclas o Ctrl serve para vários tipos de atalhos. **C:** Errada, esta é a função da tecla *Shift*. **D:** Errada, esta é a função da tecla Esc. **E:** Errada, esta é a função da tecla Num Lock.

Gabarito "B"

(Administrador – SUFRAMA – 2008 – FUNRIO) O programa Windows Explorer do Microsoft Windows XP exibe pastas e arquivos existentes no computador. O sinal "+" (por exemplo: ⊞ Windows), ao lado do símbolo de uma pasta existente significa que

(A) a pasta possui vários arquivos.
(B) existem mais pastas no diretório superior.
(C) a pasta contém subpasta(s).
(D) a pasta está aberta e há mais arquivos além dos exibidos.
(E) a pasta é uma pasta do sistema com arquivos ocultos.

A: Errada, não há indicação do número de arquivos em uma pasta em seu ícone na barra lateral. **B:** Errada, a indicação está relacionada às subpastas e não às pastas superiores. **C:** Correta, o símbolo de + indica que há subpastas nesta pasta. **D:** Errada, não há indicação na barra lateral esquerda que mostre que a pasta está aberta. **E:** Errada, quando a pasta está oculta seu símbolo é apresentado de forma translúcida.

Gabarito "C"

PARTE VI

Redes de Computadores

1. REDES DE COMPUTADORES

Quando temos dois ou mais computadores interligados de modo que possam compartilhar recursos físicos ou lógicos podem dizer que temos uma rede configurada. Repare que essa mesma definição classifica toda a Internet, que nada mais é que uma grande rede de computadores espalhados por todo o mundo.

Para que essa comunicação possa ser feita, uma série de protocolos é utilizada, cada um possuindo um papel específico ao prover um tipo de serviço, como troca de mensagens eletrônicas, envio e recebimento de arquivos ou mesmo monitoramento da rede. O conjunto de protocolos que da base para isso é denominado TCP/IP. Vejamos quais são os principais protocolos e suas funções:

- ✔ FTP: permite o envio e recebimento de arquivos;
- ✔ SSH: usado para a realização de acessos remotos;
- ✔ SMTP: usado para o envio de mensagens eletrônicas;
- ✔ POP3: usado para o recebimento de mensagens eletrônicas;
- ✔ IMAP: usado para o gerenciamento de caixas de mensagem diretamente no servidor;
- ✔ HTTP: usado para a navegação de em páginas de hypertexto;
- ✔ DNS: usado para a conversão de endereços URL em endereços IP;
- ✔ SNMP: usado para monitoramento de redes;
- ✔ DHCP: usado para atribuição automática de endereços IP;
- ✔ TCP: usado no envio de dados com garantia de entrega de cada pacote;
- ✔ UDP: usado no envio de dados, mas sem garantia de entrega de cada pacote;
- ✔ Telnet: usado para acesso remoto;
- ✔ ICMP: usado para fornecer relatórios de erro.

Para poder identificar cada computador em uma rede e assim permitir a transmissão de dados de um computador para outro, cada máquina recebe um identificador lógico chamado de endereço IP, lembrando que todo dispositivo de rede já possui um identificador físico único chamado de MAC.

O IP é formado por 32 bits que são divididos em quatro octetos, possuindo o padrão xxx.xxx.xxx.xxx. Cada octeto possui 8 bits, possuindo portanto 256 valores possíveis indo de 0 a 255. Para permitir a criação de sub-redes, com tamanhos distintos, ele é divido em classes e alguns dos endereços são reservados para usos específicos. As classes disponíveis são cinco sendo três as principais:

- ✔ Classe A: o primeiro octeto (**R**.H.H.H)identifica a rede e os outros um host.
- ✔ Classe B: os dois primeiros octetos (**R.R**.H.H) identificam a rede e os outros um host.
- ✔ Classe C: os três primeiros octetos (**R.R.R**.H)identificam a rede e os outros um host.

Com isso temos a possibilidade de criar diferentes quantidades de sub-redes e *hosts*, veja a tabela a seguir que mostra as possibilidades em cada classe:

Classe	Endereços	Nº Sub-redes	Nº Endereços
A	1.0.0.0 até 127.0.0.0	126	16.777.216
B	128.0.0.0 até 191.255.0.0	16.382	65.536
C	192.0.0.0 até 233.255.255.0	2.097.150	256
D	224.0.0.0 até 239.255.255.255	-	-
E	240.0.0.0 até 255.255.255.254	-	-

Cada um dessas classes pode ser usada para dimensionar uma rede de um tamanho específico. Temos também algumas classes reservadas para usos específicos, como mostra a tabela a seguir:

Endereço	Descrição
0.0.0.0	Endereço de origem
10.0.0.0	Uso em redes privadas
127.0.0.0	Local host, a própria máquina
192.168.0.0	Uso em redes privadas
255.255.255.255	Broadcast (mensagem para todos na rede)

1.1. Classificações

Para permitir que vários computadores possam estar interligados podemos utilizar alguns equipamentos específicos, que são:

- ✔ *Hub*/Repetidor: conecta diversos computadores (*hosts*) sem fazer distinção entre eles;
- ✔ *Switch*: conecta diversos *hosts* fazendo distinção entre eles;
- ✔ Roteador: conecta diferentes redes realizando o encaminhamento de pacotes entre elas.

Veja um exemplo de um modelo de rede com seus componentes, preste atenção nos símbolos que designam cada um.

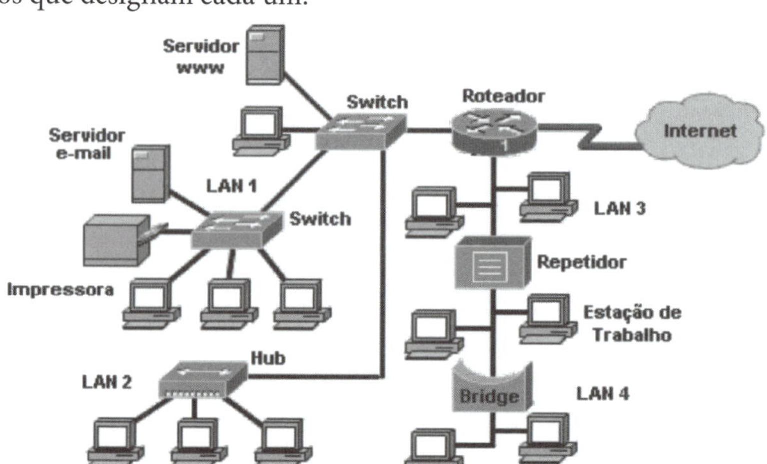

Também temos nomes específicos para as topologias de rede, que são as diferentes formas de se interligar redes ou computadores, veja a imagem abaixo que melhor ilustra os possíveis desenhos de rede:

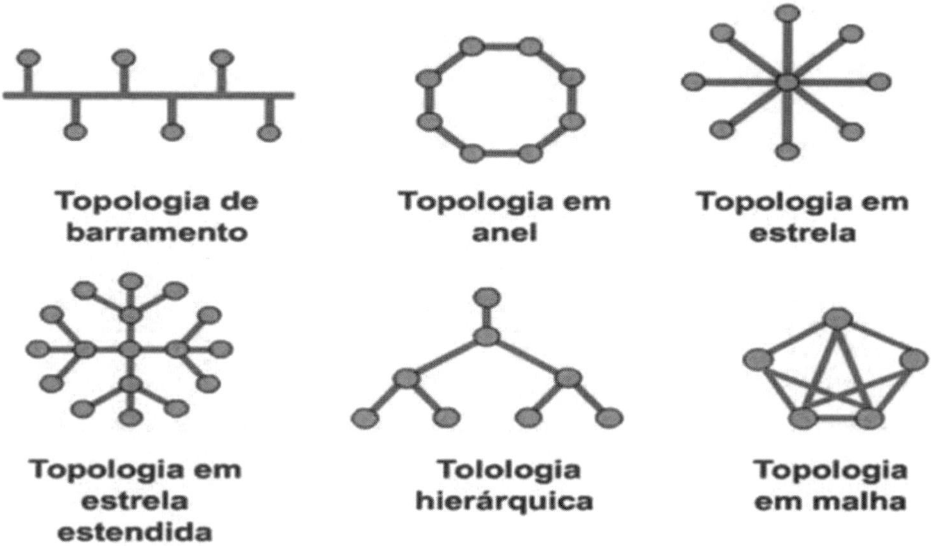

Existem também diversas tecnologias que podem ser utilizadas para criar uma rede sendo possível inclusive existir redes que mesclem essas tecnologias, que são:

- *Ethernet*: utiliza cabos de par trançado enviando dados via sinais elétricos, comumente chamados de cabos de rede. Possui boas velocidades de transmissão;
- Coaxial: utiliza cabos coaxiais para a transmissão dos dados via sinais elétricos, similares ao utilizados por provedores de internet via cabo. Possui boas velocidades de transmissão;
- Óptica: utiliza cabos de fibra óptica que enviam os dados através de sinais de luz. Possui as maiores velocidades de transmissão;
- *Bluetooth*: utiliza ondas de rádio para a conexão em pequenas distâncias, muito comum em celulares e *notebook*s. Possui baixas velocidades de transmissão;
- *Wireless*: utiliza ondas de rádio para a transmissão em longas distâncias, muito usado por *notebook*s e provedores de internet via rádio. Possui boas velocidades de transmissão;
- *Dial-up*: utiliza a linha de telefonia para a transmissão dos dados, possui baixas velocidades de transmissão.

Como podemos ver cada tecnologia tem uma abrangência ou características de velocidade distintas. É possível ainda classificar uma rede quanto à sua abrangência, sendo as seguintes classificações:

- PAN: Personal Area Network, rede de pequeno alcance (até 10m);
- LAN: Local Area Network, redes de alcance médio (até 100m);
- WLAN: *Wireless* Local Area Network, redes de alcance médio sem a utilização de cabos;
- MAN: Metropolitan Area Network, redes que podem abranger cidades inteiras;
- WAN: Wide Area Network: redes de longo alcance, podendo abranger grandes áreas.

Outra classificação se refere ao sentido em que os dados são enviados. Quando em uma rede os dados são transmitidos em apenas um sentido em meio, dizemos que a conexão é do tipo Half-duplex, já quando em um mesmo meio os dados são transmitidos nos dois sentidos, esta conexão é chamada de Full-duplex.

1.2. Modelo OSI

O Modelo OSI compreende uma série de definições genéricas usadas para construção de redes de computadores, independentemente da tecnologia utilizada. Ele define camadas hierárquicas com funções específicas, que são:

- ✔ Camada Física: camada mais baixa trata da transmissão e recepção dos bits;
- ✔ Camada de Enlace: permite a transferência sem erros de um ponto a outro na camada física;
- ✔ Camada de Rede: decide qual o caminho físico os dados devem tomar com base nas condições de rede, prioridade de serviço e outros fatores;
- ✔ Camada de Transporte: assegura que a mensagem seja transmitida sem erros, em sequência e sem perdas ou duplicações;
- ✔ Camada de Sessão: permite o estabelecimento de uma sessão entre processos executados em computadores diferentes;
- ✔ Camada de Apresentação: formata os dados a serem apresentados à camada de aplicação, os traduzindo para um formato utilizado por ela;
- ✔ Camada de Aplicação: meio pelo qual processos podem utilizar os serviços da rede.

QUESTÕES COMENTADAS DE REDE DE COMPUTADORES

(Técnico – TRE/SP – 2012 – FCC) A conexão entre computadores por meio de internet ou intranet é feita pela utilização de endereços conhecidos como endereços IP. Para que os usuários não precisem utilizar números, e sim nomes, como por exemplo www.seuendereco.com.br, servidores especiais são estrategicamente distribuídos e convertem os nomes nos respectivos endereços IP cadastrados. Tais servidores são chamados de servidores

(A) FTP.
(B) DDOS.
(C) TCP/IP.
(D) HTTP.
(E) DNS.

A: Errada, FTP é um protocolo de troca de arquivos em rede. **B:** Errada, DDOS é um tipo de ataque que nega um serviço para o resto dos usuários. **C:** Errada, TCP/IP é o protocolo no qual a internet é baseada. **D:** Errada, HTTP é o protocolo usado na navegação de páginas da internet. **E:** Correta, os servidores DNS fazem a conversão de nomes de domínios em seus respectivos endereços IP.

Gabarito "E"

(Delegado/SP – 2011) DHCP e TCP/IP constituem, respectivamente,

(A) protocolo de serviço de controle de transmissão e protocolo de IPs dinâmicos.
(B) protocolos de distribuição e controle
(C) protocolo de controle de transmissão por IP e serviço de concessão.
(D) protocolos de entrada e saída de dados.
(E) protocolo de serviço com concessão de IPs dinâmicos e protocolo de controle de transmissão por IP.

A, **B**, **C**, **D** e **E**: O protocolo DHCP tem como função a designação de endereços IP de forma automática e o TCP/IP é o conjunto de protocolos nos quais se baseiam as comunicações em rede, portanto apenas a alternativa E está correta.

Gabarito "E"

(Delegado/PA – 2012 – MSCONCURSOS) Em redes de computadores e na internet são utilizados diferentes tipos de protocolos que atendem funções específicas. Assinale a sentença que faz uma afirmação incorreta quanto à utilização do protocolo.

(A) HTTP é o protocolo utilizado na transferência de hipertexto.
(B) IP é o protocolo utilizado para o endereçamento das informações na internet.
(C) FTP é o protocolo utilizado em *download* e upload de arquivos.
(D) POP é o protocolo utilizado no envio de mensagens de *e-mail*.
(E) WAP é o protocolo utilizado em aplicações sem fio.

A, **B**, **C**, **D** e **E**: Todas as afirmativas estão corretas exceto a afirmativa D, devendo ser assinalada, o protocolo POP é responsável pelo recebimento de mensagens enquanto o envio é feito pelo protocolo SMTP.

Gabarito "D"

(Auditor Fiscal – São Paulo/SP – FCC – 2012) O sistema hierárquico e distribuído de gerenciamento de nomes utilizado por computadores conectados à Internet, que é utilizado para a resolução ou conversão de nomes de domínios como arpanet.com em endereços IP como 173.254.213.241, é chamado de

(A) HTTP.
(B) *Gateway*.
(C) DNS.
(D) Roteador.
(E) *Switch*.

A: Errada, HTTP é um protocolo usado para navegação em páginas de *hyperlink*. **B:** Errada, *Gateway* é o computador que controla a saída e entrada dos dados em uma rede. **C:** Correta, o DNS é o protocolo responsável pela conversão de nomes de domínios em endereços IP. **D:** Errada, os Roteadores são componentes de rede responsáveis pelo redirecionamento dos pacotes enviados na rede para seus destinos corretos. **E:** Errada, o *Switch* é um elemento de rede responsável por ligar vários pontos de rede.

Gabarito "C"

(Auditor Fiscal – São Paulo/SP – FCC – 2012) Em uma rede com topologia estrela, todas as máquinas se ligam em um mesmo dispositivo central que fecha a conexão entre todos os nós da rede. O dispositivo central que analisa os pacotes que chegam e gerencia sua distribuição, enviando-os somente para a máquina de destino, é conhecido como

(A) barramento.
(B) *hub*.
(C) *backbone*.
(D) *access point*.
(E) *switch*.

A: Errada, barramento é um item de *hardware* interno que leva os dados entre dispositivos em um mesmo computador e não um *hardware* de rede. **B:** Errada, o *hub* apenas repete o sinal enviado, não fazendo controle do tráfego. **C:** Errada, o backbone descreve um esquema de ligações centrais de um sistema mais amplo, tipicamente de elevado desempenho. **D:** Correta, o *access point* é um dispositivo de redes sem fio que trabalha de forma parecida com a de um roteador, interligando vários dispositivos e encaminhando cada pacote para seu destinatário. **E:** Errada, o *switch* é um item de rede que apenas interliga várias máquinas não realizando tratamento dos pacotes que por ele trafegam.

Gabarito "D"

(Fiscal de Rendas/RJ – 2010 – FGV) Para que um microcomputador conectado a uma rede possa acessar a Internet, há necessidade da configuração de um parâmetro conhecido como endereço IP.

Considerando a versão 4 do IP, as máquinas utilizam endereços do tipo 999.999.999.999, enquadrados nas classes A, B e C, conforme as faixas ocupadas pelo primeiro octeto. Endereços IP de classe C são os mais utilizados pela maioria dos provedores brasileiros, havendo regras específicas que atestam sua validade.

Assinale a alternativa que indique um endereço IP válido de classe C.

(A) 10.200.40.67
(B) 146.164.0.0
(C) 198.128.228.35
(D) 202.133.256.99
(E) 255.255.255.224

A: Errada, os endereços que vão de 1.0.0.0 até 127.0.0.0 são da classe A. **B:** Errada, os endereços que vão de 128.0.0.0 até 191.255.255.255 são da classe B. **C:** Correta, os endereços que vão de 192.0.0.0 até 223.255.255.255 são da classe C. **D:** Errada, não existem octetos com valor maior que 255. **E:** Errada, endereços que vão de 240.0.0.0 até 255.255.255.254 são da classe E.

Gabarito "C"

(Fiscal de Rendas/RJ – 2010 – FGV) Devido ao papel que executa e pelas características que possui, o roteador é um equipamento de interligação que exerce função de elevada importância.

A esse respeito, analise as afirmativas a seguir.

I. Os roteadores realizam filtro de tráfego com base no endereço IP, que funciona como um parâmetro lógico, na camada de rede da arquitetura OSI/ISO.
II. Os roteadores integram LANs heterogêneas, que pode resultar na formação de uma WAN com acesso à Internet, com base nos protocolos da arquitetura TCP/IP.
III. Os roteadores representam a solução por segmentação, para problemas de redes com congestionamento devido às colisões resultantes do funcionamento do protocolo *token passing*.

Assinale:

(A) se somente a afirmativa I estiver correta.
(B) se somente as afirmativas I e II estiverem corretas.
(C) se somente as afirmativas I e III estiverem corretas.
(D) se somente as afirmativas II e III estiverem corretas.
(E) se todas as afirmativas estiverem corretas.

A: Errada, a afirmativa II também está correta. **B:** Correta, apenas as afirmativas I e II estão corretas. **C:** Errada, a afirmativa III está incorreta, a utilização de *token passing* elimina a existência de colisões em uma rede. **D:** Errada, a afirmativa III está incorreta, a utilização de *token passing* elimina a existência de colisões em uma rede. **E:** Errada, a afirmativa III está incorreta, a utilização de *token passing* elimina a existência de colisões em uma rede.

Gabarito "B"

(Auditor Fiscal/SC – 2010 – FEPESE) Identifique quais das seguintes afirmativas, a respeito da Internet e das intranets, são corretas.

1. A Internet é uma rede de longa distância (WAN), enquanto as intranets são redes locais (LANs).
2. As intranets utilizam os mesmos protocolos de comunicação utilizados na Internet.
3. Intranets são redes privadas, enquanto a Internet é uma rede pública.
4. A Internet interliga várias intranets.

Assinale a alternativa que indica todas as afirmativas corretas.

(A) São corretas apenas as afirmativas 1 e 3.
(B) São corretas apenas as afirmativas 2 e 3.
(C) São corretas apenas as afirmativas 2 e 4.
(D) São corretas apenas as afirmativas 1, 2 e 4.
(E) São corretas apenas as afirmativas 1, 3 e 4.

A: Errada, a afirmativa 1 está incorreta, a diferença entre Internet e Intranet está no fato de a primeira ser uma rede pública e a segunda uma rede privada. **B:** Correta, apenas as afirmativas 1 e 3 estão corretas. **C:** Errada, a afirmativa 4 está incorreta, a Internet é um conjunto de rede públicas, ainda que algumas Intranets possam ter acesso à Internet. **D:** Errada, as afirmativas 1 e 4 estão incorretas, a diferença entre Internet e Intranet está no fato de a primeira ser uma rede pública e a segunda uma rede privada, e a Internet é um conjunto de rede públicas, ainda que algumas Intranets possam ter acesso à Internet. **E:** Errada, as afirmativas 1 e 4 estão incorretas, a diferença entre Internet e Intranet está no fato de a primeira ser uma rede pública e a segunda uma rede privada, e a Internet é um conjunto de rede públicas, ainda que algumas Intranets possam ter acesso à Internet.

Gabarito "B"

(Técnico da Receita Federal – 2006 – ESAF) Analise as seguintes afirmações relacionadas a conceitos básicos de redes de computadores.

I. Um repetidor é um dispositivo responsável pelo encaminhamento e roteamento de pacotes de comunicação em uma rede ou entre redes. Tipicamente, uma instituição, ao se conectar à Internet, deverá adquirir um repetidor para conectar sua Rede Local (LAN) ao ponto da Internet.
II. O SNMP (Simple Network Management Protocol) é um protocolo usado para monitorar e controlar serviços e dispositivos de uma rede TCP/IP. É o padrão adotado pela RNP para a gerência de rede.
III. O UDP é o protocolo de transporte sem conexão da família TCP/IP, usado com aplicações como o de serviço DNS.
IV. O WHOIS é um banco de dados de informações utilizados pelos *Firewalls* para permitir acesso dos usuários de uma LAN à Internet.

Indique a opção que contenha todas as afirmações verdadeiras.

(A) I e II.
(B) II e III.
(C) III e IV.
(D) I e III.
(E) II e IV.

A: Errada, a afirmativa I está incorreta, os repetidores não fazem roteamento de pacotes, sua função é unicamente retransmitir os pacotes, sem se importar para onde eles estão indo. **B:** Correta, apenas as afirmativas II e III estão corretas. **C:** Errada, a afirmativa IV está incorreta, o WHOIS é um protocolo de consulta de informações de contato e DNS de uma entidade na internet. **D:** Errada, a afirmativa

I está incorreta, os repetidores não fazem roteamento de pacotes, sua função é unicamente retransmitir os pacotes, sem se importar para onde eles estão indo. **E:** Errada, a afirmativa IV está incorreta, o WHOIS é um protocolo de consulta de informações de contato e DNS de uma entidade na internet.

Gabarito "B"

(Técnico da Receita Federal – 2006 – ESAF) Analise as seguintes afirmações relacionadas a conceitos básicos de redes de computadores.

I. No roteamento dinâmico utilizado pelos Hubs e *Switches*, as tabelas de roteamento refletem dinamicamente as modificações na topologia da rede. As tabelas são atualizadas a partir de informações trocadas entre estes dispositivos.

II. O endereço usado para identificar uma sub-rede, denominado máscara de sub-rede, deve ser composto por *bytes* completos. Desta forma, em uma LAN, as três máscaras de sub-rede possíveis são: 255.255.255.0, 255.255.0.0 e 255.0.0.0.

III. Alguns endereços IP são reservados, não podendo ser utilizados para identificar as placas de interface de rede em um computador. Um desses endereços, o 127.0.0.0, identifica a própria máquina.

IV. Um ARP traduz um endereço IP para o endereço MAC correspondente. Quando o endereço MAC associado ao um endereço IP não é conhecido, o ARP envia uma mensagem de consulta para o endereço de broadcast. Cada máquina na rede recebe a mensagem e verifica se o endereço IP consultado pertence a uma de suas placas e, em caso afirmativo, responde informando o endereço MAC equivalente.

Indique a opção que contenha todas as afirmações verdadeiras.

(A) I e II.
(B) II e III.
(C) III e IV.
(D) I e III.
(E) II e IV.

A: Errada, as afirmativas I e II estão incorretas, os Hubs não realizam roteamento de pacotes, eles apenas os retransmitem, e as máscaras de subrede tem seus octetos definidos pela quantidade de bits presentes em cada um, portanto podem ter uma quantidade de bits menor que 8 e, logo, números diferentes de 255. **B:** Errada, a afirmativa II está incorreta, as máscaras de subrede têm seus octetos definidos pela quantidade de bits presentes em cada um, portanto podem ter uma quantidade de bits menor que 8 e logo números diferentes de 255. **C:** Correta, apenas as afirmativas III e IV estão corretas. **D:** Errada, a afirmativa I está incorreta, os Hubs não realizam roteamento de pacotes, eles apenas os retransmitem. **E:** Errada, a afirmativa II está incorreta, as máscaras de subrede têm seus octetos definidos pela quantidade de bits presentes em cada um, portanto podem ter uma quantidade de bits menor que 8 e logo números diferentes de 255.

Gabarito "C"

(Técnico da Receita Federal – 2006 – ESAF) Os *switches* são dispositivos

(A) capazes de estabelecer a comunicação de computadores distantes entre si e até mesmo com protocolos de comunicação diferentes.
(B) utilizados por uma tecnologia de rede desenvolvida pela IBM chamada Token Ring, cujo princípio de operação é a comunicação em forma de circuito fechado.
(C) que têm a função de transferir os pacotes de um segmento para todos os demais, não fazendo qualquer tipo de seleção ou endereçamento.
(D) semelhantes a hubs, mas não repetem o mesmo pacote para todas as portas. Cada pacote é dirigido para o dispositivo de destino, evitando colisões e excesso de tráfego.
(E) da estrutura de nível mais alto em uma rede composta por várias sub-redes. O *switch* é composto por linhas de conexão de alta velocidade, que se conectam às linhas de menor velocidade.

A: Errada, os *switches* interligam equipamentos por meio de cabos de par trançado, portanto seu alcance é limitado ao tamanho do cabo e também limitado à conexões locais. **B:** Errada, *switches* são utilizados em vários tipos de rede, e o equipamento utilizado em redes Token Ring é o HUB. **C:** Errada, os *switches* possuem a capacidade de diferenciar os destinos e assim apenas encaminham o pacote para seu destino, não realizando a transmissão deste para toda a rede. **D:** Correta, os *switches* enviam o pacote apenas para seu destino evitando, assim, colisões na rede. **E:** Errada, os *switches* operam atualmente nas camadas 2 ou 3 do modelo OSI, e nem sempre são compostos por linhas de alta velocidade.

Gabarito "D"

(Auditor Fiscal/CE – 2006 – ESAF) Os __________ são utilizados para dividir o tráfego entre os segmentos de uma mesma rede ou para interligar redes com diferentes protocolos na camada física.

Escolha a opção que preenche corretamente a lacuna acima.

(A) Servidores IDS
(B) Servidores DNS
(C) Hubs
(D) Roteadores
(E) Conectores RJ45

A: Errada, os Servidores IDS atuam na detecção de invasões em redes privadas. **B:** Errada, Servidores DNS realizam a conversão do endereço de um *site* para o endereço IP correspondente. **C:** Errada, HUBs são dispositivos que apenas retransmitem os pacotes para toda a rede sem fazer distinção de destinos. **D:** Correta, os Roteadores dividem o tráfego entre os segmentos de uma rede e também podem interligar redes com diferentes protocolos na camada física. **E:** Errada, conectores RJ45 são peças utilizadas nas pontas de cabos de rede para que estes possam ser ligados em uma interface de rede.

Gabarito "D"

(Auditor Fiscal/São Paulo-SP – 2007 – FCC) Têm relação objetiva com os elementos do trecho de texto "... redes de computadores locais e de longa distância interligando todos os equipamentos, processamento distribuído entre estações de trabalho e servidores..."

(A) LAN, roteamento e anel.
(B) criptografia, WAN e assinatura digital.
(C) intranet, WAN e criptografia.
(D) roteamento, barramento e criptografia.
(E) LAN, assinatura digital e barramento.

A: Correta, todos os elementos fazem parte de redes de computadores, sendo respectivamente uma denominação de rede, uma ação envolvida na transmissão dos dados e uma topologia de rede. **B:** Errada, assinatura digital garante autoria de dados em transmissões em rede, não tendo relação objetiva com os conceitos mencionados. **C:** Errada, a criptografia garante o envio de forma segura dos dados na rede, não tendo relação objetiva com os conceitos mencionados. **D:** Errada, a criptografia garante o envio de forma segura dos dados na rede, não tendo relação objetiva com os conceitos mencionados. **E:** Errada, assinatura digital garante autoria de dados em transmissões em rede, não tendo relação objetiva com os conceitos mencionados.

Gabarito "A"

(Analista – IBGE – 2008 – CONSULPLAN) Quando se tem uma pequena rede corporativa ou residencial que não possui Servidor de Domínio, os computadores configurados a esta rede, para facilitar sua organização, devem pertencer ao mesmo...

(A) grupo de computadores.
(B) grupo de trabalho.
(C) subdomínio.
(D) grupo administrativo.
(E) subgrupo.

A, B, C, D e **E:** O Servidor de Domínio é um computador central que controla todos os computadores subordinados a ele, permitindo ou negando acesso a serviços específicos, quando não há tal servidor em uma rede os computadores devem pertencem à um mesmo grupo de trabalho para que possam se comunicar.

Gabarito "B"

PARTE VII

SEGURANÇA DA INFORMAÇÃO

1. SEGURANÇA DA INFORMAÇÃO

A segurança da informação é hoje um dos assuntos mais importantes dentro da área de TI de uma empresa, uma vez que a informação é um dos bens mais preciosos de uma organização. Mesmo os usuários domésticos já estão cientes da necessidade de ter cuidado ao lidar com seus dados em ambientes virtuais, a presença de vírus e outras ameaças pode causar grandes transtornos para qualquer um.

Estas ameaças, também chamadas de *malwares*, podem ser definidas como programas destinados a se infiltrar em um sistema de forma ilícita, com a intenção de causar danos, roubar informações, alterá-las ou excluí-las. Sua propagação se da através de redes de computador ou dispositivos de armazenamento, como pendrives. Existem diversos tipos de *malwares*, cada um possui características e objetivos diferentes. Podemos classifica-las da seguinte maneira:

- ✔ *Worm*: programa capaz de se propagar automaticamente sem a necessidade de um programa hospedeiro;
- ✔ *Trojan*: programa que executa uma ação esperada pelo usuário, mas também realiza ações não desejadas, como manter uma porta de conexão aberta para invasão;
- ✔ *Keylogger*: programa que registra todas as teclas digitadas pelo usuário, podendo também gravar a tela do computador;
- ✔ *Spyware*: programa que monitora as atividades do usuário e envia essas informações à terceiros;
- ✔ *Adware*: programa que exibe propagandas não solicitadas pelo usuário;
- ✔ *Backdoor*: programa que permite que um invasor tenha acesso a um computador comprometido;
- ✔ *Sniffer*: programa que monitora uma rede a procura de pacotes de dados específicos;
- ✔ *Port Scanner*: programa que testa várias portas de comunicação a procura de uma porta que possa ser usada para invasão;
- ✔ Vírus: programa que infecta o computador podendo fazer cópias de si mesmo e tornar-se parte de outro programa. Depende de outro *software* para ser transmitido.

Algumas das ameaças são mais comuns em ambientes *on-line* ou de redes, devemos destacar entre elas:

- ✔ *Spam*: envio de mensagens eletrônicas indesejadas ou não solicitadas, muito utilizado para a propagação de outras ameaças;
- ✔ *Phishing*: tentativa de roubo de informações por meio da clonagem de uma página confiável, tentando induzir o usuário ao erro, muito utilizada para apropriação de dados bancários, usuários e senhas;
- ✔ *DNS Injection*: ataque mais complexo onde o servidor de nomes do computador é clonado ou alterado, redirecionando *sites* existentes e confiáveis para páginas adulteradas sem que o usuário identifique;
- ✔ Homem do Meio: ataque onde a comunicação entre dois computadores é interceptada por um terceiro, registrada e então encaminhada para o destino correto;
- ✔ DDoS: tipo de ataque onde vários computadores realizam repetidas requisições para um servidor em um curto espaço de tempo, gerando uma sobrecarga que impossibilita o uso normal do serviço atacado.

Para combater todas essas ameaças, existem diferentes tipos de programas, que muitas vezes atuam de forma complementar para garantir ao máximo a segurança ao usuário. Estes programas permitem prevenir e combater a infecção de *malwares*. Os principais são:

- ✔ Antivírus: identifica e elimina *malwares* por meio de diferentes métodos de busca e comparação;
- ✔ *Antispyware*: tenta eliminar *spywares*, *adwares*, *keyloggers* e outros *malwares* por meio de varreduras, é similar ao antivírus;
- ✔ *Firewall*: programa que monitora as portas de rede do computador prevenindo acessos não autorizados. Pode ser feito via *software* ou *hardware*.

1.1. Princípios básicos

Os princípios básicos da Segurança da Informação são quatro, que compreendem:

- ✔ Confidencialidade: propriedade que garante que apenas as pessoas com a devida autorização podem ter acesso a uma informação;
- ✔ Integridade: propriedade que garante que uma informação não será modificada de forma não autorizada;
- ✔ Disponibilidade: garantia que a informação estará sempre disponível para quem lhe é devida;
- ✔ Autenticidade: propriedade que garante que uma informação é proveniente de sua origem indicada.

Para garantir estes princípios existem diversos métodos e ações que podem ser tomadas tanto em um ambiente virtual como em um ambiente físico. Uma das mais comuns é a chamada criptografia que pode auxiliar nas garantias de confidencialidade e integridade. Ela provê uma maneira de transformar uma informação de forma que possa ser transmitida ou armazenada de forma segura. Há várias formas de realizar este processo, os principais são:

- ✔ Funções *Hash*: criam um identificador único (*hash*) de tamanho fixo para qualquer tipo de informação, a partir do identificador não é possível obter a informação inicial. Permite confirmar integridade;
- ✔ Criptografia Simétrica: ou criptografia de chave privada, utiliza uma chave privada para codificar e decodificar uma mensagem, ambos o emissor e receptor devem possuir a mesma chave;
- ✔ Criptografia Assimétrica: ou criptografia de chave pública, utiliza duas chaves, uma pública e outra privada. A chave privada é usado para decodificar as mensagens codificadas com a chave pública.

Outro método utilizado são os chamados Certificados digitais, usados para garantir autenticidade, que armazenam um conjunto de informações referentes à entidade dona do certificado e uma chave pública usada para a confirmação das informações por uma CA (Certification Authority), ou Autoridade Certificadora, que atua como um terceiro confiável para a confirmação de um certificado digital.

1.2. *Backup*

Outro item muito importante que ser refere a segurança são os *backups*, pois permitem que uma informação seja recuperada em caso de dano ou perda dos dados originais. Existem diversos meios diferentes de realização de *backups*, vejamos os principais:

- ✔ *Backup* normal: copia os arquivos e marca cada um deles como arquivos que passaram pelo processo de *backup*;
- ✔ *Backup* de cópia: copia simples dos arquivos, não os marca como arquivos que passaram pelo processo de *backup*;
- ✔ *Backup* diário: copia os arquivos que foram modificados no dia da execução do *backup*, não os marca como arquivos que passaram pelo processo de *backup*;
- ✔ *Backup* diferencial: copia os arquivos criados ou modificados desde o último *backup* normal ou incremental, não os marca como arquivos que passaram pelo processo de *backup*;
- ✔ *Backup* incremental: igual ao diferencial porém marca os arquivos como arquivos que passaram pelo processo de *backup*.

É importante lembrar que copiar os arquivos de um local para outro, como uma mídia removível, gera apenas um *backup* de cópia. Os outros tipos de *backup* em geral são feitos por programas que ajudam a gerenciar os *backups*. Muitas vezes os diferentes tipos de *backup* são usados de forma complementar.

Outra ação importante tomada com relação aos *backups* é guardar uma cópia dos dados em local fisicamente separado dos dados originais para que em caso de algum evento como incêndio, não faça com que os *backups* também sejam perdidos.

Por fim temos a Assinatura Digital, uma modalidade de assinatura eletrônica que permite aferir com segurança a origem e integridade de um documento utilizando um algoritmo de criptografia assimétrica.

QUESTÕES COMENTADAS DE SEGURANÇA DA INFORMAÇÃO

(Técnico – TRE/SP – 2012 – FCC) Para criar uma cópia de segurança com o objetivo de preservar os dados de um computador, NÃO é apropriado

(A) copiar os dados para um *pendrive*.
(B) copiar os dados para um DVD gravável.
(C) copiar os dados para a pasta Meus Documentos.
(D) copiar os dados para uma pasta compartilhada em outro computador.
(E) enviar os dados por *e-mail*.

A, B, C, D e E: Todas as maneiras apresentadas permitem realizar a cópia dos dados com segurança com a exceção da alternativa C; copiar os arquivos para a pasta Meus Documentos não garante que eles sejam recuperados caso haja algum dano ao computador, portanto a alternativa correta é a C.

Gabarito "C"

(Delegado/PA – 2012 – MSCONCURSOS) O *backup* ________________ copia somente os arquivos novos e alterados, gerando um arquivo que irá acumular todas as atualizações desde o último *backup*. Qual alternativa apresenta a palavra que preenche corretamente a lacuna?

(A) Total.
(B) Incremental.
(C) Diferencial.
(D) De cópia.
(E) Diário.

A: Errada, no *backup* total todos os arquivos são salvos, independentemente de terem sidos alterados ou não. **B:** Errada, o *backup* incremental copia todos os arquivos criados e alterados desde o último *backup* normal ou incremental e os marca como arquivos copiados, sendo necessárias todas as copias incrementais em caso de recuperação. **C:** Correta, no *backup* diferencial apenas arquivos alterados ou novos são salvos e não há marcação de arquivos como arquivos já copiados, a diferença para o incremental é que em caso de recuperação apenas o primeiro *backup* normal e o último diferencial são necessários. **D:** Errada, no *backup* de cópia todos os arquivos selecionados são copiados, mas não há marcação de arquivos como arquivos que passaram por *backup*. **E:** Errada, o *backup* diário todos os arquivos selecionados que foram modificados no dia da execução do *backup* diário são salvos, não há marcação de arquivos como arquivos que passaram por *backup*.

Gabarito "C"

(Analista – TRT/11ª – 2012 – FCC) Quando o cliente de um banco acessa sua conta corrente através da internet, é comum que tenha que digitar a senha em um teclado virtual, cujas teclas mudam de lugar a cada caractere fornecido. Esse procedimento de segurança visa evitar ataques de:"

(A) *spywares* e *adwares*.
(B) *keyloggers* e *adwares*.
(C) *screenloggers* e *adwares*.
(D) *phishing* e *pharming*.
(E) *keyloggers* e *screenloggers*.

A, B, C, D e E: Essas ações visam evitar ataques de *keyloggers*, ameaças que gravam as teclas digitadas pelo usuário, e de *screenloggers*, que captam imagens da tela do usuário, portanto apenas a alternativa E está correta.

Gabarito "E"

(Analista – TRE/CE – 2012 – FCC) São ações para manter o computador protegido, EXCETO:

(A) Evitar o uso de versões de sistemas operacionais ultrapassadas, como *Windows 95* ou 98.
(B) Excluir *spams* recebidos e não comprar nada anunciado através desses *spams*.
(C) Não utilizar *firewall*.
(D) Evitar utilizar perfil de administrador, preferindo sempre utilizar um perfil mais restrito.
(E) Não clicar em *links* não solicitados, pois *links* estranhos muitas vezes são vírus.

A: Errada, a afirmativa está correta, versões ultrapassadas possuem falhas de segurança que foram corrigidas somente em versões posteriores. **B**: Errada, a afirmativa está correta, anúncios de *spam* podem conter vírus ou outras ameaças de maneira oculta. **C**: Correta, não usar *Firewall* é uma falha de segurança, uma vez que estes são responsáveis pelo monitoramento da entrada e saída de dados do computador. **D**: Errada, a afirmativa está correta, o perfil de administrador possui acesso total à máquina, caso este usuário seja infectado, todo o sistema será comprometido. **E**: Errada, a afirmativa está correta, *links* não solicitados também podem ocultar ameaças à segurança do sistema.

Gabarito "C"

(Auditor Fiscal – São Paulo/SP – FCC – 2012) Sobre vírus, considere:

I. Um vírus de celular pode propagar-se de telefone para telefone através da tecnologia *bluetooth* ou da tecnologia MMS (*Multimedia Message Service*).
II. Para proteger o computador da infecção por vírus é recomendável desabilitar, no programa leitor de *e-mails*, a autoexecução de arquivos anexados às mensagens.
III. Para proteger o telefone celular da infecção por vírus é recomendável aplicar todas as correções de segurança (*patches*) que forem disponibilizadas pelo fabricante do aparelho.
IV. Todos os vírus são programas independentes que não necessitam de um programa hospedeiro para funcionar e são carregados na memória RAM automaticamente quando o computador é ligado.

Está correto o que se afirma em

(A) I e III, apenas.
(B) I, II, III e IV.
(C) I, II e III, apenas.
(D) II e III, apenas.
(E) II, apenas.

A, B, C, D e E: Todas as afirmativas estão corretas, os vírus para celulares podem ser propagados por *Bluetooth* ou mensagens do tipo MMS e manter o aparelho sempre atualizado ajuda a prevenir as infecções. Já no caso dos computadores, desabilitar a auto execução nos leitores de mensagens de correio eletrônico ajuda a prevenir que anexos infectados afetem o computador e há tipos de vírus que afetam a memória RAM do computador e são independentes, portanto alternativa B é a correta.

Gabarito "B"

(Auditor Fiscal – São Paulo/SP – FCC – 2012) Considere a frase a seguir.

Na criptografia ...I... um emissor codifica seu documento com a chave ...II... da pessoa que receberá a mensagem.

O texto codificado apenas poderá ser decodificado pelo ...III... pois, somente ele tem a chave ...IV... relacionada à chave ...V... que originou o texto cifrado.

As lacunas I, II, III, IV e V devem ser preenchidas, correta e respectivamente, por

(A) de chaves públicas, privada, destinatário, pública e privada.
(B) assimétrica, privada, emissor, pública e privada.
(C) simétrica, pública, emissor, privada e pública.
(D) assimétrica, pública, destinatário, privada e pública.
(E) simétrica, privada, destinatário, pública e privada.

A, B, C, D e E: Apenas a criptografia assimétrica possui chaves diferentes (pública e privada), nela uma mensagem criptografada com uma chave pública apenas poderá ser descriptografada pela chave privada que a gerou, portanto a alternativa D está correta.

Gabarito "D"

(Auditor Fiscal – São Paulo/SP – FCC – 2012) No texto a seguir:

A assinatura digital é o resultado da aplicação de uma função matemática que gera uma espécie de impressão digital de uma mensagem. O primeiro passo no processo de assinatura digital de um documento eletrônico é a aplicação dessa função, que fornece uma sequência única para cada documento conhecida como "resumo".

A função matemática citada é mais conhecida como função

(A) quântica.
(B) *de Hash*.
(C) quadrática.
(D) de Euler.
(E) binária.

A, B, C, D e E: A função matemática que resulta em uma sequência única para cada arquivo é denominada de função *Hash*, portanto apenas a alternativa B está correta.

Gabarito "B"

(Auditor Fiscal – São Paulo/SP – FCC – 2012) Sobre o *backup* de informações em uma organização, é correto afirmar:

(A) Os testes de restauração (*restore*) devem ser periódicos com o objetivo de garantir a qualidade dos *backups*.
(B) Para a implementação do *backup*, deve-se levar em consideração apenas a importância da informação e o nível de classificação utilizado.
(C) É recomendável fazer *backup* com frequência apenas dos dados e arquivos executáveis de um sistema computacional.
(D) Os *backups* devem ser mantidos no mesmo local físico da localidade de armazenamento dos dados originais.
(E) A frequência para a realização dos *backups* nada tem a ver com a periodicidade em que os dados são alterados.

A: Correta, os testes de restauração dos dados são importantes para garantir que os *backups* estão sendo feitos corretamente e assegurar a rápida recuperação quando for necessário. **B**: Errada, também é importante considerar a periodicidade de atualização dos dados salvos. **C**: Errada, todos os arquivos de importância para a empresa devem ser salvos, sejam executáveis ou simples documentos de texto. **D**: Errada, os *backups* devem ser mantidos fisicamente longe para evitar perda por desastres como incêndios ou inundações. **E**: Errada, a periodicidade de atualização da informação é um item muito relevante para a realização de *backups*.

Gabarito "A"

(Policial Rodoviário Federal – 2008 – CESPE) Com relação a vírus de computador, *phishing*, *pharming* e *spam*, julgue os itens seguintes.

I. Uma das vantagens de serviços *webmail* em relação a aplicativos clientes de correio eletrônico tais como o Mozilla Thunderbird™ 2 está no fato de que a infecção por vírus de computador a partir de arquivos anexados em mensagens de *e-mail* é impossível, já que esses arquivos são executados no ambiente do sítio *webmail* e não no computador cliente do usuário.
II. *Phishing* e *pharming* são pragas virtuais variantes dos denominados cavalos de troia, se diferenciando destes por precisarem de arquivos específicos para se replicar e contaminar um computador e se diferenciando, entre eles, pelo fato de que um atua em mensagens de *e-mail* trocadas por serviços de *webmail* e o outro, não.
III. O uso de *firewall* e de *software* antivírus é a única forma eficiente atualmente de se implementar os denominados filtros *anti-spam*.
IV. Se o sistema de nomes de domínio (DNS) de uma rede de computadores for corrompido por meio de técnica denominada DNS *cache* poisoning, fazendo que esse sistema interprete incorretamente a URL (*uniform resource locator*) de determinado sítio, esse sistema pode estar sendo vítima de *pharming*.

V. Quando enviado na forma de correio eletrônico para uma quantidade considerável de destinatários, um hoax pode ser considerado um tipo de *spam*, em que o *spammer* cria e distribui histórias falsas, algumas delas denominadas lendas urbanas.

A quantidade de itens certos é igual a

(A) 1.
(B) 2.
(C) 3.
(D) 4.
(E) 5.

A, B, C, D e E: As afirmativas I, II e III estão erradas, se um arquivo anexado em uma mensagem é executado esta ação é feita sempre no computador do usuário, não importa como ele obteve o arquivo; *phishing* são tentativas de obtenção de dados de acesso onde o fraudador tenta se passar por uma pessoa ou empresa confiável e *pharming* é o termo atribuído ao ataque baseado na técnica *DNS cache poisoning* que faz com que a URL de um endereço direcione o usuário para outro lugar; *Firewalls* e antivírus não tem controle sobre o recebimento de mensagens eletrônicas, para isso devem ser usadas ferramentas específicas para o controle de *spam*, seja no servidor que hospeda o serviço ou no *software* gerenciador de mensagens do usuário. Portanto apenas a afirmativa B está correta.

Gabarito "B"

(Policial Rodoviário Federal – 2004 – CESPE) Julgue o item seguinte, relativo a conceitos de segurança e proteção na Internet.

(1) Para evitar que as informações obtidas em sua pesquisa, ao trafegarem na rede mundial de computadores, do servidor ao cliente, possam ser visualizadas por quem estiver monitorando as operações realizadas na Internet, o usuário tem à disposição diversas ferramentas cuja eficiência varia de implementação para implementação. Atualmente, as ferramentas que apresentam melhor desempenho para a funcionalidade mencionada são as denominadas *sniffers* e *backdoors* e os sistemas ditos *firewall*, sendo que, para garantir tal eficiência, todas essas ferramentas fazem uso de técnicas de criptografia tanto no servidor quanto no cliente da aplicação Internet.

1: Errada, *sniffers* são programas que procuram por pacotes de dados que estão trafegando na rede e *backdoor* é um tipo de ameaça virtual que mantém uma porta de acesso aperta para um invasor.

Gabarito "B"

(Enfermeiro – TJ/ES – 2011 – CESPE) Julgue os itens subsecutivos, referentes a conceitos de tecnologia da informação.

(1) Tecnologias como a biometria por meio do reconhecimento de digitais de dedos das mãos ou o reconhecimento da íris ocular são exemplos de aplicações que permitem exclusivamente garantir a integridade de informações.

(2) Um filtro de *phishing* é uma ferramenta que permite criptografar uma mensagem de *email* cujo teor, supostamente, só poderá ser lido pelo destinatário dessa mensagem.

(3) O conceito de confidencialidade refere-se a disponibilizar informações em ambientes digitais apenas a pessoas para as quais elas foram destinadas, garantindo-se, assim, o sigilo da comunicação ou a exclusividade de sua divulgação apenas aos usuários autorizados.

1: Errada, estas tecnologias permitem garantir a segurança de acesso aos arquivos e não sua integridade. **2**: Errada, o filtro de *phising* tem por função identificar possíveis tentativas de roubo de dados por um *site* que tente se passar por outro confiável. **3**: Correta, a confidencialidade é uma característica que garante que apenas as pessoas com o devido acesso tenham acesso a certas informações.

Gabarito 1E, 2E, 3C

(Enfermeiro – POLÍCIA CIVIL/MG – 2013 – ACADEPOL) Aplicações que capturam pacotes da rede e analisam suas características, também conhecidas como "farejadores" de pacotes, são

(A) Banners.
(B) *Worms*.
(C) Spiders.
(D) Sniffers.

A: Errada, um banner é um imagem usada como propaganda. **B**: Errada, os *Worms* são uma ameaça virtual que tem a capacidade de se autorreplicar, além de poder excluir arquivos ou enviar documentos por *email*. **C**: Errada, *Spider* não é uma denominação de tipo de ameaça virtual. **D**: Correta, os *Sniffers* são programas que monitoram a comunicação de uma rede em busca de certos pacotes.

Gabarito "D"

(Enfermeiro – POLÍCIA CIVIL/MG – 2013 – ACADEPOL) Sobre os sistemas de criptografia, analise as seguintes afirmativas:

I. Nos sistemas de criptografia baseados em chave secreta, todas as partes envolvidas devem possuir a chave para codificar e decodificar mensagens.

II. PGP ou *Pretty Good Privacy* é um *software* de criptografia multiplataforma de alta segurança utilizado para troca de mensagens eletrônicas.

III. Nos sistemas de criptografia baseados em chave pública, a chave privada deve ser conhecida por todas as partes envolvidas para codificar ou decodificar mensagens.

Estão CORRETAS as afirmativas:

(A) I e II, apenas.
(B) I e III, apenas.
(C) II e III, apenas.
(D) I, II e III.

A, B, C e D: Apenas a afirmativa III está incorreta, na criptografia de chave pública, esta é distribuída para todas as partes enquanto a chave privada deve ser conhecida apenas por seu dono. Portanto apenas a alternativa A está correta.

Gabarito "A"

(Enfermeiro Fiscal de Saúde – PREFEITO SENADOR CANEDO/GO – 2011 – UFG) Com a difusão do uso da Internet, tem aumentado o número de computadores contaminados por vírus provenientes de mensagens eletrônicas e arquivos trocados pelos usuários. Quando um programa potencialmente indesejado for detectado, o mecanismo de varredura pré-instalado pode ser configurado a fim de mover os anexos para uma pasta específica, solicitando uma ação do usuário. Este procedimento é denominado

(A) ameaça.
(B) exclusão.
(C) quarentena.
(D) restauração.

A, B, C e D: Os arquivos que podem representar alguma ameaça para o computador podem ser movidos para uma área específica onde aguardam uma ação do usuário, este procedimento é denominado quarentena, portanto apenas a afirmativa C está correta.

Gabarito "C"

(Analista – TRT/14ª – 2011 – FCC) É uma forma de fraude eletrônica, caracterizada por tentativas de roubo de identidade. Ocorre de várias maneiras, principalmente por *e-mail*, mensagem instantânea, SMS, dentre outros, e, geralmente, começa com uma mensagem de *e-mail* semelhante a um aviso oficial de uma fonte confiável, como um banco, uma empresa de cartão de crédito ou um *site* de comércio eletrônico. Trata-se de

(A) *Wabbit*.
(B) *Exploits*.
(C) *Hijackers*.
(D) *Phishing*.
(E) *Trojans*.

A: Errada, *Wabbit* é um tipo de programa que apenas se replica na máquina infectada. **B:** Errada, *Exploit* é um pedaço de *software* ou sequencia de comandos que se aproveita de um bug ou falha para causar comportamentos indevidos de um programa ou *hardware*. **C:** Errada, os *Hijackers* são cavalos de troia que modificam a página inicial do navegador e redirecionam qualquer página visitada para outra escolhida pelo criador da praga. **D:** Correta, o *Phishing*, junção de password (senha) e *fishing* (pescaria) é um tipo de ataque que visa enganar o usuário fazendo-o pensar estar em um *site* confiável e assim fornecer seus dados confidenciais. **E:** Errada, os *Trojans* são ameaças que possuem um funcionamento normal e outro não desejável, que geralmente danifica o computador, dados ou configurações do sistema.

Gabarito "D"

(Analista – TRT/20ª – 2011 – FCC) Sobre segurança da informação é correto afirmar:

(A) Os usuários de sistemas informatizados, devem ter acesso total aos recursos de informação da organização, sendo desnecessário a utilização de *login* e senha.
(B) As organizações não podem monitorar o conteúdo dos *e-mails* enviados e recebidos pelos seus colaboradores e nem utilizar esses dados para fins de auditoria e/ou investigação.
(C) É possível saber quais páginas foram acessadas por um computador, identificar o perfil do usuário e instalar programas espiões, entretanto, não é possível identificar esse computador na Internet devido ao tamanho e complexidade da rede.
(D) Para criar senhas seguras é indicado utilizar informações fáceis de lembrar, como nome, sobrenome, número de documentos, números de telefone, times de futebol e datas.
(E) Um *firewall*/roteador ajuda a promover uma navegação segura na *web*, pois permite filtrar os endereços e bloquear o tráfego de *sites* perigosos.

A: Errada, a utilização de *login* e senha é um item de segurança primordial em sistemas informatizados, para ajudar a garantir a integridade do sistema. **B:** Errada, o conteúdo dos *e-mails* de uma instituição é de sua propriedade e podem ser monitorados. **C:** Errada, em uma rede qualquer computador pode ser identificado por meio de seu endereço IP ou endereço MAC. **D:** Errada, informações fáceis de lembrar são também fáceis de serem descobertas, este tipo de informação deve ser evitado ao máximo no uso de senhas seguras. **E:** Correta, um *Firewall* tem como função ajudar a proteger a rede e aumentar a segurança da navegação bloqueando portas e filtrando o tráfego.

Gabarito "E"

(Analista – TRT/21ª – 2010 – CESPE) Julgue os itens a seguir, relativos a conceitos e modos de utilização da Internet e de intranets, assim como a conceitos básicos de tecnologia e segurança da informação.

(1) No governo e nas empresas privadas, ter segurança da informação significa ter-se implementada uma série de soluções estritamente tecnológicas que garantem total proteção das informações, como um *firewall* robusto que filtre todo o tráfego de entrada e saída da rede, um bom *software* antivírus em todas as máquinas e, finalmente, senhas de acesso a qualquer sistema.

1: Errada, a segurança de dados também envolve conceitos de disponibilidade (garantir que a informação esteja disponível sempre que necessário), integridade dos dados (eles não podem sofrer modificações não autorizadas), sua confidencialidade (não estará disponível ou divulgada a indivíduos, entidades ou processos sem autorização) e autenticidade (a informação provém das fontes anunciadas e que não foi alvo de mutações ao longo de um processo).

Gabarito 1E

(Analista – TRE/TO – 2011 – FCC) Uma das formas de proteger o sigilo da informação que trafega na Internet é

(A) a criptografia.
(B) não fazer os *downloads* em *notebooks*.
(C) não responder *e-mails* que chegam "com cópia oculta".
(D) mandar *e-mails* somente a pessoas da lista pessoal.
(E) não usar a opção "com cópia para" do correio eletrônico.

A: Correta, a criptografia aplica um algoritmo criptográfico na informação a ser enviada, o que dificulta a leitura da mesma por terceiros. **B:** Errada, a realização ou não de *downloads* não influencia no sigilo da informação trafegada. **C:** Errada, o fato de haverem ou não copias ocultas não influencia no sigilo da informação trafegada, mesmo porque não é possível saber quando existem copias ocultas em uma mensagem. **D:** Errada, mesmo que uma mensagem seja enviada para um remetente confiável ela pode ser interceptada e seu sigilo comprometido. **E:** Errada, o uso de cópias não influencia no sigilo de uma informação.

Gabarito "A"

(Analista – TRE/TO – 2011 – FCC) Arquivos de dados produzidos por suíte de aplicativos para escritório, por ex. *Microsoft Office*, costumam ser alvo predileto de contaminação por

(A) *trojans*.
(B) *worms*.
(C) hijackers
(D) vírus de *boot*.
(E) vírus de macro.

A: Errada, os *trojans* atuam abrindo uma brecha no computador para que ele possa ser controlado por outro usuário ou para coletar dados e enviá-los pela internet ao invasor. **B:** Errada, os *worms* é um vírus que tem como função se espalhar da forma mais abrangente possível. **C:** Errada, os *hijackers* alteram a página inicial do *browser* e impede o usuário de mudá-la. **D:** Errada, o vírus de *boot* infecta a parte de inicialização do sistema operacional impedindo que o mesmo inicie. **E:** Correta, os vírus de macro vinculam suas macros a modelos de documentos e a outros arquivos de modo que as primeiras instruções executadas serão as do vírus.

Gabarito "E"

(Analista – TRE/BA – 2010 – CESPE) Com relação ao uso seguro das tecnologias de informação e comunicação, julgue o item subsequente.

(1) Confidencialidade, disponibilidade e integridade da informação são princípios básicos que orientam a definição de políticas de uso dos ambientes computacionais. Esses princípios são aplicados exclusivamente às tecnologias de informação, pois não podem ser seguidos por seres humanos.

1: Errada, a confidencialidade (garantia que a informação não estará disponível ou divulgada a indivíduos, entidades ou processos sem autorização), a disponibilidade (manter um serviço disponível o máximo de tempo possível) e a integridade (garantia que algo não pode sofrer modificações não autorizadas) são princípios aplicáveis também ao ser humano.

Gabarito 1E

(Analista – TRE/MT – 2010 – CESPE) Considerando conceitos de segurança da informação, assinale a opção correta.

(A) A segurança das informações que transitam pela Internet é de total responsabilidade do administrador de rede.
(B) Instalar e utilizar antivírus em um computador é uma ação preventiva que elimina completamente a possibilidade de ataques a arquivos e pastas.
(C) Ao se utilizar *firewall* é garantido o bloqueio de vírus e *worms*, pois a sua principal função é identificar e eliminar arquivos corrompidos.
(D) Recursos e instalações de processamento de informações críticas ou sensíveis do negócio devem ser mantidas em áreas seguras, protegidas por um perímetro de segurança definido, com barreiras de segurança apropriadas e controle de acesso.
(E) Os sistemas operacionais modernos possuem mecanismos que evitam a propagação de vírus e cavalos de troia. Tais mecanismos devem ser ativados por meio do gerenciador de arquivos ou pelo gerenciador de aplicativos.

A: Errada, administradores de rede possuem controle dos dados apenas enquanto eles trafegam em seu segmento de rede, após irem para a Internet ele não possui controle sobre eles. **B:** Errada, o antivírus é uma ferramenta reativa, ela funciona após a infecção, para evitá-la deve-se utilizar um *Firewall* e medidas de segurança. **C:** Errada, a principal função do *Firewall* é bloquear o acesso a portas e garantir que a política de segurança da rede seja cumprida. **D:** Correta, toda e qualquer informação crítica dentro do negócio deve estar protegida por barreiras e medidas de segurança a fim de garantirem sua integridade e confiabilidade. **E:** Errada, nem todo sistema operacional possui um sistema de defesa em sua configuração-padrão, estando este a cargo do usuário.

Gabarito "D"

(Analista – TRF/1ª – 2011 – FCC) Dispositivo que tem por objetivo aplicar uma política de segurança a um determinado ponto de controle da rede de computadores de uma empresa. Sua função consiste em regular o tráfego de dados entre essa rede e a internet e impedir a transmissão e/ou recepção de acessos nocivos ou não autorizados. Trata-se de

(A) antivírus.
(B) *firewall*.
(C) *mailing*.
(D) *spyware*.
(E) *adware*.

A: Errada, o antivírus tem por função remover ou bloquear vírus que tenha sido instalados ou detectados no computador. **B:** Correta, o *Firewall* aplica as politicas de segurança de uma rede ou computador, bloqueando portas ou serviços e garantindo a segurança da rede. **C:** Errada, *mailing* é uma forma de envio de mensagens eletrônicas. **D:** Errada, o *spyware* é um tipo de ameaça de computador. **E:** Errada, o adware é um tipo de ameaça de computador.

Gabarito "B"

(Analista – TJ/ES – 2011 – CESPE) Julgue os itens subsecutivos, referentes a conceitos de tecnologia da informação.

(1) Tecnologias como a biometria por meio do reconhecimento de digitais de dedos das mãos ou o reconhecimento da íris ocular são exemplos de aplicações que permitem exclusivamente garantir a integridade de informações.

(2) Um filtro de *phishing* é uma ferramenta que permite criptografar uma mensagem de *email* cujo teor, supostamente, só poderá ser lido pelo destinatário dessa mensagem.

(3) O conceito de confidencialidade refere-se a disponibilizar informações em ambientes digitais apenas a pessoas para as quais elas foram destinadas, garantindo-se, assim, o sigilo da comunicação ou a exclusividade de sua divulgação apenas aos usuários autorizados.

1: Errada, esse tipo de tecnologia garante a segurança do sistema como um todo, limitando o acesso as informações apenas a pessoas autorizadas. 2: Errada, o filtro de *phishing* tem como função atacar as mensagens e *sites* que tem como intenção enganar o usuário a fim de obter dados confidenciais. 3: Correta, a confidencialidade é a característica que garante que os dados estão disponíveis apenas àqueles que tenham autorização para acessá-los.

Gabarito 1E, 2E, 3C

(TJ/SC – 2010) De acordo com os conceitos de segurança da informação, assinale a alternativa correta no que diz respeito às boas práticas de criação e utilização de senhas:

(A) Uma senha "ptsg#02!qn" é mais segura e recomendada do que uma senha "1234".
(B) É recomendável que a senha seja idêntica ao nome do usuário, de forma a facilitar que seja lembrada.
(C) É uma boa prática utilizar a data de nascimento do usuário como senha.
(D) É importante enviar sua senha por *e-mail* para todos os seus contatos. Assim, caso você esqueça da senha, poderá recuperá-la com a ajuda deles.
(E) É uma boa prática copiar a senha em um papel e colá-lo na tela do computador para que não seja esquecida.

A: Correta, senhas que combinam letras, números e caracteres possuem um nível de segurança muito maior que simples sequências numéricas. **B:** Errada, uma senha nunca deve ser igual ao nome de usuário, pois assim facilita que seja descoberta por simples ataques de força bruta. **C:** Errada, datas e números de telefone também são péssimas escolhas para senhas, pois são associações muitos fáceis de deduzir. **D:** Errada, senhas são pessoais e nunca devem ser comunicadas a ninguém. **E:** Errada, esta prática facilita que pessoas mal intencionadas que possuam acesso físico ao computador capturem as senhas.

Gabarito "A"

(TJ/SC – 2010) A realização de cópias de segurança (*backup*) das informações é importante porque:

(A) Impede a entrada de vírus e outras pragas virtuais no computador.
(B) Garante que todos os programas instalados no computador são legítimos.
(C) Permite a recuperação das informações em caso de perda dos dados originais.
(D) Impede que pessoas não autorizadas tenham acesso às informações.
(E) Elimina vírus e outras ameaças que estejam nas informações copiadas.

A: Errada, a realização de *backups* não previne a contaminação por vírus de nenhuma forma. **B:** Errada, a legitimidade de um programa não está ligada em nenhuma forma à realização de *backups*, mas sim a suas respectivas chaves de registro. **C:** Correta, a realização de *backups* permite a fácil recuperação dos dados em caso de perda. **D:** Errada, realizar um *backup* não torna os arquivos originais ou copiados restritos ao acesso de outros usuários. **E:** Errada, a realização de *backups* não possui qualquer ligação com a remoção de vírus do sistema.

Gabarito "C"

(TJ/SC – 2010) É o conjunto de práticas utilizadas para obter acesso a informações importantes ou sigilosas em organizações ou sistemas, através da persuasão e se aproveitando da ingenuidade ou confiança das pessoas. Estamos falando de:

(A) *Backup*.
(B) Vírus.
(C) Engenharia social.
(D) *Download*.
(E) Assinatura digital.

A: Errada, *backup* é uma técnica de segurança que visa realizar cópias de arquivos para sua posterior recuperação em caso de perda. **B:** Errada, vírus são arquivos com conteúdo malicioso que visam infectar um grande número de computadores e possuem o potencial de danificar o bom funcionamento deste. **C:** Correta, a Engenharia social visa obter a confiança de indivíduos com acesso a informações privilegiadas a fim de obtê-las com maior facilidade. **D:** Errada, o *download* é a ação de copiar arquivos por meio da internet. **E:** Errada, a assinatura digital é uma tecnologia que garante autoria de um documento.

Gabarito "C"

OBJETIVO:

O Ministério Público do Governo Federal de um país deseja modernizar seu ambiente tecnológico de informática. Para tanto, adquirirá equipamentos de computação eletrônica avançados e redefinirá seus sistemas de computação a fim de agilizar seus processos internos e também melhorar seu relacionamento com a sociedade.

REQUISITOS PARA ATENDER AO OBJETIVO:

[...]

§ 2º - O acesso a determinadas informações somente poderá ser feito por pessoas autorizadas.

[...]

§ 5º - Para garantir a recuperação em caso de sinistro, as informações deverão ser copiadas em mídias digitais e guardadas em locais seguros.

(MPU –2007 – FCC) Os **§ 2º** e **§ 5º** especificam correta e respectivamente requisitos de uso de

(A) antivírus e *backup*.
(B) *firewall* e digitalização.
(C) antivírus e *firewall*.
(D) senha e *backup*.
(E) senha e antivírus.

A: Errada, o antivírus serve para remoção de ameaças do computador e não bloqueia o acesso a arquivos. **B:** Errada, o *Firewall* protege as portas de comunicação de um computador em uma rede. **C:** Errada, o antivírus serve para remoção de ameaças do computador e não bloqueia o acesso a arquivos. **D:** Correta, o uso de senhas restringe o acesso a arquivos, e a cópia de segurança de arquivos é feita por meio de um *backup*. **E:** Errada, o antivírus serve para remoção de ameaças do computador e não faz cópias de segurança dos arquivos.

Gabarito "D"

(Técnico Judiciário – TRF/1ª – 2011 – FCC) Considerando o recebimento de um arquivo executável de fonte desconhecida, no correio eletrônico, a atitude mais adequada diante deste fato é

(A) não executá-lo.
(B) baixa-lo no seu *desktop* e executá-lo localmente, somente.
(C) repassá-lo para sua lista de endereços solicitando aos mais experientes que o executem.
(D) executá-lo diretamente, sem baixa-lo no seu *desktop*.
(E) executá-lo de qualquer forma, porém comunicar o fato ao administrador de sua rede.

A: Correta, arquivos executáveis são grandes fontes de vírus, portanto não podem ser executados caso sua origem e propósito sejam desconhecidos. **B:** Errada, arquivos executáveis de fontes desconhecidas devem ser removidos ou ignorados para evitar brechas de segurança. **C:** Errada, arquivos como este não devem ser repassados para evitar que outras pessoas sejam expostas ao risco potencial que eles representam. **D:** Errada, o arquivo pode infectar a máquina não importando onde seja executado. **E:** Errada, o arquivo não deve ser executado, mesmo que alguém seja avisado sobre isso posteriormente.

Gabarito "A"

(Técnico Judiciário – MPU – 2010 – CESPE) Acerca de conceitos básicos de segurança da informação, julgue os itens seguintes.

(1) É recomendável que, entre as medidas de segurança propostas para gerenciar um ambiente automatizado, seja incluída a instalação, em rede, de ameaças que possam servir de armadilhas para usuários mal-intencionados, como criptografia, algoritmos, assinatura digital e antivírus.
(2) Cavalo de Troia é exemplo de programa que atua na proteção a um computador invadido por *hackers*, por meio do fechamento de portas, impedindo o controle remoto do sistema.
(3) De acordo com o princípio da disponibilidade, a informação só pode estar disponível para os usuários aos quais ela é destinada, ou seja, não pode haver acesso ou alteração dos dados por parte de outros usuários que não sejam os destinatários da informação.

1: Errada, as medidas mencionadas na verdade são ações de segurança contra ameaças e não armadilhas contra usuários mal-intencionados; 2: Errada, o Cavalo de Troia é um programa que uma vez no computador, mantém uma porta de conexão aberta para que um invasor possa operar a máquina a distância; 3: Errada, o princípio da disponibilidade diz que um arquivo deve estar sempre disponível para ser acessado a quem lhe é de direito.

Gabarito 1E, 2E, 3E

(Técnico Judiciário – TRT/1ª – 2008 – CESPE) Considerando um computador que não tenha programa antivírus e *firewall* instalados, assinale a opção correta quanto à forma de uso desse computador e ao risco de infecção do mesmo por vírus de computador.

(A) Em acessos à Internet, as páginas pelas quais se navega e os *hiperlinks* que são clicados não representam risco de infecção por vírus de computador.
(B) Ao se inserir um disquete de 3 ½", de procedência desconhecida, no drive correspondente e se realizar operação de leitura ou escrita nele, não há risco de infecção do computador por vírus.
(C) Se um disquete de 3 ½" que não contenha vírus de computador e esteja protegido contra gravação for inserido na unidade de disco e acessado, não existe risco de um vírus de computador ser transferido para ele, caso o computador esteja infectado.
(D) Abrir arquivos executáveis de origem desconhecida que sejam recebidos como anexos em mensagens de *e-mail* não constitui risco de infecção do computador por vírus.
(E) Ao se conectar um *pen drive* na interface apropriada e, nele, se realizar operação de leitura ou escrita, não há risco de infecção do computador por vírus.

A: errada, as páginas pelas quais se navega e os *hiperlinks* que são clicados podem representar um risco de infecção em um computador sem programas de antivírus e *Firewall* instalados. **B:** errada, há risco de infecção por vírus ao se inserir um disquete de 3 ½" de procedência desconhecida. **C:** correta, um disquete de 3 ½" que não contenha vírus e protegido contra gravação não corre risco de ser infectado. **D:** errada, há risco de infecção ao se abrir arquivos executáveis de origem desconhecida. **E:** errada, há risco de infecção ao se conectar um pendrive na interface apropriada.

Gabarito "C"

(Técnico Judiciário – TRE/AP – 2011 – FCC) Em relação aos tipos de *backup*, é correto afirmar que o *Backup* Incremental

(A) é uma cópia extraída diariamente, contendo todos os incrementos que ocorreram no sistema operacional.
(B) é uma cópia de segurança que incrementa todas as inclusões e alterações de programas e configurações.
(C) é a cópia de segurança na qual são copiados somente os arquivos alterados depois do último *backup*.

(D) copia todos os arquivos do sistema operacional, assinalando aqueles que foram alterados.

(E) é programado para ser executado sempre que houver alteração nos dados armazenados.

A: Errada, o *backup* incremental não necessariamente é feito diariamente, ele contém as alterações feitas desde o último *backup* incremental ou completo. **B:** Errada, são copiados todos os arquivos alterados desde o último *backup* incremental ou completo. **C:** Correta, o *backup* incremental contém as alterações feitas desde o último *backup* incremental ou completo. **D:** Errada, apenas os arquivos alterados desde o último *backup* incremental ou completo são copiados. **E:** Errada, o *backup* incremental não está relacionado a uma periodicidade.

Gabarito "C"

I. Proteger o computador conectado à Internet, de ataques, invasões, intrusões, infecções e mantê-lo automaticamente atualizado com as novas versões (*Windows Update*). Para tanto, deve-se ativar todos os Dados Básicos de Segurança na Central de Segurança (Windows XP edição doméstica).

(Técnico Judiciário – TRE/PI – 2009 – FCC) A recomendação feita em (I) é para ativar

(A) *Firewall* e Proteção contra vírus, apenas.

(B) *Backup* automático, Proteção contra vírus e *Firewall,* apenas.

(C) Atualizações automáticas, Proteção contra vírus e *Firewall,* apenas.

(D) Atualizações automáticas, Proteção contra vírus, *Firewall* e *Backup* automático, apenas.

(E) Proteção contra vírus, *Firewall, Backup* automático e Opções da Internet.

A: errada, há uma outra opção de segurança na Central de Segurança do Windows XP. **B:** errada, não há opções de *backup* automático na Central de Segurança do Windows XP. **C:** correta, as opções de segurança da Central de Segurança do Windows XP incluem Atualizações automáticas, Proteção contra vírus e *Firewall*. **D:** errada, não há opções de *backup* automático na Central de Segurança do Windows XP. **E:** errada, não há opções de *backup* automático na Central de Segurança do Windows XP.

Gabarito "C"

(Técnico Judiciário – TJ/PR – 2009) Uma assinatura digital é um(a):

(A) assinatura de *e-mail* com dados como nome, telefone e cargo, colocado na parte inferior das mensagens.

(B) modalidade de assinatura eletrônica, resultado de uma operação matemática que utiliza algoritmos de criptografia assimétrica e permite aferir, com segurança, a origem e a integridade do documento.

(C) arquivo com um *bitmap* da assinatura de uma pessoa.

(D) arquivo texto com os dados pessoais de uma pessoa que é inserido automaticamente ao final de uma mensagem.

A: errada, uma assinatura digital inclui mecanismos de criptografia para garantir a origem e integridade do documento. **B:** correta, a assinatura digital é uma modalidade de assinatura eletrônica, resultado de uma operação matemática que utiliza algoritmos de criptografia assimétrica e permite aferir, com segurança, a origem e a integridade do documento. **C:** errada, a assinatura digital não está contida em arquivos do tipo bitmap. **D:** errada, uma assinatura digital não é um arquivo de texto, mas sim uma modalidade de assinatura eletrônica.

Gabarito "B"

(Delegado/GO – 2009 – UEG) Sobre fundamentos de segurança da informação e programas maliciosos, é CORRETO afirmar:

(A) deve-se dar preferência ao uso de programas de troca de mensagens como o MSN para substituir o *e-mail*,dado que o risco de contaminação nesses programas é praticamente nulo.

(B) mesmo um inocente *e-mail* de uma fonte conhecida e contendo apenas uma imagem ou uma proteção de tela pode se tornar fonte de contaminação.

(C) programas maliciosos denominados *trojans* não podem ser detectados por antivírus, necessitando, portanto, de programas específicos.

(D) *spywares* são programas que têm como finalidade vigiar o computador para evitar contaminação por *adwares*.

A: Errada, porque o risco de contaminação por meio de programas de troca de mensagens instantâneas é tão grande quanto por correio eletrônico. **B:** Correta, uma vez que por mais que a fonte seja conhecida, um simples anexo pode conter um *software* malicioso. **C:** Errada, já que os antivírus podem detectar pragas do tipo *trojan*. **D:** Errada, pois o *spywares* são é um um tipo de *software* malicioso e não um tipo de programa antivírus.

Gabarito "B"

(Delegado/GO – 2009 – UEG) Sistemas informatizados de qualquer natureza têm um papel decisivo na qualidade do serviço ofertado pelos seus usuários. Entretanto, com relação ao CORRETO uso desses sistemas de informação deve-se:

(A) exigir, com responsabilidade, que os profissionais de informática mantenham os dados do sistema sempre corretos e confiáveis.

(B) manter sempre um controle paralelo ao sistema a fim de assegurar a confiabilidade do mesmo.

(C) manter os *hardwares* sempre atualizados para que novas funcionalidades do seu sistema estejam sempre disponíveis.

(D) utilizar corretamente o sistema, pois dessa forma os dados constantes neste serão mais corretos e confiáveis.

A: Errada, pois não se pode confiar apenas no usuário para manter uma base de dados consistente e segura. **B:** Errada, porque a informação não pode estar contida em um documento paralelo, isso incentiva o desuso de um dos sistemas de armazenamento. **C:** Errada, já que nem toda nova funcionalidade demandará um novo hardware. **D:** Correta, ou seja, um sistema de informação deve garantir que os dados nele inseridos sejam corretos e consistentes, portanto, seu uso de forma correta é a melhor forma de garantir a integridade das informações.

Gabarito "D"

(Delegado/GO – 2009 – UEG) A difusão do uso de *e-mail* facilitou os processos de investigação. A atividade de busca de informações passou ater como oportunidade o acesso a um grande reduto de dados: o histórico constante nas caixas de *e-mail*. Entretanto, existem ainda restrições como a seguinte:

(A) a ausência de *e-mails* com data superior a seis meses, que são automaticamente apagados pelo sistema no intuito de não sobrecarregar os bancos de dados.
(B) a dificuldade de acesso a caixas de *e-mails* públicos denominados *webmails*, principalmente quando estes estão hospedados em países com legislação diferente.
(C) a exclusão automática de anexos após a leitura e confirmação do recebimento da mensagem.
(D) o acesso às mensagens e anexos, visto que as ferramentas Clientes implementam, automaticamente, criptografia, impossibilitando a leitura.

A: Errada, porque as mensagens em uma caixa postal não são automaticamente apagadas a menos que o usuário assim a configure. **B:** Correta, visto que contas de *e-mails* públicos, principalmente, os hospedados em servidores em outros países, fazem com que o acesso ao seu conteúdo seja mais trabalhoso. **C:** Errada, pois anexos não podem ser removidos separadamente da mensagem, toda ela deve ser excluída para que o anexo seja excluído. **D:** Errada, já que nem toda ferramenta Cliente criptografa mensagens de maneira automática, a menos que o usuário assim a configure.

Gabarito "B"

(Delegado/GO – 2009 – UEG) A automação via sistemas informatizados tende a causar profundas mudanças nos ambientes em que ela chega. Entretanto, é comum que nos primeiros momentos as informações sejam armazenadas no formato de documentos de texto e planilhas. Supondo que todas as informações de um órgão estejam armazenadas dessa forma e que se deseja obter informações consolidadas, é necessária:

(A) a utilização de bancos de dados que permitam o armazenamento de grande quantidade de informações.
(B) a reentrada das informações existentes em um *software* específico para avaliação e conversão dos conteúdos.
(C) a junção, por vezes, dos dados constantes nos documentos e planilhas. Ainda que não trivial é possível de ser implementada.
(D) a implantação de novos sistemas automatizados, pois uma base de dados no Word e outra no Excel, por exemplo, não podem ser integradas.

A: Errada, permite-se consolidar os documentos e planilhas sem a necessidade de um banco de dados externo. **B:** Errada, os dados não necessitam ser redigitado, o que aumenta o risco de inconsistência dos mesmos. **C:** Correta, ainda que não seja a melhor forma, é possível juntar os dados nos documento e planilhas para que as informações resultantes sejam consolidadas. **D:** Errada, porque é possível realizar a integração de bases de dados mesmo que em diferentes formatos.

Gabarito "C"

(Delegado/MG – 2008) Com o avanço da internet, atualmente existem diversos tipos de programas que impedemo bom funcionamento de um sistema e, por isso, podem ser considerados como nocivos.Assinale a *única* alternativa que NÃO faz parte dessa classificação.

(A) Adware
(B) Freeware
(C) *Trojan*
(D) Vírus

A: Errada, visto que o adware é um programa que executa automaticamente, mostra ou baixa publicidade para o computador depois de instalado ou enquanto a aplicação é executada. **B:** Correta, já que o Freeware é um *software* cuja utilização não implica o pagamento de licenças de uso ou royalties. **C:** Errada, ou seja, um *Trojan,* vírus que entra no computador e liberando uma porta para uma possível invasão. **D:** Errada,pois um vírus é um programa nocivo que ameaça o funcionamento do computador.

Gabarito "B"

(Delegado/MG – 2008) Qual chave, ou conjunto de chaves, pode enviar ao servidor de chaves PGP para possibilitar aos demais usuários verificarem a autenticidade de um documento eletrônico ou para possibilitar a encriptação do mesmo?

(A) Chave privada
(B) Chave privada e pública
(C) Chave única
(D) Chave pública

A: Errada, a chave privada é única e nunca é compartilhada com outros, ela garante autoria de um documento. **B:** Errada, apenas uma das chaves deve ser enviada para a verificação de autenticidade ou encriptação de um documento. **C:** Errada, chaves únicas não garantem autoria de um documento, apenas fornecem um meio de criptografia. **D:** Correta, por meio da chave pública pode-se reverter o processo de encriptação de um documento e assim confirmar sua autenticidade, ela também pode ser usada para encriptar um documento que será lido pelo possuidor da chave privada.

Gabarito "D"

(Delegado/MG – 2006) A criação de cópias de segurança para restaurar ou recuperar arquivos perdidos, em casos de defeito no disco rígido do computador, pode ser realizada por programas de:

(A) Fontes
(B) *Backup*
(C) Aplicativos
(D) Editar, copiar e colar

A: Errada, dado que fontes são arquivos usados para a compilação de programas ou para exibição de diferentes tipos de escrita e não programas para realização de cópias de segurança. **B:** Correta, já que um programa de *backup* pode salvar arquivos e configurações para que possam ser recuperadas em caso de falha ou pane no sistema. **C:** Errada, programas a de aplicativos não possuem qualquer relação com a realização de *backups* de segurança. **D:** Errada, editar, copiar e colar são ações que podem ser feitas em um sistema operacional e não um tipo de programa de cópias de segurança.

Gabarito "B"

(Delegado/PB – 2009 – CESPE) A respeito de segurança e proteção de informações na Internet, assinale a opção incorreta.

(A) Embora o uso de aplicativo antivírus continue sendo importante, grande parte da prevenção contra os vírus depende dos usuários, porque as infecções ocorrem em função do comportamento do usuário, como abrir anexo de *e-mail*, clicar em um *link* ou fazer *download* de arquivo.

(B) Uma forma de evitar infecções no computador é manter o antivírus ativado e atualizado e deixar agendadas varreduras periódicas.

(C) Uma forma de proteção contra vírus eletrônicos é a troca periódica de senhas sensíveis.

(D) Usuários devem atentar para *e-mail* desconhecido e evitar propagar correntes com o objetivo de minimizar infecções por vírus.

(E) Os vírus surgem cada vez mais rapidamente, mas a instalação de antivírus é suficiente para eliminá-los, por meio do reconhecimento da assinatura do vírus.

A: Errada, a afirmativa está correta. **B:** Errada, a afirmativa está correta. **C:** Errada, a afirmativa está correta. **D:** Errada, a afirmativa está correta. **E:** Errada, pois a afirmativa está incorreta, ou seja, os antivírus utilizam várias técnicas para reconhecer e remover vírus, mas mesmo assim, por mais atualizado que esteja não é possível garantir que ele removerá todos e quaisquer vírus.

Gabarito "E"

(CEF – Técnico Bancário – 2010 – CESPE) Assinale a opção correta a respeito de certificação digital.

(A) Autoridade certificadora é a denominação de usuário que tem poderes de acesso às informações contidas em uma mensagem assinada, privada e certificada.

(B) A autoridade reguladora tem a função de emitir certificados digitais, funcionando como um cartório da Internet.

(C) O ITI (Instituto Nacional de Tecnologia da Informação) é também conhecido como Autoridade Certificadora Raiz Brasileira.,

(D) PKI ou ICP é o nome dado ao certificado que foi emitido por uma autoridade certificadora.

(E) Um certificado digital é pessoal, intransferível e não possui data de validade

O ITI é uma autarquia federal, e é a primeira autoridade na cadeia de certificação, executora das Políticas Certificadoras, sendo, portanto, a Autoridade Certificadora Raiz.

Gabarito "C"

(CEF – Técnico Bancário – 2010 – CESPE) Acerca de assinatura digital, assinale a opção correta.

(A) Para assinar uma mensagem digital, o remetente usa uma chave privada.

(B) O destinatário usa a chave privada do remetente para receber uma mensagem digital assinada.

(C) Para assinar uma mensagem digital, o destinatário usa uma chave pública.

(D) Uma mensagem digital somente pode ser assinada pelo destinatário da mesma.

(E) A chave pública é uma chave que permite abrir todas as assinaturas digitais dos usuários de uma empresa.

A utilização de uma assinatura digital providencia uma prova de que a mensagem veio do emissor esperado. O autor da mensagem deve criptografar com sua chave privada o hash do seu documento, que posteriormente será descriptografado pela chave pública pelo receptor da mensagem e comparado com o hash recebido. Se forem idênticas, a mensagem está íntegra.

Gabarito "A"

(CEF – Técnico Bancário/Nacional – 2008 – CESGRANRIO) Suponha uma situação na qual não exista nenhuma falha de segurança na proteção da(s) chave(s) privada(s) e pública(s). Quando um usuário A escreve um *e-mail* M para o usuário B e o assina digitalmente, B pode ter certeza de que

(A) somente B pode ter acesso à mensagem M que A enviou.

(B) somente quem possui a chave privada de A pode ter acesso à mensagem M.

(C) B receberá a mensagem M, mesmo que A não consiga enviá-la.

(D) B receberá a mensagem M, mesmo se seu servidor de *e-mail* deixar de existir.

(E) A foi quem enviou a mensagem M para B.

Ao assinar digitalmente, A garante a B que a mensagem foi realmente enviada por A e não foi alterada no caminho.

Gabarito "E"

(CEF – Técnico Bancário/Nacional – 2008 – CESGRANRIO) Três fatores podem ser considerados para decidir se será realizada uma cópia de segurança completa ou incremental em um conjunto de arquivos.

Esses fatores são o percentual do número de arquivos modificados, o custo médio de restauração de um arquivo contido em uma cópia de segurança e a disponibilidade de recursos de mídia para realizar a cópia de segurança. Qual configuração de fatores sugere mais fortemente que se deve realizar uma cópia de segurança completa, ao invés de uma incremental?

	Percentual do nº de arquivos modificados	Custo médio de restauração de um arquivo contido em uma cópia de segurança	Disponibilidade de recursos de mídia para realizar a cópia de segurança
(A)	baixo	baixo	baixo
(B)	baixo	baixo	alta
(C)	alta	baixo	baixo
(D)	alta	baixo	alta
(E)	alta	alta	alta

Uma cópia incremental resguarda os dados, não criando múltiplas cópias do arquivo. Um *backup* sucessivo copia apenas os dados que foram modificados depois do último *backup*. Portanto, se o percentual de arquivos modificados é alto, o interesse desse tipo de cópia diminui, assim como se o custo médio de restauração for alto. Porém, cópias incrementais utilizam menos recursos de mídia.

Gabarito "E"

(CEF – Técnico Bancário – 2008 – CESGRANRIO) Qual dos princípios básicos da segurança da informação enuncia a garantia de que uma informação não foi alterada durante seu percurso, da origem ao destino?

(A) Não repúdio
(B) Integridade
(C) Autenticidade
(D) Disponibilidade
(E) Confidencialidade

A Integridade da informação implica que uma mensagem enviada por um remetente chega sem alteração ao destinatário, que deve ser capaz de verifiá-la.

Gabarito "B"

(CEF – Técnico Bancário – 2008 – CESGRANRIO) Quais princípios da segurança da informação são obtidos com o uso da assinatura digital?

(A) Autenticidade, confidencialidade e disponibilidade.
(B) Autenticidade, confidencialidade e integridade.
(C) Autenticidade, integridade e não repúdio.
(D) Autenticidade, confidencialidade, disponibilidade, integridade e não repúdio.
(E) Confidencialidade, disponibilidade, integridade e não repúdio.

A assinatura digital promove a autenticidade (o destinatário é capaz de identificar o remetente e verificar que ele é o autor da mensagem), a integridade (o destinatário é capaz de determinar se a mensagem foi alterada após o envio) e o não repúdio (o emissor não pode negar a autoria da mensagem).

Gabarito "C"

(BB – Escriturário – 2011 – FCC) É o ataque a computadores que se caracteriza pelo envio de mensagens não solicitadas para um grande número de pessoas:

(A) *Spywares.*
(B) *Trojan.*
(C) *Worms.*
(D) *Spam.*
(E) Vírus.

Spams é o nome dado a mensagens indesejadas muitas vezes enviadas a um grande número de pessoas.

Gabarito "D"

(BB – Escriturário – 2011 – FCC) No contexto de segurança do acesso a distância a computadores, é o processo que encapsula o pacote de dados, previamente protegido por mecanismos que o torna ilegível, podendo, dessa forma, trafegar em uma rede pública até chegar ao seu destino, onde é desencapsulado e tornado legível. Trata-se de

(A) autenticação.
(B) gerenciador de chaves digitais.
(C) conexão segura.
(D) criptografia.
(E) tunelamento.

Observamos que os dados já estão protegidos, ou seja, ja estão criptografados. Desta forma o encapsulamento, ou tunelamento, é a forma de criar túneis entre duas máquinas por onde as informações trafegam.

Gabarito "E"

(BB – Escriturário – 2010 – CESGRANRIO) A informação é um dos ativos mais importantes em uma empresa. Proteger os processos mais críticos do negócio corporativo, reduzir a probabilidade de ocorrência de incidentes relacionados à segurança e recuperar os danos em casos de desastres e incidentes são objetivos, entre outros, da implementação de um(a)

(A) controle de acesso.
(B) plano de desenvolvimento.
(C) plano de segurança.
(D) política de informação.
(E) rotina de *backup*.

Um plano de segurança tem como objetivo melhorar os procedimentos para proteger dados e processos no mundo da informática, como proteção contra invasões, vírus e outras ameaças.

Gabarito "C"

(BB – Escriturário – 2010 – CESGRANRIO) O Filtro do SmartScreen da Microsoft é um recurso do Internet Explorer que ajuda a detectar *sites* de *Phishing* e *sites* de

(A) *Malware.*
(B) *Ringware.*
(C) *Spyware.*
(D) *Threads.*
(E) *Worms.*

O Filtro SmartScreen detecta *sites* de *phishing*, analisando os *sites* web durante a navegação, assim como a instalação de *softwares* mal-intencionados (*malwares*)

Gabarito "A"

(BB – Escriturário – 2007 – CESPE) Com relação à segurança e à privacidade de usuários no processo de navegação na Internet, julgue o item seguinte.

(1) Para que um computador esteja efetivamente protegido contra a ação de vírus de computador e contra ataques de *hackers*, é suficiente que haja, no computador, um programa antivírus que tenha sido atualizado há, no máximo, três meses, sendo desnecessário, atualmente, o uso de *firewall* no combate a ataques de *hackers*.

1: errado. Antivírus devem ser atualizados diariamente, e *Firewalls* protegem o computador de invasões por parte de *hackers*.

Gabarito 1E

(BB – Escriturário – 2006 – FCC) Uma mensagem enviada de X para Y é criptografada e decriptografada, respectivamente, pelas chaves

(A) pública de Y (que X conhece) e privada de Y.
(B) pública de Y (que X conhece) e privada de X.

(C) privada de X (que Y conhece) e privada de Y.
(D) privada de X (que Y conhece) e pública de X.
(E) privada de Y (que X conhece) e pública de X.

Para se criptografar uma mensagem, o remetente codifica a mensagem com a chave pública do destinatário, que a decriptografa com a sua chave privada.

Gabarito "A"

(Fiscal de Rendas/RJ – 2010 – FGV) A assinatura digital visa dar garantia de integridade e autenticidade a arquivos eletrônicos, comprova que a mensagem ou arquivo não foi alterado e que foi assinado pela entidade ou pessoa que possui a chave privada e o certificado digital correspondente, utilizados na assinatura.

A *assinatura digital* emprega chaves criptográficas definidas como um conjunto de bits baseado em um determinado algorítmo capaz de cifrar e decifrar informações que, para isso, utiliza chaves simétricas ou chaves assimétricas.

A esse respeito, analise as afirmativas a seguir.

I. Chaves simétricas são simples e nelas o emissor e o receptor utilizam a mesma chave para cifrar e decifrar uma informação, acarretando riscos menores, diminuindo consideravelmente as possibilidades de extravio ou fraudes. É por esta razão que chaves públicas são utilizadas em assinaturas digitais.

II. Chaves assimétricas funcionam com duas chaves: a chave privada e a chave pública. Nesse esquema, uma pessoa ou uma organização deve utilizar uma chave de codificação e disponibilizá-la a quem for mandar informações a ela. Essa é a chave pública. Uma outra chave deve ser usada pelo receptor da informação para o processo de decodificação: é a chave privada, que é sigilosa e individual. As chaves são geradas de forma conjunta, portanto, uma está associada à outra.

III. A assinatura digital funciona da seguinte forma: é necessário que o emissor tenha um documento eletrônico e a chave pública do destinatário. Por meio de algoritmos apropriados, o documento é então cifrado de acordo com esta chave pública. O receptor usará então sua chave privada correspondente para decifrar o documento. Se qualquer *bit* deste for alterado, a assinatura será deformada, invalidando o arquivo.

Assinale:

(A) se somente a afirmativa I estiver correta.
(B) se somente as afirmativas I e II estiverem corretas.
(C) se somente as afirmativas I e III estiverem corretas.
(D) se somente as afirmativas II e III estiverem corretas.
(E) se todas as afirmativas estiverem corretas.

A: Errada, a afirmativa I está incorreta, chaves simétricas não acarretam riscos menores, pois deve haver uma cópia em cada extremidade da comunicação, elevando as chances de uma potencial descoberta por terceiros. **B:** Errada, a afirmativa I está incorreta, chaves simétricas não acarretam riscos menores, pois deve haver uma cópia em cada extremidade da comunicação, elevando as chances de uma potencial descoberta por terceiros. **C:** Errada, a afirmativa I está incorreta, chaves simétricas não acarretam riscos menores, pois deve haver uma cópia em cada extremidade da comunicação, elevando as chances de uma potencial descoberta por terceiros. **D:** Correta, apenas as afirmativas II e III estão corretas. **E:** Errada, a afirmativa I está incorreta, chaves simétricas não acarretam riscos menores, pois deve haver uma cópia em cada extremidade da comunicação, elevando as chances de uma potencial descoberta por terceiros.

Gabarito "D"

(Auditor Fiscal/SC – 2010 – FEPESE) Os programas antivírus são capazes de proteger os computadores de uma série de ameaças à sua segurança, dentre as quais podemos citar:

(A) *worms* e *spam*.
(B) *port scans* e *rootkits*.
(C) *bots* e *phishing scams*.
(D) *spyware* e cavalos de Troia.
(E) ataques de negação de serviço e *backdoors*.

A: Errada, *spam* consiste no envio de mensagens de correio eletrônico não requisitadas pelo destinatário e em geral contendo propagandas de produtos ou serviços. **B:** Errada, *port scans* são aplicativos que têm como objetivo testar as portas lógicas de um determinado host. **C:** Errada, *phishing scams* são mensagens de correio eletrônico que têm como objetivo enganar o destinatário e leva-lo a um *site* na Internet que tem como objetivo obter senhas de acesso, em geral a bancos. **D:** Correta, programas antivírus são capazes de proteger o computador de ameaças do tipo *spyware* e cavalos de Troia. **E:** Errada, ataques de negação de serviço, também conhecidos como DDOS, são ataques praticados na internet e direcionados a serviços web como hospedagem de *sites*, servidores de jogos ou *e-mails*.

Gabarito "D"

(Técnico da Receita Federal – 2006 – ESAF) Analise as seguintes afirmações relacionadas à criptografia.

I. A criptografia de chave simétrica pode manter os dados seguros, mas se for necessário compartilhar informações secretas com outras pessoas, também deve-se compartilhar a chave utilizada para criptografar os dados.

II. Com algoritmos de chave simétrica, os dados assinados pela chave pública podem ser verificados pela chave privada.

III. Com algoritmos RSA, os dados encriptados pela chave pública devem ser decriptados pela chave privada.

IV. Com algoritmos RSA, os dados assinados pela chave privada são verificados apenas pela mesma chave privada.

Indique a opção que contenha todas as afirmações verdadeiras.

(A) I e II.
(B) II e III.
(C) III e IV.
(D) I e III.
(E) II e IV.

A: Errada, a afirmativa II está incorreta, algoritmos de chave simétrica possuem apenas uma chave para cifrar e decifrar os dados. **B:** Errada, a afirmativa II está incorreta, algoritmos de chave simétrica possuem apenas uma chave para cifrar e decifrar os dados. **C:** Errada, a afirmativa IV está incorreta, dados cifrados pela chave privada podem ser decifrados pela respectiva chave pública. **D:** Correta, apenas as afirmativas I e III estão corretas.**E:** Errada, as afirmativas II e IV estão incorretas, algoritmos de chave simétrica possuem apenas uma chave para cifrar e decifrar os dados e com algoritmos RSA dados cifrados pela chave privada podem ser decifrados pela respectiva chave pública.

Gabarito "D"

(Técnico da Receita Federal – 2006 – ESAF) Analise as seguintes afirmações relacionadas a vírus e antivírus.

I. Um *cookie* é um vírus do tipo *malware* que pode ser armazenado pelo *browser* se um *website* requisitar. A informação não tem um tamanho muito grande e, quando acionados, alteram a configuração de segurança do *browser*.

II. Qualquer *malware* que possua um *backdoor* permite que o computador infectado seja controlado totalmente ou parcialmente através de um canal de IRC ou via conexão com uma porta.

III. O Cavalo de Troia é um programa que, explorando deficiências de segurança de computadores, propaga-se de forma autônoma, contaminando diversos computadores geralmente conectados em rede. O Cavalo de Troia mais conhecido atacou quantidades imensas de computadores na Internet durante os anos 90.

IV. A Engenharia Reversa é a arte de reverter códigos já compilados para uma forma que seja legível pelo ser humano. Técnicas de engenharia reversa são aplicadas na análise de vírus e também em atividades ilegais, como a quebra de proteção anticópia. A engenharia reversa é ilegal em diversos países, a não ser que seja por uma justa causa como a análise de um *malware*.

Indique a opção que contenha todas as afirmações verdadeiras.

(A) I e II.
(B) II e III.
(C) III e IV.
(D) I e III.
(E) II e IV.

A: Errada, a afirmativa I está incorreta, *cookies* são arquivos de armazenamento temporários utilizados por diversos *websites* durante a navegação do usuário, não tendo o poder de alterar qualquer configuração de segurança. **B:** Errada, a afirmativa III está incorreta, Cavalo de Troia é um programa que aparenta ser confiável, porém mantém uma porta de conexão aberta para que o computador seja invadido. **C:** Errada, a afirmativa III está incorreta, Cavalo de Troia é um programa que aparenta ser confiável, porém mantém uma porta de conexão aberta para que o computador seja invadido. **D:** Errada, as afirmativas I e III estão incorretas, *cookies* são arquivos de armazenamento temporários utilizados por diversos *websites* durante a navegação do usuário, não tendo o poder de alterar qualquer configuração de segurança, e Cavalo de Troia é um programa que aparenta ser confiável, porém mantém uma porta de conexão aberta para que o computador seja invadido. **E:** Correta, apenas as afirmativas II e IV estão corretas.

Gabarito "E"

(Técnico da Receita Federal – 2006 – ESAF) Analise as seguintes afirmações relacionadas a sistemas de *backup*:

I. Um *backup* incremental copia somente os arquivos criados ou alterados desde o último *backup* normal ou incremental.

II. Ao se utilizar uma combinação de *backups* normais ou incrementais para restaurar dados, será necessário ter o último *backup* normal e todos os conjuntos de *backups* incrementais.

III. A forma mais segura de se fazer um *backup* diferencial em todo o conteúdo de um HD é por meio da implementação de um sistema de espelhamento de disco.

IV. Com um sistema tolerante a falhas, do tipo RAID3 ou RAID5, o *backup* completo é feito no último disco do conjunto, que deve ser substituído com a frequência necessária para se manter a segurança desejada. Recomenda-se, no mínimo, uma substituição semanal.

Indique a opção que contenha todas as afirmações verdadeiras.

(A) I e II.
(B) II e III.
(C) III e IV.
(D) I e III.
(E) II e IV.

A: Correta, apenas as afirmativas I e II estão corretas. **B:** Errada, a afirmativa III está incorreta, sistemas de espelhamento de disco realizam um *backup* total dos arquivos e não diferencial. **C:** Errada, as afirmativas III e IV estão incorretas, sistemas de espelhamento de disco realizam um *backup* total dos arquivos e não diferencial e sistemas com RAID3 ou 5 utilizam bits de paridade para garantir tolerância a falhas, não havendo um disco específico para o *backup* completo. **D:** Errada, a afirmativa III está incorreta, sistemas de espelhamento de disco realizam um *backup* total dos arquivos e não diferencial. **E:** Errada, a afirmativa IV está incorreta, sistemas com RAID3 ou 5 utilizam bits de paridade para garantir tolerância a falhas, não havendo um disco específico para o *backup* completo.

Gabarito "A"

(Técnico da Receita Federal – 2006 – ESAF) Entre as técnicas utilizadas pelos *hackeres*, a sniffing consiste

(A) no envio de um SYN como se fosse abrir uma conexão real que, em seguida, envia outro SYN para o fechamento da conexão. Este método é utilizado para interrupção de todas as conexões estabelecidas pelo sistema.
(B) na abertura de uma conexão TCP em uma porta alvo.
(C) na abertura de uma conexão UDP em uma porta alvo.
(D) na captura de pacotes que trafegam no mesmo segmento de rede em que o *software* funciona.
(E) na utilização de ferramentas para fazer o mapeamento de portas TCP e UDP acessíveis.

A: Errada, a técnica de sniffig apenas captura pacotes que transitam na rede em que o *software* se encontra. **B:** Errada, a técnica de sniffing não tem capacidade de abrir portas no computador-alvo. **C:** Errada, a técnica de sniffing não tem capacidade de abrir uma porta no computador-alvo. **D:** Correta, a técnica de sniffing captura pacotes transmitidos no mesmo segmento de rede em que o *software* funciona. **E:** Errada, a técnica de sniffing não mapea portas acessíveis e sim captura pacotes de informação.

Gabarito "D"

(Auditor Fiscal/CE – 2006 – ESAF) Nos sistemas de Segurança da Informação, existe um método que ______________________. Este método visa garantir a integridade da informação.

Escolha a opção que preenche corretamente a lacuna acima.

(A) valida a autoria da mensagem
(B) verifica se uma mensagem em trânsito foi alterada
(C) verifica se uma mensagem em trânsito foi lida por pessoas não autorizadas
(D) cria um *backup* diferencial da mensagem a ser transmitida
(E) passa um antivírus na mensagem a ser transmitida

A: Errada, validar a autoria de uma mensagem não garante sua integridade. **B:** Correta, verificar se uma mensagem foi alterada ou não garantirá sua integridade. **C:** Errada, o fato de verificar se uma mensagem foi lida por terceiros não garante que ela não foi alterada. **D:** Errada, o *backup* de uma mensagem também não garante que ela não foi alterada. **E:** Errada, o fato de uma mensagem ter sido es*can*eada por um antivírus não irá garantir que ela não foi alterada.

Gabarito "B"

(Auditor Fiscal/CE – 2006 – ESAF) Analise as seguintes afirmações relacionadas a conceitos básicos de Segurança da Informação.

I. Um *firewall*, instalado entre uma rede LAN e a Internet, também é utilizado para evitar ataques a qualquer máquina desta rede LAN partindo de máquinas da própria rede LAN.
II. A confidenciabilidade é a propriedade de evitar a negativa de autoria de transações por parte do usuário, garantindo ao destinatário o dado sobre a autoria da informação recebida.
III. Na criptografia de chaves públicas, também chamadas de criptografia assimétrica, uma chave é utilizada para criptografar e uma chave diferente é utilizada para decriptografar um arquivo.
IV. Uma das finalidades da assinatura digital é evitar que alterações feitas em um documento passem sem ser percebidas. Nesse tipo de procedimento, o documento original não precisa estar criptografado.

Indique a opção que contenha todas as afirmações verdadeiras.

(A) I e II.
(B) II e III.
(C) III e IV.
(D) I e III.
(E) II e IV.

A: Errada, as afirmativas I e II estão incorretas, como o *Firewall* está localizado entre a rede LAN e a Internet ele não consegue controlar a comunicação interna da rede, e a confidenciabilidade é a propriedade que garante que a informação não estará disponível ou será divulgada a terceiros. **B:** Errada, a afirmativa II está incorretas, confidenciabilidade é a propriedade que garante que a informação não estará disponível ou será divulgada a terceiros. **C:** Correta, somente as afirmativas III e IV estão corretas. **D:** Errada, a afirmativa I está incorreta, como o *Firewall* está localizado entre a rede LAN e a Internet ele não consegue controlar a comunicação interna da rede. **E:** Errada, a afirmativa II está incorreta, confidenciabilidade é a propriedade que garante que a informação não estará disponível ou será divulgada a terceiros.

Gabarito "C"

(Fiscal de Tributos Estaduais/AC – 2006 – CESPE) Atualmente, uma das grandes preocupações das organizações, no que se refere a sistemas de informação, é a segurança. Acerca dos conceitos de sistemas de informação, proteção e segurança da informação, assinale a opção correta.

(A) Um filtro de *spam* (às vezes chamado de filtro de *e-mail*) ajuda a proteger o computador contra vírus específicos e *software* mal-intencionado, como *worms* e cavalos de Troia, mas não impede o recebimento de mensagens de mala direta perigosas ou indesejadas.
(B) Quando um usuário tem instalado em seu computador um antivírus e o mantém atualizado, não há necessidade de tomar outras providências com relação à segurança, pois esse tipo de *software* permite uma total proteção do sistema.
(C) Um *firewall* ajuda a tornar o computador invisível para invasores online e alguns programas mal-intencionados, como vírus, *worms* e cavalos de Troia. Um *firewall* também pode ajudar a impedir que *software* do computador do usuário acesse a Internet e aceite atualizações e modificações sem sua permissão. É importante ter um *firewall* e um *software* antivírus ativados antes de se conectar com a Internet.
(D) Ao receber um *e-mail* de um desconhecido com um *link* para outro sítio, o usuário pode acessá-lo, normalmente, pois os sistemas de segurança corporativos possuem uma alta tecnologia de segurança que inibe qualquer tentativa de envio de vírus ou qualquer tentativa de invasão.

A: Errada, o filtro de *spam* serve para prevenir que *e-mails* indesejados sejam recebidos na caixa de mensagens de um correio eletrônico. **B:** Errada, o antivírus não consegue proteger contra todos os tipos de ameaça, o ideal é possuir também um *Firewall*. **C:** Correta, o *Firewall* ajuda a proteger o computador contra ataques externos de vários tipos de vírus, ele é altamente recomendado para computadores conectados à Internet. **D:** Errada, *links* vindos de endereços de *e-mail* desconhecidos não devem ser acessados para não comprometer a segurança do sistema.

Gabarito "C"

(Fiscal de Tributos Estaduais/AC – 2006 – CESPE) Existem muitas maneiras de perder informações em um computador involuntariamente, como em decorrência de queda de energia, relâmpago, inundações, ou simplesmente falha de equipamento. Por isso, é essencial ter cópias de segurança. Acerca desse assunto, assinale a opção incorreta.

(A) O Usuário deve fazer cópias de *backup* dos seus arquivos regularmente e os manter em um local separado, pois, assim, pode obter parcialmente ou totalmente as informações de volta caso algo aconteça aos originais no computador.

(B) Existem muitas formas de fazer o *backup* das suas informações. O *backup* pode ser feito em hardware, *software* ou até mesmo mediante um serviço via Web.
(C) Um CD-RW é um CD em que podem ser gravadas informações (RW significa regravável). Como muitos computadores novos já vêm com uma unidade de CD-RW interna, uma maneira de fazer *backup* consiste na utilização desse tipo de mídia.
(D) A maioria das pessoas não faz *backup* por falta de opção de *software*, pois a compra de aplicativos com esse objetivo é bastante onerosa, o que ocorre devido ao fato de os sistemas operacionais atuais não darem suporte a esse tipo de ferramenta.

A: Errada, esta afirmativa está correta. **B:** Errada, esta afirmativa está correta. **C:** Errada, esta afirmativa está correta. **D:** Correta, esta afirmativa está incorreta, existem muitas ferramentas gratuitas para a realização de *backup*, assim como muitos sistemas operacionais que dão suporte a esta ação de forma nativa, como é a caso do Windows Vista e Windows 7.

Gabarito "D"

Um governo municipal deseja implantar um sistema fisco-tributário que permita o levantamento das contribuições realizadas, a apuração do montante de impostos pagos, o "batimento" de contas visando à exatidão dos valores recebidos em impostos contra as movimentações realizadas em estabelecimentos comerciais, industriais e de prestação de serviços, bem como os impostos sobre propriedades territoriais (moradias e terrenos) no âmbito de seu município, tudo em meio eletrônico usando a tecnologia mais avançada de computadores, tais como redes de computadores locais e de longa distância interligando todos os equipamentos, processamento distribuído entre estações de trabalho e servidores, uso de sistemas operacionais Windows e Linux (preferencialmente daquele que, processado em uma única estação de trabalho, na interrupção de um programa mantenha o processamento ininterrupto de todos os demais que estão em funcionamento) e tecnologia internet e intranet, com toda a segurança física e lógica das informações que garanta autenticidade, sigilo, facilidade de recuperação e proteção contra invasões e pragas eletrônicas.

[...]

§ 2º – Avisos eletrônicos via internet deverão ser encaminhados a cada contribuinte.

[...]

§ 5º – Palavras chaves de busca de assuntos da prefeitura serão cadastradas na internet para facilitar a pesquisa dos cidadãos a assuntos municipais de seu interesse.

[...]

§ 7º – Objetivando economia de despesas com telefonemas e tempo de deslocamento, os funcionários serão estimulados a realizar conversação eletrônica.

(Auditor Fiscal/São Paulo-SP – 2007 – FCC) Os itens de segurança, citados no trecho de texto "... toda a segurança física e lógica das informações que garanta autenticidade, sigilo, facilidade de recuperação e proteção contra invasões e pragas eletrônicas", aqui em negrito, estão respectivamente ordenados em relação aos conceitos de

(A) autenticação, assinatura digital, *backup* e antivírus.
(B) assinatura digital, autenticação, *backup* e antivírus.
(C) criptografia, assinatura digital, antivírus e *backup*.
(D) assinatura digital, criptografia, *backup* e antivírus.
(E) criptografia, autenticação, *backup* e antivírus.

A: Errada, autenticação não garante autenticidade da informação. **B:** Errada, a autenticação não garante sigilo da informação, a autenticação é um processo que busca verificar a identidade digital do usuário. **C:** Errada, a criptografia garante sigilo e não autenticidade. **D:** Correta, a assinatura digital garante autenticidade dos dados, a criptografia o sigilo durante o envio, o *backup* permite que eles sejam facilmente recuperados em caso de perda e o antivírus protege contra pragas eletrônicas. **E:** Errada, a criptografia garante sigilo e não autenticidade.

Gabarito "D"

(Auditor Fiscal/São Paulo-SP – 2007 – FCC) A Cifra (ou Código) de César, conhecida por ser um tipo de cifra de substituição em que cada letra do texto é substituída por outra, está mais fortemente caracterizada como uma solução no seguinte trecho de texto:

(A) "...os funcionários serão estimulados a realizar conversação eletrônica...".
(B) "Palavras chaves de busca de assuntos da prefeitura serão cadastradas na internet para facilitar a pesquisa dos cidadãos...".
(C) "...segurança física e lógica das informações que garanta autenticidade, sigilo...".
(D) "...pesquisas de assuntos de interesse municipal...".
(E) "Avisos eletrônicos via internet deverão ser encaminhados a cada contribuinte...".

A: Errada, a criptografia não é uma solução para comunicação eletrônica. **B:** Errada, a criptografia, ainda que seja utilizada em comunicações pela Internet, não é uma solução de busca. **C:** Correta, a criptografia age na segurança física e lógica das informações, garantindo seu sigilo. **D:** Errada, a criptografia não é uma solução para pesquisas na Internet. **E:** Errada, a criptografia não é uma solução para envio de mensagens eletrônicas.

Gabarito "C"

(Analista – DNPM – 2006 – CESGRANRIO) No Internet Explorer, quando aparece o ícone de um cadeado fechado na barra inferior do *browser*, significa que a(o):

(A) página exibida possui *links* quebrados.
(B) senha de acesso ao *site* será solicitada.
(C) *mouse* não poderá ser utilizado, somente o teclado.
(D) conteúdo do *site* é protegido por direitos autorais.
(E) *site* da WEB que está sendo visualizado é seguro (SSL).

A: Errada, o símbolo está relacionado a forma de acesso ao *site* e não ou conteúdo HTML do mesmo. **B:** Errada, não há qualquer tipo de indicação visual nas barras do Internet Explorer quando uma página necessita de senha de acesso. **C:** Errada, o *mouse* está sempre disponível para uso no Internet Explorer. **D:** Errada, o símbolo esta relacionado a de acesso ao *site* e não a seu conteúdo. **E:** Correta, o símbolo do cadeado fechado indica que a transmissão dos dados está sendo feita de forma segura por meio de protocolo SSL.

Gabarito "E"

(Administrador – Ministério da Justiça – 2009 – FUNRIO) Qual o nome dado ao dispositivo de segurança que, uma vez instalado, controla e autoriza o tráfego de informações transferidas entre redes de computadores?

(A) Telnet.
(B) *Firewall*.
(C) *Cookie*.
(D) Safenet.
(E) Java.

A: Errada, Telnet é um aplicativo de acesso remoto. **B:** Correta, o *Firewall* é um dispositivo que controla o fluxo de informações para dentro e fora do computador durante a navegação em rede. **C:** Errada, *cookie* é o nome dado a arquivos temporários armazenados pelo navegador durante seu uso. **D:** Errada, Safenet não é um termo que descreva dispositivos de segurança. **E:** Errada, Java é uma linguagem de desenvolvimento.

Gabarito "B"

(Técnico – ANATEL – 2009 – CESPE) Com o desenvolvimento da Internet e a migração de um grande número de sistemas especializados de informação de grandes organizações para sistemas de propósito geral acessíveis universalmente, surgiu a preocupação com a segurança das informações no ambiente da Internet. Acerca da segurança e da tecnologia da informação, julgue os itens a seguir.

(1) A disponibilidade e a integridade são itens que caracterizam a segurança da informação. A primeira representa a garantia de que usuários autorizados tenham acesso a informações e ativos associados quando necessário, e a segunda corresponde à garantia de que sistemas de informações sejam acessíveis apenas àqueles autorizados a acessá-los.

(2) Em uma organização, a segurança da informação é responsabilidade corporativa do gerente e deve ser mantida no âmbito particular desse gerente.

1: Errada, a integridade garante que a informação estará disponibilizada da maneira como foi originada, sem alterações não autorizadas em sua forma e conteúdo; **2:** Errada, em uma organização todos são responsáveis pela segurança dos dados, porém cabe ao gerente disponibilizar diretrizes de segurança e juntamente com sua equipe criar meios que ajudem no cumprimento destas diretrizes.

Gabarito 1E, 2E

(Técnico – ANP – 2008 – CESGRANRIO) Os procedimentos a seguir são recomendados para aumentar o nível de segurança do computador, EXCETO:

(A) não utilizar programas piratas.
(B) manter antivírus e *spyware* atualizados.
(C) instalar programas com procedência desconhecida.
(D) evitar o uso de dispositivos de armazenamento de terceiros.
(E) realizar periodicamente *backup* dos arquivos mais importantes.

A: Errada, não utilizar programas piratas é uma das garantias de que os não haverão *softwares* mal intencionados instalados no computador. **B:** Errada, manter antivírus e *spyware* atualizados ajudam a prevenir e remover pragas virtuais do computador. **C:** Correta, ao instalar programas de procedência desconhecida abre-se uma brecha de segurança pois este pode conter trechos de código malicioso que podem danificar o computador ou sua integridade. **D:** Errada, dispositivos de armazenamento de terceiros são uma ameaça potencial, uma vez que não há controle sobre seu uso. **E:** Errada, os *backups* ajudam a garantir que os dados estarão protegidos e disponíveis em caso de perda.

Gabarito "C"

(Técnico – ANVISA – 2007 – CESPE) Quanto à segurança da informação, julgue o próximo item.

(1) *Cookie* é um vírus que capta as informações digitadas pelo usuário e as encaminha para um servidor.

1: Errada, o *cookie* é um arquivo de armazenamento temporário salvo pelo navegador a pedido de um *site* da Internet.

Gabarito 1E

(Agente Administrativo – FUNASA – 2009 – CESGRANRIO) Qual dos itens abaixo **NÃO** representa um mecanismo de segurança?

(A) Assinatura digital
(B) *Software* anti-*spyware*
(C) Sistema biométrico
(D) *Firewall*
(E) *Worm*

A: Errada, a assinatura digital é uma tecnologia que ajuda a garantir segurança e autenticidade. **B:** Errada, *Softwares* anti-*spyware* tem por função proteger o sistema de vírus do tipo *spyware*. **C:** Errada, sistemas biométricos são sistemas de segurança que ajudam a garantir o acesso a dados apenas à pessoas autorizadas. **D:** Errada, o *Firewall* atua como uma barreira que filtra toda a comunicação de um computador ou rede. **E:** Correta, o *Worm* é um tipo de ameaça virtual e não um mecanismo de segurança.

Gabarito "E"

(Técnico – IBGE – 2006 – CESGRANRIO) Qual a técnica que permite reduzir o tamanho de arquivos, sem que haja perda de informação?

(A) Compactação
(B) Deleção
(C) Criptografia
(D) Minimização
(E) Encolhimento adaptativo

A: Correta, o processo de compactação diminui o tamanho do arquivo sem alterar seu conteúdo. **B:** Errada, deleção é o ato de excluir o arquivo. **C:** Errada, criptografia é uma técnica utilizada para dar mais segurança ao arquivo. **D:** Errada, minimização não é um processo que afeta arquivos. **E:** Errada, encolhimento adaptativo não é o nome de um processo que afeta arquivos.

Gabarito "A".

(Técnico – IBGE – 2006 – CESGRANRIO) Um usuário deseja enviar uma mensagem eletrônica com criptografia no Outlook Express. Para isso, é necessário que o(a):

(A) remetente possua a chave privada do destinatário.
(B) remetente possua o certificado digital do destinatário.
(C) destinatário possua a chave privada do remetente.
(D) provedor de Internet do destinatário tenha o SSL habilitado.
(E) opção de assinatura opaca esteja habilitada no Outlook Express do destinatário.

A: Errada, o Outlook Express utiliza certificados digitais para a troca de mensagens criptografadas. **B:** Correta, para que seja possível enviar mensagens criptografadas é necessário possuir o certificado digital do destinatário. **C:** Errada, o Outlook não faz uso de chaves, mas sim de certificados digitais. **D:** Errada, para o envio de mensagens criptografadas pelo Outlook não é necessário nenhuma configuração especial por parte do provedor. **E:** Errada, assinatura opaca não é uma opção que garanta a criptografia de mensagens eletrônicas.

Gabarito "B".

(Agente Administrativo – Ministério da Educação – 2009 – CESPE) Com referência à segurança da informação, julgue os itens subsequentes.

(1) Uma das principais preocupações com relação a ambientes eletrônicos, a segurança deve ser considerada sob diversos aspectos, como de conscientização dos usuários, regras e cuidados de acesso, uso, tráfego de dados em uma rede, além da utilização correta de *software* autorizados, que devem ser legalmente adquiridos.
(2) O acesso seguro a um ambiente eletrônico deve ser feito por meio de *firewall*, que é um sistema que reconhece o nome e a senha do usuário, elimina os vírus que podem estar na máquina cliente e no servidor e impede o envio de informações sem criptografia.
(3) Os arquivos recebidos anexados a mensagens eletrônicas devem ser abertos imediatamente, a fim de se descobrir se contêm vírus. Para tanto, basta ter um programa de antivírus instalado, que vai automaticamente eliminar a mensagem, caso seja identificado um vírus dentro dela.
(4) Vírus, *spywares*, *worms* e *trojans* são conhecidas ameaças aos ambientes eletrônicos que devem ser monitoradas por meio de *software* de segurança específicos para cada tipo de ameaça.

1: Correta, a segurança de ambientes eletrônicos é feita não só com medidas digitais mas também com a conscientização por parte dos usuários com um correto acompanhamento pelo setor de segurança, mantendo as diretrizes de segurança sempre ativas; **2:** Errada, o *Firewall* é um sistema que protege o computador contra invasão, deixando aberta apenas as portas de comunicação usadas por programas reconhecidamente seguros; **3:** Errada, arquivos só devem ser abertos após verificados por um *software* antivírus, caso ela seja aberta antes disso corre-se o risco de infecção; **4:** Correta, as ameaças mencionadas podem afetar o correto funcionamento do sistema operacional, é recomendado que o computador possua programas de detecção como antivírus e anti*spywares* para que se mantenha sempre protegido.

Gabarito 1C, 2E, 3E, 4C

(Agente Administrativo – MPOG – 2009 – FUNRIO) Um programa nocivo que tem a capacidade de se replicar ou se autoenviar é um exemplo de um

(A) *Worm*
(B) *Trojan*
(C) *Spyware*
(D) Vírus
(E) *Hacker*

A: Correta, o *Worm* é um tipo de ameaça que pode se replicar ou autoenviar para outros computadores. **B:** Errada, o *Trojan* é um tipo de ameaça que mantém uma porte de conexão aberta para o invasor. **C:** Errada, o *Spyware* é um tipo de ameaça que monitora as ações do usuário. **D:** Errada, vírus é apenas uma definição genérica para ameaças digitais. **E:** Errada, *Hacker* é denominação de um usuário que possui um grande conhecimento sobre os princípios da computação.

Gabarito "A".

(Agente Administrativo – Ministério da Saúde – 2008 – CESPE) Acerca de conceitos de tecnologia da informação, julgue os itens que se seguem.

(1) Um dos pilares básicos da segurança da informação é a confidencialidade, que visa a proteger a informação contra modificação sem permissão.
(2) O controle de acesso, que é uma das formas de assegurar que somente pessoas autorizadas acessem determinada informação, pode ser realizado mediante o uso de dados biométricos.
(3) Criptografia é uma técnica por meio da qual é feita a conferência da assinatura digital do usuário.
(4) Do ponto de vista da tecnologia da informação, os termos dado, informação e conhecimento são sinônimos.

1: Errada, a confidencialidade é a propriedade que garante que uma informação não estará disponível ou não será divulgada a pessoas sem autorização; **2:** Correta, dados biométricos são uma medida muito eficaz no controle de acesso à informações uma vez que garantem que apenas os usuários com permissão podem acessar os dados; **3:** Errada, a criptografia é uma técnica que usa um algoritmo criptográfico para alterar o conteúdo de uma mensagem de forma que ela possa ser transmitida de forma segura em meios digitais; **4:** Errada, informação é um conjunto de dados e conhecimento é uma inferência feita sobre uma informação.

Gabarito 1E, 2C, 3E, 4E

(Analista – ANATEL – 2009 – CESPE) Acerca da segurança da informação, julgue os itens a seguir.

(1) Segurança da Informação é a proteção contra um grande número de ameaças às informações, de forma a assegurar a continuidade dos negócios, minimizando danos comerciais e maximizando o retorno de investimentos. Ela pode ser garantida fazendo-se uso de controles físicos da informação, de mecanismos de controle de acesso, como *firewalls* e proxies, entre outras medidas.

(2) Uma organização, ao estabelecer seus requisitos de segurança da informação, deve avaliar riscos, a partir da vulnerabilidade e da probabilidade de ocorrência de eventos de ameaça, sempre obtidas por meio de dados históricos de incidentes e problemas registrados nos bancos de dados da central de serviços.

1: Correta, a segurança da informação é responsável por manter toda a estrutura digital disponível e livre de ameaças, para isso são usados controle tanto de *hardware* quanto de peopleware; **2:** Errada, não apenas dados da central de serviços devem ser levados em consideração mas sim todas as possibilidades que possam por ventura afetar o funcionamento da empresa.

Gabarito 1C, 2E

(Analista – ANEEL – 2006 – ESAF) Analise as seguintes afirmações relacionadas à Segurança da informação.

I. A garantia da integridade no uso do controle de acesso permite identificar os usuários legítimos da informação para que lhes seja liberado o acesso quando solicitado.

II. Na segurança dos serviços terceirizados, o Acordo de Nível de Serviço (ANS) estabelece as metas para o controle de configuração e para produtividade da equipe de desenvolvimento.

III. A assinatura digital de uma mensagem é a sua transformação através da aplicação de uma função matemática, com o objetivo de garantir que um conjunto de dados realmente provém de determinado remetente e não foi adulterado após o seu envio.

IV. Uma Autoridade Certificadora (AC) é uma entidade autorizada a emitir, suspender, renovar ou revogar certificados digitais. A principal competência de uma AC é emitir certificados que vinculem uma determinada chave pública ao seu titular.

Indique a opção que contenha todas as afirmações verdadeiras.

(A) I e II
(B) II e III
(C) III e IV
(D) I e III
(E) II e IV

A: Errada, as afirmativas I e II estão incorretas, integridade é a característica que garante que os dados não serão modificados sem autorização e o ANS estabelece o padrão de qualidade do serviço e informações como, por exemplo, em quanto tempo os chamados de suporte devem ser atendidos. **B:** Errada, a afirmativa II está incorreta, o ANS estabelece o padrão de qualidade do serviço e informações como, por exemplo, em quanto tempo os chamados de suporte devem ser atendidos. **C:** Correta, apenas as afirmativas III e IV estão corretas. **D:** Errada, a afirmativa I está incorreta, integridade é a característica que garante que os dados não serão modificados sem autorização. **E:** Errada, a afirmativa II está incorreta, o ANS estabelece o padrão de qualidade do serviço e informações como, por exemplo, em quanto tempo os chamados de suporte devem ser atendidos.

Gabarito "C"

(Analista – ANP – 2008 – CESGRANRIO) Para executar tarefas comuns, que não exijam privilégios de administrador, é uma boa prática de segurança não utilizar um usuário que possua tais privilégios, uma vez que

(A) cavalos de troia só atacam máquinas autenticadas com administrador do sistema.
(B) um código malicioso pode ganhar os privilégios do usuário autenticado.
(C) programas antivírus só podem ser atualizados por usuários sem privilégios de administrador.
(D) usuários sem privilégio de administrador são imunes a código malicioso.
(E) usuários sem privilégios de administrador, apenas, possuem permissão para executar o navegador html.

A: Errada, as ameaças do tipo cavalo de troia atacam qualquer tipo de computador, independentemente do tipo de usuário autenticado. **B:** Correta, um código malicioso que tenha privilégio de administrador pode danificar muito mais o computador atacado uma vez que ele tem acesso total à máquina. **C:** Errada, qualquer usuário pode atualizar um *software* antivírus. **D:** Errada, nenhum usuário é imune à códigos maliciosos. **E:** Errada, usuários sem privilégio de administrador podem executar qualquer tipo de arquivo, são vetadas apenas ações que alterem as configurações do sistema.

Gabarito "B"

(Analista – ANP – 2008 – CESGRANRIO) Considerando-se *backups* completos e incrementais, julgue as afirmações a seguir.

I. A realização de *backups* (completos ou incrementais) objetiva minimizar a probabilidade de perda de dados, enquanto a realização de restauração visa a recuperar dados previamente armazenados.

II. O procedimento de geração de *backups* incrementais compara a data da última escrita de um arquivo com a data de realização do último *backup* para decidir se deve copiar o arquivo.

III. A restauração de arquivos gravados em *backups* incrementais é mais trabalhosa do que a restauração de um arquivo em um *backup* completo.

É (São) verdadeira(s) a(s) afirmação(ões)

(A) I, apenas.
(B) I e II, apenas.
(C) I e III, apenas.
(D) II e III, apenas.
(E) I, II e III.

A, B, C, D e **E:** Todas as afirmações estão corretas, portanto apenas a alternativa E está correta.

Gabarito "E"

(Analista Legislativo – Câmara dos Deputados – 2007 – FCC) Um certificado digital é

I. um arquivo eletrônico que contém a identificação de uma pessoa ou instituição.
II. equivalente ao RG ou CPF de uma pessoa.
III. o mesmo que uma assinatura digital.

Está correto o que consta em
(A) I, apenas.
(B) III, apenas.
(C) I e II, apenas.
(D) I e III, apenas.
(E) I, II e III.

A, B, C, D e **E:** Apenas a afirmativa III está incorreta, a assinatura digital é um método de autenticação de informações digitais. Portanto apenas a alternativa C está correta.

Gabarito "C"

(Administrador – FUNASA – 2009 – CESGRANRIO) A Segurança da Informação se refere à proteção existente sobre as informações de uma determinada empresa ou pessoa, aplicando-se tanto às informações corporativas quanto às pessoais. Abaixo, são apresentadas algumas propriedades básicas que, atualmente, orientam a análise, o planejamento e a implementação da segurança para um determinado grupo de informações que se deseja proteger. Relacione as propriedades apresentadas na coluna da esquerda com as respectivas descrições, na coluna da direita.

Propriedade	Descrição
I. Confidencialidade II. Disponibilidade III. Integridade	(Q) Propriedade que limita o acesso à informação tão somente às entidades legítimas, ou seja, àquelas autorizadas pelo proprietário da informação.
	(R) Propriedade que garante que a informação manipulada mantenha todas as características originais estabelecidas pelo proprietário da informação, incluindo controle de mudanças e garantia do seu ciclo de vida (nascimento, manutenção e destruição).

Estão corretas as associações:
(A) I – Q; II – R
(B) I – Q; III – R
(C) I – R; II – Q
(D) II – Q; III – R
(E) II – R; III – Q

A, B, C, D e **E:** Confidencialidade (I) é a propriedade que limita o acesso à informação somente para aquelas pessoas que possuem autorização (Q) e Integridade (III) é a propriedade que garante que as informações mantenham-se sempre com suas características originais (R), portanto a única alternativa correta é a B.

Gabarito "B"

(Analista – MPOG – 2009 – FUNRIO) Para trafegar informações pela Internet de forma segura, garantindo a integridade e sigilo, devemos fazer uso de:
(A) Criptografia.
(B) *Firewall*.
(C) Antivírus.
(D) *Sniffer*.
(E) *Antispyware*.

A: Correta, a criptografia é uma técnica utilizada para mascarar o conteúdo das mensagens sendo trafegadas de forma que apenas o destinatário correto da mensagem saberá seu conteúdo, mantendo assim seu sigilo e integridade. **B:** Errada, o *Firewall* é uma ferramenta que controla o fluxo de transmissão de dados de um computador na rede. **C:** Errada, o antivírus é uma ferramenta que visa proteger o computador contra programas que contenham código malicioso. **D:** Errada, o *Sniffer* é uma ferramenta de rede para análise de pacotes de dados transmitidos na rede. **E:** Errada, o *antispyware* é uma *software* usado no combate a ameaças do tipo *spyware*.

Gabarito "A"

(Administrador – SUFRAMA – 2008 – FUNRIO) Qual das alternativas abaixo dá nome ao tipo de ameaça propagada por meio de mensagens fraudulentas, chamadas de *spam*, caracterizada por um tipo de fraude concebida para obter informações pessoais sobre o usuário de Internet, convencendo-o a facultar-lhe essas informações sob falsos pretextos?
(A) *Adware*.
(B) Cavalo de Troia.
(C) *Phishing*.
(D) Retrovírus.
(E) Vírus de macro.

A: Errada, o *adware* é um programa que executa, exibe ou copia propagandas, e outros tipos de vírus. **B:** Errada, o Cavalo de Troia apenas abre uma porta de comunicação para um invasor. **C:** Correta, o ataque do tipo *Phishing* tem por objetivo ludibriar o usuário fazendo se passar por um *site* ou mensagem real quando na verdade é apenas uma armadilha. **D:** Errada, Retrovírus não é uma denominação de ataque virtual. **E:** Errada, vírus de macro vinculam macros a modelos de documentos e outros arquivos de forma que, quando o arquivo é carregado as primeiras instruções executadas serão as do vírus.

Gabarito "C"